国际保险监管文献汇编

专题卷

Collection of International Insurance Regulatory Documents (Special Topic Volume)

主编 孟昭亿

中国金融出版社

责任编辑：仲　垣　周丽娜
责任校对：孙　蕊
责任印制：毛春明

法律启事

Legal Notice

图书在版编目（CIP）数据

国际保险监管文献汇编．专题卷（Guoji Baoxian Jianguan Wenxian Huibian. Zhuanti Juan）：汉英对照/孟昭亿主编．—北京：中国金融出版社，2007. 12
书名原文：Collection of International Insurance Regulatory Documents（Special Topic Volume）
ISBN 978－7－5049－4560－0

Ⅰ．国…　Ⅱ．孟…　Ⅲ．保险业—监督管理—文献—汇编—世界—汉、英　Ⅳ．F841

中国版本图书馆 CIP 数据核字（2007）第 174548 号

出版发行　中国金融出版社
社址　北京市广安门外小红庙南里 3 号
市场开发部　（010）63272190，66070804（传真）
网 上 书 店　http://www. chinafph. com　（010）63286832，63365686（传真）
读者服务部　（010）66070833，82672183
邮编　100055
经销　新华书店
印刷　北京松源印刷有限公司
尺寸　210 毫米×297 毫米
印张　45
字数　1360 千
版次　2008 年 1 月第 1 版
印次　2008 年 1 月第 1 次印刷
定价　170. 00 元
ISBN 978－7－5049－4560－0/F. 4120
如出现印装错误本社负责调换　联系电话（010）63263947

《国际保险监管文献汇编》编委会

总　　序

（一）

保险业既是金融体系的三大支柱之一，与资本市场、货币市场具有紧密的联系；也是社会保障体系的重要组成部分，与人民群众的生产生活息息相关。加强保险监管，维护保险市场稳定运行，事关国家经济金融安全，事关社会稳定大局，是保险监管部门肩负的重要职责。

现代保险业的发展使保险获得了经济补偿、资金融通和社会管理三大功能。纵观国际保险业的发展历程，通过发挥三大功能，保险对于促进世界经济和社会发展起着不可替代的作用。在社会保障方面，保险行业是养老和医疗保障的主要服务提供者，帮助世界人民实现老有所养、病有所医；在农业方面，保险为各国农业提供风险保障，帮助解决温饱问题；在自然灾害防范方面，保险为世界各国提供规模庞大的巨灾风险保障，帮助人民重建家园；在全球资本市场，保险资金通常占到市场总量的30%以上，有些国家甚至超过了50%，有力地支持了世界经济发展。

改革开放以来，中国保险业始终保持持续较快的发展势头，成为国民经济中发展最快的行业之一，蕴藏着巨大的增长潜力。2005年，全国保费收入达到4,927亿元，是2002年的1.6倍。截至2006年8月，全国共有保险机构100家，比2002年增加58家；保险业总资产达到1.8万亿元，是2002年的2.8倍。同时，我们必须看到，保险业仍处于发展的初级阶段，总体规模小，在国民经济中的比重低，功能和作用没有得到充分发挥。保险业发展水平与国民经济、社会发展和人民生活的需求不相适应是保险业当前的主要矛盾。因此，中国特色保险业的发展实际决定了现阶段保险监管的主要任务是探索建立中国特色的现代保险监管体系，推动保险业又快又好、做大做强，更好地为经济社会发展服务。

（二）

建设中国特色的保险监管体系，必须建立完备的监管制度规则体系。规则是实施监管的前提，保险监管必须依照规则有序进行。只有建立了完备的监管规则体系，才能做到有法可依，才能实现有效监管。因此，尽快建立和完善保险规则制度体系，为监管活动提供坚实的制度基础，为保险行业开拓广阔的发展空间，是当前保险监管的重要任务之一。

建立完备的监管规则体系，可以通过引进和创新两条途径。国际保险监管发展较为成熟，规则体系建设经验较为丰富，可以提供有益参考。我们应充分发挥新兴市场国家保险监管的后发优势，认真研究，广泛借鉴，博采众长，为我所用。合理引进既反映国际保险监管趋势又适合我国保险监管实际的监管规则，不但可以减少失误，少走弯路，而且可以使我们具备开阔的国际视野，赋予监管规则以前瞻性。

在合理引进的同时，我们强调自主创新的重要作用。国际保险规则的先进性，不但体现在保险监管的一般性方面，更体现在符合世界各国保险监管实践的特殊性方面。只有通过了监管实践的检验，才是有效的监管规则。我国保险监管规则体系的建立，要区分国际监管规则的一般性和特殊性，立足保险市场实际状况，坚持自主创新，有的放矢地解决保险监管中出现的特殊问题，不断推动有中国特色的保险监管规则体系走向完善。

近年来，我国保险监管体系建设始终坚持合理引进和自主创新并举，在借鉴国际经验的基础上不断加大消化吸收再创新力度。我们顺应国际保险监管的发展趋势，借鉴国际保险监督官协会最新的核心监管原则，针对我国保险市场主体不断增加、市场竞争日益激烈以及风险因素更加复杂的情况，建立健全市场行为、偿付能力和公司治理三支柱的现代保险监管体系。在三支柱监管体系的基础上，我们以公司内控为基础、以偿付能力监管为核心、以现场检查为重要手段、以资金运用监管为关键环节、以保险保障基金为屏障，建立起防范化解保险风险的五道防线。特别是通过完善保险保障基金制度，率先在金融行业建立了市场化的风险自救机制。目前，保险保障基金达到63亿元，今后每年将增加20亿元左右。

中国保险监管的丰富实践，特别是《国务院关于保险业改革发展的若干意见》的发布，为世界保险监管理论与实践做出了自己独特的贡献。一是扩大了保险监管的视野。突破了“就保险论保险”的局限，站在服务和谐社会的高度，将保险监管与行业发展融入国民经济和社会全局，突破了一般金融监管的意义，拓宽了保险监管的社会视野。二是丰富了保险监管的内涵。摆脱了“就监管谈监管”的局限，将保险监管和行业发展有机联系起来，正确处理了发展与监管的辩证关系，以监管促进发展，把发展作为加强监管、防范化解风险的有效途径。三是创新了保险监管的举措。充分发挥政府和市场两种机制的作用，努力营造保险业发展的良好环境。在发挥市场配置资源的基础性作用的同时，加强政府宏观调控和政策引导，加大政策支持力度。保险监管机构引领行业发展，是政府宏观调控职能的一种表现形式，各项监管制度举措的出台都是在市场经济条件下发挥政府主动作用的积极探索。

（三）

目前，国际金融保险监管呈现一些新的发展趋势。逐步从机构监管向功能监管转变，越来越多的国家开始以金融业务而不是金融机构来确定监管部门和监管规则；强调政府监管与市场激励的有效结合，引导市场和监管两股力量共同作用来实现监管目标；注重分析金融监管的成本和收益，通过明确监管重点，以最小的监管成本取得最大的监管成效；强调对监管者的问责，防范金融监管的主观性和随意性。这些趋势对做好保险监管工作提供了借鉴和启示。我们必须立足中国保险业发展的实际，深入学习借鉴国际金融保险监管经验，不断加强和改善保险监管，切实提高引领行业发展和防范保险风险的能力。

借助中欧金融服务合作项目，中国保监会国际部组织编写《国际保险监管文献汇编》，适应了当前监管工作的需要，为研究国际保险监管发展趋势，改进保险监管工作提供了一份翔实的参考资料。希望本书的出版，在推动监管创新，促进保险业又快又好地发展，更好地为全面建设小康社会和构建社会主义和谐社会服务方面发挥积极作用。

中国保险监督管理委员会主席

2006 年 9 月 22 日

序

监管规则是保险监管活动的基础和依据。一个完备的保险监管规则体系，对于中国保险业的发展有着十分重要的意义。对尚处于发展初级阶段的中国保险监管来说，国际成熟的保险监管规则，无疑需要认真研究，加以借鉴。

自1980年以来，得益于改革开放的大好形势和经济增长的巨大推动力，中国保险业保持着较快的增长速度。目前，保险业总资产达到1.8万亿元，保险机构达到100家，初步形成了国有控股（集团）公司、股份制公司、政策性公司、专业性公司、外资保险公司等多种组织形式、多种所有制成分并存，公平竞争、共同发展的市场格局。在人均GDP超过1,000美元的背景下，中国保险市场蕴涵着巨大潜力，保险业将成为一个欣欣向荣的朝阳产业，健康持续地发展。

2006年6月发布的《国务院关于保险业改革发展的若干意见》（以下简称《若干意见》），充分肯定了改革开放特别是十六大以来保险业发展取得的成绩，深刻分析了保险在社会主义和谐社会建设中的重要作用，进一步明确了当前和今后一个时期保险业改革发展的指导思想和主要任务，为保险业发展和保险监管工作指明了方向。我们应该看到，中国保险市场在快速增长的同时，起步晚，基础弱，发展不平衡，市场体系尚未成熟，在增长方式和市场结构等方面仍有待完善。对外开放提高了国内外保险市场的关联程度，在为保险业发展注入新活力的同时，也增加了发生风险的可能性。中国保险业正面临着机遇与挑战并存，发展与风险同在的现实局面。《若干意见》明确要求，要加强和改善监管，防范化解风险，坚持把防范风险作为保险业健康发展的生命线。

立足于国内保险市场的现实状况，中国保监会始终将加强保险监管，防范化解风险作为工作的核心，参照国际保险监督官协会（IAIS）提出的包括偿付能力、公司治理和市场行为三项内容的保险监管体系框架，加强偿付能力监管，完善保险公司治理结构和内控建设，提高市场行为监管水平。坚持以公司内控为基础、以偿付能力监管为核心、以现场检查为重要手段、以资金运用监管为关键环节、以保险保障基金为屏障，努力构筑保险业风险防范的五道防线。中国保监会正在实现从以业务规模为基础的静态监管向以风险为基础的动态监管的转变。

为反映国际保险规则发展趋势，引进国际保险监管经验，促进中国保监会在保险业快速发展中加强监管，防范风险，中国保监会国际部借助中欧金融服务合作项目，组织编写了《国际保险监管文献汇编》。该书共分《IAIS卷》、《欧盟卷》、《NAIC卷》和《专题卷》四卷，从全球、区域、单一国家和特色监管四个层次完整阐述了国外保险监管体系建设思想和历史沿革，对比分析了各层次监管体系特点和实施成效，系统介绍了国际保险监管规则内容，并结合国际做法对我国保险监管建设提出了针对性意见。该书是一套内容丰富、体系完整、博采众长的工具性文集，采用中英文对照，是我国在系统介绍国际保险监管制度规则方面的标志性著作。

该书各卷内容采用了大体一致的编制体例，每卷都由四个部分组成。第一部分立足我国保险监管实际情况，结合国际保险监管规则的特点和规律，对我国的保险监管规则体系的建设提出针对性建议；第二部分介绍了本卷总体监管思想和历史发展过程，由欧盟保险监管专家撰写；第三部分是中方专家对各个监管规则体系的分析和评论，总结归纳国际保险监管规则制定的总体特点和内在规律，为我国的保险监管规则体系的发展和完善提供参考；第四部分选择翻译了四个层次具有代表性的保险监管法律法规，内容涵盖了财产保险、人寿保险、保险中介、资金运用等各个业务领域的监管规则，构成了完整详尽的法规体系。

由于保险行业发展和监管传统等复杂原因，许多国家在保险监管的某些方面形成了自己鲜明的立法特色。《专题卷》所研究的内容，就是这些独具特色的保险监管规则。本卷没有像其他几卷那样，给出了系统的保险监管规则体系，并针对各个体系的历史沿革和立法思想进行详尽分析，而是针对各个特定领域的特色监管，进行了较小范围但却较为深入地介绍，其初衷就是希望能够在这些特定的领域，通过典型国家立法举措的比较，为我国保险监管规则的规定，开辟新的思路，提供好的做法。

《国际保险监管文献汇编》的出版，不但有利于中国借鉴国际成熟的保险监管经验，而且有利于中国在深入了解国际通行规则的基础上，积极参与国际保险监管规则的制定。可以说，本书的问世，将加快中国保险监管与国际保险监管规则接轨的步伐，促进中国保险监管界与世界保险监管界的融合，有助于中国在国际保险监管合作中发挥更为积极的作用。

中欧金融服务合作项目是中国和欧盟政府间签署的合作项目，该书是保险业子项目内容之一。得益于合作项目的大力支持和积极协助，这本书得以如期问世。中欧金融服务合作项目的顺利实施，为加强中欧金融监管合作，增进中欧双方金融监管界的友谊，作出了积极贡献。作为保险行业连接国内外的窗口，中国保监会国际部在扩大国际交流、借鉴国际经验方面，一直进行着不懈的工作，发挥了积极的作用。《国际保险监管文献汇编》就是他们做出的又一重要努力。该书在编纂过程中，得到了中国人民大学等多个高等院校知名保险专家的积极参与和大力支持，中国金融出版社的编辑们为该书的顺利付梓付出了辛勤的劳动。在《国际保险监管文献汇编》即将与读者见面之际，对参与其中的所有人员表示感谢，对该书的出版表示祝贺。

中国保险监督管理委员会副主席

2006 年 8 月 29 日

总目录

总　　评

赵锡军　徐　徐　陈启清

20 世纪 80 年代以来，随着金融全球化的不断推进，保险业的全球化程度也大大提升。各个国家执行的开放政策使得国与国之间的交易壁垒迅速减少，技术进步降低了保险服务跨国提供的成本，增强了跨国交流的方便性，保险服务可以在不同的国家便捷地提供。与保险全球化相伴而生的是竞争的国际化，国与国之间在全球层次上开展竞争。这种竞争不仅表现在保险企业上，也表现在保险监管者上，同时这两者的竞争不是独立的，而是相互关联相互影响的。对企业而言，监管既是一种成本，监管会给企业带来合规成本，提高企业经营的综合成本；但监管同时也是一种生产力，适宜的监管能够通过构筑良好的竞争秩序和市场环境从而促进企业的发展，提升企业的竞争力。因此，监管也就成为保险产业发展的一个重要元素，是影响保险企业国际竞争力的重要因素。开放的市场环境使得国家产生了为国内保险企业获取比较监管优势的动机，同时也使得保险企业有了寻求最适合的监管环境的动机。这两方面的动机都会推动政府从竞争的利益出发对本国的保险监管进行调整。在这样一种背景下，中国保险监管机构必须认真研究国际保险监管的发展趋势，研究他国保险监管的具体做法，结合中国保险业的发展环境和发展特点，对监管体制和行为做出相应的调整。

一、国际保险监管的变迁及其发展趋势

保险监管是随着保险业的产生和发展而逐步建立起来的，而且随着保险业的深入发展，保险监管的目标、手段和内容也在不断变化、不断发展。保险监管一般是针对保险业运行中已经出现的各种突出问题而制定规范，但保险业的发展又会逐步超越这些规范，使得监管在新的历史时期某种程度上可能成为限制保险业发展的羁绊。监管成为“障碍”，走向了它自身的反面。这种情况一旦出现，就要求保险监管机构从维护保险业稳定发展的目标出发，根据新情况修订相关监管规则或制定新的法律。国际保险监管的变革就是这样一个否定之否定辩证前进的过程。

（一）以市场监管为主的严格监管

19 世纪后半期，西方各主要资本主义国家随着近代国家形态的形成，经济突飞猛进，各国保险业也开始迈入迅猛发展阶段。但在实践层面上，保险市场一开始并不受到监管。根据亚当·斯密为代表的古典主义者的观点，价格被视为调节商品供求的“无形的手”，价格的自由竞争能自动引导资源的最优配置。受此影响，保险业也崇尚价格自由，保险公司自主定价，自由竞争。保险市场的自由竞争在英、美等国保险发展初期都维持了相当长一段时间。然而，由于在保险市场规模扩张的初期，很多保险公司过分注重价格竞争的作用，恶性价格战使得保险公司的破产风险大大增加。1835 年美国纽约大火使得该州 26 家火灾保险公司中有 23 家破产，19 世纪 70 年代芝加哥和波士顿大火又使全国 75% 的火灾保险公司破产；[1]1869 年英国艾伯特保

1　D'arcy, Stephen P. 2000, “Insurance Deregulation: The Illinois Experience”, *Deregulating Property-Liability Insurance*, edited by J. David Cummins. AEI-Brooking Joint Center for Regulatory Studies, pp. 248 – 284.

险公司破产导致众多被保险人和投资者受损。这一系列沉痛的教训使人们深刻认识到保险市场恶性竞争的危害，开始寻求对保险费率和保险机构的不正当竞争行为进行某种程度的控制。

保险监管实践始于19世纪初的美国，其最初原因就是维护当地被保险人利益而禁止外州保险公司在本州开展业务。它采取由州政府向外州保险机构征收保险准备金税的形式，并要求保险机构注册登记、定期汇报。尽管有关管理保险的法规早在19世纪初就已实施，但美国的保险监管都是由各州立法部门和州政府中的不同部门来监督的，现代意义上的保险监管则一直到1851年新罕布什尔州成立了保险管理委员会才开始的。1857年，由于Ohio寿险公司纽约分公司和辛辛那提信托公司的突然经营失败引起金融恐慌，促使政府于1859年成立纽约州保险监督官委员会，其他各州也纷纷效仿，从而建立了具有现代意义的保险监管机构。随着保险公司破产给被保险人带来巨大损失，各州纷纷建立起破产清算制度以加强对保险公司破产的管理，随后会计报表等非现场监管手段也被引入。1849年，美国对保险公司产寿险合业经营的限制确立了保险业的分业经营原则；英国法律也禁止保险公司同时经营寿险与非寿险业务。

20世纪30年代大危机的经验教训使得各国的保险监管致力于维持一个安全稳定的保险体系，以防止保险市场崩溃对宏观经济的严重冲击。为此，对保险费率、保险合同条款以及保险机构的设立都制定了严格的限制规定，并且必须经过监管当局的事先审批。监管机构具有审批经营特许权、规定公司运营条件、确保足够的再保险安排、规定公司信息披露、防止公司不适当的人为控制而禁止公司承保新业务等权力。例如，英国1967年公司法的实施结果就是保险业务的所有行为都必须经过贸易局的审批，遵守其实施的任何规定。同时，各国保险监管机构还对保险资金的投资渠道进行了严格限制，以保证保险资金的安全性。例如，英国1982年保险公司法规定，保险公司在从事投资活动前，必须获得贸工部（DTI）的事前授权；业务经理必须是“合适且正确”的人；每个业务种类都要分别审批。

可见，各国保险监管当局实施以市场监管为主的严格监管的初衷在于防止恶性竞争，维护保险经营和保险市场的安全性与稳定性。但是随着市场竞争的压力，许多保险公司因保费过低和未来赔付准备金不足导致破产，很快突出了以市场行为监管为主的保险监管的不足。与此同时，过度严格监管导致保险机构效率低下，也使得放松监管的呼声越来越高。

（二）放松监管与偿付能力审慎监管的加强

随着保险市场日益全球化和国际化，国际保险市场日益形成，进一步增加了保险监管的难度。在金融监管放松的大趋势下，各国也都纷纷放松保险监管，这又导致保险市场竞争程度的加剧，保险产品价格大起大落，原有以条款费率等市场行为监管为主的监管制度的作用日趋弱化，这就迫使各国纷纷寻求更为有效的监管方式，从而带来偿付能力监管地位的日益上升。

1. 市场监管的放松

随着全球经济的一体化发展和金融保险市场竞争的加剧，20世纪70年代中后期，过度严格的保险监管造成保险机构效率下降和发展困难，使得各国的保险监管当局开始注重效率问题，国际保险业开始了放松监管的进程，主要表现为：（1）放松对保险机构设立的限制。打破保险市场的进入壁垒，从而促进保险市场效率的提高。除了放宽对国内保险机构的设立标准外，各国还开始纷纷放松对外国保险机构进入本国保险市场的管制。（2）放松费率管制。费率管制的放松，增强了保险市场自由化的程度。（3）放松对保险产品的监管，随着人们保险需求的增多，保险机构加大了保险险种的创新力度，这就促使监管当局不得不放松对险种的管制。

1994年7月1日欧共体第三代保险决议生效，决议最重要的内容是保险人和被保险人可以自由决定费率和条件，监管当局的监管目标仅限于保险公司的偿付能力。在亚洲，日本、菲律宾、印度尼西亚等已取消了非寿险费率表。而美国的保险监管更是致力于为保险公司创造宽松而健康的市场环境。在市场经济条件下，各国监管部门普遍认为保险合同条款与保险产品价格是保险公司与投保人双方的事情，应由双方自行解决，政府不应过多干预。同时认为，政府应该最大限度地发挥市场作用来实现自由竞争和保险产品创新。

2. 偿付能力监管重要性的提升

市场强烈的利益驱使以至于20世纪80年代美国曾出现了消除金融企业与非金融企业界限的呼声，结果产生了一系列不良后果。1975年至1990年，美国有140家寿险公司丧失偿付能力；仅在1989年一年，就有27家寿险公司偿付能力出现问题。1997年至2001年，日本有7家寿险公司宣告破产或重组，引发日本寿险业严重的市场信心危机。而与此同时，市场监管对于预防保险公司偿付能力不足的无效也使得西方各国的保险监管制度普遍由传统静态监管向现代动态监管转变，保险监管进入对加强保险偿付能力监管的阶段。英国通过对保险公司资产和负债及其匹配关系的监管，实施对保险公司偿付能力的监管。美国则采用监管风险资本的方式，对保险公司偿付能力进行监管。各国纷纷建立和完善保险偿付能力监管制度。

（1）美国。美国实行州保险监管为主的组织架构，保险公司的条款费率需报送州保险监管署（State Insurance Department）批准，监管部门主要对保险公司的市场行为和财务状况进行监管（Market Conduct Examination and Financial Examination），但从20世纪80年代末开始，美国保险监督官协会（National Association of Insurance Commissioners，NAIC）强化了对偿付能力监管的研究，1992年开始推行强制的偿付能力监管标准，并要求各州实施。21世纪初，又从风险资本的角度对保险公司的偿付能力做出了更为详细的规定。

（2）欧盟。欧盟各国的保险监管制度原来各不相同，德国侧重保险合同条款和保险费率的监管（Tariff Regulation）；英国则长期本着“最小干预，最大支持”的原则，对公司市场行为基本采取不干预政策，如保险公司的保险合同条款内容、费率和佣金高低等均由公司自由决定，因而以偿付能力监管为主。随着20世纪70年代开始的欧盟保险市场一体化进程的加快，欧盟各成员国在监管模式上迅速向英国靠拢，各成员国在偿付能力监管标准上已逐渐趋于一致。目前，在欧盟各国原有监管制度基础上建立起来的多国监管的保险监管制度模式，实现了公司设立自由、服务自由和资本流动自由，其取向是以自由市场为基础，实现充分竞争和较为宽松的监督控制，控制的重心便是保险公司的偿付能力，该体系重视并依赖精算体系，取消批准主义。

（3）日本。日本原来没有相关的偿付能力监管规则，一直实施典型的以费率条款和各项准备金的提存以及资金运用为主要监管内容的监管规则。除一些特殊保险外，保险市场都执行统一的保险条款和费率，禁止保险市场价格竞争。但1985年，日本在修订《保险业法》时引入了偿付能力概念，并制定了极为详细的监管标准。

（三）以偿付能力监管为核心的三支柱新监管框架

自2001年12月美国爆发历史上最大的公司丑闻安然（Enron）事件以来，一些国际上著名的大型企业集团接连陷入危机，包括TYCO、Globe Grossing、Adelhpia电信、世界电信（Worldcom）、施乐（Xerox）、瑞士信贷第一波士顿银行、美林证券以及安达信会计师事务所（Arthur Andersen）等，导致严重的国家信心危机，并使公众开始关注公司治理状况。与此同时，几乎所有被发现有问题的金融保险机构中，糟糕的公司治理结构几乎是其中的共性之一。随着全球经济一体化发展和世界经济环境的变化，从公司所有者到管理层和监管者都开始认识到：良好的公司治理是企业提高经营绩效、保证市场体系有序高效运行和稳健发展、提高监管制度有效性的微观基础。因此，国际保险业对如何建立有效的公司治理给予了越来越多的重视，全球范围内掀起了改善公司治理的浪潮，许多国际组织、政府组织、非政府组织和公司纷纷制定了各自的公司治理原则或指引。加强对保险公司治理结构的监管也同时成为了国际保险监管制度的大势所趋。国际保险监督官协会（IAIS）于2002年颁布的《保险公司治理结构指引》和2003年颁布的《保险监管核心原则》等保险公司治理国际经典文献对保险公司治理准则提出了详细要求；2005年4月，经济合作与发展组织（OECD）发布《保险公司治理结构指引》；2005年，国际保险监督官协会维也纳年会进一步将公司治理结构监管确立为与偿付能力监管、市场行为监管并列的保险监管制度的三大支柱之一，确立了以偿付能力监管、公司治理结构监管和市场行为监管为三大支柱的新保险监管制度框架（见图1）。

偿付能力监管不只是单纯集中于最低资本充足要求的简单计算。A. M. Best指出，20世纪90年代保险公司破产的主要原因是风险管理不善；Sharma对1996年至2002年欧盟区域内破产保险公司的调查分析也得出了类似结论。保险审慎监管制度体系的建立和完善需求促成上述三支柱新监管框架的形成。保险的审慎监管体系必须包括完整系统的监管工具和方法，风险管理应该由任何监管体系的关键成分。新框架首次将监督检查和市场约束机制纳入偿付能力额度监管中，让更具弹性的方式和市场力量来促使保险公司稳健、高效经营并保持充足的偿付能力。

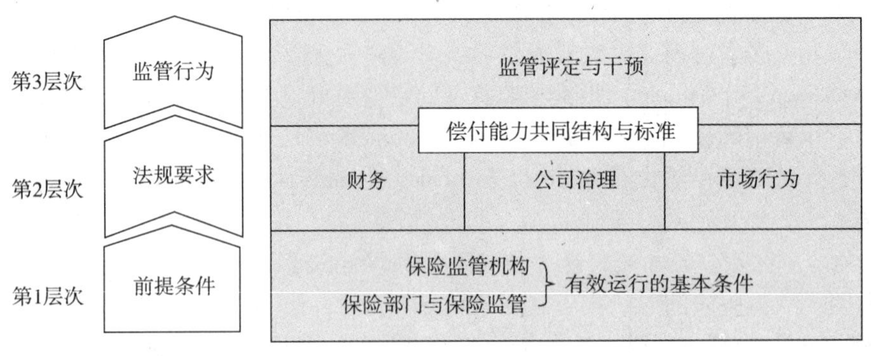

图1 IAIS三支柱保险监管制度框架要点

三支柱监管体系是将资本（偿付能力）监管的基于规则、监督和市场的方法相结合，彼此之间互相补充，单独的一个支柱的保险监管是不充分的。其一是要把偿付能力监管作为保险监管制度的核心，有效发挥偿付能力监管在规范市场竞争，防范和化解风险方面的核心作用；其二是加强公司治理结构监管，充分发挥公司治理结构监管在提高保险企业素质，促进保险业可持续发展方面的重要作用；其三是强化必要的市场行为监管，不断改进现场和非现场检查的方式和方法，使市场行为监管成为维护保险市场秩序和保护保险消费者利益的有力屏障。其中，偿付能力监管的重点包括偿付能力和资本充足率方面；技术准备金的估价和充足性；资本的形式；投资以及财务报告和信息披露等。公司治理监管的重点是董事会、董事、高级管理人员和其他有关组织方面领域的治理程序与控制；董事与管理人员的测试；包括风险管理在内的行政、组织和内部控制；守法、股东关系以及集团结构引起的治理风险等。市场行为监管的重点包括保单销售和处理过程中与消费者的关系，保险人作为机构投资者的行为，以及与市场和保单持有人有关的信息披露等。[2]

现代保险监管制度的三大支柱框架中的每个要素内容都是相互依赖、相互作用的。为了保持框架的稳定与有效，某一要素规定的放松就意味着其他要素应加强措施。但是，每个框架要素的最低范围水平都需要足够的精确细致，并成为国际性的标准。三支柱的协调使用体现了新框架的精髓，其考虑了各监管要素间相互依赖性的最低范畴从而在总体上确保整体监管框架的可靠性，是区别于以往任何监管制度模式的核心所在。

二、国际保险监管变迁的启示

1. 偿付能力监管已成为保险监管制度的核心内容

综观保险监管规则的变迁选择及各国保险监管实践，保险公司偿付能力监管已成为保险监

2 IAIS, *New Framework for Insurance Supervision*, October 2004.

管制度内容的核心，这也是各国为了切实保护保险消费者利益、提高保险市场稳定与效率，进而实现保险资源有效配置目标而做出的共同选择。其中，偿付能力额度已经成为世界各国偿付能力监管的核心内容，尽管形式上有所差异，但本质是一致的，即要求公司的资产和负债相匹配，要求公司具有与其经营风险相一致的自有资金；并都将投资风险作为偿付能力管理和监管的重点，对保险资金运用的投资渠道和投资比例做出了不同宽严程度的限制。[3] 同时，各国几乎都采用非现场检查和现场检查两种方式对保险公司的财务进行严格监管，并建立起保险监管信息系统和风险预警制度，以便及时监控与偿付能力高度相关的财务指标，如资本金和盈余率、总收入和净收入、投资收益率、保费变化率等。此外，对于偿付能力监管的技术也还在改进之中，动态偿付能力测试正逐渐成为一种时尚。现代保险产品创新产生的大量利率敏感型产品（如万能保险、投资连接保险等）使得传统基于保守死亡率和评估利率的法定准备金公式难以衡量保险公司为承担其保险责任所需要的资金，也使得偿付能力额度、风险资本等静态评估方法难以衡量公司变动中的偿付能力状况。因此，保险监管部门的精算师们提出了资本充足性分析的概念，最常用的方法是现金流测试，即模拟在不同经济环境下，公司在未来一段时间内的每个测试点上，资产收益和保费收入是否能够满足赔偿和给付，以及各项费用支出所需的现金流，测试公司责任准备金的充足性及其匹配资产的流动性和市场价值。目前，欧美已有许多国家采用这种方法。

2. 宽松监管模式的慎重选择

保险监管放松趋势形成了世界各国所谓严格监管与松散监管两种制度模式。所谓严格监管，其实是指传统的保险监管模式，对市场行为和偿付能力实行双重监管。在此模式下，保险监管机构对保险活动的过去和现在实施全面监管，既包括对市场准入的限制，对保单条款和保险费率的管理，还包括对涉及偿付能力方面的投资监管等。而20世纪70年代中后期开始的放松监管趋势带来的松散监管模式则着重监管保险公司的偿付能力，对保险机构设置、保险产品和费率、保险业务的监管较为宽松。

事实上，这两种宽严程度不同的监管模式各自所具有的利弊，使得它们分别可以适应不同发展阶段的不同国家或地区。一般地，实行严格监管有利于保证保险公司的财务稳健，规范和控制保险市场，防止恶性和过度竞争，因而常常为保险发展处于起步阶段、公众保险意识薄弱的发展中国家所采用。但过于严格的监管会限制保险市场中的很多活动，并且往往因为管得过多而降低监管效率，在一定程度上妨碍保险市场的创新，使得保险市场的发展速度减缓。而松散监管强调以确保保险公司的偿付能力为中心而放松其他监管，所以在一定条件下有利于加快保险市场的发展。但其前提条件是监管法律的健全、运行体制的完善以及市场发展的相对成熟，所以多为保险市场发展较为成熟的国家或地区所采用。松散监管与严格监管没有严格的区别，并且存在着相互靠近的趋势。一个国家是采用松散监管还是严格监管，应该考虑本国保险市场的实际情况与发展程度，同时还要结合本国的政治、经济与文化特点。

3. 重视对保险竞争环境的改善

总体而言，发达国家的保险监管有放松的趋势，主要表现在对保险资金投资领域的放宽，对保险企业兼并和上市的支持以及对金融综合经营的推动。在欧洲，自欧盟框架指导原则于1994年实行后，保险资金的投资就有了更大的自由度，可投资于金融衍生产品如期货、期权等。而在美国，其监管更是着力于为保险公司创造宽松而健康的竞争环境。仅就立法来看，《金融服务现代化法》中的保险专章规定就强化了联邦保险监管机构及其职能，而各州在保险

3　竞争激烈、承保能力过剩导致保险费率下降，从而出现承保利润为零甚至为负数已存在于国际保险业发展过程中。因此，世界上主要国家的保险业都将保险资金运用视为保险公司的第二生命线，保险资金成为现代保险公司盈利的第一渠道。对资金运用进行监管的目标是在遵循安全、流动和收益三性原则、保证保险公司偿付能力的前提下，允许保险公司追求自身利润的最大化。

领域各自不同的有碍保险业跨州发展的限制则被相应削弱，有利于保险业竞争范围的扩大。

需要特别指出的是，放松市场监管不等于不监管。各国在为保险业争取宽松竞争环境的同时，也同样在推出防范风险措施。由于保险市场的破坏性竞争具有的明显危害性，因此即便在采取偿付能力监管制度的国家，对保险产品费率的拟定也规定了原则性的要求，例如，合理性、足够支付预计的损失和费用，在不同客户群中不得采用不公平的歧视等。过度竞争会导致保险公司丧失偿付能力，从而危及社会公众利益，而保险行业具有的延期履行特点，也导致保险公司可能产生牺牲未来的公众利益以换取现在的经营繁荣的倾向。因此在放松对市场行为监管的同时，各国规定如果保险条款和保险费率违反了法律、法规和社会公共道德标准，或有不公平行为时，保险监管机构都可以要求保险公司予以纠正。

4. 不同监管制度的选择和取舍

市场结构的监管和对市场行为的监管直接作用于市场主体和市场机制，属于政府的直接监管，包括对市场准入退出、经营技术、产品与服务、产品价格的管制（如执照许可、组织形式规定、所有权归属、业务限制等），突出表现是对市场准入和保单条款、费率的监管。而对市场绩效（偿付能力）的监管，则主要是通过加强信息披露和审慎业务经营规则[4]要求，提高市场透明度来对保险公司的偿付能力进行监管；监管主要集中于偿付能力有关的环节，而放松对保险产品、费率、业务、准入的条件约束。一般来说，实行直接监管有利于保险公司的财务稳定和保险市场的声誉，有利于保险市场的规范和稳定以及保险市场的有序竞争。但这种监管方式并不能有效防范市场风险，因为公司经营上的风险是多个经营参数的综合反映，取决于公司的资本积累、业务质量和发展速度、再保险安排、资产质量等，限于资源约束的市场行为监管不可能综合考虑所有风险因素。同时，市场结构和行为的监管在较大程度上侵犯了市场经营主体的自主经营权，扭曲市场机制作用的正常发挥。在这个意义上，此监管方式是一种限制竞争的政策，对产业和市场的发展具有消极的影响。市场结构和行为的严格监管政策会阻碍有竞争力企业的进入，降低原有垄断企业的经营效率，导致正式或非正式的串谋协议，损害消费者利益。此外，因缺乏对制度执行者的有效监督机制，往往还可能引发某些政府寻租活动。

因此，西方成熟保险市场国家主要以保险公司的偿付能力监管为主，而对保险市场的准入、保险价格放松约束条件，鼓励市场竞争，实施反垄断政策。西方保险学者认为“保险市场是竞争性的，可以支持各种规模的保险人。即使是小规模的保险人也可以成功地与大型保险公司竞争，或者是作为谨慎的小范围参与者，或者进行技术开发。随着市场广度和深度的增加，可以对因规模经济引起市场失灵少些担心。”但是，过度竞争也会导致保险市场效率的下降。比如美国和英国对保险市场的监管比欧洲和日本宽松，因而市场竞争更激烈。但美国保险公司的破产数占全世界破产保险公司总数的2/3，而英国保险公司的破产数位居欧洲之首。因此，有人据此指出：国家对保险业监管越严，保险业获得的利润越高，业务经营就越稳健；监管和公司利润变化、破产风险是相互联系的。因此，很难从理论上直接判断对市场结构、行为监管的取舍，关键还在于本国保险市场的发展程度和经营环境，产业监管制度与产业市场之间存在互动关系。也就是说，必须结合本国实际情况来选择保险监管内容与监管范围。

三、中国保险监管的现状

中国保险业的发展历史较短，相应地，中国保险监管的历史也不长。但是，在短短的时间内，中国保险监管基本上建立了一个集中统一的保险监管组织体系，建立了保险监管的法律法

4 通过资产与负债监管、多样化的规则、限制关联交易或完全限制特定种类的资产来控制资金运作风险。主要包括技术准备、资产负债准备、风险敏感性、管控标准、最低资本、风险管理、再保险安排、衍生工具头寸控制、偿付能力评估等审慎性规定。

规体系，并开始积极向以偿付能力为主的保险监管转变。

1. 加强监管机构自身建设，建立了集中统一的保险监管组织体系

1998 年之前，中国保险业的监管职能由中国人民银行下属保险司行使。1998 年 11 月 18 日，中国保险监督管理委员会成立，专司保险监管职能。这标志着我国保险监管走向了专业化、独立化、规范化的新阶段。中国保监会的主要职责是：拟定保险业发展的方针政策、法律法规、业内规章、行业发展战略和规划；依法对全国保险市场实行集中统一的监督管理；对保险企业的设立和经营活动进行监督管理和业务指导，依法查处保险机构和从业人员的不正当竞争等违法违规行为；防范和化解保险业风险，维护保险市场秩序。从 1999 年开始，中国保监会在各省、自治区、直辖市和深圳市设立派出机构，到 2001 年 4 月，派出机构全部设立，全国保险监管组织体系开始逐步形成。2003 年 3 月，十届全国人大一次会议通过了《关于国务院机构改革方案的决定》将中国保监会升级为国务院直属正部级事业单位。目前，中国保监会下设 15 个职能部门，分别行使相应的监管职能；同时在全国省会城市和 5 个计划单列市设立了 35 个保险监督管理局，在中国保监会授权范围内行使职权、履行保监会的监管职责。至此，一个集中统一的保险监管组织体系基本建立。

保险法和国务院有关规定赋予了中国保险监督管理委员会一系列监管职权，包括审批权、检查权以及处罚权等，保监会拥有实施保险监管所必需的权利和资源。

2. 基本上建立了保险监管的法律体系

保险是涉及面比较广的一种经济活动，因此，对保险的法律规范不仅涉及保险的专业性法律法规，同时也涉及民商事法等一些相关法律。迄今为止，经过多年的努力，我国已基本建立了一套相对完整的保险法律法规体系，包括以《中华人民共和国保险法》（以下简称《保险法》）为核心的法律，国务院颁布的行政法规和保监会颁布的部门规章。这套法规体系基本涵盖了保险市场的主要方面，是市场规范发展的基础。

3. 逐步实施以偿付能力为核心的监管

我国现行的偿付能力监管一方面借鉴了美国模式，实施全方位、两层次监管；另一方面又借鉴英国模式，实施以偿付能力额度监管为核心的监管。其原因在于我国保险业起步晚，发展快，市场很不规范。某些监管制度尚未建立，而保险公司的内控制度也不完善，粗放经营特点显著。因此，我国 1995 年颁布的《保险法》规定，对保险公司的偿付能力实施两个层次的全方位监管。2003 年 1 月 1 日开始实施的《保险法》修订版继续保留了这种监管模式。对第一个层次——正常层次监管，主要体现在保险费率的监管、[5] 准备金的提存、[6] 保险公司单个风险自留额和全部风险自留额、[7] 保险资金运用[8] 四个方面的规定上。对第二个层次——偿付能力额度监管，《保险法》第九十八条规定："保险公司的实际资产减去实际负债的差额不得低于保险监督管理机构规定的数额"，具体采用英国模式。从中国人民银行（原保险监管部门）1996 年颁布的《保险管理暂行规定》到中国保监会 2003 年 3 月颁布的《保险公司偿付能力额度及监管指标管理规定》，都可以看出我国实施英国模式的偿付能力额度监管的制度特征。目前，我国已

5　《保险法》第一百零七条规定，保险业"关系社会公众利益的保险险种、依法实施强制保险的险种和新开发的人寿保险险种等保险条款和保险费率，应报保险监管机构审批"，"其他险种的保险条款和保险费率，应报监管部门备案"，明确了保险条款费率的监管制度，以保证市场费率的适当性、合理性和公平性。

6　《保险法》第九十四条、第九十五条分别规定了未到期责任准备金和未决赔款准备金的提存方法，以确保公司提存合理的资金应付承担的风险。

7　《保险法》第九十九条、第一百条规定，保险公司对每一危险单位的自留额不得超过其实有资本金加公积金总和的 10%；超过的部分，应办理再保险。经营财产保险业务的保险公司当年自留保险费，不得超过其实有资本金加公积金总和的 4 倍，以控制公司承担与其承保能力相适应的风险。

8　《保险法》第一百零五条规定，"保险公司的资金运用，限于在银行存款、买卖政府债券、金融债券和国务院规定的其他资金运用形式"。并授权保险监管机构制定具体规定，以保证保险资金安全性和保值增值。

经初步建立起偿付能力监管体系，并正逐步从正常层次、偿付能力额度层次的全方位监管向以偿付能力额度为核心的监管体系过渡。

但在加强偿付能力监管的同时，监管层对市场行为的监管也没有放松。监管部门针对保险机构和保险中介机构的具体经营行为，包括是否违反有关法规，是否损害被保险人利益，是否影响保险公司偿付能力，是否有碍保险市场发展等，建立了市场行为准则，采取有效监管措施，及时监督检查保险公司经营状况，支持合法经营和公平竞争，促进了保险公司完善经营管理和持续发展经营。

四、中国保险监管改革的若干想法

虽然中国保险监管取得了很大的进展，但毕竟中国保险监管诞生的历史还比较短，中国保险监管者对保险规律的认识还不够深刻，因此它不可避免地还存在着一些不足和问题。而且，随着中国保险业的高速发展，一些新的问题不断涌现，要求保险监管者积极应对。另外，保险业的开放也使得中国保险监管面临国际规则、他国保险监管越来越多的冲击。面对自身不足和外界的挑战，中国保险监管者只有锐意改革，积极应对，才能提高监管效率，不断适应形势发展的需要。在此我们结合国际保险监管变迁的经验，对中国的保险监管提出几点看法。

（一）实行放松管制与加强监管的有机统一，实现市场力量与政府力量的动态平衡

从国外保险监管制度的变迁经验来看，解决保险监管中存在的问题有两条基本思路：一是放松监管，即取消部分监管条款，引进市场竞争机制，尤其是把激励机制引进监管，对监管进行改良。同时根据保险监管市场环境的发展和保险业本身的演进特点适时强化某些领域的监管。国外成熟保险市场的保险监管制度的变迁过程充分论证了这一点。如在对可能引发垄断的领域（如对市场准入与产品、价格）放松管制的同时，加强对保险机构的公司治理结构、内部控制制度、信息披露制度等保护公众者利益方面的监管。二是在放松监管的同时，强调监管机构的权威性。在放松某些监管规则限制力度的同时，加强了统一立法和集中管理的程度，将对保险市场的监管纳入整个政府监管体制之中，将保险市场的发展纳入整个国民经济的发展体系之中。

借鉴成熟保险市场上监管制度改革的经验，结合我国转型经济和保险市场的实际，我国的保险监管制度改革应走放松管制与加强监管相结合的道路，建立宽严适度的监管制度，既要放松某些领域的监管，也要强化某些领域的监管，实现宏观管理下总体放松和局部强化的结合，实施与时俱进的动态监管战略。总的思路是实行放松管制与加强监管的有机统一，实现市场力量与政府力量的动态均衡。一方面逐步放宽继承原体制下建立的高度计划管制，建立起适应我国保险市场发展的监管政策与制度，并对现行监管中不完善的地方予以充实，逐步解决保险监管中的监管者越位和缺位问题，建立和完善保险经营市场化的有效竞争机制。另一方面要体现监管制度因变量与监管环境自变量的内在特征和变化方向，即保险监管制度选择要与我国现实的经济金融环境尤其是保险市场的自身现状相吻合，同时根据不断发展变化的保险市场环境、经济金融环境积极主动地做出相应的动态调整，达到政府力量与市场力量的动态均衡。

（二）远期可建立一个以市场为基础的有效的监管体制

随着监管的演变，大家越来越注意到市场在监管中的重要作用，也认识到市场和监管其实并不是简单的互相替代的关系，而是可以相互补充的，监管可以借助市场的力量来提高效率。相关研究表明，以市场为基础的有效的监管体系必须包括三个基本的要素：一是功能健全的市场；二是良好的公司治理；三是透明度——信息可获得性——披露。中国保险监管可在这三个方面做出积极改革，以适应未来保险业发展的监管需要。

很多市场都可以在保险公司的约束中发挥作用。例如，保险产品市场、经理人市场、控制权市场、股票市场等。保险监管机构要做的一方面要培育这些市场，另一方面要给这些市场发挥约束作用创造路径。中国目前的保险市场还是一个高度集中的市场，几大保险公司占据了保险市场绝大多数的份额，市场竞争基本上是垄断竞争，竞争虽然激烈但并不充分。因此，中国保险监管机构在未来还是要积极优化保险产品市场的结构，改进竞争，提高市场效率。

良好的公司治理是监管的基础。强调保险公司治理结构监管的重要性并纳入中国保险监管体系，对于实现中国保险监管的总体目标具有重要的战略意义。保险监管的根本目的之一在于防范风险，保障保险市场的稳定繁荣。无论监管保险公司的市场行为还是监管保险公司的偿付能力，都是通过自上而下的外在监管防范风险，并且这一外在监管往往是事后监管，即在保险市场出现重大风险后才能发现某些保险公司不当的市场行为或者偿付能力不足。相比而言，保险公司治理结构的监管是通过一系列制度和机制在所有保险公司内部建立风险防范的监管措施，因此具有事前监管的特点，往往能够通过保险公司内部的权力制衡和监督机制事先管控重大风险。因此，把保险公司治理结构监管纳入到中国保险监管体系并作为关键组成部分，和市场行为监管、偿付能力监管并重，将有效建立内部监管和外部监管相结合，事前监管和事后监管相结合的现代监管体系。

透明度是市场约束发挥作用的基石。市场拥有了透明度，监管者才能对保险公司做出正确的判断，从而决定其监管行为；投资者才能对保险公司拥有正确的认识，从而决定其投资行为；消费者也才能对保险公司认识清晰，从而决定其购买行为。这些行为对保险公司而言都是一种外部的约束，相关各方只有做出正确决断了，这种约束也才能起作用。从含义上来讲，透明度实际上是一个相对信息的概念，强调的是信息的真实性、充分性和及时性，其衡量尺度包括信息披露的广度、深度和速度三个基本维度。透明度的评价标准一般有以下三个方面：信息披露的真实性、充分性、及时性。信息披露的真实性要求保险公司对重大事件做出与事实相符的真实记载、无误导性陈述，在披露信息时不得发生重大遗漏或不正当披露信息的行为。信息披露的充分性要求保险公司对全体投资者不得隐瞒或忽略任何重要的信息，即要求保险公司披露的信息在内容上详尽、完整。信息披露的及时性要求保险公司应该及时地依法披露各项有关重要信息。

（三）实施分类监管，对某些优秀保险公司放松管制，强化市场约束

分类监管是国际通行的一种监管方式。美国对保险公司的监管就贯彻了分类监管的思想。美国偿付能力监管采取的风险资本法，在这种监管中就采取了分类监管的做法。美国保险监督官协会的《保险公司风险资本监管法案范本》规定，将保险公司按风险资本进行分级，一共分为四级，每一级采取不同的监管措施。[9] 在美国各州的监管中，各州监督官一般都利用包括资本和盈余变化率、投资收益充足率、认可资产比率、保费变化率、资产组合变化率等在内的一些指标，对本州内寿险公司综合考评并将公司分为三类：第一优先类（First Priority），即重点监管；第二优先类（Second Priority），即次重要监管；无需优先类（No Priority），即一般监管，无需过度关注。同时，分类监管也是适合显示需要的一种监管方法。保险公司有不同的规模、不同的资产和负债结构、不同的风险特征，对他们不加区别地实施统一的监管要么导致监管过

9　当风险资本比率位于150%～200%时，属于公司行动级，这时保险公司应当向监管部门提交风险资本计划，说明引发事件，对未来的财务状况进行预测，并提出未来的纠正措施。保险监管部门可以对保险公司递交的风险资本计划做出接受或不接受的决定。当风险资本比率介于100%～150%时，为监管行动级，这时监管机构要对保险公司的资产、负债和运营情况进行考察或分析，并进而签发纠正命令，要求保险公司采取纠正措施。当风险资本比率介于70%～100%时，为授权控制级，保险监管机构可采取必要的行动，将保险公司置于重整和清算法案的监管控制之下。当风险资本比率低于70%时，为强制控制级，监管机构可接管保险公司。

严，要么导致监管过松，监管反而可能干扰了市场。

实施分类监管有两个重要的环节。第一个环节是对保险公司进行分类，这种分类应该基于一个综合的指标体系，包括资本、偿付能力、公司治理、信用评级等。建立一个科学的指标体系至关重要。第二个环节是对分类后的保险公司建立相应的监管内容。目前对优秀的保险公司可以放松监管，鼓励发展；对那些分类较差的保险公司则要积极关注，加强监管，必要时采取一定的纠正措施。当然，分类监管的目的并不是单纯的监管，而应该是通过监管鼓励差公司向好公司转变。因此，除了监管差异外，分类监管还必须配以相应的激励措施，即通过一定的政策激励保险公司努力向优秀保险公司靠拢。这些政策可以集中用于允许优秀保险公司开展新业务，开辟新的投资渠道等。

在我们的设计中，分类监管并不仅仅是监管方式的变化，它还有一个特殊作用，那就是探索对优秀保险公司实施以市场为基础的监管，从而为中国保险监管的改革探索出一种新的出路，为中国未来建立以市场为基础的监管体系奠定实践基础。这一点不容忽视。

五、完善中国保险监管的政策建议

针对我们对中国保险监管改革的总体思路，我们对中国目前的保险监管提出以下政策建议。

1. 继续加强保险监管机构自身建设，强化监管培训

监管是由人来制定和执行的，因此，人是监管工作的关键。在保监会建立了相对完善的组织体系和组织机构后，在自身建设上起重点就应转向软件建设，即加强对人员的监管培训，提高监管人员的监管知识水平和监管业务水平。这种培训可以借助国际力量，[10]也可以借助学界力量。

2. 修改完善保险法律法规体系，为保险监管提供完整的法律基础

中国目前虽然已基本上搭建了一个保险法律框架，但是一方面这个框架还缺少一些骨架，例如，针对保险公司信息披露、保险公司市场退出、精算师、资产管理等的法律规范；另一方面现有的法律法规也还存在很多落后于保险发展实践的地方，还有很多与保险发展相抵触的地方，迫切需要进行修改。因此，保险监管机构一方面要对现有的保险法规进行系统性整理，找出落后进行修改；另一方面要比照国际上其他国家的保险法规，适合中国保险业发展的实际需要，尽快制定一些新的法律。

3. 改进保险市场结构，努力建设一个竞争充分、结构完善的保险市场

加强保险市场结构的监管不仅是保险监管自身应有之义，而且一个竞争充分、结构完善的保险市场能大大减少保险监管的压力，为保险监管的有效实施提供市场基础。我国保险市场脱胎于计划经济体制，是从原来一家垄断经营的市场结构中逐步演变过来的，现有的市场结构仍然存在着过度集中、资源配置低效率问题，将对保险产业的发展带来负面影响。为此，我们首先要建立一个无歧视的具有较高透明度的市场准入制度，鼓励符合要求的各种资本进入保险市场；继续推进费率市场化，鼓励保险公司进行产品创新，适当放松产品监管，减弱保险公司之间的同质化竞争，提高竞争程度，改善竞争效率；限制和消除保险公司的反竞争行为，建立反垄断政策。

4. 加强公司治理监管

公司治理的概念在国际上早已有之，但真正在全球范围内兴起是在20世纪90年代。就我国来说，长期以来并无专门的保险公司治理法规，与之相关的也散见于《公司法》（该法

10 国际保险监督官协会有一定的经费也有相应的内容来实施对发展中国家的监督官的培训。

结合中国国情诠释了现代企业制度和公司治理的一些基本原则并提出约束性要求）；以及《中华人民共和国保险法》对保险公司的治理的一些原则性要求。2001年中国加入世贸组织给中国保险业的竞争注入了新鲜活力，中资保险的股份制改造全面启动，保险公司纷纷上市，公司治理在实践中才被提高到战略层面予以推动。[11]但直至2006年年初，中国保监会才发布我国第一个专门关于保险公司治理结构监管的规范性文件《关于规范保险公司治理结构的指导意见（试行）》，初步确定了我国保险公司治理结构监管的框架体系，保险公司治理结构监管在我国还处于起步和摸索阶段。

未来要推动公司在保监会出台《中国保险公司治理结构指引》等规范性文件的基础上，结合自身实际情况建立规范的公司治理结构。首先，保险监管机构应要求保险公司定期对公司治理结构的状况进行报告和说明。其次，保险监管机构可以建立一套完整的保险公司治理评价体系，依据这一体系定期对各家保险公司治理结构进行考察评价并根据评价结果随时对保险公司提出指导性意见。对于治理结构上出现问题的保险公司，保险监管机构应给予警告，并限期改善公司治理结构；对于治理结构上出现极其严重问题的保险公司，甚至可以要求其暂停保险业务经营。此外，保险监管机构还可以将公司治理评价的结果与其他政策结合起来，让公司治理优异的保险公司更多更早地享受一些新政策，这样可以极大地推动保险公司完善优化公司治理的积极性。

5. 加强辅助体系建设，提高偿付能力监管的有效性

目前我国采取的是以偿付能力额度为核心的偿付能力监管，对于这一技术大家都有不同的看法，我们在此不做讨论。但是中国的偿付能力监管目前有两个环节是存在问题的，制约了偿付能力监管的有效性。一个是偿付能力监管辅助系统建设的落后。财务信息和数据的一致性、真实性和及时性是保证偿付能力监管有效的基石。尽管保险监管机构近年来在逐步完善相关制度规定，财务信息和数据的一致性在一定程度上得到了完善，但差距仍然很大。虚拟保费、虚假赔案甚至“小金库”在一些地方保险公司时有发生；保险公司各级分支机构通过磁盘层层报送财务和业务数据，再由总公司统计汇总以磁盘方式报送保险监管机构，数据采集和传送的这一流程存在手工程序，很难保证数据的真实性和可信度，辅助系统建设的落后大大削弱了偿付能力监管的有效性。另一个是，监管制度的严肃性和权威性欠缺。尽管我国监管制度对实际偿付能力额度低于最低偿付能力额度的保险公司规定了若干条监管措施，但这些规定存在一些操作性障碍，削弱了偿付能力监管的严肃性和权威性。而且在我国保险公司的退出壁垒较高，即使当保险公司出现偿付能力问题时，保险监管机构也可能左右为难，最后往往是监管机构被迫让步、妥协，很难让其退出市场。这种做法在客观上纵容了部分保险公司不顾公司对保险客户的责任，法人缺乏对偿付能力的责任心，出现只关心保费收入而忽视公司偿付能力的短期行为。最终严重削弱了我国偿付能力监管的严肃性和权威性，偿付能力监管难以真正落实。这两点不改变，偿付能力监管的有效性就没法提高。

6. 建立保险机构信息披露制度，提升市场透明度[12]

要加快推进我国保险机构的信息披露制度，使其走上制度化轨道，以合理、充分、有效的

11 2003年以来，中国人民保险公司、中国人寿保险公司、中国再保险公司、中华联合财产保险公司（原新疆兵团财产保险公司）等国有独资保险公司先后完成重组改制。2003年11月6日中国人保在香港上市，成为中国第一家在境外上市的国有金融企业；12月17、18日中国人寿在美国纽约和中国香港两地上市，创造了2003年国际资本市场IPO最高纪录；2004年6月24日中国平安保险（集团）股份有限公司在香港上市，成为第一家以集团形式在境外上市的金融企业。

12 在这方面日本是一个教训。日本在东南亚金融危机之前对保险公司的信息披露并不重视，东南亚金融危机后日本几大世界知名寿险公司披露出来的经营状况及其最终破产，使日本保险界大受震动，在信息披露方面进行了大力改革，不仅通过立法确立了“经营信息公开”原则，还通过《经营信息公开标准》和每年需修改补充的《经营信息公开纲要模式》量化了保险公司的信息公开时间、公开方式和公开内容。

信息披露要求提高保险公司透明度，放大保险机构的自我风险管理效应。[13]有效的保险公司信息披露与透明度框架应当包括以下几个组成部分：第一，信息披露程序框架。保险公司信息披露应与公司业务流程、监管当局的控制框架因其多层次的综合传递而呈现纵向一体化特征。第二，信息披露的对象体系。保险公司信息披露的对象为监管当局、投保人与被保险人等保险消费者、投资者（股东）等广大市场参与者，市场参与者们通过获得足够的保险公司财务和运营信息来行使各自的权利。第三，信息披露的内容体系。信息披露的内容包括该保险公司有关财务状况（如资本状况、资产负债匹配、偿付能力等）和经营业绩的定性和定量信息，以及产权结构、风险敞口、风险管理策略、公司管理层与公司治理等方面；不仅要披露定性的信息，而且要披露定量的信息；不仅要披露核心信息，还要披露附加信息。第四，完善信息披露的法律、准则体系。通过法律法规建立强制性的信息披露制度，使保险公司及时、准确、全面、公开地向公众披露信息。第五，信息的分布结构。信息的层次性表现为内幕信息、有限披露信息和完全公开信息，信息披露制度的实施会影响信息分布的结构。

7. *积极发挥第三方力量，促进政府监管与行业自律、社会监督力量的有机结合*

在各国保险监管体制中，政府监管与自律监管、社会各方监督力量始终是融合在一起的，只不过在不同监管体制中的各自定位及其相互结合的程度和方式不同而已。任何国家和保险管理体制都必须依赖自律机构、社会监督完成对市场的一线监管活动，弥补政府监管因监管成本过高和政府失灵所造成的监管效率的不足。

为此，首先要充分发挥保险自律组织的职能，保险监管机构可授权自律组织根据实际情况，制定统一、规范的行业标准；授权制定指导性费率和条款；审批中介人员的从业和执业资格。同时，可借鉴国外经验，培养专门的纠纷解决人员，设立专门保险市场的纠纷处理机构。[14]保险监管制度的设计应充分利用自律组织的优势，授予其一定的权力，例如，定期评价会员的经营服务标准和信誉等级、定期对会员单位进行考核和检查、定期披露违规经营和违法行为的权力等。对优秀从业人员和公司进行表彰宣传，对违规机构和人员采取警告、公开谴责、扣罚违规金等措施，将部分具体市场行为的监管下放给自律组织，节约有限的监管资源，充分利用市场力量解决市场问题。

其次要充分发挥中介机构和专家的力量。在国际上，审计师、精算师在保险公司监管中发挥着重要的作用，他们可以作为一支与保险公司直接接触、奋战在保险公司已显得监管力量来加以使用。但我国利用精算师对保险机构进行监管刚刚起步，对外部审计师等的利用几乎是空白。未来一方面要发挥外部审计师、精算师在保险监管中的作用，对如何利用外部中介机构实行保险监管建立相应的制度和法规；同时也要加强对这些中介力量的监管。

评级机构也是保险监管可以借助的重要力量。对保险公司的外部评级是预防性监管的重要措施和保险风险预警的有效方法，也是国际保险监管的一个重要经验。保险监管机构应充分利用保险评级机制，通过引入国际标准测定保险公司的投资风险、信用风险、承保风险和表外风险程度，利用保险公司的各种变量对其偿付能力进行动态模拟监测，对达到风险临界点的保险公司起到预警作用，并定期向社会公布评级结果，作为投资者和消费者选择的标准。这样可以形成对保险公司的外部约束，使得保险公司有动力按照审慎性原则加强公司内部风险的监控，避免由于保险公司的财务破产给投资者带来的损失和给市场带来的波动。鉴于评级机构在市场中的影响力，我们必须建立评级机构的认证机制。这里可以借鉴巴塞尔委员会对评级机构的认证标准：（1）目标性；（2）独立性；（3）透明性；（4）可信性；（5）国际评估；（6）资源；（7）认证。

13　肖春海：《金融混业经营条件下的金融监管》，247页，北京，中国财政经济出版社，2003。

14　英国、美国等保险业发达的国家在解决涉及保险纠纷问题上，拥有专门的保险市场纠纷处理机构，用以处理客户和会员公司，以及会员公司之间的纠纷，在实践中收到了很好的效果。

8. 建立完备的市场退出机制与多层次风险救助体系

保险企业的破产和退出是市场竞争的自然结果，是行业中“效率转移”的指示器。随着保险市场对内开放和对外开放深度与广度的推进，我国保险体系将日趋多元化、多层次，以适应市场经济发展过程中各种微观主体多元化的保障、储蓄、投资需求。对应于新兴中小保险机构存在的经营风险和道德风险，建立一个事前的、完备的退出机制和多层次经济失败救济体系非常重要，而在危机中快速、灵活、果断的非常行动将问题保险机构退出市场更是一项重要而艰巨的任务。首先，采取有效措施恢复经营困难保险公司的经营能力。制定定性问题保险公司的量化判断标准；明确规定对陷入困境保险机构的管理问题，确保监管机关拥有足够权力可针对性地处理有关问题，如确认保险机构无力偿还债务的标准、通过重组恢复偿债能力的条件、可以采取的补救措施等，从而通过采取整改措施，帮助其摆脱经营困境，恢复正常的经营活动。其次，建立保险市场主体的退出机制。根据我国保险业的发展状况，制定符合保险业实际的破产规则；完善相应的配套制度，如保险消费者利益保护的具体办法、破产保险公司未满期保险合同的处理、合同转移、业务转让及委托财产管理办法以及破产机构清理和清算的具体程序、措施及处理等。最后，完善保险保障基金的作用。虽然我国《保险保障基金管理办法》已于2005年1月5日由中国保监会发布，构建了我国保险业防范和化解风险的一道重要防线，[15]但监管制度应重视解决如何在现行法律框架内，加强保障基金的管理和运作，避免这一保险安全网的建立可能引发的保险机构道德风险问题。[16]

9. 关注综合经营，加强监管合作，积极应对综合经营所带来的监管问题

伴随着中国金融市场的开放，中国整个金融体系将面临着根本性的变革，全面提升我国金融能力是竞争的关键。在与国外混业经营较量的过程中，我国金融发展的速度将显著加快，金融结构，特别是金融业务结构和金融市场结构将发生深刻的变化。在这一背景之下，银行、证券、保险之间的沟壑将越来越浅，他们之间的合作将通过各种管道得以加强，综合性的金融集团也将随之出现。这种工具的复杂和机构的庞杂，将给中国的保险监管带来极大的挑战。在金融服务业从分业经营向综合经营过渡的时期，由于业务混合的发展要先于业务监管的发展，造成金融监管的滞后，容易在某些领域形成监管空白，引发金融风险。保险监管机构应积极关注跨业合作和综合经营带来的一些风险问题，如在金融控股公司形式下，金融机构的资本充足率的问题；在综合金融条件下，金融机构的内部风险控制机制的建立问题；金融控股公司内部不同业务之间的“防火墙”的设置问题；不同金融业务之间的风险传递问题、利益输送问题、关联交易问题；以及金融机构之间相互投资的问题等。从西方发达国家的综合经营实践来看，其金融风险的控制无不依赖于完善的监管制度，金融监管逐渐由原来的分机构监管向功能监管转化。

10. 加强国际监管合作，在国际监管中维护国家利益

从国际上来看，随着金融全球化进程的日益推进，国际金融监管合作将成为一个不可阻挡的趋势，从中国国内来看，中国金融的日益开放和国际化也提出了加强国际金融监管合作的内在需要。加强金融监管的国际合作已经变得必不可少。但同时我们也要清醒地认识到，国际金融监管合作并不是一个简单的技术问题，它代表的是国家利益，其背后是复杂的国际关系，因此，在加强国际合作的进程中，我们必须立足本国，面向世界，要有谨慎而又有效的对策。首先，要积极推进双边金融监管合作。要积极加强双边合作，建立定期会晤机制，建立定期信息交换制度，达成实质性的监管合作协议，以约束性更强的协议形式来明确合作的责任和义务。其次，推动区域金融监管合作，提高在区域金融中的领导地位。中国应该充分利用与东盟国家

15　《保险保障基金管理办法》的出台，改变了过去保险保障基金的保障面过窄且均由各个保险公司自行管理、保障基金功能发挥不尽充分等情况。

16　近年来日本寿险公司连续不断的破产给“保户保障基金”造成的资金等新困难应当引起我们的重视。

的良好关系，积极挖掘与日本、韩国的共同利益，大力推动中国与东盟以及中国与日本、韩国的金融合作，并以此增强我国在东亚地区的影响力，为将来的国际金融监管合作争取更大的利益。再次，努力提高中国在国际金融监管合作中的参与度。中国要积极主动地参与国际金融监管标准的制定，要防止发达国家借国际金融监管标准谋求自身利益的企图。另外还要积极利用国际金融组织活动加强与国外监管者的交流，宣传中国金融业的发展和金融监管改革，树立中国金融监管当局良好的形象。最后，加强对跨国保险机构的监管，既要加强对在华外资保险机构的东道国监管，同时又要加强对我国保险机构海外分支机构的监管。对于在华外资保险机构而言，我国是东道国，对其加强监管，是行使国家属地管辖权的体现。要积极通过和母国的合作，及时了解母国机构的情况。对于我国保险机构海外分支机构而言，我国是母国，负有并表监管责任。要完善境外现场和非现场检查制度，在必要的时候请求东道国保险监管机构协助进行专项现场检查。

《专题卷》外方评述
(Review of Special Topic Volume)

德国专业再保险公司的监管

赫尔穆特·穆勒

一、引言

专门经营再保险业务的保险公司，称为专业再保险人或纯再保险人。

经营直接保险与再保险两项业务的保险公司，称为原保险公司。

全球各国几乎都对原保险公司进行监管。监管范围包括原保险公司的再保险业务。

至于专业再保险人，情况则有所不同。部分国家的专业再保险人完全不受任何监管，但是，其他国家对专业再保险人的监管多少有点类似于对原保险人的监管。后者采用一种简化的监管体制用于监管再保险公司，部分国家的监管仅针对国内公司，其余各国则对在其境内经营再保险业务的所有公司进行监管。

对于对原保险人进行监管而不对专业再保险人进行监管的所有国家而言，我们至少可以认为，间接监管确已付诸实施。这意味着监管机构须得监控原保险人再保险覆盖的适当性和相关再保险公司的安全性。

德国监管机构已于1991年发布了一份公告（R1/97），内附再保险分出公司如何方能查证再保险公司赔付损失的能力与意愿的指引（参见附件1）。1998年3月，经济合作与发展组织委员会通过了一份类似的倡议（《关于再保险公司评估的建议》—C-98-40终稿）。

在欧盟及世界范围内，专业再保险公司监管体制之间的协调迄今仍未见诸实践。这对再保险公司而言十分不利，因为仅仅由于几个技术性原因，再保险公司就不得不时时承担本不应由其担当的全球巨头角色（在世界范围内分散风险至关重要）。附件3（本书未收录）列出了由全球最大的专业再保险人之一公布的若干成果，这些成果以很有条理的方式阐释了专业再保险人在一个不协调的世界中须得面临的种种问题。

相关国际标准制定机构已经认识到这些问题，并试图通过促进各国立法机关的互相承认以及各国监管机构的合作来实现最低限度地协调。

欧盟去年颁布了一项关于促进再保险监管协调的指令。[1] 规定在2007年12月之前，各成员国必须颁布必要的国内法律、条例及管理规定以确保本指令的贯彻落实。

国际保险监督官协会（IAIS）已经通过了与之相关的各项原则和标准。按照国际保险监督官协会的核心原则，建议将专业再保险公司纳入与原保险人相同的监管体制之内，但基于保护消费者的管制条例均不在此列。

1　欧洲议会与欧洲理事会于2005年11月16日颁布的关于再保险及修订73/239/EEC、98/78/EC及2002/83/EC号指令的2005年第68号指令（2005/68/EC）《欧盟官方通告》，No. L 323/1，2005年12月9日。

德国于20世纪初推行集中式保险监管体制，那时专业再保险人可完全不受直接监管的约束。业界使得立法者确信，间接监管便已足够。

不过，这种观点已几经变化。不知何故，立法者决定将直接监管与间接监管结合起来，替代此前只实行间接监管的体制。但此种变化尚未涉及完全不受德国监管机构监管的外国再保险人。外国再保险人的德国子公司被视为德国公司，因此须得与其他德国公司一样遵行新体制。

2004年，德国立法者对监管再保险公司的各项规定进行了调整，以与国际标准接轨，同时回应即将出台的欧盟指令。《保险监管法（VAG）》的相关条款均已列于附件2之中。为了以德国法律的形式执行欧盟指令，对《保险监管法（VAG）》进行修正的法律草案已于2006年6月颁行于世。如前所述，新法须在2007年12月前付诸实施。

二、德国再保险监管现状

1. 许可授予

总部设在德国的专业再保险人需递交申请，并获得德国监管机构即德国金融监管局（BaFin）颁发的许可（参见《保险监管法（VAG）》第119条第1款）。也就是说外国的专业再保险公司（总部设在德国境外的公司）无需获得许可，便可像现在一样直接经营再保险业务，或通过不受德国保险监管机构监管的分支机构经营再保险业务。

作为申请的内容之一，德国专业再保险人须向监管机构呈递运营计划，内容包括：

（1）公司章程；

（2）关于企业宗旨与管理机构以及计划开展的业务范围的陈述；

（3）首个财务年度的估计资产负债表与损益表；

（4）关于可通过再保险承保的各类风险的详细资料，再保险企业计划与原保险人缔结的再保险合同的类型；

（5）德国《股份公司法》相关章节指定的联营协议；

（6）若将一家再保险企业的保险合同未满期责任、理赔受理、账目核算、投资管理或资产管理等诸项事宜的全部或大部分永久性转移给另一家再保险企业（外包），此时须附有对相关协议进行综合评估的报告；

（7）关于计划转分保类型与范围的详细资料；

（8）设立行政部门所需费用的概算；企业理应证明自身可为达到该目的提供必要资金（组织资金）；

（9）借以判断经理及董事的可靠程度与专业资质的必要信息；

（10）若再保险企业允许他人持有该企业的合格参与权益，则须附有持有者、权益数额等的特别信息（参见《保险监管法（VAG）》第119条第2节第10款）；

（11）具明关于再保险公司与其他个人或企业之间存在密切关系（下文第121（3））的各项事实。

专业再保险人理应证明其资金来源符合法律所规定的要求（参见《保险监管法（VAG）》第119条第3款）；保险保障基金的最低数额应不低于300万欧元。

许可仅能颁发给依公法成立的股份公司、相互保险社、公司与机构。且其总部必须设在德国境内。

除非申请或运营计划另有说明，否则许可的颁发不应附加限制。

可能会对许可的颁发设定更为详尽具体的要求和条件。

下列情形中监管机构有权拒发许可：

- 监管机构掌握了企业经理或董事或合格权益的持有人不符法律要求的事实；

- 呈递给监管机构的信息与文件未能提供充分的证据以证明再保险人总能履行其再保险合同的负债责任。

若监管机构掌握了妨害有效监管再保险公司的事实，则可拒授予许可（参见《保险监管法(VAG)》第121条第2、3款）。

2. 持续监管

a. 总述

涉及原保险人监管的大多数法律规定同样适用于专业再保险人（参见《保险监管法(VAG)》第121条a）。另一方面，由于再保险业务的性质，立法者与监管人员还须考虑再保险公司的特殊情况（消费者保护缺失、全球业务等）。

b. 投资规则

针对旨在确保在再保险关系中始终承担保险责任之能力的资产组合，适用于原保险人并加以适当修正后的一般性规定也可适用，条件是应在考虑相关再保险企业特殊情况的基础上，对资产组合的混合和范围的充分性进行评估；鉴于这一原因，应考虑企业的资本来源以及它的整个财务状况与集团结构。

第一句所指的资产组合由技术准备金、负债与应计利润以及因再保险关系而产生的递延收入组成；转分保人所占份额不予考虑。在确定将予以担保的保险责任额时，由分出保险人的保证金担保的负债应不予考虑。

c. 偿付能力

偿付能力要求是指欧盟非寿险指令中的此类内容。立法者已采纳德国监管机构一直坚持的观点：再保险是非寿险业务，即使再保险合同承保寿险风险。欧盟立法者已采纳了这一观点。在新指令中已预见到，非寿险部门的偿付能力规定即将运用于此。

德国偿付能力监管的细则已在2005年10月12日由财政部长以法令形式颁布。

d. 监管工具

德国的监管法律对特别干预权和一般性条款做出了明确区分，特别干预权授权监管人员颁发适当且必要的命令以阻止或纠正任何违规行为；违规行为是指某个保险企业各种行为中与被保险人利益和保险部门适用法律相冲突的行为。

就特别干预权而言，相关规定对原保险企业与再保险公司均适用。举例来说，与原保险公司一样，若再保险人的自有资金低于偿付能力额度，则须向德国金融监管局呈递一份偿付能力计划；或者，如果其自有资金低于保障基金，则须向德国金融监管局呈递一份财务计划。

关于再保险公司的一般性条款因其业务性质的不同而略有差别：监管人员可以颁发任何适当且必要的命令，以确保关于保险业务运营的适用法律与监管机构颁发的各项法令均能贯彻执行，在再保险企业任何时候都能承担由再保险合同造成的保险责任的情况下尤为如此。

e. 撤销许可

如果再保险人明确表示放弃许可，则应予以撤销。

此外，如果破产程序已经启动，则亦须撤销许可。

最后，许可应予以撤销，如果再保险人

——在签发许可后12个月内未曾使用，或

——已停止业务运营达6个月以上。

或者，许可应予以撤销，如果

——企业已不符合颁发许可的各项要求，企业在履行其法定义务方面存在严重不足，

——企业可能永久性地无法向原保险人履行其法定义务，或

——企业无法在规定时期内落实偿付能力计划或财务计划中提出的各项措施。

如果监管人员已将许可撤销，则再保险企业不得承接新业务，不得增加保额，亦不得续保现有再保险合同。

如果授权被撤回，监管机构应采取一切适当的措施来维护原保险人行使与债权相关的权益。特别是，监管机构可以限制或禁止企业资产的自由处置，并委托具有专业资质的人士管理各项资产。

如果监管机构已掌握有权拒绝颁发许可的确凿事实，则可要求解雇对此事负责的经理或董事，并可禁止相关人员继续在该行业任职，而非撤销许可。监管机构亦可要求解雇蓄意或因疏忽而违反本法规定、为实施本法而颁布的各项条例或监管机构颁发的诸条政令的经理或董事，亦可要求解雇无视监管机构警告而执意违规的经理或董事，并禁止其继续在该行业任职。

三、总结与展望

实行针对专业再保险公司的新型管理体制，德国已经向建立全球自由统一的再保险市场迈出了重要一步。

在全球范围建立财务状况良好、能充分确保原保险人安全，且可为再保险人创造出公平竞争环境的自由再保险市场的前提条件是，不同国家不同立法者能被所有相关保险监管者相互认可。只有同时满足以下三个条件，才有可能实现相互认可：

——必须建立共同的法律监管框架或至少是同类的法律监管框架；也就是说通过适当调整后，必须按照相同的方式监管各国专业再保险公司；

——再保险公司母国的监管机构足以担当此任，以避免无谓的重复监管，从而提高透明度与稳定性；

——必须在监管人员的日常管理中切实加强相关监管机构（母国与所在国监管机构）之间的密切合作，特别是信息的自由共享，亦须确保此类合作的机密性。

欧盟新近出台的再保险指令即为了满足上述三个条件。将贯彻落实相互认可原则。以最终实现无任何障碍的服务自由化。

在全球范围内实现保险业服务自由化则是举步维艰。不过，在再保险部门建立开放性市场应该是可能的。因为再保险不用考虑消费者保护，而对基本保险公司的监管则必须考虑。再保险公司的财务监管是监管人员最为基本的核心职责。

国际保险监督官协会已经公布了这一领域的诸多倡议。这些倡议旨在推动建立必要的法律框架、提高监管人员在跨境业务中的监管能力，同时加强保险监管者之间的合作。

如果各国立法者确已考虑这些倡议书，执行国际保险监督官协会的标准且遵行其原则，同时如果国际货币基金组织继续评估其实施情况并注意到相关评估结果业已公布，我们就可望近期内建立自由、有序，且能兼顾金融市场稳定、再保险公司及其客户三方利益的全球再保险市场。

同时根据等同于上述条件，即审慎性监管、再保险公司在每个缔约方所在国境内的有效市场准入、对于监管规定与再保险管理实践相互认可、并非不重要的密切合作（包括信息共享）这四大条件，国家之间就能够彼此实现再保险业服务自由化。

欧盟新指令为此开辟了康庄大道（参见第50条）。与再保险法令施行有关的德国新法律的首份草案允许实现再保险业服务自由化，总部设在欧盟之外的公司只要符合本指令的上述前提条件，亦可从服务自由化中受益。

因此，不久之后，中国的再保险人就有可能在德国提供服务，德国的再保险人也可在中国

提供服务，且无须设立机构（子公司或分支机构）。

四、附件

附件 1

R1/97 官方公告的英文译文
德国联邦保险监管局颁布
（德文版为官方权威版本）
1997 年 1 月 2 日，德国联邦保险监管局颁布如下公告：

R 1/97

公告适用对象：接受德国联邦保险监管局（BAV）监管、其总部不在欧共体或欧洲经济区内任一成员国的所有保险企业，再保险企业则不在此列。

关于再保险分出企业如何对再保险企业赔付损失的能力与意愿进行查证的指引

鉴于难以平衡的资产组合，只有通过再保险，才可能确保履行保险合同所规定的责任。直接保险企业的董事局负责制定再保险策略、选择适当类型的再保险合同与再保险企业、制订保险条款与费率表。在这一过程中，理应责令相关经理人员尽忠职守，并利用一切可供使用的信息源。

由于维护被保险人的利益并确保能始终承担保险合同所规定的责任是其法定职责的组成部分，德国联邦保险监管局一直在授权阶段（《保险监管法（VAG）》第 5 条第（2）款及第（5）款第 2 项、第 8 条第（1）款）与持续监管期间（《保险监管法（VAG）》第 81 条第（1）款），对再保险安排实施检查。有鉴于此，它也致力于使分出保险人确信，其所选定的企业、专业再保险人以及对内部再保险进行承保的直接保险人提供了最好的可能保证，即它们能够履行其已接受的责任，这不仅与其赔付损失的能力有关，而且与它们尽快赔付损失的意愿也有关。

解除对直接保险市场的监管并使得保险条款与费率表无须事先获得审批，具有深远意义，这已经引发了直接保险企业之间愈发激烈的竞争，对再保险功能的需求日益普遍，与此同时，承保范围也逐步扩大，因此潜在损失随之陡增。直接保险人调查再保险人的性质也是同样的情形。

在以下条款中，德国联邦保险监管局概括了直接保险人调查其再保险人的安全性时须履行的各项职责，并详细列出了充分调查运用的原则与标准。但是，其目的并非是给予直接保险人一份通用而详尽的标准列表，或以再保险人可被调查的内容为基础，制定应遵守的原则。

（一）基本原则

1. 公开

任何适当的调查的主要前提条件是再保险分出公司获取所有必要信息，以尽可能对再保险人做出全面的评估。

对再保险人履行合同义务的能力与意愿或其安全性做出评估的主要依据是源于业务报告、财务报表与公开账目的各类统计数据。为了对这些数字做出评估，对断定再保险人能否履行其责任而言同样重要的其他标准应纳入考虑范围。

财务报表与损益账户将与再保险人总部所在国所应用的会计系统一并分析。一般而言，数字分析应延续相当长的观察期。

2. 其他信息来源

在缔结再保险合同之前，与再保险人及其高级职员的直接接触是收集间接信息的首选方法。在无适用保密条款的前提下，就能够从经纪人、评级机构，有时候从监管机构获取更为详尽的信息。

但是，经纪人所提供的信息不应是唯一的评估依据。运用评级机构的数据时，理应尽力获取各个机构的评级结果，然后进行分析比较。

直接保险人不得未经验证便认可他人的评估结果，因为它仍有责任选择一个特定的再保险人，并且不得逃避参考从其他来源所获信息之责任。

3. 调查范畴

调查的范畴与强度将因再保险人而异。例如，调查范畴可取决于某个企业的知名度、它在各自市场中的信誉以及它在彼处的市场行为。相关企业的信誉越高而且经验与知识越丰富，深入调查的需要应当越少。反之，对于不知名的再保险人，特别是来自分出保险人不熟悉的市场、其对本国市场几乎一无所知的再保险人，应实施更为彻底的调查。

即将运用的调查标准的变动程度可在同样的范围内予以调整，此项调查的费用也可视业务量与计划中的风险转移程度而定。如果再保险人尚不知名、尚未树立市场形象，而且如果即将被分出的保险业务庞大到再保险人一旦倒闭将对直接保险人造成诸多问题的程度，则通常要求根据第二部分所提及的标准，进行全面调查。

需要考虑到特殊的法律与财务基础、特有的风险及对个别再保险人的依赖。亦须将调查范围扩展至优先再保险安排与担保各市场部门的特定机构。

在一个保险集团内，可以由堪当此任的核心部门或母公司实施调查，并依据相应调查结果，选择合适的再保险人。

（二）调查标准

在调查潜在的再保险人时，应当获得或收集以下方面经必要更正后的信息：

1. 法律规定；
2. 赔付损失的能力与资金来源；
3. 董事局的独立性与适宜性；
4. 市场行为；
5. 母国的法律、经济和政治环境。

法律规定

在调查法律规定时，如果再保险企业已依照母国的公司法和监管法，以该国许可的法律形式成立，而且如果监管机构已根据法律要求，以许可证、注册登记或通告确认书（批准成立之公告）的形式，对保险企业从事保险业务进行授权的情况下，无疑应对此再行验证。应当确定的是，法律形式为确保某种稳定性的形式——例如德国法律所规定的股份有限公司、互助协会或公共机构。

如果再保险人是新近成立或者不知名的［国外］再保险人，则可能有必要获得信息以及上文中的监管机构可能出具的证明。至于国外再保险人，了解以下情况可能是有用的：其再保险业务是否在母国接受监管；如若受监管，主体又是谁。

再保险分出公司经研究后，应确保其潜在的再保险人有权根据自身公司章程，接受地理区域内的分入业务。

附件2

国际再保险人对再保险公司有效监管体系的思考

1. 根本要求

有效的监管体系理应基本符合两项要求：首先，能够实现监管目的，即保护再保险人的客户，即原保险人与间接保单持有人，免受损害。就此而言，监管体系也应有利于金融市场的稳定。但监管体系不应对公司的交易自由权与业务需要施加过多限制。

下文先描述业务需要。这一描述也将阐明如何构建一个有效的国际监管体系。

2. 再保险业务的主要特征

首先，有必要对再保险人的行为与结构的实质特征做出定义。

a）全球化结构、自由市场准入

所有大型再保险公司的主要经营特征体现在它们无一例外地全部在母国境外经营并在多个国家承保风险。它们这样做的目的是获得尽可能广泛分散的组合，这对损失产生具有平衡效应，并减少必要的风险资本。在某些业务范围内，比如自然灾害再保险，此类风险如果在全球蔓延，它们只能由负责的保险公司大量予以承保。这需要再保险人自由地进入尽可能多的不同国家的市场，并且这些公司的监管机构不针对这一进入做出过多限制。

b）直接业务、分支机构、子公司

再保险人的组织与经营按照通行的方式构建。就国外业务而言，再保险人直接从它们的母国承保。在实践中，公司雇员在全世界范围内配置客户或让客户拜访其母国的再保险人。当然，电子通信媒体已经为直接业务的交易提供了便利。再保险业务也可由法律上独立的分支机构进行承保。以这一方式所缔结的协议立即确立了对公司总部的权利与义务。最后，子公司也可授权进行再保险承保。但是在后一种情况下，从纯粹的法律视角来看，只有子公司受到以这一方式确立的合同关系的约束。但在实践中，经验已经表明由于经济原因所致的母公司援助子公司的具体时间与适用情况。

表面上看来，再保险人的组织——直接业务、经由分支机构与子公司的业务——与其他公司的业务并无二致。实业公司也同样直接或通过分支机构、子公司，向全世界销售其产品。它们也对各自风险的全球性分散有兴趣，比如在一个市场中的弱势以另一个市场的高销量来弥补。但这里存在一个重大差异：再保险人不应当仅有必要的启动资本，监管法律也要求它们以偿付资本对其所承保的风险进行抵补。这一要求视再保险人的组织而定，它可能导致监管法律所引发的无效现象，这可能使再保险人产生冗余资本与行政成本，后者又不得不将它们转嫁给公司客户并继而转嫁给保单持有人。后文将对此进行详细分析。但应指出，这些无效现象应严格限定在最小限度，并只能在这一范围内予以承受，由于监管的必然性，它们被视为不可避免。

c）全球业务的集中管理

在管理其全球业务时，再保险人采用全局化的方法进行风险的监督与控制。这一做法首先体现在分析、调节和控制资产与负债的风险和战略与经营风险之间的互相依存性。出于这一目的，它们使用各种工具，如资产—负债管理、积极的资本管理与资本建模。以集中定义的标准为基础，集中风险控制部门与常规的风险评估相协调。集中风险控制部门也负责向管理层报告最新风险情况——特别是在必要时，调查风险政策的措施，并在必要时提出新措施。

为了控制其承保风险，再保险人运用各种政策工具如承保指引、限制与明确的承保机构，这些政策工具规定了谁授权并负责缔结再保险条约以及在何种情形下可获授权。这些指引的合规情况处于经常监控的状态。另一个风险防范的控制措施在于再保险业的累计预算协议中。特别是在财产险业务中，再保险公司为地震和风暴损失承担了非常巨大的责任，冰雹和洪水风险的保险责任则略轻。这些损失往往同时影响很多客户。那么，将自然灾害的承保责任控制并限制在整个集团层面实属必要。用于风险防范继而用于风险控制的一个卓越工具是运用精算法为不确定的责任建立准备金。对各类业务和所有公司的索赔条款的定期调查则通过内部审核与审计来实施，以此保证它们充分有效。承保领域内的另一个重要的风险控制措施是通过外部再保险和转分保，将一部分风险让与第三方。这一控制措施的核心是对全世界自然灾害所造成的损失进行累计承保。这一承保需要一致性，即全球管理。它有赖于对世界上受自然灾害影响的各个地区累计预算的分析。

d）企业对企业的业务

众所周知，再保险业务是企业对企业的业务。合同双方都是企业，这样，他们不需要与私人同样的保护。因此，他们不受与个人消费者进行交易那样的密切监管。一个实例是消费者保护法规本质上是针对个人消费者而制定的。

e）个别议定的协议

再保险业务的另一个重要特征是契约关系所确定的权利与义务往往通过个别议定的协议予以确立。当然，在实践中，某些类型的协议保持其常态。然而，为了提供最优质的保护，协议内容以顺应分出保险人的特定再保险需求为典型特征。这预示着协议内容的设计具有充分的空间。因此，契约自由只应限制在法律所要求的范围内（或框架模式，与《德国民法典》第138条相比较）。因此，最近监管人员对于制定标准化再保险协议的这一单方请求被拒绝。

3. 当前监管体系的构建

需指明的是，全世界现有的监管体系不能一应俱全地合乎这些要求。目前，这一现状突出体现在各个再保险市场的监管各自为政这一事实上。尽管根本结构与内容类似，但尚无国际协调，例如不同国家通过缔结双重征税协议，在税收主权分配上的国际协调尚未出现。因此，目前还不存在国际适用的规则，这些规则规定了哪家监管机构对监管负责，以及再保险公司以直接或通过母国境外的分支机构或子公司从事交易业务时，应该遵循哪些规定。在“母国监管人员”或“主监管人员”是否应依法（单独）监管在全世界开展业务的保险集团的问题上，甚至都没有任何迹象表明国际共识的形成。各个国家独立监管国际再保险公司。如此一来，根据国际法的定义，即最高监管权通常以一国国境为界，它们显然从各自的国家主权限制中得到监管权限制。不言而喻，这种“无序”并非必定以各监管体系之间无冲突的共存而告终。在再保险人经由（法律上独立的）分支机构从事交易的地方，冲突损失尤为明显，这在面向全世界各个监管机构的多重、时而发生冲突的报告义务中显而易见。提供担保物或信用证的上述义务导致经济效率低下，如果监管机构之间有着充分的合作，这一后果原本可以避免。这对分出保险人与保单持有人都造成了财务上的影响，明确了需要行动的原因所在。

总之，不适用于保险业的监管要求可能导致这种情况：再保险人所赖以分散风险的世界市场变得支离破碎，以致再保险业在某些情况下受阻或似乎不再有价值。这一态势应通过坚定的行动予以抑制，行动的最终目标是保证“再保险的自由”。这并非所有监管规定所指的自由。更确切地说，这是指国家监管体系及其适用须达到某种程度的协调一致，即国际再保险人仅以一套监管法规为准，在理想状态下，应由单个监管机构运用并实施该监管法规。

4. 全球有效监管体系的建议

上述思考清楚地表明在再保险公司的监管上，国际协调已经显现。根据笔者的看法，监管应建立在两大基石上：

——应由一家机构对再保险公司的国际经营进行监管。一般而言，这一机构应为母国监管机构。

——负责再保险人营业区域的监管机构应分享信息，以顾及母国监管人员的信息需求。

——母国监管人员的监管应涵盖再保险人的国外直接业务及其在国外的分支机构所承保的业务。第二步，必须断定国外子公司的业务经营是否应由母国监管人员进行监管。欧洲金融业圆桌会议（EFR）在其“主监管人员”这一概念上,[2] 已经表明支持后者。但是在其建议书中，欧洲金融业圆桌会议（EFR）将自身局限于欧盟成员国，而现行文件却涉及从事国际化经营的再保险人的全球监管体系。[3]

目前正在起草中的再保险公司监管的欧盟指令[4] 可作为监管法规的一个协同体系的例子加以引用。该指令创建了再保险监管领域的欧洲单一市场，在市场中：

- 基于最低协调的原则，成员国内部的监管体系彼此靠近。最低协调并不意味着指令要求不成熟完备，而是指成员国在欧盟法律下自由地提升监管标准。
- 成员国认同彼此的监管体系。
- 再保险公司的财务监管被分配至再保险人母国的监管机构（治理问题与一般性法律监管仍由东道国监管人员负责）。
- 再保险公司母国的监管机构负责对此类公司在欧盟全境的经营活动进行监管。这一责任范围包括在其他欧盟成员国内的直接业务与分支机构所承保的业务；但是，分支机构在其他成员国内承保的业务不在此列。
- 引进成员国监管机构之间的信息交流体系，保证东道国监管机构接收到其可能需要的再保险人的任何相关信息，以便在其监管下，对原保险人的再保险计划进行检查。

欧盟指令所涉及的主要监管问题如下：

——任何再保险人均需获得许可。

——财务监管（由母国监管人员执行）涵盖以下范围：

- 准备金
- 偿付能力额度
- 投资

——一般的法律监管（由东道国监管人员实施）包括以下内容，例如：

- 适宜的管理控制体制
- 股东控制
- 市场行为控制

5. 全球范围内协调良好的监管体系的优点

全球范围内协调良好的监管体系有诸多优点。全球范围内协调良好的监管体系符合相关监管机构的利益，也可使处于监管之下的再保险人及其客户，即分出保险人，获益。诸多优点在此不一一赘述，监管机构的受益之处列举如下：

——建立在协调标准基础上的再保险公司监管赋予监管法规以全球可比性，进而带来更大的透明度。与此同时，再保险公司所提供的数据可比程度更高，使得行业承保更为透明。

监管标准的可比性增进监管机构之间的信任，由此提高了管理效率。这也使监管机构得以

---

2 EFR 报告《建立欧盟跨境金融机构的主监管者》，http://www. efr. be/pages/story. asp? news_ id =42。

3 根据公司法，对主监管体系中纳入子公司的做法提出了一个问题，即母公司应在何种程度上，对其子公司的负债负责。毕竟，东道国监管机构将只能准备正式放弃其监管权，前提是这样不会对在其管辖区域内的分出保险人造成影响。这一问题的解决方案在于，母公司在合同上保证对其子公司提供相应的母公司支持。在这一方面，许多细节有待制定完善。应该指出的是，主监管者所讨论的已明确的相关问题完全或大多数情况下，与银行业的问题有关，至少是就流动资金、最后贷款者、存款保险制度而言的各类问题。在参照各项民法规定的情况下，它们给再保险业带来的问题似乎无关紧要，因为再保险人与原保险人一般以优先于民法通则的特立契约协议为准。

4 2004 年 4 月 21 日最终的“欧洲议会与欧洲委员会关于再保险监管及修订 73/239/EEC、92/49/EEC、98/78/EC 及 2002/83/EC 号指令（再保险监管）的建议书”，KOM（2004 年）第 273 页。

集中精力处理真正的要事。

——当监管对象为某个国际集团的总部时，监管质量有所提高。正如上文（2c）所言，再保险人应管理其业务与集中承担的风险，以排除风险积聚或将其保持在合理的最低限度。此外，最终的母公司在管理决策上正日益大展身手。这尤其体现在资产管理、资金分配、产品开发、发布承保指引以及最终但并非最不重要的旨在管理风险而使用的风险内控模型等方面。为此，在风险承保、建立准备金、投资与股权管理决策等方面，监管应该到位。这些职能由公司总部行使，对公司的监管则应由母国监管人员实施。监管将更为有效，如果监管是针对公司总部，监管还将有助于降低危机风险。如果重大意外情况发生，由母国监管人员进行监管将使危机管理更有成效。简而言之，符合监管人员与再保险公司双方利益的监管结构应与机构的风险管理与控制结构相契合。这似乎将促进欧洲单一市场的发展，因为偿付能力Ⅱ旨在建立一个与公司实际承担的风险相适应的监管体系。

——母国监管机构的集中监管不仅便于其财务监管，而且也便于其适宜的管理。这项工作不应该仍由东道国监管人员实施，而是应当分配给该母国监管人员。再保险人母国的监管机构须获得管理董事会成员个人的可靠性与专业资质的相关信息（与《保险控制法案》第7条a相比较）。如果再保险人业务所在的他国监管机构需要公司管理的相关信息，这些信息可通过信息交流的方式来传递。如此安排将避免多重管理审核。

——这同样适用于股东控制。在此，机构信息要求也应通过再保险人业务所在国监管机构之间的信息交流而得以满足。

——集中监管便于各机构追踪记录所有相关的公司数据与信息，比如关于（集中）风险管理的信息。母国与东道国监管人员之间快捷的通信也有利于公司所在的东道国监管机构，并切实保证完整、迅速地提供所需信息。

——通过保证整个再保险集团的稳定，集中监管也间接保护了保单持有人向原保险人索赔的权利。

——这一事实也应得到关注，即在已实现相互认同的监管标准基础之上的集中监管使监管法律可能引发的监管仲裁得以避免。

从受监管的再保险公司的立场来看，母国监管人员的集中式监管体系提供了相当可观的效益。

——在向集团总部报告，而后由后者向母国监管人员报告时，适用于所有集团成员公司的统一的报告体系实现了管理的经济效率。它将通过其多重的、偶有冲突的、在各个司法管辖区域内的报告要求，纠正目前的现状。

——再保险集团能从必要的营业股权分配中获得更加巨大的经济优势。集中监管将在效率标准和监管与公司法律框架独立的基础上规定资本管理与分配。资本可留存在能产生经济效益的地方，更重要的是，它能集中于一处。通过这一方式，国际承保风险的分散效应被发挥到极致，并降低了资本需求量。再保险公司的法律监管将这样逐渐实现经济效率目标，即目前在评级机构中应用日趋广泛的一种目标。

——与此同时，在各个监管体系下，原先所要求的担保将不复存在。在某些管辖区域内，维持这些资金（针对分出保险人）的需要制约了可用资本，由此导致再保险人资产与风险资本的分割。既然这些资金只用于对特定群体的债权人予以清偿，分散效应只能在极其有限的程度下发挥作用，从经济学角度来看，由此产生资本需求量的这一事实实无必要，所有的分出保险人也不能获得平等的服务。在一个国家监管的国际协调体系下，这些不足之处似乎皆可避免。

——同样应注意的是，鉴于监管体系的不统一，信息技术系统的整合常无可能，或者有可能，但费用高昂。

最终，再保险人的分出保险人也将获得收益。

——在已相互认可的监管规则基础上对再保险公司的直接监管将消除1）分出保险人获取

再保险人地位/监管的相关信息的需要，2）监管机构调查原保险人的再保险人的“安全性”的需要。换言之，这种“间接”监管（即经由原保险人对再保险人的监管）将不复存在。对再保险人的直接监管充分发挥作用时，间接监管实属多余。如果包括财务监管（准备金、偿付能力、投资），有关监管机构可共享各自财务参数的相关信息。如果国际化协调监管的范围更为广泛，间接监管在这一点上实无必要。比如，这将涉及适宜的管理或股东控制。

——出于风险管理的原因，再保险人的客户，即分出保险人，对于在随时可能的情况下，与再保险人的总部而非其本地子公司，建立业务联系颇感兴趣。这在法律上是通过与集团总部直接进行交易业务，或通过与东道国再保险人分支机构缔约来实现的（见上文2b项）。在这一点上，再保险公司与原保险公司（企业对企业）的关系有别于原保险人与其客户（企业对个人）——保单持有人之间的关系。首先提及的特点是原保险人对获得尽可能多的保险项目感兴趣，而原保险人的客户则有意识地或在潜意识下被“所有的业务都在本地”这一原则引导。出于商业原因，以集中控制与风险管理为目标的监管前景较之原保险业，在再保险业中更显得举足轻重。

从经济角度而言，母国监管人员的集中监管将使巨大的整体福利增长变为现实。更为高效的监管的优点体现在使风险分散工具更好地付诸实施，这些优点可能有使再保险市场的价格回落之奇效，这一市场的诸多部分价格既定，使得再保险责任额更为优惠。这些好处甚至部分流入终端客户手中。将这些福利效应量化着实不易。如果极度简化的模型计算是基于现行体系产生高于必要值5%的分配资本（＝资本成本）、全球再保险业务量（保费）总计达1,500亿美元、保费—资本比率仍为常量等这些假设，母国监管人员集中监管产生的全球福利效应每年高达75亿美元。

6. 如何建立此类全球监管体系

通过再保险人所在/从事经营的国家（即监管机构）之间缔结双边协议，可以逐步确立这种监管体系。首先，将有必要根据适用于欧洲单一市场的规则，断定监管体系是否符合某些最低标准。这些标准可并入目前处于起草阶段的欧洲指令中；但是，已制定的世界性标准或在IAIS中仍要求完善的标准也同样合适。监管体系的相互认同将使各自的母国监管人员都有可能成为主监管人员。类似于长期存在于双重征税领域的那种类型的体系将这样被逐步引入。双重征税协议将划分国家税收主权的界限，而监管体系将对监管权加以限定。对于此处所建议的方法，不应有任何根本性困难。双重征税协议的意义与效果对有关国家与此处所述的建议而言，同样至关重要。双重征税协议分配税收收入，监管体系则使监管权泾渭分明。

通过母国监管人员在全世界范围内迅速实施集中监管，可实现的重大效益不胜枚举。这不仅包括占有较大份额分入保费额的OECD成员国，而且这些考虑对象中还特别包括海外地区。但无论如何，都不能出现因监管规定更松弛而降低管制与透明度，从而仅为海外中心区域提供再保险承保之不纯动机有产生/强化的迹象。

Supervision of Professional Reinsurance Companies in Germany

Helmut Müller

I. Introduction

An insurance company is called professional reinsurer or pure reinsurer if the company conducts exclusively reinsurance business.

An insurance company which carries on direct insurance as well as reinsurance is called a primary insurance company.

Primary insurance companies are supervised in nearly all countries of the world. The supervision includes the reinsurance business of the primary insurer.

The situation is different as to professional reinsurers. In several countries professional reinsurers are not at all submitted to any supervision whereas in other countries they are supervised more or less in the same way as primary insurers. Other countries apply a reduced system of supervision for reinsurance companies, some only for domestic companies, and others for all companies carrying on reinsurance business in the country.

For all countries, which have supervision on primary insurers, but not on professional reinsurers, we can say that at least an indirect supervision is in place. That means that the supervisory authority has to monitor the appropriateness of the reinsurance cover of the primary insurer and the security of the relevant reinsurance company.

In Germany the supervisory authority issued a circular in 1991 (R1/97) with guidelines on how ceding companies can investigate the capacity and willingness of reinsurance companies to settle losses (see Appendix 1). In March 1998 the Council of the OECD has adopted a similar recommendation (Recommendation on Assessment of Reinsurance Companies - C-98-40 Final).

Nor in the EU neither worldwide a coordination of the supervisory systems regarding professional reinsurance companies is in place at the moment. This situation is detrimental for reinsurance companies, which at any time were obliged to work as global players mainly for technical reasons (worldwide risk diversification is absolutely necessary). Appendix 3 contains published considerations of one of the biggest professional reinsurers in the world, which explains in a very clear manner the problems the professional reinsurer meets in a non coordinated world.

The relevant international standard setters have recognised the problems. They have tried to find solutions by means of a minimum coordination combined with mutual recognition of the legislations and cooperation of the supervisory authorities.

The EU has issued last year a coordination directive on supervision of reinsurance.[1] Member

1 Directive 2005/68/EC of the European Parliament and of the Council of 16 November 2005 on reinsurance and amending Council Directives 73/239/EEC as well as Directives 98/78/EC and 2002/83/EC, OJ EU No. L 323/1 of 9 December 2005.

states have to bring into force their national laws, regulations and administrative provisions necessary to comply with the directive by December 2007.

The International Association of Insurance Supervisors (IAIS) has already adopted principles and standards regarding this topic. In the IAIS Core Principles it is recommended that professional reinsurance companies are submitted to the same regime than primary insurers with the exception of regulation in favour of consumer protection.

In Germany, professional reinsurers were not submitted at all to direct supervision in the beginning of the last century when centralised insurance supervision was introduced in this country. The legislator was convinced that indirect supervision is sufficient.

More and more this opinion has been changed. The legislator has decided for several reasons to substitute the former only indirect supervision by a combination of indirect and direct supervision. This change did not touch foreign reinsurers; they were not supervised at all by the German authorities. German subsidiaries of foreign reinsurers were considered as German companies and therefore treated in the same manner than other German companies.

In 2004 the German legislator has adapted the regulation on supervision of reinsurance companies to the international standards and has so anticipated the coming EU directive. The relevant articles of the insurance supervisory law (Versicherungsaufsichtsgesetz, VAG) are contained in Appendix 2. A draft of a law amending the VAG in order to implement the EU Directive in German law has been published in June 2006. As mentioned already the new law must be brought into force by December next year.

II. Present situation in Germany

1. Licensing

A professional reinsurer, which has its head office in Germany, is required to submit an application and to obtain a licence from the German supervisory authority, the Bundesanstalt für Finananzdienstleistungsaufsicht, BaFin, (VAG section 119 para. 1). That means that foreign professional reinsurance companies (companies which have their head office outside Germany) do not need a license; they can carry on reinsurance business like as yet directly or by branch without being submitted to the German insurance supervision.

As part of the application, the German professional reinsurer has to submit a scheme of operations which includes

(1) articles of association,

(2) a description of the purpose and organisation of the undertaking, as well as the area of the intended business operations,

(3) an estimated balance sheet and profit and loss account for the first year of business,

(4) details of the risks that are to be covered through reinsurance and the types of reinsurance contracts that the reinsurance undertaking plans to conclude with the primary insurers,

(5) affiliation agreements as specified under the relevant sections of the Stock Corporation Law,

(6) an overview of the agreements for the purpose of permanently transferring management of the portfolio of insurance contracts, handling of claims, accounting, investments or asset management of a reinsurance undertaking wholly or to a significant extent to another undertaking (outsourcing),

(7) details of the type and scope of the planned retrocession,

(8) an estimate of the expenses required for setting up the administrative services; the undertaking shall prove that is has the necessary funds for this purpose (organisations fund),

(9) as regards the managers and directors, the information necessary to judge their reliability and professional qualification,

(10) if qualifying participating interests held in the reinsurance undertaking: special information on holders, amount of interests, etc. (see section 119 para 2 No. 10 VAG),

(11) facts pointing at a close relationship (section 121 (3) below) between the reinsurance undertaking and other persons or undertakings.

A professional reinsurer must demonstrate that its financial resources meet the requirements laid down in the law (VAG, section 119 para. 3); the minimum guarantee fund must have an amount of at least 3 million €.

The authorisation may only be granted to joint-stock companies, mutual insurance associations and corporations and institutions under public law. The head office must be located in Germany.

Unless the application or scheme of operations indicates otherwise, the authorisation is issued without restriction.

There may be further requirements and conditions placed on the issuance of the authorisation.

The license shall be refused if

- facts are known that the managers or directors or holders of qualified interests do not meet the legal requirements,
- information and documentation submitted to the supervisory authority do not provide sufficient evidence that the liabilities under the reinsurance contracts can be permanently met.

The supervisor may refuse the license if facts are known that can hinder effective supervision of the reinsurance company (details see section 121 para 2 and 3 VAG).

2. Ongoing Supervision

a. General remarks

Most of the legal provisions regarding the supervision of primary insurers are also applicable to professional reinsurers (see section 121a VAG). On the other hand the legislator as well as the supervisor have to take into account the special situation of reinsurance companies due to the nature of the reinsurance business (lack of consumer protection, worldwide business etc.).

b. Investment rules

As regards the portfolios of assets that serve to ensure the ability to meet obligations under reinsurance relationships at all times, the general provision applicable on primary insurers applies mutatis mutandis subject to the proviso that the adequacy of mix and spread shall be assessed taking account of the particularities of the reinsurance undertaking concerned; in this context, the undertaking's capital resources as well as its entire financial situation and group structure shall be taken into account.

The portfolios of assets within the meaning of sentence 1 comprise assets equalling the amount of the technical provisions and the amount of liabilities and accruals and deferred income arising from the reinsurance relationships; retrocessionnaire's shares are not taken into account. When determining the amount of the obligations to be secured, liabilities shall not be taken into account that are secured by cash deposits with the ceding insurer.

c. Solvency

The solvency requirements are these of the EU non-life directive. The legislator has accepted the opinion the German supervisory authority has always expressed: Reinsurance is non-life insurance, even if the reinsurance contract covers life insurance risks. The EU legislator has followed this opinion. In the new directive is foreseen that solvency rules for non-life sector have to be applied.

Details of the German solvency regulation have been issued by the Minister of Finance by ordinance of 12th October 2005.

d. Supervisory tools

The German supervisory law distinguishes between special intervention powers and a general clause, which gives the supervisor the power to take any orders which are appropriate and necessary to prevent or remedy any irregularities; an irregularity in this sense shall be deemed to be any conduct of an insurance undertaking which conflicts with the interests of the insured people and the laws applicable to the insurance sector.

As to the special intervention powers there is no difference regarding primary insurance undertakings and reinsurance companies. Like a primary insurance company a reinsurer has for instance to submit to the BaFin a solvency plan if the own funds of the reinsurer falls below the solvency margin or a financial plan if the own funds are lower than the guarantee fund.

The general clause regarding reinsurance companies is different due to the different nature of this business: The supervisor may issue any orders which are appropriate and necessary to ensure that laws applicable to the operation of reinsurance business and orders issued by the supervisory authority are complied with, in particular that reinsurance undertakings are able at any times to meet their obligations arising from the reinsurance relationships.

e. Withdrawal of the license

The license shall be revoked if the reinsurer waives the license expressly.

Furthermore the license has to be withdrawn if a bankruptcy procedure has been opened.

Finally the license must be revoked if the reinsurer

—has not made use of it within twelve month of issuance, or

—has discontinued business operations for a period of more than six month.

The license may be revoked if

—the undertaking no longer meets the authorisation requirements, the undertaking fails seriously in its obligations under the law,

—the undertaking is likely to be persistently unable to fulfil its obligations to the primary insurers, or

—the undertaking is not in a position to take within the specified period the measures envisaged in the solvency plan or financing plan.

If the supervisor has withdrawn the license, the reinsurance undertaking may not write new business, increase the sums insured or renew existing reinsurance contracts.

If the authorisation is revoked, the supervisory authority shall take all the measures that are suitable to safeguard the interests of the primary insurers regarding the enforceability of their claims. It may, in particular, restrict or prohibit free disposal of the assets of the undertaking and entrust qualified persons with the management of the assets.

If the supervisory authority becomes aware of any facts which would justify an authorisation to be refused it may instead of revoking the authorisation require the dismissal of the managers or directors responsible for such facts and also prohibit them from continuing to exercise their functions. The supervisory authority may also require the dismissal of a manager or director and also prohibit him from continuing to exercise his functions if the manager or director either intentionally or negligently violates provisions of this law, ordinances issued for the execution of this law, or orders of the supervisory authority, and persists in this conduct despite a warning from the supervisory authority.

III. Summary and Outlook

With the new regulation of professional reinsurance companies Germany has made an important step forward in direction of a free common reinsurance market worldwide.

Precondition of a free worldwide reinsurance market with financial stability, sufficient security for the primary insurers and an appropriate level playing field for the reinsurers is mutual recognition of the different legislations of the different countries by all insurance supervisors involved. Mutual recognition is only possible if three conditions are fulfilled:

—A common or at least equivalent legal supervisory framework must be set up; that means that inter alia in all countries professional reinsurance companies must be supervised in an equivalent manner;

—Competent for this supervision should be the supervisory authority of the home country of the reinsurance company for the purpose to avoid inefficient multiplication of efforts, to increase transparency and stability;

—Close and confidential cooperation, in particular free information sharing, between the relevant supervisory authorities (home and host authorities) must be possible and indisputable in the daily practice of the supervisors involved.

In the EU the new reinsurance directive focuses on the fulfilment of the three conditions mentioned above. The principle of mutual recognition will be realised. Freedom of services without any impediment will be the consequence.

To realise a worldwide system of freedom of services in the insurance sector is much more difficult. Nevertheless at least in the reinsurance sector such an open market must be possible. Here it is not necessary to take into account the protection of the customers like in the supervision of the primary insurance companies. Financial supervision of the reinsurance companies is the core and exclusive duty of the supervisor.

The IAIS has already issued a lot of recommendations in this field. These recommendations deal with the necessary legal framework, the competence of the supervisors in the transborder business and the cooperation of the insurance supervisors.

If the legislators of the different countries in the world take into account these recommendations and implement the standards and principles of the IAIS, and if the IMF continues to assess this implementation and takes care that the results of these assessments are published, we can hope that at least in the reinsurance sector we will have in near future a worldwide real free but nevertheless well supervised reinsurance market for the benefit of the stability of the financial markets, the reinsurance companies and their clients.

In the meantime single countries can enable freedom of services in the reinsurance sector between each other under the above mentioned conditions of equivalence regarding prudential regulation, effective market access for reinsurance companies in the territory of each contracting party, mutual recognition of supervisory rules and administrative practices on reinsurance and last but not least close cooperation (including information sharing) between the relevant supervisors.

In the new EU Directive such a way is opened (see Art. 50). The first draft of the new German law regarding the implementation of the reinsurance directive allows freedom of services in the reinsurance sector also for companies having their head office outside the EU so long as the above mentioned preconditions of the directive are fulfilled.

Therefore it is possible that in no long time Chinese reinsurers for instance can provide services in Germany and German reinsurance companies can do so in China and that without having to set up an establishment (subsidiary or branch).

IV. Appendices

1. Appendix 1

English Translation of Circular R1/97
issued by the Federal Insurance Supervisory Office
(the German text shall be authoritative)

On January 2, 1997, the German Federal Insurance Supervisory Office issued the following circular:

R 1/97

To all insurance undertakings subject to the supervision of the Federal Insurance Supervisory Office (BAV) whose head offices are not in another member state of the European Community or the European Economic Area, with the exception of reinsurance undertakings

Guidelines for ceding undertakings on how to check the ability and willingness of reinsurance undertakings to settle losses

Only by having reinsurance is it possible to ensure that obligations under insurance contracts, in view of unbalanceable portfolios, can be fulfilled at any time. The boards of directors of direct insurance undertakings are responsible for establishing a reinsurance strategy, selecting suitable types of reinsurance contracts and reinsurance undertakings, as well as establishing terms and tariffs. In doing so, they must proceed with the due diligence of fit and proper managers and make use of all available sources of information.

As part of its statutory mandate to safeguard the interests of the insured and to ensure that the obligations under the insurance contracts can be met at any time, the Federal Insurance Supervisory Office has always examined reinsurance arrangements, both at the stage of authorisation (section 5 (2) in conjunction with sub-section (5) no. 2, section 8 (1) of the Insurance Supervision Law [Versicherungsaufsichtsgesetz - VAG]) and during on-going supervision (section 81 (1) of the VAG). In this context it also sees to it in particular that the cedents make sure that the chosen reinsurance undertakings, the professional reinsurers as well as the direct insurers writing inward reinsurance offer the best possible guarantee that they will be able to fulfil the obligations they have accepted, not only with respect to their ability to settle losses, but also their willingness to settle them promptly.

The far-reaching deregulation of the direct insurance market, where terms and tariffs are no longer subject to prior approval, has led to a more intense competition among the direct insurance undertakings, and the demands placed on the functioning of reinsurance are becoming more and more prevalent while at the same time the scope of risks covered is continuously growing and hence the potential losses are strongly increasing. This is also true for the quality with which direct insurers examine reinsurers.

In the following paragraphs, the Federal Insurance Supervisory Office summarises the duties direct insurers have when investigating their reinsurers' security and lists principles and criteria to be applied in an adequate examination. However, the intention is not to give direct insurers a universal and exhaustive list of criteria or to lay down binding principles on the basis of which a reinsurer can be examined.

I. Basic principles

1. Publications

A precondition for any appropriate examination is that the ceding company obtains all information necessary to get as comprehensive an overview of the reinsurer as is possible.

An assessment of a reinsurer's ability and willingness to meet its contractual obligations, or its security is primarily based on figures from business reports, financial statements and published accounts. In order to evaluate these, other criteria must be considered that are equally important for determining if a reinsurer is able to fulfil its obligations.

Financial statements and profit and loss accounts are to be analysed in connection with the accounting system which applies in the country of the reinsurer's head office. Generally, the analysis of figures should extend over fairly long periods of observation.

2. Other sources of information

Before a reinsurance contract is concluded, direct contacts to the reinsurer and its senior staff is preferable to the collection of second-hand information. Further information can then be obtained from brokers, rating agencies and in certain cases also supervisory authorities, provided that no secrecy provisions apply.

However, information provided by brokers should not become the only assessment basis. When using ratings, the results from various agencies should be obtained and compared.

The direct insurer should not accept evaluations by others without verifying them, since it remains responsible for selecting a particular reinsurer and it cannot escape this responsibility by referring to information obtained from other sources.

3. Scope of investigations

The scope and intensity of investigations will vary from reinsurer to reinsurer. For instance, the scope of investigations can depend on the degree to which an undertaking is known, its reputation on the respective markets as well as its conduct there. The better the reputation of the undertaking concerned and the greater its experience and knowledge, the lesser should be the need for in-depth investigations. In the reverse case, unknown reinsurers, especially from markets the cedent is not familiar with, who have little knowledge of the domestic market must be examined more thoroughly.

To the same extent as varying degrees of the examination criteria to be applied may be justified, the expenditure for this investigation can also vary subject to the business volume and the degree of the intended risk transfer. A comprehensive investigation based on the criteria mentioned under item II. will generally be required if the reinsurer is not yet known and not yet established on the market and if the business to be ceded is so great that if the reinsurer failed, this would cause problems for the direct insurer.

Special legal and financial bases, as well as extraordinary risks and dependencies of individual reinsurers are to be taken account of. It may also be necessary to extend the investigations also to underlying reinsurance arrangements and particular institutions securing sections of a market.

Within an insurance group, the examination may be done by a competent central unit or by the parent company, and the choice of reinsurer may be based on their examination results.

II. Examination criteria

Information from the following areas, inter alia, should be available or be collected when examining a potential reinsurer:

1. Legal requirements
2. Ability to settle losses and financial resources
3. Independence and suitability of the board of directors
4. Market conduct
5. Legal, economic and political conditions in the home country.

1. Legal requirements

When examining the legal requirements, it must be verified beyond any doubt if the reinsurance undertaking has been set up in accordance with the company law and the supervision law of the home country, in the legal form admissible in this country, and if it has been authorised, depending on the legal requirements by way of a licence, registration or confirmation of notification from the competent supervisory authority, to carry on the insurance business. It should be ascertained that the legal form is one that guarantees a certain stability-such as a public limited company, mutual society or a public institution under German law.

In the case of newly established or unknown [foreign] reinsurers it may be necessary to obtain information and possibly certificates from the competent authorities regarding the above. As regards foreign reinsurers, it could be useful to know whether, and if so by whom, reinsurance business is supervised in the home country.

The ceding company should satisfy itself that its potential reinsurer is entitled under its articles of association to accept the business ceded in the geographical area under consideration.

Appendix 2

Considerations of an international reinsurer about an efficient supervisory system for reinsurance companies

1. Fundamental requirements

An efficient supervisory system must basically meet two main requirements: first of all, it must fulfil the purpose of supervision that is to protect the reinsurers' clients-the primary insurers and indirectly also the policyholders-from damage. In this regard, the supervisory system also contributes to stabilising the financial markets. However, the supervisory system must not restrict the companies' freedom of trade and business needs more than absolutely necessary.

Below, the business needs are described first. This description will also show how an internationally effective supervisory system could be structured.

2. Main features of reinsurance business

First of all, it is necessary to define what essentially characterises a reinsurer's activity and structure.

a) Global structure, free access to the market

The main feature characterising the operations of all major reinsurance companies is that, without exception, they all operate beyond the national borders of their home countries and write risks in a large number of countries. They do so in order to acquire a portfolio that is as widely diversified as possible, as this has a balancing effect on loss performance and reduces the necessary risk capital. In certain lines of business, for instance in natural hazards reinsurance, such risks can only be written responsibly in significant quantities if the risks are spread globally. This requires that reinsurers have free market access in as many different countries as possible and that this access is not restricted more than necessary by the authorities supervising these companies.

b) Direct business, branches, subsidiaries

The reinsurers' organisation and operations are effected in the commonly known forms. As far as foreign business is concerned, reinsurers write it directly, i. e. from their home countries. In practice, company employees call on their clients all over the world or clients visit their reinsurer in its home country. Of course, the electronic communication media have facilitated the transaction of direct business. Reinsurance business can also be written by legally dependent branches. The treaties concluded in this way immediately establish rights and obligations for the company's main office. And finally, reinsurance covers can also be granted by subsidiaries. In the latter case, from a purely legal point of view, only the subsidiary is affected by the contractual relationship thus established. In practice, however, experience shows that parent companies come to the aid of their subsidiaries for economic reasons, when and if required.

At first sight, a reinsurer's organisation-direct business, business via branches and subsidiaries-does not differ from that of other companies. Industrial companies too sell their products worldwide either direct or through branches or subsidiaries. They also have an interest in a global diversification of their risk, for instance to balance weaknesses in one market with higher sales in another market. However, there is one important difference: reinsurers must not only have the necessary starting capital, they are also required by supervisory law to cover the risks they write with solvency capital. Depending on the reinsurer's organisation, this requirement can result in inefficiencies induced by supervisory law, which may lead to redundant capital and administrative costs for the reinsurer, and have to be shifted to the company's clients and consequently to the policyholders. This is dealt with in detail later. It should be noted, however, that these inefficiencies should be kept to a strict minimum and can only be accepted insofar as they are deemed indispensable because of supervisory necessities.

c) Central management of global business

In managing their global business, reinsurers take a holistic approach to risk monitoring and control. This consists above all in analysing, regulating and controlling the interdependencies between risks on the asset and liability sides and strategic and operational risks. For this purpose, they use instruments such as asset-liability management, active capital management and capital modelling. A central risk controlling unit coordinates regular risk assessments on the basis of centrally defined standards. The central risk controlling unit is also responsible for reporting on the up-to-date risk situation to management-if necessary ad hoc-and for looking into measures of risk policy and proposing new ones where necessary.

To control their underwriting risks, reinsurers use tools such as underwriting guidelines, limits and clear underwriting authorities defining those who are authorised and responsible for concluding reinsurance treaties and at what conditions. Compliance with these guidelines is regularly monitored. Another preventive risk controlling measure consists in the agreement of accumulation budgets in reinsurance. Particularly in property business, reinsurance companies assume very large liabilities for earthquake and windstorm losses, and to a lesser extent for hailstorm and flood risks. These losses often affect many clients at the same time. It is therefore essential that the natural hazard liabilities underwritten are controlled and limited on a group-wide basis. An excellent tool for risk prevention, and thus for risk controlling, is the establishment of reserves for uncertain liabilities using actuarial methods. Claims provisions for all classes of business and at all companies are regularly checked by means of internal reviews and audits to make sure they are sufficient. Another important risk control measure in the field of underwriting is the cession of a portion of the risks to third parties via external reinsurance and retrocession. The core component of this control measure is an accumulation cover for losses from natural catastrophes all over the world. This cover needs uniform, i. e. global management. It rests on analyses of the accumulation budgets in the various parts of the world exposed to natural catastrophes.

d) B2B business

It is a well-known fact that reinsurance business is B2B business. Both parties to the contract are merchants and, as such, they do not require the same protection private persons do. As a result, they are not subject to the same close supervision that transactions with private consumers are. Examples include the consumer protection regulations which are, by their nature, tailored to private consumers.

e) Individually agreed treaties

Another important feature of reinsurance business is the fact that the rights and obligations of a contractual relationship are typically established by individually agreed treaties. Of course, there are certain types of treaties that keep recurring in practice. Nevertheless, to provide optimal protection, treaty contents are typically tailored to the ceding insurer's specific reinsurance needs. This presupposes that there is sufficient scope for designing a treaty's contents. Consequently, freedom of contract must only be limited insofar as this is required by law (or *bones mores*, cf. Art. 138 of the German Civil Code). Recent isolated calls on the part of regulators for the stipulation of standardised treaties in reinsurance are therefore to be rejected.

3. Current construction of the supervisory systems

It is to be noted that the supervisory systems in place worldwide do not meet these requirements in all respects. The situation is currently characterised by the fact that the various reinsurance markets have their own supervisory regimes. Although their fundamental structures and contents are similar, there is no international coordination, such as that existing in the distribution of tax sovereignty through double-taxation agreements concluded between different countries. Consequently, there are no internationally applicable regulations stipulating the supervisory authority responsible for supervision and according to what rules when a reinsurance company transacts business, be it direct or via branches or subsidiaries, beyond the borders of its home country. And there isn't even any sign of an international consensus on whether a "home state regulator" or "lead supervisor" should be made (solely) responsible for supervising insurance groups that do business worldwide. The individual countries independently supervise international reinsurance companies. In so doing, they apparently derive the limits of their supervisory powers from the limits of their national sovereignty as defined under international law, according to which sovereign supervisory powers generally stop at a country's national borders. It goes without saying that this kind of "disorder" does not exactly lead to friction-free coexistence between the various supervisory systems. Friction losses are especially evident where reinsurers transact business via (legally dependent) branches and they are apparent in the multiple, occasionally conflicting reporting obligations towards supervisory authorities around the world. The above-mentioned obligations to provide collateral or LoCs lead to economic inefficiencies that could be avoided if there were adequate cooperation between the supervisory authorities. This impacts the cedants and their policyholders financially, which makes it clear why there is need for action.

To sum up, supervisory requirements that are not suitable to the business may ultimately lead to a situation in which the world market, on which reinsurers depend in order to diversify their risk, becomes so fragmented that reinsurance is impeded in certain cases or no longer seems worthwhile. Such developments must be countered through determined action, the ultimate aim being to secure the "freedom of reinsurance". This does not mean freedom from all supervisory rules. Rather, it means that the national supervisory systems and their application should be harmonised to the extent that international reinsurers are subject to only one set of supervisory regulations that are applied and implemented by-ideally-one supervisory authority.

4. Proposal for a worldwide, efficient supervisory system

The above considerations clearly show that international coordination is indicated in the supervision of reinsurance companies. In my opinion, supervision should rest on two cornerstones:

—The supervision of a reinsurance company's international operations should be carried out by one authority. Typically, this authority should be the home state supervisory authority.

—The supervisory authorities responsible for the area in which the reinsurer operates should share their information to take account of the host state regulator's information needs.

—The home state regulator's supervision should cover both the reinsurer's foreign direct business and business written by its branches abroad. In a second step, it is necessary to decide whether the foreign subsidiaries' operations should be supervised by the home state regulator. The European Financial Services Round Table (EFR) has argued in favour of the latter in its "lead supervisor" concept. [2]However, in its proposal, the EFR limits itself to the European Union member states whereas the present paper deals with a global supervisory system for reinsurers operating internationally. [3]

The EU directive for the supervision of reinsurance companies currently being prepared [4]could be

---

2 EFR report "Towards a Lead Supervisor for cross boarder financial institutions on the European Union"; http://www.efr.be/pages/story.asp?news_id=42.

3 The inclusion of subsidiaries in the lead supervisor system presents a problem under company law, i.e. whether and to what extent the parent should be responsible for its subsidiaries' liabilities. After all, the supervisory authorities in the host member state will only be prepared to renounce their supervisory powers if this does not affect the cedants domiciled in their territory. A solution to this problem could consist in the parent contractually guaranteeing a corresponding parental support to its subsidiaries. A number of details still have to be worked out in this regard. It should be pointed out that the problems identified in connection with the lead supervisor discussion either fully or largely concern banking issues, at least as far as the issues of liquidity, lender of last resort and the deposit protection schemes are concerned. Insofar as reference is made to the various civil law regulations, the problems they entail for reinsurance do not seem relevant because reinsurers and primary insurers are generally subject to special contractual agreements that take precedence over general civil law regulations.

4 Final "Proposal for a Directive of the European Parliament and of the Council on supervision of reinsurance and amending Council Directives 73/239/EEC, 92/49/EEC and Directives 98/78/EC and 2002/83/EC (Reinsurance Supervision)" of 21 April 2004, KOM (2004) 273.

cited as an example of a concerted system of supervisory regulations. This directive creates a European single market for reinsurance supervision, where

- the supervisory systems in the member states are approximated on the basis of the principle of minimum harmonisation. Minimum harmonisation does not mean that the directive's requirements are not sophisticated but that the member states are free to tighten the supervisory standards under EC law;
- the member states recognise each other's supervisory systems;
- the financial supervision of reinsurance companies is assigned to the supervisory authorities in the reinsurer's home state (governing issues and general legal supervision remain with the host state regulator);
- the supervisory authority in the reinsurance company's home state is responsible for the latter's operations throughout the EU. This responsibility includes both direct business in other EU member states and business written by branches; however, it does not include business written by subsidiaries in other member states.
- A system of information exchange between the supervisory authorities of the member states is introduced to ensure that the supervisory authorities in the host countries receive any information they may need about a reinsurer in order to examine the reinsurance programme of a primary insurer under its supervision.

The main supervisory issues dealt with in the EU directive are as follows:

—All reinsurers need a licence.

—Financial supervision (by the home state regulator) covers the following areas:

- Reserves
- Solvency margin
- Investments

—General legal supervision (by the host state regulator) includes the following for example:

- Fit and proper management control
- Shareholder control
- Market conduct control

5. Benefits of a globally coordinated supervisory system

There are many benefits to a globally coordinated system. A globally coordinated system is in the interests of the supervisory authorities' involved but also benefits the reinsurers under supervision and their clients, the cedants. Without any claim to completeness, the benefits for the supervisory authorities are as follows.

—A supervision of reinsurance companies on the basis of coordinated standards leads to global comparability of supervisory regulations and thus to greater transparency. At the same time, the data provided by reinsurance companies also become more comparable and make the business written by the industry more transparent.

Comparable supervisory standards engender trust between supervisory authorities and consequently also promote administrative economy. They allow supervisory authorities to focus on the really critical cases.

—Supervisory quality improves when it is directed at the headquarters of an international group. As described above (2c), reinsurers must manage their business and the risks assumed centrally to exclude accumulations or keep them to a reasonable minimum. Besides, management decisions are increasingly being taken by the ultimate parent company. This is particularly true for asset management, capital allocation, product development, the issuance of underwriting guidelines and last but not least the use of internal risk models for the purposes of risk management. For this reason, supervision must occur where risks are accepted, reserves created and decisions on the management of investments and equity are taken. These functions are performed by a company's headquarters and their supervision should be carried out by the home state regulator. Supervision would be more efficient and, if targeted at a company's headquarters, would contribute to reducing the risk of crisis. If a critical situation exceptionally arose nevertheless, supervision by the home state regulator would make crisis management more effective. In short, in the interests of both the supervisor and the reinsurance company, the structure of supervision should be in line with the institutions' risk management and control structures. This would seem expedient for the European single market as the Solvency II project is aimed at installing a supervisory system geared to the risks a company actually accepts.

—Centralised supervision by the home state supervisory authorities incidentally lends itself not only to financial supervision but also to fit and proper management. It should not remain with the host state regulator but should be assigned to the home state regulator. The supervisory authority in the reinsurer's home state has to acquire information about the personal reliability and professional suitability of the members of the Board of Management (cf. Art. 7a of the Insurance Control Act). If the supervisory authority of another country in which the reinsurer does business needs information about the company's management, this information could be passed on through an information exchange. Such an arrangement would do away with multiple management reviews.

—The same applies to shareholder control. Here too the authorities' information requirements should be covered by an exchange of information between the supervisory authorities in the reinsurer's countries of operation.

—Centralised supervision also makes it easier for the authorities to keep track of all the relevant company data and information, for instance on (central) risk management. Short lines of communication between the home and host state regulator also benefit the supervisory authorities in the host state of a group of companies and see to it that the required information is provided fully and promptly.

—By guaranteeing the stability of the entire reinsurance group, centralised supervision also indirectly protects policyholders' claims against primary insurers.

—Mention should also be made of the fact that central supervision based on mutually recognised supervisory standards prevents supervisory arbitrage that could otherwise be induced by supervisory law.

From the supervised reinsurance companies' point of view, centralised supervision by a home state regulator also provides considerable efficiency gains.

—A uniform reporting system applying to all group member companies when reporting to the group's headquarters and from there to the home state regulator serves administrative economy purposes. It would remedy the current situation with its multiple-and occasionally contradictory-reporting requirements in the various jurisdictions.

—A reinsurance group could derive far greater economic advantages from the allocation of the necessary operating equity. Centralised supervision would provide for capital management and allocation on the basis of economic criteria and independent of today's supervisory and company law structures. Capital could be held where this is economically sensible and, what is more, it can be concentrated in one place. In this way, the diversification effects of risks written internationally are fully brought to bear and reduce capital requirements. The legal supervision of reinsurance companies would thus approximate the economic perspective, a perspective that is currently also being increasingly applied by the rating agencies for instance.

—At the same time there would no longer be any need for the collateral required under various supervisory systems. The need to maintain these funds (for cedants) ties down the capital available in certain jurisdictions and thus leads to the division of a reinsurer's assets and risk capital. Since these funds only serve to satisfy a specific group of creditors, diversification effects can only be utilised to a very limited degree, a fact that consequently leads to capital requirements which, from an economic point of view, are unnecessary and do not serve all cedants equally. In an internationally coordinated system of national supervision such inefficiencies seem avoidable.

—It should also be mentioned that given the fragmented supervisory systems, the integration of IT systems is often not possible or possible but very expensive.

Finally, the reinsurers' cedants would also achieve efficiency gains.

—The direct supervision of reinsurance companies on the basis of mutually recognised supervisory rules would eliminate 1) the need for cedants to obtain information about the reinsurer's standing/supervision and 2) the supervisory authorities' need to examine the "security" of the primary insurers' reinsurers. In other words, this "indirect" supervision (i. e. of the reinsurers through the primary insurers) would be done away with. Indirect supervision is superfluous when direct supervision of the reinsurers is sufficient. If it comprises financial supervision (reserves, solvency, investments), the supervisory authorities concerned could share their information about the respective parameters. If internationally coordinated supervision is more extensive, indirect supervision becomes unnecessary in this respect. This would include, for instance, fit and proper management or shareholder control.

—For risk management reasons, a reinsurer's clients, i. e. cedants, are interested in establishing business relations with the reinsurer's headquarters whenever possible and not with its local subsidiaries. Legally, this is done either transacting business directly with the group's head office or by concluding a treaty with the reinsurer's branch in the host country (see item 2b above). In this regard, the relationship between the reinsurance company and primary insurance company (B2B) differs from the relationship between the primary insurer and its clients (B2C), the policyholders. The first-mentioned relationship is characterised by the fact that the primary insurer is interested in obtaining as much coverage as possible, whereas the primary insurer's client is guided, either consciously or subconsciously, by the principle "all business is local". For business reasons, a supervisory landscape that provides for centralised control and risk management would appear much more important in reinsurance than in primary insurance.

Economically speaking, central supervision by a home state regulator would involve considerable welfare gains overall. The advantages of more efficient supervision that would allow the tools of risk diversification to be put to better use are likely to have a lowering effect on prices in the reinsurance market, a market that is price-determined in many segments, and make reinsurance cover cheaper. The benefits could in part even trickle down to the end-client. It is naturally difficult to quantify these welfare effects. If an extremely simplified model calculation is based on the assumptions that the current system results in allocated capital that is 5% higher than economically necessary (= cost of capital), that the global reinsurance volume (premiums) totals US $ 150bn and that the premium-to-capital ratio remains constant, then the global welfare effect of centralised supervision by home state regulators would amount to US $ 7.5bn p. a.

6. How can such a global supervision system be achieved?

Such a supervisory system could be established gradually through the conclusion of bilateral agreements between states (i. e. supervisory authorities) in which the reinsurers are domiciled/operate. It would first be necessary to determine in accordance with the rules applying in the European single market whether the supervisory systems meet certain minimum standards. Such standards could be incorporated in the European directive that is currently being prepared; however, worldwide standards developed or still requiring development in the IAIS are also suitable. Mutual recognition of the supervisory systems would make it possible to make the respective home state regulator the lead supervisor. A system like the one that has long existed in the area of double taxation agreements would thus introduced gradually. Double taxation agreements demarcate the tax sovereignty of the states, whereas a supervisory system would delimit supervisory powers. There should not be any fundamental difficulties with the approach suggested here. The meaning and effects of double taxation agreements have the same significance for the states concerned as do the proposals set out here. Double taxation agreements distribute tax income, supervisory systems assign supervisory powers.

Not least the significant efficiency gains to be achieved speak for a rapid worldwide implementation of central supervision through a home state regulator. It is necessary to include not only the OECD countries, from which the major share of ceded premium volume derives, in these considerations but also offshore locations in particular. In no way should incentives be created/enhanced for offering reinsurance cover only from offshore centres with less regulation and transparency due to laxer supervisory rules.

《专题卷》中方评述

加拿大养老金监管制度及其对中国的启示

养老及养老保障是当今中国社会的最大热点问题之一。各国养老保障制度改革已经进行了几十年，各项制度建设都取得了很大的进展，但还远没有达到预期的目标，深化改革的任务和道路还很艰巨、很长。总体而言，绝大多数国家，包括中国，养老金体系运作均处于不能令人满意的状态，造成这种现象的原因很多，其中养老金监管的高成本、低效率是主要原因之一。他山之石，可以攻玉。加拿大通过 50 多年的改革与完善，逐步建立了多种类、广覆盖、高保障的养老保险体系，同时其监管制度也是法规完善、制度健全、管理现代，有许多地方值得我国在完善养老金体系的过程中加以借鉴。本文讨论加拿大养老保险制度及其监管，提出加拿大的经验对我国在改革和完善养老金监管制度进程中的有益启示。

一、加拿大养老金制度介绍

与美国、澳大利亚等大部分发达国家相似，加拿大的退休收入计划主要分为三个部分，第一部分是老年保障（Old Age Security），是针对所有年龄超过 65 岁公民的基础保障；第二部分是加拿大养老金计划（Canada Pension Plan），所有加入该计划的人在 60 岁以后都有权按月获得养老金；第三部分是私人养老金计划和注册退休养老金储蓄计划（Registered Retirement Savings Plans），这部分属于补充养老金计划，政府为这部分补充养老金计划提供税收上的优惠。而前两个部分为公共养老金计划，该计划的特色是，公共养老金基金并不由政府管理，是由一个独立于政府的养老金委员会管理。该委员会由优秀的投资专家来决定养老金基金的投资运作，他们负责对养老金基金在加拿大以及全球市场上进行组合投资。养老金委员会只对加拿大政府履行报告义务，运作完全是独立的。同其他发达国家一样，加拿大的人口老龄化程度正在加剧，雇员和退休人数的比例将由现在的 8:1 降低到 2020 年的 1. 78:1，三支柱的养老保险体系已成为加拿大社会保障的重要“安全网”。

（一）政府老年收入保障计划

政府老年收入保障计划由政府财政负担，这一支柱的保障水平较低，主要是提供一个基本的退休生活待遇，被设计成一种全民性（普遍性）的收入支出计划，即所有达到国家规定年龄的在加拿大定居的人都能享有。1927 年，加拿大联邦政府和省政府最终就化解老年人贫困问题达成了必要的一致，同意由议会制定的《老年年金法》（Old Age Pension Act，1927），从而从法律上保证了为老年人设立专门的资助计划，并对联邦政府与省政府在政治上和行政上的管理责任作了划分。1944 年，加拿大通过《家庭津贴法》（Family Allowance Act，1944）；1951 年，联邦政府发起设立了老年保障金计划（OAS）。政府收入保障计划分为三部分：基本养老津贴、收入保障补贴和配偶津贴，这些津贴是由加拿大政府在每年的国家税收总额中拨出。

基本养老津贴是每月发给符合加拿大居民条件的，年龄在 65 岁以上的老人的一种津贴。有条件领取这种津贴的老人一定要自己提出申请后才能领取。无论是以前参加过工作还是没有参加过工作的老人同样有权申请，即使还没有退休的老人也同样有权申请。决定申请人是否能领取养老津贴的主要因素是年龄和在加拿大的居住时间，此外，老年人以前的收入高低也不会影响他的养老津贴领取权和可以领取的金额。一般而言，要求申请养老津贴的人应符合以下条件：一是年龄已满65岁；二是加拿大公民或合法居民，从18岁起在加拿大居住时间超过10年。除基本养老津贴外，养老金计划还包括收入保障补贴和配偶补贴。前者是补给除了基本养老津贴外很少有其他收入的老人，使他的总收入达到某一水准。后者是发给未能领取基本养老津贴和收入保障补贴的年龄在60～64岁之间的配偶或所有年龄在60～64岁之间的鳏夫寡妇。

（二）加拿大养老金计划（Canada Pension Plan）

加拿大养老金计划（CPP）是一项社会性保险计划，其资金来源于顾主、雇员、自谋职业者的捐助交保，以及来自CPP基金的利息收入。符合资格的CPP捐助者及其家庭成员可以申请并获得养老保险金。各类养老保险金都是一种应纳税收入，其金额水平每年要根据全国消费物价指数的涨跌进行调整。个人养老保险金数额的多少取决于个人以往的收入水平，以及个人对CPP捐助的年头长短。个人积攒的捐助交保数额越大，其得到的个人养老保险金也越多，但有一个最高限额。例如，1998年65岁的平均CPP退休金是每月417加元，1999年65岁最高退休金是752加元，对不同的养老保险金，如退休金、残疾金、生存保险金，具有不同的平均值。

CPP提供三种类型的养老金：退休养老保险金，残疾养老保险金——包括认购了捐助的残疾人士的子女的保险金，生存保险金——包括丧偶保险金、已死亡捐助交保人子女保险金以及一次性死亡保险金。申领养老保险金的资格条件随申领不同类型的养老保险金而不同。个人为养老保险计划交保的数额取决于个人收入，如果是自谋职业人员，则取决于除去开支以外的商业净收入。对各种雇员来说，其顾主必须承担起50%的雇员养老保险捐助交保额。自谋职业人员要自己全部承担。养老保险捐助交保金的捐付取决于个人年收入，并设有上下限，即称为应捐付养老保险金的收入。最低限是3,500加元，最高限根据加拿大平均年工资，在每年1月份进行调整。

CPP是一项完全随个人任意迁移的计划，不管当事人如何频繁的更换工作，或在加拿大境内任意一个地方工作。每个顾主都有责任向员工收取CPP交保资金，并把所有的有关个人的养老保险捐助交保情况都记录在案，并报告CPP计划，不管该个人在哪工作，有多少个顾主。1999年个人最高捐助额是1,186加元，同时其顾主也要匹配相同数额。自谋职业人员最高额为2,373加元，全部由个人承担。对于已开始领取残疾金、已开始领取退休保险金、年龄已到70岁（不管仍在工作与否）和去世的人员，可以停交捐助金。

（三）雇主或行业为单位主办的养老金计划（即补充养老保险）

补充养老保险是加拿大养老金体系中最重要的支柱，养老基金完全由商业机构运营，但投资渠道、分配方式、投资方针等由雇员或雇主确定。补充养老保险通常是以团体保险的形式出现的，即企业为合乎条件的员工统一建立一项计划，补充养老保险的发展有力保障了雇员退休后收入的稳定性和安全性，减轻了政府负担，同时也促进了金融市场的发展。补充养老保险的形式较多，通常有以下几种：（1）注册的养老金计划（RPP-Registered Pension Plans）RPP计划的建立是自愿性的，但一旦选择建立，就必须保证执行法律设定的最低标准，到各省养老金监管部门进行注册，注册时需要提供相应的法律文书，明确设立计划的法律动机以及各项计划相关的一切事项（诸如缴费率、投资渠道、待遇享受条件、待遇计算方法等），称为计划文本。所建立的计划要同时能满足加拿大联邦税务局和各省税务局的要求，还要严格遵守与养老金有关的法规。注册的养老金计划在各省监管部门进行注册，一旦获得批准，就可以享受有关税务减免优惠条件。此类计划主要有缴费确定型和待遇确定型两种类型，也有一些企业还将两种计划综合起来，建立“混合计划”。(2) 储蓄和利润分享计划（Savings and Profit Sharing Plans）。这主要包括注册的退休储蓄计划、延期利润分享计划和雇员利润分享计划。

注册的退休储蓄计划是一种典型的储蓄计划，类似于美国的个人退休账户（IRA）。同注册养老金计划相同的是，加拿大联邦税务局规定了注册的退休储蓄计划的缴费上限，即缴费金额每年不得高于雇员总收入的 18%，且最高缴费不得超过 13, 500 加元；与注册养老金计划不同的是，注册的退休储蓄计划不需要去养老金监管部门注册，而是到加拿大联邦税务局进行注册。注册后，雇员的缴费可以依法减税，但雇主缴费不能享受税收优惠。一般情况下，注册的退休储蓄计划的投资渠道由雇员自行选择，然后由经办机构统一划拨资金，投资收益记入个人账户。

延期的利润分享计划既不同于注册的养老金计划，也不属于储蓄计划，而是一项由雇主拿出部分经营利润作为缴费而建立的保障计划。“延期”是指雇员分享雇主利润，必须在到达退休年龄时才能领取待遇。该项计划同样要遵守加拿大联邦税务局的税法，但无须遵守联邦及各省养老金法规。其缴费上限由加拿大联邦税务局设定，目前为雇主利润的 5%，具体到每一位雇员是每年不能超过 6, 750 加元。雇主所缴费用可享受减税待遇。延期的利润分享计划缴费完全由雇主提供，计划成立的前提是雇主有经营利润。雇员利润分享计划同样由雇主设立，雇员无须缴费，要求雇主拿出部分利润为雇员缴费，而且即使没有利润，雇主每年也要为每位雇员向计划缴纳 100 加元。设立雇员利润分享计划，如果雇主在联邦税务局进行了注册，则其可以享受税收优惠。

除了以上各类注册计划外，还有各种未经注册计划，这主要以私人养老金计划的形式出现，由公众自愿到保险公司购买。

二、加拿大养老金监管制度评价

（一）养老金监管模式介绍

养老基金的安全是养老金制度持续及成败的关键之一，在许多国家，养老金的监管是养老金制度的核心内容之一。政府即使不直接参与养老金的日常运作，也会在建立有关监管机制，以确保养老基金高效运作和保证退休人员利益方面，起到决定性作用。各国养老金监管模式通常受到养老体制的历史演变、资本市场的发展状况及监管框架、整体经济发展水平以及法律环境、政治文化背景等多方面因素的影响，各国监管的内容与强调的重点不同，大体而言，对养老金体系的监管可以划分为审慎监管与实体监管两种模式。

1. 审慎监管模式

美国等经济合作组织国家采用这种模式。审慎监管模式要求基金管理者本着“像一个谨慎的人处置自己的资产一样”的原则，从持有人的利益出发进行基金的投资管理活动。政府通常并不对投资进行具体的规定和限制，而是强调基金管理者对基金持有人的诚信义务和基金管理的透明度，通过打击内幕交易等欺诈行为保护持有人的利益，要求资产多样化，避免风险过于集中，防止利益冲突，限制基金管理者进行自营业务，鼓励竞争，防止基金管理者操纵市场。在这种监管模式下，基金运营不受许可证管理，监管机构较少干预基金的日常活动，只是在有关当事人提出要求或基金出问题时才介入，在很大程度上，监管机构依靠独立审计、精算师等中介组织对基金运营进行监督。

2. 实体监管模式

拉美国家采用这种模式，实体监管模式除了要求基金达到最低的审慎监管要求外，对各类资产在投资组合中所占比重进行限制，还对基金的结构、运作和绩效等具体内容进行严格的监督。监管机构通过现场与非现场监管的方式及时监控基金的日常运营，要求基金管理者进行规范、详尽的信息披露。所有养老储蓄都要集中到养老基金账户，由专门的养老基金管理公司管理，监管机构根据严格的标准颁发基金管理许可证，控制基金管理公司的质量与数量。基金管理公司只能从事与养老金有关的业务，如收取缴费、投资管理、支付养老金等。限制基金的投资组合，严格控制基金投资股票和国外证券。在部分国家还要求基金的投资收益最低达到一定水平。

养老金监管中的审慎监管模式与实体监管模式属于两种不同的监管思路，两者具有相同的监管目标，都是为了达到促使养老基金稳健投资和保护被保险人利益的目标，其区别在于理论假设及实现途径与手段的不同。目前很难断定两种模式孰优孰劣。实体监管模式在执行与监管上花费的时间与成本较大，对于基金管理者行为的严格限制，也会在一定程度挫伤其创新能力，并可能对基金的优化投资组合与收益带来负面影响。而审慎监管模式又可能难以有效防范道德风险。监管的绩效取决于市场环境、制度、技术及人才等多方面的因素。相同的模式在不同的国家或不同的时期也会产生不同的效果。总体看来，养老金监管模式的选择主要受以下因素的影响：一是基金市场的结构。若基金数量较少，则容易受到严格的监管。二是资本市场和各类中介组织的发达程度。资本市场和各类中介组织越发达，监管机构就越可能把日常监管的职能交给中介机构。三是法律是否健全。在法律制度不完善的情况下，监管机构可能更多地采用行政手段即非法律手段进行监管。目前在许多国家，出现两种监管模式融合和搭配使用的趋势。

（二）加拿大养老金监管内容简介

总体来说，加拿大养老金监管是采取审慎监管的模式和原则，养老金监管的主要内容有：

1. 监管主体

在加拿大，养老金业务属于金融市场的重要组成部分，加拿大的金融监管体制是以财政部和中央银行为核心的。其中负责监管实施的四大机构：金融机构监管局（OSFI）、存款担保公司（CDIC）、金融交易和报告分析中心（FINTRAC）、金融消费者委员会（FCAC）都隶属财政部。金融机构监管局是加拿大最主要的金融监管当局，其“首席精算师”所在部门负责向加拿大政府提出精算建议，其他部门则向财政部长报告工作。金融机构监管局的职责主要包括负责对银行及联邦注册成立的大型保险公司的审慎监管、审查金融交易、确保金融机构遵循相关立法、监测金融状况、实施金融检查、处理问题金融机构等。金融监管局在组织和人力资源安排方面不做现场检查和非现场监管的区分，即监管人员既负责现场检查，同时也负责非现场监管。金融机构监管局是高级咨询委员会成员，另外还担任金融机构监管委员会主席。

加拿大金融机构监管局（OSFI），该机构属于政府机构，全面监管金融市场，包括养老金市场，金融机构监管局在养老金监管方面制定并发布了较为系统的文件，这些文件大都是指导性的文件，社会各利益集团通过政党和游说组织的力量来影响政府的决策。如在1998年下发的《由联邦管理的养老金计划的管理准则》中明确提出：加拿大金融机构监管局（OSFI）的宗旨不是为了给管理人提供“安全的港湾”；管理人仍应对其决策和行为负责。

加拿大联邦和省政府对养老金的监督管理有一系列明确的法律规定和操作规程的要求，此外，加拿大还充分发挥社会监督的作用。如在补充养老基金的监督管理方面，通常由外部审计师、精算师、律师以及投资专家、工会代表来审核、管理。在操作上主要采用的途径有：（1）补充养老金理事会负责制定合理的投资方针，决定重大事项，并指导重要的管理决策；（2）多家投资机构共同管理、优胜劣汰，实现竞争、实现投资利益的优化，其中商业保险公司在这个过程中发挥了主要作用；（3）投资公司一般都设立了“内部监督”的部门，以保证经营操作与投资方针的准确性，基金每年必须由独立的外部审计师进行审计；（4）待遇确定型计划，法规要求每年至少进行两次外部精算评价、评估资产与负债的平衡关系，以及为满足未来支付待遇所需的缴费额；（5）由于加拿大的补充养老保险一般能够享受税收方面的优惠政策，税务部门也制定了监管法规，监督基金的财务活动，由此，从这个意义上来说，税务部门也是养老金监管的主体之一。

2. 监管目标

在加拿大的养老金市场，养老基金的日常经营管理是在高度竞争环境下由商业机构承担，因商业机构的内在动力及其对风险管理比较敏感，在一定程度上有利于养老基金实现资源的最佳配置和投资的较好回报。加拿大养老保险体系的目标比较明确，其一是保证每个加拿大公民有基本的老年收入，帮助公民不因退休而导致生活水平受到严重损害；其二是保护受益人的利益，维护市场稳定，防范受益人的利益受到损害。

对于第一个目标，加拿大的养老保障系统中第一支柱比较健全，属于政府部门管理的老年保障津贴和退休金计划的待遇分别占退休前平均工资的25%，即两项计划替代率之和为50%。为了维持这个保障水平，加拿大联邦政府已经面临巨大的财政压力，以至于受到国际货币基金组织的警告[1]。1995年加拿大养老金支出占国内生产总值的比例为5.2%，预计到2040年该比例将达到9.1%。[2]

对于第二个目标，加拿大政府出台的文件对此有明确的规定。如在《联邦养老金标准法案（PBSA）》第21条第1款规定：“养老金收益支付额至少应是养老金缴费的总和加上利息。”并要求主管方有责任确保养老金计划符合一般的法定信托标准，主管方可以选择从退休基金以外寻找途径来确保归还个人的缴费。在2001年下发的《关于将养老金计划从DB转换成DC的指导文件》中也明确规定：在转换时，要根据“加拿大精算学会关于养老金最小转移价值的建议”，等值一次性付款额必须至少等于成员的转换价值，并在计算的时候，假设成员在转换的时候已经终止了养老金计划。同时，要求在计算与固定福利等值的一次性付款额，在向DC计划转移时，必须利用或采纳尽可能对成员有利的、“加拿大精算学会关于养老金转换价值的建议”中阐明的经济假设。以确保受益人的利益不会因计划的转换而受到不必要的损失。

3. 经营主体及要求

加拿大金融机构监管局（OSFI）对养老保险市场各类参与主体都提出了明确的要求。在1998年下发的《由联邦管理的养老金计划的管理准则》清晰地描述了由联邦监管的养老金计划的最佳管理方法和该计划管理人的职责，并反映了养老金行业所推崇的一些做法。本准则也反映了金融机构监管办公室（OSFI）对计划管理养老金的当前观点，适用于《1985年养老金标准法案》所规范的所有养老金计划。良好的管理能够保证以最小的成本为代价及时地提供福利，并以计划成员和受益人的利益为出发点来促进计划的管理。良好的管理要求有适当的监控机制，这种机制鼓励正确的决策、适当及时地执行以及定期的审查和评估。该准则突出强调了管理人在制订和审查养老金计划管理框架的过程中应当考虑的问题。

---

1 对此，联邦政府设法调整（降低）养老保障的待遇水平，但受到了公众的强烈反对，联邦议会也难以通过，政府预算又没有能力增加支出。在这种情况下，加拿大政府不得不采取措施，对养老保障制度进行改革，提高退休金计划的缴费比例，将1995年雇主和雇员各2.8%，调整到1999年的各3.5%，计划到2006年调整到各5%，通过这样的调整，基本上可以满足支付。

2 ［英］保罗·皮尔逊：《福利制度的新政治学》，309页，北京，商务印书馆。

《1985年养老金福利标准法案》（PBSA）要求管理人担任雇主、雇员和其他受益人之托管人的角色，管理人必须为养老金计划的目标服务。其中，最重要的目标就是向成员提供福利，确保融资水平足以保证支付福利。要实现该目标，管理人应当：（1）执行养老金计划条款；（2）根据与养老金计划目标相一致的原则，解释养老金计划条款；（3）以公正、透明和客观的态度来行使自由裁量权；（4）必要时，在法律顾问或法院的帮助下，澄清计划中模糊条款的含义；（5）进行准确、全面的记载；（6）保证遵守《1985年养老金福利标准法案》（PBSA）的最低保障标准和相关法律。为此要求所有养老金计划管理人必须具备适当能力：（1）收集、接收和证实雇主和雇员缴纳的供款；（2）使养老金计划资产和雇主资产相分离；（3）根据养老金计划的投资政策和准据法，谨慎地进行养老金计划投资。此外，信托法也强制规定了管理人的资信和义务，包括：（1）忠诚于养老金计划的目标和利益；（2）合理而谨慎地行事；（3）避免个人利益与养老金计划的利益发生冲突；（4）不应在从事的信义和义务采取的行动中获利，也不应获取非法利润；（5）面对竞争性（合法）利益时，应当做到公平无私。

《由联邦管理的养老金计划的管理准则》要求托管人对养老金计划融资进行管理时，应当履行以下职责：（1）审查供款的准确性以满足当前和未来的需要；（2）调查养老金计划对经济和人口统计条件的敏感程度；（3）确定有效缓解潜在下滑趋势所具有的盈余水平；（4）通过建议抑制或重组福利、修正投资政策或建议提前缴纳供款来保证福利安全所要求的水平。

4. 投资限制

加拿大联邦和省政府根据其分工对养老基金的投资管理制定了一系列明确的法律规定和操作远程的要求，以保护受益人的利益。对于养老基金投资的限制主要表现在对投资工具以及投资比例的限制。不同的国家对养老基金养老限制所采用的方法及具体要求是不同的。在采用审慎监管模式的国家（如英、美、荷兰等国）允许基金管理者根据总体的方针和要求确定投资方案与组合。而在采用实体监管模式的国家（如拉美国家），政府对投资组合做出明确的规定，包括投资的品种、方式及比例。投资限制在保障基金营运安全的同时，在一定程度上成为部分国家基金投资回报率低的主要原因。

养老基金是为雇员服务的，雇主对其缴费不再拥有进一步使用、支配的权利。加拿大的补充养老基金大多以信托（trust）的形式存在。基金的投资渠道的选择通常在计划文本中加以明确，可由雇主选择，也可以由雇员选择或者双方共同选择。目前，主要有以下几种投资方式：（1）担保投资合同。由保险公司提供，承诺最低收益，通常期限为1~5年，提前支取则不能保证收益，只能按照当时的市场价值支取。（2）海外共同基金。（3）本地共同基金。加拿大采取谨慎人原则，对公司的投资行为提供指导性文件，比如：对超过10%的国外资产征税，要求投资房地产的比例不超过7%。

加拿大金融机构监管局（OSFI）十分注重对投资的监管。OSFI要求，受联邦法规规制的养老金计划的管理人，应当制定和列出养老基金投资政策和程序的书面报告，并且确保其被有效地贯彻和监督。在2000年下发的《关于联邦法规定下养老金计划的投资政策和程序的指导方针》中明确规定养老金投资方面的要求。在原则方面，《养老金福利标准法案(1985)》（PBSA）和《养老金福利标准条例》（PBSR），要求遵守联邦法规的养老金计划的管理人，应当做出养老金投资政策和程序（SIP&P）的书面报告。理性地、审慎地把“审慎人组合方式”适用于养老基金投资组合，SIP&P必须以此方式为基础进行投资。良好的SIP&P帮助管理人根据既定的缴费计划条款，使会员的利益最大化，并且根据固定收益的计划，兑现承诺的收益。

《关于联邦法规定下养老金计划的投资政策和程序的指导方针》要求养老金投资组合的多样化，包括资产类型、行业和地理区域的多样化，以降低投资风险。当然，这种多样化的水平，取决于计划的规模、利益关系人承担风险的意愿以及投资自身的风险。同时，该文件对不同资产类型的比例做出规定：

依据 PBSA 的养老金计划的法定投资和贷款限度

资产 类型[3]	限度/约束	例外
贷款给或投资于： a）单个人 b）两个或多个联合的组织或 c）两个或多个附属的公司	计划资产账面价值的 10%	存在 CDIC，或类似省级保险、金融机构的基金； 分开的、共有的或集资的，并且符合表 III 的要求的基金； 正在加拿大经营的人寿保险公司未配置的普通基金； 投资公司、房地产公司、资源公司； 加拿大政府、省政府或机构的债券或他们担保的债券； 确定广泛承认指数的基金
房地产和加拿大资源财产： a）房地产地域 b）加拿大资源财产总计 c）全部财产合计	a）计划资产账面价值的 5% b）计划资产账面价值的 15% c）计划资产账面价值的 25%	
股票： 此股票附着于选举公司董事的权利的投票权	有投票权的公司股票的 30%	房地产公司、资源公司、投资公司
关联方： 放贷给或其证券	禁止	在公开交易所获得的证券 对养老金计划不具有重大意义的投资
外国投资	在购买日计划资产账面价值的 20%	

5. 信息披露

为把基金管理人置于基金持有人和监管机构的双重监督之下，防止基金管理人违规操作和损害基金持有人的利益，要求基金管理人对基金投资行为及市场表现的信息进行公开披露是监管当局主要的途径之一。信息披露内容主要有资产估价的原则、资产估价的频率以及其他财务数据等，披露的方式有定期披露和专项披露等形式。

加拿大金融机构监管局（OSFI）对养老金业务的信息披露做出了明确的规定，包括对成员和监管当局的信息披露。如在该监管局下发的指导文件《弹性养老金计划》中就要求："弹性养老金的主管方，有责任对弹性养老金的有关事项细致、明确地予以公布。个人必须能够得到充分的信息，以便对弹性养老金计划是否适合他本人的具体情况，做出审慎的决定"。并对披露的信息内容做了明确规定，要求在最初的个人资料袋（合同或成员）年度声明中，至少应当有如下说明：（1）声明弹性养老金缴费是可选的。（2）声明谁是提供弹性养老金的受益者。（3）声明弹性养老金的收益如何分享（如果不存在收益分享问题，个人必须被清楚地告知他将获得全部弹性养老金的收益）。（4）声明在一定情况下，个人可能接收不到全部的缴费值（包含举例），以及补偿雇主的津贴。（5）声明当 50% 的规则或者非丧失规则失效时，联邦养老金福利标准法案（PBSA）的保护作用也同时失效。（6）声明谁做出投资决定，谁承担相应的风险。（7）对弹性养老金的或高或低的收益额和可能的损失额有所说明。（8）成员及其配偶必须被清楚地告知：不固定的弹性养老金的收益不会受到联邦养老金福利标准法案（PBSA）的保护等等。也就是说，不固定的弹性养老金的收益只兑现给投资者，而不是缴费者的配偶。

3　例外：根据加拿大商务公司法第 192（1）条的规定，为了公司的重组或清算而安排的投资，以及通过股票利息实现取得的资产。

（9）举出有关弹性养老金的各种可供选择的收益的例子和不同的有关人员需要做出的投入。（10）说明弹性养老金的收益转化规则。（11）说明每个年度的成员存在着特殊的未获风险提示信息的可能。当然，对于这些信息的披露，主管方可以通过和准备加入弹性养老金计划的个人签署一个特殊“合同”，来表明各项相关规定已经予以告知。

2001年8月下发的《关于将养老金计划从DB转换成DC的指导方针》要求，对于计划转换的任何修改都要向金融机构监督办公室报告。对于重要的文件，必须按照金融机构监督办公室的要求存档，并且管理者在实施福利转换计划之前，应接受金融机构监督办公室的建议。同时，如果计划的转换给成员的权利带来了影响，则必须在计划转换生效日后六个月内，向成员及其配偶通报。如果成员被授予转换他们应计福利的选择权，则有必要作更早的通报。

（三）加拿大养老金监管的特点及其对我国的启示

1. 立法为先、规范政府监管行为

加拿大政府在养老金监管方面的法律是比较健全的，监管当局也是依法监管。在加拿大宪法中就明确规定了联邦与省政府在养老金计划中各自的责任。在早期养老金发展的初期，省政府对养老金计划的发起及监督管理负主要责任，后期在修改宪法的基础上，加拿大先后颁布了《老年保障法》、《加拿大养老金计划法案》和《魁北克养老金计划法案》等法律，联邦对养老金领域的介入不断深入，责任范围也随之扩大。这些立法一方面对于政府的责任予以明确的规定；同时也使加拿大人可以以此为武器保护自己的合法权益，共同监督养老金计划的运行情况。

2. 政府的职责边界清晰：政府是“裁判员”，而非“运动员”

鉴于政府在养老金体系中的特殊地位，政府管理职责与身份的确定，将影响其他行为主体的行为，对于制度的有效运行具有特别重要的意义。在加拿大，无论是公共养老基金的运营，还是商业养老保险的日常经营活动，都是纯粹的经济行为，政府以第三者的身份出现，将日常经营的权利交给市场，由市场发挥基础性的调节作用，使政府成为真正的“裁判员”。加拿大政府在养老金体系监管方面主要起到以下作用：提供一个合适的制度框架、提供有关的立法与司法制度、提供一个良好的外部制度环境以及监管制度。而且无论是对于公共养老保险的监管，还是对补充养老保险的监管，还把握一个度，政府监管过度可能会导致市场活力的下降。

3. 保护被保险人的利益是首要目标

养老保险本身是经营老年经济风险的行业，其风险性极强，而且间隔时间长。养老保险制度涉及几代人的生存与生活问题，关系民生，如何保护受保人的基本利益不受到损害，是加拿大政府在监管养老金市场时首先考虑的问题。从而要求保证基金营运的安全性或商业经办机构有充足的偿付能力，以便其能够在未来履行其承诺和给付。其次才是提高收益问题，即如何在保证安全性的基础上，提高基金的收益以提高养老金的待遇水平。

4. 提高监管效率是监管的主要任务

无论是对公共养老基金的监管，还是对补充养老保险的监管，其前提假设是认为政府是社会的代表，政府能从社会利益出发纠正各种非理性的行为，促使社会利益的最大化。但在政治经济制度不完善的情况下，无法确定什么是社会利益，政府并非人们所想象的那样是社会利益的代表，政府有其自身的利益和效用函数，并且往往与社会利益之间有着很大的差异。甚至在许多场合，监管者会被监管对象所“捕获”而站在监管对象的一边。加拿大政府充分发挥社会及养老金计划成员的监督力量，以有效提高监管效率。

三、完善我国养老金监管的政策建议

（一）我国养老金及监管制度的现状

我国现行的养老金体系是由三个不同层次的养老保险组成，即基本养老保险计划、企业补充养老保险计划和个人养老保险计划。由政府主导并负责管理的基本养老保险构成职工养老保障体系的第一层次或第一支柱，政府倡导但由企业自主发展的企业或职业年金（原来称为补充养老保险）构成养老保障体系的第二层次或第二支柱，团体或个人自愿购买的商业性人寿保险则构成养老保障体系的第三层次或第三支柱[4]。

目前我国养老金体系以第一层次的基本养老保险计划为主，基本养老保险计划实行统账结合的部分积累制，具有由国家承办、保底，体现低水平、广覆盖的原则，主要面向城镇职工，强制参加、个人和单位共同缴费等特点。对于公务员则保留原有的退休养老制度，在部分有条件的地区，我国政府也鼓励地方政府积极开展农村养老保险，但处于探索和试点阶段。到2002年，我国基本养老保险覆盖人数为14,736万人，其中职工人数11,128万人、离退休人员3,608人[5]；全国有31个省、直辖市、自治区的1,870个县（市、区、旗）开展了农村社会养老保险工作，积累养老保险基金259.4亿元，约有198万农民领取养老金，当年支付保险金15亿元[6]。对于这一层次的监管由劳动和社会保障部来负责，基金的保值增值是这一层次监管过程中面临的主要问题之一。

养老金体系中的第二个层次是企业补充养老保险计划，这是一种受政府政策鼓励、由企业自愿建立、由商业机构运营[7]的养老计划。总体而言，我国企业补充养老保险还处于零星发展的状态，发展水平还很低。劳动保障部门统计的数据表明，2000年第二层次覆盖职工人数是560万人[8]，不到全部企业职工的5%。企业年金是养老保险体系第二层次的重要组成部分，除此之外，保险公司经营的团体养老保险也属于第二层次。2004年《企业年金试行办法》与《企业年金基金管理办法》的出台为企业年金市场的发展搭建了制度平台，无疑会对这一层次的养老金计划产生重要的影响。这一层次的监管由劳动和社会保障部、中国保监会、中国银监会和中国证监会分别负责，处于多头监管、规则不一的状态。统一监管规则、有效促进其发展壮大，使其成为“真正”的支柱，是这一层次监管面临的主要问题之一。

第三层次的养老金计划发展处于起步阶段和附属地位，水平很低，商业保险在养老保险体系中的地位和作用没有得到充分发挥。我国商业养老保险保费收入2002年为370亿元，2003年为420亿元，全国人均商业养老保险保费支出不足40元，而2003年全国人均退休金为8,777元。商业养老保险发展落后的原因主要有两点：其一是我国商业保险还处于发展阶段，居民的风险和保险意识还不强；其二是我国税收政策属于先征后免模式，不利于激励劳动者参加这一层次的养老金计划。这一层次由中国保监会监管。从理论上说，在多层次的养老保险体系中，当“雪中送炭”的公共养老保险制度建立后，就需要商业养老保险来为之“锦上添花”。但在我国，商业养老保险发展明显不足，不能适应社会经济发展的需要。在今后的改革中，如

---

4 参见郑功成：《中国社会保障制度变迁与评估》，97页，北京，中国人民大学出版社。

5 参见郑功成：《福利病不是我们面临的问题》，载《社会保障制度》，2005（2），1页。

6 参见赵殿国：《农村养老保险的基金管理与风险控制》，载《社会保障制度》，2005（1），48页。

7 在企业补充养老保险发展的初期，部分地方社保部门和行业经办大量的补充养老保险，也有部分企业通过向商业保险公司投保建立了企业年金，但2004年《企业年金试行办法》与《企业年金基金管理办法》的出台，明确要求第二层次的养老保险要走市场化经营的道路。

8 参见刘永富主编：《中国劳动和社会保障年鉴》（2001），第522页。

何推动商业养老保险的发展，发挥商业养老保险在整个养老保险体系中的社会管理职能，是其关键。

（二）完善中国养老金监管制度的建议

1. 加快立法进度，从制度上规范运行和保护成员合法权益

现代市场经济是法治经济。从政府与市场的关系角度来说，新制度经济学认为现代市场经济的制度基础和政府行为发生了质的变化，现代市场经济的制度基础是法治。大多数国家的立法机构通过颁布法律，建立适合本国国情的养老保险法律体系，同时要求负责执行该法律的有关机构应当遵守一定的标准和职责范围。完善的养老保障法律有利于明确养老金监管的责权利，在明确各参与主体权利与义务的同时，也对政府的责任、监管的手段、方式和目标进行了规定，规范养老金市场上的各种经营与监督管理行为。

目前我国养老金体系方面的立法还是比较滞后的，尽管国家颁布了一些养老金方面的法规和条例，下发了一些通知，但没有专门立法，没有建立法律法规体系。建议在总结二十多年养老金体系发展与改革经验与教训的基础上，借鉴国际经验，尽快出台《社会保障法》或者专门的《养老金法》。该法要明确不同层次养老金市场监管的主体及其责任、明确各级政府在不同养老金计划中的责任、明确养老金经营主体应遵循的经营规则和标准等等。

2. 加强对公共养老保险基金的管理

目前，我国公共养老保险制度建设进入了一个新的阶段，随着做实个人账户的稳步推进，公共养老保险基金累积的规模将快速增长，加强对公共养老保险基金的监督管理，妥善解决基金的保值增值和投资管理问题，成为影响第一层次可持续发展的重要因素之一。为此建议，一是要健全组织。在条件成熟时，应成立专门的组织负责对公共养老保险基金的管理，解决好中央政府与地方政府在公共养老金监管方面的权限。二是要细化规则。尤其是要根据时代发展的需要，进一步完善投资的程序及规制，提高第一层次养老保险基金的保值增值能力。三是适当在公共养老保险基金投资管理中引入市场机制，在条件成熟的地区，可以将公共养老保险基金委托给商业保险机构或投资管理机构进行投资管理，以提高资金的使用效率和回报水平。

3. 建立和完善第二、第三层次养老金监管体系

对于第一层次以外的养老保险支柱，应充分发挥市场的作用，这就需要加强偿付能力监督。通过加强偿付能力监管，要求保险公司等商业机构用来承担所有到期债务和未来责任能力充足，只有这样才能从根本上保护职工的根本利益，保证职工“养命钱”的安全。我国要在深入研究商业养老保险的风险特性和盈利模式的基础上，在立法层次上，明确第二支柱、第三支柱养老金市场的监管权[9]，借鉴国际经验，开发更加科学的风险模型和监测技术，完善养老保险偿付能力监管指标体系，提高其科学性、适用性和操作性。同时，要尽快研究建立偿付能力危机或突发事件出现后的处理手段，做好预案，解决商业机构偿付能力不足时的应急措施及其退出机制。通过建立保险保障基金，初步建立起较为完善的行业风险自救机制，依靠行业自身的力量降低行业整体的风险。对于第一层次养老保险部分，也应该充分发挥精算在管理中的作用，保证基金具有充足的给付能力。

4. 加强信息披露，保障成员的知情权

养老金经营的时间长，涉及面广，直接影响到参与成员的老年收入保障和生活水平，甚至

9 在当前的条件下，由劳动和社会保障部负责第一层次养老金计划的监管，由中国保监会负责对第二层次、第三层次养老金计划的监管，比较符合我国的国情。

影响到社会的稳定与发展。有效的养老金监管既需要参与各方尽可能实现信息披露以增强计划营运的透明度，增强民众对养老金计划及市场的信心，也可以发挥社会力量，强化民众对养老金营运各环节的监督机制，提高监管效率。为此建议，进一步完善养老金计划的信息披露，增强透明度，提高民众对养老金计划营运及监管的参与程度，保障其知情权。

5. 完善税收的监督与激励机制

在我国目前的养老金体系中，第二层次、第三层次的养老金计划税收政策问题还没有得到很好解决，企业年金尚未出台全国统一的税收政策，寿险公司的养老保险产品还不能享受税收优惠政策，税务部门在养老金计划的监督管理中的作用没有发挥出来。建议尽快出台全国统一的养老金税收政策，充分考虑第二层次、第三层次养老金计划的作用和特点，明确其税收政策，发挥好税务部门在监督管理养老金计划、保障计划公平性等方面的作用，通过税收政策促进第二层次、第三层次养老金市场的发展，真正建立起多层次的养老金体系，既可以减轻政府在养老金体系方面的财政负担，也保障了民众的老年收入及生活。

参考文献

1. ［英］保罗·皮尔逊：《福利制度的新政治学》，北京，商务印书馆。
2. 仇雨临：《加拿大社会保障制度的选择及其对中国的启示》，北京，经济管理出版社。
3. 王洪春和卢海元：《美国社会保障基金投资管理与借鉴》，北京，中国社会科学出版社。
4. 李珍：《社会保障理论》，北京，中国劳动和社会保障出版社，2001。
5. John B. Williamson Fred C. pampel：《养老金比较分析》，北京，法律出版社，2000。
6. 邓大松：《中国社会保障若干重大问题研究》，北京，海天出版社，2000。
7. 乔林碧、王耀才：《政府经济学》，北京，中国国际广播出版社，2003。
8. 林义：《社会保险制度分析引论》，西南财经大学出版社，1997。
9. 尼古拉斯：《福利国家经济学》，北京，中国劳动和社会保障出版社，2003。
10. 田近荣治和文子：《年金之经济分析——就保险的观点》，财团法人保险事业发展中心，1999。
11. Gregorio Impavido, On the governance of public pension fund management, the World Bank research, 2002.
12. Robert hindle, Pension reform in Latin America, the World Bank research, 2002.
13. Ethan B. Kapstein and Branko Milanovic, Dividing the spoils: privatization and reform in Russia's transition, the World Bank research, 2002.
14. Estelle James, Pension reform: Is there an efficiency-equity trade-off, the World Bank research 2002.
15. Giancarlo Corsetti and Klanus Schmidt-Hebbel, Pension and Growth, the World Bank research, 1995.

正文目录

TABLE OF CONTENTS

1. 德国

1-1 保险监管法

完全修订版：2002 年 7 月

第1章 总则

第1条 受本法监管的企业

（1）开展保险业务的企业，应当接受本法的监管，但不承保社会保险的企业，以及下面第112条第（1）款中规定的养老基金除外。

（2）对于受公法约束的公共服务机构或者仅为老年人、病弱者或者幸存者服务的教会，仅适用第13（1）条、第14条、第54（4）条第1款第1项和第2款、第55（1）和（2）条、第55a条、第81、81a、82、83、86、88、89、89a和93条；对于依据州（邦）法律设立并接受州监管的保险企业，州法律可以另行做出规定。如果考虑到该企业设立的法律要求和企业与其经营者之间的协议，对该企业的监管对于保护被保险人的利益来说并非十分必要，则联邦财政部长有权以不要求联邦参议院批准的规章的形式，裁定第2条中定义的、不受州监管的、依据公法成立的保险企业免受本法的监管。

（3）以下组织不受本法的监管：

1. 无需其会员提出保险金要求即给予他们保险金的协会，尤其是职业协会的救济基金和救济会；

1a. 依照《残疾人管理法》（Handwerksordnung），由行业协会设立的救济基金；

2. 具备法律能力的工业、商业和贸易的行业联盟，该联盟的目的是通过交纳会费的方式平衡会员之间本应由他们自己承担的利益支付，并且政府也赋予了该联盟相应的法律能力；

3. 不具备法律能力的地方政府联合会和地方政府协会，如果他们的目的是通过交纳会费的方式平衡其会员和依据公共机构的职责而运作的单位承担的风险所导致的损失，并且一个或几个会员，或者在b）项情形下，其他区域和/或地方政府对该损失至少负有50%的责任，这些损失包括：

a）根据法律条款，第三方可能要求会员或者其员工承担的损失；

b）保管机动车辆导致的损失；

c）根据地方政府意外赔偿方案而支付的补贴；

4. 直接根据法律或者按照法规要求承保的公司和公共组织；

5. 在不确定事件发生时支付保险金的在较窄的领土限定范围内经营的企业，其支付的保险金是为了承担对第三方的责任而进行的赔偿，或者弥补因此而产生的成本，并且所授予的利益不包含现金利益。

（4）附件 A 的类别 23 和类别 24 中所列的业务，不在本法规范的范围之内——除非此种业务由已经被授权经营附件 A 类别 19 至类别 20 中所列的保险业务的保险企业来开展，在这种情形下，该业务应当被当做人寿保险业务一样来对待。资本赎回运作（附件 A 类别 23），是指时间期限和单个或者定期保费的数额已经事先固定，并且责任的数额也已经根据保险精算方法确定了的业务经营。附件 A 类别 24 的业务，是指对死亡时或者达到一定年龄时，或者在赚钱能力（包括资产投资和管理）受损的情形下，给付保险金的计划的管理。对于第 3 款中规定的业务，保险企业可以经营该种业务，还可以提供担保，保证维持被管理的资本以及最低利率。死亡抚恤基金不可以经营第 1 ~4 款中规定的业务，而养老基金不可以经营第 1、2 和 4 款中的业务。

第 1a 条　再保险监管

（1）专门承保再保险的企业，必须拥有第 7（1）条中规定的法律形式。对于不具备互助会之法律形式的企业，仅适用第 7（1a）条、第 7a 条、第 13d 条第 1 项、第 2 项、第 4 项、第 4a 项和第 5 项、第 55 至第 59 条、第 83 条、第 84 条、第 89a 条、第 93 条、第 101 条至第 103 条、第 104 条、第 137 条、第 138 条和第 150 条；第 2 条应当比照适用。

（2）对于用于确保在任何时候都能履行再保险义务的资产组合，第 54（1）条第 1 款比照适用，同时要受限制性条款的约束，该条款规定，混合和扩大的充足率（adequacy of mix and spread）的评估应该考虑到再保险企业的特殊性。在这种情况下，企业的资本总额以及其全部财务状况和组织结构，都应当予以考虑。第 1 句中的资产组合，包括与技术准备金数额相等的资产和再保险关系所产生的负债、获利和延缓收入；再保险人的份额不包括在内。在确定将要承担的义务的数额的时候，负债不得包括在内，因为其得到了缴纳给分出保险人的现金存款的保证。

（3）对于保险企业、保险企业董事会成员和其他经理或者其他控制该企业的个人，监管机构可以发布适当的、必要的命令，以确保可适用于再保险业务经营的法律和监管机构发布的命令得到遵守，尤其是确保再保险企业在任何时候都能够履行再保险关系所产生的义务。如果其他措施不能产生令人满意的效果，监管机构可以要求免除与事实相关的经理的职务，并且命令这些经理停止其职务活动。

（4）第 1 款的第 1 句、第 2 款，自 2005 年 1 月 1 日起生效。

第 2 条　关于企业是否应当接受监管的决定

监管机构根据上述第 1 条决定某一企业是否应接受监管，该决定对行政机关具有约束力。法院或者行政机关在 1931 年 4 月 1 日之前做出的决定，不得与监管机构做出的决定相抵触。

第 3 条　依据公法设立的企业机构

如果在本法规定了董事会或者监事会的规则，并且依据公法设立的保险企业没有这样命名的机构，那么就由相关的执行机构代替董事会，相关的监督机关代替监事会。

第 4 条　名称

（1）“Versicherung”（保险）、“Versicherer”（保险公司）、“Assekuranz”、“Rückversicherung”（再保险）、“Rückversicherer”（再保险公司），或者外语中与这些词有等同含义的词，以及包含这些词的一些词语，只有上述第 1 条第（1）款和第（2）款中定义的保险企业和保险企业的联盟才能将这些词作为企业名称的附加部分使用，以用来说明业务的对象，或者用于广告目的——法律另有规定的除外。保险中介只有在企业名称的附加部分清楚地指出其从事的是中介活动，才可以使用上述第 1 句中的词。

（2）若有疑问，联邦金融监管局可以决定某一企业是否可以使用上述第（1）款中规定的词语。它应当将其决定告知登记庭。

（3）如果某企业的名称或者其中的附加部分包含了上述第（1）款的词语，或者以其他的方式使用该词语，登记庭应当取消该名称或者附加部分，或者该业务的对象。本法中第142条第（1）款第2句、第（2）款和第（3）款，以及《关于自愿管辖相关问题法》第143条的规定，应当适当地适用。应当采取行政罚款的方式促使企业停止不适当地使用企业名称或者其中的附加部分，或者业务对象；《关于自愿管辖相关问题法》第140条的规定，应当适当地适用。

第2章　营业许可

第5条　许可、申请和应当递交的文件

（1）保险企业非经监管机构的许可，不得从事保险业务。

（2）营业计划应当随许可申请一同上交，其中，应当披露企业的目的和组织结构，计划开展业务的地区，尤其应当清楚地说明确保该企业的未来债务始终能够得到履行的条件。

（3）应上交的营业计划包括下列内容：

1. 企业章程，但不涉及一般保单条款。

2. 关于拟经营的保险类别和某一保险类别将承保哪些风险。对于养老基金和死亡抚恤基金，还应包括和保险业务的文件，如费率表以及保费和数学准备金计算的原则——包括计算基础、数学公式、推导和所使用的统计证据。

3. 《股份公司法》第291条和第292条中规定的从属关系协定。

4. 关于永久将某一保险企业的销售、保险合同组合的管理、理赔、会计、投资或者资产管理所有或者其中的重要部分转移给其他企业（外包）的协议。

（4）营业计划应当证明自有资金的数额符合最低担保资金的要求（见以下第53c条第（2）款）。自有资金的构成也应当进行披露。而且，还应当估计前3年佣金费用和其他当前经营费用、已发生的索赔的预期费用以及预期资金流动性状况，并且提交该评估报告。在这种情形下，还应当说明预期可用作履行保险合同义务、满足财务能力方面要求的融资方式。

（5）此外，还应当提交以下内容：

1. 后面第12条第（1）款中定义的健康保险和强制保险的一般保单条款。

1a. 后面第12条第（1）款中定义的健康保险的保费和数学准备金计算的原则，包括计算基础、数学公式、推导和所使用的统计证据。

2. 拟定的再保险安排的信息。

3. 设立管理部门和业务机构的费用的估计；企业应当证明其为该用途安排了必要的资金（组织基金）。

4. 如果申请的目的是为了获得许可经营附件A（18）中的保险类别18中的业务，还需提供企业安排的用来提供承诺援助的方式的信息。

5. 证明经理和董事可靠性和资格（第7a条第（2）款）的必要资料。

6. 如果在保险企业中，存在合格参股股份（第7a条第（2）款第3句）：

a）持有者的姓名和这些股份的数额；

b）如果第7a条第（2）款第1句和第2句中的要求被满足，其评估所需要的数据；

c）如果这些持有者被要求编制年度报表：其最近3个财年的年度报表，如果需要独立审计师编制审计报告的话，还应当出具这些报告；

d）如果这些持有者属于某一集团：该集团组织结构的详细情况，最近3个财年的合并报表，如果需要独立审计师编制审计报告的话，还应当出具这些报告。

6a. 显示保险企业和其他自然人或企业之间的紧密关系（第8条第（1）款第4句）的

事实。

7. 评估责任精算师的良好信誉和专业资格所需要的资料（第11a条第（1）款、第11d条，第11e条、第12条第（2）款第2句）。

（6）对于根据上述第（5）款第5项、第6项、第6a项和后面第13d条第1项、第2项、第4项、第4a项、第5项，需要提供的信息的种类、范围和提交日期，在监管机构履行其职责的必要范围内，联邦财政部长有权通过规定的形式，发布补充规定。监管机构也可以通过规定将该权利委托给联邦金融监管局。后者根据与州监管机构之间的协议，发布规定。

第6条　许可的范围；终止

（1）许可无限制期限——除非在营业计划中另有规定。尽管存在申请方面的限制，但许可范围包括欧共体全部成员国和全部其他《欧洲经济区协议》（EEA协议按1993年3月17日《调整协议》（见《联邦法律公报》II，p.1294））的缔约国的领域。

（2）对每一保险类别的许可，应当分别给予。该许可可经营该保险类别的全部保险——除非保险企业计划仅承保其营业计划中提到的保险类别的部分风险。

（3）根据附件B规定的名称，许可也可以一并授予若干保险类别。

（4）给予一个或者若干保险类别的许可还包括其他保险类别的附加险。如果这些风险与已经营的保险类别相关，涉及相同的对象，并且包括在同一合同中，则附件A中类别14、15和17中的风险，不得视为给予其他保险类别之许可的附加险。附件A类别17中的、符合第1款要求的风险，被给予其他保险类别之许可所包括——如果他们涉及的纠纷和索赔因海洋轮船经营而产生，或与这种经营有关，或者如果该许可允许经营附件A类别18的业务。

（5）如果保险企业出现以下事由，给予单个保险类别或者全部业务经营的许可即时终止：

1. 明确表示放弃许可；

2. 在许可授予后，12个月内没使用该许可；

3. 停止营业已经超过6个月。

在听取保险企业的解释后，监管机构可以做出终止许可的行政决定。

（6）监管机构应当在其官方公告上公布许可的授予、终止和撤销事项。

第7条　允许的法律形式；非保险业务

（1）许可只可以给予公众有限责任公司、互助会、公司和依据公法设立的机构。

（1a）公司总部必须设在德国境内。

（2）保险企业允许经营与保险业务直接相关的其他业务。如果在期货、期权和其他金融工具的交易中，这些工具作为应对现有资产或者证券期货购买的市场价格和利率波动风险的保证，或者如果在履行了供应承诺的时候，现有证券实现了附加回报，而不会导致受限制资产的不足，可以认为存在这种相关关系。

第7a条　管理人员和合格参股股份持有人的资格和条件

（1）保险企业的管理人员必须具备良好的信誉和一定的资格条件。专业资格的首要条件是具备丰富的保险业务的理论和实践知识以及管理经验。如果能够证明在相当规模和业务类型的保险公司担任管理职位至少3年，可以视为符合以上条件。管理人员是根据法律或者组织章程指定的管理商业事务并且代表保险企业的自然人，或者被指定为在欧共体成员国或者其他EEC协议缔约国中分支机构被许可的代理人。

（2）保险企业中合格参股股份的持有人，必须能够确保保险企业的稳健和审慎管理，并且尤其应当具备良好的信誉。如果参股股份由法人或者合伙组织持有，前述要求同样适用于根据法律或者组织章程指定的管理商业事务并且代表保险企业的自然人以及负有个人责任的合伙人。为了股东自己的利益或者他人的利益，通过一个或者多个子公司或类似关系，或者通过与其他人或者企业合作，持有某一保险股份公司至少10%的资本或者投票权，或者认购了互助会会员基金中的份额，或者能够对其他企业的管理施加重大影响，在这些情形下，应当认为有合格参股股份的存在。《证券交易法》第22条第（1）款和第（3）款，适用于投票权中持有的股份的计算。被间接持有的参股股份，将被完全归属于持有该间接参股股份的人和企业。附属企业视为《商法典》第290条定义的子公司，或者能够被施加控制影响的企业——无论它们的法律形式如何和住所在哪儿。母公司视为《商法典》第290条定义的母公司，或者能够施加控制影响的企业——无论它们的法律形式如何和住所在哪儿。如果某一公司被认为是另一公司的母公司，或者在某一自然人或法人与企业之间存在类似关系，则视为控制关系存在。

第8条　许可的拒绝、吊销和限制

（1）出现以下情况的，许可应当被拒绝：

1. 有事实证明管理人员不符合上述第7a条第（1）款中的要求。

2. 有事实证明在原保险企业中的合格参股股份的持有人，或者如果该持有人是法人的话，其合法或法定代表人，或者该持有人是合伙组织的话，其合伙人不可信赖，或者因为其他原因无法保证该企业的稳健和审慎管理；或者有事实证明，该持有人采用客观上的犯罪行为来筹集获得合格参股股份所需要的资金。

3. 根据上述第5条第（4）款，第3句、第4句和第（5）款递交的营业计划和文件，未能显示被保险人的利益得到充分保护，或者不能提供充分的证据证明保险合同义务总是能够得到履行。

如果有事实证明对保险企业的有效监管被妨碍，许可可以被拒绝。尤其包括以下情形：

1. 原保险企业通过参股股份建立的合作关系与其他人或者企业紧密联合，或者透明性缺乏，从而妨碍了对原保险企业的有效监管；

2. 由于可适用于以下第105条第（1）款第2句、第3句定义的非成员国个人或者企业的法律或者行政性规定，妨碍了对原保险企业的有效监管；

3. 由于这些企业未得到其住所地或者公司总部所在地的国家的有效监管，或者由于其有权监管机构不愿意与监管机构充分合作，从而妨碍了对原保险企业的有效监管。

如果原保险企业与其他自然人或者企业通过以下方式存在联系，视为存在紧密关系：

1. 直接或者通过一个或几个子公司或受托人间接持有至少占某一保险股份公司或者互助会的会员基金资本、投票权20%的参股股份。

2. 作为母公司和子公司，通过类似的关系，或者作为姊妹公司；姊妹公司是指共有同一母公司的企业。

如果违反上述第5条第（5）款，随申请书递交的资料或者文件不充分，许可也可以被拒绝。

（1a）经营人寿保险（附件A类别19至24）的许可和经营其他保险类别的许可相互排斥。经营下述第12条第（1）款定义的健康保险的许可和经营其他保险类别的许可也相互排斥。

（2）只有已经符合特定的要求，许可才可以给予。

（3）欧共体委员会或者理事会可以根据1973年7月24日《协调有关直接非寿险业务相关的法律、法规和行政规定的第一个理事会指令73/239/EEC》（OJ No. L 228，p. 3）第29b条第（4）款和1979年3月5日《关于协调寿险直接保险业务经营的法律、法规和管理规定的第一个理事会指令79/267/EEC》（OJ No. L 63，p. 1）第32b条第（4）款做出决定，在该决定做出后，监管机构应当延缓对许可申请做出决定，或者对许可做出限制。该延迟或限制不得超过3个月，自该决定做出之日起计算。第1句和第2句也适用于决定做出后提交的许可。如果欧共体理事会决定延长第2句中的时间期限，监管机构应当遵守该决定。

（4）不得因为上述1和1a之外的原因而拒绝许可。

第8a条 诉讼保险中的损失理算公司

（1）同时经营诉讼保险和其他保险类别的保险企业，应当将诉讼保险理赔工作转移给其他企业，该企业的法律形式为上述第7条第（1）款规定的形式，或者另一公司（损失理算公司）。这种转移视为外包。

（2）损失理算公司不得经营诉讼保险之外的任何保险类别，并且不得从事其他保险类别的理赔。

（3）上述第7a条第（1）款相应地适用于损失理算公司的董事和管理人员。他们不得同时为除诉讼保险之外还经营其他保险类别的保险企业服务。受委托理赔的雇员不得为这种保险企业执行类似的活动。

（4）上述第（1）款中的保险企业的董事会成员和雇员，不得对损失理算公司就个别理赔事项发出命令。损失理算公司的董事、管理人员和雇员，不得向任何该保险公司提供可能导致处于弱势方的被保险人利益损害的信息。

（5）如果诉讼费用涉及的纠纷或索赔，是海上轮船运输导致的，或者与该运输相关，上述第1至4款不得适用。

第9条 组织章程的内容

保险企业的组织章程，应当包括将要经营的各个保险类别，并且规定投资原则；还应当说明是否只经营直接保险业务，还是也经营间接保险业务（再保险）。

第10条 一般保单条款

（1）一般保单条款应当包含以下完整信息：

1. 在什么事件发生时保险人有义务支付保险金以及因为特殊原因排除或者延缓保险责任的情形；
2. 保险人支付的保险金的种类和数量，以及履行义务的日期；
3. 保费到期之日，以及延迟支付的法律后果；
4. 申请人和保险人决定合同内容的权利，以及在损失发生之前和之后的披露责任和义务；
5. 如果规定的期限未被遵守，将丧失保险索赔请求权；
6. 国内管辖权；
7. 被保险人据以分享盈余的原则和标准。

（2）上述第（1）款中的规定，可以吸收进互助会、依据公法设立的保险企业的组织章程，以代替一般保单条款。

（3）上述第（1）款不适用于再保险和《保险合同法总则》第10条第（1）款规定的巨灾险。

第10a条 消费者信息；多份申请

（1）在合同缔结之前以及合同缔结过程中，保险企业应当确保保单持有人（如果他是一个自然人）获得消费者信息手册，按照附件D向其告知保险合同中的重要事实和权利。对于《保险合同法总则》第10条第（1）款规定的巨灾险，只需说明适用的法律和有权的监管机构即可。

（1a）在私人健康保险合同缔结之前，有意购买保险的人应当确认收到联邦金融监管局签发的官方信息单，上面说明了公共和私人健康保险体系依据的不同原则。

（2）消费者信息应当采用书面的形式；它必须使用明白易懂的德文或者保单持有人的本国

语言。

（3）投保单可以包含多份缔结清楚易懂的法律上独立的保险合同申请。应当以书面的形式向申请人强调投保单提出的合同的法律独立性，包括相关的保单条件、投保单的有效期和合同条款。

第 11 条　人寿保险中的保费计算；相同计算原则

（1）人寿保险中的保费，必须根据合理的精算假定进行计算，足以使得保险企业履行其保险负债，尤其要足以为各份合同设立足够的数学准备金。为了这一目的，应当考虑保险企业的财务状况——除了保费之外不得系统地、经常地使用其他资金投入。

（2）如果前提条件相同，则保费和赔付保险金计算必须使用相同的原则。

第 11a 条　人寿保险中的责任精算师

（1）每一家人寿保险企业必须指定一名责任精算师。责任精算师必须具备良好的信誉和专业资格。为了满足专业资格条件，该精算师必须具备足够的精算理论知识和实践经验。如果他能够证明已经从事精算师职业至少 3 年，可以视为具备足够的专业经验。

（2）在确定拟任的责任精算师前，保险企业应当通知监管机构，并且向其提供必要的资料以认定其可靠性和上述第（1）款中的专业资格。如果有证据证明拟任的责任精算师不符合可靠性和资格要求，监管机构可以要求另做指定。如果在指定后，有证据证明对责任精算师不符合要求，或者责任精算师没有适当地履行本法规定的职责，监管机构可以要求另行指定其他人。在上述第 2、3 句的情形下，拟任的或者刚被指定的责任精算师不符合要求，或者没有做出新的指定，监管机构可以自行指定一名责任精算师。一旦对责任精算师的指定结束，应当迅速通知监管机构。

（2a）责任精算师的指定或者免职，应当经监事会的批准。如果小型协会（第 53 条）没有监事会，则董事会指定责任精算师——除非组织章程规定其应当由最高代表指定。

（3）责任精算师履行以下职责：

1. 确保保费和数学准备金的计算是根据上述第 11 条规定的原则和依据《商法典》第 65 条第（1）款和第 341f 条发布的规章。他应当调查保险企业的财务状况，尤其是保险企业是否总是能够履行保险合同负债，以及偿付准备金数额是否充足。

2. 除“小型协会”（只从事有限活动的互助会），（第 53 条第（1）款第 1 句）的情形除外，责任精算师应当在资产负债表的末尾证明：已经根据《商法典》第 341f 条和根据第 65 条第（1）款（精算师证明书）发布的法令，设立了数学准备金，这并不违反《商法典》第 341k 条关于审计的规定。责任精算师应当在给予公司董事会的报告中说明其证明书中使用的基本计算依据和附加假定。

3. 一旦责任精算师在履行职责的过程中意识到：他可能无法按照第 2 项出具证明书，或者只能出具有保留的证明书，他应当通知董事会。如果董事会不立即采取纠正行动的话，应当立即通知监管机构。

4. 对于分红保险合同，责任精算师应当向董事会递交利润适当分享的建议。

（4）保险企业的董事会承担下列义务：

1. 保证责任精算师能够获得所有必要信息，以便他能够适当地履行上述第 3 款中的职责；

2. 将上述第 3 款（2）中规定的精算师证明书的报告递交给监管机构。

（5）死亡抚恤金和不符合下述第 156a 条第（3）款第 5 句要求的养老基金，不受上述第 3 款（1）第 1 句、第 3 款（2）第 2 句和第 4 款（2）的约束。上述第 3 款（1）的调查义务，也适用于这些情形，除非涉及小型协会（第 53 条第（1）款第 1 句），有限制性条文规定上述证明书已由按照被批准的营业计划设立数学准备金的证明（精算师证明书）代替。

（6）联邦财政部长有权以规章的形式，就精算证明书的措辞，以及上述第 3 款（2）和第（5）款有关报告的内容与范围和递交报告的期限，做出具体规定。该权力可以通过规章委托给联邦金融监管局，联邦金融监管局与州协商一致后发布规定。

第 11b 条　现有人寿保险合同的变更

如果在 1994 年 7 月 28 日后缔结的人寿保险合同中的保费和涉及利润分享的条款要进行变更，该变更只有经过独立受托人的同意才能生效。第 12b 条第（3）款和第（4）款条以及第 12d 条第（2）款因此适用于该受托人。在《保险合同法》第 172 条第（2）款和第（1）款中的合同调整情形下，第 12b 条第（3）款 1 和第（4）款比照适用于受托人的指定。为了符合资格要求，受托人必须具备足够的法律知识，尤其是关于人寿保险的法律知识。如果第 1 句中的变更必须经监管机构批准，可以不要求独立受托人的同意。

第 11c 条　已批准的人寿保险营业计划的延续申请

对于在 1994 年 7 月 29 日之后缔结的人寿保险合同（现有合同），在该日期之前由监管机构批准的营业计划仍然继续完全有效。下述第 13 条第（1）款，以及上述第 8 条第（1）款第 1 句和第 3 段适用于营业计划的变更。上述第 11a 条第（1）、（2）和（4）款相应地适用，上述第 11a 条第 3 款附有限制性条款，规定必须按照可适用的营业计划计算出数学准备金。

第 11d 条　带保费退还的意外保险

如果意外保险企业承保带保费退还的保险，上述第 11 至 11c 条相应地适用。

第 11e 条　责任险和意外保险中年金的数学准备金

对于一般的第三方责任险、机动车第三方责任险、机动车意外险和无保费退还的一般意外保险的年金的数学准备金计算，相应地适用上述第 11a 条中的规定。

第 12 条　替代性健康保险

（1）如果健康保险能够适当地完全或者部分代替强制健康保险（替代性健康保险），它必须以人寿保险同样的方式在德国经营，也就是说：

1. 保费计算必须依据精算原则，根据概率表和其他适当的统计数据，尤其应当考虑到对于疾病风险、死亡率、风险与年龄、性别的相关性和撤销可能性的假定，并且考虑安全保费和其他附加保费以及 3.5% 的最高技术利率。

2. 应当根据《商法典》第 341f 条的规定设立老年准备金。

3. 在住院日常补贴保险中，最迟从第 4 个保险年度开始，在保险合同中，必须排除保险企业根据约定或者法律通知终止合同的权利，并且允许增加保费。

4. 保险合同应当给予保单持有人通过选择其他具有相当保险范围的费率来修改合同的权利，同时，根据该合同已经获得的权利和老年准备金权利，应当继续维持。

（2）承保替代性健康保险的保险企业，应当指定一名责任精算师。上述第 11a 条第（1）款第 2 至 4 句和第（2）和（2a）款应当相应地适用。

（3）责任精算师的职责包括：

1. 应当确保在保费和数学准备金，尤其是老年准备金的计算过程中，遵守精算方法（上述第 1 条第（1）和（2）款），并且遵守了依据下述第 12c 条发布的规章中的规则。应当调查保险企业的财务状况，尤其应当注意保险企业是否总是能够履行保险合同负债，以及偿付准备金数额是否充足。

2. 应当在资产负债表的末尾证明：已经根据第 1 项计算出了老年准备金（精算师证明书）。

这不适用于小型协会（下述第53条第（1）款第1句）。

上述第11a条第（3）款第3项和第（4）款第1项相应地适用。

（4）对于替代性健康保险，上述第11条第（2）款相应地适用。新业务的保费不得低于原有保险合同组合中同样年龄的保险人的保费，不考虑其老年准备金。

（4a）在替代性医疗费用保险中，最迟于被保险人达到21岁时的下一日历年的1月1日开始，到被保险人达到60岁的日历年止，应当向被保险人收取年度总保费10%的额外保费，并且根据《商法典》第341f条第（3）款按年度直接分配到老年准备金中，用于下述第12a条第（2a）款的老年保费降低的目的。对于涉及被保险人培训、教育、暂住国外或者旅行期间的合同条款，以及结束于被保险人达到65岁的费率标准，不适用上述第1句的规定。

（5）如果非替代性健康保险按照与人寿保险同样的方式经营，上述第1至4款相应地适用。

第12a条　老年准备金；直接记入

（1）在根据人寿保险的技术原则经营的医疗保险和自愿护理保险（护理医疗费用和日常看护保险金）中，保险企业应当每年将可归因于上一财务年度末可用的有关保险的老年准备金的投资收入记入被保险人名下。被记入的数额为超过以技术利率计算获得的收益（来自利息支付的超额收益）的平均收益的90%。

（2）根据上述第（1）款确定的、可归因于来自附加保费积累的老年准备金份额的全部数额，应当每年记入缴纳了上述第12条第（4a）款规定的附加保费的被保险人名下，直到他们达到60岁的财务年度末。剩余数额的50%应当直接记入所有被保险人的老年准备金。从保险企业自2001年营业开始的财务年度起，上述第2句中的百分比每年增长2个百分点，直到达到100%。

（2a）自被保险人65岁时起，在无限的期限内，上述第（2）款中规定的数额应当用于支付由于保费提高而产生的额外保费，或者如果可用资金不足以支付全部额外保费的话，支付部分额外保费。未用完的保费，自被保险人80岁起，应当用于直接的保费削减。在自愿日常看护保险中，保单条款可以规定增加保险金以代替保费削减。

（3）在资产负债表编制日前，根据上述第（1）款确定的投资收入减去根据上述第2款使用的数额，应当作为已经达到65岁的被保险人的无关利润的保费退还款，并且在3年内用于避免或者限制保费增加或者降低保费。作为上述第1句的例外，在2010年1月1日之后的资产负债表编制日前，对于年龄达到55岁而不到65岁的被保险人，也可以使用25%。上述第1句中的保费削减，可以被限制，以防止被保险人的保费低于订约年龄时支付的初始保费；被记入数额未用完的部分，应当根据上述第2款的规定另外记入被保险人名下。

第12b条　健康保险保费的变更；受托人

（1）对于和人寿保险一样对待的健康保险，保费调整必须经过独立受托人的同意。受托人应当证明保费是否已经根据现有的法律要求进行计算。为了这一目的，他应当获得全部证明保费调整所需要的技术性计算依据，包括必要的支持性诱因和统计学证据。技术性计算依据包括所有保费和老年准备金的计算原则，包括所使用的计算依据和数学公式。如果符合第2句中的要求，受托人应当给予同意。

（1a）以下内容应当经受托人同意：

1. 退款的日期和数量，以及根据第12a条第（3）款为了折扣而使用准备金；
2. 为了分红而使用准备金。

如果适用上述第1句第1和2项，受托人应当注意组织章程和保单条款中的条件已符合，并且被保险人的利益得到了充分保护。对于为了限制保费增长而使用基金，他应当特别注意对支付了第12（4a）条中的附加保费的被保险人和未支付的群体的分配，而且，他还应当充分考虑保费的百分比增长和绝对数字增长对于老年被保险人的合理性。

（2）对于利用与人寿保险同样的方式计算出来的各个费率表，保险企业应当比较必需的保险金和计算的保险金，每年至少一次。如果提交给监管机构和受托人的比较结果显示某一费率表的偏差超过10%，并且一般保单条款不要求降低百分比，则该企业应当审查根据该费率计算的全部保费；并且，如果该偏差可以认为是非暂时性的，还应当经过受托人同意而进行调整。如果在第一次计算或者重新计算的时候，保险金不足，不得进行调整，谨慎而尽职的精算师应当注意这一点。在这种情形下，如果合同中有规定的话，固定留存数也可以进行调整，并且协议的附加保费也可以相应地改变。如果受托人认为保费增加或者减少是完全或者部分必要的，同时他又无法与保险企业达成协议，则受托人应当立即通知监管机构。

（3）只有具备良好的信誉和专业资格条件的人才能被指定为受托人，受托人与保险企业不具有关联关系，尤其是不得与保险企业或者关联企业存在雇佣合同或者其他服务合同关系。为了满足专业资格条件要求，受托人应当具备健康保险保费计算方面的足够知识。

（4）在任命指定的受托人之前，监管机构应当被通告并获得必要的资料，以判断是否符合上述第3款中的要求。如果有证据证明被指定的受托人不符合可靠性和资格要求，监管机构可以要求另行任命其他人。如果在任命后，有证据证明对受托人的任命不符合上述第3款的要求，或者受托人没有适当地履行本法规定的职责，尤其是他同意了不符合法律要求的保费调整，监管机构可以要求另行指定其他人。在上述第2、3句的情形下，拟议的或者刚被指定的受托人不符合要求，或者没有做出新的指定，监管机构可以自行指定一名受托人。

（5）对于受托人的任命，在《保险合同法》第178g条第（3）款规定的合同调整情形下，第（3）款第1句、第（4）款相应地适用。为了满足资格条件要求，受托人必须具有足够的法律知识，尤其是健康保险方面的知识。

第12c条　行权基础

（1）对于以与人寿保险同样的方式经营的健康保险，联邦财政部长有权：

1. 根据对于疾病风险、护理需要、死亡率、风险与年龄和性别的相关性和撤销可能性的相关假定，以及安全附加保费数额、其他附加保费的评估原则和利率等，以规章的形式就保费计算的精算方法发布规定，包括保费调整和数学准备金，即老年准备金。

2. 就保险保障的相似性和上述第12条第（1）款第4项规定的费率表改变的情形下获得的权利和老年准备金权利发布规章，做出具体规定。

3. 以规章的形式规定上述第12a条第（1）款中来自利息支付的超额收益如何在有资格的被保险人之间，根据上述第12a条第（2）和（3）款进行分配，以及如何确定订约年龄的初始保费。

4. 以规章的形式规定：根据上述第12b条第（2）款第1、2项明确要求的保险金和已计算的保险金的程序，以及向监管机构和受托人提交比较结果的期限。

该许可可以通过规章的形式委托给联邦金融监管局，联邦金融监管局应当经过与州监管机构的磋商后颁布规定。

（2）颁布上述第（1）款第1项中的规章，应当获得联邦司法部长的同意。这一规定也适用于上述第1款联邦金融监管局接受委托许可发布规章的情形。

第12d条　适用于健康保险中的受托人的过渡条款

（1）对于以与人寿保险同样的方式进行经营的健康保险，缔结于1994年7月29日之前的保险合同中的保费，经监管机构的批准，可以根据调整条款进行调整，其由监管机构进行的批准现由受托人的同意代替（上述第12b条第（1）至（2）款）。

（2）（废除）

第12e条　附加保费

对于在2000年1月1日之前缔结的保险合同，适用第12（4a）条中的规定，并且：

1. 在2000年1月1日之后的日历年的1月1日，第一次收取附加保费；

2. 在第一年，附加保费是总保费的2%，并且在随后年份的每个1月1日增长2%，但不得超过总保费的10%——除非附加保费因为被保险人年龄达到60岁而减少；

3. 在第一次收取附加保费和每年增加的时候，保险企业有义务及时通知保单持有人；

4. 只有保单持有人在收到上述第3项中的通知后3个月内，未以书面形式表示反对，附加保费才能收取。

第12f条　长期护理保险

受《社会法典》第11卷（第110条、第111条）的规定的约束，上述第12条第（1）至（4）款、第12b和12c条比照适用于私人强制长期护理保险。

第13条　经营计划的变更

（1）经营计划的变更只有经过监管机构的批准才能生效。第1项不适用于为了增加资本而修改组织章程的情形。上述第8条相应地适用。

（1a）上述第（1）款不适用于外包合同（上述第5条第（3）款第4项）。这种与受本法监管的保险企业缔结的合同，在提交给监管机构之前，不得生效。与其他企业缔结的合同，在提交给监管机构3个月后，监管机构没有因为上述第8条第（1）款规定的原因而反对，才能生效。如果具体情况证明是正当的，监管机构可以将该期限延长到6个月。如果监管机构裁定该合同是无可争议的，该时间期限提前终止。如果报酬发生了改变，第2至5句不得适用。企业（《股份公司法》第15条）以及根据下述第53d条第（3）款与其同样对待的企业之间的合同中报酬有变更，在该修改后的合同提交给监管机构之前，不得生效。此规定不影响下述第53d条的适用。

（2）如果业务经营将要扩展到其他保险类别，应根据上述第5条第（3）至（5）款的规定提交支持文件。并且，该企业还应当证明其为偿付准备金安排了足够的资金（下述第53c条第（1）款第1项），或者为新业务安排了最低保证金——如果后者数额更大的话。

（3）如果业务经营将扩展到欧共体成员国和EEA协议的其他缔约国之外的地区，还应当证明在计划的业务经营扩张后，该企业能够满足欧共体成员国和EEA协议的其他缔约国的财务要求；如果其在欧共体成员国和EEA协议的其他缔约国之外的地区设立分支机构，该企业已经在那里获得所要求的经营许可；而且，其还应当说明计划经营的保险类别和类型。

第13a条　通过分支机构或服务提供而经营直接保险业务

（1）保险企业可以根据下述第13b和13c条通过分支机构或服务提供在其他欧共体成员国和EEA协议的其他缔约国经营直接保险业务。如果保险业务通过独立的，但是经常性地在其他成员国或者缔约国的负责该业务的人来经营，视为分支机构存在。第1句和第2句不适用于养老基金和死亡抚恤基金。上述第13条第（3）款适用于后者——如果其适用于国外经营活动的话。

（2）本法定义的服务提供是指总部在成员国或者缔约国的保险企业，从其总部或者位于其他成员国或者缔约国的分支机构，通过直接保险的方式，承保位于另一成员国或者缔约国的风险，但是该企业不利用那里的分支机构。风险所在的成员国或者缔约国是指：

1. 对于同一保险合同中的不动产，尤其是建筑物以及工厂和安装在那里的设备，这些不动产所在的成员国或者缔约国；

2. 对于在官方或者官方承认的登记机关进行登记，并且在一成员国或缔约国中以明显的数字进行标识的机动车保险，该成员国或者缔约国；

3. 对于最长期限为4个月的旅行和假日保险，申请人履行缔结合同所要求的法律行为所在的成员国或者缔约国；

4. 其他情形：

a）如果保单持有人是自然人，其经常住所所在的成员国或者缔约国；

b）如果保单持有人不是自然人，则为合同涉及的企业、机构所在的成员国或者缔约国。

第13b条　分支机构的设立

（1）保险企业应当将设立分支机构的计划告知监管机构，并且通报各个的成员国或者缔约国。通告应当包括：

1. 上述第5条第（3）款第2项、第（4）款第3、4项，以及第（5）款第3、4项规定的信息和评估；如果承保的是非寿险第三指令第54条第（2）款规定的健康保险，还应当根据上述第5条第（5）款第1a项提供额外信息；

2. 关于组织结构的信息；

3. 具有足够的权利在与第三方的关系中约束该企业，并且在与其他成员国或者缔约国的当局和法庭的关系中，代表该企业的被许可机构的名称；

4. 预期的营业地址，该地址必须同时是被许可的机构的营业地址；

5. 如果承保的是附件A部分（10）（a）中规定的风险，还需一份关于该企业已经成为其他成员国或者缔约国未保险或者身份不明的机动车导致的道路交通事故受害人国家赔偿基金的会员的声明。

（2）为了上述目的，在收到上述第（1）款第2句中的文件后3个月内，监管机构应当进行合法性审查，并且审查该企业组织结构的适当性和财务状况，许可的机构和该分支机构是否符合上述第7a条第（1）款中的要求。如果不作反对，在上述期限期满之前，监管机构应当将下列文件送达其他成员国或者缔约国的监管机构：

1. 上述文件；

2. 说明该企业为偿付准备金或者被经营的保险类别所要求的最低保证金安排了足够的自有资金，两者取数额较大的一个；

并且同时通知该保险企业。在相反的情形下，在上述期限期满之前，监管机构应当告知该企业，设立分支机构的许可将不会给予，并且说明不予批准的原因。

（3）在上述第（2）款第2句的情形下，企业自收到通知之日起3个月后，才可以设立分支机构并且开始营业——除非其他成员国或者缔约国的监管机构规定了更早的日期。

（4）不迟于该改变计划生效前1个月，保险企业应当将上述第（1）款第2句第1至4项中的信息的改变，通知监管机构。否则，上述第（2）款相应地适用。

第13c条　根据自由提供服务原则经营业务

（1）保险企业应当将根据自由提供服务原则经营业务的计划告知监管机构，并且说明相关的成员国或者缔约国。它还应当说明其意欲经营的保险类别，以及其意欲承保某一保险类别的何种风险；如果承保的是非寿险第三指令第54条第（2）款规定的健康保险，还应当根据上述第5条第（5）款第1a项提供额外信息。对于承保附件A部分（10）（a）中的风险的情形。通知还应当包括：

1. 根据上述第13b条第（1）款第2句第5项的声明；

2. 居住或者设立在其他成员国或者缔约国的，上述第7a条第（1）款适用的，并且符合以下条件的代表（理赔代表）的姓名（名称）和营业地址；这个代表：

a）收集关于损失的必要信息，以及为了实现这一目的所必要的设施和设备；

b）具有足够的权利代表保险企业针对在法庭内外提起索赔主张的人与监管机构和任何相关机构交换意见；

c）在赔付最终了结之前，有足够的权利对于该索赔请求支付保险金；

d）对在保险合同的存在与有效性问题上，有权代表保险企业与其他成员国或缔约国当局协调。

（2）在收到上述第（1）款中的文件后1个月内，监管机构应当审查该计划业务的合法性。如果不作反对，在上述期限期满之前，监管机构应当将下列文件送达其他成员国或者缔约国的监管机构：

1. 上述文件；

2. 说明该企业被允许经营的保险类别以及被允许承保某一保险类别的风险的证书；

3. 根据上述第13b条第（2）款第2句第2项的证明书。

并且同时通知该保险企业。在相反的情形下，在上述期限期满之前，监管机构应当告知该企业，以提供服务的方式经营直接保险业务的许可将不会给予，并且说明不予批准的原因。如果在该期限届满时没有收到监管机构的通知，视为许可被拒绝。

（3）在上述第（2）款第2句的情形下，自收到相关通知之日起，保险企业可以开始经营。

（4）如果保险企业希望经营另外的保险类别，或者承保另外的风险，或者另行任命理赔代表，上述第（1）至（3）款的规定适用。

第13d条　通知义务

保险企业应当立即将下列事项通知监管机构：

1. 任命管理人员或者董事的计划，并且陈述评估其良好信誉和专业资格条件（上述第7a条第（1）款）必需的重要事实；

2. 管理人员辞职，以及对代表保险企业的授权的撤销；

3. 为增加资本而对组织章程的修改；

4. 保险企业中合格参股股份的收购和处置，达到、超过或者没有实现达到20%、33%、50%的投票权或资本的情况，以及或者保险企业将成为另一企业的子公司的事实，一旦保险企业注意到这些参股关系的改变，应当立即报告；

4a. 根据上述第8条第（1）款第4句定义的与其他自然人或者其他企业之间的紧密联系的存在、调整或者放弃；

5. 保险企业中合格参股股份持有人的姓名和地址，以及参股股份的数额，一旦保险企业获悉这些信息，应当立即报告；

6. 获得经营人寿保险许可之后，以及开始经营有保费退还的意外保险后，应当递交保费和数学准备金的计算原则，包括所使用的计算依据、数学公式、估算的导因和统计证据；如果使用新的或者变更的原则，也适用此项规定；

7. 对于上述第12条第（1）款规定的健康保险和强制保险，应提交拟议的对新的或者变更的一般保单条款的使用，同时递交所有相关的文件；

8. 对于上述第12条第（1）款规定的健康保险，应提交拟议的对新的或者变更的第5条第（5）款第1a项中的原则使用，同时递交所有相关的文件。

第14条　组合转让

（1）将某一保险企业的保险合同组合全部或者部分转让给另一企业，应当经监管机构的批准。受让企业必须证明，在转让之后，其将为偿付准备金安排足够的资金。否则，上述第8条将相应地适用。对于组合转让，转让企业对保单持有人的保险合同权利和义务也相应转让给受让企业；《民法典》第415条在这里不适用。

(1a）作为上述第（1）款第1句的例外，如果国内保险企业将根据上述第13a条中通过分支机构或者服务提供缔结的保险合同组合，全部或者部分转让给位于欧共体或者《欧洲经济区协议》缔约国的企业，只需要转让企业的监管机构的批准。如果具备以下条件，并且根据上述第（1）款第3句没有拒绝的理由，应当给予批准：

1. 母国监管机构已经出具证明，证明在转让之后，受让企业将为偿付准备金安排足够的资金；

2. 保险合同组合中风险所在的成员国或者缔约国的监管机构已经给予了批准；

3. 如果转让的是分支机构的保险合同组合，且已经征求了分支机构所在成员国或者缔约国的监管机构的意见。

上述第（1）款的第1句和第2句适用于缔结于德国的保险合同组合的转让。在上述第（1）款第1句和第3句的情形下，第4句相应地适用。

(2）组合转让的合同，应当采用书面的形式缔结；《民法典》第311条不适用。

(3）组合转让的批准应当在联邦公报上公布。对于州监管机构，在州的相关公报上公布就可以了。

第14a条　变更

根据《企业变更管理法》第（1）条进行的保险企业的变更，应当经监管机构的批准。上述第14条第（1）条第2至4句相应地适用。对不符合要求的，可以拒绝批准。

第3章　互助协会

第15条　法律地位

依据互助原则为成员提供保险的协会，在监管机构认可其法律地位后，方能以“互助协会”的形式开展业务。

第16条　《商法典》条文的应用

除上述第1条和第7条所列事项外，本法若无另行规定，《商法典》第1、4两卷关于商业的规定同样适用于互助协会。《商法典》第3卷第4条第2款和第1、2条的相关规定同样适用于互助协会。

第17条　协会章程

(1）本法若无另行规定，则互助协会的法定构架应由其协会章程规定。

(2）协会章程必须由公证人进行公证。

第18条　名称

(1）协会章程须明确规定协会名称和总部。

(2）应确保可由名称推断出协会所在地；应在名称或附件中声明其所从事的保险业务基于互助原则。

第19条　负债

关于互助协会的负债，债权人仅有追索互助协会资产的权利；而协会成员却没有向债权人赔付的责任。

第20条 会员

协会章程理应包含成为会员的规定；会员应当与互助协会签订保险合同；若协会章程无另行规定，会员资格在保险合同期满之时终结。

第21条 平等性

（1）会员所捐款额和应付给会员之保险金均应在平等的基础上，按类似条件确定。

（2）除非协会章程明文许可，否则互助协会不得从事向非会员保险客户收取固定保险费的保险业务。

第22条 会员基金

（1）协会章程应规定设立会员基金以支付创立互助协会的各项成本并将其作为协会的保证和运作基金。协会章程须包括协会支配会员基金的条件，尤其要规定如何返还，以及在何种情况下何种可以管理会员基金的人可以管理互助协会。

（2）会员基金只能以法定货币和德意志联邦银行认可的支票的形式进行缴纳，可缴纳给德意志联邦银行的国内账户或者互助协会或其董事会在某一信贷机构的账户，这可以自由选择。董事会对已交付的基金的任何请求均视做协会的请求。协会章程允许使用本票支付上述付款。

（3）不应授予运作基金的人要求付还的权利。但是，除了允许他们获得年度收入的利息付款外，协会章程还应准予他们分享年度报表所列利润；收到的利息与总缴款可以高于已付现金数量的最大百分比由监管机构确定。会员基金可转为股份，并发行股权证书。

（4）只可用年度收入返还会员基金，且其程度限于下文第37条的赔款准备金的增幅；在初始运作的资本支出完全收回时，就应开始返还。

第23条 （已废止）

第24条 分摊

（1）协会章程应规定各项费用是由一次性或经常性分摊预先支付，还是在会员中分摊实际必需的数额（规定性分摊）。

（2）若预先支付分摊款项，则协会章程须详细说明是保留还是撤销征收追加性分摊款项的权利；若撤销此项权利，则还须说明是否降低保险金。

（3）协会章程可规定追加性分摊和规定性分摊的最高限额。追加性分摊或规定性分摊支付，只可用于抵偿会员赔款，对其施加的任何限制均不予许可。

第25条 先前会员有责任支付分摊款项

（1）在某一财务年度中退出或加入互助协会的会员，均有责任支付追加性分摊和规定性分摊；其支付义务取决于他们在该财务年度中享有会员资格的期间长短。

（2）若单个会员的追加性分摊或规定性分摊是在预先支付的分摊款项或被保险总额的基础上确定的，且若分摊款项或被保险总额在该财务年度中业已增加或降低，则应以其中较高的数额作为核算的基础。

（3）协会章程若无另行规定，则上述第（1）、（2）款均适用。

第 26 条　禁止推卸

会员无权拒绝支付由某个会员向互助协会提出的理赔的分摊款项。

第 27 条　追加性分摊或规定性分摊的核准

（1）协会章程须详细说明核准追加性分摊或规定性分摊的条件，应特别说明：首先启用其他资金（会员基金、准备金）的条件。

（2）协会章程亦须详细说明如何核准并征收追加性分摊或规定性分摊。

第 28 条　公告发布

（1）协会章程应规定如何发布互助协会公告。

（2）若互助协会的业务不限于某个州，则联邦政府公告中也应包含发布于新闻媒体的公告；然而，监管机构可准予其享有相应的免税待遇。若互助协会的业务仅限于某个州，则该州的最高权力机关可指定其他文件以替代联邦政府公告。相关文件应由协会章程规定。

第 29 条　组织机构

协会章程应详细说明如何设立董事会、监事会和最高代表大会（最高机构：会员大会或会员代表大会）。

第 30 条　登记

（1）董事会和监事会的所有成员均应在协会所在行政区的法庭申请注册互助协会。申请文件中应明文规定董事会成员有权代表该协会。

（2）监管机构应将由其核发的营业许可的事项告知登记庭（上述第 15 条）。

第 31 条　登记文件

（1）申请书应附有如下文件：

1. 协会从事保险业务的许可文件；

2. 协会章程；

3. 委任董事会与监事会的文件；

4. 成立会员基金的文件、董事会和监事会关于如何付还会员基金及其范围，以及已付数额完全由董事会自主决定的声明。

（2）董事会成员理应向法庭呈递其签名。

（3）须向法庭呈递相关文件的原件或经鉴定的副件和申请书。

第 32 条　登记条目

（1）在商业登记簿中须登记互助协会的名称与总部、经营保险业务的种类、会员基金的数额、营业许可核发日期以及董事会成员的姓名。董事会成员代表协会的权利也应包括在内。

（2）若协会章程有任何关于协会存续期的规定，也应将其登记在册。

第 33 条　公开

下述事项应连同各条目内容一起予以公开：

1. 各项费用是从预先分摊款项中支付，还是事后在会员中摊派；以及若预先支付分摊款项，则需说明保留还是撤销征收追加性分摊的权利，是否明确规定支付分摊款项的义务，是否可降低保险金（参见上文第 24 条）；

2. 上文第 28 条的规定；

3. 如何委任并组建代表协会的各级机构；

4. 第一监事会成员（姓名、职位及居住地）；

5. 如何委任最高代表。

第 34 条 董事会

董事会至少由两名成员组成。《股份公司法》第 76 条第（1）款、第 77 至 91 条以及第 93 条和第 94 条的规定亦适用于董事会。关于股东大会所做决策的相关规定在此则适用于最高代表大会所做决策。《股份公司法》第 93 条第（3）款被如下规定取代：

董事会成员尤其应对违反法律而支付的损害赔偿负责：

1. 会员基金已返还或利息已支付；

2. 互助协会资产被分发；

3. 协会破产后进行的支出或有任何超额负债变得明晰；但不适用于其后由负责、敬业的管理人员或董事支出的付款；

4. 信贷已被批准。

第 35 条 监事会

（1）监事会由三名成员组成。协会章程可规定三名以上的监事。但其人数须是三的整数倍。监事会最多可有二十一名成员。

（2）依据《企业管理组织法》第 77 条第（2）款和第 76 条的规定，互助协会监事会成员须由协会最高代表大会选出的成员和代表协会雇员利益的成员组成；至于其他协会，其监事会成员仅由最高代表大会选出。

（3）《股份公司法》第 30 条第（2）款与第（3）款第 1 句及第 2 句的前半句，第 96 条第（2）款，第 97 至 100 条，第 101 条第（1）、（3）款，第 102 条，第 103 条第（1）、（3）、（5）款，以及第 104 至 116 条均适用于监事会。

1. 任何监事会成员有资格参与的利润分享，均须在全年盈余与此前已有的累积亏损之差的基础上核算，并将其转入利润准备金；须从盈余中扣除前文第 22 条第（3）款所述的管理会员基金的应得份额。任何与此相悖的规定均为无效。

2. 特别地，若借助其知识而非其实际行动实施上述第 34 条第 4 句所述的措施，则监事会成员要对补偿负责。

第 35a 条 赔偿责任

《股份公司法》第 117 条适用于此。

第 36 条 最高代表大会

适用于股东大会的《股份公司法》第 118 条，第 119 条第（1）款第 1、2、3、5、7、8 句和第（2）款，第 120 条，第 121 条第（1）至（4）款、第（5）款第 1 句与第（6）款，第 122 条、第 123 条第（1）款，第 124 至 127 条、第 129 条第（1）、（4）款，第 130 条第（1）款第 1、2 句、第（2）至（5）款，第 131 至 133 条，第 134 条第（4）款，第 136 条，以及第 142 至 147 条、第 241 至 253 条、第 257 至 261 条的相关规定均适用于最高代表大会。《股份公司法》第 256 条亦适用于此。如果最高代表大会成员为股东大会成员，则《股份公司法》第 134 条第（3）款亦适用于此。只有最高代表大会做出相关决策后，方可授予其参与权（参见下文第 53c 条第（3a）款）。所做决策需要获得四分之三的多数投票同意。协会章程可规定不同的多数和附加规定。

第36a条 （已废止）

第36b条 少数会员权利

如果《股份公司法》的相关规定（这些规定和上述第34、35a和36条一致并适用于此）授予少数股东权利（《股份公司法》第93条第（4）款第3句，第117条第（4）款，第120条第（1）款，第122条，第142条第（2）、（4）款，第147条，第258条第（2）款第3句，第260条第（1）款第1句与第（3）款第4句），则协会章程须规定必需的少数最高代表的成员人数。

第37条 损失准备金

协会章程须规定设立一项准备金，以应对特别的操作性损失（损失准备金、储备基金），并确定年度准备金额及最低准备金额。

第38条 盈余的使用

（1）除非依据协会章程将盈余转为损失准备金或其他准备金，或将其用于支付各项报酬，或转入下一个财务年度，否则任何资产负债表上的盈余均应向协会章程指定的会员分配。但不得触犯本法第53c条第（3a）款和《商法典》第269条的规定。

（2）协会章程应当制定盈余分配的规则，并规定在财务年度结束时仅在现有会员之间分发盈余，还是在包括已退出协会的会员在内的会员之间分发。

（3）（已废除）

第39条 协会章程的修订

（1）只有最高代表大会有权修订协会章程。

（2）可授予监事会修订协会章程的权利，但这种修订仅限于章程的形式。

（3）在修订决策获得批准之前，可授权监事会做出符合监管机构要求的任何变更。

（4）若要求最高代表大会做出放弃某项保险业务或开拓新业务的决策，则必须得到四分之三的多数投票同意；然而，协会章程可另作规定。至于其他依照上文第（1）至（3）款做出的决策，如协会章程无另行规定，则无需获得四分之三的多数投票同意。

第40条 协会章程修订的登记

（1）任何关于协会章程修订的《商业登记簿》登记申请均应存档。申请须附有批准文书。同时还须呈递协会章程全文及公证人的证明，以确保已修订的协会章程的各项规定是依照修订协会章程的决策进行的，且未经修订的各项规定应与最近呈递的用于《商业登记簿》登记的协会章程相一致。

（2）除非修订涉及上述第32条的内容，否则可将登记证明书编制档案呈送法庭，并与修订相关联。任何与上述第33条有关公开的规定均须公之于众。

（3）除非在互助协会总部所属行政区主管法庭的《商业登记簿》登记注册，否则一切修订均视为无效。

第41条 一般保单条款的修订

（1）本法条的第（2）款，上文第39条第（1）、（2）款适用于上文第10条所述的一般保单条款的修订。

（2）协会章程可授权董事会在获得监事会的批准后制定或修订一般保单条款。若协会章程既未授权董事会又未授权监事会修订一般保单条款，则在紧急情况下可由最高代表大会授权监事会对一般保单条款作初步的修订；在下届大会上将修正案提交给最高代表，而且可在必要时将其废止。

（3）任何对协会章程或一般保单条款所做修订均不得影响既有保险合同，除非被保险人明确同意此类修订。这不适用于协会章程明文规定的任何修订均会影响既有保险合同的相关条款。

第 42 条　解散

出现如下情形时，互助协会将被解散：

1. 协会章程规定的协会存续期结束之后；
2. 依据最高代表大会所做的决策；
3. 对互助协会资产提出破产诉讼；
4. 自法院判令终止之日起——由于破产资产难以弥补诉讼费用而使破产诉讼被驳回。

第 43 条　解散决策

（1）最高代表大会做出解散协会的决策（参见上文第 42 条第 2 款）须获得四分之三的多数投票同意，除非协会章程另有规定。应将投票反对解散的最高代表大会成员的反对理由登记在案。

（2）该项决策须征得监管机构的批准，并须将此决策通报登记庭。

（3）若依据最高代表大会的决策将互助协会解散，会员和协会所签订的保险合同将在解散决策指定的日子终止；然而，最早者即为期四周的期限结束之后。任何发生于期满之日的理赔均应受理；另一方面，任何为未来保险期间预先支付的分摊可在扣除应计费用后获得赔付。此类规定不适用于人寿保险合同；除非协会章程另有规定，否则人寿保险合同不受其影响。

第 44 条　组合转移

全部或部分地将互助协会的组合转移至另一公司的合同须有最高代表大会的批准方能生效。任何此类决策均须获得四分之三的多数投票同意，除非协会章程另有规定。

第 44a 条至第 44c 条　（均已废止）

第 45 条　解散登记

董事会应该就互助协会解散一事提出《商业登记簿》登记申请。但是，若已提出破产诉讼或诉讼已被驳回，则无需提出申请。在此情形之下（上文第 42 条第 3、4 款），法庭应正式登记协会的解散及其范围；破产法庭事务处应向登记庭寄送破产诉讼判令的经核准的副本，或驳回破产诉讼之判令的经核准的副本，以核证判令终止之日期。

第 46 条　清算

（1）互助协会解散后即进行清算，除非有人提出关于互助协会资产的破产诉讼。

（2）清算之时所有规定仍然适用，除非清算目的中有此规定或暗含这种意图。特别地，可提出并征收追加性分摊或规定性分摊（上文第 24 条至第 27 条）。不得承保新保单，既有保单不得追加保费或续保。

第 47 条　清算程序

（1）清算由担任清算人的董事会成员执行，除非协会章程或最高代表大会的决定指派由他人执行此项工作。此外，法人亦可担任清算人。

（2）如无任何重大情由，则登记庭可根据协会章程所指定的监事会或少数会员的要求委任或解聘清算人。《德国非争讼管辖权事务法》第146条亦适用于此。最高代表大会可在任何时候解聘不是法庭委派的清算人。一般规则适用于因雇佣合同而起的赔款纠纷。

（3）此外，《股份公司法》第265条第（4）款，第266至269条，第270条第（1）款与第（2）款第1句，第272条和第273条均适用于此。尽管《股份公司法》第270条第（2）款第3句及第（3）款亦适用，但其规定适用于互助协会年度报表和年度报告的编制与审计，而《股份公司法》第175条和第176条与《商法典》第325条和第328条进行必要变动后适用于期初资产负债表、解释报告、年度报表以及年度报告。

第48条　会员基金的返还；资产的分配

（1）除非保险合同中的所有债权人和会员的备付要求得到满足，或者支付保障已具备，否则不得返还会员基金。追加性分摊或规定性分摊均不得用于返还。

（2）债务偿还后所剩的互助协会资产可依据利润分配标准在协会解散时的既有会员间分配。

（3）协会章程可另行规定如何分配其资产。也可授权最高代表指定符合条件的领受人。

第49条　协会的续延

（1）如果只是因为期满或最高代表大会的决策而将互助协会解散，并且符合条件的领受人之间的资产分配尚未开始，最高代表大会可选择继续运营该协会。除非协会章程另有规定，否则此项决策必须获得四分之三的多数投票同意。该项决策须获得监管机构的批准，并须就此通报登记庭。

（2）若互助协会在提出破产诉讼后被解散，则同样的规定亦适用于此；但是，若诉讼程序应互助协会的请求而被中止或因执行破产计划而被搁置，则互助协会的延续性运营将获批准。

（3）清算人应当就协会的延续在商业登记上提出登记申请；提出申请时，他们须确保在符合条件的领受人之间分配协会资产尚未开始。

（4）除非互助协会在其所在地的商业登记上进行登记，否则延续运营的决策不具有效性。

第50条　破产诉讼时支付分摊的要求

（1）依据法律或协会章程，当前的会员或先前会员被要求支付分摊款项（上文第24条至第26条），若有人提出破产诉讼，则他们有责任偿付协会债务。

（2）在提出破产诉讼之前或其后退出协会的会员，仍需像会员一样承担偿付协会债务的责任。

第51条　破产时债务的等级评定

（1）破产时任何对会员基金返还的要求均列于其他债务之后。其中，破产程序启动时在任的会员或破产诉讼提出前一年退出的会员依据与其签订的保险合同要求的任何赔付均列于所有其他债权人之后。

（2）不允许征收用于返还会员基金的追加性分摊或规定性分摊。

第52条　破产诉讼时的追加性分摊和规定性分摊

（1）任何破产诉讼所需的追加性分摊或规定性分摊应当由领受人决定并提出。领受人须在资产负债表编制完成之后，立即与法庭（参见《破产法》第153条）依据各会员的追加性债务核算其预先支付的款额以补平资产负债表赤字。关于此类预先付款和附加性付款，《合作社法》

第106条第（1）款第2句、第（2）款与第（3）款以及第107至113条均适用。

（2）最后分配实施伊始（参见《破产法》第196条），领受人即应核算会员的应付分摊款项。关于此种核算及任何后续程序，《合作社法》第114条第（2）款以及第115至118条均适用。

第53条 小型协会

（1）对于在业务类型、地域或会员人数方面存在经营限制的小型协会，适用的只有本法第15条，第16条第2句，第17条第（1）款，第18条第（1）款，第19条，第20条，第21条第（1）款，第22至27条，第28条第（1）款，第37条，第38条第（1）、（2）款，第39条第（1）款至第（3）款，第41条，第42条，第43条第（1）款和第（2）款第1句与第（3）款，第44条，第48条，第50条至第52条。除非保单持有人是协会会员，否则不得承保固定保费的保险合同。

（2）除本条第（1）款所列法条之外，小型协会还须遵守《民法典》第24条至第53条关于协会的基本规定。不过，《民法典》第29条和第37条第（2）款的监管机构将由地方法院替代。

（3）若协会章程规定设立监事会，则《合作社法》第34条第（1）款、第（2）款第1句和第（6）款，第36条第（2）款、第（3）款以及第37至40条均适用于此。

（4）由监管机构决定某协会是否为“小型协会”。

第53a条 （已废止）

第53b条 小型协会会员基金的免除；损失准备金

在2003年12月31日之前，监管机构可准许计划经营人寿保险业务的小型协会无需设立会员基金，如果保障由业务的特殊性或特别协定提供。在此日期之前，监管机构也可准许小型协会无需设立损失准备金。

第4章 保险企业的管理

第1节 资金来源；投资

第53c条 资本

（1）为确保始终能够偿付保险合同的债务，保险企业必须根据业务总量设立数额不低于偿付能力额度的自由未定用途的自有准备金。偿付能力额度的三分之一可视做保障基金。

（2）为了贯彻执行欧盟委员会的保险指令，联邦财政部可颁布监管规则：

1. 偿付能力额度的核算及其数额；

2. 各保险业务种类的最低保障基金；

3. 人寿保险企业未列入资产负债表的自有基金如何核算以及可在何种程度上将其计入偿付能力额度和保障基金。

（2a）关于承保以养老金和死亡金为形式支付的人寿保险的保险企业，本法条第（2）款所定的保持充分的偿付能力适用于此。1994年7月28日前已批准的，且不符合本法条第（2）款第1句规定的保险企业，必须在1998年12月31日后开始的财务年度结束前达到规定的偿付能力要求。

（3）特别地，用于达成本法条第（1）款的目的的自有基金为：

1. a）对股份有限公司，其值为资本减去其自有股份再减去未付数额的一半；

b）对互助协会，其值为会员基金减去未付数额；若至少25%的会员基金已交付，则只需减去未付数额的一半；

c）对依公法设立的保险企业，该值为股份有限公司的股本减去未付数额；若已经至少交付25%的股本，则只需减去未付数额的一半；

2. 资本公积与盈余公积；

3. 结转的利润；

3a. 依照下文第（3a）、（3c）款，已付的用于获取次级债务的资本；

3b. 依照下文第（3b）、（3c）款，因次级债务的产生而引致的已付资本；

4. 依据监管机构的要求且在其批准下，由资产估价所引致的隐藏准备金——只要隐藏准备金不具异常性质即可；

5. 对互助协会和公众互助保险企业，倘若他们不经营人寿保险业务，且只要不超过自有基金总额的一半，则可依据协会章程在一个财务年度内征收一半的追加性分摊；

6. 对人寿保险企业

a）保费退还的准备，只要这些准备用于偿付赔款但却不代表任何预定红利，

b）根据监管机构的要求且在其批准下，按照上文第（2）款的规定，未被列入数理备付金的未来公积金与收购成本均可计入保费。

第1句第1至6项的总额，须从结转亏损和资产负债表的无形资产中扣除，特别是

1. 开业和扩张成本资本化（《商法典》第269条），

2. 资本化商誉（《商法典》第255条第（4）款）。

（3a）为了获取次级债务而支付的已付资本（本法条第（3）款第1句第3a项）不得计入自有基金（本法条第（1）款），除非

1. 完全适用于抵补损失，并且保险企业因亏损而被迫延期支付利息，

2. 大家一致同意对处于破产程序的机构或清算中保险企业，直到清偿所有非次级债权人的债务后方能进行偿付，

3. 可使保险企业在一个为期至少五年的时期内不必按照债权人的要求偿付债务；倘若已变税负致使须向次级债务持有者支付附加款，且若在偿付之前，至少已有与自有基金等量的资本被其他资产所替代，则可提前解约次级贷款而无需遵守该五年期限，

4. 在两年内或合同条款所约定的期限内提出的偿付要求落空，以及

5. 保险企业明确提到了承保合同终止时第2、3句所述的法律后果。

任何对次级偿付要求的相应限制以及到期与解约期限的相应缩减均不允许。任何向保险企业提出的提前清偿均可拒绝，丝毫不用考虑任何协议，除非保险企业已经停业或者资本已经被等量的自有基金所替代。若发行债券用于偿还次级债务，则须根据债券的发行与认购来编制关于第2、3句所述的法律结果的证明书。保险企业不可认购它自己的次级债务的债券。清偿责任不是本法条第（1）款第1句所规定的责任。

（3b）依据本法条第（1）款，由次级债务（参见本法条第（3）款第1句第3b项）所引致的已付资本不应计入自有基金，除非

1. 对处于破产诉讼的机构或清算中的保险企业而言，在清偿所有非次级债权人的债务后方能获得偿付，

2. 可使保险企业在一个为期至少五年的时期内不必按照债权人的要求偿付债务；倘若已变税负致使须向次级债务持有者支付附加款，且若在偿付之前，至少已有与自有基金等量的资本被其他资产所替代，则可提前解约次级贷款而无需遵守该五年期限，

3. 发生针对保险企业的理赔的偿付要求被排除，债务没有保险企业或第三方提供的任何契

约凭证，以及

4. 在两年内或合同条款所约定的期限内提出的偿付要求落空。

任何对次级偿付要求的相应限制以及到期与解约期限的相应缩减均不允许。任何向保险企业提出的提前清偿均可拒绝，丝毫不用考虑任何协议，除非保险企业已经停业或者资本已经被等量的自有基金所替代。若发行债券用于偿还次级债务，则须根据债券的发行与认购来编制关于第2、3句所述的法律结果的证明书。保险企业不可认购它自己的次级债务的债券。清偿责任不是本法条第（1）款第1句所规定的责任。

（3c）依据第（1）款，只要其总额不超过第（3）款第3句第1至3项所述已付自有基金的25%，则第（3a）款所述的次级信贷资本与第（3b）款所述的次级债务均可计为自有基金；监管机构可准许较高的百分比，不过，若次级信贷资本的偿还或次级债务的出现是用于达到偿付能力的要求或用于实施财务计划（参见下文第81b条），则其总额不得超过偿付能力额度的50%。

（4）偿付能力额度的核算与其自有基金账目连同《商法典》第341a条第（1）款所要求的年度报表及现状报告，每年均应呈交监管机构。

第53d条　与相关非保险企业合同中的报酬支付限制

（1）如果保险企业根据合同规定，利用相关非保险企业（《股份公司法》第15条）为其工作服务，则需订立租约和具有相似性质的合同；报酬数额由符合适当规定的管理人员或董事与非附属企业谈判并考虑被保险人利益后确定。此类合同中的费用以及核算费用的方式应每年向保险企业通报。

（2）第（1）款中的合同应以书面形式签订。

（3）如果保险企业直接或间接地持有该附属企业的多数股份，则第（1）、（2）款适用于由同一人或双方各派一人与非附属企业签订的合同。

第54条　受限资产的投资规则；通告义务

（1）考虑到保险企业所开展的业务类型及其组织结构，风险保障金资产（第66条）和保险企业的他项受限资产，应当按照确保最安全、最大化利润的原则进行投资；同时通过适当的组合与分散来维持保险企业的流动性。根据保险合同，数额等于技术准备金、债务和递延付款总额的他项受限资产不应计入风险保障金；再保险公司的股份亦可不予计入。为他项资产的计算，未付保费的50%可以忽略，这些未付保费在直接保险业务最后三个月内到期并且可通过价值调整减除。关于人寿保险，应当将等于下个财务年度到期应付的利润分红的保费返还准备金计入受限资产；在监管机构同意的情况下，为计算他项资产，等于上年资产负债表已发生收购成本和精算备兑收购成本之和可不予计入。如果有根据同一份再保险合同提出的理赔与其相匹配，再保险合同的债务和准备金可不计入受限资产。

（2）受限资产只可投资于

1. 可接受的贷款、债券及分红参与权；

2. 账面债权；

3. 股票；

4. 参股权益；

5. 不动产及相似产权；

6. 企业所持有的在可转换证券上的集体投资的股票和其他依据风险分散原则进行的投资，若企业为了保护股票持有人而接受有效的公共监督；

7. 在信用机构的信贷结余和存款；

8. 《非寿险第三指令》第21条或第22条或《人寿保险第三指令》第21条或第22条认可

的他项资产。

只要监管机构批准在特殊情况下的个别请求，则在限定期限内且不损害被保险人利益的前提下，受限资产可投资于上文未列的资产。

（3）在德国联邦参议院的批准下，联邦政府有权颁布相关法规，特别是拟定关于受限资产投资的定量规定和定性规定；更详细的规定参见第（1）款和第（2）款第1句，而且须考虑《非寿险第三指令》第21条或第22条或《人寿保险第三指令》第21条或第22条的相关原则与条款。

（4）在不违背第54d条规定的条件下，监管机构应被告知

1. 不动产和同等产权的认购；

2. 参与利益的认购；然而，若此类参与利益由股票和他项参与利益组成，则只有该项权益超过另一企业名义资本的10%才需通告；出于本款规定的目的，隶属于《股份公司法》第18条下的单一企业集团若干保险企业的权益和控制企业的权益可合并；

3. 保险企业对《股份公司法》第15条定义的关联企业的投资和对本企业职员参保的养老基金和死亡给付基金的投资；

4. 对投资公司管理的特别基金和投资公司发行的投资单位的投资，除非他们已根据1985年12月20日颁发的欧洲经济共同体（EEC）1985年第611号理事会指令——关于企业集合投资可转换证券的法律、法规和行政规章的协调（OJECNo. L375，p. 3）——对其进行调整。

在认购或投资的当月月底前，就应公布相关资料。

第54a条　（已废止）

第54b条　投资组合

（1）若人寿保险合同提供如下形式的保险给付

1. 投资公司管理的特别基金的投资单位，

2. 投资公司发行的投资单位，

3. 用于投资公司特别基金中不是现金的许可资产。

则应当对为实现此目的而设立的保障基金分立账户进行投资。

（2）如果人寿保险合同提供的给付与某一股票指数或基准价值而不是上文第（1）款指定的内容直接相关，则需为每种类型的投资各开设一个分立账户。此类分立账户的资产须投资于代表基准价值的投资单位，如果没有这样的投资单位，则可以投资于有充分安全性和流动性的资产。

（3）第54条对上文第（1）、（2）款所述的分立账户资产不适用。然而，若上文第（1）、（2）款所述的保险给付包括最低给付保障，则上文第54条适用于为此目的而建立的附加技术准备金的资产。

（4）附件C的规定对上文第（1）款至第（3）款所述资产不适用。

第54c条　承保国外风险的合同组合

若保险合同为位于欧洲共同体之外某国和欧洲经济区协议缔约国的保险企业的分立组合的一部分，且外国法律无另行的适当规定，则本法第54条与第54b条适用于此类保险合同的受限资产。

第54d条　呈报监管机构

保险企业须在监管机构规定的延迟期限内以报表方式将所有计划投资和现有投资的情况向

监管机构呈报。同时亦得履行本法第 66 条第（6）款的义务。

第 1a 节　会计；审计

第 55 条　依公法成立的保险企业的会计结算；呈寄文件的义务

（1）《商法典》第 3 卷第 4 章第 2 节和第 1 章与第 2 章的规定适用于依公法经营保险业务但不承保社会保险的保险企业。

（2）保险企业应当立即向监管机构呈送由法人代表编制的年度报表，以及随后审核通过的年度报表和现状报告。编制出合并年度报表或现状报告的保险企业须立即向监管机构呈交此类档案。

（3）保险企业须依据相关要求，在当前财务年度的年度报表和现状报告经审核后一年，将其发送到每个被保险人。

第 55a 条　内部会计核算

（1）联邦财政部被授权可以在无需德国联邦参议院批准的情况下颁布保险企业不必在以下方面接受州监管机构监管的法规：

1. 关于呈递给监管机构的内部报告的簿记、内容、形式及副本数量，包括因监管目的分类的资产负债表，依保险业务种类分类的损益表、资产负债表和损益表的特别附注，这些附注按法律要求对监管是必需的；

1a. 每三个月即须呈递给监管机构的中期内部报告的簿记、内容、形式及副本数量，包括编制最新的会计核算、组合数据以及本法规定的监管必需的赔付信息；

1b. 依照本法第 104e 条，须呈递给监管机构的关于经营运作方面内部报告的内容、形式及副本数量；

2. 呈递内部报告给监管机构的截止期限；

3. 本法规定的监管必需的，并根据《商法典》第 341k 条编制的审计报告的内容；

4. 《商法典》第 341k 条不适用的独立专家对保险企业年度报表和现状报告进行的审计，以及本法规定的监管必需的由专家编制的报告内容和呈交截止期限。

本法条第 1 句所述的授权，依相关法规可全部或部分地委于负责监管保险企业的相关机构而无需德国联邦参议院的批准。

（2）本法条第 1 句关于保险企业须接受监管机构监管的规定，应与州监管机构协商后再行颁布；此项规定在保险顾问委员会举行听证后方可颁布。

（3）州政府可与监管机构协商颁布法规，依本法条第 1 句拟定保险企业须接受州监管机构监管的相关规定。政府可依法规将此项权力授予监管机构。

第 56 条　（已废止）

第 56a 条　保费退还规定

对公众有限责任保险公司而言，董事会在其监事会的同意下，可确定取消被保险人利润分红的数额。然而，除非仍可用资产负债表之结存净收益分发达到股权资本 4% 的红利，否则因被保险人的法定资格而不得取消的利润分红亦有可能无法获得。倘若用于被保险人利润分红的款项尚未在被保险人中直接分配，则应将其转为保费退还准备金。转入保费退还准备金的款项只能用于被保险人利润分红。但是在监管机构的同意下，可授予保险企业在特殊情形时运用保费退还准备金，以避免出现紧急事态、维护被保险人的权益。

第 56b 条　（已废止）

第 57 条　审计范围

（1）审计年度报表时，审计师应确证保险企业是否遵照本法第 13b 条第（1）、（4）款，第 13c 条第（1）、（4）款和第 13d 条第 1 句至第 5 句的披露要求，以及是否履行《严重刑事犯罪非法利得追踪调查法》第 14 条规定的义务。其结果应记入审计师报告。负责审计与具有本法第 8 条第（1）款第 4 句第 2 项所述存在控制性影响的原保险企业有密切关联的保险企业，同时还负责审计该原保险企业的审计师察觉到关联保险企业已有《商法典》第 321 条第（1）款第 3 句所述的行为，如果此类行为对该保险企业的经营活动产生了显著负面影响，则须就此向监管机构报告。审计师须按照监管机构的要求提供他在审计工作中察觉到的此类行为的资料，以及显示原保险企业的业务运营有不当行为的资料。

（2）可依相关监管条例许可联邦财政部颁布关于本法条第（1）款第 1 句的审计师报告的更加详细具体的规定，这也是监管机构履行其职责所需，特别是由此可获得标准化资料以评判保险企业经营的保险业务。可依相关监管条例将此项权利委于监管机构。相关监管条例应与州监管机构协商后颁布；在此类监管条例颁布之前，亦须与保险顾问委员会协商。

第 58 条　审计师呈交监管机构的报告；审计师的委任

（1）（已废除）

（2）董事会应当尽快建议监管机构批准监事会委任的审计师。若监管机构对年度报表的审计师有异议，则可在合理的时期内要求委任另一名审计师。如未做出新任命或监管机构对新任审计师仍有异议，监管机构可自行委任审计师。在这种情况下，《商法典》第 318 条第（1）款第 4 句附加限制性条款可适用于此，即在审计工作开始前，法人得要求监管机构尽快委任审计师。

（3）（已废除）

第 59 条　向监管机构呈送审计报告

审计师报告被采用后，董事会就应当尽快将报告的副本连同董事会和监事会的意见呈送监管机构。监管机构可与审计师讨论该报告，必要时可要求二次审计以便对审计报告进行补充，相关费用由保险企业承担。

第 60 条　依公法成立的保险企业的审计

对于受州监管机构制定的法律的约束并接受其监管的依据公法成立的保险企业，上文第 58 条和第 59 条不适用。依据《商法典》第 341k 条，此类保险企业的年度报表审计工作的附加规定须依据州法律制定。

第 61 条至第 63 条　（均已废止）

第 64 条　小型协会年度报表的审计

若依据《商法典》第 330 条第（1）、（2）、（4）款与据此颁发的监管条例，小型协会不必履行对其年度报表进行审计的规定，此时本法第 58 条和第 59 条不适用。

第2节　数学准备金的特别准备和寿险保障金

第65条　数学准备金

（1）联邦财政部被授权颁布用于计算数学准备金并遵循适当会计准则的监管规则

1. 有保证利率的保险合同：一个或多个最高技术性利率，此种利率基于

a）以合同计价货币发行国发行的债券利率，这种情况下最高利率不得超过60%；投资连结合同、合同期最长可达八年的趸缴保费合同、非分红合同以及无解约价值的年金合同排除在外，或者可为这些合同确定更高的最高利率；

b）保险企业当前所持资产的收益与进行适当安全载荷修正后的未来资产预期收益；

2. 扣除保险产品首期费用影响后，计算所得责任准备金；

3. 执行欧洲共同体理事会指令必需的计算数学准备金的精算基础。

可依相关监管条例将此项权利委托给监管机构。后者应与州监管机构协商一致来制定法规。

（2）本法条第（1）款所述的法规须与联邦司法部协商一致后再行颁布。

（3）依据本法条第（1）款第1句第1项确定最高利率之前，倘若合同用另一欧洲共同体成员国或另一《欧洲经济区协定》缔约国的货币计价，则应与该国监管机构就此进行协商。

第66条　风险保障金

（1）保险企业董事会应在财务年度中安排风险保障金，并用数额为本法第（1a）款所述的最低风险保障金预期增额的资金进行合法投资。监管机构可规定相关细节。

（1a）风险保障金的数额，至少必须等于数学准备金的资产负债表价值、指定用做数学准备金的未满期保费准备金、涵盖未决赔款和退保的准备金在内的数学准备金、年金现值以及利润分红的总和。本款第1句的资产负债表价值，即为扣除分出再保险业务额之前的价值总额。

（2）如若风险保障金资产未达到本法第（1a）款所述的最低要求，则董事会须得立即补平。

（3）除本法第（1a）款所述的最低要求外，监管机构亦可要求附加安排风险保障金——如若此举是维护被保险人权益的必要方式。当特别风险保障金资产当前价值过低时，此种安排就显得更为必要。

（3a）用做风险保障金的不受妨碍的不动产和类似产权须得按其资产负债表价值进行估价。如若资产负债表价值高于市场价值，则应按市场价值计价。监管机构可准许对此价值进行适当增加——只要依专家意见确证市场价值至少超过资产负债表价值100%。在有阻碍的不动产和类似产权的情况下，监管机构一样一样地确定这些资产的价值。监管机构须被告知遵守第54d条所述报告要求的价值。

（3b）为确保保险企业资产的流动性并维护被保险人的利益，针对上文第55a条第（1）款第1项详细规定的年度报表的内容（出于内部报告的需要），可根据相关法规授权联邦财政部颁布关于《商法典》第341b条第（2）款第1句所述的固定资产投资或流动资产投资归属分类的附加规定，也可以出于此种目的要求呈递依据适当会计核算原则编制的流动性报表。亦可依据本款第1句要求提供详细具体的现金流量表——如若此举为实施保险监管所必需。亦可依据相关法规将此项许可委任于德国联邦保险监管局。该机构须与州监管机构协商一致后拟定此类规定。在与联邦司法部协商一致后，方可颁布本款第（1）句至第（4）句所述的法规，但无需为此征得联邦参议院的批准。

（4）只有在为缺乏保费收入的某些保险制定了特别的安全保证金的情况下，才可制定关于

风险保障金的分配规定。

(5) 风险保障金（现金、证券、不动产契约等）须与其他所有资产分别管理，而且应将其保管于保险企业总部；监管机构应被告知风险保障金的保管方式；亦可准许将风险保障金保管于不同地点。

(6) 风险保障金资产应逐项列入清单。风险保障金的管理规定适用于清单中的所有资产。任何与风险保障金资产相关的收益权，均可视为风险保障金的一部分——尽管未将此列入清单。任何保单的预付款项或保单未付款项，均可计入总额——只要此类款项是资产的一部分。关于用不动产抵押权担保的赔款和清单所列的应偿付分期付款，均须依监管机构相关规定进行修正；这同样适用于无不动产抵押权担保的任何请求权。当财务年度结束时，该年度中编制的账目副本应递呈监管机构；董事会须得核证副本的准确性。监管机构可保留副本。

(7) 经监管机构批准后，可为风险保障金开设分立账户。此时，风险保障金和针对风险保障金的理赔的相关监管规定，适用于每个与之相关的分立账户。

第 67 条　再保险的风险保障金

关于再保险业务，分出再保险企业亦得保有并负责管理上文第 66 条所述的关于分出再保险业务的风险保障金资产。

第 68 条和第 69 条　（均已废止）

第 70 条　风险保障金托管人

须得委任托管人和副托管人管理风险保障金，但这不适用于“小型协会”（参见第 53 条），除非监管机构另有规定。

第 71 条　托管人的委任及其资格

(1) 托管人由监事会委任；如“小型协会”无监事会，则由董事会委任托管人。

(2) 在委任托管人之前，监管机构必须被告知所推荐托管人的名称。如对委任有异议，则可在合理的时间内要求委派另一托管人。如果该要求未被满足或监管机构对新任托管人仍有异议，则可由监管机构委派托管人。

(3) 如果监管机构对已就任的托管人有异议，则本条第（2）款第 2 句和第 3 句亦适用。

第 72 条　确保风险保障金的安全

(1) 只有托管人同意时，风险保障金才能以一种可能的方式获得安全；其具体规定由监管机构制定。

(2) 特别强调，托管人须与保险企业共同保管基金资产。除非本法准许，否则，托管人不得让渡任何资产。此外，《抵押银行修正法》（德国）第 31 条第（2）与（3）款，亦适用于此。

(3) 托管人可以以书面形式批准资产的转让出售；如从风险保障金资产清单中撤销某项资产，则托管人必须在撤销公告的旁侧或下端署名。

第 73 条　托管人的书面证明

托管人须得在资产负债表的末端核证，保障金已按相关适用规定进行保管、投资；而且须证明此项要求未影响到代表保险企业的实体的责任。

第 74 条　托管人的调查权

托管人理应被授予在任何时候都可调查所有与保险企业风险保障金相关的账簿和档案的权利。

第 75 条　争议的调解

由监管机构调解托管人和保险企业之间关于托管人职责的争议。

第 76 条　副托管人

上文第 71 条至第 75 条，同样适用于副托管人。

第 77 条　风险保障金的收回

（1）除投资所必需的资金或投资的变更外，仅可从风险保障金撤回发生保险事件、退保或其他任何保险合同的终止或经营计划的变更时需要的资产的数额。

（2）依据法庭判令或法庭扣押判令或扣留判令而转让、出售风险保障金资产，均不被准许——除非风险保障金的处置已有规定（第 66 条第（1）款至第（4）款）并且出于遵守已指定的法庭判令的目的实际上已经用于赔付。

（3）如人寿保险合同在破产诉讼开始时终止，依照第 66 条第（1a）款，被保险人可在破产诉讼开始时要求获得一份最低数额的风险保障金，但这不影响被保险人依据保险合同获得高于该数额的理赔。

（4）倘若用风险保障金资产（第 66 条第（6）款）进行赔偿，则依据为分配风险保障金所做规定（第 66 条第（1）款至第（4）款），任何关于分享风险保障金的请求权（第 66 条第（1a）款），均位列其他所有债权人请求权之前；但所有此类请求权均位列同一等级。至于被保险人要求用保险企业其他资产进行赔偿的权利，《破产法》第 52 条、第 190 条和第 192 条关于优先受偿权的规定适用于此。

（5）如满足本法第（4）款的要求，同时保证互惠，则总部设在欧洲共同体成员国或《欧洲经济区协议》缔约国的人寿保险企业以及本法第 12 条指定的医疗险与意外险保险企业的被保险人享有的优先权，须得准许在德国提出破产诉讼的要求。

第 78 条　破产监护人

（1）依据本法第 77 条，破产法庭须委任一名监护人，以维护被保险人的权利。出于监护目的，破产法庭可代替监护法庭。

（2）监护人须得确定现有风险保障金的数额，终止被保险人的理赔，并将其归档。

（3）监护人应当在提出理赔前与被保险人商讨其可行性，并在事后通报被保险人。在被保险人的请求下，将所有与理赔相关的情况告知被保险人，但这不影响个别被保险人独自提出理赔的权利。如若被保险人提出的理赔与监护人提供的理赔之间存在差异，则应采用对被保险人更为有利的理赔申请，以消除两者之间存在的差异。

（4）受理人应准许监护人调查债务人的所有账簿和档案，并按照监护人的要求披露所有风险保障金资产。

（5）监护人可要求获得合理的工作报酬。监护人的费用和报酬，从风险保障金中列支。

（6）监管机构在委任监护人之前，须得与监护人磋商并确定其报酬。

第 79 条　适用于健康保险和意外保险的条款

关于本法上文第 12 条所指的健康保险险种，本法第 66 条至第 78 条适用；关于本法第 11d

条所指的意外保险险种和第 11e 条所指的保险险种中的年金给付，本法第 65 条至第 67 条、第 77 条和第 78 条适用。

第 79a 条　依公法设立的保险企业

第 76 条至第 79 条对依公法设立的保险企业不适用。

第 80 条　（已废止）

第 5 章　保险企业监管

第 1 节　监管机构的职责与权力

第 81 条　法律监管和金融监管

（1）监管机构在基本法律监管和特别金融监管的框架内，监管保险企业的所有业务经营，从而确保被保险人权益得到充分维护，也使得适用于保险业务经营的法律得到贯彻执行。监管机构履行本法和其他法律赋予的维护公共利益的职责。法律监管的目的是，使保险业务正当经营，包括遵守法规，遵守关于保险合同的规定和其他所有基于被保险人和经营计划的法律的规定。监管机构须得确保在金融监管框架内，任何时候保险公司都可偿付因保险合同所负债务，特别是应要求其设立足够的技术准备金并将其投资于合适的资产；保险企业须实施包括有效的行政管理和完善的会计程序以及合理的内部管理在内的良好的商业惯例与原则，亦须具备足够的清偿能力并遵守其他关于经营计划的财务原则。

（2）监管机构可与保险企业董事会成员、其他管理人员以及各科室主任和负责人，采取任何预防或纠正违规行为所必需的合理措施。任何与第（1）款所述的监管目标相悖的保险企业行为，均可视为违规行为。特别强调，当被保险金额高于贷款时，监管机构即可禁止合并贷款业务和保险合同。监管机构同样可以禁止保险企业或保险合同的中间人，从事、经营以某种形式给予保单持有人任何特殊折扣的基本险种或单独险种；监管机构亦可禁止保险企业缔结或续保关于基本险种或单独险种的受益人合同。监管机构还可进一步禁止中间人缔结保险合同；禁止未被在德国许可而经营此类保险业务的保险企业居中斡旋此类保险合同的缔结——包括与本法第 105 条第（2）款或第 110a 条第（2）款相抵触的业务，或继续经营从事与本法第 111b 条第（2）款第 2 句或第 3 句相抵触的业务。第 4 句所述的法令，在《联邦政府公告》发布一个月后生效实施；对于保险企业而言，接受德语国家政府官方公报指定的德语国家法规的监管，就已足够了。

（2a）如若出现第（2）款和下文第 89 条所述的不能维护被保险人利益的情形，则监管机构可将那些依据相关法律和章程授予保险企业相关机构的权力，全部或部分地转授给更适合行使这些权力的特派代表。保险企业须得承担委任特派代表所需的一切费用，包括特派代表的薪酬。其薪酬数额由监管机构确定。如若保险企业暂时无法支付特派代表的薪酬，则由监管机构预先垫付。如若特派代表无权获得薪酬，则只对由他意外或疏忽大意引致的损失负责。

（3）（已废除）

（4）依据第（2）款第 1 句，监管机构亦可直接给其他企业发布命令——如若该企业代表某个保险企业的利益：

a）可能是外包合同（第 5 条第（3）款第 4 项）标的物的业务活动；

b）第 53d 条所述合同中的服务。

监管机构对出版商也拥有同样的监管权，这些出版商为了保护自己出版的报纸和杂志的订阅人而和保险企业一起从事保险业务。

第 81a 条 经营计划的修订

监管机构可要求在承保新保险合同之前，修改其经营计划。监管机构可修改或废除对现有保险合同或尚未终结的保险合同有影响的经营计划——如果此举是维护被保险人权益所必需。

第 81b 条 偿付能力计划；财务计划

（1）如若保险企业的自有基金下降至或有可能下降至偿付能力额度以下，则保险企业须得按照要求向监管机构呈递稳健财务状况恢复计划（偿付能力计划）以供其核准。如有迹象显示财务状况将继续恶化，则依据本法第 81 条第（2）款，在特殊情形下，监管机构可限制或禁止自由处置保险企业资产。

（2）如保险企业的自有基金下降至保障基金资产额以下，或不能储备所规定数额的自有基金，则保险企业须按照要求向监管机构呈报短期获取必需的自有基金的计划（财务计划）以供其核准。此外，监管机构可依据本法规第 81 条第（2）款采取措施限制或禁止自由处置保险企业资产。

（3）如某一投资风险危及保险企业的偿付能力，则监管机构也可发布该项投资属于受限资产的指令。

（4）如保险企业不具备足够的技术准备金或适当披露其技术准备金，或在未征得监管机构的准许下擅自背离本法第 54 条第（3）款关于区域化监管的相关要求，则第（2）款第 2 句适用于此。

第 81c 条 人寿保险的违规行为

（1）如若未安排适当用于非营利性保险业务的保费退还准备金，则可认为人寿保险中存在侵害被保险人权益的违规行为。特别强调，如果人寿保险企业安排的保费退还准备金——包括直接付款和技术性权益——未达到依照第（3）款规定的投资回报必需的最低安排要求，则更可认定存在违规行为。死亡风险的改善与保险企业的偿付能力的要求，均得考虑在内。然而，依据本法规第 81 条第（2）款第 1 句和第 87 条，监管机构可要求人寿保险企业呈递关于确保安排适当的保费退还准备金的计划书——如果已安排的准备金未达到监管条例的最低要求。

（2）至于 1994 年 7 月 29 日之前承保的人寿保险业务，如果某一人寿保险企业最近三个财务年度的平均保费退还率，低于依据所有人寿保险企业的平均保费退还率计算所得的标准保费退还率，则可认为确实存在第（1）款第 2 句所述的侵害被保险人权益的违规行为。然而，依据本法第 81 条第（2）款第 1 句和第 87 条，监管机构可要求人寿保险企业呈递关于确保安排适当的保费退还准备金的计划书供其核准。保费退还率——以百分比表示——即为技术性权益、直接支付的红利和保费退还准备金分配三者总额与正常死差益和正常利息收入总额之间的比率。

（3）出于维护被保险人权益同时又关注市场状况的目的，依相关法规，联邦财政部被授权颁布第（1）款所述的关于保费退还准备金分配的规定——特别是关于投资回报的最低分配和确定第（2）款所述的标准保费退还率，同时，制定关于正常死差益和正常利息收入的核算规则。亦可依相关法规将此项授权委于监管机构。监管机构在拟定相关规定时，应与州监管机构协商一致。

（4）第（1）款和第（3）款同样适用于与依据本法第 156a 条第（3）款第 5 句确定的事实相关的储蓄养老保险。但本法规第（1）款和第（3）款对其他储蓄养老保险和死亡给付基金不适用。

第 81d 条　健康保险的违规行为

（1）如果没有为与利润相关的保费退还准备金拟定适当的分配，则与处理人寿保险的方式一样可认为健康保险中存在侵害被保险人权益的违规行为。特别强调，如果保险企业关于与利润相关的保费退还准备金的分配未达到上文第（3）款的法规所规定的比率——专门为本法第 12 条第（1）款第 1 句所述的健康保险和本法第 12f 条所述的个人强制性长期健康保险所设定，则更可认定存在违规行为——除非所经营的该项保险业务未产生利润分红。分配比率为年度利润和利润相关的保费退还支出总额的 1%。出于这一目的，必须考虑到任何直接付款和健康保险企业的平均偿付能力要求。

（2）然而，依据本法第 81 条第（2）款第 1 句和第 87 条，监管机构可要求健康保险企业呈报关于确保分配适当的与利润相关的保费退还准备金的计划书——如果已分配的准备金未达到上文第（3）款的最低要求。

（3）出于维护被保险人权益的目的，可依相关法规授权联邦财政部颁布关于与利润相关的保费退还准备金的最低分配额的规定——特别是分配的核算与数额。可依相关法规将此项授权委托给监管机构。监管机构在拟定相关规定时，应与州监管机构协商一致。

第 81e 条　歧视

如果依据保单持有人或被保险人的国籍或其所属种族而采用不同的规定核算保费，则可视为存在第 81 条第（2）款所述的违规行为。

第 82 条　禁止持有参股权益

（1）如果保险企业持有另一个不受监管的企业的参股权益，而且该参股权益就其性质和规模而言均危及了保险企业，则监管机构可禁止保险企业继续持有参股权益；也可在保险企业同意监管机构依据《商法典》第 341k 条与本法第 58 条和第 59 条对其进行核查后——相关费用可由监管机构或保险企业承担——准许其继续持有参股权益。如若保险企业拒绝对其进行核查或得出任何对其持有参股权益产生异议的核查结果，监管机构可禁止保险企业继续持有该参股权益。

（2）如果保险企业的董事会或监事会成员具备或有可能具备对另一个企业的管理施加重大影响的能力，则亦可认为存在本条第（1）款所述的参股权益。

第 83 条　监管机构的权力

（1）监管机构应该被授权：

1. 要求保险企业、保险企业董事会成员和其他管理人员或各科室主管，提供全部业务的所有资料，呈报或转交所有业务文件——特别是保险企业与保单持有人洽谈业务所必需的一般保单条款、利率、表格和其他印刷材料，以及保险企业与外包企业之间的合同（上文第 5 条第（3）款第 3 句和第 4 句）；

1a. 要求按照第 104a 条第（1）款须接受附加监管的主要保险企业和本法规第 1 项所述的人员，提供并呈报关于与附加监管相关的业务的信息和文件。如保险企业未能按照要求转交相关档案资料，监管机构可要求在本法第 104b 条第（2）款所述的企业为其提供相关的信息或呈报档案资料。

2. 在无重大缘由时，监管机构仍可依据预设前提而对保险企业进行核查；在本法第 104a 条至第 104h 条所列的附加监管的框架内，监管机构可核证其子企业和母企业依本法规第 1 项提供的信息，亦可核查接受附加监管的保险企业的母企业的子企业；

3. 参与保险企业依据《商法典》第 341k 条自行组织的核查，并从中获取所需信息；但是，此做法对已确认为“小型协会”的保险企业不适用（第53条）；

4. 若委派人员参与第2项和第3项提及的核查，须依据《商法典》第341k条和第319条委派核查人员；《商法典》第323条关于审计师的规定同样适用于委派人员；

5. 向监事会会议、股东大会或最高代表大会派遣代表，并授予该代表按照要求进行发言的权利；

6. 要求召集第5项所列的会议，并要求把与决策相关的议题列入会议日程。

保险企业须得接受依据第1句第2项至第4项制定的监管措施。

（2）如若有理由假定某人未经许可即经营保险业务，为澄清此事，监管机构可要求此人和经营业务的法人及其管理部门成员，提供并呈报关于该项业务活动的信息和文件。在此种情形下，监管机构亦可依据预设前提对被其假定经营的相关活动进行核查。

（3）监管机构的工作人员及第（1）款第1句第4项述及之人，被准许有权施用保险企业的预设前提，可执行第（1）款第1句第2、3项所述的核查，并可实施本法规（1）款第1句第5项提到的情况。《基本法》第13条规定的基本权利，在此将受到限制。所有相关者均须接受依据本款第1句所采取的措施。

（4）监管机构的工作人员，可施用第（2）款第2句提到的预设前提，依据第（2）款进行核查。第（3）款第2句和第3句适用于此。如果本款第1句述及的预设前提亦适用于居所，则需具有法院搜查令。搜查令由依据预设前提而进行搜查的居所所在行政辖区的主管法庭签发。本款第3、4句同样适用于第（3）款的核查——如若依据预设前提搜查居所或依照第（1）款第1句第1项搜查，须是提供信息之人将业务档案存于居所之中。

（5）如果某人——

1. 作为保险代理人或保险经纪人运用其能力为保险企业居间协理或促成保险合同；

2. 或为保险企业从事可能属于外包合同标的物的业务活动（第5条第（3）款第4项）；

3. 或依据第53d条所述的合同提供服务；

第（1）款第1句第1、2、4项，第（3）款以及第（4）款第3、4句，均对此适用。只有在必须如此才能评判保险企业业务经营和财务状况时，此类规定才可适用于本款第1项所述的情形。如果某人替未被许可经营保险业务的保险企业居间协理或促成保险合同，则第（2）款和第（4）款第1至4句，均适用于此。

（5a）监管机构有权指定实施第（1）款第1句第1、2、4项，第（3）款以及第104条第（1）款第2句第二部分的具体执行办法，亦有权处理：

1. 表达认购第104条第（1）款所述的参股权益的意图的个人和企业，或依据第5条第（2）款核准的合格参股权益持有人申请指定的个人和企业；

2. 某个保险企业或由其所控制的保险企业中的合格参股权益持有人；

3. 知悉前款所述的个人或企业已获得许可证这一事实的个人和企业；

4. 依据《股份公司法》第15条，附属于本节第1项至第3项所述的个人和企业的个人和企业。

（5b）监管机构可依据第（1）款第1句第5、6项，采取与第（5a）款指定的个人和企业相关的措施。如果有证据显示存在第104条第（1a）款第1项至第3项所述的情由，则可拒绝核准其申请。相关者亦须接受该项措施。

（6）任何依据第（1）、（2）、（5）、（5a）或（5b）款而要求其提供信息的人，可拒绝回答询问——如果这会使该人或其亲属卷入《民事诉讼法》第383条第（1）款第1项至第3项所述的诉讼，或《行政诉讼法》所述的诉讼。

第84条　职业保密

（1）受雇于监管机构或被监管机构授权的人和保险顾问委员会（第92条）的成员，不得将从其活动中获取的任何机密信息传于任何个人或机构。这同样适用于通过官方报告获悉本款第一句所述信息的任何个人。本款第1句和第2句，不适用于可通过纪要或表格传播的信息——如果据此不能确认出保险企业。

（2）第1款第1句的保密要求，并未禁止其他成员国和《欧洲经济区协议》缔约国的主管机构和执行适用于保险企业的欧洲共同体理事会指令的委员会之间交流信息。用于交流目的的信息资料，亦须遵守第（1）款第1句的保密要求。与第105条第（1）款第2、3句所述的非成员国主管机构交流信息的活动，只有这些机构及由其授权之人在遵守第（1）款第1句的保密要求时，方可准许。

（3）监管机构只能将依据第（1）、（2）款获取的信息用于如下目的：

1. 审查保险企业提出的许可申请；

2. 管理保险企业的经营活动；

3. 监管机构发布指令，并据此处理、惩罚行政违规行为；

4. 在行政诉讼的框架内，修正监管机构的决策；

5. 在诉讼程序的框架内，向行政诉讼法庭、破产法庭、刑事诉讼机关或主管法庭缴纳罚款、罚金。

（4）特别强调，第1款第1句的保密要求，未禁止提供资料给

1. 处理缴纳罚款、罚金事宜的刑事诉讼机关或主管法庭；

2. 依据议会法案或政府法令，被委托监管保险企业、信用机构、金融服务机构、投资公司、其他金融机构、金融市场或结算系统的机构，以及此类机构委任的相关人员；

2a. 各中央银行；

3. 负责处理保险企业、信用机构、金融服务机构、投资公司或其他金融机构的资产清算或破产诉讼的机构；

4. 受托对保险企业、信用机构、金融服务机构、投资公司或其他金融机构进行法定账目审计的人，以及负责监管审计师的机构；

5. 管理保障基金的机构。

此类机构需要相关信息以履行其职责。第1款第1句的保密要求同样适用于受雇于此类机构的人员。如若相关机构位于他国，则不得向其提供信息——除非相关机构与该机构授权人员遵守第1款第1句的保密要求。位于第105条第（1）款第2句和第3句所述的非成员国的机构，须得被告知：已提供的信息只能用于之所以提供该信息的原因。提供从他国获取的信息，必须征得提供该信息的主管机构的明文许可，而且只能将其用于此类机构批准的用途。

（4a）第93条、第97条、第105条第（1）款、第111条第（5）款和《税法》第105条第（1）款、第116条第（1）款，不适用于本条第（1）款指定的人员——只要他们能够遵照本法行事。如果财政机关要求相关信息用于刑事犯罪诉讼和关联税负评估诉讼，则此项内容不适用。

（5）监管机构从第（2）款第1句和第（4）款第2至4项所述机构处获得的机密信息，不得以官方报告（第（1）款第2句）的形式传发——除非征得提供此信息的主管机构的批准。这同样适用于在其他成员国或《欧洲经济区协议》缔约国（第13b条）进行现场调查时获取的信息——除非已征得实施现场调查所在其他成员国或《欧洲经济区协议》缔约国的批准。

（6）不得触犯《联邦数据保护法》的相关规定。

第85条　对境外业务的监管

监管不限于德国境内业务，还包括通过分支机构或提供服务自由在欧洲共同体其他成员国和《欧洲经济区协议》缔约国经营的业务。金融监管是联邦政府而不是其他监管机构的职责；金融监管须与其他成员国或缔约国的监管机构进行合作。

第 85a 条　境外业务的客户信息

对于在欧洲共同体其他成员国和《欧洲经济区协议》缔约国经营的业务，第 10 条和第 10a 条适用——如果保险合同是按照德国法律缔结的。

第 86 条　对清算和停业的监管

如果业务经营被禁止或自愿停业，或经营业务的许可被撤回，监管应当扩展至企业的清算和现有保险合同的终止。

第 87 条　许可的撤销

（1）监管机构可撤销对某些保险险种或所有业务经营的许可，如果：

1. 企业未达到许可要求；

2. 企业未切实履行法律或其经营计划规定的义务；

3. 有证据显示违规行为严重到倘若继续经营就会危及被保险人的利益。

（2）如果企业未在指定期限内采取措施履行第 81b 条第（1）款或第（2）款制定的偿付能力计划或财务计划，监管机构可撤销对所有业务的许可。

（3）撤销许可后，企业就被禁止承保新业务以及签订保险合同或续保现有保险合同。

（4）如果许可被撤销，则监管机构须采取一切适当的措施来维护被保险人的权益。特别地，监管机构可限制或禁止自由处置企业的资产，并委托合格人员管理其相关资产。

（5）对小型协会而言，撤销所有业务的许可具有与进行清算指令相同的效果。许可撤销后，监管机构会将此事宜登记于商业登记簿。

（6）如果监管机构获取了依据第 8 条第（1）款第 1 句第 1 项能佐证拒绝许可的事实，则监管机构可要求解雇负责此事的董事或经理，并禁止他们继续履行其职责，而不必撤销许可。

第 87a 条　共同保险的滥用

如果作为主要保险人的保险企业，滥用第 111 条第（2）款所述的共同保险，并要求欧洲共同体其他成员国和《欧洲经济区协议》缔约国的保险企业参与共同保险，则监管机构可对该保险企业发出任何矫正此种“滥用”所必需的监管条令。对于情节严重者，监管机构还可禁止该保险企业承保此类共同保险，或采取本法第 87 条第（1）款指定的应对措施。第 87 条第（3）至（5）款，适用于此。特别是，如果保险企业未能履行主要保险人应承担的职责，或协同在本法第 111 条第（2）款中所指未被授予此权的保险企业参与承保合同，此时也存在“滥用”。

第 88 条　破产诉讼申请；董事会公告

（1）只有监管机构有权受理针对保险企业资产的破产诉讼申请。

（2）保险企业破产时，董事会应当立即通知监管机构。如果保险企业出现资不抵债，则将本规定稍作必要修改后仍可适用。董事会的披露职责，高于在保险企业破产或负债过多时董事会依照相关法律规定提出破产申请的职责。如果互助协会和保险企业根据公法，按照互助原则经营业务，并收取追加性分摊或规定性分摊，并且任何追加性分摊或规定性分摊到期后五个月内仍未偿还，则董事会应当判断如果不考虑以现金形式偿还追加性分摊或规定性分摊，此时是否负债过多；如果确实负债过多，则董事会须得在指定期限终结后一个月内，通报监管机构。清算人亦须遵守同样的职责。

第 89 条　禁止付款；保险金扣减

(1) 如果通过调查保险企业的管理状况和财务状况发现保险企业在长期内已无法偿还其债务，但其实行的避免破产诉讼的办法，却是维护被保险人权益的最佳方式，对此，监管机构可做出必要的监管条令，并可要求保险企业的代表在规定时期内更改经营业务的基础或矫正任何违规行为。所有付款，特别是保险金给付、利润分配以及人寿保险退保，或保单贷款，或预付款项，均可暂时禁止。

(2) 依第 (1) 款第 1 句的条件，监管机构可在必要时根据人寿保险企业的财务状况减免保险合同引致的债务。此时，如为情势所需，监管机构可要求进行不同程度地减免，尤其是各个保险险种构成的保险组合对企业出现的紧急状况有着不同影响时，更须如此。为了完成减免的目的，可首先减免为单个保险合同设立的数学准备金，第二步则需重新确定被保险金额，之后，就可直接减免为被保险金额设立的准备金。保单持有人继续支付议定保费的义务不受所做减免的影响。

(3) 依据第 (1) 款和第 (2) 款采取的措施，可能会受限于风险保障金的分立账户 (第 66 条第 (7) 款)。

第 89a 条　无延期效应

关于依据本法第 66 条第 (3) 款，第 81 条第 (2) 款，第 5 条第 (1) 款或第 7 条第 (2) 款，第 81 条第 (2a) 款，第 81b 条第 (1) 款第 2 句、第 (2) 款第 2 句和第 (4) 款，第 83 条，第 87 条第 (1) 款第 2、3 项、第 (4) 款和第 (6) 款，第 88 条，第 89 条，第 104 条第 (1a) 款第 1 句、第 2 款第 1 至 3 句和第 (4) 款而采取的相关措施，任何反对与上诉，均无延期效应。

第 2 节

第 90 条　(已废除)

第 91 条　(已废除)

第 92 条　保险顾问委员会

(1) 联邦政府的保险顾问委员会，由保险专家组成，协助执行监管。保险顾问委员会成员由联邦财政部委任，每届任期为五年。

(2) (已废除)

(3) 保险顾问委员会成员的服务，均出于道义，不付报酬；在出席会议时，按日为其发放津贴，并补发差旅费，其数额由联邦财政部确定。

第 93 条　(已废除)

(参见《金融服务监管法》第 17 条)

(1) 联邦政府为确保遵守在其法定权力范围之内所颁发的条令，可依照《行政执行法》的规定实施制裁。此时，联邦政府可对任何违规事件施以制裁。联邦政府亦可对依公法可称之为法人的保险企业，实施制裁。

(2) 最高可处以 250, 000 欧元的罚款。

第 94 条至第 100 条 （已废除）

第 101 条 监管费

（1）德国联邦保险监管局及监管行为引致的费用，应当由接受其监管的保险企业依据第（2）款，通过缴费付给联邦政府；此类费用还包括依据本法第 83 条第（1）款第 4 项所聘用的核查人员的相关支出。此外，尚须缴纳上年未付的费用。

（2）费用总额为第（1）款所述费用的 9/10。支付的费用不得超过保费收入的 1‰。确定费用的基础是：原保险企业上个财务年度在欧洲共同体其他成员国和《欧洲经济区协议》缔约国订立的保险合同所实现的收入（总保费、分摊、预付分摊、追加性分摊、规定性分摊）与保险企业在德国独自经营再保险业务时订立保险合同所实现的收入总和；不过，还须扣除所有退回来的盈余或利润分红。

（3）联邦保险监管局将逐年确定监管费，其数额为保费收入的 1‰。此时，联邦保险业监管局可通过收取监管费获得收入。监管费须按照联邦财政部核准的原则收取。联邦财政部可确定一个最低标准。

（4）监管费由联邦保险监管局确定。联邦保险监管局向保险企业发出监管费分配计划书，并要求保险企业在一个月内将其存入联邦主金库。过此期限后的任何应付款项，均按公共费用收取。

（5）第（1）至（4）款，适用于 2002 年 4 月 30 日之前发生于联邦保险监管局的所有费用，适用规定有效时期为《综合金融服务监管法》生效之日——2002 年 4 月 30 日前（《联邦法学公报》第 1310 页）。

第 102 条 现金偿付收费

联邦保险监管局可能会依无根据之申诉或投诉而进行调查取证，倘若申诉不成功，则申诉人须全部或部分承担所有费用。

第 103 条 出版物

（1）联邦保险监管局每年都发布关于保险部门中接受其监管和观察的保险企业的信息。

（2）联邦保险监管局亦例行发布其法律准则和行政条例。

第 103a 条 健康保险的统计数据

（1）1996 年 1 月 1 日，联邦保险监管局发布了与特殊利率无关的一半概率表和用于本法第 12 条第（1）款所述健康保险的统计数据。

（2）属于德国并经营健康保险的保险企业，被要求每年与联邦保险监管局交流发行第（1）款所述之出版物所需的数据，此类数据是保险企业从其保险组合中获取的。涉及的保险组合和数据应该在第 12c 条所述的监管规定中规范。

第 5a 章 对保险企业主要参与利益持有者的监管

第 104 条 合格参与利益持有者监管的范围

（1）在原保险企业中，任何打算持有一份合格参与利益（第 7a 条第（2）款第 3 句）的人，应当立即向监管机构申报其试图取得的合格参与利益。在申报时，该人应当提供所有评判其可靠性所必需的事实情况及其打算认购参与利益的个人或企业。本法第 5 条第（5）款第 6c

和6d项所述的文件，须按要求呈寄监管机构，之后，由监管机构委任的审计师进行审计，其相关费用由预期持有者承担。如果认购人为法人或合伙人，则参与利益持有者应立即递交关于所有新委任的法定代表或个人责任合伙人的书面通知，以及评判其可靠性所必需的事实情况。此外，合格参与利益持有者应立即通报监管机构——如果持有者打算增加合格参与利益的数额，以便达到或超过投票权或名义资本的20%、33%或50%，从而保险企业就可成为控股企业（本法第7条第（2）款第8句）。

（1a）在收到全部申报材料的三个月内，如果根据获悉的相关事实情况可假定以下情况，监管机构可禁止合格参与利益的意图收购或增加：

1. 呈递申报的当事方，或若为法人，则其法定代表，或若为商业合伙，则其合伙人，不值得信赖，或出于其他原因未能达到为了确保原保险企业之稳健、审慎的管理而规定的要求；本法第8条第（1）款第1句第2项第2部分适用于此；

2. 认购或增持合格参与利益会把原保险企业与合格参与利益持有者整合于同一个法人团体之中，然而，合格参与利益的组合方式和低下的经济透明度使得此种做法会妨碍对保险企业进行有效监管；

3. 认购或增持合格参与利益会使得原保险企业成为本法第105条第（1）款第2句和第3句所述的非成员国的保险企业的子企业，而该企业在其居住国或其总部所在国未被有效监管，或该国的监管机构未打算进行有效、令人满意的合作。

如果认购未被禁止，则监管机构可设定一个期限，而已按照第（1）款第句1或第4句呈递申报材料的相关个人或合伙人，应该在该期限内告知监管机构意向认购是否已完成。相关的个人或合伙人应在相关期限终结后立即通报监管机构。

（1b）监管机构被授权在本条第（1a）款第1句的期限终结后，要求提供本条第（1）款第2句至第4句所述的相关信息并呈递文件。

（2）如果事实可质疑合格参与利益持有者是否满足本法第7a条第（2）款第1、2句的要求，或与保险企业有联系的其他个人或企业由于合格参与利益的组成方式和地下的经济透明度能否使得原保险企业得到有效监管，监管机构可采取本条第（1）款第2句后半句所准许的监管措施。监管机构可禁止合格参与利益持有者或由其控股的企业行使投票权，并规定只有获得监管机构的同意后，方可使用其股份权益——如果：

1. 本条第（1a）款第1句所述的禁止的先决条件存在；

2. 合格参与利益持有者未能履行第（1a）款第1、4句所述的职责，即预先通报监管机构；而后，亦未能在监管机构规定的期限内完成此类通报；

3. 如果违背第（1a）款第3句或不顾依据第（1a）款第1句做出的可强制执行的禁令，认购或增持参与利益。

在第2句所述情形下，投票权的行使可转交给托管人。在行使投票权时，托管人应当考虑确保保险企业进行稳健、审慎管理的需要。在第2句所述情形下，监管机构可越过第2句指定的监管措施，要求托管人出售构成合格参与利益的资产——如果合格参与利益持有者未能在监管机构规定的期限内向其提供可信赖的认购人。在出售资产时，股东须进行必要的合作。保险企业总部所在地的主管法庭，应按照保险企业、企业所有者或监管机构的要求委任托管人。如果第2句的要求不再适用，则监管机构可提出撤销委任托管人的申请。托管人应有资格为其已付费用获得合理报偿——因其服务收取报酬。法庭按照托管人的要求可决定其费用数额和报酬，之后，不得再向法庭提出此类申请。联邦政府预先支付相关费用和报酬。合格参与利益持有者和保险企业共同承担各自应付款项，事后将其付还联邦政府。

（3）在原保险企业中，任何打算抛售合格参与利益的人，或打算减持其合格参与利益至投票权或名义资本的20%、33%或50%以下的人，或改变参与利益的份额从而使得原保险企业不再是控股企业，此时，须立即通告监管机构。此时，该人应申报其继续持有的参与利益的份额。监管机构可设定一个期限，在此期限内已按照第1句呈递书面通知的自然人或合伙人，必须通告监管机构，以确认其所持股份是否已按计划进行更改或减持。在这一期限终结后，第1句所述之自然人或合伙人，须立即向监管机构呈递书面通告。

（4）如果欧洲共同体理事会或欧洲共同体委员会依据欧洲经济共同体1973年第239号指令第29b条第（4）款（73/239/EEC），或依据欧洲经济共同体1979年第267号指令第32b条第（4）款（79/267/EEC）而做出相关决定，则监管机构应暂时禁止或限制认购原保险企业的直接或间接参与利益，其原因在于：若如此，原保险企业就会成为本法第105条第（1）款第2句和第3句所述非成员国保险企业的控股企业。暂时性禁令或限制不得超过从该决定实施之日起三个月的期限。如果欧洲共同体理事会依据第2句做出延长这一期限的决定，则监管机构亦须考虑延长这一期限，并相应地延长暂时性禁令或限制的有效期。

（5）（已废除）

（6）依据相关法规，联邦财政部被授权颁布关于本法规第1、3款要求呈递的、监管机构履行其职责所必需的信息的性质、范围和日期的规定。依据法规也可将此项授权委托给相关的联邦政府监管机构。此时，须与州监管机构协商一致方可颁布相关规定。

第5b章　对作为保险集团一部分的保险企业的附加监管

第104a条　定义

（1）下述原保险企业须接受附加监管

1. 参与企业至少是原保险企业、再保险企业或非成员国保险企业（参与的原保险企业）；

2. 控股保险公司的子公司、再保险企业或非成员国保险企业；

3. 业务混合型控股保险公司的子公司。

（2）参照本条第（1）款

1. 参与企业应为：母企业或持有参与权的企业。参与权是《商法典》第271条第（1）款第1句规定被其他企业所持有的股份，或至少直接或间接持有企业投票权或资本的20%或以上。母企业是指《商法典》第290条所述的母企业以及对其他企业能有效施加决定性影响的企业，而施加影响的法律方式或地域与此无关。

2. 子企业为：《商法典》第290条所述的子公司含义的企业，或母企业可对其施加决定性影响的企业，而施加影响的法律方式或地域与此无关；子企业的所有子企业，均可视为母企业的子企业。

3. 再保险企业为：主要业务为承担原保险企业或另一个再保险企业的再保险业务的企业，而该再保险企业既非原保险企业，也非来自本法第105条第（1）款第2、3句所述的非成员国的原保险企业。

4. 控股保险公司为：母企业的主要业务是收购并持有子企业的参与权，其子企业全部或大部都是原保险企业、再保险企业或本法第105条第（1）款第2、3句所述的非成员国的保险企业，或所有子企业中至少有一个原保险企业的保险公司。

5. 业务混合型控股保险公司为：母企业不是原保险企业或本法第105条第（1）款第2、3句所述的非成员国的保险企业，亦非再保险企业或单纯的控股保险公司，同时其子企业至少有一个是原保险企业。

6. 非成员国保险企业为：本法第105条第（1）款所述的企业。

第104b条　包含企业

（1）第104c至104h条，适用于接受附加监管的原保险企业。

（2）下述企业应在附加监管范围内：

1. 原保险企业的关联企业；

2. 原保险企业的参与企业；

3. 原保险企业的参与企业的关联企业。

本法所述的关联企业为：子企业（本法第104a条第（2）款第2项）或其他具有本法第104a条第（2）款第2项第2句所述的持有参与权的企业。

（3）根据联邦财政部的批准，在欧洲议会和欧盟理事会在1998年10月27日颁布的对欧盟保险集团中的保险公司的补充监管条例的第98/78/EC号指令第4条第（2）款（欧洲议会官方杂志，第L330卷，第1页）所述的情形下，监管机构可与欧洲共同体成员国和《欧洲经济区协议》缔约国的负责实施原保险企业附加监管的主管机构协商合作事宜。若已达成相关协议，则无需德国监管机构实施附加监管。

（4）监管机构可豁免接受附加监管的企业遵守本法第104c条至第104h条关于单个母企业和子企业以及参与权——此类企业与附加监管无关——的规定。作为保险集团一部分的单个企业，亦可被豁免——如果监管机构认为将受监管企业的财务状况纳入其中不合理或具有误导性的话。关于参与权和子企业或本法第105条第（1）款第2句和第3句所述的非成员国的母企业，也可被豁免——如果监管机构认为法律障碍阻碍了必要信息的交流的话。

第104c条　附加监管措施

（1）附加监管包括如下各项措施中的一个或若干个：

1. 信息披露与控制（第104d条）；

2. 集团内部交易的监管（第104e条）；

3. 监控调整后的偿付能力（第104g至104h条）。

（2）对于具有下述含义的企业

1. 第104a条第（1）款，关于第104e条所述的集团内部交易监管的规定以及第84条第（1）款第1句第1a项和第2项的规定，对此适用；

2. 第104a条第（1）款第1句第1、2项，关于第104g条和第104h条所述的调整后的偿付能力核算的规定，对此适用；

3. 第104a条第（1）款第1句，关于第104d条第（1）款所述的特殊控制要求。

第104d条　控制程序

依据第104a条第（1）款第1句第1项的要求，保险企业必须实行合理的内部控制程序，以用于参与保险企业附加监管的相关信息和各种意见建议的呈递。

第104e条　受监管的业务

（1）须接受保险监管的业务是受附加监管（第104a条第（1）款）的原保险企业与其参与企业（第104a条第（2）款第1项第1句）之间的交易。关联企业（第104b条第（2）款第2句）系指：参与企业或自然人持有该企业自身或其某个参与企业或其某个参与企业的关联企业的参与权（第104a条第（2）款第1项第2句）的企业。须由审慎、尽责的管理人员按照相关原则经营此类交易，同时，亦须考虑到被保险人的利益。

（2）本条第（1）款所述的交易，特别是指：

1. 贷款；

2. 担保和资产负债表表外交易；

3. 第53c条所述的自有资金；

4. 投资；

5. 再保险业务；

6. 成本均摊协议。

（3）接受附加监管的保险企业，每年必须向监管机构呈递至少一份关于本条第（1）款所述的重大交易的报告。保险企业必须立即向监管机构通报关于本条第（1）款所述的、可能会危及保险企业偿付能力的交易。

第 104f 条 数据交流

对于本法第 104a 条所述的接受附加监管的保险企业之间以及保险企业与其参与企业和关联企业（第 104b 条第（2）款第 2 句）之间的数据交流，限制数据交流的法规不适用——如果欧洲议会第 98/78/EC 号指令所述的境外企业贯彻实施审慎管理规定时必须进行此类数据交流。监管机构可禁止保险企业传送数据给第 105 条第（1）款第 2、3 句所述的非成员国。

第 104g 条 授权依据

（1）关于第 104a 条第（2）款第 1 项第 2 句所述的接受附加监管的原保险企业，除依照第 53c 条核算偿付能力额度之外，还要对其调整后的偿付能力进行核算。

（2）依据联邦参议院批准的相关法规，联邦财政部可被授权按照欧洲议会第 98/78/EC 号指令附件 I 和附件 II 述及的用于核算原保险企业偿付能力所用的原则和方法，颁布执行第 98/78/EC 号指令的具体规定。依相关法规，可将此项授权委托给联邦监管机构。相关法规应与州监管机构协商后颁布；在此类法规颁布之前，亦须与保险顾问委员会协商。

第 104h 条 调整后的偿付能力不足时的应对措施

如果依据本法第 104g 条所做的核算或按照本法第 104e 条第（3）款呈递的报告显示，保险企业调整后的偿付能力不足或可能会出现不足，监管机构须根据保险企业的具体状况，依照本法第 81 条第（2）款和第 81b 条第（1）、（2）款，采取适当的应对措施。

第 104i 条 第一次生效

本法第 104a 条至第 104h 条的规定首次应用在 2000 年 12 月 31 日以后的财务年度的账目中。

第 6 章 外国保险企业

第 1 节 欧洲共同体成员国或其他《欧洲经济区协议》缔约国之外的外国企业

第 105 条 限制性许可

（1）非成员国保险企业为：位于非成员国的企业，如果这些企业居属于《欧洲经济区》内某国的话，他们被要求按照欧洲经济共同体第 73/239/EEC 号指令第 6 条或欧洲经济共同体第 79/267/EEC 号指令第 6 条获得官方的营业许可。依据本法，非成员国系指既非欧洲经济共同体成员国，亦非《欧洲经济区协议》缔约国的国家。非成员国亦可指具有独立管制权力的准国家行政实体，此时，欧共体关于流动自由、设立分支机构和提供服务自由的法律不适用。

（2）非成员国保险企业如欲通过中介机构在德国经营原保险业务，必须获得许可后方可操作。

（3）本法第 106 至 110 条的特殊要求，适用于此类企业。此外，本法的其他要求亦适用于此类企业。

第106条 分支机构；授权代理人

（1）（已废止）

（2）企业须在本法适用范围内设立分支机构，此时，企业应当保留分支机构的所有资料档案。《商法典》第13d至13f条关于分支机构的规定适用于此。应为分支机构的业务活动编制分立账户。本法第55条和第55a条增补以下限制性条款后适用。

1. 按照要求将分支机构的年度报表和现状报告分发至德国的被保险人；

2. 内部报告包括在企业母国以母国语言和德语分别出版的涵盖年度报表和现状报告以及以母国语言呈递给母国监管机构的报告。

（3）分支机构应当委任授权代理人，此人必须在本法适用的地域内有居所或永久性住址。代理人须遵守本法中专为居属于德国的企业的董事会制定的关于义务与个人方面的要求。代理人有权代表企业与第三方订立合同，特别是，可在本法适用的地域内与保单持有者订立保险合同，申报位于德国境内的不动产，代表企业处理与监管机构和法庭相关的事宜。被授权的代理人，须得在商业登记簿注册登记。

（4）如果依据联邦政府的规定必须提供证券，则可保留求偿权利，其条件是为了维护被保险人权益而不得不将其转让。

第106a条 （已废止）

第106b条 提案；程序

（1）联邦财政部负责处理保险业务的提案，后将其呈递联邦政府。下述资料须连同提案一并提交：

1. 经营计划以及第5条第（4）款第3、5句及第5款所述的分支机构的信息和档案，包括企业联合会的章程；同时，还须委任企业法定代表机构和监事会的成员；

2. 母国主管机构颁发的证书，其中规定的：

a）在母国，企业可用其名义认购各种产权或举借债务，向法庭提出控告或被控告；

b）企业可经营的业务种类和企业可承保的风险类型；

3. 最近三年内各年的资产负债表与损益表；如果企业经营业务未满三年，则只需呈寄开始经营业务后各财务年度的资产负债表与损益表。

（2）本法第8条规定了资金来源的要求。企业有义务设立自有基金，其数额至少应与按照分支机构业务量确定的偿付能力额度持平。与保障基金数额相等的资金存于本法所适用的地域、欧洲共同体成员国或另一个《欧洲经济区协议》缔约国。保障基金的最低数额不得低于本法第53c条第（2）款规定数额的50%。此外，企业有义务提供必需的证券（作为固定或可变保证金）。固定保证金至少为本法第53c条第（2）款规定的保障基金的25%。固定保障金不得计入自有基金。

（3）如果业务经营扩展至其他保险险种或本法适用地域内的另一地区，则本条第（1）、（2）款适用。联邦政府负责核准相关事宜。

（4）许可可被准许——如果，

1. 在与保险顾问委员会磋商后，联邦政府发表意见，即本法第8条第（1）款之拒绝许可的任何基础均不存在；

2. 达到了本法第106条第（2）、（3）款的要求；

3. 存入了作为固定保证金的规定数额的款项。

(5) 对于已被许可或已申请许可在另一个欧洲经济共同体成员国或另一个《欧洲经济区协议》缔约国经营业务的企业，其申请有可能被批准：

1. 偿付能力额度是按照企业在欧洲经济共同体成员国或《欧洲经济区协议》缔约国的业务总量核算的；

2. 与保障基金数额相等的自有基金存于企业经营业务的另一个欧洲共同体成员国或另一个《欧洲经济区协议》缔约国；

3. 免于履行在本法适用地域内存入安全保障基金义务的企业。

联邦财政部授予准予经营业务的许可，在其他情况下，许可是由联邦政府授予的。联邦政府可撤回许可。

(6)（已废止）

(7) 联邦政府将撤回许可，如果，

1. 企业将在其母国经营业务的许可遗失；

2. 在出现本条第（5）款的情形时，因为自有基金不足，经营业务的许可被另一个欧洲共同体成员国或另一个《欧洲经济区协议》缔约国所撤回。

同时，不得触犯本法第 87 条。为了维护公共利益，联邦财政部可撤回许可。

(8) 如果因为自有基金不足，受监管企业在欧洲经济共同体成员国或《欧洲经济区协议》缔约国所有业务活动的资金来源的主管机构限制企业自由处置资产的权利，则联邦政府可按照该机构的请求采取适当措施，处理位于本法适用地域的资产。同时不得触犯本法第 81b 条第（4）款。

第 106c 条　特殊要求

经营人寿保险业务和其他保险业务的保险企业，不会被许可在本法适用的地域内经营人寿保险。同时，经营人寿保险业务和其他保险业务的保险企业，不会被许可在本法适用的地域内经营本法第 12 条第（1）款所述的健康保险。

第 107 条　营销渠道的累积

依照本法第 105 条，已被许可经营业务的本法第 105 条第（1）款第 1 句所述的非成员国保险企业，被准许与在本法适用地域内有常住居所的保单持有者订立保险合同，但是，仅可通过居于本法适用地域内的被授权代理人承保不动产保险合同。

第 108 条　组合转移

(1) 如果在德国的分支机构（本法第 106 条第（2）款）的保险组合被转移至本法第 105 条第（1）款第 1 句所述的另一个非成员国保险企业的分支机构，且若另一个欧洲共同体成员国或另一个《欧洲经济区协议》缔约国的监管机构监管后一个保险企业分支机构的资金来源，则依据本法第 105 条第（3）款和第 14 条第（1）款，受让人企业自有基金的有效性须由该机构出具证明核准。分支机构提供的用于被转移组合的安全保障基金，须一直持有，直到受让人企业的主管机构做出相关决定。

(2) 将分支机构（本法第 106 条第（2）款）的保险组合的全部或部分转移至居属于另一个欧洲共同体成员国或另一个《欧洲经济区协议》缔约国的企业的合同，应当获得联邦政府的核准。除非有母国监管机构签发的证书可证实受让人公司会在转移之后有着与偿付能力额度相当的自有基金，而且承担保险合同规定的未满期责任的国家的监管机构同意；否则，不得核准相关事宜。

(3) 本法第 14 条第（1）款第 3 句和第 4 句，与第（2）、(3）款适用于此。

第 109 条 （已废止）

第 110 条 运用某些准备金的限制

（1）本法第 54 条至第 54b 条、第 54d 条、第 65 条、第 66 条第（1）至（3a）款与第（5）款至第（7）款、第 67 条、第 70 至 79a 条，仅适用于承保本法第 105 条所述的保险业务的企业。

（2）不必委任本法第 70 至 76 条所述的托管人。关于此类保险的风险保障金，须按照联邦保险监管局制定的具体规范，并且在获得联邦保险监管局批准后方可转让的条件下对其提供担保。

第 2 节 居属于欧共体成员国或另一个《欧洲经济区协议》缔约国的企业

第 110a 条 分支机构或提供服务的活动

（1）除本法第 110d 条所述的企业外，依据本条第（2）款，总部设在另一个欧共体成员国或另一个《欧洲经济区协议》缔约国（母会员国）的保险企业，只可通过分支机构或代表该企业的个人在德国境内经营保险业务。本法第 13a 条第（1）款第 2 句和第（2）款，均适用于此。

（2）如果企业打算开设分支机构，则母成员国的监管机构应当向联邦政府转交相关文件，即欧洲经济共同体第 73/239/EEC 号指令第 10 条第（2）、（3）款，以及欧洲经济共同体第 79/267/EEC 号指令第 10 条第（2）、（3）款，以及非寿险第三指令第 32 条和寿险第三指令第 32 条所述的文件，同时，要通知相关企业。分支机构在收到通知之日起的两个月内，不得经营业务，除非联邦政府提前通知该企业。如果企业打算更改上文所述指令第 10 条第（2）款第 1 句 b、c、d 提到的信息内容，则应在此类更改生效前一个月，通知其居住国政府和监管机构。如果此类更改涉及业务经营，除非从政府收到该企业的通知后已过去一个月，否则，不会准许此类更改。

（2a）在监管人员向联邦政府转交相关信息前，不可从事或更改“服务提供自由”中规定的业务，并将此规定通知企业。相关信息是指欧洲经济共同体于 1988 年 6 月 22 日颁布的协调有关从事直接非寿险业务的法律、法规和行政规定，制定相关条款以促进提供服务自由的有效实施和修订第 73/239/EEC 号指令的第二指令（欧洲共同体，官方公报，第 L172 卷，第 1 页）规定的信息。《非寿险第三指令》第 35 条和第 36 条亦对其做了新的修正。其相关的信息还包括：欧洲经济共同体于 1990 年 11 月 8 日颁布的协调有关从事直接寿险业务的法律、法规和行政规定，制定相关条款以促进提供服务自由的有效实施和修订第 73/239/EEC 号指令的第二指令（欧洲共同体，官方公报，第 L330 卷，第 50 页）的第 14 条第（1）款或第 17 条。《寿险第三指令》第 35 条和第 36 条对其亦做了新的修正。

（2b）在企业向联邦政府报呈一般保单条款之前，企业不得经营本法第 12 条第（1）款所述的健康保险以及本条第（2）、（2a）款所述的强制性保险；

（3）对任何此类业务活动的财务监管是母成员国监管机构的唯一职责，其他监管则是政府的职责。为了进行财务监管，母成员国的监管机构被授权并预先通知政府后，可依据预设前提对分支机构职员或代表分支机构的人员的业务经营活动进行核查，在这种情形下，本法第 81 条第（3）、（6）款适用于此。

（4）为实现本条第（3）款所述的政府监管，除本条第（1）、（2）款外，下述规定亦适用：

1. 本法前言部分规定（第1章）、第1条第（1）、(3)、(4）款以及本法第2条。

2. 关于经营业务许可的规定（第2章），第10条和第10a条，并增补了提供给客户信息这一限制性条款；此外，还应依照附件D第I条第1分款而提供其他机构的地址，以供保单持有者根据外国法律投诉保险人时进行联络之用。本法第11b条，第11c条，第12条第（1）、(4）款和第（5）款，第12a条，第12b条第（1）至（3）款，第12c至12e条以及第13d条第（7）款。

3. 关于监管机构的权力与职责的规定（第4.1章）：

a）本法第81条第（1）款第2、3、4句以及第（2）款，第83条第（1）款第1句第1至4项、第（2）款、第（4）款、第（5）款第1项与第2项和第（6）款，第89a条和第90条；

b）本法第81条第（4）款第1句第a项和第83条第（3）款对分支机构的规定；

4. 关于位于境外的保险企业（第5部分）的规定的第106条第（3）款第4句和第111b条第（1）款第2、3句。

第110b条　劳合社保险商

（1）劳合社的保险商不得经营业务——除非处理保险商在德国的资产时，协会代表保险商获得了关于执行保险商资产的权利不适用的事实情况。其在德国订立的保险合同完全终止之前，不可撤回脱离关系的声明。

（2）任何与劳合社保险商通过分支机构经营的保险业务相关的理赔，仅有针对授权代理人的理赔，可通过法律手段强制执行。本条第（1）款赋予的权利，对参与保险业务的个体保险商同样有效——不管对其有利还是不利。《民事诉讼法》第727条适用于此。如果有针对授权代理人的权利，则可能会处理该授权代理人经营的所有劳合社保险商在德国的资产。

第110c条　（已废止）

第110d条　分支机构

（1）位于另一个欧洲共同体成员国或另一个《欧洲经济区协议》缔约国且无需服从欧洲共同体理事会保险指令的保险企业，如果想通过分支机构经营直接保险业务，必须获得许可。企业申请的决定由联邦政府负责。

（2）本法第1至104条的规定，适用于此类企业，企业也须遵守：

1. 按照企业章程呈寄最近三年内各年的资产负债表与损益表；如果企业经营业务未满三年，则只需呈寄开始经营业务后各财务年度的资产负债表与损益表；

2. 应该披露授权担任企业法定代表之机构成员的姓名；

3. 分支机构的资料应该得到保存；

4. 本法第8条第（1）款第1句第3项关于资金来源的规定；此外，不得触犯本法第53c条第（2a）款；

5. 上文第14条第（1a）款不适用。

此外，本法第106条第（3）款、第106c条与第110条第（1）款，适用于此。

（3）如果业务是通过有资格代表企业的人员按照自由提供服务的方式进行经营的，则本条第（1）、(2）款亦适用于此种业务；然而，具有分支机构时，本条第（2）款的规定不适用。

第110e条至第110i条　（已废止）

第111条　服务的提供

（1）仅承保A部分第4项至第7项和第12项的保险险种和第10b项所列风险的企业，无需遵守本法的规定。

（2）此外，对于遵循《保险合同法》第10条第（1）款参与共同保险业务的企业，如果此类企业仅通过主保险人而不是公司总部或分支机构在本法适用地域内经营业务，且若此类共同保险不涉及由核能或毒品引致的强制性第三方责任保险，那么这些企业可以不受本法的约束。

（3）无需联邦参议院的批准，即可依相关法规授权联邦财政部。

1. 裁定本条第（1）款和第（2）款是否适用于本第105条第（1）款第1句所述非成员国保险企业——如果被保险人利益得以妥善维护，而且德国联邦共和国的利益亦未受影响；

2. 裁定对位于一个欧洲共同体成员国或另一个《欧洲经济区协议》缔约国的外国企业的规定，对本法第105条第（1）款第2、3句所述的居属于非成员国的企业是否适用——欧洲共同体协议要求如此行事。

（4）如果本条第（3）款第1项的要求均已达到，则联邦财政部可通过行政措施批准个别案例。

第6a章 德意志联邦金融监管机构与欧盟成员国及欧洲经济区协议签署国主管机构之间在直接保险领域内的合作

第111a条 有关健康保险的法规和数据的信息

（1）德意志联邦金融监管机构应永久地向欧盟成员国或缔约国的监管机构提供法律文件。这些法律文件是注册于这些国家的且根据上述第110a条第（1）款从事保险经营的保险企业所必须遵循的；除财务监管外（参见第110a条第（3）款第1句及第81条第（1）款第1句），这些缔约国的监管机构有义务在其监管职责范围内对这些法律文件的遵循情况进行监督。未按照上述规定操作且未被公开的法律文件，将由德意志联邦金融监管机构自获得第110a条第（2）款或第（2a）款中所列明的文件内容后，在两个月内向母成员国监管机构进行传达。

（2）德意志联邦金融监管机构，应向母成员国监管机构传达根据第103a条第（1）款公布的健康保险法律的有关规定。

第111b条 法律监管措施

（1）在从事第110a条第（1）款所规定的经营活动时，如保险企业未能根据上述第81条第（2）款的规定，遵守德意志联邦金融监管机构提出的要求或命令，则德意志联邦金融监管机构可在告知母成员国监管机构的同时，实施根据有关规定所拟采取的措施，并请求该监管机构予以配合。如这一请求未产生任何实际效果，且通过行政法规或罚款手段强制执行有关命令的意图落空，则在采取其他措施不足以实现监管目的或不适于采取其他措施的前提下（参见第81条第（2）款及第110a条第（4）款第3项），德意志联邦金融监管机构可禁止其保险企业在德国境内从事全部或部分保险经营活动。如遇紧急情况，德意志联邦金融监管机构可无须通知母成员国监管机构而直接下达禁令。

（2）如母成员国监管机构拟根据第110a条第（3）款的规定，对某保险企业分支机构进行检查，则德意志联邦金融监管机构应根据母成员国监管机构提出的请求，提供行政上的协助。德意志联邦金融监管机构可参与母成员国监管机构进行的检查活动，但在活动过程中应遵循第83条第（3）款和第83条第（6）款的规定。

（3）如德意志联邦金融监管机构有理由相信，根据第110a条第（1）款的规定而从事相关保险活动的保险企业，其财务的安全性可能会受到损害，则它应将这一情况告知母成员国执行财务监管的主管机构。

(4) 如母成员国监管机构根据第 73/239/EEC 号指令第 20 条第 (1)、(2) 或 (3) 款的规定，或根据第 79/267/EEC 号指令第 24 条第 (1)、(2) 或 (3) 款的规定，对保险企业财产的自由处置权施加任何监管措施，则德意志联邦金融监管机构应根据该主管机构的请求，在请求范围内对位于德国境内的保险企业的财产施加同样的措施。

(5) 如根据上述第 110a 条第 (1) 款的规定，在德国境内从事经营活动的保险企业的经营权被取消，则德意志联邦金融监管机构应在收到母成员国监管机构通知后，根据其要求采取充分措施，以阻止该保险企业在德国境内继续从事任何经营活动。

第 111c 条　财务监管措施

(1) 在根据上述第 81b 条第 (4) 款的规定限制保险企业的财产处置前和根据上述第 81b 条第 (1) 款第 2 句或第 (2) 款第 2 句的规定限制这样资产的处置后，德意志联邦金融监管机构应将采取的措施告知保险企业分支机构所在地——包括以自由提供服务方式从事经营活动的营业地成员国或缔约国的监管机构。它可要求这些主管机构将位于其境内的并在协助请求中指明的保险企业的财产，置于其同样的监管措施之下。

(2) 如德意志联邦金融监管机构意欲在财务监管权限范围内，由其内部工作人员或已在保险企业分支机构所在地获得监管授权的人员，履行监管职责，则它应随即将该意图告知其他成员国或缔约国的监管机构。上述规定同样适用于其根据上述第 (1) 款对已开展的经营活动下达指令的情形。

(2a) 如另一成员国或缔约国的监管机构为履行其监管职责而寻求获得德意志联邦金融监管机构的协助，则德意志联邦金融监管机构应根据上述第 81 条、第 83 条、第 84 条和第 93 条的规定采取充分协助措施，并应随即将采取的措施告知寻求协助的监管机构。

(3) 如另一成员国或缔约国的银行监管机构为诉讼之目的，根据该成员国或缔约国现行有效的保险监管条例，拟向营业地位于其境内而注册地位于德国境内的保险企业送达某一文件，则该机构有权依据适用于该成员国或缔约国邮政的规则以邮寄方式送达该文件。通过在挂号信上加注“本人亲启”和“收件人提示”等方式送达的文件，即可足以证明文件已被送达。如文件无法通过邮寄方式直接送达或基于文件的性质和内容不适于以此方式送达，则德意志联邦金融监管机构应负责采取其他方式送达。

(4) 德意志联邦金融监管机构应将根据上述第 87 条的规定撤销许可的决定传达到所有成员国或缔约国的监管机构。同样，德意志联邦金融监管机构应就根据上述第 87 条第 (4) 款的规定所应采取的任何必要措施与营业地所在成员国监管机构进行沟通。

第 111d 条　组合转移

居属于另一成员国或缔约国的保险企业意图将根据第 110a 条第 (1) 款通过分支机构或自由提供服务的方式签署的全部或部分保险合同的未满期责任转移给位于欧盟成员国或欧洲经济区协定缔约国的另一保险企业，这一意图必须首先获得德意志联邦金融监管机构的批准，以此才能申请获得转让方母成员国监管机构的批准。第 8 条第 (1) 款第 1 句第 3 项、第 14 条第 (1) 款第 4 句和第 (3) 款第 1 句，亦适用于此。如保险企业分支机构保险合同组合不包括位于德国境内的风险，则德意志联邦金融监管机构仅针对合同提出自己的意见。如果德意志联邦金融监管机构对批准转让请求或给予意见的请求于 3 个月内未做任何答复，则应被视为对此的默许或肯定。

第 111e 条　关于位于非成员国境内的保险企业的合作

(1) 如果根据上述第 106b 条第 (5) 款的规定提出的请求已被批准，则已被许可从事保险经营活动或正处许可程序中的保险企业所在地成员国或缔约国主管机构，对此项请求应给予批准。

（2）在德意志联邦金融监管机构提出请求后，经有关成员国或缔约国的同意，德意志联邦金融监管机构可以对那些在成员国或缔约国包括德国领土内进行的一切保险经营活动的财务来源进行控制，但德意志联邦金融监督机构应在请求中明确阐明该控制权。

（3）如由德意志联邦金融监管机构控制保险企业财务来源，其应告知相关成员国或缔约国的主管机构，这是根据第 81b 条第（2）款的规定所采取的措施，其亦可请求这些机构采取同样的措施。

第 111f 条　告知义务和关联企业监管人的合作

（1）如果位于德国境内的某一保险企业与位于欧盟另一成员国或欧洲经济区协定缔约国境内的另一保险企业间存在直接或间接的关系，或参股同一企业，则德意志联邦金融监管机构应将所有其认为必要的信息，传达给这些成员国或缔约国的监管机构。应成员国或缔约国监管机构的请求，德意志联邦金融监管机构将进一步提供根据第 98/78/EC 号指令而有助于实施监管行为的相关信息。

（2）根据第 83 条第（1）款第 1a 项的规定，为了核实对位于另一成员国或缔约国的被监管的保险企业的子公司、关联公司或母公司的子公司进行补充监管所需信息的真实性，德意志联邦金融监管机构有权要求相关国家的主管机构予以协助，但应同时向该机构说明其拟采取的措施。

（3）如另一成员国或缔约国主管部门要求比照上述第（2）款的规定核实位于德国境内的保险企业的信息，则德意志联邦金融监管机构应通过以下方式给予行政上的协助，即：亲自加以核实，或允许提出请求的主管机构进行核实，或允许审计师或专家予以核实。

第 6b 章　向欧盟委员会报送的通告

第 111g 条　通告义务的范围

（1）监管机构应就下列事项向欧盟委员会通告：

1. 根据第 5 条第（1）款的规定，给予企业和位于第 105 条第（1）款第 2、3 句所述的非成员国境内的母企业（参见第 7a 条第（2）款第 7 句）的子企业（参见第 7a 条第（2）款第 6 句）经营许可；在向欧盟委员会通告中应说明该保险企业集团的组织结构。

2. 保险企业参与权的收购，其收购行为完成后，该被收购保险企业将成为位于第 105 条第（1）款第 2 句、第 3 句所述的非成员国境内的保险企业的子企业。

3. 发生以下情形的数量及性质：由于该国监管机构未能向另一成员国或缔约国的监管机构移交第 13b 条第（1）款第 2 句或第 13c 条第（1）款第 2、3 句所列明的法律文件，致使该保险企业无法在欧盟其他成员国或欧洲经济区协定缔约国境内设立分支机构，也无法以提供自由服务的方式从事直接保险业务。

4. 采取第 111b 条第（1）款第 2 句、第 3 句中规定的措施的数量和性质。

5. 保险企业在第 105 条第（1）款第 2 句、第 3 句所述的非成员国所在地设立分支机构、成立子公司或以任何其他形式从事保险业务所面临的各种普遍困难。

6. 应委员会的要求，位于第 105 条第（1）款第 2、3 句所述非成员国境内母企业的子企业的营业申请。

7. 应委员会的要求，根据第 104 条的规定，对保险企业股权收购意图的披露；收购行为完成后，该被收购保险企业将成为位于第 105 条第（1）款第 2、3 句所述的非成员国境内的企业的子企业。

8. 根据第65条第（1）款第1项的规定所确定的最高利率。

（2）上述第（1）款第6项、第7项下的通告义务，只适用于：欧盟委员会发现，位于欧盟或其他《欧洲经济区协议》缔约国境内的保险企业实际上未被允许进入第105条第（1）款第2句、第3句所述非成员国的保险市场，这与欧盟允许该非成员国保险企业进入欧盟相对照；或者，欧盟委员会发现位于欧盟或《欧洲经济区协议》缔约国境内的保险企业未享有该非成员国国内保险企业的同等待遇。上述第（1）款第6、7项下规定的通知义务，在下列情形下不再存在，即：就进入非成员国市场问题与该国达成协议；位于欧盟或《欧洲经济区协议》缔约国境内的保险企业，享有与该非成员国国内保险企业同等待遇；或对位于该非成员国的保险企业从业申请的批复无须再根据上述第8条第（3）款的规定加以推迟。

第7章　养老基金

第112条　定义

（1）养老基金是一个养老金提供机构，它在以下行为上拥有法律能力：

1. 在基金的基础上拥有这样一个宗旨，即为雇员的利益而向一个或多个雇主提供公司养老金；

2. 可承诺发放福利的数额或为发放这些福利而需要未来供款的数额，但不涉及所有以保险类型的保障所提供的福利；

3. 满足雇员们向养老基金提出的发放养老金的单独的要求；

4. 有义务以终生退休年金的形式或以偿付计划书的形式提供退休福利。根据《管理退休预防合同认证的法案》第1条第（1）款第1句第5项的规定，在偿付计划书终止后，未支付部分的余额，将以年金的形式向雇员支付。

养老金计划是在经营计划框架内所设定的管理保险事件发生时提供常规福利的条件的集合。养老金计划是：

1. 与缴费相关，如果该类计划予以实施，雇主根据《公司养老金计划改善法案》第1条第（2）款第2项所做的承诺有效；

2. 与福利相关，如果该类计划予以实施，雇主根据《公司养老金计划改善法案》第1条第（1）款第1句或第（2）款第1项所做的承诺有效。

（2）养老基金必须获得监管部门的许可才能经营。

（3）根据本条规定，雇员应仅限于公司先前的雇员及《公司养老金计划改善法案》第17条第（1）款第2句所列明的人员。

第113条　适用条款

（1）除本法其他条款或规则另有规定外，本法中有关规范人寿保险公司的条款稍加修改后亦适用于上述第112条中定义的养老基金。

（2）本法下列有关人寿保险公司的条款，仅在附加特定条件下，才适用于养老基金的管理规定：

1. 第5条第（3）款第2项应增加：只有养老金计划需要与许可申请书同时提交；

2. 第5条第（4）款应增加：下述第114条第（2）款替代第53c条第（2）款；

3. 第7条第（1）款应增加：许可只签发给股份公司和共同养老基金组织；除另有规定外，其适用于相互保险协会的条款在稍加修改后亦适用于共同养老基金组织；

4. 第10a条应增加：雇员应获悉附件D部分第III条所列内容；

5. 第13条第（1）款增加：许可要求不应适用于养老金计划；对养老金计划所做的变更或新制订的养老金计划，于三个月后生效——除非监管机构对于上述第8条第（1）款所规定的理由提出异议或证明在此之前保险企业未制订任何养老金计划；

6. 第13条第（3）款增加：本规则亦应适用于在《欧洲经济区协议》缔约国境内进行的养老金经营活动；

7. 第81条：养老金计划的“成员（指未来受益人）和受益人（指当前受益人）的利益”应替代“保单持有人的利益”；

8. 第81a条：“养老金计划的成员和受益人的利益”应替代“保单持有人的利益”，“养老金计划项下的关系应替代保险关系”；

9. 第81c条：“养老金计划的成员和受益人的利益”应替代“保单持有人的利益”；

10. 第81e条：“成员和受益人”应替代“保单持有人”；

11. 第101条增加：对养老基金的缴费替代保险费作为评判标准。

（3）下列条款不适用：第6条第（4）款；第13a条至第13c条；第14条第（1a）款；第53条、第53a条、第53b条；第54条第（1）款至第（3）款；第54b条、第54c条；第64条、第65条；第85条第2句；第105条至第111g条及下列第122条、第123条。

第114条　资本来源

（1）为确保在任何时候其合同义务均能得以履行，养老基金应创立自有基金，该基金不应附有任何可预见的责任，且其数额不应低于根据累计营业额所计算的偿付能力额度。偿付能力额度的1/3应被视为保障基金。

（2）为确保养老基金具有足够的偿付能力，联邦财政部被授权制定相应的法律规定：

1. 偿付能力额度的计算方法和数额，这要考虑雇主根据《公司养老金计划改善法案》第1条第（1）款第3句的规定所做出的个人保证；

2. 养老基金的保障金的最低数额；

3. 根据上述第（1）款的规定可被视为自有基金以及在某种程度上可被计为偿付能力额度的资产。

第115条　投资

（1）养老基金有义务建立Deckungsstock，并将单个养老金计划考虑在内。被纳入Deckungsstock中的资产及其他权利受限的资产，应以与将要支付的退休福利的种类和期限相适应的方式进行投资，并为养老金计划提供补贴，以获得养老基金安全性和营利性的最大化。与此同时，应维持养老基金的流动性，并确保基金适度的混合和扩展。

（2）为确保在任何时候单个养老金计划项下的义务均能得以履行，在将投资风险及与风险的承担者相关的寿险第三指令第21条所规定的投资类型及养老金期限考虑在内的情况下，联邦财政部被授权根据上述第（1）款的规定，以法律的形式确定有关细则，该细则尤其包括寿险第三指令第21条关于受限资产的投资、匹配及地点，以及限制对资助公司的投资等方面的相关数量和质量要求。在基金赤字不超过准备金数额的5%且“成员”和“受益人”的利益得以保障的前提下，即使基金数额暂时不充足，也被认为其单个养老金计划项下的全部义务在任何时候均能确保得以履行。为确保全面遵循条款的规定，雇主与养老基金之间必须达成一个协议，并获得监管当局的批准。如果雇主通过提供一个适当的信贷机构的保证或担保或通过其他适当方式确保其有能力继续履行未来缴费的义务以全面抵补福利支付，那么监管机构应批准该协议。养老基金应立即向互助保险协会发出有关协议的通知。

（3）养老基金有义务每年向监管机构通报其投资政策，并在投资政策发生重大变更时立即就变更情况向监管机构通报。为实现上述目的，养老基金应提交一个阐明其投资政策的原则声明，这包括有关单个养老金计划的风险评估和风险管理程序及相关策略的描述，尤其包含养老金责任、性质和存续期间有关的资产的分配情况。

（4）养老基金必须以书面形式通知其“成员”和“受益人”，阐明其是否以及如何（如果是的话）在进行养老金投资时已将伦理的、社会的和环境的因素考虑在内。

第 116 条　数学准备金

（1）对数学准备金的计算，考虑到会计原则，联邦财政部被授权以法律的形式确定以下规则：

1. 技术性利率的一个或多个最高限度；

2. 计算数学准备金的精算原则；

联邦财政部可通过法律的形式将上述授权委托给德意志联邦金融监管机构。该机构将在与州监管机构协商后，制定上述规则。

（2）上述第（1）款所制定的法规应在征得联邦司法部同意后方可颁布。

第 117 条　与监管机构的国际合作

联邦政府被授权与欧盟成员国或欧洲经济区协定的缔约国签署管理协议，协议保证与适用于人寿保险公司的寿险第三指令一致，国家主管当局独自承担财务监管责任，而其他方面的监督，则应与其他成员国或缔约国监管当局进行合作。

第 118 条　其他法律规定

上述第 5 条第（6）款、第 11a 条第（6）款、第 55a 条、第 57 条第（2）款、第 81c 条第（3）款和第 104g 条第（2）款，同样适用于养老基金的管理规定，但应增加一条：联邦财政部应被授权在这些条款的基础上另行制定适用于养老基金的法律规定。

第 8 章　过渡条款

第 122 条　经营活动的继续

根据在一个或多个州地方法的规定，于 1902 年 1 月 1 日前被许可从事经营活动的保险企业——该经营活动于 1902 年 1 月 1 日前受到一定的限制，或其经营许可建立在某种特殊许可基础之上——根据该许可，如其在原有区域内继续从事经营活动，则其经营活动根据该法规定，无须再经许可。

第 123 条　适用于“Deckungsstock”

截止到 1974 年 12 月 29 日，根据当时现行有效的法律和银行监管当局的命令所获得的任何财产以及监管当局所给予的个别批准被作为受限财产的一部分而非 Deckungsstock 财产的一部分，可以保留下来——除非这些财产已被分配给 Deckungsstock 或被列入 Deckungsstock 的财产表中。

第 124 条至第 127 条　（被废止）

第 128 条　（被废止）

第 129 条至第 133e 条　（被废止）

第133f条 （被废止）

第133g条 （被废止）

第9章 关于犯罪行为及行政处罚的规定

第134条 虚假报表

为获得保险企业或养老基金（参见第112条第（1）款第1句）的从业许可，为许可证书的更新或对经营计划变更或保险合同组合的转移的批准，而向监管当局提交虚假报表的人（参见第14条和第108条），将会因其犯罪行为而被判处3年以下有期徒刑或被判处罚金。

第135条至第136条 （被废止）

第137条 审计人员的犯罪行为

（1）如果审计员或助理审计员出具虚假审计报告或在审计报告中隐藏重要事实，则将被判处3年以下有期徒刑或被判处罚金。

（2）如果上述人员为使自己或他人获得不正当利益，或出于损害他人的目的而实施某些违法行为，则将被判处5年以下有期徒刑或被判处罚金。

第138条 违反保密要求

（1）除《商法典》第333条或《股份公司法》第404条另有规定外，未经许可擅自披露与其身份有关系而知悉的保险企业或养老基金的任何秘密，尤其是商业机密或交易机密的下面所列人员，将被判处1年以下有期徒刑或被判处罚金。

1. 《商法典》第341k条及第319条所规定的审计员或助理审计员；

2. 董事会或监事会成员或清算人。

（2）如上述人员为使自己或他人获得不正当利益，或出于损害他人之目的，而实施某些犯罪行为，则将被判处2年以下有期徒刑或被判处罚金。对于任何明知有关信息属于上述第（1）款所列明的秘密信息，尤其属于上述第（1）款所列明的商业机密或交易机密而利用该信息的人，也应受到同样制裁。

（3）上述犯罪行为只有在保险企业或养老基金提出控告的情况下，才会被起诉（参见第112条第（1）款第1句）。如其董事会成员或清算人实施了上述犯罪行为，则监事会有权提出控告；如某监事会成员实施了上述犯罪行为，则董事会成员或清算人有权提出控告。

第139条 数学准备金及“Deckungsstock”的虚假审计报告

（1）按照第11a条第（3）款第2项第1句及上述第（6）款所列规定，或按照第11d、11e条或第110d条第（2）或（3）款、第12条第（3）款第2项第1句及第110d条第（2）款或第（3）款，如果责任精算师提供虚假精算证明书，将被判处3年以下有期徒刑或被判处以罚金。

（2）如果被指定为受托人或助理受托人以及控制“Deckungsstock”的人（参见第70条），根据第73条及第110d条第（2）款或第（3）款的规定出具的证书为虚假证书，则应受到同样制裁。

第 140 条　未经许可的经营活动

（1）任何一个在德国境内从事下列活动的人将被判处 1 年以下有期徒刑或被判处以罚金：

1. 未获得第 5 条第（1）款、第 105 条第（2）款或第 110d 条第（1）款第 1 句规定的许可要求而从事保险经营活动；

2. 违反第 110a 条第（2）款第 2 句或第 5 句或第（2a）或（2b）款的规定从事或扩展其经营活动，或从事或改变服务，或从事某类健康保险或强制性保险；

3. 违反第 111b 条第（1）款第 2 句或第 3 句所述的强制性命令的；

4. 未经许可而经营第 112 条第（2）款规定的养老基金的业务。

（2）如上述人员系因过失而导致上述犯罪行为的发生，将会因此被判处 6 个月以下有期徒刑或被判处 180 日的罚息。

第 141 条　未履行破产通知义务

（1）保险企业或养老基金的董事会成员、授权代理人（参见上述第 106 条第（3）款）或清算人（参见上述第 112 条第（1）款第 1 句）违反上述第 88 条第（2）款及第 113 条第（1）款的规定，未向监管机构呈报所要求的通知，将被判处 3 年以下有期徒刑或被判处以罚金。

（2）如上述人员出于过失实施了上述违法行为，则将被判处 1 年以下有期徒刑或被判处以罚金。

第 142 条　（已被废止）

第 143 条　对事实的虚假陈述

互助协会的董事会或监事会成员或授权代理人（参见第 106 条第（3）款）或清算人，实施了下列犯罪行为，将被判处 3 年以下有期徒刑或被判处罚金：

1. 在以书面方式描述或全面评述协会的财务状况时，或向最高代表机构进行口头陈述或提供信息时，对互助协会的实际状况进行虚假陈述或隐瞒；或

2. 在根据本法向互助协会的审计人员进行解释或陈述时，提供虚假信息，或做出虚假陈述，或隐瞒该互助协会的真实状况。

然而，根据第 331 条第 1 项的规定，从事上述第（1）款所述行为则不应受到制裁；根据《商法典》第 331 条第 4 项的规定，从事上述第（2）款所述之行为亦不应受到制裁。

第 144 条　保险经营中的犯罪行为

（1）保险企业的董事会成员、监事会成员或授权代理人或清算人所实施的下列行为，应被视为犯罪行为：

1. 提出或授权进行的利润分配，违反了法律规定或违反了建立准备金和储备的经批准的营业计划；

1a. 违反第 7 条第（1）款第 1 句的规定而未能指定一个权利代表；

2. 违反有关 Deckungsstock 资产投资，其他允许资产，或投资组合、计算、账簿登记、数学准备金的保管或管理或 Deckungsstock（参见第 54 条第（2）款第 1 句及第 3 款、第 54 条第（2）款第 2 句、第 54b 条第（1）款或第（2）款第 2 句、第 54c 条、第 65 条至第 67 条、第 77 条、第 79 条、第 110d 条第（2）款、第（3）款）；或者，未能根据上述第 66 条第（6）款第 6 句及第 110d 条第（2）、（3）款的规定，签发或正确签发有关证书；

3. 违反了与资金投资有关的经批准的经营计划；

4. 从事批准的经营计划中未包含的业务，或允许从事此类业务；

5. 违反上述第55a条第（1）款及第106条第（2）款第4句的规定的。为判定某一犯罪行为，应参照上述有关行政处罚的规定。

以下关于行政处罚的条款遵从第1句的规定：

1. 第1项、第3项、第4项；

2. 第2项，直到与第54a条、第66条、第67条、第77条或第79条相关的部分；

3. 第5项，直到与第55a条有关的部分。

（1a）管理犯罪应当认定为由以下人员行使：

1. 因故意或过失违反第5条第（6）款、第12c条、第110a条第（4）款第2项或第65条第（1）款的规定。为判定某一犯罪行为，应参照上述有关犯罪条款的规定。

2. 因故意或过失未能根据上述第13b条第（1）款或第（4）款第1句、第13c条第（1）款及第（4）款、第13d条第1至6、7项以及第110a条第（4）款第2项或第8项、第58条第（2）款第1句或第104条第（1）款第1句、第（3）款及第（6）款所述规定，而未给予通知或未能给予及时、准确、全面的告知。

3. 故意或过失违反第59条第1句的规定，未能提交或及时提交审计报告副本。

4. 故意或过失违反上述第81b条第（1）款第2句或第（2）款第2项及第（4）款、第104条第（1a）款、第（2）款第2项中所述的强制性规定，或上述第8条第（2）款项下强制性要求的。

5. 故意或过失违反上述第83条第（1）款第1句第1项及第83条第（5a）款、第110a条第（4）款第3项、第83条第（1）款第1句第1a项、第（2）款以及同时违反第110a条第（4）款第3a项的规定的。

6. 违反第83条第（1）款第1句第5项及第83条第（5b）款第1句的规定，未给予发言权的。

7. 违反第83条第（1）款第1句第6项及第83条第（5b）款第1句的规定，未召集会议或发出会议公告的。

8. 故意或过失违反上述第83条第（1）款第2句、第（3）款第3句、第（4）款第2句，并同时违反第83条第（5a）款或第110a条第（4）款第3项的规定，未接受制裁措施的。

9. 违反上述第87条第（6）款所述强制性命令的。

10. 故意或过失违反上述第103a条第（2）款及上述第12c条所述之规定，未给予通知或未给予全面、准确、及时通知的。

（2）如果任何人实施了上述第（1）款第1项至第4项及第（1a）款中规定的犯罪行为，将被判处以150,000欧元以下罚金；如实施了上述第（1）款第5项中规定的犯罪行为，将被判处以50,000欧元以下罚金。

第144a条　未经许可的保险中介

（1）任何人出于故意或过失而实施的下列行为，将被视为犯罪行为：

1. 在德国境内为某保险企业签署保险合同或养老金合同，而该企业未获得所要求的经营此类保险业务或养老金业务的政府许可，或违反第110a条第（2）款第2句或第5句的规定而从事或拓展经营活动，或违反第110a条第（2a）款的规定从事有关服务或改变服务，或违反第110a条第（2b）款的规定从事某类健康保险或强制性保险业务，或违反第111b条第（1）款第2句或第3句规定，而继续从事经营活动的；

2. 以盈利为目的而为上述企业签署保险合同或养老金合同提供中介；或

3. 违反根据上述第81条第（2）款第3句、第4句或第5句而颁布的强制性规定，以及违反与之相关的第110a条第（4）款第3a项规定；

（2）上述犯罪行为将被判处以50,000欧元以下的罚金。

第 144b 条 诉讼保险经营中的犯罪行为

（1）任何人出于故意或过失所实施的下列行为，将被视为犯罪行为：

1. 违反第 8a 条第（3）款第 2 句的规定，为除诉讼保险外同时经营其他保险业务的保险企业提供服务的；

2. 违反第 8a 条第（3）款的规定，为上述第 1 项中列明的保险企业从事与损失调整相类似的活动的；

3. 违反第 8a 条第（4）款第 1 句的规定而给予指示的；或者

4. 违反第 8a 条第（4）款第 2 句的规定而提供信息的。

（2）上述犯罪行为将被判处以 20,000 欧元以下的罚金。

第 145 条 可能受到制裁的范围

根据第 141 条和第 143 条可能受到的制裁或根据第 144 条和第 144b 条可能被判处的罚金也使用于包括根据第 128 条被视为互助协会的董事会成员、监事会成员和清算人。根据上述第 144b 条第（1）款第 3 项和第（2）款规定而有可能被处罚金的，也适用于授权代理人（参见第 106 条第（3）款）。

第 145a 条 有关主管机构

《犯罪法案》第 36 条第（1）款第 1 项所指的主管机构，系指德意志联邦金融监管机构——但以其对保险公司监管授权为限。

第 145b 条 向监管当局发出通告

（1）保险企业或养老基金的管理人员、合格参与利益持有人、法定代表或承担个人责任的合伙人，因其在进行交易或提供专业服务，或与从事交易或提供专业服务有关，或经营任何其他商业性企业的行为中，违反其专业职责或实施其他犯罪行为而被提起刑事诉讼时，或因其实施本法第 134 条、第 137 至第 141 条、第 143 条及第 145 条所规定的犯罪活动而被提起刑事诉讼时，如该刑事诉讼性质为公诉，则法院、公诉机关或刑罚执行机关应将下列材料移送给德意志联邦金融监管机构：

1. 起诉书或诉状；

2. 如命令未被立即遵照执行，签发简要惩罚令的申请；

3. 终止刑事诉讼程序的判决及判决依据。

如被告就该判决不服而提出上诉，则该判决及上诉依据应一并送达德意志联邦金融监管机构。在因过失而导致犯罪的刑事诉讼中，只有材料送出机关相信案件应由德意志联邦金融监管机构立即做出判决或采取其他措施的情况下，才将根据第 1 项、第 2 项的规定应向德意志联邦金融监管机构移送的材料向德意志联邦金融监管机构移送。

（2）如在刑事诉讼过程中，某些事实，包括它的服务领域，已被公开披露，而这些事实在保险企业或养老基金经营活动中显然是不正常的，且材料送出机关确信这些事实应为德意志联邦金融监购机构所知悉，以便其采取相应措施，则法院、公诉机关或刑罚执行机关，应同样向德意志联邦金融监管机构移送这些事实材料——除非材料送出机关认为保护相关当事人的利益应被置于首要地位。在上述情况下，应适当考虑到被移送的有关事实材料的可靠性——除非那些使人有理由相信上述第 7a 条所述的管理人员或合格参与利益持有人是不可靠的，并在通常情况下的经营活动中已经有所表现。

（3）如上述第（1）或（2）款规定的通告中，涉及受州主管机构监管的保险企业或养老基金，则德意志联邦金融监管机构应立即将该通知送达该主管机构。

第10章 最终条款

第146条 授权基础

联邦财政部被无须经德意志联邦金融监管机构批准的法律授权规定，按照1951年6月19日其有法律地位的军队北大西洋公约缔约国之间所达成的协议，其中第1条第（1）款第a项至第c项所述的所有保险业经营集团成员共同进行的某些类型的全部或部分保险业务不受本法管辖，只要其他保险利益和满足其他保险合同项下的要求，在本法适用区域内将不会受到损害。

第147－149条 （已被废止）

第150条 统计资料

根据德意志联邦金融监管机构的要求，所有受本法所管辖的保险企业应向其提交与保险经营活动有关的统计资料，有关这些统计资料的性质，应向保险咨询委员会进行咨询。

第151条 依公法成立的保险企业的统计资料

受公法而非受本法管辖的保险企业，在德意志联邦金融监管机构的要求下应向其提交与受本法管辖的保险企业所提交的同样性质的统计资料。

第152条 监管当局的相互通知义务

德意志联邦金融监管机构和州监管机构应就其各自的法律规定及行政原则相互交换信息。这一要求同样适用于州权威机构对受公法管辖的保险企业进行监督而确立的原则。

第153条 （已被废止）

第154条 州的规定

（1）州监管机构有关警察对已签署的火灾保险合同及该类合同项下火灾发生时对损失的理赔情况进行监督的规定仍然有效。

（2）（已被废止）

（3）自1901年1月1日起确立的要求火灾保险企业根据某地区的法律或与某地区主管当局达成的协议而承保该地区内几类特定保险的规定，仍然有效，但前提是该保险企业曾经或正在该地区持续经营保险业务或根据该地区法律已被许可从事保险业务。

第155条 （已被废止）

第156条 公司法条款的扩展应用

（1）第34条第1句与第39条第（3）款相应适用于保险公众有限公司；

（2）对受公法管辖的保险企业的经营管理部门，《股份公司法》第80条和第91条第（2）款相应适用；对受公司法管辖的保险企业的监管部门，《股份公司法》第80条也相应适用。

第156a条 不适用于特定保险企业的某些条款

（1）在下列情况下，上述第5条第（4）款、第53c条、第81b条第（1）、（2）款，不适用于“小型协会”，如果：

1. 在其公司章程中允许追加性分摊或减少赔付支出；

2. 年分摊额不超过下述第（2）款规定的金额。

除非他们经营第三方责任险、信用和保证保险或人寿保险而将其作为养老基金或死亡福利基金。为第 1 句提到的保险企业，所要求的金融工具的数额应根据第 8 条第（1）款第 1 句第 3 项的规定而确定。

（2）为了实施欧盟委员会有关保险的指令，联邦财政部被授权通过法规来确定上述第（1）款第 2 项中所述的年分摊额，可无须经德意志联邦金融监管机构批准。

（3）如保险公司能够遵循第 53c 条第（2a）款规定的偿付能力要求，则第 5 条第（3）款第 2 项后半句将不适用于具有重大经济意义的养老基金（Pensionskassen）。在此情况下，尽管上述第 53 条及第 29 条另有规定，该法第 58 条及第 59 条同样适用于“小型协会”。尽管第 11a 条第（3）款第 2 项另有规定，在同样涉及“小型协会”时，精算师也应提供一个精算证明书。第 11c 条在稍加修改并增加下列内容后，也应得以适用，即该条款同样适用于 1994 年 7 月 28 日后根据监管机构批准的经营计划所签订的合同，该经营计划包含了第 5 条第（3）款第 2 项后半句所列内容。上述第 11b 条的规定，并不适用于上述情况。在公司章程中应明确规定：董事应由监事会或最高权力机构所任命。一旦监管机构确定养老基金（Pensionskasse）已满足第 1 句中的要求，则第 1 至 4 句中的规定应适用于对单个的养老基金（Pensionskasse）的管理。为了实现 1994 年 7 月 28 日前被批准而从事经营的养老基金（Pensionskassen）之设立宗旨，监管当局可将第 1 至 4 句中所规定的相关要求，推迟至 1999 年 12 月 31 日之后再实施。

（4）上述第（3）款的规定不适用于作为联合机构的养老基金（Pensionskassen）的管理。该联合机构根据《集体协议法案》第 4 条第（2）款的规定通过达成普遍通用的集体协议而成立。

（5）为实施 Bundeseisenbahnvermögen, the Postbeamtenkrankenkasse and the Versorgungsanstalt des Bundes und der Länder, the Bahnversicherungsanstalt – Abteilung B and the Versorgungsanstalt der Deutschen Bundespost（德语）的公众保健计划，此法律是不适用的。

（6）当养老基金（Pensionskasse）被视为一个具有重大经济意义的企业时，联邦财政部被授权通过法律的形式制定出更详细的规则。

第 157 条　监管机构对背离本法规定的许可

（1）监管机构为了许可企业营业和为了对小型协会进行监管的目的，可允许企业背离第 11 条、第 11a 条、第 12 条、第 55a 条和第 66 条的规定。同样的情况也适用于在对死亡福利基金和养老基金（Pensionskassen）进行监管时，允许背离第 10a 条第（1）款的规定，在这种情况下，上述条款与第 156a 条第（3）款第 5 句的规定存在一定分歧。监管当局也可允许养老基金（Pensionskassen）与条款规定有所背离，但对小型协会则不然。

（2）如果与法规背离之处与企业经营有关，则这种背离尤其在下列条件下是允许的，即企业经营和财务状况每隔几年就请一个由协会出资聘请的专家加以审计，而该专家出具的审计报告已提交监管机构备案。

第 157a 条　监管免除

（1）如互助协会因其经营业务的性质及其他情况表明其无须处于被监管之下以保障被保险人的利益，因而无须进行相应登记，则监管机构根据该法案可使该互助协会免予接受监管。上述规定尤其适用于那些经营活动被局限于某一有限区域内的协会，且该协会只有少数成员和较低的保险收入。

（2）上述第（1）款关于保险企业免予监管的规定，可能限于某一特定时期并须符合某些特定要求。如果监管机构发现免于被监管的条件不再能被满足，则该项特权将会被取消。

（3）如监管机构根据上述第（1）款的规定赋予保险企业免于被监管权，则上述第13条、第14条、第22（4）条、第37条及第53c条至第104条将不再适用。但如上述第（2）款项下的要求或第83条所述监管机构的权力须得以实现，则在此情况下上述第83条第（1）款第1项、第2项、第（3）款、第（5）款、第（6）款；第89a条及第93条的规定适用。在上述情况下，保险企业被禁止其根据《企业改革监管法案》进行相应改革。

第158条 （已被废止）

第159条 有关贸易协会保险企业免于监管的适用类型

（1）《社会法典》第17章第140条第（1）款所规定的保险机构代表会议的决议及机构章程和经营计划，应获得监管机构的批准，对此，第5条第（1）至第（3）款和第8条的规定适用。在其他情况下，第13条第（1）款、第14条、第54条第（2）款第1句第a项和第2句及第55条第（1）款、第（2）款、第55a条、第81条、第81a条、第82条至第84条、第86条、第88条和第89条也相应适用于这些机构。

（2）（已被废止）

（3）如果有其他条款涵盖本法案条款，应同样适用于那些不再受上述第（1）款规定管辖的企业，则该涵盖条款仍应继续有效。

第160条 （1）-（4）（已被废止）

（5）如保险企业所签订的保险合同属于综合险合同，且该综合险的险种属于附件A第1项和第19项下所列明的保险种类范围，则该保险企业可将该合同中的意外险部分转让给另一保险公司承保。第14条相应适用。

第161条 （已被废止）

第11章 为德意志民主共和国金融、经济和社会联盟而创设的过渡性条款（已被废止）

附 件

A. 风险分类

1. 意外
a）固定的应罚款项
b）具有赔偿性质的款项
c）两者的结合
d）对旅客的伤害
2. 疾病
a）固定的应罚款项
b）具有赔偿性质的款项
c）两者的结合
3. 陆上交通工具（不包括铁路车辆）

所有的损坏或损失

a）陆上机动车辆

b）除机动车辆以外的陆上交通工具

4. 铁路车辆

铁路车辆的所有损坏或损失

5. 飞机

飞机的所有损害或损失

6. 船舶（海洋、湖泊、江河和运河船只）

所有损害或损失

a）江河及运河船只

b）湖泊船只

c）海洋船只

7. 货运

不考虑运输形式，在运输中货物的所有损害或损失

8. 火灾及自然力量

所有由以下原因引起的财产损害或损失（除第3类至第7类里包括的财产外）

a）火灾

b）爆炸

c）暴风雨

d）除暴风雨外的自然力量

e）核能

f）地面沉降

9. 冰雹、霜冻及其他财产损坏

除第8类中所提到的以外，所有由于冰雹、霜冻及任何偷窃事件而导致的财产（除第3类至第7类里包括的财产外）损坏或损失

10. 源于在陆地上使用机动车辆的法律责任

a）机动车辆方面的法律责任

b）源于在陆地上通过机动车辆运输的法律责任

c）其他

11. 飞机方面的法律责任

源于使用飞机的所有法律责任（包括运送人的法律责任）

12. 船舶方面的法律责任（海洋、湖泊、江河及运河船舶）

起于使用海洋、湖泊、江河或运河的海舶、船器或小艇的所有法律责任

13. 一般法律责任

除第10类至第12类中所提到的那些形式以外的所有法律责任

14. 信贷

a）破产（一般性的）

b）出口信贷

c）分期付款信贷

d）抵押

e）农业信贷

15. 担保

16. 杂项财务损失

a）职业风险

b）收入不足（一般性的）
c）恶劣的气候
d）利益的损失
e）持续的综合开支
f）不可预见的贸易开支
g）市价损失
h）租金或收入的损失
i）除上述外的直接贸易损失
j）其他财务损失（非贸易的）
k）其他形式的财务损失
17. 法律开支
18. 对处于下列困境中人员的援助
a）在旅行中，或处于缺乏住宅或永久居住地期间
b）在其他情形下（除涵盖在其他险种类别下的情形）
19. 生命
（非列于第 20 至 24 类中的）
20. 婚姻和出生险
21. 投资连结寿险
22. 唐提联合养老保险
23. 资本偿还操作
24. 涉及退休规定的管理机构的运营
25. 养老基金运营

B. 对一类保险以上的保险授予许可的说明

当许可同时涵盖：
a）第 1 类第（d）项、第 3 类、第 7 类及第 10 类（a）项，将称为“机动车辆险”；
b）第 1 类第（d）项、第 4 类、第 6 类、第 7 类及第 12 类，将称为“海运及运输险”；
c）第 1 类第（d）项、第 5 类、第 7 类及第 11 类，将称为“航空险”；
d）第 8 类和第 9 类，将称为“火灾及其他财产害险”；
e）第 14 类至第 13 类，将称为“法律责任险”；
f）第 14 类和第 15 类，将称为“信用及抵押险”；
g）第 1 类、第 3 类至第 13 类和第 16 类，将称为“财产及意外险”。

C. 配比规则

1. 当合同所提供的险种是以某一特定货币来表示时，保险人所承诺兑付的事项应被视为可用该种货币来支付。

2. 当合同所提供的险种不是以某一特定货币来表示时，保险人所承诺兑付的事项应被视为可以以风险发生所处国家的货币来支付。从本合同签订之时起，若有行使此种选择的正当理由，尤其是如果看起来很可能一项赔偿要求将以该种货币支付的话，保险人可以选择保费以该种货币来表示。

3. 在没有特别理由来反对这个选择的情况下，保险人根据获得的经验认为该种货币为他最可能提供的一种货币或在缺乏此类经验时，保险人所在国国家的货币都可被视为下列风险的基础货币：

a）对于合同承保的附件 A 部分中的第 4 至第 7 类和第 11 类至第 13 类（仅制造者的法律责任）里的风险；

b）对于合同承保的其他类别下的风险，根据风险性质的规定，该险种是以不同于上述适用原则所产生的货币来提供的。

4. 当一项赔付要求已经申报给了保险人，且可用除上述适用原则所产生的货币以外的货币来支付时，保险人所承诺的兑付事项被视为可用那种货币来支付，尤其是可用法庭判决规定的，或保险人与被保险人协议的作为保险人支付赔款的货币来支付。

5. 当一项赔付要求被评定用一种保险人事先了解，但又不同于上述适用原则所产生的货币时，保险人可以认为他所承诺的兑付事项可用该种货币支付。

6. 如果有下列情况时，受限制资产不必匹配于可支付保险人承诺兑付事项的货币：

a）货币不属于欧洲共同体成员国或《欧洲经济区协议》签约国的货币，以及由于转账限制而不适于投资的货币；

b）代表“Deckungsstock”的资产及其他匹配受限制资产不超过用指定货币可支付承诺兑付事项的 20%，或；

c）上述（1）至（5）项下原则的应用将导致资产不得不以某种货币来持有，该资产总计不超过以其他货币形式存在的承诺资产的 7%。

7. 如果依照上述原则，其他受限制资产不得不用欧洲共同市场一名成员国（该国的货币不是欧元）或者任何一名欧洲经济区成员国的货币来表示，则根据精明商人小心原则，这类资产多达 50% 时，可以用欧元来表示。

D. 消费者信息

第 1 条

依据前述第 10a 条第（1）款的规定，在保险合同签订前，保险企业提供以下消费信息：

1. 所有险种都需要的消费者信息

a）姓名、地址、保险人的法律形式和所在地，如适当，还需有达成保险合同的分支机构；

b）包含适用于本合同的保险费率法规的一般保单条款；

c）如果没有适用的一般保单条款或保险费率规定时，则需要保险人利益的种类和范围，及可支付的时间；

d）合同的期限；

e）保费的数量，含有个人保费指示（若将签订几份独立的保险合同时）和保费支付方式指示；有关附加的费用开支、支付总额的信息；

f）提案人将被其提案约束的时期；

g）有关冷却期的信息；

h）负责监管的监管机构的地址——保险客户可就投诉保险人事宜与其联系。

2. 带保费返还的人寿和意外险所需的附加信息

a）关于决定利润及利润分红的计算依据及标准的信息；

b）退保金额；

c）关于最低投保额转化成缴清保险和缴清保险下的保险金的信息；

d）（b）项和（c）项下的保险金得到保障的范围；

e）对于投资连结保单来说，其保险连结单位的定义和相关资产性质的明示；

f）适用于保单类型的税务安排的一般信息。

3. 根据前述第 12a 条的规定，健康保险所需的附加信息

a）关于不断增加的健康保健费用对保险费未来发展的影响的信息；

b）涉及晚年保险费支付可能的限制；

c）涉及一个作为规则的事实，即晚年时不可能在公共健康保险体系中获得健康保险保障。

第 2 条

依据前述第 10a 条第（1）款的规定，在保险合同期间，保险企业必须向消费者提供以下信息：

1. 对于姓名、地址、保险人的法律形式和所在地及达成保险合同的分支机构的变更；

2. 对于根据前述第 1 条第（1）款第（c）项至第（e）项和第（2）款第（a）项至第（e）项提供的消费者信息的改变，如果此类改变是由于法律条款的变更而导致的；

3. 关于带保费返还的寿险和意外险的利润分红的年度信息；

4. 根据第 12 条第（1）款的规定，在健康保险中，在每次保费增加方面，有关有权更改费率的信息（包括相关法律规定的文本）。就已满 60 岁的被保险人而言，要提醒保险客户意识到费率，该费率包括与先前同意的同等级别的保险利益，且在费率变更时，会导致保险费的减少。信息应该包括那些是在很大程序上考量了被保险人利益的被适当考虑的费率；然而，可能提及的费率不超过 10 种。关于每种费率表，如果被保险人选择这种费率表，则必须支付给他们的保费将得以说明。此外，要说明的是选择标准费率表的可能性。费率表可以变更的条件及必须按标准费率表支付的保费，都将被说明。

第 3 条

在第 112 条第（1）款含义里的养老基金的成员和受益人，必须被提供下列信息：

1. 姓名、地址、法律形式、养老基金受益人所在地及任何签订本合同的分支机构；

2. 合同期限的细节；

3. 关于适用于这种退休准备金的税收规则的一般信息；

4. 年度报表和年度报告；

5. 此外，每名成员会收到有关下列事项的有用信息：

a）他有资格得到的预期养老金总额；

b）可提供的投资类型和投资组合，以及关于潜在风险和成员在承担投资风险时的资产管理费用的信息。

这些提到的信息每年都会提供给成员。

6. 每个受益人都会收到有关养老金福利及支付期限的相关信息。

1. Germany

Non-official translation of the "Versicherungsaufsichtsgesetz" (VAG) — in case of doubt, the German version shall prevail

1 –1 Act on the Supervision of Insurance Undertakings (Insurance Supervision Act)

Fully amended version: July 2002

I. Introductory provisions

Section 1 Undertakings that are subject to supervision

(1) Subject to supervision under this Act are undertakings which carry on insurance business and which do not write social insurance (insurance undertakings), as well as pension funds in the meaning of section 112 (1) below.

(2) For the purpose of undertakings under public law of the civil service or the churches which exclusively provide for old age, invalidity or survivor's benefits only section 13 (1) below, sections 14, 54 (4) sentence 1 no. 1 and sentence 2 below, section 55 (1) and (2) below, section 55a below and sections 81, 81a, 82, 83, 86, 88, 89, 89a and 93 below apply; for the purpose of insurance undertakings of this kind established under state (land) law and subject to state supervision, the law of the state may provide otherwise. The Federal Ministry of Finance is authorised to rule by regulation which does not require the approval by the Bundesrat to exempt from supervision under this Act insurance undertakings under public law within the meaning of sentence 2 which are not subject to state supervision if, taking into account the legal requirements for the establishment of such undertakings or the agreements existing between the undertakings and their operators, it is not deemed necessary to supervise such undertakings for the purpose of safeguarding the interests of the insured.

(3) The following are not subject to supervision under this Act:

1. associations of persons which grant their members benefits without their having a legal claim to such benefits, in particular relief funds and relief societies of professional associations;

1a. relief funds established by guilds under the Handicrafts Regulation Act [Handwerksordnung];

2. alliances having legal capacity of chambers of industry and commerce and trade associations if the purpose of such alliances is to balance for their members the burden of benefit payments, to which they have committed themselves, by way of assessment and if such alliances have been granted their legal capacity by the government;

3. alliances not having legal capacity of local governments and associations of local governments if their purpose is to balance by way of assessment losses as described in the following resulting from risks taken by their members and by undertakings operated to comply with the duties of public authorities and in which one or several members or-in the case of b) -other regional and/or local authorities hold a share of at least 50 per cent, such as

a) losses for which the members or their staff may be held responsible by third parties in compliance with legal liability provisions,

b) losses arising from keeping motor vehicles,

c) benefits paid under the local government officials' accident compensation scheme;

4. corporations and public institutions where insurances are written directly in accordance with the law or subject to a legal requirement;

5. undertakings operating within narrow territorial limits which grant benefits in the case of the occurrence of an uncertain event against payment of a lump sum provided such benefits do not consist in cash benefits, taking over of the costs or indemnity against liability with respect to third parties.

(4) Business listed under classes 23 and 24 of part A of the annex are not covered by the scope of application of this Act unless it is carried on by insurance undertakings which have been authorised to operate the classes of insurance under 19 to 21 of part A of the annex; in this case such business is treated in the same way as life insurance business. Capital redemption operations (class 23 of part A of the annex) are any business operations where period of time and amount of the single or periodical premiums fixed in advance and of the liabilities have been determined in accordance with an actuarial method. Business for the purpose of class 24 of part A of the annex is the management of schemes which pay benefits on death or on reaching a certain age or in the case of impairment of the earning capacity, including the investment and management of the assets. For the purpose of business referred to in the third sentence the insurance undertakings may in connection with such management also give guarantees with respect to the conservation of the managed capital and a minimum interest rate. Death benefit funds may not operate business specified in the first to fourth sentences, while pension funds may not operate business specified in the first, second and fourth sentences.

Section 1a Reinsurance supervision

(1) Undertakings writing exclusively reinsurance must have one of the legal forms referred to in section 7 (1) below. To undertakings not having the legal form of a mutual society, only section 7 (1a), sections 7a, 13d nos. 1, 2, 4, 4a and 5; sections 55 to 59, 83, 84, 89a, 93, 101 to 103, 104, 137, 138 and 150 apply apart from the following sections; section 2 applies mutatis mutandis.

(2) As regards the portfolios of assets that serve to ensure the ability to meet obligations under reinsurance relationships at all times, section 54 (1) sentence 1 applies mutatis mutandis subject to the proviso that the adequacy of mix and spread is to be assessed taking account of the particularities of the reinsurance undertaking concerned; in this context, the undertaking's capitalisation as well as its entire financial situation and group structure are to be taken into account. The portfolios of assets in the meaning of sentence 1 comprise assets equalling the amount of the technical provisions and the amount of liabilities and accruals and deferred income arising from the reinsurance relationships;

retrocessionnaires' shares are not taken into account. When detemining the amount of the obligations to be secured, liabilities shall not be taken into account that are secured by cash deposits with the ceding insurer.

(3) The supervisory authority may with respect to the undertakings, the members of their boards of directors and other managers or individuals controlling the undertaking take any orders which are appropriate and necessary to ensure that laws applicable to the operation of the reinsurance business and orders issued by the supervisory authority are complied with, in particular that reinsurance undertakings are able at all times to meet their obligations arising from the reinsurance relationships. The supervisory authority may, if other measures have failed to be fully effective, require the dismissal of managers to whom facts relate and order these managers to stop exercising their activities.

(4) Subsection 1, sentence 1, and subsection 2 shall be applicable from 1 January 2005.

Section 2 Decision as to whether an undertaking is subject to supervision

The supervisory authority decides whether an undertaking is subject to supervision in accordance with section 1 above; this decision is binding on the administrative authorities. A decision made by a court or an administrative authority before 1st April, 1931, is not deemed to conflict with a decision made by the supervisory authority.

Section 3 Bodies of undertakings under public law

If rules relating to the board of directors or the supervisory board have been stipulated in this Act and if insurance undertakings under public law do not have bodies so designated the relevant executive body takes the place of the board of directors, and the relevant supervisory body takes the place of the supervisory board.

Section 4 Designations

(1) The terms "Versicherung", "Versicherer", "Assekuranz", "Rückversicherung", "Rückversicherer" or their equivalents in a foreign language, as well as terms in which these words appear, may be used in the firm name, as an addition thereto, to describe the object of the business or for advertising purposes, only by insurance undertakings in the meaning of section 1 (1) and (2) above and by their associations, unless otherwise provided by legislation. Insurance intermediaries may use the terms mentioned in sentence 1 above only with an addition thereto clearly pointing to the activity as intermediary.

(2) In cases of doubt, the Bundesanstalt für Finanzdienstleistungsaufsicht [hereinafter referred to as 'Bundesanstalt] decides if an undertaking is permitted to use the terms specified in subsection (1) above. It shall communicate its decisions to the Court of Registration.

(3) If the firm-name or an addition thereto of an undertaking includes a term which is impermissible under subsection (1) above in its, or if an undertakings uses this term in any other way, the Court of Registration shall officially cancel such firm-name or addition, or the object of the business; section 142 (1) sentence 2, (2) and (3), as well as section 143 of the Act on Matters Relating to Voluntary Jurisdiction [Gesetz über die Angelegenheit der freiwilligen Gerichtsbarkeit] apply as appropriate. The undertaking shall be induced to discontinue the use of the firm-name or addition thereto or the object of the business by the imposition of an administrative fine; section 140 of the Act on Matters Relating to Voluntary Jurisdiction applies as appropriate.

II. Authorisation to operate

Section 5 Authorisation; application; documents to be submitted

(1) Insurance undertakings may not carry on business unless authorised to do so by the supervisory authority.

(2) The operating plan shall be submitted together with the application for authorisation; it shall disclose the purpose and organisation of the undertaking, the area of the intended business operations and in particular clearly state the conditions which shall secure that the future liabilities of the undertaking can permanently be met.

(3) The following shall be submitted as part of the operating plan:

1. the articles of association in so far as they do not refer to general insurance policy conditions,

2. information about the classes of insurance that are to be carried on and which risks of a class of insurance are to be covered; in the case of ' Pensionskassen ' and death benefit funds the documents related to the insurance business, such as in particular the tariffs and principles for the calculation of the premiums and mathematical provisions including the calculation bases, mathematical formulas, imputed derivations, and statistical evidence used.

3. affiliation agreements as specified under sections 291 and 292 of the Stock Corporation Law.

4. agreements for the purpose of permanently transferring distribution, management of the portfolio of insurance contracts, handling of claims, accounting, investments or asset management of an insurance undertaking wholly or an essential part of it to another undertaking (outsourcing).

(4) The operating plan shall give evidence of the existence of own funds in the amount of the minimum guarantee fund (section 53c (2) below). Their composition shall be disclosed. In addition, estimates shall be submitted for the first three financial years with respect to the expenses for commissions and other current operating expenses, the expected premiums, the expected expenses for claims incurred and the expected liquidity situation. In this connection it shall be stated what financial means are expected to be available to meet the liabilities under the insurance contracts and the requirements with respect to the financial resources.

(5) In addition, the following particulars shall be submitted:

1. as regards health insurance within the meaning of section 12 (1) below and compulsory insurances the general insurance policy conditions,

1a. as regards health insurance within the meaning of section 12 (1) below the principles for the calculation of the premiums and mathematical provisions including the calculation bases, mathematical formulas, imputed derivations and statistical evidence used,

2. information about the intended reinsurance arrangements,

3. an estimate of the expenses for setting up the administrative services and the organisation for securing business; the undertaking shall prove that it disposes of the necessary funds for this purpose (organisation fund),

4. if an application is filed for authorisation to carry on insurance class 18 of part A (18) of the annex: information about the means of which the undertaking disposes to provide the promised assistance,

5. as regards the managers and directors, the information necessary to judge their reliability and qualification (section 7a (1) below),

6. if qualified participating interests are held in the insurance undertaking (section 7a (2) below, third sentence):

a) the names of the holders and the amounts of these participating interests,

b) the data required for assessing if the requirements under section 7a (2) below, sentences 1 and 2, are met.

c) if these holders are required to draw up annual accounts: their annual accounts for the last three financial years including the audit reports compiled by independent auditors if such reports are to be prepared, and

d) if these holders belong to a group: particulars of the structure of the group and, if such accounts are to be drawn up, the consolidated accounts for the last three financial years including the audit reports compiled by independent auditors if such reports are to be prepared;

6a. facts pointing at a close relationship (section 8 (1), sentence 4) between the primary insurance undertaking and other natural persons or undertakings,

7. data required for assessing the good repute and professional qualification of the responsible actuary (section 11a (1), sections 11d, 11e and 12 (2), sentence 2, below).

(6) The Federal Ministry of Finance is authorised to issue by regulation supplementary provisions with respect to the nature, extent, and date of submission of the information to be provided in accordance with subsection (5), nos. 5, 6 and 6a above, section 13d nos. 1, 2, 4, 4a and 5 below to the extent that this is required for the supervisory authority to fulfil its duties. This authority may be delegated by regulation to the Bundesanstalt. The latter issues the provisions in agreement with the supervisory authorities of the Länder.

Section 6 Scope of authorisation; expiry

(1) The authorisation is granted for an unlimited period of time unless otherwise provided for in the operating plan. It is granted, notwithstanding any limitation of the application, for the territory of all member states of the European Community and all the other signatory states to the agreement on the European Economic Area (EEA-agreement as provided for in the Adjustment Protocol [Anpassungsprotokoll] of 17 March 1993 (Federal Law Gazette 1993 II, p. 1294).

(2) The authorisation is granted for each class of insurance separately. It covers the entire class of insurance unless the undertaking intends to cover only part of the risks of such class of insurance referred to in its operating plan.

(3) The authorisation may also be granted jointly for several classes of insurance under designations specified in part B of the annex.

(4) The authorisation granted for one or several classes of insurance also includes coverage of additional risks of other classes of insurance if these risks relate to the risk of a class of insurance operated, concern the same object and are covered by the same contract. Risks of classes 14, 15 and 17 of part A of the annex are not deemed to be additional risks for the purpose of an authorisation granted for other classes of insurance. Risks of class 17 of part A of the annex which meet the requirements of sentence 1 are covered by an authorisation granted for other classes of insurance if they refer to disputes or claims arising from the operation of ships on sea or relating to such operation or if the authorisation is granted for carrying on class 18 a of part A of the annex.

(5) The authorisation granted for individual classes of insurance or for the entire business operation expires if the insurance undertaking

1. waives the authorisation expressly,

2. has not made use of the authorisation within twelve months of its being granted, or

3. has ceased operations more than six months ago.

After hearing the insurance undertaking, the supervisory authority renders an administrative decision on the expiry.

(6) The supervisory authority shall publish the granting, the expiry and the revocation of the authorisation in its Official Bulletin.

Section 7 Admissible legal form; non-insurance business

(1) The authorisation may only be granted to public limited companies, mutual societies and corporations and institutions under public law.

(1a) The head office must be located in Germany.

(2) The insurance undertakings are permitted to carry on in addition to insurance business only such other business as is directly related with it. Such a relationship shall be deemed to exist if in the case of dealings in futures, options and other financial instruments these are to serve as security against the risk of changes in market prices and interest rates of existing assets or of future purchases of securities or if any additional return is to be realised on existing securities without this resulting in any insufficient representation of the restricted assets when supply commitments are met.

Section 7a Qualification Of Managers And Holders Of Qualified Participating Interests

(1) The managers of insurance undertakings must be of good repute and qualified. A prerequisite of professional qualification is sufficient theoretical and practical knowledge of insurance business and management experience. This shall be deemed to be the case if he can furnish proof of having held a managerial position with an insurance undertaking of comparable size and type of business for at least three years. Managers are the natural persons who are appointed in accordance with the law or articles of association or as authorised agents of a branch in a member state of the European Community or another signatory state to the EEC agreement to manage the business affairs and represent the insurance undertaking.

(2) The holders of a qualified participating interest in the insurance undertaking must meet the demands required in the interest of ensuring a sound and prudent management of the insurance undertaking and in particular be of good repute. If the participating interest is held by legal persons or partnerships the same applies to the natural persons who have been appointed in accordance with the law or articles of association to manage the business affairs and represent the insurance undertaking and the personally liable partners. A qualified participating interest is deemed to exist if, in the shareholder's own interest or in the interest of another party, either directly or indirectly through one or several subsidiaries or a similar relationship or through collaboration with other persons or undertakings at least 10 per cent of the capital or voting rights of an insurance joint-stock company are held or have been subscribed of the members funds of a mutual society, or if a significant influence can be exercised on the management of another undertaking. Section 22 (1) and (3) of the Securities Trading Act [Wertpapierhandelsgesetz] applies to the calculation of the share held in the voting rights. Participating interests which are held indirectly are to be attributed in full to the persons and enterprises holding the indirect participating interest. Subsidiaries are deemed to be undertakings which are subsidiaries within the meaning of section 290 of the Commercial Code [Handelsgesetzbuch] or undertakings on which a controlling influence can be exercised, irrespective of their legal form and domicile. Parent undertakings shall be deemed to be undertakings which are

parent undertakings within the meaning of section 290 of the Commercial Code or which are able to exercise a controlling influence irrespective of the legal form and domicile. Control is deemed to exist if an undertaking is considered to be a parent undertaking relative to another undertaking, or if a similar relationship exists between a natural person or a legal person and an enterprise.

Section 8 Refusal, suspension and restriction of authorisation

(1) The authorisation shall be refused if

1. facts are known according to which the managers do not meet the requirements under section 7a (1) above,

2. facts are known which warrant the assumption that the holder of a qualified participating interest in the primary insurance undertaking, or if such holder is a legal person, its legal or statutory representative, or, if such holder is a commercial partnership, also a partner, is not trustworthy or for any other reason does not meet the demands required in the interest of ensuring a sound and prudent management of the institution; this shall also apply in a case of doubt if facts warrant the assumption that the holder has raised the funds required for acquiring the qualified participating interest by an action which is objectively a criminal offence.

3. the operating plan and the documents submitted in accordance with section 5 (4), sentences 3 and 4, and subsection (5) above do not show that the interests of the insured are adequately safeguarded, or do not provide sufficient evidence that the obligations under the insurance contracts can be fulfilled at all times.

The authorisation may be refused if facts are known which warrant the assumption that the effective supervision of the direct insurance undertaking is hindered. This is in particular the case if

1. the primary insurance undertaking is associated or closely linked with other persons or undertakings through corporate ties which due to the structure of the participating interests or poor economic transparency hinder the effective supervision of the primary insurance undertaking, or

2. the effective supervision of the primary insurance undertaking is hindered due to the legal or administrative provisions applicable to these persons or undertakings of non-member states in the meaning of section 105 (1), sentence 2 and 3, below, or

3. the effective supervision of the primary insurance undertaking is hindered due to these persons or undertakings not being effectively supervised in the states where they are domiciled or have their head offices, or due to their competent supervisory body not being prepared to co-operate satisfactorily with the supervisory authority.

Close links are deemed to exist if a primary insurance undertaking and another natural person or another undertaking are linked

1. by a participating interest of at least 20 per cent of the capital, the voting rights of an insurance joint-stock ccompany, or the members funds of a mutual, held either directly or indirectly through one or several subsidiaries or trustees,

2. as a parent undertaking and a subsidiary, through a similar relationship, or as sister companies. Sister companies are undertakings sharing the same parent undertaking.

The authorisation may also be refused if contrary to section 5 (5) above no sufficient information or documents have been submitted with the application.

(1a) The authorisation to carry on life insurance (classes 19 to 24 of part A of the annex) and the authorisation to carry on other classes of insurance are mutually exclusive. The same applies to the granting of an authorisation to carry on health insurance within the meaning of section 12 (1) below and of an authorisation to carry on other classes of insurance.

(2) An authorisation may be granted subject to certain requirements having been met.

(3) The supervisory authority shall defer decision on the application for authorisation or limit the authorisation following a decision by the Commission or Council of the European Communities which was taken in pursuance of article 29b (4) of the First Council Directive 73/239/EEC of 24th July, 1973, on the coordination of laws, regulations and administrative provisions relating to the taking-up and pursuit of the business of direct insurance other than life assurance (OJ No. L 228, p. 3) or article 32b (4) of the First Council Directive 79/267/EEC of 5th March, 1979, on the coordination of laws, regulations and administrative provisions relating to the taking-up and pursuit of the business of direct life assurance (OJ No. L 63, p. 1). Such deferral or limitation may not exceed three months from the date on which such decision was taken. Sentences 1 and 2 are also applicable to proposals for authorisation submitted after the date when the decision was taken. If the Council of the European Communities decides to prolong the period of time referred to in sentence 2 the supervisory authority shall observe such prolongation.

(4) Authorisation may not be refused for reasons other than those mentioned under subsections 1 and 1a above.

Section 8a Loss adjustment firms in legal expenses insurance

(1) An insurance undertaking which carries on legal expenses insurance together with other classes of insurance shall transfer the handling of claims under legal expenses insurance to another undertaking whose legal form is as specified under section 7 (1) above or that of another corporation (loss adjustment firm). Any such transfer is deemed to be an act of outsourcing.

(2) The loss adjustment firm may not carry on any classes of insurance other than legal expenses insurance and not handle any claims in other classes of insurance.

(3) Section 7a (1) above applies to the directors and managers of the loss adjustment firm accordingly. They may not at the same time carry out activities for an insurance undertaking which operates other classes of insurance in addition to legal expenses insurance. Employees entrusted with the handling of claims may not carry out any similar activity for such an insurance undertaking.

(4) The members of the board of directors and the employees of an insurance undertaking pursuant to subsection (1) above may not give any instructions to the loss adjustment firm with respect to the handling of individual claims. The directors and managers and the employees of the loss adjustment firm may not supply any such insurance undertaking with information which could lead to clashes of interests to the disadvantage of the insured.

(5) Subsections 1 to 4 above do not apply to legal expenses insurance if it concerns disputes or claims resulting from the operation of ships on sea or if it is related to such operation.

Section 9 Contents of articles of association

The articles of association of an insurance undertaking shall include the individual classes of insurance to be carried on and specify the principles of investment; they shall also specify whether insurance business is to be operated only directly or also indirectly (by way of reinsurance).

Section 10 General insurance policy conditions

(1) The general insurance policy conditions shall contain full information about:

1. the events upon the occurrence of which the insurer is liable to pay benefits and the cases

where for special reasons this liability shall be excluded or suspended;

2. the nature and size of the benefits of the insurer and when they fall due;

3. the date when the premium falls due and the legal consequences of a delay in payment;

4. the rights of the applicant and the insurer to influence the contents of the contract and the obligations and duties to disclose before and after loss occurrence;

5. the forfeiture of an insurance claim if periods stipulated are not observed;

6. the domestic jurisdictions;

7. the principles and standards pursuant to which the insured participate in the surplus.

(2) The provisions of subsection (1) above may be incorporated in the articles of association of mutual societies and insurance undertakings under public law instead of the general insurance policy conditions.

(3) Subsection (1) above is not applicable to reinsurance and the large risks mentioned in article 10 (1) of the Introductory Law of the Insurance Contract Law [Einführungsgesetz zu dem Gesetz über den Versicherungsvertrag].

Section 10a Consumer Information; Multiple Applications

(1) The insurance undertakings shall ensure that the policyholder, if he is a natural person, obtains a consumer information leaflet to inform him about the essential facts and rights under the insurance contract before the insurance contract is concluded and during the term of the contract in accordance with part D of the annex. In the case of large risks pursuant to article 10 (1) of the Introductory Law of the Insurance Contract Law it is sufficient to mention the applicable law and the competent supervisory authority.

(1a) Prior to the conclusion of a private health insurance contract, the person interested in taking out the insurance shall confirm receipt of an official information sheet issued by the Bundesanstalt and explaining the different principles on which the public and private health insurance systems are based.

(2) The consumer information shall be in writing. It must be written in unambiguous and comprehensible German or in the native language of the policyholder.

(3) Proposal forms may include only so many application for the conclusion of legally independent insurance contracts that clarity, legibility and comprehensibility are not affected. The applicant shall be informed in writing emphasising, in particular, the legal independence of the contracts for which proposals have been submitted including the relevant insurance policy conditions, and the periods of validity of the proposals and the terms of the contracts.

Section 11 Premium calculation in life insurance; the same calculation principles

(1) Premiums in life insurance must be calculated on the basis of reasonable actuarial assumptions and sufficient to enable the insurance undertaking to meet all its liabilities, and, in particular, to establish adequate mathematical provisions for the individual contracts. For this purpose, the financial situation of an insurance undertaking may be taken into account, without any systematic and permanent use of input from resources other than premiums being permitted.

(2) If the prerequisites are the same, the same principles must be used to calculate premiums and benefits.

Section 11a Responsible actuary in life insurance

(1) Every life insurance undertaking shall appoint a responsible actuary. He must be of good

repute and professionally qualified. To meet the professional qualification requirement the actuary shall dispose of adequate knowledge in the field of actuarial theory and professional experience. He shall be deemed to dispose of adequate professional experience if he can furnish proof of having carried on an activity as actuary for at least three years.

(2) Before appointing the envisaged responsible actuary the insurance undertaking shall inform the supervisory authority and provide it with the necessary information to judge his reliability and professional qualification in accordance with subsection (1) above. If there is evidence of the envisaged responsible actuary not meeting the reliability or qualification requirements, the supervisory authority may require that another person be appointed. If after the appointment there should be evidence of certain circumstances which would have prevented his appointment or if the responsible actuary does not properly fulfil his duties set out in this Act, the supervisory authority may require that another responsible actuary be appointed.

If in the cases mentioned in the second and third sentences also the envisaged or the freshly appointed responsible actuary does not meet the requirements or if no fresh appointment is made, the supervisory authority itself may appoint a responsible actuary. Whenever the appointment of the responsible actuary comes to an end, the supervisory authority shall be informed without delay.

(2a) The responsible actuary is appointed or dismissed subject to the approval of the supervisory board. If a 'kleinerer Verein' (section 53) has no supervisory board, the board of directors appoints the responsible actuary unless the articles of association lay down that he be appointed by the supreme representation.

(3) The duties of the responsible actuary are as follows:

1. He shall ensure that the premiums and the mathematical provisions are calculated in accordance with the principles of section 11 above and the regulations issued pursuant to section 65 (1) and section 341f of the Commercial Code. He shall investigate the financial situation of the undertaking in particular as to whether the undertaking is in a position to meet its liabilities under the insurance contracts at all times and whether it disposes of adequate resources in the amount of the solvency margin.

2. Other than in the case of a 'kleinerer Verein' (mutual society with limited activity) (section 53 (1), sentence 1) he shall certify at the end of the balance sheet that the mathematical provision has been established in accordance with section 341f of the Commercial Code and the ordinances issued in accordance with section 65 (1) (actuarial certification); this is without prejudice to section 341k of the Commercial Code relating to auditing. He shall specify in a report to the board of directors of the undertaking the underlying calculation bases and any additional assumptions for his certification.

3. As soon as he realises on performing his legal duties that he will possibly not be able to grant a certification as per no. 2 above or be able to grant only a qualified certification, he shall inform the board of directors and, if the board does not take any remedial action immediately, the supervisory authority without delay.

4. For the purpose of insurance contracts with profit participation he shall submit to the board of directors proposals for adequate participation in such profits.

(4) The board of directors of the undertaking is obliged

1. to make available to the responsible actuary all the necessary information which will enable him to fulfil his duties properly in pursuance of subsection 3 above, and

2. to deposit with the supervisory authority the report with respect to actuarial certification in

accordance with subsection 3 (2) above.

(5) Death benefit and 'Pensionskassen' which do not meet the requirement of section 156a (3) below, sentence 5, are not subject to subsection 3 (1), sentence 1, and no. 2, sentence 2, and subsection 4 (2) above. The obligation to investigate pursuant to subsection 3 (1) above, sentence 2, also applies in these cases. Subsection 3 no. 2, sentence 1, applies, unless a 'kleinerer Verein' (section 53 (1), sentence 1) is concerned, with the proviso that the certification mentioned is replaced by a certification to the effect that the mathematical provision has been established in compliance with the approved operating plan (actuarial certification).

(6) The Federal Ministry of Finance is authorised to issue by regulation supplementary provisions on the wording of the actuarial certificate and any further details regarding the contents and scope of the report to which subsection 3 (2) and subsection (5) above relate and the delay for submission of the report. This authority may be delegated by regulation to the Bundesanstalt which issues the provisions in agreement with the Länder.

Section 11b Changing existing life insurance contracts

If the premiums and the provisions concerning profit participation of existing life insurance contracts concluded after 28 July 1994, may be changed, any such changes may not become effective unless they have been approved by an independent trustee. Section 12b (3) and (4) and section 12d (2) apply to the trustee accordingly. Section 12b (3), sentence 1, and (4) apply correspondingly to the appointment of a trustee in the event of a contract adjustment as per section 172 (2) in conjunction with subsection (1) of the Insurance Contract Law [Versicherungsvertragsgsetz]. To meet the qualification requirement the trustee must dispose of adequate legal knowledge, in particular in life insurance. The engagement of an independent trustee is not required if changes as per sentence 1 are subject to the approval of the supervisory authority.

Section 11c Continued application of approved operating plans in life insurance

As regards life insurance contracts concluded before 29 July 1994 (existing contracts), the operating plan approved by the supervisory authority before that date remains fully applicable. Section 13 (1) below in conjunction with section 8 (1), sentence 1, paragraph 3 above applies to changes of the operating plan. Section 11a (1) (2) and (4) above applies accordingly and subsection 3 above with the proviso that the mathematical provision has to be calculated in accordance with the applicable operating plan.

Section 11d Accident insurance with premium refund

If accident insurance undertakings write insurances with premium refunds sections 11 to 11c above apply accordingly.

Section 11e Mathematical provision for annuities in liability and accident insurance

As regards the calculation of the mathematical provision for pensions under general third party liability insurance, motor vehicle third party liability insurance, motor vehicle accident insurance and general accident insurance without premium refunds section 11a above applies accordingly.

Section 12 Substitutional health insurance

(1) To the extent that health insurance is appropriate to substitute compulsory health insurance

fully or partly (substitutional health insurance) it must be operated in the same way as life insurance in Germany, i. e.

1. the premiums shall be calculated in accordance with actuarial principles on the basis of probability tables and other pertinent statistical data taking into account, in particular, any relevant assumptions with respect to the invalidity and sickness risk, mortality, dependence of the risk on age and sex and probability of cancellation and taking into account safety loadings and other loadings and a maximum technical interest rate of 3. 5 per cent,

2. the old-age provision shall be established in accordance with section 341f of the Commercial Code,

3. in the insurance contract the right of the insurance undertaking to a contractual or statutory notice of termination, in hospital daily allowance insurance from the fourth year of insurance at the latest, musts excluded and a premium increase permitted,

4. the policyholder shall be granted in the insurance contract the right to modify the contract by choosing other rates with comparable coverage while the rights and old-age provision entitlements acquired so far under the contract shall be maintained.

(2) Insurance undertakings writing substitutional health insurance shall appoint a responsible actuary. Section 11a (1), sentences 2 to 4, and (2) and (2a) above applies accordingly.

(3) The duties of the responsible actuary are as follows:

1. He shall ensure that in calculating the premiums and mathematical provisions, in particular old-age provision, the actuarial methods (subsection 1 (1) and (2) above) are followed and the rules of the regulation issued pursuant to section 12c below are observed. He shall investigate the financial situation of the undertaking in particular with a view as to whether the undertaking is in a position to meet its liabilities under the insurance contracts at all times and whether it disposes of adequate resources in the amount of the solvency margin.

2. He shall certify at the end of the balance sheet that the old-age provision has been calculated in accordance with paragraph 1 above (actuarial certification). This does not apply to 'kleinere Vereine' (section 53 (1) below, sentence 1).

Section 11a (3) no. 3 and subsection (4) no. 1 above applies accordingly.

(4) As regards substitutive health insurance section 11 (2) above applies accordingly. The premiums for new business may not be lower than the premiums for the insured of the same age under the existing portfolio of insurance contracts leaving out of account their old-age provision.

(4a) In substitutive medical expenses insurance, at the latest at the beginning of the calendar year following the year of the insured's attaining the age of 21 and ending in the calendar year of the insured person's attaining the age of 60, a loading of 10 per cent of the annual zillmered gross premium shall be charged to the insured, allocated annually and directly to the old-age provision pursuant to section 341 f (3) of the Commercial Code, and used for the purpose of premium reduction in old age in accordance with section 12a (2a) below. Sentence 1 above does not apply to health insurance involving agreed contract terms covering the insured during periods of training or education, stays abroad, or travels, and to tariffs terminating at the latest upon the insured's attaining the age of 65.

(5) If the non-substitutive health insurance is operated in the same way as life insurance subsections 1 to 4 above apply accordingly.

Section 12a　Old-age provision; direct credit

(1) In medical expenses insurance and voluntary nursing care insurance (nursing care medical expenses and nursing care daily benefit insurance) operated in accordance with the technical principles of life insurance, the insurance undertaking shall directly credit annually to the insured investment income attributable to the sum of the respective positive old-age provision of the insurances concerned available at the end of the preceding financial year. The amount credited is 90 per cent of the average yield exceeding the yield obtained by applying the technical interest rate (excess yield from interest payments).

(2) The full share of the amount determined in accordance with subsection (1) above which is attributable to the share of the old-age provision that has been accumulated from the loading shall be credited annually to the insured who paid the loading under section 12 (4a) above, until the end of the financial year of their attaining the age of 65. Of the remaining amount, 50 per cent shall be credited directly to the old-age provision of all insured persons. The percentage rate referred to in sentence 2 above increases annually by two per cent, from the financial year of the insurance undertaking beginning in 2001, until it attains 100 per cent.

(2a) The amounts referred to in subsection (2) above shall be used, from the moment the insured attains the age of 65, to fund, for an unlimited period, the additional premiums arising from premium increases, or a portion of the additional premiums, insofar as the available funds are not sufficient to fund the additional premiums fully. Amounts which have not been used up shall be used for a premium reduction from the moment the insured attains the age of 80. Any subsequent allocations shall be used for an immediate premium reduction. In voluntary nursing care daily benefit insurance the insurance policy conditions may provide for increased benefits instead of a premium reduction.

(3) The share of the investment income determined in accordance with subsection (1) above which remains after deduction of the amounts used in accordance with subsection 2 above shall be set aside in favour of the insured who, by the balance sheet date, have attained the age of 65 for a profit-unrelated premium refund and be used within a period of three years to avoid or limit premium increases, or to reduce premiums. In derogation of sentence 1 above, 25 per cent may be used, until the balance-sheet date following January 1, 2010, also for insured persons who have attained the age of 55 but not yet the age of 65. The premium reduction as per sentence 1 above may be limited to prevent that the premium of the insured will fall below the initial premium paid at the age at entry; the portion of the amount credited which has not been used up shall be credited additionally in accordance with subsection 2 above.

Section 12b　Changes to health insurance premiums; trustee

(1) As regards health insurance treated in the same way as life insurance premium adjustments shall not be made unless an independent trustee has approved of the adjustment. The trustee shall verify whether the premium has been calculated in accordance with the existing legal requirements. For this purpose, he shall be made available all technical calculation bases required to verify the premium adjustments including the necessary supporting imputed derivations and statistical evidence. The technical calculation bases shall comprise all the principles for the calculation of the premiums and old-age provision including the calculation bases and mathematical formulas used. Approval shall be granted if the requirements of sentence 2 have been met.

(1a) The following shall be subject to the approval of the trustee:

1. the date and the amount of the withdrawal and the use of funds from the provision for rebates to the extent that they are to be used in accordance with section 12 a (3);

2. the use of the funds from the provision for bonuses.

Where sentence 1, nos. 1 and 2, above applies, the trustee shall see to it that the conditions provided in the articles of association and the insurance policy conditions are met and that the interests of the insured are sufficiently safeguarded. In respect of the use of funds to limit premium increases, he shall in particular see to an appropriate distribution on the groups of the insured who paid the loading to the premium under section 12 (4a) and those who did not, and he shall sufficiently take into account the aspect of reasonableness of the premium increases in per cent and in absolute figures for the older insured.

(2) For every tariff calculated in the same way as in life insurance, the insurance undertaking shall compare at least annually the required insurance benefits with the calculated insurance benefits. If the comparison to be submitted to the supervisory authority and the trustee shows a deviation of more than 10 per cent for a certain tariff, provided the general insurance policy conditions do not require a lower percentage, the undertaking shall examine all premiums under this rate and, if the deviation may be considered not to be only temporary, adjust them with the approval of the trustee. There shall be no adjustment if the insurance benefits were insufficient when they were calculated for the first time, or recalculated, and a prudent and conscientious actuary should have recognised this. In this connection the fixed amount of any retention may also be adjusted and any agreed premium loading changed accordingly if this has been stipulated in the contract. If in the opinion of the trustee premium increases or reductions are necessary for a rate wholly or partly and if no agreement can be reached with the undertaking the trustee shall inform the supervisory authority without delay.

(3) Only persons may be appointed trustee who are of good repute and professionally qualified and not linked with the insurance undertaking and who in particular have not concluded an employment contract or other service contract with the insurance undertaking or any associated undertaking. To meet the professional qualification requirement the trustee shall dispose of adequate knowledge in the field of premium calculation in health insurance.

(4) Before appointing the designated trustee the supervisory authority shall be informed and provided with the necessary information to judge the requirements referred to in subsection 3 above. If facts are known which warrant the assumption that the designated trustee does not meet the reliability or qualification requirement, the supervisory authority may require that another person be appointed. If after the appointment there should be evidence of certain circumstances which would have prevented his appointed in accordance with subsection (3) above or if the trustee does not properly fulfil his duties set out in this Act, in particular if he approves of any premium adjustment which does not comply with the legal requirements, the supervisory authority may require that another trustee be appointed. If in the cases mentioned in sentences 2 and 3 also the designated or the newly appointed trustee does not meet the requirements or if no new appointment is made, the supervisory authority itself may appoint a trustee.

(5) As regards the appointment of a trustee in the event of a contract adjustment as per section 178g (3) of the Insurance Contract Law, subsections (3), sentence 1, and (4) above apply accordingly. To meet the qualification requirement the trustee must dispose of adequate legal knowledge, in particular in health insurance.

Section 12c Basis of authorisation

(1) As regards health insurance carried on in the same way as life insurance, the Federal Ministry of Finance is authorised to

1. issue by regulation provisions on the actuarial methods for the calculation of the premiums including premium adjustments and the mathematical provisions, namely the old-age provision, taking into account in particular the relevant assumptions with regard to the invalidity and sickness risk, need of care, mortality, dependence of the risk on age and sex, and probability of cancellation as well as the amount of the safety loading and interest rate and the principles for the assessment of the other loadings,

2. issue by regulation more detailed provisions with regard to the similarity of the insurance coverage and allowance for the acquired rights and old-age provision entitlements in case of change to a different tariff in accordance with section 12 (1) no. 4 above,

3. to determine by regulation how the excess yield from interest payments in accordance with section 12a (1) above, how the amounts are to be distributed among the entitled insured in accordance with section 12a (2) and (3) above, and how to determine the initial premium at the age of entry,

4. to lay down by regulation the procedure for comparing the required insurance benefits with the calculated insurance benefits in accordance with section 12b (2,) sentences 1 and 2, above, and the delay for submitting this comparison to the supervisory authority and the trustee.

The authorisation may be delegated by regulation to the Bundesanstalt which shall stipulate provisions in consultation with the supervisory authorities of the Länder.

(2) Regulations as per subsection (1), sentence 1, no. 1 above shall be issued in agreement with the Federal Ministry of Justice. This also applies to regulations as per subsection (1), sentence 2, above, if they serve to delegate the authorisation to issue regulations in accordance with subsection (1), sentence 1, no. 1 above.

Section 12d Transitional provisions applicable to trustees in health insurance

(1) If with regard to health insurance carried on in the same way as life insurance the premiums for insurance contracts concluded before 29 July 1994, may be adjusted under an adjustment clause subject to the approval of the supervisory authority, such approval by the supervisory authority is replaced by the consent of the trustee (section 12b (1) and (2) above).

(2) (rescinded)

Section 12e Loading

As regards insurance contracts concluded before January 1, 2000, section 12 (4a) applies provided that

1. the loading shall be charged for the first time on the 1st of January of the calendar year which follows the 1st of January 2000;

2. in the first year, the loading is two per cent of the gross premium and increases on each 1st of January of the following years by two per cent to an amount not exceeding 10 per cent of the gross premium, unless it is dropped because of the insured's attaining the age of 60;

3. the insurance undertaking is obliged of inform the policyholder in good time before the loading is charged for the first time of its amount and the annual increases;

4. the loading shall only be charged if the policyholder does not object in writing within three months after receipt of the information as per no. 3 above.

Section 12f Long-term care insurance

Subject to the regulations of the Eleventh Book of the Social Code [Sozialgesetzbuch] (sections 110, 111), sections 12 (1) to (4), 12b and 12c above apply correspondingly to private compulsory long-term care insurance.

Section 13 Changes in the operating plan

(1) Any change in the operating plan shall not become effective until it has been approved by the supervisory authority. Sentence 1 does not apply to amendments to the articles of association whose purpose is to increase capital. Section 8 above applies accordingly.

(1a) Subsection (1) above does not apply to outsourcing contracts (section 5 (3) no. 4 above). Any such contracts concluded with insurance undertakings subject to supervision under this law do not become effective until they have been submitted to the supervisory authority. Any such contracts concluded with other undertakings do not become effective until three months have elapsed from their deposit with the supervisory authority provided the latter does not object on the grounds mentioned in section 8 (1) above. The supervisory authority may extend this period to six months where this is justified by circumstances. This period of time ends earlier as soon as the supervisory authority finds that the contracts are unobjectionable. Sentences 2 to 5 do not apply if only the remuneration has been changed. Changes of remuneration in contracts with undertakings (section 15 of the Stock Corporation Act) and undertakings treated like them in accordance with section 53d (3) below do not become effective until the amended contract has been deposited with the supervisory authority. This is without prejudice to section 53d below.

(2) If business operations are to be extended to other classes of insurance supporting documents shall be submitted in accordance with section 5 (3) to (5) above. In addition, the undertaking shall prove that it disposes of own funds in the amount of the solvency margin (section 53c (1) below, sentence 1, or the minimum guarantee fund prescribed for the new activity if the latter is greater.

(3) If business operations are to be extended to an area outside the member states of the European Community and the other signatory states to the EEA agreement proof shall be given that also after the intended extension of its business operations the undertaking will meet the financial resources requirements of the member states of the European Community and the other signatory states to the European Economic Area agreement, and that if it establishes a branch in an area outside the member states of the European Community and the other signatory states to the EEA agreement the undertaking has been granted the authorisation to carry on business required there; in addition, it shall specify which classes and types of insurance it intends to operate.

Section 13a Operation of direct insurance business through establishments or the provision of services

(1) The insurance undertaking may operate direct insurance business on an establishment or services basis in other member states of the European Community and the other signatory states to the EEA agreement in accordance with sections 13b and 13c below. A branch is also deemed to exist if insurance business is operated through a person who is independent but permanently in charge of such business from a facility in such other member or signatory state. Sentences 1 and 2 do not apply to

'Pensionskassen' and death benefit funds; section 13 (3) above applies to the latter provided that it is applicable to any activity carried out abroad.

(2) Provision of services within the meaning of this law means that the insurance undertaking whose head office is in a member or signatory state covers from its head office or its branch in another member or signatory state by way of direct insurance risks located in another member or signatory state without the undertaking making use there of a branch. A member or signatory state where the risk is located is

1. as regards the insurance of risks with respect to immovables in particular buildings and plants and equipment installed there covered by the same contract, the member or signatory state where these are located,

2. as regards the insurance of risks with respect to vehicles of any kind to be entered into an official or officially recognised register and provided with a distinguishing number in a member or signatory state, such member or signatory state,

3. as regards the insurance of travel and holiday risks in insurance contracts of a maximum term of four months, the member or signatory state in which the applicant performed the legal acts required for the conclusion of the contract,

4. in all the other cases,

a) if the policyholder is a natural person, the member or signatory state where he has his habitual residence,

b) if the policyholder is not a natural person, the member or signatory state where the undertaking, facility or relevant installation is located to which the contract refers.

Section 13b Setting up an establishment

(1) The insurance undertaking shall notify the supervisory authority of the intended establishment of a branch, indicating the respective member or signatory state. This notification must include:

1. the information and estimations under section 5 (3) no. 2, (4) sentences 3 and 4, and (5) nos. 3 and 4 above; if health insurance is to be written within the meaning of article 54 (2) of the Third Non-Life Insurance Directive: additionally the information referred to in section 5 (5) no. 1a,

2. information about the organisational structure,

3. the name of the designated authorised agent who possesses sufficient powers to bind the undertaking in relation to third parties and to represent it in relations with the authorities and courts of the other member or signatory state,

4. the prospective address which must also be the business address of the authorised agent,

5. if the risks mentioned in part A (10) (a) of the annex are to be covered through the branch a statement to the effect that the undertaking has become member of the national indemnity fund for the victims of road accidents caused by uninsured or unidentified motor vehicles, and of the national bureau in the other member or signatory state.

(2) For the purpose of the above, the supervisory authority examines within a period of three months of receipt of the documents mentioned under subsection (1) above, sentence 2, in addition to the lawfulness, the adequacy of the administrative structures and the financial situation of the undertaking and if the authorised agent and responsible managers or directors of the branch meet the requirements of section 7a (1) above. If no objection can be made it sends, before the above period expires, to the supervisory authority of the other member or signatory state

1. these documents, and

2. a certificate to the effect that the undertaking disposes of own funds in the amount of the solvency margin or of the minimum guarantee fund required for the classes of insurance operated, whichever is the greater,

and informs the undertaking accordingly. In the contrary case, it informs the undertaking before the above period expires that approval for the establishment of a branch will not be granted and give the grounds for not granting it.

(3) In the case of subsection (2), sentence 2, above, the branch may be established and take up its activities if two months have elapsed since the undertaking received the notification unless the supervisory authority of the other member or signatory state has specified an earlier date.

(4) The insurance undertaking shall notify the supervisory authority of any changes in the information provided in accordance with subsection (1), sentence 2, nos. 1 to 4, above not later than one month before such changes are intended to be put into effect. Otherwise, subsection (2) above applies accordingly.

Section 13c Carrying on business under the freedom of services provision

(1) The insurance undertaking shall notify the supervisory authority of its intention to carry on business under the freedom of services provision mentioning the relevant member or signatory state. It shall also state which classes of insurance it intends to operate and which risks of an insurance class it intends to cover there; if health insurance is to be written within the meaning of article 54 (2) of the Third Non-Life Directive the information as per section 5 (5) no. 1a above shall additionally be provided. As regards the coverage of risks pursuant to part A (10) (a) of the annex the notification shall also include:

1. a declaration in accordance with section 13b (1), sentence 2, no. 5 above,

2. the name and business address of a representative (representative for the settlement of losses) residing or established in the other member or signatory state to whom section 7a (1) above, sentence 1, applies accordingly and who

a) collects all the necessary information about losses and disposes of the necessary furniture and fixtures for this purpose,

b) disposes of adequate powers to represent the undertaking with respect to persons making claims in and out of court in particular in relations with authorities and to confer any relevant authority,

c) until final settlement of the claim disposes of adequate powers to pay the amounts due in respect of such claims, and

d) has the power to represent the undertaking in relations with the authorities of the other member or signatory state as regards the existence and validity of the insurance contracts.

(2) The supervisory authority examines within a period of one month of receipt of the documents mentioned in subsection (1) above, sentences 2 and 3, the lawfulness of the intended business. If no objection can be made it sends, before the above period expires, to the supervisory authority of the other member or signatory state

1. these documents,

2. a certificate specifying the classes of insurance the undertaking is permitted to operate and the risks of an insurance class it is permitted to cover,

3. a certificate pursuant to section 13b (2), sentence 2, no. 2 above

and inform the undertaking accordingly. In the contrary case it informs the undertaking before the above period expires that the approval to operate direct insurance business by providing of services will not be granted and give the grounds for not granting it. Approval is deemed to have been denied if a notification of the supervisory authority has not been received by the end of that period.

(3) In the case of subsection (2) above, sentence 2, the undertaking may take up its activity on receipt of the relevant notification.

(4) Subsections (1) to (3) above also apply if the undertaking wishes to operate additional classes of insurance or cover additional risks or appoint another representative for the settlement of claims.

Section 13d Notification obligations

The insurance undertakings shall inform the supervisory authority immediately about

1. the intention of the appointment of a manager or director stating all facts which are essential for assessing his good repute and professional qualification (section 7a (1) above),

2. the resignation of a manager, and the revocation of the authorisation to represent the insurance undertaking,

3. amendments to the articles of association for the purpose of increasing the capital,

4. the acquisition or disposal of a qualified participating interest in the own insurance undertaking, incidents where the participation thresholds of 20 per cent, 33 per cent and 50 per cent of the voting rights or capital have been reached, exceeded or not been reached and the fact that the insurance undertaking will become a subsidiary of another undertaking, as soon as the change in these participatory relationships comes to the insurance undertaking's attention,

4a. the existence, modification or abandonment of any close link pursuant to section 8 (1), sentence 4, above, with another natural person or another undertaking,

5. the name and address of the holder of a qualified participating interest in the insurance undertaking and the amount of that participating interest annually as soon as the undertaking has been informed about it,

6. the principles for the calculation of the premiums and mathematical provisions including the calculation bases, mathematical formulas, imputed derivations and statistical evidence used, which are also to be submitted, after having been granted an authorisation to operate life insurance and immediately after having taken up the operation of accident insurance with premium refund; this also applies when new or changed principles are used,

7. with respect to health insurance within the meaning of section 12 (1) above and compulsory insurances the intended use of new or changed general insurance policy conditions, submitting all documents referred to therein,

8. the intended use of new or changed principles within the meaning of section 5 (5) no. 1a with respect to health insurance within the meaning of section 12 (1) above, submitting all documents referred to therein.

Section 14 Portfolio transfer

(1) Any contract by which the portfolio of insurance contracts of an undertaking is to be transferred wholly or partly to another undertaking shall be approved by the responsible supervisory authorities of the undertakings involved in question. The transferee undertaking must prove that after the transfer it will dispose of own funds in the amount of the solvency margin. Otherwise, section 8

above applies accordingly. For the purpose of the portfolio transfer the rights and obligations of the transferor undertaking under the insurance contracts are also in relation to the policyholders transferred to the transferee undertaking; section 415 of the Civil Code [Bürgerliches Gesetzbuch] is not applicable.

(1a) If a domestic insurance undertaking transfers wholly or partly a portfolio of insurance contracts concluded under section 13a above on an establishment or services basis to an undertaking domiciled in the European Community or another signatory state to the European Economic Area agreement only the approval of the responsible supervisory authority of the transferor undertaking is required in derogation of subsection (1) above, sentence 1. The approval is granted, provided there is no ground on which to deny it in accordance with subsection (1) above, sentence 3, only if

1. it has been proved by a certificate made out by the supervisory authority of the home member state that after the transfer the transferee undertaking will dispose of own funds in the amount of the solvency margin,

2. the supervisory authorities of the Member or signatory states in which the risks of the portfolio of insurance contracts are located have given their approval, and

3. in the case of transfer of the portfolio of insurance contracts of a branch the supervisory authority of the Member or signatory state of the branch has been consulted.

The sentences 1 and 2 of no. 1 above apply also to the transfer of a portfolio of insurance contracts concluded in Germany. In the cases of sentences 1 and 3, subsection (1) above, sentence 4 applies accordingly.

(2) The contract covering a portfolio transfer shall be concluded in writing; section 311 of the Civil Code shall not be applicable.

(3) Approval of the portfolio transfer shall be published in the Federal Gazette [Bundesanzeiger]. If only supervisory authorities of the Länder are concerned publication in the relevant gazettes of the Länder is sufficient.

Section 14a Transformation

Any transformation of an insurance undertaking in accordance with section (1) of the Law Regulating the Transformation of Undertakings [Umwandlungsgesetz] shall be subject to approval by the supervisory authority. Section 14 (1), sentences 2 to 4, applies accordingly. Approval may also be rejected if the transformation requirements have not been met.

III. Mutual Societies

Section 15 Legal capacity

A society which intends to insure its members according to the mutuality principle acquires legal capacity by receiving from the supervisory authority permission to carry on business as a "mutual society".

Section 16 Application of provisions under the Commercial Code

The requirements of the first and fourth books of the Commercial Code with respect to merchants apply, with the exception of sections 1 to 7 above, to mutual societies accordingly unless otherwise provided in this law. As regards accounting the requirements of the second subsection of the fourth section in conjunction with the requirements of the first and second sections of the third book of the Commercial Code apply accordingly.

Section 17 Articles of association

(1) The statutory framework of a mutual society is laid down in its articles of association unless otherwise provided in this law.

(2) The articles of association must be certified by a notary.

Section 18 Firm-name

(1) The articles of association lays down the name and head office of the society.

(2) It shall be possible to infer from the firm-name where the society is located. It shall also be stated in the firm-name or an addition thereto that insurance is carried on on a mutual basis.

Section 19 Liabilities

As regards the liabilities of the mutual society its creditors are be entitled only to the assets of the mutual society. The members are not liable for claims of the creditors.

Section 20 Membership

The articles of association shall include provisions about the beginning of membership. A requirement for membership is to conclude an insurance contract with the mutual society. Membership ends on termination of the insurance contract unless otherwise provided in the articles of association.

Section 21 Equality

(1) Contributions to be paid by the members and benefits payable to the members must under similar conditions be determined only on an equality basis.

(2) The mutual society may not carry on insurance business against fixed premiums without the policyholder having to become a member unless this is expressly permitted by the articles of association.

Section 22 Members funds

(1) The articles of association shall provide for the establishment of members funds to cover the cost of the foundation of the mutual society and serve as guarantee and operational funds. The articles of association shall contain the conditions on which the members funds is at the disposal of the society and in particular stipulate how they shall be repaid and if and to what extent the persons who made available the funds shall be entitled to participate in the management of the mutual society.

(2) The members funds may be paid in only through legal tender, checks certified by the Deutsche Bundesbank, payments into a domestic account with the Deutsche Bundesbank or a credit institution of the society or its board of directors, available at its free disposal. Any claims of the board of directors against these paid-in funds shall be deemed to be claims of the society. The articles of association may permit promissory notes instead of the above payments.

(3) The persons who made available the funds shall not be granted a right to call for repayment. In the articles of association they may be entitled, in addition to interest payments on the annual income, to participation in the profit as shown in the annual balance sheet; it is within the discretion of the supervisory authority to decide on the maximum percentage by which both interests and total

payments received may exceed the paid-in cash amount. The members funds may be divided into shares for which share certificates may be issued.

(4) The members funds may be repaid only out of the annual income and only to the extent that the loss reserve under section 37 below has increased; repayment shall begin as soon as the capitalised expenses for starting operations have been fully written off.

Section 23 (repealed)

Section 24 Contributions

(1) The articles of association shall stipulate whether the expenses are to be covered by single or recurring contributions to be paid in advance or by contributions distributing the actually required amount among the members (required contributions) .

(2) If the contributions are to be paid in advance the articles of association shall also specify whether a right to collect supplementary contributions is reserved or excluded; if it is to be excluded it shall also be specified whether the benefits may be reduced.

(3) The articles of association may provide maximum amounts for supplementary contributions and required contributions. Any restriction to the effect that payments of supplementary contributions or required contributions may only be invited to cover the claims of the members are not permitted.

Section 25 Liability of former members to pay contributions

(1) Members who left or joined the mutual society during the financial year shall also be liable to pay supplementary contributions or required contributions. Their obligation to pay contributions depends on the length of time they have been members in the financial year.

(2) If the supplementary contribution or the required contribution of a member is determined on the basis of the contribution paid in advance or the sum insured and if the contribution or sum insured has been increased or reduced during the financial year the higher amount shall be taken as a basis for the calculation.

(3) Subsections (1) and (2) above apply unless otherwise provided in the articles of association.

Section 26 Prohibition of setting-off

A member shall not be entitled to set off the obligation to pay contributions against a claim the member may have against the mutual society.

Section 27 Invitation of supplementary or required contributions

(1) The articles of association shall specify the conditions under which supplementary contributions or required contributions may be invited, in particular, to what extent other funds (members' funds, reserves) shall be used first.

(2) The articles of association shall also specify how the supplementary contributions or required contributions are to be invited and collected.

Section 28 Publication of notices

(1) The articles of association shall stipulate how notices of the mutual society are to be published.

(2) Notices to be published in the press shall also be included in the Federal Gazette if the business operations of the mutual society extend beyond a single state; the supervisory authority may, however, grant exemptions. If business operations are limited to a single state the highest authority of the state may designate another paper instead of the Federal Gazette. Other papers are designated by the articles of association.

Section 29 Bodies

The articles of association shall specify how a board of directors, a supervisory board and supreme representation (supreme body; assembly of members or of representatives of the members) shall be established.

Section 30 Registration

(1) All members of the board of directors and supervisory board shall apply for registration of the mutual society with the court of the district where the society is domiciled. The application shall state the power of the individual members of the board of directors to represent the society.

(2) The supervisory authority shall inform the Court of Registration of any authorisation to carry on business granted (section 15 above).

Section 31 Registration documents

(1) The application shall be accompanied by

1. the document authorising the society to carry on business;

2. the articles of association;

3. the document relating to the appointment of the board of directors and the supervisory board;

4. the document relating to the establishment of the members funds together with a statement by the board of directors and the supervisory board as to how and to what extent the members funds have been paid in and that the paid-in amount is definitely at the free disposal of the board of directors.

(2) The members of the board of directors shall deposit their signatures with the court.

(3) Originals or certified copies of the documents accompanying the application shall be deposited with the court.

Section 32 Entry in register

(1) It shall be entered into the Commercial Register [Handelsregister] the name and head office of the mutual society, the classes of insurance to be operated, the amount of the members funds, the date on which authorisation to carry on business was granted, and the names of the members of the board of directors. The powers of the members of the board of directors to represent the society shall also be entered.

(2) If the articles of association include any provision with regard to the lifetime of the society this shall also be entered.

Section 33 Publication

The following shall be published together with the contents of the entry:

1. whether the expenses shall be covered by contributions paid in advance or distributed among the members later and if in the case of contributions to be paid in advance a right to collect

supplementary contributions is reserved or excluded, whether the obligation to pay contributions is limited and whether insurance benefits may be reduced (section 24 above);

2. the provisions under section 28 above;

3. how the bodies to represent the society are appointed and composed;

4. the members (name, status and place of residence) of the first supervisory board;

5. how the supreme representation shall be appointed.

Section 34 Board of directors

The board of directors consists of at least two persons. Section 76 (1) and (3) and sections 77 to 91, 93 and 94 of the Stock Corporation Act shall apply to the board of directors accordingly. The provisions contained therein with regard to decisions taken by the general assembly apply here to the decisions taken by the supreme representation. Section 93 (3) of the Stock Corporation Act is replaced by the following provision:

The members of the board of directors are in particular liable to indemnification if in defiance of the law

1. the members' funds are repaid or interest is paid thereon,

2. the assets of the mutual society are distributed,

3. payments are made after the society has become insolvent or any debt overload has become apparent; this does not apply to payments which also thereafter are consistent with the care and diligence of a manager or director,

4. credit is granted.

Section 35 Supervisory board

(1) The supervisory board consists of three members. The articles of association may specify a higher number. It must also be possible to divide this number by three. The maximum number of board members is twenty-one.

(2) The supervisory board of mutual societies to which, under section 77 (2) of the Works Constitution Law [Betriebsverfassungsgesetz], section 76 of the Works Constitution Law applies, is composed of members elected by the supreme representation of the society and members representing the employees; as regards other societies it is composed only of members elected by the supreme representation.

(3) Section 30 (2) and (3), sentence 1 and first half of sentence 2, section 96 (2), sections 97 to 100, section 101 (1) and (3), sections 102, 103 (1), (3) to (5) and sections 104 to 116 of the Stock Corporation Act apply to the supervisory board accordingly. The duties assigned there to the shareholders meeting shall in this case be performed by the supreme representation. Every member of the supreme representation has the right to file motions in accordance with section 98 (2) no. 3 and section 104 (1), sentence 1, of the Stock Corporation Act. Section 113 (3) of the Stock Corporation Act is replaced by the following provisions which apply in addition to section 116 of the Stock Corporation Act:

1. Any profit participations the members of the supervisory board are entitled to are calculated on the basis of the annual surplus less accumulated losses brought forward and transfers to earnings reserves; the shares in the surplus to which pursuant to section 22 (3) above the persons are entitled who made available the members funds shall be deducted. Any provisions to the contrary are void.

2. The members of the supervisory board are in particular liable to indemnification if any of the

acts under section 34 above, sentence 4, are performed with their knowledge and without their taking action.

Section 35a Liability for damages

Section 117 of the Stock Corporation Act applies accordingly.

Section 36 Supreme representation

The provisions of sections 118, 119 (1) nos. 1 to 3, 5, 7 and 8 and subsection (2), sections 120, 121 (1) to (4), (5) sentence 1 and (6), sections 122, 123 (1), sections 124 to 127, 129 (1) and (4), section 130 (1), sentences 1 and 2, (2) to (5), sections 131 to 133, 134 (4) and sections 136, 142 to 147, 241 to 253 and 257 to 261 of the Stock Corporation Act applicable to the shareholders meeting apply to the supreme representation accordingly. Section 256 of the Stock Corporation Act applies accordingly. If the supreme representation is the general assembly of members, section 134 (3) of the Stock Corporation Act also applies accordingly. Participation rights (section 53c (3a) below) may only be granted if the supreme representation has taken a relevant decision. A majority of three quarters of the votes cast is required to take a decision. A different majority and additional requirements may be stipulated in the articles of association.

Section 36a (repealed)

Section 36b Minority rights

If the provisions of the Stock Corporation Act, which in accordance with sections 34, 35a and 36 above apply accordingly, grant rights to a minority of shareholders (section 93 (4), third sentence, section 117 (4), section 120 (1), sections 122, 142 (2) and (4), sections 147, 258 (2), sentence 3, section 260 (1), sentence 1, and subsection (3), sentence 4, of the Stock Corporation Act) the articles of association shall specify the required minority of the members of the supreme representation.

Section 37 Loss reserve

The articles of association shall stipulate that a reserve to cover extraordinary operational losses (loss reserve, reserve fund) shall be established, the annual amounts to be reserved, and the minimum amount of the reserve.

Section 38 Use of surplus

(1) Any surplus shown in the balance sheet is distributed among the members specified in the articles of association unless such surplus shall be allocated to the loss reserve or any other reserve or used for the payment of remunerations or carried forward to the next financial year in accordance with the articles of association. This is without prejudice to section 53c (3a) below of this law and section 269 of the Commercial Code.

(2) The articles of association shall stipulate the rules for any such distribution and whether the surplus shall be distributed only among the members existing at the end of the financial year or also among the members who left the mutual society.

(3) (rescinded)

Section 39 Amendment of articles of association

(1) Only the supreme representation is entitled to amend the articles of association.

(2) It may delegate the power to make amendments which only affect the form to the supervisory board.

(3) It may authorise the supervisory board to make any changes which the supervisory authority requires to be made before approving of an amendment decision.

(4) For the purpose of a decision of the supreme representation to abandon a class of insurance or to introduce a new one a majority of three quarters of the votes cast is required; the articles of association may, however, stipulate otherwise. As regards other decisions pursuant to subsections (1) to (3) above any such majority is not required unless otherwise specified in the articles of association.

Section 40 Registration of amendment of articles of association

(1) An application for registration in the Commercial Register shall be filed for any amendment to the articles of association. The application shall be accompanied by the certificate of approval. The complete text of the articles of association shall also be submitted and provided with a certification by a notary to the effect that the amended provisions of the articles of association comply with the decision to amend the articles of association and that the unamended provisions comply with the latest version of the articles of association submitted for the purpose of registration in the Commercial Register.

(2) On registration reference may be made to the documents submitted to the court and relating to the amendment unless the amendment concerns information under section 32 above. Any provisions shall be published to which the publications prescribed under section 33 above relate.

(3) The amendment does not become effective unless it has been entered in the Commercial Register with the competent court of the district where the mutual society has its head office.

Section 41 Amendment of general policy conditions

(1) Subject to subsection (2) below, section 39 (1) and (2) above applies accordingly to amendments to the general insurance policy conditions under section 10 above.

(2) The articles of association may authorise the board of directors to introduce or amend general insurance policy conditions with the approval of the supervisory board. If neither the board of directors nor the supervisory board are authorised by the articles of association to amend the general insurance policy conditions, the supreme representation may authorise the supervisory board to make preliminary amendments to the general insurance policy conditions if there is an urgent need; the amendments shall be submitted to the supreme representation at its next meeting and repealed if so required.

(3) Any amendment to the articles of association or the general insurance policy conditions shall not affect any existing insurance contract unless the insured explicitly approves of any such amendment. This does not apply to provisions in relation to which the articles of association expressly stipulate that any amendment thereto may also have effect on the existing contracts.

Section 42 Dissolution

The mutual society is dissolved:

1. after expiry of the period of time specified in the articles of association;

2. on decision taken by the supreme representation;

3. by instituting insolvency proceedings against the assets of the mutual society;

4. from the date the order becomes final by which the institution of insolvency proceedings is rejected due to the bankrupt's assets being inadequate to cover the expenses of the proceedings.

Section 43 Dissolution decision

(1) The decision of the supreme representation to dissolve the society (section 42 no. 2 above) must be taken by a majority of three quarters of the votes cast unless otherwise provided in the articles of association. Members of the supreme representation who voted against the dissolution may have their objection to the dissolution recorded.

(2) The decision is subject to approval by the supervisory authority which shall inform the Court of Registration of its approval.

(3) If the mutual society has been dissolved by a decision of the supreme representation the insurance contracts concluded between the members and the society are terminated on the date specified in the decision; at the earliest, however, after expiration of a period of four weeks. Any claims which have accrued by that date may be asserted; on the other hand, as regards any contributions paid in advance for future periods of insurance these may be reclaimed only after deduction of the accrued expenses. These provisions do not apply to life insurance contracts; they are not affected unless otherwise provided in the articles of association.

Section 44 Portfolio transfer

Contracts for the purpose of transferring the portfolio of a mutual society wholly or partly to another company are subject to approval by the supreme representation to become effective. Any such decision requires a majority of three quarters of the votes cast if not otherwise provided in the articles of association.

Section 44a to Section 44c (repealed)

Section 45 Registration of dissolution

The board of directors shall apply for registration of the dissolution of the mutual society in the commercial register. This does not apply if insolvency proceedings have been instituted or their institution has been rejected. In these cases (section 42 nos. 3 and 4 above) the court shall officially register the dissolution of the society and the grounds thereof; the office of the insolvency court shall send to the Court of Registration a certified copy of the order to institute insolvency proceedings or a certified copy of the order to reject the institution of insolvency proceedings certifying the date the order has become final.

Section 46 Winding-up

(1) After dissolution the mutual society is wound up unless insolvency proceedings have been instituted against the assets of the mutual society.

(2) During winding up the same provisions apply as before winding up unless otherwise provided in the following provisions or implied from the purpose of the winding up. In particular supplementary contributions or required contributions (sections 24 to 27 above) may be invited and

collected. New insurances may no longer be written; the existing insurances may not be increased or renewed.

Section 47 Winding-up procedure

(1) Winding up is performed by the members of the board of directors as liquidators unless other persons have been designated by the articles of association or a decision of the supreme representation. Also a legal person may be liquidator.

(2) The Court of Registration shall, if there are any important reasons for this, appoint and dismiss liquidators at the request of the supervisory board or a minority of the members to be specified in the articles of association. Section 146 of the Reich Law on Matters of Non-contentious Jurisdiction [Reichsgesetz über die Angelegenheiten der freiwilligen Gerichtsbarkeit] applies accordingly. Any liquidators who have not been appointed by the court may be dismissed by the supreme representation at any time. As regards claims arising from the employment contract the general rules are applicable.

(3) Otherwise, section 265 (4), sections 266 to 269, section 270 (1) and (2), sentence 1, sections 272, 273 of the Stock Corporation Act shall apply in the case of winding-up accordingly. Notwithstanding section 270 (2), sentence 3, and subsection (3) of the Stock Corporation Act to be applied accordingly, the provisions applicable to the establishment and auditing of the annual accounts and annual report of the mutual society and sections 175, 176 of the Stock Corporation Act and sections 325, 328 of the Commercial Code apply mutatis mutandis to the opening balance sheet, the explanatory report, the annual accounts and annual report.

Section 48 Repayment of the members fund; distribution of assets

(1) The members funds may not be repaid unless the claims of all the other creditors, in particular the claims of the members under insurance contracts have been met or security has been furnished. Supplementary contributions or required contributions are not permitted for repayment purposes.

(2) The assets of the mutual society remaining after the obligations have been met are distributed among the members existing at the time of dissolution using the same criteria as for profit distribution.

(3) The articles of association may stipulate otherwise with regard to the distribution of the assets. They may authorise the supreme representation to designate other eligible recipients.

Section 49 Continuation of society

(1) If a mutual society has been dissolved due to expiration of time or a decision taken by the supreme representation, the supreme representation may elect to continue operation of the society unless distribution of the assets among those eligible has not yet been started. The decision requires a majority of three quarters of the votes cast unless otherwise provided in the articles of association. It is subject to approval by the supervisory authority which shall inform the Court of Registration of its approval.

(2) The same applies if the mutual society has been dissolved following the institution of insolvency proceedings, but if the proceedings have been discontinued at the request of the mutual society, or set aside after an insolvency plan providing the continued operation of the mutual society has been confirmed.

(3) The liquidators shall file an application for registration of the continuation of the society's operations in the commercial register; on filing the application they shall prove that distribution of the

assets of the society among those eligible has not yet been started.

(4) The decision to continue operations does not become effective until it has been entered in the commercial register of the place where the mutual society is domiciled.

Section 50 Requirement to pay contributions during insolvency proceedings

(1) If existing or former members are required to pay contributions under the law or articles of association (sections 24 to 26 above) they are liable for the society's debts if insolvency proceedings are instituted.

(2) Members who left the society in the year before or after the petition to institute insolvency proceedings was filed are liable for the society's debts as if they were still members.

Section 51 Ranking of debts in insolvency

(1) Any claims for repayment of the members funds rank after all the other debts in insolvency. Among these any claims under insurance contracts to which members who were members at the time the insolvency proceedings were instituted or who had left the society in the year preceding of following the petition for the institution of insolvency proceedings are entitled rank after the claims of any other creditors.

(2) No supplementary contributions or required contributions may be allowed for the purpose of repayment of the members funds.

Section 52 Supplementary and required contributions in insolvency proceedings

(1) Any supplementary contributions or required contributions needed for the insolvency proceedings shall be fixed and invited by the receiver. He shall calculate immediately after the balance sheet has been filed with the court (section 153 of the Insolvency Statute [Insolvenzordnung]) the amounts to be advanced by the members in accordance with their contributory obligations to cover the deficit shown in the balance sheet. As regards the calculation of any such advance payments and additional payments section 106 (1), sentence 2, sub-sections (2) and (3), as well as sections 107 to 113 of the Cooperative Societies Law [Genossenschaftsgesetz] apply accordingly.

(2) Soon after final distribution has commenced (section 196 of the Insolvency Law) the receiver shall calculate the final contributions to be paid by the members. As regards this calculation and any further procedure, section 114 (2) and sections 115 to 118 of the Cooperative Societies Law apply accordingly.

Section 53 'Kleinere Vereine'

(1) As regards mutual societies with limited operation as to type of business, territory or group of persons ('kleinere Vereine') only sections 15, 16 sentence 2, section 17 (1), section 18 (1), sections 19, 20, 21 (1), sections 22 to 27, 28 (1), sections 37, 38 (1) and (2), section 39 (1) to (3), sections 41 and 42, 43 (1) and (2) sentence 1, and subsection (3), sections 44, 48, and 50 to 52 above under part III apply. Insurance contracts for fixed premiums may not be written unless the policyholders become members.

(2) Except as otherwise provided in subsection (1) above 'kleinere Vereine' are subject to the general provisions concerning societies of sections 24 to 53 of the Civil Code. However, in the cases of sections 29 and 37 (2) of the Civil Code the Local Court will be replaced by the supervisory authority.

(3) If the articles of association provide for a supervisory board, section 34 (1) and (2), sentence 1, and (6), section 36 (2) and (3) and sections 37 to 40 of the Cooperative Societies Law apply accordingly.

(4) The supervisory authority decides whether a society is a 'kleinerer Verein'.

Section 53a (repealed)

Section 53b Waiver of members funds of 'kleinere Vereine'; loss reserve

The supervisory authority may permit, until the end of 31st of December 2003, that 'kleinere Vereine' intending to operate life insurance need not establish members funds if security is otherwise provided by the particular nature of the business or by special arrangements. Until such date, it may permit on the same grounds that a loss reserve need not be established.

IV. Management of insurance undertakings

1. Financial resources, investments

Section 53c Capital

(1) To ensure that their liabilities under the insurance contracts can permanently be met the insurance undertakings are obliged to establish free uncommitted own funds in an amount not less than the solvency margin which depends on the total volume of business. One third of the solvency margin is deemed to be the guarantee fund.

(2) For the purpose of implementing insurance directives of the Council of the European Communities, the Federal Ministry of Finance may issue by regulation provisions on

1. the calculation and the amount of the solvency margin,

2. the minimum guarantee fund for the individual classes of insurance,

3. how the own funds not shown in the balance sheet of life insurance undertakings are to be calculated and to what extent they may be counted towards the solvency margin and the guarantee fund.

(2a) As regards undertakings writing life insurance in the form of pension and death benefit funds, subsection (2) above securing an adequate solvency applies accordingly. Undertakings which were authorised by 28th July, 1994, and which do not meet the requirements of the regulation under subsection (2) above, sentence 1, must meet the solvency requirements not later than by the end of the financial year following 31st December, 1998.

(3) Own funds for the purpose of subsection (1) above are in particular,

1. a) as regards public limited companies the share capital less the amount of their own shares and less half of the amount not paid up;

b) as regards mutual societies the members funds less the amount not paid up; if at least 25 percent of the members funds have been paid up only half of the amount not paid up shall be deducted;

c) as regards insurance undertakings under public law the items corresponding to the share capital of public limited companies less the amount not paid; if at least 25 percent have been paid up only half of the amount not paid up shall be deducted;

2. the capital reserves and the revenue reserves;

3. the profit carried forward;

3a. the capital paid up in exchange for the granting of subordinated loans in accordance with subsections 3a and 3c below;

3b. the capital paid up due to the incurring of subordinated liabilities in accordance with subsections 3b and 3c below;

4. upon request and with the approval of the supervisory authority hidden reserves resulting from the valuation of the assets, in so far as the hidden reserves in question are not of an exceptional nature;

5. as regards mutual societies and public mutual insurance undertakings, provided they do not operate life insurance, half of the supplementary contributions permissible in a financial year in accordance with the articles of association in so far as they do not exceed half of the total own funds;

6. as regards life insurance undertakings

a) the provision for premium refunds if it may be used to cover losses and to the extent that it does not represent any predetermined bonuses,

b) on request, in accordance with the provisions under subsection (2) above and with the approval of the supervisory authority the value of future surplus and the value of acquisition costs included in the premium to the extent that these have not been taken into account for the mathematical provision.

The total of the amounts as specified in sentence 1, nos. 1 to 6, shall be reduced by the loss carried forward and the intangible assets shown in the balance sheet, in particular

1. the capitalised start-up and expansion costs (section 269 of the Commercial Code),

2. the capitalised goodwill (section 255 (4) of the Commercial Code).

(3a) Capital paid up in exchange for the granting of subordinated loans (subsection (3), sentence 1, no. 3a above) shall not be included in the own funds under section (1) above unless

1. it is fully applicable to cover losses and the insurance undertaking is obliged in case of loss to defer interest payments,

2. it has been agreed that in the case of the institution of insolvency proceedings or the liquidation of the insurance undertaking it shall not be repaid until all non-subordinated creditors have been satisfied,

3. it has been made available to the insurance undertaking for a period of at least five years and must not be repaid prematurely at the request of the creditor; this five-year period need not be observed in the case of early cancellation of subordinated loans due to changed taxation which would result in additional payments to the holder of subordinated loans and if, before being repaid, the capital has been replaced by other, at least equivalent own funds,

4. the claim for repayment falls due within a period of not less than two years or may fall due within that period under the terms of the contract, and

5. the insurance undertaking has explicitly referred to the legal consequences in the second and third sentences, in writing, when the contract was concluded.

Any subsequent change to the requirement to cover the losses, subsequent limitation of the subordination requirement and subsequent reduction of the above periods of time with respect to maturity and cancellation is not permitted. Any early repayment shall be refunded to the insurance undertaking irrespective of any agreement to the contrary, unless the capital has been replaced by the deposit of other at least equivalent own funds. If securities are issued for the subordinated loans reference shall be made to the legal consequences in sentences 2 and 3 in the terms of issue and subscription. The insurance undertaking may not acquire securities representing its own subordinated loans. The obligation to repay shall not be an obligation within the meaning of subsection (1) above, sentence 1.

(3b) Capital which has been paid up due to the incurring of subordinated liabilities (subsection (3), sentence 1, no. 3b above) shall not be included in the own funds in accordance with subsection (1) above unless

1. it is repaid after all non-subordinated creditors have been satisfied in the case of the institution of insolvency proceedings or the liquidation of the insurance undertaking,

2. it has been made available to the insurance undertaking for a period of at least five years and must not be repaid prematurely at the request of the creditor; this five-year period need not be observed in the case of early cancellation of bonds due to changed taxation which would result in additional payments to the holder of the bonds and if, before being repaid, the capital has been replaced by other, at least equivalent own funds,

3. setting off the repayment claim against claims of the insurance undertakings is excluded and as regards the liabilities no contractual securities are provided by the insurance undertaking or any third parties, and

4. the claim for repayment falls due within a period of not less than two years or may fall due within that period under the terms of the contract.

Any subsequent limitation of the subordination requirement and subsequent reduction of the above periods of time with respect to maturity and cancellation is not permitted. Any early repayment shall be refunded to the insurance undertaking irrespective of any agreement to the contrary, unless the insurance undertaking has been wound up or the capital has been replaced by other at least equivalent own funds. On conclusion of the contract the insurance undertaking shall expressly draw attention to the legal consequences in sentences 2 and 3 in writing; if securities are issued for the subordinated liabilities reference shall be made to the legal consequences only in the terms of issue and subscription. The insurance undertaking may not acquire securities representing its own subordinated liabilities. The obligation to repay is not an obligation within the meaning of subsection (1) above, sentence 1.

(3c) The total amount of the subordinated loan capital in accordance with subsection (3a) above and of the subordinated liabilities in accordance with subsection (3) b above shall be included in the own funds in accordance with subsection (1) above only if it does not exceed 25 per cent of the paid-up own funds in accordance with subsection (3), sentence 3, nos. 1 to 3 above; the supervisory authority may permit a higher percentage which, however, shall not exceed 50 per cent of the solvency margin if the payment of subordinated loan capital or the incurring of subordinated liabilities serve to meet the requirements of a solvency or financial scheme (section 81b below).

(4) The calculation of the solvency margin and a statement of its own funds together with the annual accounts and status report required by section 341a (1) of the Commercial Code shall be submitted annually to the supervisory authority.

Section 53d Limitation of remuneration paid in relation to contracts with related non-insurance undertakings

(1) If an insurance undertaking makes use of the services of a related undertaking (section 15 of

the Stock Corporation Act) which is not an insurance undertaking under a contract for work and services, a tenancy and lease agreement and contracts of a similar nature, remuneration shall be limited to the amount which a manager or director who meets the fit and proper requirement would also negotiate with a non-affiliated undertaking taking into account the interests of the insured. The insurance undertaking shall be informed annually about the expenses under these contracts and the way in which these expenses are calculated.

(2) Contracts under subsection (1) above are to be concluded in writing.

(3) Subsections (1) and (2) above apply to contracts with non-affiliated companies accordingly if a majority interest is held, either directly or indirectly, by the same person or persons in both parties to the contract (section 16 of the Stock Corporation Act).

Section 54 Investment rules relating to restricted assets; notification obligations

(1) The assets of the 'Deckungsstock' (section 66) and the other restricted assets of an insurance undertaking shall, taking into account the type of insurance business carried on and the structure of the undertaking, be invested in a way which ensures maximum security and profitability, while maintaining the insurance undertaking's liquidity at all times, through adequate mix and spread. The other restricted assets comprise assets not included in the 'Deckungsstock' in an amount equal to the technical provisions and the liabilities and deferrals under insurance contracts; the shares of reinsurers are disregarded. For the calculation of the other restricted assets amounts up to 50 per cent of the outstanding premiums, which have become due during the last three months from direct insurance business and which are reduced by value adjustments, may be disregarded. As regards life insurance, the provision for premium refunds shall be included in the restricted assets only in an amount equal to the profit participations expected to be payable by the end of the following financial year; for the calculation of the other restricted assets amounts up to the incurred and actuarially covered acquisition costs shown in the last annual balance sheet may be disregarded with the consent of the supervisory authority. Liabilities and provisions under reinsurance contracts are disregarded for the calculation of the restricted assets if they are matched by claims under the same reinsurance contracts.

(2) The restricted assets may be invested only in

1. loans receivable, bonds and participation rights;
2. Debt Register claims;
3. shares;
4. participating interests;
5. real property and similar rights;
6. shares in undertakings for collective investment in transferable securities and for other investments which are placed in accordance with the principle of the spreading of risks, if the undertakings are subject to efficient public supervision for the protection of the holders of the shares;
7. current credit balances and deposits at credit institutions;
8. any other assets if they are admissible under articles 21 or 22 of the Third Non-Life Insurance Directive, or articles 21 or 22 of the Third Life Insurance Directive.

The restricted assets may be invested in assets not mentioned above, only if this is permitted by the supervisory authority upon request in the individual case in an exceptional situation for a limited period of time and if the interests of the insured are thereby not impaired.

(3) The Federal Government is authorised to issue by regulation, which shall be subject to the approval of the Bundesrat, more detailed provisions in pursuance with subsection (1) and subsection

(2), sentence 1, taking into account the relevant principles and terms of articles 21 and 22 of the Third Non-Life Insurance Directive or the Third Life Insurance Directive, in particular by laying down quantitative and qualitative requirements regarding the investment of the restricted assets.

(4) The supervisory authority shall without prejudice to the provision under section 54d be informed of

1. the acquisition of real property and equivalent rights;

2. the acquisition of participating interests; however, if these participating interests consist of shares and other participating interests, only if the interests exceed 10 per cent of the nominal capital of the other undertaking; for the purpose of this provision, the interests of several insurance undertakings belonging to a single group of undertakings within the meaning of section 18 of the Stock Corporation Act and of the controlling undertaking in another undertaking are consolidated;

3. investments of an insurance undertaking in a related undertaking within the meaning of section 15 of the Stock Corporation Act and investments of a 'Pensionskasse' or death benefit fund in an undertaking whose staff is insured with the fund;

4. investments in units of special funds managed by an investment company and in units issued by an investment company unless they have been coordinated by Council directive 85/611/EEC of 20 December 1985, on the coordination of laws, regulations and administrative provisions relating to undertakings for collective investment in transferable securities (OJ EC No. L 375, p. 3).

The information shall be given by the end of the month following the acquisition or investment.

Section 54a (repealed)

Section 54b Investment portfolio

(1) If life insurance contracts provide for insurance benefits in

1. units in a special fund managed by an investment company,

2. units issued by an investment company,

3. assets admitted for the purpose of the special fund of an investment company other than cash,

the relevant investments shall be made for the assets of the separate account of the 'Deckungsstock' (coverage fund) to be established for this purpose.

(2) Where the benefits provided by life insurance contracts are directly linked to a share index or reference values other than those specified in subsection (1) above, a separate account shall be established for each type of investment. The assets of these separate accounts shall be invested in units representing the reference value or if no units are established in assets which correspond to the assets on which the particular reference value is based and which are sufficiently secure and marketable.

(3) Section 54 above is not applicable to the assets of the separate accounts mentioned in subsections (1) and (2) above. If, however, the insurance benefits mentioned in subsections (1) and (2) above include a guaranteed minimum benefit, section 54 above applies to the assets representing the additional technical provisions for this purpose.

(4) The provisions of part C of the annex are not applicable to the assets mentioned in subsections (1) to (3) above.

Section 54c Portfolio of contracts covering risks situated abroad

If insurance contracts are part of a separate portfolio of an insurance undertaking in a state outside the European Community and the other signatory states to the agreement on the European Economic

Area, sections 54 and 54b shall be applied to the restricted assets generated under these insurance contracts as appropriate except as otherwise provided for under foreign law.

Section 54d Reports to the supervisory authority

The insurance undertakings shall report in the forms and within the delays required by the supervisory authority about all their investments broken down into new and existing investments. This is without prejudice to the obligations under section 66 (6), sentence 6, below.

1a. Accounting, auditing

Section 55 Accounting of insurance undertakings under public law; duty to deposit and send in documents

(1) The provisions of the Second Subsection of the Fourth Section in conjunction with the provisions of the First and Second Sections of the Third Book of the Commercial Code apply accordingly to undertakings under public law which operate insurance business and do not write social insurance.

(2) Insurance undertakings shall immediately deposit with the supervisory authority the annual accounts established by the legal representatives and later the approved annual accounts and status report. Insurance undertakings which establish consolidated annual accounts or a consolidated status report shall submit these records to the supervisory authority immediately.

(3) Insurance undertakings shall send every insured, on request, the annual accounts and status report in the financial year following the year under review.

Section 55a Internal accounting

(1) The Federal Ministry of Finance is authorised to issue by regulation not requiring approval by the Bundesrat provisions for insurance undertakings not subject to supervision by the supervisory authorities of the Länder with respect to

1. bookkeeping, the contents, form and number of copies of the internal report to be submitted to the supervisory authority, comprising the balance sheet broken down for supervisory purposes, profit and loss account broken down by classes and types of insurance and special explanatory notes to the balance sheet and profit and loss account to the extent that this is required for supervisory purposes in accordance with this law;

1a. the contents, form and number of copies of the internal interim report to be submitted to the supervisory authority every three months, comprising a compilation of the latest accounting and portfolio data and information about the number of claims to the extent that this is necessary for supervisory purposes in accordance with this law;

1b. the contents, the form and the number of copies of the internal report on the operations as per section 104e that shall be submitted to the supervisory authority;

2. the deadlines for the submission of the internal reports to the supervisory authority;

3. the contents of the audit reports under section 341k of the Commercial Code to the extent that this is necessary for supervisory purposes in accordance with this law;

4. the audit of the annual accounts and the status reports of insurance undertakings to which section 341k of the Commercial Code does not apply, performed by an independent expert, as well as the contents and the deadline for submitting the report compiled by an expert to the extent that this is

necessary to carry out supervision as required by this law.

The authorisation referred to in sentence 1 may be delegated wholly or partly by regulation, which is not subject to approval by the Bundesrat, to the Bundesanstalt in relation to insurance undertakings subject to supervision by the Bundesanstalt.

(2) Provisions in accordance with subsection (1) above for insurance undertakings subject to supervision by the Bundesanstalt are issued in consultation with the supervisory authorities of the Länder; the Insurance Advisory Council [Versicherungsbeirat] shall be heard before the provisions are issued.

(3) The governments of the Länder may in consultation with the Bundesanstalt issue regulations to lay down provisions in accordance with subsection (1) above applicable to insurance undertakings subject to supervision by the supervisory authorities of the Länder. They may delegate this authorisation by regulation to the supervisory authority of the Land.

Section 56 (repealed)

Section 56a Provision for premium refunds

In the case of public limited insurance companies the board of directors fixes, with the consent of the supervisory board, the amounts to be set aside for profit participation of the insured. However, amounts which do not have to be set aside because of a legal title of the insured to such amounts may not be made available for profit participation unless dividends in the amount of at least 4 per cent of the share capital can still be distributed out of the remaining net earnings shown in the balance sheet. The amounts destined for profit participation of the insured shall, provided they have not been directly distributed among the insured, be allocated to a provision for returns of premium. The amounts allocated to the provision for returns of premium may be used only for the purpose of profit participation of the insured. The insurance undertaking is, however, entitled to use, with the consent of the supervisory authority, the provision for returns of premium in exceptional cases to avoid an emergency situation in the interest of the insured to the extent that such provision has not yet been destined for profit participation.

Section 56b (repealed)

Section 57 Scope of audit

(1) When auditing the annual accounts, the auditor shall ascertain if the insurance undertaking has complied with the disclosure requirements under section 13b (1) and (4), section 13c (1) and (4), section 13d nos. 1 to 5, and the obligations in accordance with section 14 of the Law Relating to the Tracing of Profits Generated by Serious Criminal Offences [Gesetz über das Aufspüren von Gewinnen aus schweren Straftaten]. The result shall be included in the auditor's report. An auditor who audits an undertaking that has close links with the primary insurance undertaking arising from a controlling influence pursuant to section 8 (1), sentence 4, no. 2, and who also audits the primary insurance undertaking shall inform the supervisory authority of any facts pursuant to section 321 (1), sentence 3, of the Commercial Code detected with the associated undertaking if such facts are liable to have a considerable negative effect on the activities of the insurance undertaking. The auditor shall at the request of the supervisory authority provide information about any other facts of which he has become aware during auditing and which are an indication of the business of the primary insurance undertaking not being run properly.

(2) The Federal Ministry of Finance is authorised by regulation to issue more detailed provisions about the contents of the auditor's reports pursuant to subsection (1), sentence 1, to the extent that this is required by the supervisory authority to fulfil its duties, in particular to obtain standardised records to judge the insurance business carried out by the insurance undertakings. This authorisation may be delegated by regulation to the Bundesanstalt. The latter issues the regulations in agreement with the supervisory authorities of the Länder; before the regulations are issued, the Insurance Advisory Council is to be consulted.

Section 58 Notification by auditor to the supervisory authority; appointment

(1) (rescinded)

(2) The board of directors shall immediately advise the supervisory authority of the auditor appointed by the supervisory board. The supervisory authority may, if it has any objections to the auditor of the annual accounts, require that another auditor be appointed within a reasonable period of time. If no new appointment is made or if the supervisor authority has objections also to the newly appointed auditor, it shall itself appoint an auditor. In this case section 318 (1), sentence 4, of the Commercial Code applies with the proviso that the legal representatives shall immediately require the auditor appointed by the supervisory authority to proceed with the audit.

(3) (rescinded)

Section 59 Submission of audit report to the supervisory authority

The board of directors shall, immediately after the auditor's report has been adopted, deposit a copy of the report, which has been provided with its own comments and those of the supervisory board, with the supervisory authority. The latter may discuss the report with the auditor and, if necessary, require additional audits and supplements to the report at the expense of the insurance undertaking.

Section 60 Audit of insurance undertakings under public law

Sections 58 and 59 above do not apply to insurance undertakings under public law established under the laws of the insurance supervisory authorities of the Länder and subject to supervision by them. Additional requirements with respect to the auditing of the annual accounts of these undertakings have been imposed under the laws of the relevant Länder in accordance with section 341k of the Commercial Code.

Sections 61 to 63 (repealed)

Section 64 Audit of the annual accounts of 'Kleinere Vereine'

If in pursuance of section 330 (1), (3) and (4) of the Commercial Code and the regulation issued in compliance with this authorisation insurance undertakings are not subject to the requirement to have their annual accounts audited, sections 58 and 59 above of this law shall not be applicable.

2. Special provisions on the mathematical provisions and the 'Deckungsstock' in life insurance

Section 65 Mathematical provision

(1) The Federal Ministry of Finance is authorised to issue by regulation provisions for the

purpose of calculating the mathematical provisions in accordance with the principles of proper accounting relating to

1. insurance contracts with guaranteed interest rate: one or several maximum technical interest rates on the basis of

a) the rate on the bonds issued by the state in whose currency the contract is denominated whereby this maximum rate shall not exceed 60 per cent; unit-linked contracts, single-premium contracts of terms of up to eight years, without-profits contracts and annuity contracts with no surrender value may be excluded or higher maximum values may be fixed for them, or

b) the yield on the assets currently held by the life insurance undertaking and the anticipated yield on future assets with adequate safety loadings having to be made;

2. the maximum amounts for zillmerising;

3. the actuarial calculation bases for the calculation of the mathematical provision to the extent that this is required for the implementation of directives of the Council of the European Communities.

This authorisation may be delegated by regulation to the Bundesanstalt. The latter will lay down the regulations in agreement with the supervisory authorities of the Länder.

(2) The regulations pursuant to subsection (1) above shall be issued in agreement with the Federal Ministry of Justice.

(3) Before a maximum interest rate is fixed in accordance with subsection (1), sentence 1, no. 1 (a) above and provided the contracts are denominated in the currency of another member state of the European Community or another signatory state to the EEA agreement, the supervisory authority of this state shall be consulted.

Section 66 'Deckungsstock'

(1) The board of directors of the undertaking shall already during the financial year allocate to the 'Deckungsstock' and lawfully invest amounts which correspond to the expected increase of the minimum 'Deckungsstock' in accordance with subsection (1a) below. The supervisory authority may prescribe further details.

(1a) The volume of the 'Deckungsstock' must at least correspond to the sum made up of the balance sheet values of the mathematical provision, the provisions for unearned premiums to the extent that these are earmarked for the mathematical provision, the proportionate mathematical provisions of the individual insurance contracts included in the provision for outstanding claims and surrenders, and the present annuity values, as well as the credited profit participations. Balance sheet values within the meaning of sentence 1 are the gross amounts before deduction of the amounts for ceded reinsurance business.

(2) If the assets of the 'Deckungsstock' do not meet the minimum requirement under subsection (1a) above, the board of directors shall immediately make up for the deficiency.

(3) The supervisory authority may require that further allocations be made to the 'Deckungsstock' in addition to the minimum requirement under subsection (1a) above if this is deemed necessary to safeguard the interests of the insured. Such allocation may be necessary considering in particular lower current values of the assets making up the 'Deckungsstock'.

(3a) For the purpose of the 'Deckungsstock' unencumbered real property and similar rights shall be rated at their balance sheet value. If the balance sheet value is higher than the market value the latter shall be used. The supervisory authority may permit an adequate increase in this value if and in so far as it has been proved by an expert opinion that the market value exceeds the balance sheet value by at least 100 per cent. In the case of encumbered real property and similar rights the supervisory authority shall determine the value on a case-by-case basis. The supervisory authority shall be informed about the values used in compliance with the reporting requirement under section 54d above.

(3b) For the purposes of securing the liquidity of the insurance undertaking and safeguarding the interests of the insured, the Federal Ministry of Finance is authorised, with respect to the contents of the annual accounts which are detailed in section 55a (1) no. 1, above, for the purpose of internal reporting, to issue by regulation supplementary provisions regarding the attribution to fixed assets or current assets of investments in the meaning of section 341b (2) sentence 1 of the Commercial Code and may for this purpose request the submission of a liquidity statement drawn up in accordance with principles of proper accounting. Further details on the cash-flow statement may be required by regulation as per sentence 1 where this is necessary for the purposes of insurance supervision. The authorisation may be delegated by regulation to the 'Bundesaufsichtsamt für das Versicherungswesen'. This authority will lay down the provisions in consultation with the supervisory authorities of the Länder. The regulations pursuant to sentences 1 to 4 above shall be issued in agreement with the Federal Ministry of Justice; they shall not be subject to approval of the Bundesrat.

(4) There shall not be any allocation requirement with respect to the 'Deckungsstock' only in cases where a special security deposit has to be made abroad for certain insurances out of the premium income.

(5) The 'Deckungsstock' (cash, securities, deeds, etc.) shall be managed separately from all the other assets and kept at the head office of the undertaking; the supervisory authority shall be informed about the manner in which it is kept; it may permit the 'Deckungsstock' to be kept at a different place.

(6) The assets of the 'Deckungsstock' shall be entered individually into a list. The rules regulating the 'Deckungsstock' shall apply to all assets in the list. Any usufruct in connection with the assets of the 'Deckungsstock' shall be deemed to be part of the 'Deckungsstock' even if this has not been entered in the list. Any claims with respect to advances or loans on the policies of an undertaking may, in so far as they are part of the assets of the fund, be entered in aggregate amounts. As regards claims secured by an encumbrance on real property and repayable in instalments the list shall be amended as prescribed by the supervisory authority; the same applies to encumbrances on real property not securing any personal claims. At the end of the financial year, a copy of the entries made during that year shall be submitted to the supervisory authority; the board of directors shall certify the accuracy of the copy. The supervisory authority shall keep the copy.

(7) Separate accounts may be established for the 'Deckungsstock' with the approval of the supervisory authority. The rules regulating the 'Deckungsstock' and the claims against it then apply to each of the separate accounts accordingly.

Section 67 'Deckungsstock' in reinsurance

As regards reinsured business, the reinsured undertaking shall also keep and manage the assets of the 'Deckungsstock' above for reinsured business in accordance with section 66.

Sections 68 and 69 (repealed)

Section 70 'Deckungsstock' trustee

A trustee and a deputy trustee shall be appointed to control the Deckungsstock. This shall not be applicable to 'kleinere Vereine' (section 53) unless otherwise provided by the supervisory authority.

Section 71 Appointment and qualification of the trustee

(1) The trustee is appointed by the supervisory board. If a 'kleinerer Verein' does not have a supervisory board the trustee is appointed by the board of directors.

(2) Before the appointment the supervisory authority must be informed about the name of the proposed trustee. If it has objections to the appointment it may require that another person be designated within a reasonable period of time. If this requirement is not met or if the supervisory authority has objections also to the newly proposed trustee it may itself appoint the trustee.

(3) Subsection (2), sentences 2 and 3, are also applicable if the supervisory authority has objections to an appointed trustee continuing in office.

Section 72 Securing the 'Deckungsstock'

(1) The 'Deckungsstock' shall be secured in such a way that disposition is possible only with the consent of the trustee; any further details are fixed by the supervisory authority.

(2) The trustee shall, in particular, keep the assets of the fund in joint custody with the insurance undertaking. He may not release any assets unless he is permitted to do so under this law; however, section 31 (2) and (3) of the Law concerning Mortgage Banks [Hypothekenbankgesetz] applies accordingly.

(3) The trustee may approve any disposition only in writing; if an item is to be deleted from the list of assets of the 'Deckungsstock' it is sufficient for the trustee to write his name beside or underneath the notice of cancellation.

Section 73 Certification by the trustee

The trustee shall certify at the end of the balance sheet that the mathematical provision has been invested and kept in compliance with the applicable rules without this requirement affecting the responsibility of the bodies representing the undertaking.

Section 74 Trustee's right of inspection

The trustee shall be authorised to inspect the books and records of the undertaking at any time in so far as they relate to the Deckungsstock.

Section 75 Decision on disputes

The supervisory authority decides disputes between the trustee and the insurance undertaking concerning the trustee's duties.

Section 76 Deputy trustee

Sections 71 to 75 above are also applicable to the deputy trustee.

Section 77 Withdrawals from the 'Deckungsstock'

(1) In addition to the funds required for investments or changes in investments only such amounts may be withdrawn from the 'Deckungsstock' which are released in the case of the occurrence of an insured event, a surrender or any other termination of an insurance contract or changes to the operating plan.

(2) Disposition of the assets of the 'Deckungsstock' by execution or execution of attachment or

arrest (Arrestvollziehung) shall not be permitted unless allocations to the 'Deckungsstock' have been prescribed (section 66 (1) to (4)) and actually been made with respect to the claim for the purpose of which any such execution has been ordered.

(3) Life insurance contracts terminate with the opening of the insolvency proceedings; the insured may claim the shares of the minimum amount of the 'Deckungsstock' as per section 66 (1a) due to them at the time of the opening of the insolvency proceedings; this does not affect their claims under the insurance contract that exceed those shares.

(4) In the case of satisfaction out of the assets of the 'Deckungsstock' (section 66 (6)) any claims to the share in the 'Deckungsstock' (section 66 (1a)), to the extent that allocations to the 'Deckungsstock' have been prescribed for them (section 66 (1) to (4)), rank before the claims of any other creditors. All such claims have the same ranking. As regards the insured's right to satisfaction out of the other assets of the undertaking the provisions of sections 52, 190, and 192 of the Insolvency Law relating to the creditors entitled to preferential treatment apply accordingly.

(5) Preferential rights in favour of the insured of a life insurance undertaking and of the insured of a health and accident insurance undertaking of the kind specified under section 12 which have their head office in a member state of the European Community or another signatory state to the agreement on the European Economic Area shall be recognised for the purpose of insolvency proceedings in Germany if the ranking requirement of subsection (4) above has been met and reciprocity has been guaranteed.

Section 78 Guardian in the event of insolvency

(1) The insolvency court shall appoint a guardian for the insured to protect their rights in accordance with section 77. For the purpose of guardianship the insolvency court takes the place of the guardianship court.

(2) The guardian shall determine the size of the existing 'Deckungsstock' and determine and file claims of the insured.

(3) The guardian shall to the extent that this is feasible consult the insured before, and notify them after, filing a claim and inform them, on request, about any facts relevant to their claims. The right of the individual insured to file himself a claim is not affected. If there is a difference between the claim filed by the insured and the claim filed by the guardian the filing which is more favourable to the insured shall be applicable pending the difference has been eliminated.

(4) The receiver shall permit the guardian to inspect all books and records of the debtor and disclose to him all the assets of the 'Deckungsstock' on request.

(5) The guardian may request a reasonable remuneration for discharging his duties. His recoverable expenses and remuneration are charged to the Deckungsstock.

(6) The supervisory authority shall be consulted prior to the appointment of the guardian and the fixing of his remuneration.

Section 79 Application to health and accident insurances

For the purpose of health insurances of the types specified under section 12 above, sections 66 to 78 above apply while for the purpose of accident insurances of the types specified under section 11d above and annuity benefits from the types of insurance specified in section 11e, sections 65 to 67, 77 and 78 above apply accordingly.

Section 79a Insurance undertakings under public law

Sections 70 to 76 do not apply to insurance undertakings under public law.

Section 80 (repealed)

V. Supervision of insurance undertakings

1. Duties and powers of the supervisory authorities

Section 81 Legal and financial supervision

(1) The supervisory authority controls all business operations of insurance undertakings within the framework of general legal supervision and specific financial supervision. It ensures that the interests of the insured are adequately safeguarded and the laws applicable to the operation of insurance business are observed. It performs the duties assigned to it under this law and other laws only in the interest of the public. The objective of legal supervision is the proper operation of insurance business including observance of the supervisory provisions, provisions concerning the insurance contracts and any other provisions concerning the insured as well as of the legal bases of the operating plan. The supervisory authority shall ensure within the framework of financial supervision that the liabilities under the insurance contracts may be fulfilled at any time and, in particular, adequate technical provisions are established and invested in proper assets, the principles of good business practice including sound administrative and accounting procedures and adequate internal control mechanisms are complied with, the undertakings dispose of an adequate solvency and that the other financial bases of the operating plan are observed.

(2) The supervisory authority may with respect to the undertakings, the members of their boards of directors and other managers or directors, or controllers take any orders which are appropriate and necessary to prevent or remedy any irregularities. An irregularity shall be deemed to be any conduct of an insurance undertaking which conflicts with the supervisory objectives under subsection (1) above. The supervisory authority may, in particular, prohibit combinations of loan transactions and insurance contracts to the extent that the sum insured exceeds the loan. It may also prohibit the insurance undertakings or the intermediaries of insurance contracts, either generally or for individual classes of insurance, from granting the policyholders any special allowances in some form or other; it may also prohibit the insurance undertakings, either generally or for individual classes of insurance, from concluding and renewing beneficiary contracts. The supervisory authority may further prohibit intermediaries from concluding insurance contracts or from intermediating the conclusion of such contract in Germany on behalf on undertakings which are not authorised to carry on such insurance operations, have taken up operations in breach of section 105 (2) or section 110a (2), or continue to carry on operations in breach of section 111b (2), sentence 2 or 3. The orders in accordance with sentence 4 become effective one month from their publication in the Federal Gazette; as regards insurance undertakings subject to supervision by the Länder publication in the journal designated for official publications of the governments of the Länder is sufficient.

(2a) If in the cases referred to in subsection (2) above and section 89 below the interests of the insured cannot be attended to otherwise, the supervisory authority may transfer powers which the bodies of the undertaking hold in accordance with the law or articles of association wholly or partly to a special representative who is suited to exercise these powers. The insurance undertaking is charged with any costs arising from the appointment of the special representative, including the remuneration to be paid to him. The amount of this remuneration are fixed by the supervisory authority. If the insurance undertaking is temporarily not in a position to pay this remuneration, the supervisory authority may make advance payments to the special representative. If the special representative is not entitled to any remuneration for his activities, he is liable only for damage caused intentionally or by gross negligence.

(3) (rescinded)

(4) The supervisory authority may give orders in accordance with subsection (2), sentence 1, also directly to other undertakings if they perform on behalf of an insurance undertaking

a) activities which may be the subject matter of an outsourcing contract (section 5 (3) no. 4) or

b) services under contracts referred to in section 53d.

The supervisory authority has the same power with respect to publishers that took out insurances with an insurance undertaking to cover the subscribers of newspapers or magazines published by them.

Section 81a Amendments of the operating plan

The supervisory authority may require that the operating plan be amended before new insurance contracts are entered into. The supervisory authority may amend or annul an operating plan with effect on existing insurance contracts or those not yet terminated if this is considered necessary to safeguard the interests of the insured.

Section 81b Solvency plan; financial plan

(1) If the own funds of an insurance undertaking fall, or threaten to fall, below the solvency margin the insurance undertaking shall submit, on request, to the supervisory authority a plan for the restoration of a sound financial position (solvency plan) for approval. Are there any indications of the financial position continuing to deteriorate the supervisory authority may notwithstanding the measures permitted under section 81 (2) above restrict or prohibit free disposal of the assets of the undertaking under exceptional circumstances.

(2) If the own funds of an insurance undertaking fall below the assets of the guarantee fund or cannot be allowed for this fund to the required extent the undertaking shall deposit with the supervisory authority, at its request, a plan for the short-term procurement of the necessary own funds (financial plan) for approval. In addition the supervisory authority may notwithstanding the measures permitted under section 81 (2) above limit or prohibit free disposal of the assets of the undertaking.

(3) If there is a risk of an investment jeopardising the solvency of the insurance undertaking the supervisory authority may also give orders in cases where the investment is not part of the restricted assets.

(4) Subsection (2), sentence 2, applies accordingly if an insurance undertaking does not establish adequate technical provisions or properly represent its technical provisions, or if it derogates from the requirements pertaining to localisation pursuant to the regulation as per section 54 (3) without this having been permitted by the supervisory authority.

Section 81c Irregularities in life insurance

(1) In life insurance an irregularity jeopardising the interests of the insured is also deemed to exist if no adequate allocations are made to the provision for premium refunds for the purpose of with-profit insurances. This shall particularly be assumed to be the case if the allocations to the provision for premium refunds of a life insurance undertaking, taking into account direct crediting and the technical interests, do not meet the minimum allocation requirement subject to the investment returns laid down by regulation in accordance with subsection (3) . Development of the mortality risk and the solvency requirement of the life insurance undertakings shall be taken into account for this purpose. Notwithstanding the measures permitted under section 81 (2), sentence 1, and section 87 the supervisory authority may require the life insurance undertaking to submit a plan which will secure that adequate allocations are made to the provision for premium refunds if the allocations to the provision do not comply with the minimum requirements of the regulation.

(2) As regards life insurances written before 29th July, 1994, an irregularity jeopardising the interests of the insured shall in particular be deemed to exist notwithstanding subsection (1), sentence 2, if the average refund rate of a life insurance undertaking in the last three financial years does not correspond with the standard refund rate established on the basis of the average rate for all life insurance undertakings. Notwithstanding the measures permitted under section 81 (2), sentence 1, and section 87 the supervisory authority may in this case require the undertaking to submit for approval a plan which will secure that adequate allocations are made to the provision for premium refunds. The refund rate corresponds to the relation, expressed as a percentage, between the amount made up of the technical interests, directly credited bonuses and allocations to the provision for premium refunds and the amount made up of the normal mortality gain and normal interest earnings.

(3) The Federal Ministry of Finance is authorised for the purpose of safeguarding the interests of the insured while taking into account the market conditions with respect to subsection (1) above to issue by regulation provisions concerning allocations to the provision for premium refunds, in particular minimum allocations subject to investment returns, and with respect to subsection (2) to fix the amount of the standard refund rate and to stipulate provisions concerning the calculation of the normal mortality gain and normal interest earnings. The above authorisation may be delegated by regulation to the Bundesanstalt. The latter will lay down the provisions in consultation with the supervisory authorities of the Länder.

(4) Subsections (1) and (3) above also apply to 'Pensionskassen' in relation to which facts have been determined in accordance with section 156a (3), sentence 5. Otherwise subsections (1) and (3) above are not applicable to 'Pensionskassen' and death benefit funds.

Section 81d Irregularities in health insurance

(1) An irregularity jeopardising the interests of the insured is also deemed to exist in health insurance treated in the same way as life insurance if no adequate allocations are made to the provision for profit-related premium refunds. This shall, in particular, be deemed to be the case, unless there is no profit participation due to the type of business operated, if the allocations to the provision for profit-related premium refunds of a health insurance undertaking do not comply with the rate, separately for health insurance in the meaning of section 12 (1), sentence 1, and private compulsory long-term care insurance in the meaning of section 12f, stipulated for allocations by regulation in accordance with subsection (3) above. The rate for such allocations is a percentage of the sum made

up of the annual profit and the expenditure for profit-related premium refunds. For this purpose any direct crediting and an average solvency requirement of the health insurance undertakings shall be taken into account.

(2) Notwithstanding the measures permitted under section 81 (2), sentence 1, and section 87 the supervisory authority may require the health insurance undertaking to submit a plan which will secure adequate allocations to the provision for profit-related premium refunds if the allocations to the provision do not comply with the minimum requirement of the ordinance in accordance with subsection (3) above.

(3) The Federal Ministry of Finance is authorised to issue by regulation, for the purpose of safeguarding the interests of the insured, provisions concerning the minimum allocation to the provisions for profit-related premium refunds, in particular the amount and calculation of such allocations. This power may be delegated by regulation to the Bundesanstalt. The latter will lay down the provisions in agreement with the supervisory authorities of the Länder.

Section 81e Discrimination

An irregularity within the meaning of section 81 (2) above are also deemed to be rate provisions and premium calculations on the basis of the nationality of the policyholder or insured or his belonging to an ethnic group.

Section 82 Prohibition to hold a participating interest

(1) If an insurance undertaking holds a participating interest in another undertaking which is not subject to supervision and if the participating interest is due to its nature and size suited to imperil the insurance undertaking, the supervisory authority may prohibit the insurance undertaking from maintaining its participating interest or permit to maintain it only on condition that the undertaking consents to an inspection being carried out at its own expense or at the expense of the insurance undertaking in accordance with section 341k of the Commercial Code and sections 58 and 59 of this law. If the undertaking refuses to be so inspected or if the inspection gives rise to any objections to holding a participation the supervisory authority shall prohibit the insurance undertaking from maintaining its participating interest.

(2) A participating interest within the meaning of subsection (1) above is also deemed to exist if a member of the board of directors or supervisory board of the insurance undertaking exercises or is in a position to exercise a significant influence on the management of another undertaking.

Section 83 Powers of the supervisory authority

(1) The supervisory authority shall be authorised

1. to require the insurance undertakings, the members of their boards of directors and other managers or directors or persons controlling the undertakings to supply information about all business matters and submit or forward all business documents such as in particular the general insurance policy conditions, rates, forms and other printed documents which an insurance undertaking uses in its dealings with policyholders, as well as contracts between undertakings and outsourcing contracts (section 5 (3) nos. 3 and 4 above,

1a. to request primary insurance undertakings which are subject to supplementary supervision as per section 104a (1) and the persons specified in no. 1 to provide information and submit documents relating to business matters that are relevant for supplementary supervision; if the insurance undertakings fails to forward these documents despite having been requested to do so, the supervisory authority may also request undertakings in the meaning of section 104b (2) to provide information or send or submit these documents,

2. to carry on inspections of the business operations of the undertakings on their premises, also without any particular reason; within the framework of supplementary supervision under sections 104a to 104h, the supervisory authority may verify the information pursuant to no. 1a above also at subsidiaries and parent undertakings as well as subsidiaries of a parent undertaking of the insurance undertaking that is subject to supplementary supervision,

3. also to carry on inspections by way of taking part in an inspection performed by the insurance undertaking in accordance with section 341k of the Commercial Code and obtaining itself the information it requires; this does not apply to insurance undertakings which have been recognised as 'kleinere Vereine' (section 53),

4. to have persons take part in the inspections referred to in nos. 2 and 3 who may be appointed inspectors under section 341k in conjunction with section 319 of the Commercial Code; the provisions of section 323 of the Commercial Code regarding auditors shall apply to these persons accordingly,

5. to send to meetings of the supervisory board and general meetings of shareholders or meetings of the supreme representation representatives who shall be granted the right to speak on request,

6. to require that the meetings under paragraph 5 above are called and certain subjects are put on the agenda on which to take decisions.

The undertakings shall be required to tolerate measures taken in accordance with sentence 1, nos. 2 to 4.

(2) If there is reason to assume that a person is carrying on insurance business without permission the supervisory authority may, to clarify the matter, require that any such person and, in case of any legal person, also the members of its executive bodies supply information and submit documents about the business activities. In these cases it may, to clarify the matter, also perform inspections on the premises where the relevant activities are assumed to be carried out.

(3) The staff of the supervisory authority and any persons in accordance with subsection (1), sentence 1, no. 4 above are permitted access to the premises of the insurance undertaking to perform the inspections under subsection (1), sentence 1, nos. 2 and 3 above and in the cases mentioned in subsection (1), sentence 1, no. 5 above. The basic right of article 13 of the Basic Law [Grundgesetz] is in this respect limited. Those concerned shall tolerate measures taken in accordance with sentence 1 of this subsection.

(4) The staff of the supervisory authority may enter the premises referred to in subsection (2), sentence 2, to perform the inspections in accordance with subsection (2). Subsection (3), sentences 2 and 3, apply accordingly. If the premises mentioned in sentence 1 are also used for residential purposes, a judicial search warrant is required. This warrant is issued by the competent court is the district of which the premises to be searched are located. Sentences 3 and 4 also apply to the inspections under subsection (3) above if the premises are also used for residential purposes or if the business documents are located at other premises which are used for residential purposes by the persons required to supply information as per subsection (1), sentence 1, no. 1.

(5) If a person

1. intermediates or has intermediated insurance contracts for an insurance undertaking in his capacity as insurance agent or insurance broker, or

2. carries on for an insurance undertaking activities which may be the subject matter of an

outsourcing contract (section 5 (3) no. 4), or

3. renders services under contracts in accordance with section 53d,

subsection (1), sentence 1, nos. 1, 2, and 4, subsection (3), as well as subsection (4), sentences 3 and 4, apply accordingly. As regards the cases under no. 1, this applies only in so far as it is essential to judge the business operations and financial position of the insurance undertaking. If a person intermediates or has intermediated insurance contracts for an undertaking which is not authorised to carry on the insurance business, subsections (2) and (4), sentences 1 to 4, apply accordingly.

(5a) The supervisory authority has the powers specified in subsection (1), sentence 1, nos. 1, 2 and 4, subsection (3), and section 104 (1), sentence 2, second part of that sentence, also in dealing with:

1. persons and undertakings who have communicated their intention of acquiring participating interests pursuant to section 104 (1) or who are specified in an application for approval pursuant to section 5 (2) as holders of qualified participating interests,

2. the holders of qualified participating interests in an insurance undertaking and in undertakings controlled by them,

3. persons and undertakings in relation to whom facts are known which warrant the assumption that these are persons or undertakings in the meaning of no. 2 above, and

4. persons and undertakings affiliated to a person or undertaking in the meaning of nos. 1 to 3 as per section 15 of the Stock-Corporation Law.

(5b) The supervisory authority may take measures in accordance with subsection (1), sentence 1, nos. 5 and 6, above in relation to the persons and undertakings specified in subsection (5a) above if there is evidence of a reason pursuant to section 104 (1a) nos. 1 to 3, for which the approval may be refused. Those concerned have to tolerate this measure.

(6) Any person who is required to supply information in accordance with subsections (1), (2), (5), (5a) or (5b) above may refuse to answer any questions which would subject him or any of his relatives in accordance with section 383 (1) nos. 1 to 3 of the Code of Civil Procedure [Zivilprozeβordnung] to the risk of prosecution or a procedure under the Law on Administrative Offences.

Section 84 Professional secrecy

(1) Persons employed or authorised by the supervisory authorities and the members of the Insurance Advisory Council (section 92) may not pass on any confidential information obtained in connection with their activity to any other person or authority. This also applies to any other persons who gain access to the information mentioned in sentence 1 by way of official reporting. The sentences 1 and 2 do not apply to information passed on in summary or aggregate form where it is impossible to identify the individual insurance undertakings.

(2) The secrecy requirement in accordance with subsection (1), sentence 1, does not prohibit the exchange of information with the competent authorities of other member states and other signatory states to the EEA agreement and the Commission in compliance with the Directives of the Council of the European Communities applicable to the insurance undertakings. The information obtained for the purpose of such exchange comes under the secrecy requirement of subsection (1), sentence 1. An exchange of information with the competent authorities of non-member states in the meaning of section 105 (1), sentences 2 and 3, is only permitted if these authorities and the persons authorised

by them are subject to secrecy in accordance with subsection (1), sentence 1.

(3) The supervisory authorities may use information obtained by virtue of subsections (1) and (2) above only for the following purposes:

1. for the examination of an application for authorisation of an insurance undertaking,

2. for the control of the activity of an insurance undertaking,

3. for orders of the supervisory authority and for handling and punishing administrative offences by the supervisory authority,

4. within the framework of an administrative procedure concerning remedies against a decision by the supervisory authority,

5. within the framework of proceedings in administrative courts, insolvency courts, criminal prosecuting authorities or in the competent courts for administrative fine and criminal matters.

(4) The secrecy requirement in accordance with subsection (1), sentence 1 does in particular not prohibit the passing-on of information to

1. criminal prosecuting authorities or the competent courts for administrative fine and criminal matters,

2. agencies which, by virtue of an act of parliament or by official order, are entrusted with the supervision of insurance undertakings, credit institutions, financial services institutions, investment companies, other financial institutions, the financial markets or the payments system, and to persons commissioned by such agencies,

2a. central banks,

3. agencies dealing with the liquidation or insolvency proceedings over the assets of an insurance undertaking, a credit institution, a financial services institution, an investment company or another financial institution,

4. persons entrusted with the legal auditing of the accounts of insurance undertakings, credit institutions, financial services institutions, investment companies or other financial institutions, as well as agencies supervising these auditors, or

5. institutions for the management of guarantee funds,

to the extent that these agencies require the information to fulfil their duties. The secrecy requirement in accordance with subsection (1) above, sentence 1, applies to persons employed by them accordingly. If the agencies in question is situated in another state the information may not be passed on unless the body in question and the persons authorised by it are subject to the secrecy requirement under subsection (1) above, sentence 1. The agency situated in a non-member state in the meaning of section 105 (1), sentences 2 and 3, shall be informed that the information forwarded may be used solely for the purpose for which it has been passed on. Information obtained from other states may only be passed on with the express permission of the appropriate agencies that have forwarded the information and only for purposes approved by these agencies.

(4a) Sections 93, 97, 105 (1), section 111 (5) in conjunction with section 105 (1), and section 116 (1) of the Tax Code [Abgabenverordnung] do not apply to the persons specified in subsection (1) insofar as they are acting to implement this Act. This does not apply if the fiscal authorities require the information for instituting proceedings for a criminal offence and the associated tax assessment proceedings.

(5) Confidential information which the supervisory authority obtained from the bodies mentioned in subsection (2), sentence 1, and subsection (4), nos. (2) to (4) may not be passed on by way of official reporting (subsection (1) above, sentence 2) unless the competent authority which has

given the information has approved. The same applies to information obtained during on-site inspection of a branch in another member state or signatory state (section 13b); in this case approval by the competent authority of the member or signatory state where the inspection was carried out is required.

(6) This is without prejudice to the provisions of the Federal Data Protection Act [Bundesdatenschutzgesetz].

Section 85 Supervision of business conducted abroad

Supervision is not limited to business carried on in Germany but also cover business carried on in other member states of the European Community and other signatory states to the EEA agreement through branches or on a freedom of services basis. While financial supervision is the sole responsibility of the Bundesanstalt any supervisory function other than financial supervision is performed in cooperation with the supervisory authority of the other member or signatory state.

Section 85a Consumer information concerning business conducted abroad

To insurance business conducted in the member states of the European Community and the other signatory states to the agreement on the European Economic Area, sections 10 and 10a apply if the insurance contracts are based on German legislation.

Section 86 Supervision of liquidation and run-off

Supervision shall also extend to the liquidation of an undertaking and the run-off of existing insurance contracts if business operations are prohibited or voluntarily discontinued or if the authorisation to carry on business is revoked.

Section 87 Revocation of authorisation

(1) The supervisory authority may revoke the authorisation for certain classes of insurance or for the entire business operations if

1. the undertaking no longer meets the authorisation requirements,
2. the undertaking fails seriously in its obligations under the law or its operating plan, or
3. there is evidence of irregularities which are so serious that continuation of business will endanger the interests of the insured.

(2) The supervisory authority may revoke the authorisation for the entire business operations, if the undertaking is not in a position to take within the specified period the measures envisaged in the solvency plan or financing plan in accordance with section 81b (1) or (2) above.

(3) In consequence of the revocation of authorisation the undertaking is prohibited from writing new business, increasing the insured sums of or renewing existing insurance contracts.

(4) If the authorisation is withdrawn the supervisory authority takes all the measures that are suitable to safeguard the interests of the insured. It may, in particular, restrict or prohibit free disposal of the assets of the undertaking and entrust qualified persons with the management of the assets.

(5) For the purpose of mutual societies a revocation of authorisation for the entire business activities has the same effect as an order to liquidate. The revocation of authorisation is to be entered in the commercial register upon notification by the supervisory authority.

(6) If the supervisory authority becomes aware of any facts which would justify an authorisation to be refused in compliance with section 8 (1), sentence 1, no. 1 it may instead of withdrawing the

authorisation require the dismissal of the directors or managers responsible for such facts and also prohibit them from continuing to exercise their functions.

Section 87a Abuse in co-insurance

If an insurance undertaking abuses of the possibility under section 111 (2) as leading insurer to have insurance undertakings from other member states of the European Community or other signatory states to the agreement on the European Economic Area participate in co-insurances, the supervisory authority may with respect to this insurance undertaking give any order necessary to remedy the abuse. In serious cases the supervisory authority may also prohibit the insurance undertaking from writing such co-insurances or take the measures specified under section 87 (1) above. Section 87 (3) to (5) above applies accordingly. There shall, in particular, be abuse in cases where an insurance undertaking does not fulfil the duties generally attributable to a leading insurer or where it invites insurance undertakings to join the contract which are not entitled to do so in accordance under section 111 (2) .

Section 88 Petition for the institution of insolvency proceedings; notification by the board of directors

(1) A petition for the institution of insolvency proceedings against the assets of an insurance undertaking may only be filed by the supervisory authority.

(2) The board of directors shall notify the supervisory authority as soon as the insurance undertaking has become insolvent. This shall apply mutatis mutandis if the assets of the insurance undertaking are no longer sufficient to cover its liabilities. This duty to disclose shall supersede the duty of the board of directors in accordance with other legal requirements to file a petition for the institution of insolvency proceedings in the case of insolvency or overindebtedness. If in the case of mutual societies and insurance undertakings under public law operating on the mutuality principle which are subject to the payment of supplementary or required contributions any such payments of supplementary or required contributions have been outstanding for five months after their due date, the board of directors shall determine whether there will be overindebtedness if the supplementary or required contributions not paid in cash are disregarded; if there is overindebtedness the board shall inform the supervisory authority within one month after expiry of the specified period of time. Liquidators shall be subject to the same duties.

Section 89 Prohibition to make payments; reduction of benefits

(1) If it appears from an investigation into the management and financial situation of an undertaking that it will no longer be able to meet its liabilities in the long run but that it seems to be in the best interest of the insured to avoid insolvency proceedings, the supervisory authority may give the necessary orders and also require the representatives of the undertaking to change the bases for carrying on business within a certain period of time or otherwise to remedy any irregularities. All kinds of payments, in particular the payment of insurance benefits, profit distributions and for the purpose of life insurance surrenders or policy loans or advances on same may temporarily be prohibited.

(2) Subject to the conditions under subsection (1) above, sentence 1, the supervisory authority may, if necessary, reduce the liabilities of a life insurance undertaking under its insurance contracts in accordance with its financial situation. The supervisory authority may, in doing so, require different

reductions if this is justified by the circumstances, in particular if in the case of several groups of insurances the individual groups have contributed differently to the emergency situation of the undertaking. For the purpose of reductions the mathematical provisions are reduced in a first step in cases where mathematical provisions are established for the individual insurance contracts, and in a second step the sums insured are re-determined, while in the absence of such provisions the sums insured are reduced directly. The obligation of the policyholders to continue payment of the agreed premiums is not affected by the reduction.

(3) The measures in accordance with subsections (1) and (29 above may be restricted to a separate account of the 'Deckungsstock' (section 66 (7)).

Section 89a No postponing effect

Objections to and appeals against measures taken on the basis of section 66 (3); section 81 (2) in conjunction with section 5 (1) or section 7 (2); section 81 (2a); section 81b (1), sentence 2, (2) sentence 2 and (4); section 83; section 87 (1) nos. 2 and 3, (4) and (6); section 88; section 89; section 104 (1a), sentence 1, (2), sentences 1 to 3, and (4) have no postponing effect.

2.

Section 90 (rescinded)

Section 91 (repealed)

Section 92 Insurance Advisory Council

(1) An Insurance Supervisory Council inside the Bundesanstalt composed of insurance experts assists in the exercise of supervision. The members of the Insurance Supervisory Council are appointed by the Federal Ministry of Finance for a period of five years.

(2) (rescinded)

(3) They serve in an honorary capacity without remuneration; for the purpose of attendance of the meetings they receive daily allowances and reimbursement of their travel expenses the rates of which are fixed by the Federal Ministry of Finance.

Section 93 (rescinded)

(see section 17 of the Act on Financial Services Supervision [Finanzdienstleistungsaufsichtsgesetz-FinDAG])

(1) The Bundesanstalt may ensure compliance with injunctions which it grants within the scope of its legal powers using sanctions in accordance with the provisions of the Administration Enforcement Act [Verwaltungs-Vollstreckungsgesetz]. In so doing, it may threaten to impose sanctions in any case of non-compliance. It may likewise impose sanctions to insurance undertakings which are legal persons under public law.

(2) Administrative fines of up to EUR 250,000 may be imposed.

Sections 94 to 100 (repealed)

Section 101 Costs of supervision

(1) The costs incurred by the Bundesaufsichtsamt für das Versicherungswesen and its procedures shall be reimbursed to the Federal Government by the insurance undertakings subject to its supervision through the payment of fees in accordance with subsection (2); the costs also include the expenses arising from the employment of inspectors in accordance with section 83 (1) no. 4 above. To the costs shall be added any fees which were not received in the preceding year.

(2) The total amount of the fees shall equal nine tenths of the costs under subsection (1) above. A rate of one thousandth of the premium income subject to the payment of fees shall not be exceeded. The fees are determined on the basis of the gross income (gross premiums, contributions, advance and supplementary contributions, required contributions) which the primary insurance undertakings realised in the last financial year under insurance contracts concluded in the member states of the European Community and other signatory states to the EEA agreement and which undertakings exclusively operating reinsurance business realised under insurance contracts concluded in Germany; however, after deduction of any returned surplus or profit participations.

(3) The Bundesaufsichtsamt determines annually the rate of the fee as a certain thousandth rate of the premium income subject to fees. In doing so it may round off the income subject to fees and the fees in accordance with principles to be approved by the Federal Ministry of Finance. The Federal Ministry of Finance may fix a minimum fee.

(4) The fees are determined by the Bundesaufsichtsamt; it sends to the undertakings a plan showing distribution of the fees and requires them to deposit their fees with the Federal Chief Cash Office [Bundeshauptkasse] within a period of one month. After expiration of this period any amounts due may be collected like public charges.

(5) The sections 1 to 4 above shall be applied for the period until *30 April 2002* to the expenses incurred by the Bundesausichtsamt für das Versicherungswesen, the applicable version being the one which is valid until the day before the date of entry into force of the Act on Integrated Financial Services Supervision of 22 April 2002 (Federal Law Gazette I, page 1310).

Section 102 Charging of cash reimbursements

The Bundesanstalt may in the case of a procedure of taking evidence initiated by unfounded petitions or complaints and in the case of an unsuccessful appeal charge any cash expenses wholly or partly to the applicants.

Section 103 Publications

(1) The Bundesanstalt annually publishes information about the state of affairs of the insurance undertakings subject to its supervision and its observations with respect to the insurance sector.

(2) It also regularly publishes its legal and administrative principles.

Section 103a Statistical data in health insurance

(1) As of 1st January, 1996, at the latest the Bundesanstalt publishes general probability tables not linked to special rates and other relevant statistical data for the purpose of health insurance within the meaning of section 12 (1).

(2) Insurance undertakings operating health insurance domiciled in Germany are required to communicate annually to the Bundesanstalt the data required for publication in pursuance of subsection (1) above on the basis of data obtained from their insurance portfolios. The insurance portfolios and data that are to be taken into account shall be stipulated in the regulation referred to in section 12c above.

Va. Supervision of the holders of major participating interests in insurance undertakings

Section 104 Scope of supervision of holders of qualified participating interests

(1) Any person who intends to hold a qualified participating interest (section 7a (2), sentence 3) in a primary insurance undertaking shall report the amount of the intended qualified participating interest immediately to the supervisory authority. In this report, the person shall indicate all the facts necessary to judge his reliability as well as the persons or undertakings from whom he intends to acquire the participating interests in question; the documents mentioned under section 5 (5) no. 6 c and d shall be deposited with the supervisory authority on its request and audited by an auditor to be designated by the supervisory authority at the expense of the prospective holder. If the buyer is a legal person or commercial partnership, the holder of a qualified participating interest shall immediately give notice of every newly appointed legal or statutory representative or new personally liable partner, including all the facts necessary to judge his reliability. Furthermore, the holder of a qualified participating interest shall immediately notify the supervisory authority if he intends to increase the amount of the qualified participating interest so that the limits of 20 per cent, 33 per cent or 50 percent of the voting rights or nominal capital are reached or exceeded or so that the insurance undertaking becomes a controlled undertaking (section 7a (2), sentence 8).

(1a) Within three months of the receipt of the full report, the supervisory authority may prohibit the intended acquisition of, or increase in, the qualified participating interest if facts are known which warrant the assumption that

1. the party submitting the report or, if it is a legal person, a legal or statutory representative, or, if it is a commercial partnership, a partner, is not trustworthy or for any other reason does not meet the demands required in the interest of ensuring a sound and prudent management of the primary insurance undertaking; section 8 (1), sentence 1, no. 2, second part of the sentence, applies accordingly,

2. the acquisition of, or increase in, the qualified participating interest would integrate the primary insurance undertaking into a corporate association with the holder of the qualified participating interest which would hamper effective supervision of the insurance undertaking because of the way the participating interests are structured or due to poor economic transparency, or

3. the acquisition of, or increase in, the qualified participating interest would make the primary insurance undertaking a subsidiary of an insurance undertaking domiciled in a non-member state pursuant to section 105 (1), sentences 2 and 3, which is not effectively supervised in the state where it is domiciled or has its head office or whose appropriate supervisory body is not prepared to co-operate satisfactorily.

If the acquisition is not prohibited, the supervisory authority may set a period after the expiry of which the person or commercial partnership who has submitted the report pursuant to subsection (1) sentence 1 or 4 above shall notify the supervisory authority as to whether or not the intended acquisition has been carried out. The person or partnership shall submit the notification to the supervisory authority immediately after the relevant period has expired.

(1b) The supervisory authority is entitled to request information and the submission of documents pursuant to subsection (1), sentences 2 to 4 also after expiry of the period pursuant to subsection (1a) sentence 1.

(2) If there are facts which give reason to doubt that the holder of a qualified participating interest meets the requirements under section 7a (2), sentences 1 and 2, or that the association with other persons or undertaking allows an effective supervision of the primary insurance undertaking, because of the way the participating interests are structured or due to poor economic transparency, the supervisory authority may take the measures permitted under subsection (1) above, second half of sentence 2. The supervisory authority may prohibit the holder of a qualified participating interest, as well as the undertakings controlled by it, from exercising its voting rights and stipulate that the shares may be used only with the supervisory authority's agreement if

1. the prerequisites exist for a prohibition pursuant to subsection (1a), sentence 1, above,

2. the holder of the qualified participating interest has not fulfilled his duty pursuant to subsection (1), sentences 1 and 4, to notify the supervisory authority beforehand and has not subsequently made such notification within a period of time set by the supervisory authority, or

3. if the participating interest has been acquired or increased contrary to subsection (1a), sentence 3, or despite an enforceable prohibition pursuant to subsection (1a), sentence 1.

In the cases of sentence 2, exercise of the voting rights may be transferred to a trustee. In exercising the voting rights, the trustee shall take into account the need to ensure a sound and prudent management of the insurance undertaking. In the cases specified in sentence 2, the supervisory authority may, over and above the measures specified in sentence 2, charge a trustee to sell the shares where they constitute a qualified participating interest if the holder of the qualified participating interest does not furnish proof of a trustworthy buyer to the supervisory authority within an appropriate period to be set by the latter; the holders of the shares shall cooperate in the sale to the extent necessary. The trustee is appointed at the request of the insurance undertaking, a holder in the undertaking or the supervisory authority by the competent court of the place where the insurance undertaking has its head office. If the requirements of sentence 2 are no longer applicable the supervisory authority shall file an application for cancellation of the appointment of the trustee. The trustee shall be entitled to being refunded his reasonable expenses and to a remuneration for this services. The court determines the amount of the expenses and the remuneration at the request of the trustee; no further appeal is admissible. The Federal Government advances the expenses and remuneration; the holder of the qualified participating interest and the insurance undertaking are jointly and severally liable for the payments made by the Federal Government.

(3) Anyone who intends to give up a qualified participating interest in a primary insurance undertaking or to reduce the amount of his qualified participating interest below the thresholds of 20 per cent, 33 per cent or 50 per cent of the voting rights or the capital, or to change the participating interest in such a way that the primary insurance undertaking is no longer a controlled undertaking, shall notify the supervisory immediately.

In doing so, he shall state the amount of the remaining participating interest. The supervisory authority may set a period after the expiry of which the natural person or commercial partnership who has submitted the notification as per sentence 1 has to notify the supervisory authority and confirm whether or not the shareholding has been reduced or changed as intended.. After the expiry of that period, the natural person or commercial partnership who notified the supervisory authority as per sentence 1 shall submit the notification promptly to the supervisory authority.

(4) The supervisory authority shall temporarily prohibit or limit the acquisition of a direct or indirect participating interest in a primary insurance undertaking as a result of which the primary insurance undertaking would become the controlled undertaking of a non-member state undertaking in the meaning of section 105 (1), sentences 2 and 3, if a decision has been taken by the Commission or Council of the European Communities to this effect in accordance with article 29b (4) of the Directive 73/239/EEC or article 32b (4) of the Directive 79/267/EEC. The temporary prohibition or limitation must not exceed a period of three months from the date the decision was taken. If the Council of the European Communities decides to prolong the period pursuant to sentence 2 the supervisory authority shall take due account of the prolongation of that period and prolong the temporary prohibition or limitation accordingly.

(5) (rescinded)

(6) The Federal Ministry of Finance is authorised by regulation to issue provisions with respect to the nature, extent, and date of submission of the information to be provided in accordance with subsections 1 and 3 above to the extent that this is required for the supervisory authority to fulfil its duties. The authorisation may be delegated by regulation to the Bundesanstalt. The latter issues the provisions in consultation with the supervisory authorities of the Länder.

Vb. Supplementary supervision of insurance undertakings that are part of an insurance group

Section 104a Definitions

(1) The following primary insurance undertakings are subject to supplementary supervision:

1. the participating undertakings at least of a primary insurance undertaking, reinsurance undertaking or non-member state insurance undertaking (participating primary insurance undertakings),

2. the subsidiaries of an insurance holding company, a reinsurance undertaking or a non-member state insurance undertaking,

3. subsidiaries of a mixed-activity insurance holding company.

(2) Pursuant to subsection (1)

1. participating undertakings are: undertakings which are either parent undertakings or undertakings which hold participations. Participations in this sense are shares held in other undertakings pursuant to section 271 (1), sentence 1, of the Commercial Code, or at least the holding, directly or indirectly, of 20% or more of the voting rights or capital of an undertaking. Parent undertakings mean parent undertakings within the meaning of section 290 of the Commercial Code, as well as undertakings which effectively exercise a dominant influence over other undertakings, the legal form or the place of domicile being irrelevant.

2. subsidiaries are: undertakings which are subsidiaries in the meaning of section 290 of the Commercial Code or undertakings on which a parent undertaking effectively exercises a dominant influence, the legal form or the place of domicile being irrelevant; every subsidiary of a subsidiary is also considered to be a subsidiary of a parent undertaking;

3. reinsurance undertakings are: undertakings the main business of which consists in accepting risks ceded by a primary insurance undertaking or another reinsurance undertaking which are neither primary insurance undertakings, nor primary insurance undertakings from a non-member state in the meaning of section 105 (1), sentences 2 and 3;

4. insurance holding companies are: parent undertakings the main business of which is to acquire and hold participations in subsidiary undertakings, where those subsidiary undertakings are exclusively or mainly primary insurance undertakings, reinsurance undertakings or insurance undertakings from non-member states in the meaning of section 105 (1), sentences 2 and 3, and where at least one of these subsidiaries is a primary insurance undertaking;

5. mixed-activity insurance holding companies are: parent undertakings other than primary insurance undertakings or insurance undertakings from non-member states in the meaning of section 105 (1), sentences 2 and 3, and other than reinsurance undertakings or insurance holding companies, and the subsidiaries of which include at least one primary insurance undertaking;

6. non-member state insurance undertaking are: undertakings in the meaning of section 105 (1).

Section 104b Undertakings included

(1) Sections 104c to 104h above apply to primary insurance undertakings which are subject to supplementary supervision.

(2) The following undertakings are included in the supplementary supervision:

1. related undertakings of the primary insurance undertaking,

2. participating undertakings of the primary insurance undertaking,

3. related undertakings of a participating undertaking of the primary insurance undertaking.

Related undertakings for the purposes of this law are subsidiaries (section 104a (2) no. 2) or other undertakings in which a participation in the meaning of section 104a (2) no. 2, sentence 2, is held.

(3) Subject to the approval of the Federal Ministry of Finance, the supervisory authority may agree with the competent authority of a member state of the European Union or a signatory state to the agreement on the European Economic Area in the cases referred to in Article 4 (2) of the Directive 98/78/EC of the European Parliament and of the Council of 27 October 1998 on the supplementary supervision of insurance undertakings in an insurance group (OJ of the EC No. L 330, page 1) that the supplementary supervision of a primary insurance undertaking is carried out by such authority. If such an agreement has been reached, supplementary supervision by the German supervisory authority shall not be required.

(4) The supervisory authority may exempt insurance undertakings which are subject to supplementary supervision from the requirements under section 104d to 104h as regards individual parent undertakings and subsidiaries as well as participations, if taking account of these undertakings is irrelevant for supplementary supervision. Individual undertakings that are part of the group may also be exempt if in the view of the supervisory authority it would be inappropriate or misleading to include the financial situation of the undertaking in the supervision. Such an exemption is also admissible in respect of participations and subsidiaries or parent undertakings in non-member states in the meaning of section 105 (1), sentences 2 and 3 if in the view of the supervisory authority there are legal impediments preventing the exchange of the necessary information.

Section 104c Instruments of supplementary supervision

(1) Supplementary supervision includes one or several of the following measures:

1. disclosure and control of information (section 104d)
2. supervision of intra-group transactions (section 104e)
3. monitoring of the adjusted solvency (sections 104g to 104h).

(2) As regards undertakings in the meaning of

1. section 104a (1), the provision concerning the supervision of intra-group transactions pursuant to section 104e as well as section 83 (1), sentence 1, nos. 1a and 2 apply;
2. section 104a (1) nos. 1 and 2, the provisions on the calculation of the adjusted solvency pursuant to section 104g and 104h apply,
3. section 104a (1) no. 1, particular control requirements exist pursuant to section 104d.

Section 104d Control procedures

In accordance with section 104a, (1), no. 1, insurance undertakings must have in place adequate internal control procedures for the submission of information and pieces of advice which are relevant for the purposes of such supplementary supervision of the participating insurance undertaking.

Section 104e Business subject to insurance supervision

(1) Subject to insurance supervision are transactions between a primary insurance undertaking which is subject to supplementary supervision (section 104a (1)) and its participating undertakings (section 104a (2), no. 1, sentence 1), its related undertakings (section 104b (2), sentence 2), the related undertakings of one of is participating undertakings or a natural person who holds a participation (section 104a (2) no. 1, sentence 2) in the undertaking itself, in one of its participating undertakings or in a related undertaking of one of its participating undertakings. Such transactions shall be carried out in accordance with the principles of a prudent and conscientious manager, taking into account the interests of the insured.

(2) Transactions in the meaning of subsection (1) are in particular:

1. loans,
2. guarantees and off-balance-sheet transactions,
3. own funds in the meaning of section 53c,
4. investments,
5. reinsurance operations, and
6. agreements to share costs.

(3) The insurance undertaking which is subject to supplementary supervision has to submit a report on important transactions in accordance with subsection (1) to the supervisory authority at least once per year. The undertaking has to inform the supervisory authority immediately about transactions pursuant to subsection (1) which threaten to put the solvency of the insurance undertaking at risk.

Section 104f Transmission of data

Legislation that restricts the transmission of data does not apply to the transmission of data between insurance undertakings that come within the scope of supplementary supervision pursuant to section 104a above, and between them and their participating and related undertakings (section 104b (2), sentence 2), if such transmission of data is necessary to comply with the prudential provisions pursuant to Directive 98/78/EC on the undertaking domiciled abroad. The supervisory authority may prohibit an insurance undertaking from transmitting data to a non-member state in the meaning of section 105 (1), sentences 2 and 3.

Section 104g Authorisation basis

(1) As regards primary insurance undertakings which are subject to supplementary supervision in accordance with section 104a (1) no. 1 or 2, an adjusted solvency calculation is carried out in addition to the calculation of the solvency margin as per section 53c.

(2) The Federal Ministry of Finance is authorised to issue by regulation which shall be subject to approval of the Bundesrat more detailed provisions for the purpose of the implementation of Directive 98/78/EC on the principles and the methods referred to in Annexes I and II of the Directive for the calculation of the adjusted solvency of a primary insurance undertaking. This authorisation may be delegated by regulation to the Bundesanstalt. The latter will issue the regulations in agreement with the supervisory authorities of the L nder; before the regulations are issued, the Insurance Advisory Council is to be consulted.

Section 104h Measures in the event of insufficient adjusted solvency

If the calculation carried out in accordance with section 104g or the report to be submitted in accordance with section 104e (3) shows that the adjusted solvency of an insurance undertaking is insufficient or threatens to become insufficient, the supervisory authority takes suitable measures in accordance with section 81 (2) and section 81b (1) and (2) at the level of the insurance undertaking concerned.

Section 104i First-Time Application

The provisions of section 104a to 104h are applied for the first time to the accounts for the financial year beginning after 31 December 2000.

VI. Insurance undertakings domiciled abroad

1. Undertakings domiciled outside the member states of the European Community or another signatory state to the agreement on the European Economic Area

Section 105 Authorisation subject to reservation

(1) Non-member state insurance undertakings are undertakings who are domiciled in a non-member state and who would be required to have an official authorisation to operate in accordance with article 6 of the Directive 73/239/EEC or article 6 of the Directive 79/267/EEC, if they were domiciled in a state inside the European Economic Area. A non-member state for the purposes of this law is any state which is not a member state of the European Communities or a signatory state to the agreement on the European Economic Area. A non-member state is also a quasi-state administrative entity with independent regulatory powers where the provisions of European community law concerning the freedom of movement, of establishment and to provide services do not apply.

(2) Non-member state insurance undertakings who wish to operate the primary insurance

business in Germany through intermediaries must be authorised to do so.

(3) The special requirements of sections 106 to 110 below apply to these undertakings, in addition to the other requirements of this law which apply accordingly.

Section 106 Branch, authorised agent

(1) (repealed)

(2) The undertakings shall establish within the territory of application of this law a branch where they shall keep all records concerning the branch. The provisions of sections 13d to 13f of the Commercial Code relating to branches shall be applied accordingly. Separate accounts shall be established for business activities of the branch. Sections 55 and 55a above are applicable with the proviso that

1. also the annual accounts and status report of the principal branch are sent, on request, to every insured in German,

2. the internal report comprises the annual accounts and status report published in the home country of the undertaking in the language of the home country and in German and the report submitted to the supervisory authority of the home country in the language of the home country.

(3) An authorised agent shall be appointed for the branch who has to have his domicile and permanent residence in the territory of application of this law. He shall meet the same obligations and personal requirements which this law prescribes for the board of directors of an undertaking domiciled in Germany. He is deemed to have the power to bind the undertaking in relation to third parties, in particular to write insurance contracts with policyholders in the territory of application of this law and referring to real estates located in Germany and to represent the undertaking in relations with the authorities and courts. The authorised agent shall be entered into the commercial register.

(4) If securities have to be provided in accordance with the provisions below the Bundesanstalt may reserve the right in the repayment conditions to dispose of these securities in the interest of the insured.

Section 106a (repealed)

Section 106b Proposal; procedure

(1) The Federal Ministry of Finance decides on the proposal to take up insurance business, which is to be submitted to the Bundesanstalt. The following shall be submitted together with the proposal: -

1. the operating plan and the information and records referred to in section 5 (4), sentences 3 and 5, and subsection (5) for the branch including the articles of association of the undertaking; at the same time the members of the body which is the legal representation of the undertaking and of a supervisory body shall be appointed;

2. a certificate of the competent authority in the home country stating

a) that the undertaking may, in its home country, acquire rights and incur liabilities, sue and be sued in court, under its own name,

b) which classes of insurance the undertaking may operate and which types of risks it actually covers;

3. the balance sheet and the profit and loss account for each of the past three financial years; if the undertaking has been in business for less than three years these documents shall be deposited for

each of the financial years for which it has been in business.

(2) The financial resources requirements are as laid down in section 8 above. The undertaking shall be obliged to establish own funds at least in the amount of a solvency margin which is determined in accordance with the volume of business of the branch. These funds shall be located in an amount equal to the guarantee fund in the territory of application of this law, otherwise in the territory of the member states of the European Community or another signatory state to the agreement on the European Economic Area. The minimum amount of the guarantee fund may not be less than 50 per cent of the amount specified in accordance with section 53c (2) above. Moreover, the undertaking shall be obliged to furnish the required securities (fixed and variable guarantee deposits). The fixed guarantee deposit shall amount to at least 25 per cent of the minimum guarantee fund specified in section 53c (2) . The fixed guarantee deposit shall be counted against the own funds.

(3) If business operations are to be extended to other classes of insurance or to another area within the territory of application of this law, subsections (1) and (2) above apply accordingly. The approval is given by the Bundesanstalt.

(4) Authorisation may be granted if

1. the Bundesanstalt, after consulting the Insurance Advisory Council, issues an opinion to the effect that none of the grounds of section 8 (1) above for denying the authorisation exists,

2. the requirements of section 106 (2) and (3) above have been met, and

3. the amount required as fixed guarantee has been deposited.

(5) For the purpose of an undertaking which has been authorised or has applied for authorisation to carry on business in another member state of the European Community or a signatory state to the agreement on the European Economic Area it may be permitted, upon request and subject to revocation

1. that the solvency margin is calculated on the basis of its total business operations in the member states of the European Community or the signatory states to the agreement on the European Economic Area,

2. that own funds in an amount equal to the guarantee fund may be located in another member states of the European Community or another signatory state to the agreement on the European Economic Area in which the undertaking is doing business,

3. that the undertaking is relieved of the obligation to deposit a security guarantee within the territory of application of this law.

The Federal Ministry of Finance grants the authorisation to carry on business while in all the other cases the authorisation is granted by the Bundesanstalt. Authorisation is revoked by the Bundesanstalt.

(6) (repealed)

(7) The Bundesanstalt revokes the authorisation if

1. the undertaking has lost its authorisation to do business in its home country,

2. in the case of subsection (5) above the authorisation to do business is revoked in another member state of the European Community or another signatory state to the agreement on the European Economic Area because of insufficient own funds.

This is without prejudice to section 87. The Federal Ministry of Finance may revoke the authorisation if this is deemed to be in the public interest.

(8) If the competent authority which controls the financial resources of the undertaking for its entire business activities in the member states of the European Community or the signatory states to

the agreement on the European Economic Area has limited the right to dispose of the assets of the undertaking because of insufficient own funds, the Bundesanstalt, at the request of this authority, takes appropriate measures with respect to the assets located in the territory of application of this law. This is without prejudice to Section 81b (4).

Section 106c Specialisation requirement

Insurance undertakings operating life insurance together with other classes of insurance may not be authorised to operate life insurance business in the territory of application of this law. Insurance undertakings operating life insurance together with other classes of insurance cannot be authorised to operate health insurance pursuant to section 12 (1) in the territory of application of this law.

Section 107 Cumulation of distribution channels

Non-member state insurance undertakings in the meaning of section 105 (1), sentence 1, which have been granted the authorisation to carry on business as per section 105 are permitted to conclude insurance contracts with policyholders who have their usual residence in the territory of application of this law and insurance contracts covering real estate located there only through authorised agents residing in the territory of application of this law.

Section 108 Transfer of portfolio

(1) If the insurance portfolio of a branch in Germany (section 106 (2)) is transferred to the branch of another non-member state insurance undertaking in the meaning of section 105 (1), sentence 1, and if the financial resources of the branch of such latter insurance undertaking are controlled by the supervisory authority of another member state of the European Community or another signatory state to the EEA agreement, availability of the required own funds of the transferee undertaking in accordance with section 105 (3), in conjunction with section 14 (1), shall be proved by a certificate made out by this authority. The securities furnished by a branch for the transferred portfolio are maintained unless the competent authority of the transferee undertaking decides otherwise.

(2) A contract by which the insurance portfolio of a branch (section 106 (2)) is to be transferred wholly of partly to an undertaking domiciled in another member state of the European Community or in another signatory state to the EEA agreement shall be approved by the Bundesanstalt. This approval may not be granted unless it has been proved by a certificate made out by the supervisory authority of the home country that the transferee company will dispose of own funds in an amount equal to the solvency margin after the transfer, and unless the supervisory authorities of the states were the risks covered under the portfolio of insurance contracts are situated, agree.

(3) Section 14 (1), sentences 3 and 4, subsections (2) and (3) above apply to contracts pursuant to subsections (1) and (2) above accordingly.

Section 109 (repealed)

Section 110 Restrictions to application of certain provisions

(1) Sections 54 to 54b, 54d, 65 and 66 (1) to (3a) and (5) to (7) above and sections 67 and

70 to 79a above apply only to insurance business written in accordance with section 105 above.

(2) A trustee in pursuance of sections 70 to 76 above is not appointed. The 'Deckungsstock' for these insurances shall be secured in accordance with more detailed specifications by the Bundesaufsichtsamt in such a way that it can only be disposed of with its approval.

2. Undertakings domiciled in a member state of the European Community or another signatory state to the agreement on the European Economic Area

Section 110a Activities from a branch or provision of services

(1) Insurance undertakings which have their head office in another member state of the European Community or another signatory state to the EEA agreement (home member state) may, with the exception of the undertakings mentioned in section 110d below, carry on direct insurance business in Germany via a branch or under the freedom of services provision through persons acting on behalf of the undertaking only in accordance with subsection (2) below. Section 13a (1), sentence 2, and subsection (2) above apply accordingly.

(2) If the undertaking intends to operate from a branch, the supervisory authority of the home member state shall forward to the Bundesanstalt the documents mentioned in article 10 (2) and (3) (2) of the Directives 73/239/EEC and 79/267/EEC, each in the version of article 32 of the third non-life insurance Directive and the third life insurance Directive, while informing the undertaking concerned accordingly. The branch may not take up operations until a period of two months from the date of notification has elapsed, unless the Bundesanstalt informs the undertaking of an earlier date. The undertaking informs the Bundesanstalt and the supervisory authority of the country where it is domiciled of any changes to the contents of the information referred to in article 10 (2), sentence 1, b, c, and d of the above-mentioned directives one month before these changes are supposed to become effective. If these changes are associated with the extensions of the business operation, these are not permissible unless one month has passed since receipt of the notification from the undertaking to the Bundesanstalt.

(2a) Business conducted under the freedom to provide services may not be taken up or changed before the home supervisor has forwarded to the Bundesanstalt the information provided in article 16 (1) or article 17 of the Second Council Directive of 22 June 1988 (88/357/EEC) on the coordination of laws, regulations and administrative provisions relating to direct insurance other than life assurance and laying down provisions to facilitate the effective exercise of freedom to provide services and amending Directive 73/239/EEC (OJ of the EC no. L 172, p. 1), last amended by articles 35 and 36 of the Third Non-Life Insurance Directive, and in article 14 (1) or article 17 of the Second Council Directive of 8 November 1990 (90/619/EEC) on the coordination of laws, regulations and administrative provisions relating to direct life assurance and laying down provisions to facilitate the effective exercise of freedom to provide services and amending directive 79/267/EEC (OJ of the EC no. L 330, p. 50), last amended by articles 35 and 36 of the Third Life Insurance Directive, and informed the undertaking accordingly.

(2b) The operation of health insurance within the meaning of section 12 (1) and compulsory insurances in the cases referred to in subsections (2) and (2a) above is not permitted until the undertaking has deposited the general insurance policy conditions with the Bundesanstalt.

(3) Financial supervision of any such business activities is the sole responsibility of the

supervisory authority of the home member state, while otherwise supervision is also the responsibility of the Bundesanstalt. For the purpose of financial supervision, the supervisory authority of the home member state is entitled to perform on the premises of the branch inspections of its business operations either by its own staff or persons who act on its behalf after prior information of the Bundesanstalt; section 81 (1) above, sentence 3, and section 83 (3) and (6) above apply accordingly.

(4) For the purpose of supervision by the Bundesanstalt under subsection (3) above the following applies in addition to the provisions of subsections (1) and (2) above: -

1. of the introductory provisions (I.), section 1 (1), (3) and (4) above and section 2 above,

2. of the provisions on the authorisation to take up business (II.), sections 10 and 10a above, with the proviso that the consumer information to be supplied in accordance with part D, section I, no. 1 h of the annex shall also contain the address of any other body which the policyholder may contact in case of complaints about the insurer under foreign law, sections 11b, 11c, 12 (1), (4) and (5), sections 12a, 12b (1) to (3), sections 12c to 12e and 13d (7) above,

3. of the provisions on the duties and powers of the supervisory authorities (V. 1.),

a) section 81 (1), sentences 2, 3, and 4, subsection (2); section 83 (1), sentence 1, nos. 1 to 4, sentence 2, subsections (2), (4) and (5), nos. 1 and 2, subsection (6); sections 89a and 93 above,

b) section 81 (4), sentence 1, a, and section 83 (3) above, in addition to the above, for an existing branch,

4. of the provisions on insurance undertakings domiciled abroad (VI.), section 106 (3), sentence 4, and section 111b (1), second and third sentences, above.

Section 110b Lloyd's underwriters

(1) The underwriters of the Lloyd's association of underwriters may not carry on business unless in the case of an execution against the assets of the underwriters located in Germany the association renounces on behalf of the underwriters to derive any right from the fact that this is an execution also against the assets of underwriters to which this title is not applicable; the declaration of renunciation must be irrevocable until the insurance contracts concluded in Germany have been completely run off.

(2) Any claims in connection with insurance business carried on by the underwriters of the Lloyd's association of underwriters through a branch in Germany may only be enforced by legal action by and against the authorised agent. A title obtained under sentence 1 has an effect on the individual underwriters taking part in the insurance business, either in their favour or to their disadvantage. Section 727 of the Code of Civil Procedure shall be applied accordingly. If a title is obtained against the authorised agent, it is possible to execute against the assets managed by him and located in Germany of all underwriters of the Lloyd's association of underwriters.

Section 110c (repealed)

Section 110d Branch

(1) Insurance undertakings domiciled in another member state of the European Community or another signatory state to the EEA agreement which are not subject to the insurance directives of the Council of the European Communities and wish to operate direct insurance business through a branch require an authorisation. The decision about the application of the undertaking is taken by the

Bundesanstalt.

(2) The provisions of sections 1 to 104 above shall be applied to these undertakings accordingly subject to the following:

1. the articles of association of the undertaking, and the balance sheet and profit and loss account for each of the last three financial years shall also be deposited; if the undertaking has been in business for less than three years, these documents shall be deposited for each of the financial years for which it has been in business;

2. the names of the members of the body authorised to legally represent the undertaking shall be disclosed;

3. the documents concerning the branch shall be kept there;

4. the requirements with respect to the financial resources are those defined in section 8 (1), sentence 1, no. 3 above; this is without prejudice to section 53c (2a) above;

5. section 14 (1a) above shall not be applied.

In addition, section 106 (3) and sections 106c and 110 (1) above apply accordingly.

(3) Subsections (1) and (2) above also apply if business is to be carried on by way of the freedom of services provision through persons entitled to act on behalf of the undertaking; the provisions of subsection (2) above do, however, not apply as they require the existence of a branch.

Sections 110e to 110i (repealed)

Section 111 Provision of services

(1) Undertakings which only write the classes of insurance mentioned in part A nos. 4 to 7 and no. 12 and the types of risks mentioned under no. 10 b are not subject to the provisions of this law.

(2) Furthermore, any undertakings are not subject to the provisions of this law which participate in insurance business in accordance with article 10 (1) of the Introductory Law to the Law on the Insurance Contract to be covered by co-insurance if they carry on business within the territory of application of this law only through the leading insurer and not from the head office or a branch and if such co-insurance does not refer to compulsory third party liability insurance in connection with damage caused by nuclear energy or drugs.

(3) The Federal Ministry of Finance is authorised by regulation which is not subject to approval by the Bundesrat

1. to declare that subsections (1) and (2) above shall be applicable to non-member state insurance undertakings in the meaning of section 105 (1), sentence 1, above, if the interests of the insured are adequately safeguarded and the interests of the Federal Republic of Germany are not affected,

2. to rule that the provisions with respect to foreign undertakings domiciled in a member state of the European Community or another signatory state to the agreement on the European Economic Area shall also be applicable to undertakings domiciled in a non-member state in the meaning of section 105 (1), sentences 2 and 3, to the extent that this is required under agreements of the European Community.

(4) If the requirements of subsection (3) no. 1 above have been met the Federal Ministry of Finance may also grant exemptions in individual cases by means of an administrative act.

VIa. Cooperation of the Bundesanstalt with the competent authorities of the other member states of the European Community or another signatory state to the agreement on the European Economic Area in the field of direct insurance

Section 111a Information about provisions and data relating to health insurance

(1) The Bundesanstalt permanently informs the supervisory authorities of the other member or signatory states about such legal provisions which the insurance undertakings domiciled in these states have to observe, when they carry on business in accordance with section 110a (1) above and the observance of which it controls within the framework of its supervisory duties excluding financial supervision (section 110a (3), sentence 1, section 81 (1), sentence 1). Provisions which have not been disclosed pursuant to sentence 1 will be communicated by the Bundesanstalt to the supervisory authority of the home member state within a period of two months from receipt of the information specified in section 110a (2) or (2a).

(2) The Bundesanstalt communicates the information about health insurance published in accordance with section 103a (1) to the supervisory authorities of the home member states.

Section 111b Instruments of legal supervision

(1) If in the case of business activity as per section 110a (1) above, the undertaking does not comply with the requirements or orders of the Bundesanstalt pursuant to section 81 (2) above, the Bundesanstalt informs the supervisory authority of the home member state about measures it intends to take in compliance with sentence 2 and ask it for its cooperation. If this request does not show any results and if attempts to enforce orders by administrative acts or fines are futile or unsuccessful, the Bundesanstalt may prohibit the undertaking from continuing to do business in Germany wholly or partly if other measures are inadequate to reach the objective or impracticable (section 81 (2), section 110a (4) no. 3). In urgent cases the orders referred to in sentence 2 may be taken without informing the supervisory authority of the home member state.

(2) If the supervisory authority of the home member state intends to inspect a branch in accordance with section 110a (3), sentence 2, the Bundesanstalt provides administrative assistance on request. It may take part in the inspection; section 83 (3) and (6) applies accordingly.

(3) If the Bundesanstalt has reasons to believe that financial security of an undertaking carrying on activities in accordance with section 110a (1) could be impaired it informs the competent authority performing financial supervision of the home member state.

(4) If the supervisory authority of the home member state imposes on an undertaking any limitations of free disposal in accordance with article 20 (1), (2) (2) or (3) (2) of directive 73/239/EEC or article 24 (1), (2) (2) or (3) (2) of directive 79/267/EEC the Bundesanstalt, at the request of this authority, takes the same measures with respect to the assets of the undertaking located in Germany and covered by the request.

(5) If the authorisation of an undertaking, which carries on business in Germany in accordance with section 110a (1) above, is revoked the Bundesanstalt takes the adequate measures required, after it has been informed by the supervisory authority of the home member state, to prevent any

further business activities in Germany.

Section 111c Instruments of financial supervision

(1) Before limiting disposal of the assets of the undertaking in accordance with section 81b (4) above and after limiting disposal of such assets pursuant to section 81b (1), sentence 2, or subsection (2) above, sentence 2, the Bundesanstalt informs the supervisory authorities of the member or signatory states in which the undertaking has a branch or carries on business by way of freedom to provide services. It may request these authorities to submit the assets located in their territory and specified in the request to the same limitations.

(2) If the Bundesanstalt intends within the framework of financial supervision to perform inspections by its own personnel or persons whom it has so authorised on the premises of a branch it informs the supervisory authority of the other member or signatory state accordingly. The same applies if it takes orders with respect to a business activity carried out in accordance with subsection (1), sentence 1, above.

(2a) If the supervisory authority of another member or signatory state seeks cooperation for the purpose of supervision the Bundesanstalt takes the adequate measures in pursuance of sections 81, 83, 84 and 93 above and informs the authority seeking such cooperation accordingly.

(3) If the supervisory authority of another member or signatory state intends to send an undertaking, which carries on business in such state and is domiciled in Germany, a document for the purpose of proceedings in accordance with the insurance supervisory provisions applicable in such other member or signatory state it is permitted to send such document by post in compliance with the rules applicable to postal relations with such other member or signatory state. Sending the document by registered letter to which has been added "personal" and "advice of receipt" is sufficient to prove that the document has been delivered. If the document cannot be directly delivered by post or if this should not be expedient due to the nature and content of the document, the Bundesanstalt takes care of its delivery.

(4) The Bundesanstalt informs the supervisory authorities of all member or signatory states about any revocation of authorisation under section 87 above. It also contacts the supervisory authorities of the member states in which business is carried on with respect to any necessary measures pursuant to section 87 (4) above.

Section 111d Transfer of portfolio

Any contract by which an insurance undertaking, which is domiciled in another member or signatory state, intends to transfer part or all of its portfolio of insurance contracts, which it has written in accordance with section 110a (1) through a branch or on a services basis to an undertaking domiciled in a member state of the European Community or another signatory state to the EEA agreement is required for the purpose of obtaining approval by the competent supervisory authority of the transferor undertaking in the home member state be approved by the Bundesanstalt. Section 8 (1), sentence 1, no. 3 above, section 14 (1), sentence 4, and subsection (3), sentence 1, apply accordingly. If the portfolio of insurance contracts of a branch does not cover any risks located in Germany, the Bundesanstalt merely gives its opinion on the contract. If the Bundesanstalt does not comment on the request for approval or for an opinion within a period of three months this shall be deemed a tacit approval or positive statement.

Section 111e Cooperation in respect of insurance undertakings domiciled in non-member states

(1) If a request as per section 106b (5) above is to be granted the competent authorities of the member and signatory states in which the undertaking has been authorised or an authorisation procedure is under way, are required to give their approval.

(2) The Bundesanstalt controls the financial resources for all business activities in the territory of the member and signatory states which agreed to the request provided this has been envisaged in the request.

(3) If the Bundesanstalt controls the financial resources it informs the competent authorities of the member and signatory states concerned of the measures taken in compliance with section 81b (2), sentence 2. It may request these authorities to take the same measures.

Section 111f Information obligation and cooperation of supervisors concerning related undertakings

(1) Where an insurance undertaking domiciled in Germany is directly or indirectly related with an insurance undertaking domiciled in another member state of the European Community or another signatory state to the agreement on the European Economic Area, or has a common participating undertaking with this related undertaking, the Bundesanstalt will communicate all information to the supervisory authority of the other member or signatory state which it deems necessary for this authority to have. When being requested by the supervisory authority of this state, the Bundesanstalt will moreover communicate any relevant information which may allow or facilitate supervision in accordance with Directive 98/78/EC.

(2) For the purpose of verifying information required for supplementary supervision in accordance with section 83 (1) no. 1a at subsidiaries, related undertakings, parent undertakings or subsidiaries of a parent undertaking of the supervised insurance undertaking domiciled in another member or signatory state, the Bundesanstalt requests the competent authority of the state concerned to cooperate, indicating at the same time the measures proposed.

(3) If the competent authority of another member or signatory state asks for a verification in the meaning of subsection (2) above to be made relating to a company domiciled in Germany, the Bundesanstalt provides administrative assistance either by carrying out the verification itself, by allowing the authority making the request to carry it out or by allowing an auditor or expert to carry it out.

VIb. Notifications to the EC Commission

Section 111g Scope of the notification obligation

(1) The supervisory authority notifies the Commission of the European Communities of

1. the granting of an authorisation in accordance with section 5 (1) to an undertaking, the subsidiary (section 7a (2), sentence 6) of a parent undertaking (section 7a (2), sentence 7) domiciled in a non-member state in the meaning of section 105 (1), sentence 2 and 3, above; the structure of the group of undertakings shall be stated in the notice;

2. the acquisition of a participation in an insurance undertaking by which the insurance undertaking becomes the subsidiary of a parent undertaking domiciled in a non-member state in the

meaning of section 105 (1), sentence 2 and 3;

3. the number and nature of the cases in which the establishment of a branch or operation of direct insurance business on a services basis in another member state of the European Community or the other signatory state to the agreement on the European Economic Area could not be realised because the supervisory authority did not pass on the documents under section 13b (1), sentence 2, or section 13c (1), sentences 2 and 3, to the supervisory authority of the other member or signatory state;

4. the number and nature of the cases in which measures in accordance with section 111b (1), sentences 2 and 3, were taken;

5. general difficulties which insurance undertakings face when establishing branches, setting up subsidiaries or in any other way with the operation of insurance business in a state which is a non-member state in the meaning of section 105 (1), sentence 2 and 3, above;

6. at the request of the Commission, the application for permission of an undertaking which is the subsidiary of a parent undertaking domiciled in a non-member state in the meaning of section 105 (1), sentence 2 and 3;

7. at the request of the Commission, the intention disclosed in accordance with section 104 to acquire a participation in an insurance undertaking by which the insurance company will become a subsidiary of an undertaking domiciled in a non-member state in the meaning of section 105 (1), sentence 2 and 3, above;

8. the maximum interest rates fixed pursuant to section 65 (1), sentence 1, no. 1.

(2) The obligations to notify in accordance with subsection (1) nos. 6 and 7 above only exist if the Commission of the European Communities finds that insurance undertakings domiciled in the European Community or other signatory states to the EEA agreement are actually not permitted access to the market of the non-member state in the meaning of section 105 (1), sentence 2 and 3, which is comparable to the access the European Community permits undertakings of this state, or if the Commission finds that the insurance undertakings domiciled in the European Community or other signatory states are not treated like domestic undertakings in this state. The obligations to notify in accordance with subsection (1) nos. 6 and 7 above in conjunction with sentence 1 no longer exist if an agreement has been negotiated with this state with respect to access to the market and treatment like domestic undertakings of insurance undertakings domiciled in the European Community or other signatory states to the EEA or if decisions on applications for permission of undertakings domiciled in this state no longer need to be deferred in accordance with section 8 (3) above.

VII. Building societies (repealed)

VII. Pension Funds

Section 112 Definition

(1) A pension fund is an institution for pension provision having legal capacity which

1. on a funded basis has the purpose of supplying company pensions for one or more employers in favour of employees;

2. may promise the amount of benefits or the amount of future contributions to be paid for these benefits not in respect of all benefit cases provided by insurance-type guarantees;

3. affords employees an independent claim on the pension fund for the payment of benefits; and

4. is obliged to provide retirement benefits in the form of a life-long old-age annuity or in the form of a payout scheme after the termination of which the remainder is paid out in the form of annuities pursuant to section 1 (1), sentence 1, no. 5 of the Act Governing the Certification of Contracts for Retirement Provision [Altersvorsorgeverträge-Zertifizierungsgesetz].

Pension plans are conditions set up within the framework of the operating plan governing the regular provision of benefits on occurrence of the insured event. Pension plans are

1. contributions-related if by means of those plans a commitment of the employer pursuant to section 1 (2) no. 2 of the Law on the Improvement of Company Pensions Schemes is effected;

2. benefits-related if by means of those plans a commitment of the employer pursuant to section 1 (1) sentence 1, or subsection (2) no. 1 of the Law on the Improvement of Company Pensions Schemes is effected.

(2) The operation of pension funds must be authorised by the supervisory authority.

(3) For the purposes of this provision, employees shall also mean former employees as well as individuals coming within the scope of section 17 (1) sentence 2 of the Law on the Improvement of Company Pensions Schemes.

Section 113 Applicable provisions

(1) The provisions applicable to life insurance companies under this Law apply mutatis mutandis to pension funds as defined in section 112 above, unless otherwise provided by regulations or provisos contained in this law.

(2) The following provisions of this law that are applicable to life insurance companies apply to pension funds only with certain provisos:

1. section 5 (3) no. 2 above with the proviso that only the pension plans need to be submitted with the application for authorisation;

2. section 5 (4) above with the proviso that section 114 (2) below takes the place of section 53c (2) above;

3. section 7 (1) above with the proviso that the authorisation may be issued only to stock corporations and mutual pension fund associations; the provisions on mutual insurance associations shall apply mutatis mutandis to mutual pension fund associations, unless otherwise stipulated.

4. section 10a above with the proviso that the employee shall receive the information of Annex Part D Section III;

5. section 13 (1) above with the proviso that the authorisation requirement shall not apply to pension plans; changes and the introduction of new pension plans shall not take effect until after three months have passed, unless the supervisory authority either raises objections for the reasons given in section 8 (1) above or states that it has none before that time;

6. section 13 (3) above with the proviso that this regulation shall also apply to pension business in the other signatory states of the agreement on the European Economic Area;

7. section 81 above with the proviso that the "interests of the members[1] and beneficiaries[2]" of

Translator's notes:

1 'Members', with regard to pension funds, is understood to mean individuals who are entitled to receive retirement benefits at a later stage, i. e. the 'future' beneficiaries.

2 'Beneficiaries', with regard to pension funds, is understood to mean individuals who are receiving retirement provisions at present.

the pension scheme shall replace the "interests of the policyholders";

8. section 81a above with the proviso that the "interests of the members and beneficiaries of the pension scheme" shall replace the "interests of the policyholders" and that "relationships under the pension scheme" shall replace insurance relationships;

9. section 81c above with the proviso that the "interests of the members and beneficiaries of the pension scheme" shall replace the "interests of the policyholders";

10. section 81e above with the proviso that the "members and beneficiaries" replace the "policyholders";

11. section 101 with the proviso that the contributions to the pension fund are used as the criterion instead of the insurance premiums.

(3) The following are not applicable: section 6 (4), sections 13a to 13c, section 14 (1a), sections 53, 53b and 53c, 54 (1) to (3), sections 54b and 54c, 64 and 65, 85 sentence 2, sections 105 to 111g above as well as sections 122, 123 below.

Section 114 Capital resources

(1) To ensure that contract obligations can be met at all times, pension funds are obliged to create own funds free of all foreseeable liabilities and amounting to not less than a solvency margin determined in relation to the aggregate volume of business. One third of the solvency margin shall be deemed to be the guarantee fund.

(2) In order to ensure the adequate solvency of pension funds, the Federal Ministry of Finance is authorised to issue by regulation provisions on:

1. the calculation and the amount of the solvency margin, taking into account the employer's own guarantee pursuant to section 1 (1), sentence 3, of the Law on the Improvement of Company Pensions Schemes [Gesetz zur Verbesserung der betrieblichen Altersvorsorge];

2. the minimum amount of the guarantee fund relevant to pension funds, and

3. the assets that may be considered as own funds in the meaning of subsection (1) above, and on the extent to which they may be counted towards the solvency margin.

Section 115 Investments

(1) Pension funds shall be obliged to establish "Deckungsstöcke", taking account of the respective pension plans. The assets included in a "Deckungsstock" and the other restricted assets shall be invested in a manner appropriate to the type and duration of the retirement benefits to be paid and making allowance for the provisions of the respective pension plan so as to achieve overall the greatest possible security and profitability whilst maintaining pension fund liquidity and guaranteeing appropriate mix and spread.

(2) In order to ensure that the obligations under the respective pension plan can be met at all times, taking account of the types of investment pursuant to article 21 of the Third Life Insurance Directive and the terms of the pension plan in respect of the investment risk and the bearer of such risk, the Federal Government is authorised to fix details by regulation in accordance with subsection (1). This includes in particular quantitative and qualitative requirements in accordance with article 21 of the Third Life Insurance Directive on the investment of the restricted assets, their matching and their location, and restricting investments in the sponsoring company. It may be considered to be ensured that obligations under a pension plan can be met at all times even if it is temporarily

underfunded, provided the deficit does not exceed 5% of the amount of the provisions and the interests of the members and beneficiaries are safeguarded. To ensure full coverage of the provisions, an agreement must be concluded between the employer and the pension fund which is subject to approval by the supervisory authority. The approval shall be granted if the employer has ensured the ability to meet the obligation to make further contributions to fully cover the provisions by having furnished the surety or guarantee of a suitable credit institution or by any other suitable means. The pension fund must notify the "Pensions-Sicherungs-Verein" (mutual insurance association) of the agreement without delay.

(3) Pension funds are obliged to inform the supervisory authority annually of their investment policy and in any case immediately following a significant change in such policy. To this end they shall submit a statement of the principles underlying their investment policy including a description of risk assessment and risk management procedures and of their strategy in relation to the respective pension plan, in particular the allocation of assets with respect to the nature and duration of pension liabilities.

(4) The pension fund must inform its members and beneficiaries in writing of whether, and, if so, how, it takes ethical, social and ecological interests into account in the way it invests the contributions paid.

Section 116 Mathematical provision

(1) In respect of the calculation of the mathematical provision, taking account of the principles of orderly accounting, the Federal Ministry of Finance is authorised to lay down the following details by regulation:

1. one or more maximum limits for the technical interest rate,

2. the principles of actuarial calculation applying to the calculation of the mathematical provision.

The authorisation may be delegated by regulation to the Bundesanstalt. This authority will lay down the provisions in consultation with the supervisory authorities of the Länder.

(2) The regulations pursuant to subsection (1) above shall be issued in agreement with the Federal Ministry of Justice.

Section 117 International co-operation with supervisory authorities

The Federal Government shall be authorised to conclude administrative agreements with a member state of the European Community or with another signatory state of the agreement on the European Economic Area stipulating that in conformity with the rules of the third life assurance Directive applying to life insurance companies, the national authority bears the sole responsibility for financial supervision, but otherwise supervision is exercised in collaboration with the supervisory authority of the other member or signatory state.

Section 118 Other regulations

Sections 5 (6), 11a (6), 55a, 57 (2), 81c (3), 104 (6) and 104g (2) above apply with the proviso that the Federal Ministry of Finance is authorised to issue, on the basis of those sections, separate regulations that are applicable to pension funds.

VIII. Transitional provisions

Section 122 Continuation of business activities

Insurance undertakings which on 1st January, 1902, were authorised to carry on business under the law of a Land in one or more Länder need no authorisation under this law if they have continued business operations within the boundaries to which they had restricted operations until 1st January, 1902, or to which in the case of their permission to do business having been based on a special authorisation their operations had been restricted under this authorisation.

Section 123 Eligibility for the ‘Deckungsstock’

Any assets acquired until 29th December 1974 in accordance with legal provisions and orders of the supervisory authority applicable until that time and individual approvals granted by the supervisory authority may be kept as part of the restricted assets but not as part of the ‘Deckungsstock’ unless they had already been allocated to the ‘Deckungsstock’ and entered into the ‘Deckungsstock’ list.

Sections 124 to 127 (repealed)

Section 128 (repealed)

Sections 129 to 133e (repealed)

Section 133f (repealed)

Section 133g (repealed)

IX. Provisions as to offences and administrative fines

Section 134 False statements

A person who makes false statements to the supervisory authority for the purpose of being granted for an insurance undertaking or a pension fund (section 112 (1) sentence 1) an authorisation to carry on business, a renewal of such authorisation or approval of a change to the operating plan or a transfer of a portfolio of insurance contracts (sections 14, 108) will be punished with imprisonment for a term not exceeding three years or by imposing a fine.

Sections 135 and 136 (repealed)

Section 137 Offences committed by an auditor

(1) A person who as auditor or assistant to an auditor reports falsely on the results of the audit or does not disclose material facts in the report will be punished with imprisonment for a term not exceeding three years or by imposing a fine.

(2) If the offender acts for a consideration or with the intent to enrich himself or another person

or to harm another person he will be punished with imprisonment for a term not exceeding five years or by imposing a fine.

Section 138 Breach of secrecy requirement

(1) A person who except for the cases under section 333 of the Commercial Code or section 404 of the Stock Corporation Act discloses without being authorised to do so any secret of the insurance undertaking or pension fund (section 112 (1) sentence 1), in particular any business or trade secret which has come to his knowledge in his capacity as

1. auditor or assistant to an auditor in accordance with section 341k in conjunction with section 319 of the Commercial Code,

2. member of the board or directors or supervisory board or liquidator

will be punished with imprisonment for a term not exceeding one year or by imposing a fine.

(2) If the offender acts for a consideration or with the intent to enrich himself or another person or to harm another person he will be punished with imprisonment for a term not exceeding two years or by imposing a fine. Subject to punishment is also any person who makes use of a secret of the kind described under subsection (1) above, in particular any business or trade secret which came to his knowledge as specified under subsection (1) above.

(3) The offence is prosecuted only at the request of the insurance undertaking or pension fund (section 112 (1) sentence 1) . If a member of the board of directors or a liquidator has committed the offence the supervisory board is entitled to make the request; if a member of the supervisory board has committed the offence the board of directors or the liquidator is entitled to make the request.

Section 139 False report on mathematical provision and 'Deckungsstock'

(1) A person who as responsible actuary submits a false actuarial certification in accordance with section 11a (3) no. 2, sentence 1, also in conjunction with an ordinance pursuant to subsection (6) above or with sections 11d, 11e or 110d (2) or (3), or in accordance with section 12 (3) no. 2, sentence 1, also in conjunction with section 110d (2) or (3), is punished with imprisonment for a term not exceeding three years or by imposing a fine.

(2) Subject to punishment is also any person who as trustee appointed to control a 'Deckungsstock' or as deputy trustee (section 70 above) submits a certificate in accordance with section 73 above, also in conjunction with section 110d (2) and (3) above, which is false.

Section 140 Unauthorised business activities

(1) A person who, in Germany,

1. carries on insurance business without authorisation pursuant to section 5 (1), section 105 (2) or section 110 d (1), sentence 1,

2. contrary to section 110a (2), sentence 2 or 5, or (2a) or (2b), takes up or expands business operations, takes up or changes the provision of services, or carries on a type of health insurance or compulsory insurance,

3. contravenes an enforceable order pursuant to section 111b (1) above, sentence 2 or 3, or

4. operates the business of pension funds as per section 112 (2) without being authorised to do so

will be punished with imprisonment for a term not exceeding one year or by imposing a fine.

(2) If the offender acts negligently he will be punished with imprisonment for a term not

exceeding six months or by imposing a fine of up to one hundred and eighty daily rates.

Section 141 Failure to notify insolvency

(1) A person who as member of the board of directors, as authorised agent (section 106 (3) above) or as liquidator of an insurance undertaking or pension fund (section 112 (1) sentence 1 above), contrary to section 88 (2), also in conjunction with section 113 (1), above, does not give the required notice to the supervisory authority, will be punished with imprisonment for a term not exceeding three years or by imposing a fine.

(2) If the offender acts negligently he will be punished with imprisonment for a term not exceeding one year or by imposing a fine.

Section 142 (repealed)

Section 143 Misrepresentation of facts

A person who as member of the board of directors or the supervisory board, as authorised agent (section 106 (3)) or as liquidator of a mutual society

1. in descriptions or surveys of the financial situation of the society or in oral statements or information to the supreme representation misrepresents or conceals the actual situation of the mutual society, or

2. in explanations or statements to be made available to the auditor of a mutual society in accordance with the provisions of this law gives false information or misrepresents or conceals the actual situation of the mutual society,

will be punished with imprisonment for a term not exceeding three years or by imposing a fine, however, only if in the case of (1) above no penalty has been envisaged under section 331 no. 1, and in the case of (2) above no penalty has been envisaged under section 331 no. 4 of the Commercial Code.

Section 144 Administrative offences within the operation of insurance

(1) An administrative offence shall be deemed to be committed by any person who as member of the board of directors or of the supervisory board, as authorised agent (section 106 (3) above) or as liquidator of an insurance undertaking

1. proposes or authorises the distribution of profits determined in violation of the requirement of the law or the approved operating plan with respect to the establishment of provisions and reserves,

1a. contrary to section 7 (1) sentence 1 above fails to appoint a claims representative,

2. violates a provision with respect to the investment of the assets of the 'Deckungsstock', the other committed assets, or the investment portfolio, the calculation, entry in the books, keeping or management of the mathematical provisions or the 'Deckungsstock' (sections 54 (2) sentence 1, also in conjuction with a regulation as per subsection 3, section 54 (2) sentence 2, or section 54b (1) or (2) sentence 2, each also in conjunction with section 54c, sections 65 to 67, 77, 79, 110d (2) and (3)) or fails to issue or to issue correctly a certificate in accordance with section 66 (6) above, sentence 6, also in conjunction with section 110d (2) and (3),

3. violates the approved operating plan with respect to the investment of money,

4. carries on business not envisaged in the approved operating plan or permits the carrying on of such business, or

5. violates an ordinance in pursuance of section 55a (1) above, also in conjunction with section 106 (2), sentence 4, to the extent that for the purpose of a certain offence reference is made to the present administrative fines provision.

The provisions concerning administrative fines pursuant to sentence 1

1. nos. 1, 3, and 4,

2. no. 2 as far as it relates to sections 54a, 66, 67, 77 or 79 above and

3. no. 5 as far as it relates to section 55a (1) above

shall also apply to pension funds pursuant to section 113.

(1a) An administrative offence shall be deemed to be committed by a person who

1. violates intentionally or negligently an ordinance in accordance with section 5 (6), section 12c, also in conjunction with section 110a (4) no. 2 or section 65 (1) to the extent that for the purpose of a certain offence reference is made to the present administrative fines provisions,

2. intentionally or negligently fails to give notice in accordance with section 13b (1) or (4), sentence 1; section 13c (1) also in conjunction with subsection (4); section 13d nos. 1 to 6, 7 above, also in conjunction with section 110a (4) no. 2 or 8; section 58 (2) above, sentence 1; or section 104 (1), sentence 1, first half of sentence 2, sentence 3 or 4, or subsection (3), each also in conjunction with an ordinance in accordance with subsection (6), fails to give it correctly, completely or in due time,

3. intentionally or negligently contrary to section 59, sentence 1, fails to submit or to submit in due time a copy of the auditor's report,

4. intentionally or negligently violates an enforceable ordinance in accordance with section 81b (1), sentence 2, or subsection (2), sentence 2 also in conjunction with subsection (4), or section 104 (1a), sentence 1 or 2, or (2), sentence 2, or an enforceable requirement under section 8 (2) above,

5. intentionally or negligently violates an enforceable ordinance pursuant to section 83 (1), sentence 1, no. 1, also in conjunction with section 83 (5a) or section 110a (4) no. 3 a above, or section 83 (1), sentence 1, no. 1a or subsection (2), sentence 1, each also in conjunction with section 110a (4) no. 3 a,

6. contrary to section 83 (1), sentence 1, no. 5, also in conjunction with section 83 (5b), sentence 1, does not grant the right to speak,

7. contrary to section 83 (1), sentence 1, no. 6, also in conjunction with section 83 (5b), sentence 1, does not call or announce meetings,

8. intentionally or negligently contrary to section 83 (1), sentence 2, subsection (3), sentence 3, or subsection (4), sentence 2, also in conjunction with section 83 (5a), or section 110a (4) no. 3 a above does not tolerate a measure,

9. violates an enforceable order in accordance with section 87 (6) above, or

10. intentionally or negligently contrary to section 103a (2) above in conjunction with an ordinance pursuant to section 12c above fails to give notice, to give correct, complete notice or to give it in due time.

(2) An administrative offence may in the cases of subsection (1) nos. 1 to 4 and subsection (1a) above be punished with a fine not exceeding EUR 150,000, in the cases of subsection (1) no. 5 with a fine not exceeding EUR 50,000.

Section 144a Unauthorised insurance intermediation

(1) An administrative offence is be deemed to be committed by a person who intentionally or negligently

1. concludes in Germany an insurance contract or a pension fund contract for an undertaking which does not have the authorisation required to carry on such insurance business or pension fund business, has taken up or expanded business operations contrary to section 110a (2) sentence 2 or 5, has taken up or changed the provision of services contrary to section 110a (2a), or carries on a type of health insurance or compulsory insurance contrary to section 110a (2b), or who continues his business operations contrary to section 111b (1), sentence 2 or 3,

2. intermediates the conclusion of an insurance contract or pension fund contract for such an undertaking on a commercial basis, or

3. violates an enforceable ordinance issued pursuant to section 81 (2) above, sentence 3, 4 or 5, each also in conjunction with section 110a (4) no. 3 a.

(2) An administrative offence may be punished with a fine not exceeding EUR 50, 000.

Section 144b Administrative offences in the operation of legal insurance

(1) An administrative offence is deemed to be committed by a person who

1. contrary to section 8a (3) above, sentence 2, also works for an insurance undertaking which operates other insurance business in addition to legal expenses insurance,

2. contrary to section 8a (3) above carries on an activity comparable to a loss adjustment activity for an insurance undertaking specified under no. 1 above,

3. contrary to section 8a (4) above, sentence 1, gives instructions, or

4. contrary to section 8a (4) above, sentence 2, supplies information.

(2) An administrative offence may be punished with a fine not exceeding EUR 20, 000.

Section 145 Scope of threats of punishment

The threat to be punished in compliance with sections 141 and 143 and to be fined in compliance with sections 144 and 144b also apply to members of the board of directors or supervisory board and liquidators of a society to be treated as a mutual society in accordance with section 128 above. The threat to be fined in compliance with section 144b (1) no. 3, subsection (2) above is also applicable to the authorised agent (section 106 (3)).

Section 145a Competent administrative authority

The administrative authority within the meaning of section 36 (1) no. 1 of the Act Concerning Administrative Offences is the Bundesanstalt to the extent that it is authorised to supervise insurance undertakings.

Section 145b Notification to the supervisory authority

(1) In criminal proceedings initiated against the managers of insurance undertakings or pension funds as well as holders of qualified participating interests in insurance undertakings or pension funds or their legal representatives or personally liable partners on account of violating their professional duties or committing other criminal acts in carrying out or in connection with carrying out a trade or profession or with operating any other kind of business enterprise, as well as in criminal proceedings

relating to criminal acts described in sections 134, 137 to 141, 143 and 145 of the Law, the court, the criminal prosecution authority or the penal enforcement authority shall, if a public action is brought, transmit to the Bundesanstalt

1. the indictment or the petition in lieu of an indictment,

2. the application for the issue of a summary penal order, if this order is not immediately complied with,

3. the decision concluding the proceedings together with a substantiation of the decision;

if an appeal has been lodged against the decision, the decision shall be transmitted together with a reference to the appeal that has been lodged. In the case of proceedings concerning criminal acts caused by negligence, the information to be transmitted under numbers 1 and 2 will be transmitted only if the transmitting authority believes that decisions or other measures need to be taken by the Bundesanstalt immediately.

(2) If, in the course of criminal proceedings, facts become otherwise known which point to irregularities in the business operations of an insurance undertaking or pension fund, including its field service, and if the transmitting authority believes that these need to be made known to the Bundesanstalt in order that it can take measures, the court, the criminal prosecution authority or the penal enforcement authority shall likewise transmit these facts, unless the transmitting authority is aware that protecting the interests of the party concerned should take precedence. Due consideration should be given in this context to the reliability of the findings to be transmitted. Facts giving reason to assume that a manager or the holder of a qualified participation pursuant to section 7a above is unreliable are normally an indication for irregularities in the business operation.

(3) If a notification pursuant to subsections (1) or (2) above refers to an insurance undertaking or pension fund which under this law is supervised by the competent authority of a Land the Bundesanstalt transmits such notification to this authority immediately.

X. Final provisions

Section 146 Basis of authorisation

The Federal Ministry of Finance is authorised to specify by regulation not requiring approval by the Bundesrat that all the insurance business or certain kinds of insurance business carried on with the group of persons specified under article I (1) (a) to (c) of the agreement of 19th June, 1951, between the parties to the North Atlantic Treaty relating to the legal status of their troops (Federal Law Gazette 1961 II, pp. 1183, 1190) is wholly or partly not subject to the provisions of this law in so far as the interests of other insured and the requirement to meet obligations under the other insurance contracts as they arise are thereby not endangered within the territory of application of this law.

Sections 147 to 149 (repealed)

Section 150 Statistical information

All insurance undertakings subject to supervision under this law shall deposit with the Bundesanstalt the statistical data about their business operations required by it. The Insurance Advisory Council shall be consulted with respect to the nature of these data.

Section 151 Statistical data from insurance undertakings under public law

Insurance undertakings under public law which are not subject to supervision under this law shall deposit with the Bundesanstalt on request the same statistical data about their business operations as insurance undertakings which are subject to supervision under this law.

Section 152 Reciprocal notification of supervisory authorities

The Bundesanstalt and the supervisory authorities of the Länder are required to exchange information about their legal and administrative principles. This also applies to principles established by the authorities of the Länder for the supervision of insurance undertakings under public law.

Section 153 (repealed)

Section 154 Provisions of the Länder

(1) The provisions of the Länder with respect to the supervision by the police of fire insurance contracts after they have been concluded and of the payment of damages in the case of fire under these contracts are not affected.

(2) (repealed)

(3) Neither are affected requirements existing on 1st January, 1901 for fire insurance undertakings to write certain insurances in a Land under the law of that Land or on the basis of agreements with the authorities of that Land if the undertaking has continued or is continuing business operations in that Land or if it has been authorised to carry on business under this law.

Section 155 (repealed)

Section 156 Application by analogy of provisions under company law

(1) Section 34, sentence 1, and section 39 (3) apply to public limited insurance companies accordingly.

(2) With respect to the managing body of insurance undertakings under public law, sections 80 and 91 (2) of the Stock-Corporation Act apply accordingly. With respect to the supervisory body responsible for insurance undertakings under public law, section 80 of the Stock-Corporation Law applies accordingly.

Section 156a Non-application to certain insurance undertakings

(1) Section 5 (4) and sections 53c and 81b (1) and (2) above do not apply to 'kleinere Vereine', if

1. supplementary contributions or reductions in claims payments are permitted under their articles of association, and

2. the annual contributions do not exceed the amount fixed by regulation in accordance with subsection (2) below,

unless they operate third party liability insurance, credit and suretyship insurances or life insurance as pension or death benefit funds. For the purpose of the undertakings mentioned in sentence 1 the amount of the required financial means is determined in accordance with section 8 (1), sentence 1, no. 3.

(2) The Federal Ministry of Finance is authorised for the purpose of implementing insurance directives of the Council of the European Communities to fix by regulation not requiring approval by the Bundesrat the amount of the annual contributions for the purpose of subsection (1) no. 2 above.

(3) Section 5 (3) no. 2, second half of the sentence, is not applicable to 'Pensionskassen' having considerable economic importance if the undertakings comply with the solvency requirements under section 53c (2a). In this case notwithstanding section 53 above also sections 29, 58 and 59 of this Act apply if 'kleinere Vereine' are concerned; the responsible actuary shall notwithstanding section 11a (3) no. 2 submit an actuarial certification also in the case of a 'kleinerer Verein'. Section 11c is applicable with the proviso that it also applies to insurance contracts concluded after 28th July, 1994, if they are based on an operating plan approved by the supervisory authority which includes the elements under section 5 (3) no. 2, second half of the sentence; in these cases section 11b above does not apply. It shall be stipulated in the articles of association that the board of directors shall be appointed by the supervisory board or the supreme body. The provisions mentioned in sentences 1 to 4 shall be applied to the individual 'Pensionskasse' as soon as the supervisory authority determines that the 'Pensionskasse' meets the requirements of sentence 1. For the purpose of 'Pensionskassen' which were granted authorisation to carry on business before 28th July, 1994, the supervisory authority may postpone application of the requirements of sentences 1 to 4 until 31st December, 1999.

(4) Subsection (3) above does not apply to 'Pensionskassen' which are joint institutions established under a generally applicable collective agreement within the meaning of section 4 (2) of the Law on Collective Agreements [Tarifvertragsgesetz].

(5) For the purpose of public health care schemes of the Bundeseisenbahnvermögen, the Postbeamtenkrankenkasse and the Versorgungsanstalt des Bundes und der Länder, the Bahnversicherungsanstalt- Abteilung B and the Versorgungsanstalt der Deutschen Bundespost this law is not applicable.

(6) The Federal Ministry of Finance is authorised to specify in more detail by regulation when a 'Pensionskasse' shall be deemed to be an undertaking of considerable economic importance.

Section 157 Supervisory permission of deviations

(1) The supervisory authority may for the purpose of authorisation to carry on business and for the purpose of management of 'kleinere Vereine' permit deviations from sections 11, 11a, 12, 55a and 66. The same applies to deviations from section 10a (1) with respect to death benefit funds and 'Pensionskassen' where conformity with section 156a (3) above, sentence 5, was not established. The supervisory authority may also permit deviations for 'Pensionskassen', other than 'kleinere Vereine'.

(2) If the deviations relate to management they may in particular be granted on condition that business operations and the financial situation are audited by an expert at the expense of the 'Verein' at intervals of several years and that the audit report is deposited with the supervisory authority.

Section 157a Exemption from supervision

(1) The supervisory authority may exempt mutual societies from on-going supervision under this Act which need not be registered if the nature of the business operated and other circumstances are such that supervision does not appear to be necessary to safeguard the interests of the insured. These requirements may in particular be met by societies whose business operations are restricted to a limited geographical area, which have a small number of members and low premium income.

(2) The exemption under subsection (1) above may be limited to a certain period of time and

subject to certain requirements; it shall be revoked if it comes to the attention of the supervisory authority that the requirements for an exemption are no longer met.

(3) If the supervisory authority has granted an exemption in accordance with subsection (1) above the provisions under sections 13, 14, 22 (4) above and sections 37 and 53c to 104 above shall not apply with the exception of the provisions under section 83 (1) nos. 1 and 2, subsections (3), (5) and (6) above and sections 89a and 93 above if the requirements under subsection (2) above or the powers of the supervisory authority under section 83 above are to be enforced; a transformation in accordance with the Law Regulating the Transformation of Undertakings is not permitted.

Section 158 (rescinded)

Section 159 Application by analogy to insurance institutions of trade associations and undertakings exempt from supervision

(1) Decisions of representatives' meetings relating to institutions specified under section 140 (1) of the Seventh Book of the Code of Social Law [Siebtes Buch Sozialgesetzbuch] and to their articles of association and operating plans shall be approved by the supervisory authority; section 5 (1) to (3) and section 8 accordingly. Otherwise section 13 (1), sections 14, 54 (2), sentence 1 (a) and sentence 2, section 55 (1) and (2), section 55a and sections 81, 81a, 82 to 84, 86, 88 and 89 apply to these institutions accordingly.

(2) (repealed)

(3) If there are other provisions stipulating that provisions of this law shall be applied in the same way to undertakings which are o longer subject to subsection (1) above, such provisions shall not be affected.

Section 160

(1) to (4) (repealed)

(5) Undertakings which under a comprehensive contract cover risks attributable to the classes of insurance listed under nos. 1 and 19 of part A of the annex may transfer to another undertaking the accident insurance portion of such contracts. Section 14 applies accordingly.

Section 161 (rescinded)

XI. Transitional provisions for the implementation of the monetary, economic and social union with the German Democratic Republic (repealed)

Annex

A. Classification of risks by groups

1. Accident
a) fixed pecuniary benefits
b) benefits in the nature of indemnity
c) combinations of the two
d) injury to passengers
2. Sickness
a) fixed pecuniary benefits
b) benefits in the nature of indemnity
c) combinations of the two
3. Land vehicles (other than railway rolling stock)
All damage to or loss of
a) land motor vehicles
b) land vehicles other than motor vehicles
4. Railway rolling stock
All damage to or loss of railway rolling stock
5. Aircraft
All damage to or loss of aircraft
6. Ships (sea, lake and river and canal vessels)
All damage to or loss of
a) river and canal vessels
b) lake vessels
c) sea vessels
7. Goods in transit
All damage to or loss of goods in transit, irrespective of the form of transport
8. Fire and natural forces
All damage to or loss of property (other than property included in classes 3 to 7) due to
a) fire
b) explosion
c) storm
d) natural forces other than storm
e) nuclear energy
f) land subsidence
9. Hail, frost and other damage to property
All damage to or loss of property (other than property included in classes 3 to 7) due to hail or frost, and any event such as theft, other than those mentioned under class 8
10. Liability arising out of the use of motor vehicles operating on the land
a) motor vehicle liability
b) liability arising out of transports by motor vehicles operating on the land

c) other

11. Aircraft liability

All liability arising out of the use of aircraft (including carrier's liability)

12. Liability for ships (sea, lake and river and canal vessels)

All liability arising out of the use of ships, vessels or boats on the sea, lakes, rivers or canals (including carrier's liability)

13. General liability

All liability other than those forms mentioned under classes 10 to 12

14. Credit

a) insolvency (general)

b) export credit

c) instalment credit

d) mortgages

e) agricultural credit

15. Suretyship

16. Miscellaneous financial losses

a) employment risks

b) insufficiency of income (general)

c) bad weather

d) loss of benefits

e) continuing general expenses

f) unforeseen trading expenses

g) loss of market value

h) loss of rent or revenue

i) indirect trading losses other than those mentioned above

j) other financial loss (non-trading)

k) other forms of financial loss

17. Legal expenses

18. Assistance in favour of persons in difficulties

a) on journeys or during absence from their domicile or permanent place of residence,

b) in other circumstances unless such risks are covered by other classes of insurance

19. Life

(unless listed under classes 20 and 24)

20. Marriage and birth insurance

21. Unit-linked life insurance

22. Tontines

23. Capital redemption operations

24. Operations relating to the management of institutions for retirement provision

25. Operations of pension funds

B. Description of authorisations granted for more than one class of insurance

Where the authorisation simultaneously covers:

a) nos. 1 (d), 3, 7 and 10 (a), it shall be named ‘Motor Vehicle Insurance’;

b) nos. 1 (d), 4, 6, 7 and 12, it shall be named ‘Marine and Transport Insurance’;

c) nos. 1 (d), 5, 7 and 11, it shall be named ‘Aviation Insurance’;

d) nos. 8 and 9, it shall be named ‘Insurance against Fire and other
Damage to Property’;

e) nos. 14 to 13, it shall be named ‘Liability Insurance’;

f) nos. 14 and 15, it shall be named ‘Credit and Suretyship Insurance’;

g) nos. 1, 3 to 13, and 16, it shall be named ‘Property and Accident Insurance’.

C. Matching Rules

1. Where the cover provided by a contract is expressed in terms of a particular currency, the insurer's commitments shall be considered to be payable in that currency.

2. Where the cover provided by a contract is not expressed in terms of a particular currency, the insurer's commitments shall be considered to be payable in the currency of the country in which the risk is situated. The insurer may choose the currency in which the premium is expressed if there are justifiable grounds for exercising such a choice, in particular if, from the time the contract is entered into, it appears likely that a claim will be paid in this currency.

3. The currency which the insurer in accordance with experience acquired considers to be the one in which he must most likely provide cover or, in the absence of such experience, the currency of the country in which he is established, may, if there are no special reasons against such a choice, be taken as a basis for the following risks: –

a) for contracts covering risks classified under classes 4 to 7, 11 to 13 (producers' liability only) of part A of the annex,

b) for contracts covering the risks classified under other classes where, in accordance with the nature of the risks, the cover is to be provided in a currency other than that which would result from the application of the above rules.

4. Where a claim has been reported to an insurer and where it is payable in a currency other than the currency resulting from application of the above rules, the insurer's commitments shall be considered to be payable in that currency, and particularly in the currency which has been determined by court judgement or by agreement between the insurer and the insured as the currency in which the compensation is to be paid by the insurer.

5. Where a claim is assessed in a currency which is known to the insurer in advance but which is different from the currency resulting from application of the above rules, the insurer may consider his commitments to be payable in that currency.

6. The restricted assets need not be matched in the currency in which the insurer's commitments are payable if

a) it is not the currency of a member state of the European Community or another signatory state to the agreement on the European Economic Area and if it is not suitable for investments in particular because of transfer restrictions,

b) the assets representing the ‘Deckungsstock’ and the other restricted assets to be matched do not exceed 20 per cent of the commitments payable in a particular currency, or

c) application of the rules under (1) to (5) above would result in assets having to be held in a certain currency which amount to not more than 7 per cent of the assets of the undertaking existing in other currencies.

7. If under the above rules the other restricted assets have to be expressed in the currency of a member state of the European Community whose currency is not the euro or another EEA member state up to 50 per cent of the assets may be in euro to the extent that this is justified in accordance with the care of a prudent businessman.

D. Consumer Information

Section 1

Consumer information to be supplied by insurance undertakings in accordance with section 10a (1) above before insurance contracts are concluded:

1. Consumer information required for all classes of insurance

a) Name, address, legal form and seat of the insurer and, where appropriate, any branch which concludes the contract;

b) General insurance policy conditions including the premium rate provisions and law applicable to the contract;

c) Nature and extent of the insurer benefits and when they are payable if no general insurance policy conditions or premium rate provisions are applied;

d) Term of the contract;

e) Amount of the premiums with an indication of the individual premiums if several independent insurance contracts are to be concluded and an indication of how the premiums are to be paid; information about any additional fees and expenses, and about the total sum to be paid;

f) Period during which the proposer shall be bound by his proposal;

g) Information about the cooling-off period;

h) Address of the responsible supervisory authority which the policyholder may contact in the case of complaints about the insurer.

2. Additional consumer information required for life and accident insurances with premium refunds

a) Information about the calculation bases and criteria for determining the profit and profit participation;

b) Surrender values;

c) Information about the minimum sum insured for transformation into a paid-up insurance and about the benefits under a paid-up insurance;

d) Extent to which the benefits under (b) and (c) are guaranteed;

e) For unit-linked policies, definition of the units to which the insurance is linked and indication of the nature of the underlying assets;

f) General information on the tax arrangements applicable to the type of policy.

3. Additional consumer information required for health insurances in accordance with section 12a above

a) information about the effects of increasing health care costs on future development of the premiums;

b) reference to possible limitation of premiums to be paid at old age;

c) reference to the fact that as a rule, it is impossible in old age to obtain health insurance cover in the public health insurance system.

Section 2

Consumer information to be supplied by the insurance undertaking during the term of the insurance contract in accordance with section 10a (1) above:

1. Change of name, address, legal form and seat of the insurer and any branch which concludes the contract;

2. Changes in the consumer information supplied in accordance with section I (1) (c) to (e) and (2) (a) to (e) above, if such changes result from amendments of legal provisions;

3. Annual information about the situation regarding profit participation in life insurance and accident insurance with premium refunds;

4. In health insurance in accordance with section 12 (1), at each premium increase, information on the right to change tariffs, including the text of the relevant legal provision. Where insured who have attained the age of 60 are concerned, the policyholder shall be made aware of tariffs which include equal classes of benefit as do the previously agreed ones and which would result in a premium reduction in the event of a change of tariff. The information shall refer to tariffs which in sensibly assessing the interests of the insured are considered particularly appropriate; however, not more than 10 tariffs may be indicated. In respect of each tariff, the premium which would have to be paid for the insured person if they opted for this tariff shall be indicated. Moreover, the possibility to opt for the standard tariff shall be indicated. The conditions under which the tariff can be changed and the premium that would have to be paid in the standard tariff shall be indicated.

Section 3

Members and beneficiaries of pension funds in the meaning of section 112 (1) have to be supplied with the following information:

1. name, address, legal form and domicile of the pension fund and any branch through which the contract is to be concluded;

2. details of the term of the contract;

3. general information on the taxation rules applicable to this type of retirement provision;

4. the annual accounts and annual report on request;

5. Moreover, each member receives meaningful information on:

a) the expected amount of the benefits he is entitled to;

b) the available types of investment and the structure of the investment portfolio as well as information on the potential risks and the costs of asset management where the member bears the investment risk.

The information referred to is to be given to the member annually.

6. Each beneficiary receives the appropriate information on the pension benefits and the terms of payment.

2. 新加坡人寿保险监管

2－1　关于财务再保险的通知

通知号：MAS 316（新加坡金融管理局 316 号通知）
发布日期：2004 年 8 月 28 日
此通知取代 1999 年 8 月 18 日发布的 MAS316 号通知。

导言

1. 本通知根据《保险法》（Cap. 142）第 64 条第（2）款发布，包括强制性要求（第一部分）和导言（第二部分）两部分。

2. 本通知应该与《保险法》和《保险（评估和资本）条例》（G. N. No. S 498/2004）一道被遵照执行。

3. 本通知适用于所有开展人寿保险业务的注册保险公司。

4.（a）自 2004 年 8 月 28 日本通知正式生效起，2001 年 12 月 4 日发行的 MAS 104 号“新加坡保险基金资产投资”通知即刻废止。

（b）2004 年 8 月 23 日前从事人寿保险业务的任何注册保险公司，在 2004 年 8 月 23 日至 2004 年 12 月 31 日期间所开展的业务，不适用本通知。

（c）（b）款所指保险人在下述期间内应继续遵守 2000 年 1 月 3 日发布的 MAS 101 号通知，此通知截止到 2004 年 8 月 28 日有效。

（i）第（b）项中提到的期间；

（ii）第（b）项所指期间结束后次日至注册保险人提交 2004 年 8 月 23 日前有效的《保险（会计与报表）条例》（条例 2）要求提交会计报表及其他报表之日。提交会计报表的期限为 2004 年 1 月 1 日至 2004 年 12 月 31 日（含期初和期末日）。

为使保险人遵守《保险（会计和报表）条例 2004》（G. N. No. S494/2004）第 18 条第（2）款关于按《保险（会计和报表）条例》要求，编制和提交财务报表及其他报表的相关规定。

（d）尽管有第（b）项和第（c）项的规定，注册保险人已经根据《保险（评估与资本）条例》（G. N. No. S498/2004）第 24 条第（3）款做出了选择：

1）自选择做出之日起该保险人不适用（b）款规定；

2）该保险人继续适用（c）款规定。

定义

5. 基于本通知的目的：

（a）“财务再保险合同”应是包括以下条款的保险合同：

（i）将资产转移到分出保险人，或给分出保险人增添债务，或两者都有；以及

（ii）在不同情形或特定环境下，要么分出保险人有义务偿还部分或全部此类资产（利息可

有可无)，要么规定缩减此类债务。

(b) 在一个保险公司承保的部分风险被转移给另一个保险公司的情况下，“再保险管理策略”指为确保再保险安排中责任和控制的清晰分配的一个计划。

第一部分 强制性要求

审慎管理监督

6. 对有关财务再保险合同的交易，保险公司应当执行审慎管理监督和充分监控。在财务再保险合同达成的过程中，应当有一份清楚的文件说明以下情况：

(a) 交易对手的选择；

(b) 保单持有人的利益的保护；

(c) 对财务再保险合同可得收益的评估。

7. 在签署财务再保险合同前，保险公司应当制定和实施一个经董事会批准的再保险管理策略，而且应当在所有再保险合同中贯彻执行此策略直至保险公司终止此合同。

8. 保险公司应当确保其在签署财务再保险合同时，遵照其所制定的财务再保险管理策略。如果意图对财务再保险交易的条款采取、实施或允许任何重要变化，直接保险人应当事先向董事会说明原因。

批准

9. 在签署财务再保险合同前，直接保险公司和专属保险公司应当取得监管部门的书面批准。在执行财务再保险合同的重要变动前，保险公司也应当取得监管部门的书面批准。保险监管部门可依据它认为适当的条件和限制予以批准。

10. 按照第 9 款，递交给保险监管部门的缔结财务再保险合同的审批申请应当包含该财务再保险合同的详细描述，并且还应包括如下信息：

(a) 缔结财务再保险合同的原因和理由；

(b) 在明确协议各种潜在收益的条件下，对预计现金流量的分析（应包括净现值)；

(c) 拟议中的交易对精算准备金造成的潜在影响的详细情况；

(d) 对提议使用的会计处理进行描述，并且说明理由；

(e) 审计师对赞成提议的会计处理方法的证明。

11. 对第 10 款中要求的各种信息的提交，保险监管部门可以将其作为给予批准与否的先决条件。

会计处理

12. 满足重大风险转移条件（相关定义见第 19 款至第 22 款）的财务再保险合同，应当被视为按《保险（会计和报表）条例》（G. N. No. S 494/2004）编制和提交给监管部门的表 1 和表 2 中所列的保险合同。保险公司应当在保单负债评估中将由财务再保险合同产生的预期收入减去预期支出的价值包括在内。

13. 不具备重大风险转移条件的财务再保险合同，应当被视为分出保险公司和分入保险公司的资金。也就是说，合同的数额不能包括在表 2 中。

满足重大风险转移条件的财务再保险合同

分出寿险业务的披露和报告

14. 在财务再保险合同在会计期间内有效且保险公司已经按财务再保险合同转出寿险业务的情况下，保险公司应当在《保险法》第 37 条第（1）款第（c）项所指的精算报告摘要中包括如下有关财务再保险合同的信息：

（a）该保险公司所有的尚未履行的责任和简要说明解除这些责任的条件；

（b）说明此未履行的责任在保单负债评估中是如何考虑的。

15. 按照表1的注释，分出保险公司应当向保险监管部门声明如下相关财务再保险合同的信息：

（a）由保单引起的预期未来支出减去预期未来收入的数额，这应该包括在“保单负债”中；

（b）可从再保险公司获得的收入，这被包括在“再保险可摊回分保赔款”中。

分入寿险业务的披露和报告

16. 在财务再保险合同在会计期间内有效且保险公司已经按财务再保险合同分入寿险业务的情况下，保险公司应当在《保险法》第37条第（1）款第（c）项所指的精算报告摘要中包括如下有关财务再保险合同的信息：

（a）从分出保险公司可得的预期未来收入减去给分出保险公司的预期未来支付后的数额，简要说明分出保险公司做出及收到付款的条件；

（b）说明从分出保险公司可得的预期未来收入减去给分出保险公司的预期未来支付在保单负债评估中是如何考虑的。

17. 在完成表1时，保险公司应当按如下规则报告财务再保险合同的数额：

（a）源自保单的预期未来支付减去预期未来收入的数额应当包括在“保单负债”中；

（b）应付给分出保险公司的数额（包括可摊回分保赔款、佣金、盈余佣金或退款）应当被包括在“对分保人的总未偿付量”中。

第二部分　导言

财务再保险合同的运用

风险转移

18. 建议保险公司采用包含风险转移内容的财务再保险合同。

19. 基于本通知的目的，“保险风险”包括如下类型中的一种或多种：

（a）死亡率，被保险人的死亡风险；就养老金来说，死亡率指领受养老金者的续存生命期；

（b）发病率，保险合同涵盖的丧失能力的风险；

（c）投资，因所得利润未能达到协议的利润水平而产生的风险；

（d）持续性，因为保险客户提早终止保险合同并造成损失，由此产生的风险；

（e）支出，合同所规定的偿付准备金不足以支付未来支出，由此产生的风险。

20. 当满足以下条件时，可认定财务再保险合同下的重大保险风险转移已经发生：

（a）可合理地认为，分入保险人意识到合同会造成重大损失；

（b）可合理地认为，合同收益会在较大范围内波动。

21. 保险风险转移是否“重大”，理应按照合同商业实质的情况或者在一系列合同之间有显著联系的情况下将合同作为一个整体来评估，并且按照实际上极有可能出现的合同收益的波动范围来判定。

22. 关于是否存在保险风险转移的评估，需在缔约之前完成。

对违反强制性要求的处理

23. 任何违反本通知第一部分强制性要求的行为都会被视为违法，将受到《保险法》第55条第（2）款规定的处罚。

2. Singapore: Life isurance

2-1 Notice on Financial Reinsurance

Notice No: MAS 316

Issue Date: 28 August 2004

This Notice replaces MAS 316 dated 18 August 1999.

Introduction

1. This Notice is issued pursuant to section 64 (2) of the Insurance Act (Cap. 142) ("the Act"). It comprises both mandatory requirements (Part I) and guidelines (Part II).

2. This Notice shall be read in conjunction with the provisions of the Act and the Insurance (Valuation and Capital) Regulations ("the Regulations") (G. N. No. S 498/2004).

3. This Notice applies to any insurer registered to carry on life business.

4. (a) With effect from 28 August 2004, MAS Notice 316 on "Financial Reinsurance" dated 18 August 1999 shall be cancelled and this Notice shall come into force.

(b) This Notice shall not apply to any registered insurer which carried on life business immediately before 23 August 2004 for the period from 23 August 2004 to 31 December 2004.

(c) The insurer referred to in sub-paragraph (b) shall continue to comply with MAS Notice 316 dated 18 August 1999 in force immediately before 28 August 2004 during—

(i) the period referred to in sub-paragraph (b); and

(ii) the period from the day immediately following the end of the period referred to in sub-paragraph (b) to the day on which the registered insurer lodges the statements of account and other statements required under the Insurance (Accounts and Statements) Regulations (Rg 2) in force immediately before 23 August 2004 in respect of the accounting period beginning 1 January 2004 and ending on 31 December 2004 (both days inclusive),

for the purpose of enabling the insurer to comply with regulation 18 (2) of the Insurance (Accounts and Statements) Regulations 2004 (G. N. No. S 494/2004) in respect of the preparation and lodgment of the statements of account and other statements required to be lodged under the Insurance (Accounts and Statements) Regulations.

(d) Notwithstanding sub-paragraphs (b) and (c), where a registered insurer has made an election under regulation 24 (3) of the Regulations—

(i) sub-paragraph (b) shall not apply to the insurer from the date the election is made; and

(ii) sub-paragraph (c) shall continue to apply to the insurer.

Definition

5. For the purpose of this Notice:

(a) "financial reinsurance contract" means a contract of insurance which include terms for:

(i) the transfer of assets to the cedant or creation of a debt owed to the cedant, or both; and

(ii) either an obligation for the cedant to return (with or without interest) some or all of such assets or a provision for the diminution of such debt, in each case, in specific circumstances; and

(b) "reinsurance management strategy" means a plan for ensuring clear assignment of responsibility and control of reinsurance arrangements, where a portion of the risks assumed by an insurer is ceded to another insurer.

Part I Mandatory Requirements

Prudent Management Oversight

6. An insurer shall exercise prudent management oversight and implement adequate controls in respect of the transactions relating to financial reinsurance contracts. In the formulation of financial reinsurance contracts, there shall be clear documentation on the considerations relating to:

(a) the selection of counterparty;

(b) the protection of policyholders' interest; and

(c) the evaluation of the benefits to be derived under the financial reinsurance contract.

7. Prior to its entry into any financial reinsurance contracts, an insurer shall develop and implement a reinsurance management strategy approved by its Board of Directors, and shall maintain such reinsurance management strategy until the insurer ceases to be a party to any financial reinsurance contract.

8. An insurer shall ensure that its entry into any financial reinsurance contract is consistent with its reinsurance management strategy. A direct insurer shall give reasonable prior notice to its Board of Directors of any intention to enter into, or to effect or permit any material change in the terms of, any financial reinsurance contract transactions.

Approval

9. Direct insurers and captive insurers shall obtain written approval from the Authority before entering into a financial reinsurance contract. The insurer shall also obtain written approval from the Authority before effecting any material change in the terms of the financial reinsurance contract. The Authority may grant such approval, subject to such conditions or restrictions as it thinks fit.

10. An application to the Authority for approval under paragraph 9 to enter into a financial reinsurance contract should contain a detailed description of the proposed financial reinsurance contract and should include the following information:

(a) reasons and justifications for entering into the contract;

(b) an analysis of the projected cash flows (which should include the net present value) giving various probable outcomes of the financial reinsurance contract;

(c) details of the potential impact of the proposed deal on actuarial reserves;

(d) a description of the proposed accounting treatment and a justification of the proposed treatment; and

(e) certification by the auditors on their concurrence of the proposed accounting treatment.

11. A presentation to the Authority on the information specified in paragraph 10 may be imposed by the Authority as a pre-condition to the grant of the approval.

Accounting Treatment

12. A financial reinsurance contract that satisfies the condition of significant risk transfer (as determined in accordance with paragraphs 19 to 22 below) shall be accounted for as a contract of insurance in Forms 1 and 2 required to be prepared and lodged with the Authority under the Insurance (Accounts and Statements) Regulations (G. N. No. S 494/2004). An insurer shall include in the valuation of the policy liabilities the value of expected future payments less expected future receipts arising from the financial reinsurance contract.

13. A financial reinsurance contract that does not satisfy the condition of significant risk transfer shall be treated as a deposit by both the cedant and assuming insurer. That is, amounts in respect of such a contract shall be excluded from Form 2.

For Financial Reinsurance Contracts that Satisfy the Condition of Significant Risk Transfer

Disclosure and Reporting for Life Business Ceded

14. Where a financial reinsurance contract is in force during an accounting period and life business has been ceded by an insurer under the financial reinsurance contract, the insurer shall include the following information in respect of the financial reinsurance contract in the abstract of the actuary's report referred to in section 37 (1) (c) of the Act:

(a) the amount of any undischarged obligation of the insurer and a brief description of the conditions for the discharge of such obligation; and

(b) a description of how such undischarged obligations have been taken into account in the valuation of policy liabilities.

15. The cedant shall lodge with the Authority, as notes to Form 1, the following information relating to the financial reinsurance contracts:

(a) the amount of expected future payments less expected future receipts arising from the policy, which shall be included under "policy liabilities"; and

(b) the amount of receivables from the reinsurer, which shall be included under "reinsurance recoverables".

Disclosure and Reporting for Life Business Assumed

16. Where a financial reinsurance contract is in force during an accounting period and life business has been assumed by an insurer under the financial reinsurance contract, the insurer shall include the following information in respect of the financial reinsurance contract in the abstract of the actuary's report referred to in section 37 (1) (c) of the Act:

(a) the amount of expected future receipts from the cedant less expected future payments to the cedant, and a brief description of the conditions for the cedant to make and receive the payments; and

(b) a description of how such expected future receipts from the cedant and expected future payments to the cedant have been taken into account in the valuation of policy liabilities.

17. In completing Form 1, amounts relating to a financial reinsurance contract shall be reported by the insurer as follows:

(a) the amount of expected future payments less expected future receipts arising from the policy shall be included under "policy liabilities"; and

(b) amounts owing to cedants (such as recoveries, commissions, profit commissions or refunds) shall be included as "amounts owing to insurers".

Part II Guidelines

Application to Enter into a Financial Reinsurance Contract

Risk Transfer

18. An insurers is advised to use financial reinsurance contracts that involve elements of insurance risk transfer.

19. For purposes of this Notice, "insurance risk" refers to one or more of the following types of risks:

(a) mortality-the risk of death of the life assured, or, in the case of an annuity, the continued survival of the annuitant;

(b) morbidity-the risk of incapacity covered by the contract;

(c) investment-the risk of not generating adequate returns to meet the agreed level of benefit;

(d) persistency-the risk of incurring a loss from early termination of the contract by the policyholder; and

(e) expenses-the risk of the margins within the contract being insufficient to cover future expenses.

20. A significant insurance risk transfer is deemed to have taken place under a financial reinsurance contract when the following conditions are satisfied:

(a) it is reasonably possible that the assuming insurer may realise a significant loss from the contract; and

(b) it is reasonably possible to have a significant range of outcomes under the contract.

21. Whether or not a insurance risk transfer is "significant" should be assessed in the context of the commercial substance of the contract or, where there are significant connections among a series of contracts, such contracts being evaluated as a whole, and should be judged with reference to the range of outcomes that would reasonably be expected to occur in practice.

22. The assessment as to whether insurance risk is transferred should be made prospectively, at the time the contract is entered into.

Contravention of requirements imposed

23. Contravention of any requirement imposed under Part I of this Notice shall be an offence and shall attract the penalty specified in section 55 (2) of the Act.

2－2 关于保险资金资产投资衍生工具的通知

通知编号：MAS 104

发布日期：2004 年 8 月 28 日

本通知将替代 2001 年 12 月 4 日发布的 MAS 104 号通知。

引言

1. 本通知根据《保险法》（Cap. 142）第 64 条第（2）款发布。

2. 本通知应该与《保险法》和《保险（评估和资本）条例》（G. N. No. S 498/2004）一道被遵照执行。

3. 本通知适用于所有开展保险业务的注册保险公司。

4. 本通知不适用于与基金的保单单位准备金相关的任何投资连结保险基金。

5. （a）自 2004 年 8 月 28 日本通知正式生效起，2001 年 12 月 4 日发行的 MAS 104 号“新加坡保险基金资产投资”通知即刻废止。

（b）2004 年 8 月 23 日前从事保险业务的任何注册保险公司，在 2004 年 8 月 23 日至 2004 年 12 月 31 日期间所开展的业务，不适用本通知。

（c）第（b）小条所指保险人在下述期间内应继续遵守 2001 年 12 月 4 日发布的 MAS 104 号通知，此通知截止到 2004 年 8 月 28 日有效。

（i）第（b）小条中提到的期间；

（ii）第（b）小条所指期间结束后次日至注册保险公司提交 2004 年 8 月 23 日前有效的《保险（会计与报表）条例》（条例 2）要求提交会计报表及其他报表之日。提交会计报表的期限为 2004 年 1 月 1 日至 2004 年 12 月 31 日（含期初和期末日）。

为使保险公司遵守《保险（会计和报表）条例 2004》（G. N. No. S494/2004）第 18 条第（2）款关于按《保险（会计和报表）条例》要求，编制和提交财务报表及其他报表的相关规定。

（d）尽管有第（b）小条和第（c）小条的规定，注册保险公司已经根据《保险（评估与资本）条例》（G. N. No. S498/2004）第 24 条第（3）款做出了选择：

1）自选择做出之日起该保险公司不适用第（b）小条规定；

2）该保险公司继续适用第（c）小条规定。

名词解释

6. 在本通知中：

（a）“信用衍生合约”是指在双方之间达成的转移贷款或其他资产的信用风险的所有金融合约。在信用衍生合约中，参与者可以作为购买信用保护或从第三方收购信用风险的最终客户，或者作为这些活动的中介人；

（b）“保障提供人”是指在合约中同意为保障承买人的单个或群体资产承担信用风险并收取保费或获得利率相关收益的一方。在市场上，保障提供人也被称做信用风险买方或担保人；

（c）“保障承买人”是指在合约中将单个或群体资产信用风险转移给保障提供人的一方。在市场上，保障承买人也被称做信用风险卖方或受益人；

（d）“套期保值”是指通过从事衍生工具投资交易来降低投资风险，在这种衍生工具交易中，衍生工具价值变化与被保值的投资的价值变化之间存在负相关关系；

（e）“有效组合管理”，就衍生工具交易而言，指的是以下第13款所述的意思。

审慎管理监督

7. 保险公司应采取审慎管理监督措施，对衍生工具交易实施充分的控制，包括但不限于为衍生工具交易制定明确的书面政策和程序，以及规定适当的风险限额，这些政策、程序和风险限额应是经董事会通过的。倘若聘用公司以外的资产管理人管理，则保险公司必须确保高级管理层能够监督这些管理人对批准的政策和程序的执行。

8. 保险公司应对衍生交易采用并保持适当的风险管理体系和控制系统，包括，但不限于：

（a）执行职能和监督/绩效评价职能适当分离；

（b）为保险公司或以保险公司的名义进行衍生工具交易的机构以及该机构的权限有明确规定；

（c）适当的执行监控程序；

（d）设有持续的风险监控程序；

（e）及时的管理报告；

（f）由有资质和经过正规培训的人进行衍生工具交易；

（g）设有合理的审计程序，以保证遵守公司政策和程序以及法律规范。

许可的衍生工具交易活动

9. 考虑到投机交易可能会带来潜在的重大财务损失，所以，保险公司仅可以基于套期保值和有效组合管理的目的从事衍生工具交易，要遵守第14款至第16款。

套期保值

10. 保险公司必须清楚地判定，衍生工具交易仅作为套期保值工具而达到套期保值的目的。在衍生合约期限内，不论什么时候，如果交易不再具备套期保值作用，则保险公司应立即停止交易。

11. 在基础投资没有固定收益安排的情况下（如股权证券），当套期保值是为了轧平外汇风险时，保险公司需加倍谨慎。

12. 保险公司须得在其年度财务报告中披露其会计政策及衍生工具风险暴露情况（包括衍生工具投资在保险基金资产中所占百分比）。

有效组合管理

13. 如果以下条件满足，则衍生工具交易应被认为是达到了有效组合管理的目的：

（a）该交易必须经济实惠；

（b）覆盖了所有风险（满足支付或交付的义务）；

（c）至少具备下列目标中的一个：

★ 降低风险；

★ 在不增加风险或风险增加最小的情形下降低成本；

★ 在不增加风险或在风险水平可接受的情形下，产生额外资金或收益。

禁止条款

14. 保险公司不得在衍生交易存在未抛补头寸。必须在保险基金中储备外汇、股价指数、远期利率合约和利率期货合约，必须提供现金以及类现金资产（在交易日期之前赎回的在特许金融机构中的存款或借贷给特许金融机构的款项），以便为交易合约的足额价值提供支持。此项要求亦适用于利率掉期交易的价值和未备基金的信用衍生工具交易及短期期权头寸的基础资产的名义总额。

15. 除非衍生合约缔约方的惠誉国际评级或穆迪评级高于 C 级，否则不得签订此类合约。

16. 尽管有第 15 款的规定，保险公司不得投资带信用衍生合约的金融工具，除非：

（a）该工具被评定为具有投资级别（穆迪评级为 Baa 级及其以上，标准普尔评级为 BBB 级及其以上）或更高级别；或

（b）合约信用资产和保障承买人/担保品都具有投资级别或更高级别。

违反规定的要求

17. 任何违反本通知规定的要求的行为均被视为违法行为，将根据《保险法》第 55 条第（2）款的规定予以处罚。

2 – 2 Notice on Use of Derivatives for Investment of Insurance Fund Assets

Notice No: MAS 104
Issue Date: 28 August 2004
This Notice replaces MAS 104 dated 4 December 2001.

Introduction

1. This Notice is issued pursuant to section 64 (2) of the Insurance Act (Cap. 142) (the "Act").

2. This Notice shall be read in conjunction with the provisions of the Act and the Insurance (Valuation and Capital) Regulations (G. N. No. S 498/2004) ("the Regulations").

3. This Notice applies to any insurer registered to carry on insurance business.

4. This Notice shall not apply to the part of any investment-linked fund relating to the unit reserves of the policies of the fund.

5. (a) With effect from 28 August 2004, MAS Notice 104 on "Investment of Singapore Insurance Fund Assets" dated 4 December 2001 shall be cancelled and this Notice shall come into force.

(b) This Notice shall not apply to any registered insurer which carried on insurance business immediately before 23 August 2004 for the period from 23 August 2004 to 31 December 2004.

(c) The insurer referred to in sub-paragraph (b) shall continue to comply with MAS Notice 104 dated 4 December 2001 in force immediately before 28 August 2004 during—

(i) the period referred to in sub-paragraph (b); and

(ii) the period from the day immediately following the end of the period referred to in sub-paragraph (b) to the day on which the registered insurer lodges the statements of account and other statements required under the Insurance (Accounts and Statements) Regulations (Rg 2) in force immediately before 23 August 2004 in respect of the accounting period beginning 1 January 2004 and ending on 31 December 2004 (both days inclusive),

for the purpose of enabling the insurer to comply with regulation 18 (2) of the Insurance (Accounts and Statements) Regulations 2004 (G. N. No. S 494/2004) in respect of the preparation and lodgment of the statements of account and other statements required to be lodged under the Insurance (Accounts and Statements) Regulations.

(d) Notwithstanding sub-paragraphs (b) and (c), where a registered insurer has made an election under regulation 24 (3) of the Regulations—

(i) sub-paragraph (b) shall not apply to the insurer from the date the election is made; and

(ii) sub-paragraph (c) shall continue to apply to the insurer.

Interpretation

6. For the purpose of this Notice:

(a) "Credit derivative contract" means any financial contract designed to transfer credit risk on loans or other assets between two parties. Participants may enter into credit derivative contract either as endusers purchasing credit protection or acquiring credit exposure from third parties, or as intermediaries for these activities;

(b) "Protection seller" means the party who contracts to receive premiums or interest-related payments in return for assuming the credit risk on an asset or group of assets from the protection buyer. The protection seller is also known in the market as the credit risk buyer or guarantor;

(c) "Protection buyer" means the party who contracts to transfer the credit risk on an asset or group of assets to the protection seller. The protection buyer is also known in the market as the credit risk seller or the beneficiary;

(d) "Hedging" means the reduction of investment risk through engaging in a transaction for a derivative on an investment where there is a high degree of negative correlation between the changes in value of the derivative and changes in value of the hedged investment; and

(e) "Efficient portfolio management", in relation to a derivative transaction, has the meaning ascribed in paragraph 13 below.

Prudent Management Oversight

7. An insurer shall exercise prudent management oversight and shall implement adequate controls in respect of derivative transactions, including but not limited to establishing clearly written policies and procedures on derivative transactions and laying down appropriate risk limits, which policies, procedures and risk limits have been approved by the Board of Directors. Where external asset managers are used, an insurer shall ensure that its senior management is in a position to monitor the performance of those managers against its approved policies and procedures.

8. An insurer shall implement and maintain adequate risk management systems and controls in respect of derivative transactions. These shall include, but not be limited to, ensuring that:

(a) there is proper segregation of execution and monitoring/performance measurement functions;

(b) the authority of persons entering into, performing or otherwise dealing in derivative transactions for and on behalf of the insurer, and limits of such authority, are clearly delineated;

(c) there are proper performance monitoring procedures;

(d) there are continuous risk monitoring procedures;

(e) there is timely management reporting;

(f) dealings in derivatives are handled by qualified and properly trained persons; and

(g) there are sound audit procedures to ensure compliance with company's policies and procedures and statutory requirements.

Permitted Derivatives Activities

9. In view of the potential significant financial losses that could arise from speculative trades, an insurer shall, subject to paragraphs 14 to 16, only be permitted to enter into or effect derivative transactions for the purposes of hedging and efficient portfolio management.

Hedging

10. An insurer shall clearly identify any derivative transaction entered into for hedging purposes as a hedge. The insurer shall promptly unwind the transaction if the transaction does not have the effect of hedging at any stage during the period of the derivative contract.

11. An insurer shall exercise extra caution whilst hedging foreign currency risk where the underlying investment does not have a fixed payment schedule (e. g. equities).

12. An insurer shall disclose in its annual statutory returns its accounting policies as well as exposure to derivatives (including the amount and percentage of derivatives investment of total insurance fund assets, for each insurance fund separately).

Efficient Portfolio Management

13. A derivative transaction shall be deemed to have been effected for the purpose of efficient portfolio management if:

(a) it is economically appropriate;

(b) the exposure is fully covered (to meet any obligation to pay or deliver); and

(c) it has at least one of the following aims:

* reduction of risk;

* reduction of cost with no increase in risk or a minimal increase in risk; or

* generation of additional capital or income for the scheme with no increase or a minimal increase in risk.

Prohibitions

14. An insurer shall not take uncovered positions in derivatives. For currency, stock index, and interest rate forward and futures contracts, cash or near cash assets (amounts deposited with or loaned to financial institutions to be redeemed before delivery date) shall be provided for in the insurance fund to back the full value of the contracts. This requirement shall extend to the value of interest rate swaps and the notional amount of underlying assets for unfunded credit derivative contracts and short options positions.

15. An insurer shall not enter into derivative contracts unless the counterparty has an individual/financial strength rating of above C by either Fitch Inc. or Moody's.

16. Notwithstanding paragraph 15 above, an insurer shall not enter into a financial instrument stapled with credit derivative contracts unless:

(a) the instrument is rated as investment grade (rated Baa3 or higher by Moody's, and BBB- or higher by Standard and Poor's) or higher; or

(b) both the reference asset (s) and protection buyer/collateral are rated as being of investment grade or higher.

Contravention of requirements imposed

17. Contravention of any requirement imposed under this Notice shall be an offence and shall attract the penalty specified in section 55 (2) of the Act.

2－3 人寿保险人提供《理财顾问法》规定的理财咨询服务的市场行为准则（CAP. 110）

MAS 306

2002 年 10 月 1 日

1. 本通知根据《保险法》第 64 条颁布，适用于所有提供《理财顾问法》定义得理财咨询服务的直接人寿保险人。

2. 本通知涵盖如下内容：

- 委任代理
- 最多层级结构
- 保险代理的培训及其资格
- 向保险代理发放贷款和垫付款
- 合规部
- 纪律处分
- 收入与支出
- 向新加坡金融监管局呈递报告

3. 直接人寿保险人即为在《理财顾问法》第 23 条第（1）款规定之下，不用持有从业执照即可从事理财咨询服务的理财顾问（以下称“豁免理财顾问”）。任何由人寿保险人委任，从事理财咨询服务的个人即为人寿保险人之保险代理。

4. 就本通知之宗旨而言，

“直接人寿保险人”指依《保险法》注册后从事直接人寿保险业务的保险人。

“理财咨询服务”的定义已在《理财顾问法》的附表 2 中列出，指下述诸种服务业务中之一种、几种或全部：

（a）要么以直接的方式，要么借助出版物或文件的方式，无论是以电子、印刷或其他形式向他人提供投资产品方面的咨询；而不是《2001 年证券和期货法案》所指的公司理财咨询；

（b）以电子、印刷或其他形式发布有关投资产品的分析报告；

（c）各种集合投资计划的营销；

（d）就人寿保险单进行的保险合同安排。

“理财顾问”有着与《理财顾问法》第 2 条相同的含义，即从事提供理财咨询服务的个人，但并不包括《理财顾问法》附表 1 所述之人。

“豁免理财顾问”有着与《理财顾问法》第 2 条相同的含义，即指依据第 23 条第（1）款或第 23 条第（2）款，无需持有理财顾问从业执照的理财顾问。

“保险代理”有着与《理财顾问法》第 2 条相同的含义，即指直接受雇于、代理或在理财顾问的安排之下，从事理财顾问工作，并行使理财顾问职能的个人（并非是指从事诸如会计、办事员、收银员此类工作之人）——不论其报酬是按薪水、工资、佣金或其他方式来支付。此外，还包括一名为理财顾问行使诸项职能的理财顾问官，而不论其报酬的支付是否与上述相同。

委任保险代理

5. 除《保险法》第35M条的规定外，直接人寿保险人必须与所有从事理财咨询服务的人寿保险人的保险代理签署书面协议。

6. 直接人寿保险人只可以委任那些称职之人作为其保险代理。

最多层级结构

7. 运营层级结构以提供任何理财咨询服务的直接人寿保险人必须保证，所运营的层级结构最多不得超过三级：

经理(第三级)

I

主管(第二级)

I

保险代理(第一级)

8. 如果保险人需通过一位保险代理向另一位提供理财咨询服务的保险代理支付追加利益，此时，便存在层级结构。

9. 直接人寿保险人理应保证，其所辖处于见习期的保险代理的见习期不得超过两年。

保险代理的培训及其资格

10. 直接人寿保险人理应保证，委派出的保险代理已经通过培训和评估证实能够从事理财咨询服务。直接人寿保险人还须制定保险代理的培训及其资格认定计划，并得参阅由新加坡人寿保险业协会发布的《培训及其资格认定计划纲要》。

向保险代理发放贷款和垫付款

11. 直接人寿保险人不得使用保险基金为其保险代理发放补贴贷款。自2002年10月1日生效起，保险人不得因保险代理而收取人寿保险基金筹资计划的成本；除非筹资计划诸款项在2002年10月1日之前支付，而且筹资计划的成本在2002年9月30日或自支付日后满一年之日起停止支付——此两者之较早者。

合规部

12. 直接人寿保险人需保证由其保险代理提供的理财咨询服务须依照《理财顾问法》和《保险法》进行。此外，还须遵守由新加坡人寿保险业协会颁布的相关行业准则。

13. 直接人寿保险人理应设置由一名高级职员主管的合规部。合规部应对人寿保险人及其保险代理所提供的理财咨询服务执行常规审计并须保有与此审计相关的文件记录。合规部负责人理应就合规或不合规之事项直接向主要负责人报告。

纪律处分

14. 直接人寿保险人需为其保险代理的行为负责，并对有违规行为的保险代理执行纪律处分。直接人寿保险人还得建立一个内部程序来处理保险代理对纪律处分提出的申诉。

15. 直接人寿保险人应保证对同一类型的违规行为采取相同的纪律处分措施。

收入与支出

16.《保险法》第17条要求保险人为保险业务设立并维护保险基金。它也要求所有可归于与保险基金相关的业务的收入应计入保险基金。而且，构成保险基金的资产仅用于满足可适当归于保险基金的保险人的债务与支出。

17. 直接人寿保险人理应保证它所提供的理财咨询服务不会损害保单持有人的利益。源自直接人寿保险人提供理财咨询服务的收入与支出，与保险人作为理财产品供应者无关，因而不得将其计入人寿保险基金的账目中。

18. 对于先前由人寿保险基金——主要是分红基金——为其提供财务支持的营销队伍来说，直接人寿保险人得自此营销队伍的收入款项应列入人寿保险基金。

向新加坡金融监管局呈递报告

19. 如若直接人寿保险人已委任可提供理财咨询服务的保险代理，则应在每年 4 月 21 日之前，以书面形式向新加坡金融管理局提交有关前一公历年的信息。提交信息的形式参照本通知的附录 A。

2 – 3　Market Conduct Standards for Life Insurers Providing Financial Advisory Services as Defined Under the Financial Advisers Act (CAP. 110)

1. This Notice is issued under section 64 of the Insurance Act and shall apply to all direct life insurers which provide financial advisory services as defined under the FAA.

2. This Notice covers the following:

- Appointment of Representatives
- Maximum Tier Structure
- Training and Competency of Representatives
- Loans and Advances to Representatives
- Compliance Unit
- Disciplinary Action
- Income and Expenses
- Reports to MAS

Financial Advisers Act 2001

3. A direct life insurer is a financial adviser exempt under section 23 (1) of the FAA from holding a license to carry on any financial advisory service (referred to as "exempt financial adviser"). Any individual appointed by the life insurer to perform financial advisory services is a representative of the life insurer.

4. For the purposes of this Notice,

"direct life insurer" means an insurer registered under the Insurance Act to carry on direct life insurance business

"financial advisory service" is defined in the Second Schedule to the FAA to mean all or any of the following services:

(a) Advising others, either directly or through publications or writings, whether in electronic, print or other form, concerning any investment product, other than advising on corporate finance within the meaning of Securities and Futures Act 2001;

(b) Issuing or promulgating analyses or reports, whether in electronic, print or other form, concerning any investment product;

(c) Marketing of any collective investment scheme;

(d) Arranging any contract of insurance in respect of life policies.

"financial adviser" has the same meaning as in section 2 of the FAA that is a person who carries on a business of providing any financial advisory service but does not include any person specified in the First Schedule to the FAA.

"exempt financial adviser" has the same meaning as in section 2 of the FAA that is a financial adviser exempt under section 23 (1) or (2) from holding a financial adviser's licence.

"representative" has the same meaning as in section 2 of the FAA that is an individual, in the direct employment of or acting for or by arrangement with a financial adviser, who performs for the financial adviser any of the functions of a financial adviser (other than work ordinarily performed by accountants, clerks or cashiers), whether his remuneration (if any) is by way of salary, wages, commission or otherwise, and includes an officer of the financial adviser who performs for the financial adviser any of those functions, whether or not his remuneration is as aforesaid.

Appointment of Representatives

5. In addition to section 35M of the Insurance Act, a direct life insurer shall enter into a written agreement with every individual that carries on financial advisory services as a representative of the life insurer.

6. A direct life insurer shall only appoint a person who is fit and proper as its representative.

Maximum Tier Structure

7. A direct life insurer that operates a tier structure for the provision of any financial advisory service shall ensure that such a structure is capped to a maximum of 3 tiers:

Manager (Third Tier)

I

Supervisor (Second Tier)

I

Representative (First Tier)

8. A tier exists when overriding benefits are payable by the insurer to a representative for the provision of financial advisory service by another representative.

9. A direct life insurer shall ensure that its representative that is under probation for the position as a supervisor shall have a probation period of not more than 2 years.

Training and Competency of Representatives

10. A direct life insurer shall ensure that its representatives are trained and assessed as competent to carry on financial advisory services. A direct life insurer is expected to prepare and implement a Training and Competency Plan for its representatives and refer to the Guidelines on Training and Competency issued by the Life Insurance Association of Singapore in the process.

Loans and Advances to Representatives

11. A direct life insurer shall not provide subsidised loans to its representatives out of life insurance funds. With effect from 1 Oct 2002, insurers shall not charge the cost of financing schemes for representatives to their life insurance funds except where the financing schemes were disbursed prior to 1 Oct 2002 and in which case, the cost of these financing schemes shall cease to be charged to the life insurance funds by 30 Sep 2003 or one-year from the date of disbursement, whichever is earlier.

Compliance Unit

12. A direct life insurer shall ensure that the provision of financial advisory services by its representatives is in compliance with the FAA and the Insurance Act. It should also observe relevant industry guidelines issued by the Life Insurance Association of Singapore.

13. A direct life insurer shall set up a Compliance Unit headed by a senior officer i. e. Compliance Officer. The Compliance Unit should conduct regular audits on the provision of financial advisory service by the life insurer and its representatives and maintain documentation relating to such audits. The Compliance Officer should report directly to the Principal Officer on any compliance or non-compliance.

Disciplinary Action

14. Direct life insurers are responsible for the conduct of their representatives. It should take disciplinary action against representatives for misconduct. Direct life insurers should also have an internal process for representatives who wish to appeal against the disciplinary action.

15. Direct life insurers should ensure consistency in their application of disciplinary action for the same type of misconduct.

Income and Expenses

16. Section 17 of the Insurance Act requires insurers to establish and maintain insurance funds for insurance business. It also requires receipts properly attributable to the business to which the insurance fund relates to be paid into the insurance fund. Furthermore, assets comprised in the insurance fund are applicable only to meet such part of the insurer's liabilities and expenses as are so properly attributable.

17. Direct life insurers should ensure that their provision of financial advisory services is not detrimental to interests of policyholders. Income and expenses arising out of the direct life insurer's provision of financial advisory services that is not related to the life insurer as a product provider shall not be paid into or charged to the life insurance funds.

18. For an agency force that was previously financed by the life insurance funds, mainly the participating fund, proceeds from the sale of an agency force by a direct life insurer should be paid appropriately into the life insurance funds.

Reports to the MAS

19. Where a direct life insurer has representatives that perform financial advisory services, the insurer shall lodge, in printed form, by 21 April of each calendar year, information relating to the preceding calendar year in the form set out in Appendix A to this Notice.

2－4　关于投资连结寿险保单的通知

通知编号：MAS 307
发布日期：2004 年 9 月 2 日
本通知取代 2004 年 4 月 30 日生效的 MAS 307 通知

导言

1. 本通知根据《保险法》（Cap. 142）第 64 条第（2）款发布。本通知包含有关投资连结寿险保单（简称“ILP”）的审批、披露、投资指引、借贷限额和运营办法的强制要求（第一部分）和非强制性标准（第二部分）。

2. 应当结合《保险法》条款来解读本通知。本通知的发布并非意在凌驾于《保险法》条款之上。

3. 本通知适用于任何开展寿险业务的注册直接保险公司。

4.（a）本通知自 2004 年 9 月 2 日起生效，与此同时，于 2004 年 4 月 30 日生效的有关“投资连结寿险保单”的 MAS 307 通知失效。

（b）根据下述（d）款，如果对保险公司 ILP 或 ILP 子基金成立的批准（分别称做“获批的 ILP”和“获批的 ILP 子基金”）是依据《保险（投资连结寿险）条例》和于 2004 年 3 月 20 日生效的 MAS 307 通知在 2004 年 4 月 29 日或该日期之前做出的，那么本通知的第一部分和第二部分的条款（其中第 9 和第 10 条除外）在 2004 年 9 月 2 日至 2004 年 12 月 31 日期间（过渡期）并不适用于此。

（c）根据下述第（d）款，保险公司，就其获批的 ILP 和 ILP 子基金而言，在过渡期应当继续遵守于 2001 年 3 月 20 日生效的 MAS 307 通知。

（d）如果已经根据下述第 9 条对保险公司获批的 ILP 和 ILP 子基金做出批准，那么保险公司，就其获批的 ILP 和 ILP 子基金而言，自该批准日起即应遵守本通知。

（e）尽管有第（b）款和第（c）款的规定，就其获批的 ILP 和 ILP 子基金而言，保险公司可以在过渡期到期之前选择随时遵守本通知。

（f）若保险公司行使选择权遵守本通知第（e）款的规定，则保险公司应当书面通知监管机构选择遵守本通知的起始日期。相应地，自该选择权行使之日起，第（b）款和第（c）款即不再适用于该保险公司。

5. 为了避免产生疑虑——

（a）自 2004 年 9 月 2 日起，就其获批的 ILP 和 ILP 子基金而言，保险公司应当遵守本通知第 9 条和第 10 条的规定；以及

（b）自 2004 年 9 月 2 日起，就其所有的 ILP 和 ILP 子基金（除了获批的 ILP 和 ILP 子基金以外）而言，保险公司应当遵守本通知的所有条款。

定义

6. 在本通知中——

（a）“集合投资计划”，其含义与《证券和期货法》（Cap. 289）中的含义相同；

（b）“ILP 子基金”是指 ILP 下的每一独立的子基金，保单持有人可以根据 ILP 选择向每

一子基金分配保险费；

（c）“管理人”是指——

（i）保险公司（如果保险公司全部或部分管理ILP子基金）；或者

（ii）保险公司以外的基金管理人，如果基金管理人全面管理ILP子基金或者已经获得全部ILP子基金投资的集合投资计划）；

（d）“净资产值”或“NAV”是指全部资产减去全部负债（该负债不包括保单持有人的利益，假如该保单持有人的利益被列为一项负债的话）之后的差额；

（e）就ILP和ILP子基金而言，“保单持有人”是指ILP的持有者；

（f）“挂牌证券”是指上市证券以及在向公众开放的、信誉良好的柜台交易市场上进行交易的非上市证券；

（g）“软美元”是指这样一种安排，根据该安排，可以从经纪商处获得除证券交易以外的产品或服务，交换条件是交易经理向经纪商提供指导。软美元包括研究和咨询服务、经济和政治分析、资产管理分析、市场分析、数据和挂牌服务以及用于支持管理人投资程序的计算机硬件和软件；

（h）“结构化产品”是指为ILP子基金量身定制的产品，证券/金融工具的发行者或者发行者以外的其他实体，早已做好以通行市场价格抛出产品的准备以使ILP子基金在每一个交易日都能获得现金收益；

（i）“集合投资计划准则”系监管机构根据《证券和期货法》第321条（Cap. 289）的规定发布的准则；

（j）“非特种ILP子基金”、“财产ILP子基金”、“货币市场ILP子基金”、“对冲ILP子基金”、“保本ILP子基金”、“总基金的ILP子基金”以及“期货和期权ILP子基金”等术语应当分别与准则的相关附件中“非特种基金”、“财产基金”、“货币市场基金”、“对冲基金”、“保本基金”、“总基金的基金”以及“期货和期权基金”等术语含义相同，同时在第7条中已经做出必要的修正。

7. 当基于本通知的目的适用准则时：

（a）对准则中的“集合投资计划”、“计划”或“基金”，应当理解为对ILP子基金；以及

（b）对准则中的“托管人”，应当理解为保险公司。

8. 除本通知另有明确规定或具体情形另有要求外，本通知中的术语与《保险法》的含义相同。

第一部分 强制性要求

审批

9. 保险公司应当从监管机构处获得书面批准文件：

（a）每一ILP的发行；

（b）建立ILP子基金；或

（c）对任何ILP（包括任何获批的ILP）和ILP子基金（包括任何获批的ILP子基金）做出重大变更，例如，对ILP子基金管理人或投资目标变更。

10. 为获得书面批准，保险公司根据本通知第9条向监管机构提交的申请文件应当包括以下所有内容：

（a）MAS 302所要求的保费证书；

（b）有关产品的简要说明，该说明应当包含附件A规定的信息及其附件内容；

（c）包含附件B规定的信息的保单；

（d）对ILP的福利描述；以及

（e）附件 G 要求提供的信息：有关获得投资连结产品批准的申请。

遗漏上述任何一项内容，均可能导致监管机构拒绝批准申请。

基于净资产值的评估

11. 根据第 12 条，可以按照未偿付单元数量分割 ILP 子基金的净资产，从而形成一个价格，并以此价格发行、赎回或重购 ILP 子基金单元。如果已经在 ILP 子基金中披露相关费用，那么可以通过增加或减少相关费用来对单元价格予以调节。

12. 保本 ILP 子基金到期时，应当以下述两者中的较高价格赎回基金单元：保证数额和按照未偿付单元数量分割 ILP 子基金的净资产从而形成的价格。

披露

指导原则

13. 发行 ILP 的保险公司不应提供关于 ILP 或 ILP 子基金的任何错误的或具有误导性的信息。

14. 保险公司应当在变化发生一个月前，通知现有保单持有人 ILP 或 ILP 子基金将要发生的任何重大变化，包括 ILP 子基金管理人、投资目标或基金关闭等方面的变化。如果发生基金关闭，保险公司应当立即书面通知监管机构。

15. 保险公司营销 ILP 或 ILP 子基金，不得使用包含 12 个月前信息的销售材料，包括产品介绍和宣传册。

产品介绍和保单

16. 发行 ILP 的保险公司应当确保以下文件中规定的信息在产品介绍和保单中分别给予披露：

（a）附件 A（在产品介绍中披露的信息）；

（b）附件 A 的附件内容；以及

（c）附件 B（在保单中披露的信息）

向保单持有人提供的声明和报告

17. 针对每一 ILP 或 ILP 子基金，保险公司应当编制：

（a）向保单持有人提交的包含附件 C 所要求的信息的声明；

（b）向保单持有人提交的含有附件 D 中所要求的信息的半年度报告和年度审计报告（除财产 ILP 子基金以外的 ILP 子基金）；以及

（c）向保单持有人（就财产 ILP 成分基金而言）提交的包含附件 E 所要求的信息的年度审计报告。

18. 保险公司应当在每年的保单签署日或保险公司规定的日期之后的 30 日内向保单持有人提交声明。保险公司应当分别在报告期最后一日起的 2 个月和 3 个月内向保单持有人提交半年度报告（除财产 ILP 子基金以外的 ILP 子基金）以及年度审计报告。保险公司还应当同时将此两份报告提交给监管机构。

广告和出版物

19. 发行 ILP 或 ILP 子基金的保险公司应当确保有关 ILP 或 ILP 子基金的广告和出版物符合附件 F 的要求（在广告和出版物中披露的信息）。

以 ILP 子基金支付

20. 保险公司不应将 ILP 子基金用于支付营销或促销费用（包括广告费）。

现金回扣和软美元

21. 保险公司应当确保管理人不得将源自新加坡境内和境外的 ILP 子基金交易的现金或佣

金回扣占为己有。

22. 保险公司应当确保管理人不得接收

（a）在管理 ILP 子基金的过程中的软美元，除非符合以下要求：

（i）可以合理认为，接收软美元有助于管理人向 ILP 子基金提供投资建议或相关服务；

（ii）在充分考虑当时的市场的情况下，就交易的种类和规模而言，交易条件是最优惠的；

（iii）管理人进行非必要性交易，不是为了一味达到交易量以便获得软美元；以及

（b）“软美元”界定范畴之内但并不构成第 22 条第（a）款的例外的货物和服务，比如旅行、膳食和娱乐。

23. 保险公司应当确保管理人就其接收的全部软美元进行记载。

遵守非强制性标准

24. 本通知第二部分规定的标准不是强制性的，保险公司若未能满足这些标准并不会导致其违反本通知。然而，监管机构期望保险公司遵守本通知第二部分所规定的标准。

25. 保险公司若未能满足这些标准并不会导致其受到刑事追究，但是处于刑事程序中的任何一方有可能将这种不符合标准的行为视为其意在建立或否定程序中的悬而未决的责任。此外，监管机构在考虑是否做出下列决定时，也会对保险公司不遵守非强制性标准的行为予以考虑：

（a）批准 ILP 或 ILP 子基金的发行；或者

（b）撤销对该发行的批准。

第二部分　非强制性标准

投资指引，借贷限额以及其他要求

26. 保险公司应当确保 ILP 子基金像“基金”、“计划”或“集合投资计划”一样，遵守准则的相关附件所包含的要求。特别地，保险公司应当确保准则的要求——

（a）像适用于非特种基金一样，适用于非特种 ILP 子基金；

（b）像适用于财产基金一样，适用于财产 ILP 子基金；

（c）像适用于货币市场基金一样，适用于货币市场 ILP 子基金；

（d）像适用于对冲基金一样，适用于对冲 ILP 子基金；

（e）像适用于保本基金一样，适用于保本 ILP 子基金；

（f）像适用于总基金的基金一样，适用于总基金的 ILP 子基金；

（g）像适用于期货和期权基金一样，适用于期货和期权 ILP 子基金。

赎回款项的支付

27. 保险公司应当向保单持有人支付赎回款项：

（a）就债券和货币市场 ILP 子基金而言，在 T +4 工作日内支付；

（b）就财产 ILP 子基金而言，在准则中包含的有关财产基金的附件所许可的期间内支付；

（c）就对冲 ILP 子基金而言，在根据本通知附件广告制作的产品介绍所载的期间内支付；

（d）就上面未列出的 ILP 子基金类型而言，在 T +6 工作日内支付。

28. 基于第 27 条的目的——

（a）“债券 ILP 子基金”是指主要投资于债务证券且不投资于股权证券的 ILP 子基金；

（b）T 日是指在保险公司收到赎回要求之后，凭借所有必需的文件和信息对 ILP 子基金进行下一次定价之日。

（c）向保单持有人邮寄支票或者将资金记入保单持有人账户之日视为赎回款项支付日。

关联方交易

29. 管理人不应将其管理的属于 ILP 子基金的基金投资于保险公司或管理人的关联公司的证券。为了避免产生疑虑，此项禁止不得扩展至由管理人及其关联公司管理的集合投资计划。但是，以独立于保险公司或管理人的一方制定的通行指数为基准的 ILP 子基金的管理人可以将 ILP 子基金的款项投资于管理人自己的证券或其关联公司的证券，直至达到指数规定的比例。

30. 管理人不应将其管理下的 ILP 子基金款项借贷给保险公司或管理人的关联公司。ILP 子基金在正常业务活动中在以下机构的存款不视为借出的款项：依据《银行法》（Cap. 19）营业的银行、依据《新加坡金融管理局法》（Cap. 186）设立的作为金融机构的商业银行，或依据《金融公司法》（Cap. 108）设立的提供金融服务的金融公司或者依据外国司法管辖区类似的相关法律设立的任何其他存款机构。

31. 管理人不应为了或基于其管理的 ILP 子基金利益，购买由保险公司或管理人或其关联公司所有的不动产资产，除非此种购买行为是《集合投资计划准则》中财产基金附件所允许的。

公平交易

32. 保险公司或管理人应当按照公平原则进行 ILP 子基金的所有交易。

表决权的行使

33. 如果保险公司就 ILP 子基金的投资行使表决权或任命他方代表其行使表决权，保险公司或管理人应当

（a）对如何行使表决权进行记录；以及

（b）确保在行使表决权时不会发生利益冲突。

使用市场报价和公平价值计算净资产

34. 就挂牌证券而言，ILP 子基金资产的价值应当建立在以下基础上：

（a）证券上市的证券交易所或海外证券交易所或者进行证券交易的有组织的柜台交易市场的最后一笔公开交易价格；

（b）证券上市的证券交易所或海外证券交易所或者进行证券交易的有组织的柜台交易市场交易截止时的交易价格，该截止时间在产品介绍中规定，并由管理人统一适用；

除非该价格没有代表性或者有组织的柜台交易市场的参与者无法获得。ILP 子基金的管理人应当谨慎而真实地认定该价格是否具有代表性。

35. 对于交易价格不具有代表性或者此价格无法由挂牌证券交易的有组织的柜台交易市场的参与者获得的挂牌证券以及非挂牌证券的资产而言，应根据资产的公平价格进行估算。基于此目的，资产的公平价格应当是 ILP 子基金在进行当前资产买卖时能够合理预期的价格。确定公平价格应当谨慎、真实。确定资产公平价值的基础应当进行书面记录。

36. 除挂牌证券外，ILP 子基金的所有资产均应由保险公司任命的有资格评估这些资产的人来评估。

37. 当 ILP 子基金资产的实质部分的公平价格不能确定时，管理人应当延缓评估和买卖 ILP 子基金单元。

使用不同于市场报价的基础来计算净资产

38. 若在批准 ILP 子基金时保险公司认可其他评估方法，则 ILP 子基金（比如货币市场 ILP 子基金）的净资产可以通过使用不同于第 34 至第 37 条规定的方法来加以评估。这种评估可由

保险公司批准的具有评估ILP子基金资产资格的人进行。

评估的频率

39. 一般来说，保险公司应当确保每个工作日对ILP子基金单元进行评估。以下可例外：

（a）投资于结构化产品的ILP子基金：可每个交易日进行评估，但无论如何至少每月进行一次评估；

（b）对冲ILP子基金：可每个交易日进行评估，但无论如何至少每季度进行一次评估；

（c）财产ILP子基金：至少每年进行一次全面评估。

40. 为了避免产生歧义，已经交易的ILP子基金的净资产值应当至少每日计算一次。例如：组成“一篮子”的成分价值和“一篮子”单元组合分红的预期现金值。

归整造成的误差

41. 在计算发行、赎回和重购ILP子基金单元的价格时，可能会出现需要对相应的数字进行归整以获得某个特定的美元数字的情形。计算ILP子基金单元的价格时因归整造成的误差应当记入ILP子基金。

评估错误和赔偿

42. 当保险公司或管理人意识到在计算每个ILP子基金单元净资产时有错误时，保险公司或管理人应当尽快将错误通知监管机构。应当由在错误期间负责每个评估日评估工作的可靠人士对其进行重新评估，以查明错误的程度。

43. 当评估错误达到每个ILP子基金单元净资产的0.5%时，保险公司或管理人应当赔偿保单持有人或ILP子基金因评估错误而遭受的一切损失。赔偿完成时应当通知监管机构。如果向单个保单持有人的赔偿额低于20美元，则此时无需赔偿保单持有人。

44. 当评估错误未达到每个ILP子基金单元净资产的0.5%时，保险公司或管理人无需赔偿保单持有人或ILP子基金因评估错误而遭受的任何损失。然而，如果保险公司或管理人选择赔偿一个或多个保单持有人，那么其必须以同样的理由赔偿所有其他保单持有人。

45. 保险公司或管理人在因评估错误进行赔偿时，不应用ILP子基金来支付赔偿金。

基金管理人对ILP子基金的管理；将ILP子基金投资于集合投资计划

46. ILP子基金可以部分或全部地由基金管理人而非保险公司来管理（以下将此种管理称做“次级管理”；这种情况下的ILP子基金被称做“次级管理型的ILP子基金”）。还可以将ILP子基金投资于一个或数个集合投资计划（这种情况下的ILP子基金被称做“饲养者型ILP子基金”）。

47. 为了发行以下基金而根据本通知提出申请以获得批准的保险公司

（a）饲养者型ILP子基金（饲养者型ILP子基金资产中10%以上将投资于在外国司法管辖区经授权或登记的集合投资计划）；或

（b）次级管理型的ILP子基金（次级管理型的ILP子基金资产中10%以上将在新加坡境外管理）。

应当在新加坡至少拥有5亿美元可以自由支配的基金，包括保险基金。

将ILP子基金100%的资产投资于另一集合投资计划

48. 在评价为发行饲养者型ILP子基金（ILP子基金100%的资产将投资于经授权或登记的集合投资计划）而提出的审批申请时，监管机构将会考虑饲养者型ILP子基金所投资的集合投资计划在实质上是否遵守了投资和借贷的核心要求。该核心要求是准则相关附件针对非特种或特种ILP子基金规定的。

10%以上的资产投资于外国集合投资计划

49. 在评价为发行饲养者型ILP子基金（ILP子基金10%以上的资产将投资于在外国司法管辖区经授权或登记的集合投资计划）而提出的审批申请时，监管机构将会考虑——

（a）作为集合投资计划建立依据并对集合投资计划进行监管的司法管辖区的法律和做法是否向新加坡境内的保单持有人提供了与在新加坡境内进行部分或全部管理的ILP子基金的保单持有人至少同等的法律保护。

（b）每个集合投资计划进行登记的司法管辖区的特点是，针对特种或非特种ILP子基金的核心投资和借贷要求实质上与准则相关附件的规定一致。

（c）各外国集合投资计划的管理人或同等资格人士必须信誉良好，并且接受经认可的监管机构的监管。

对ILP子基金10%以上的国外资产的次级管理

50. 在评估为发行次级管理型的ILP子基金（ILP子基金10%以上的资产将在新加坡境外进行管理）而提出的审批申请时，监管机构将会考虑

（a）次级管理人是否具有良好的信誉并且接受经认可的监管机构的监管；以及

（b）申请人的ILP子基金中进行次级管理的部分，完全按照本通知规定的投资指引和借贷限制来进行投资。

违规行为的报告

51. 保险公司一旦意识到自己违反了本通知规定的要求和标准，应在3个工作日通知监管机构。

附件A 产品介绍中披露的信息

对保单的描述

1. 保险公司应当在产品介绍中以非技术性语言对ILP的主要特色进行一般性描述，包括福利反映各ILP子基金的投资绩效的方式和影响保单利益的因素。

2. 在产品介绍中提供信息时，保险公司应当遵守本附件第4至73条规定的要求，该要求系针对ILP下的每个可选择进行投资的ILP子基金。

可投资的ILP子基金

3. 列举出ILP下可以用于投资的各ILP子基金的名称。

管理人的信息

4. 列举出各ILP子基金的管理人。

5. 列明对管理人的记录，包括管理人管理ILP子基金、集合投资计划或自主基金，包括在新加坡境内外的寿险基金（如果适用的话）的年限。

6. 若管理人将ILP子基金30%以上的资产投资于集合投资计划（此处指基础基金），则应当列明对基础基金管理人的记录，包括基础基金管理人管理ILP子基金、集合投资计划或自主基金，包括在新加坡境内外的寿险基金（如果适用的话）的年限。

7. 基于附件A第6条之目的，投资于由同一集团内部的基金管理公司（以下称“FMC”或“FMCs”）管理的基础基金，或属于同一伞型基金的子基金中的数额，均应当累计计算。在此情形下，不论是对FMC还是对该集团的记录，包括FMC或该集团管理ILP子基金、集合投资计划或自主基金，包括在新加坡境内外的寿险基金（如果适用的话）的年限，都应当进行披露。若ILP子基金将30%以上的资产投资于由不相关的FMC管理的一家以上的子基金，则应列明记录，包括各家FMC或者该集团管理ILP子基金、集合投资计划或自主基金，包括在新加坡境内外的寿险基金（如果适用的话）的年限。

8. 若管理人雇佣另一管理人（此处指次级管理人）对ILP子基金30%以上的资产进行次级管理，则列明次级管理人的记录，包括次级管理人管理ILP子基金、集合投资计划或自主基金，包括在新加坡境内外的寿险基金（如果适用的话）的年限。

9. 基于附件A第8条的目的，由同一集团内FMC进行次级管理的数额应当累计计算。在这种情况下，不论是对每个次级管理人还是对集团的记录，包括次级管理人或该集团管理ILP子基金、集合投资计划或自主基金，包括在新加坡境内外的寿险基金（如果适用的话）的年限，都应当进行披露。若ILP子基金实质上主要由一个以上不关联的次级管理人来进行次级管理，则列明对次级管理人或集团的记录，包括次级管理人或集团管理ILP子基金、集合投资计划或自主基金，包括在新加坡境内外的寿险基金（如果适用的话）的年限。

其他各方

10. 列明在管理ILP子基金过程中向管理人提出建议的人士（如果有的话）的姓名。对ILP子基金的投资，管理人具有完全的自由决定权。

11. 列明各ILP子基金的审计师的姓名。

ILP子基金的结构

12. 列明ILP子基金是单一基金还是伞型基金下的子基金。

13. 若ILP子基金：

（a）是饲养者型ILP子基金，则列明其名称、所在的国家以及各基础基金的管理人；

（b）是基金的ILP子基金，则列明或提供所在国或各基础基金管理人的简介；

（c）是进行次级管理的，列明次级管理人的姓名和所在国。

投资目标、重点和方法

14. 列明ILP子基金的投资目标和重点，包括投资类型、ILP子基金投资的国家或市场、目标行业或部门等。

15. 列明管理人的投资方法。基于此目的：

（a）描述管理人或次级管理人（附件A第8条所指）为ILP子基金的组合选择投资的方式；

（b）描述子基金管理人的投资方法（附件A第6条所指）；以及

（c）若是总基金的ILP子基金，则描述管理人选择基础基金的方式。

CPF投资计划下的ILP子基金

16. 如果ILP子基金被包括在CPF投资计划内，则应当列明该事实和ILP子基金的风险分类。

风险

17. 提供关于向ILP或各ILP子基金投资的一般风险的警示性声明。

18. 以下列方式列明各ILP子基金特有的风险：

（a）描述并解释ILP子基金特有的风险，包括ILP子基金所投资的市场、国家或部门所带来的任何风险；

（b）若ILP子基金在新加坡以外的市场投资，说明管理人是否意在对外汇风险敞口进行对冲，如果是，他将怎么做（例如采用积极还是消极对冲保单）；

（c）若ILP子基金不以新元计价，则要说明管理人是否意在对外汇风险敞口进行对冲，如果无此意图，则列明保单持有人承担的汇率风险；以及

（d）若ILP子基金免除准则附件1下的10%的单方限制，则应当列明该事实和过度集中的风险。

费用和收费

19. 列明下面列举的ILP或ILP子基金的费用和收费。如果有关于应付最高费用的规定，则应当特别说明该事实，并说明该最高费用数额。

通过保费扣减或单元取消来支付

（a）初始收费

（b）赎回费用

（c）各ILP子基金之间的转换费

（d）保险承保的收费

（e）保费分担比率

（f）应当由保单持有人支付的其他费用或收费，包括保单费用

通过ILP子基金的资产价值扣除来支付

（a）管理费用

（b）ILP子基金所投资的基础基金收取的额外费用（如果适用的话）

（c）履行费用（如果适用的话）

（d）保证费用（如果适用的话）

（e）其他重大费用（如 ILP 子基金资产价值的 0.1% 及其以上）。如果这些费用很重大（如 ILP 子基金资产价值的 0.1% 及其以上）但当前不能确定，则应当列明该事实并说明当前不能确定该费用的原因

认购基金单元

20. 表明如何购买 ILP 子基金单元以及如何付款。

21. 表明单一保费、常规保费和补充性保险费的最低数额。

22. 如果是新的 ILP 子基金，则表明初始购买价格和要约期间。

23. 以通俗易懂的语言表明交易期限以及定价是基于前瞻性考虑还是历史的考虑。以及表明定价是基于买卖双方报价还是一方定价的。

24. 基于 1,000 美元的投资，提供双方报价或一方定价条件下保单持有人应当获得的基金单元数量是如何得出的范例。

25. 如果 ILP 子基金的发行或现行 ILP 子基金的持续运行取决于 ILP 子基金的最小规模，则应当表明该事实和 ILP 子基金的最小规模。

26. 就 ILP 子基金而言，如果保险公司有权不发行 ILP 子基金和向 ILP 子基金参与者归还缴款，则应当说明该事实，在何种情形下可能发生该事实（比如，未达到 ILP 子基金的最小规模时）以及退款是否应当包括应付利息。

27. 如果有两种以上不同种类的基金单元可供认购，则对各种单元的特点以及各种保单持有人的权利、义务进行描述。

单元赎回

28. 列明赎回或出售 ILP 子基金的方式。

29. 列明最低持有量和最低赎回量。

30. 以通俗易懂的语言表明交易期限以及定价是基于前瞻性考虑还是历史性考虑。

31. 基于 1,000 个 ILP 子基金单元的销售，并在充分考虑保单持有人在赎回发生时应当支付的各种费用的基础上，提供双方报价或一方定价条件下如何计算支付给保单持有人的数额的范例。

32. 列明应当向保单持有人支付赎回款项的期间。

单元之间的转换

33. 列明单元转换的程序。

获取单元的价格

34. 列明保单持有人如何获取 ILP 子基金单元的买卖价格以及适用这些价格的交易日。如果可以从公开文件或媒体获取价格，则应当列明这些公开文件或媒体的名称。列明单元评估的频率。

交易的中止

35. 列明可能发生中止发行或赎回基金单元的特殊情形。

历史业绩（如果适用的话）

36. 如果 ILP 子基金已经建立至少一年，则应当列明自基金建立时起其在过去 1 年、3 年、5 年或 10 年内的收益表现。

37. 如果 ILP 子基金建立不到一年并且

（a）ILP 子基金中的相当一部分（指 ILP 子基金的 30% 以上的资产）投资于记录超过一年的现有的基础基金，则应当披露自基础基金建立时起其在过去 1 年、3 年、5 年或 10 年的表现，并就其作为 ILP 子基金业绩的替代物的局限性列出适当的警示；

（b）不属于附件 A 第 37 条第（a）款的范畴，则应当表明无法获得一年以上的记录这一事实。

38. 列明历史业绩的计算基础及适用条件，包括通过保费扣减或单元取消来支付各种费用已从计算中剔除的声明。

39. 若已经宣布股息或者 ILP 子基金已经进行分红，则应当列明 ILP 子基金的收益。收益的计算假定所有股息和分红进行再投资，要考虑因再投资而可能支付的各种收费。应当声明在此基础上计算收益。

40. 若 ILP 子基金的收益期超过 1 年，则应当列明，在该期间内 ILP 子基金的年均复合收益。

41. 指明与 ILP 子基金收益相关的期间，

（a）期间的最后一天不应早于披露行为的 6 个月；

（b）期间的第一日和最后一日应当在下列的某一基础上确定：

（i）每个月的第一个工作日或最后一个工作日；

（ii）每个月 ILP 子基金的第一个交易日和最后一个交易日。

42. 包括一项适当的警告，ILP 子基金过去的业绩与未来的业绩并无必然联系。

43. 保险公司不应基于假设基金的模拟结果，在提供给保单持有人的产品介绍或文件中包含任何有关基金历史业绩的信息。

ILP 子基金和另一集合投资计划或另一 ILP 子基金或指数的历史业绩的比较

44. 保险公司不应在产品介绍中包含对 ILP 子基金和另一集合投资计划或 ILP 子基金历史业绩的比较，除非：

（a）此另一集合投资计划或另一 ILP 子基金与 ILP 子基金的投资目标和投资重点类似；

（b）保险公司列明历史业绩的计算基础及其适用条件，通过保费扣减或单元取消来支付各种费用已从计算中剔除。

45. 保险公司不应在产品介绍中包含对 ILP 子基金和指数历史业绩的比较，除非：

（a）该指数是指根据附件 A 第 58 条为 ILP 子基金选择的基准，或是反映 ILP 子基金的投资重点；

（b）保险公司列明历史业绩的计算基础及其适用条件，通过保费扣减或单元取消来支付各种费用已从计算中剔除。

46. 保险公司不应在产品介绍中包含对 ILP 子基金和另一集合投资计划或 ILP 子基金或指数历史业绩的比较，除非：

（a）使用共同货币进行比较。在被比较实体的货币不同的情况下，转换成共同货币要基于比较期开始和结束时的当前汇率；

（b）该比较是基于一年以上的期间进行的，除非 ILP 子基金的建立尚不到一年。如果 ILP 子基金的建立尚不到一年，比较应当从基金建立之日起进行。

47. 在计算附件 A 第 44 至第 46 条所述的"历史业绩"的过程中，附件 A 第 38 至第 43 条仍然适用。

ILP 子基金和另一种投资形式历史业绩的比较

48. 保险公司不应在产品介绍中包含 ILP 子基金和另一种投资形式历史业绩的比较，除非：

（a）该另一种投资形式与 ILP 成分基金具有类似的风险特征；

（b）保险公司列明历史业绩的计算基础及其适用条件，通过保费扣减或单元取消来支付各种费用已从计算中剔除。

49. 保险公司不应对 ILP 子基金和另一种投资形式历史业绩进行比较，除非该比较是基于一年以上的期间进行的。如果 ILP 子基金的建立尚不到一年，比较应当从基金建立之日起进行。

50. 在计算附件 A 第 44 至第 46 条所述的“历史业绩”的过程中，附件 A 第 38 至第 43 条仍然适用。

管理人或次级管理人的表现

51. 若产品介绍包括 ILP 子基金管理人或次级管理人的历史业绩或当前业绩及其技能或技术

（a）则应当列明这些信息的来源；

（b）则应当指明与该信息相关的期间；以及

（c）则应当包括一项声明，即管理人或次级管理人的历史业绩与未来表现并无必然联系。

52. 保险公司不应在发送给保单持有人的产品介绍或文件中以不公正的方式提供关于 ILP 子基金（或者有该管理人或次级管理人进行管理的其他基金）管理人或次级管理人的历史业绩或当前业绩、技能或技术方面的信息，以至于过分夸大某种成功或者故意隐瞒某种成功。

ILP 子基金的未来业绩

53. 根据附件 A 第 55 条的规定，保险公司不应在产品介绍中：

（a）包括任何对 ILP 子基金未来业绩或可能的业绩的预测或预言；或者

（b）使用“目标”、“预期”或类似的与收益率相关的词语或描述。

54. 保险公司可以在产品介绍中包括 ILP 子基金对经济、股票市场、证券市场或者这些市场的经济趋势所做的预测或预言，但是保险公司应当同时对这种预测或预言做出声明，指明该预测或预言与 ILP 子基金未来业绩或可能的业绩并无必然联系。

55. 监管机构可以通过发布书面通知的形式许可保险公司在产品介绍中包括对除附件 A 第 54 条规定之外的与 ILP 子基金未来业绩或可能的业绩有关的事项的预测或预言。

56. 若监管机构已经根据附件 A 第 55 条许可保险公司，则产品介绍中不应包括对附件 A 第 55 条下的事项所做的预测或预言，除非：

（a）做出预测或预言的人是具有充分的理由；以及

（b）产品介绍披露了监管机构所要求的假定、警示声明及其他信息。

57. 若 ILP 子基金的收益获得保证或者监管机构根据附件 A 第 55 条允许使用这种预测或预言，则保险公司应当说明任何保证的收益或基于年均复合基础的预测或预言。

基准收益

58. 披露衡量 ILP 子基金业绩的基准。如果使用的是定制式基准或复合基准，则应描述该基准的计算方式。

59. 就现有的 ILP 子基金而言，披露基准在自基金建立之日起 1 年内、3 年内、5 年内和 10 年内的表现。

60. 如果基准在 ILP 子基金生命期内某个时间发生变化，应当声明该事实并解释变化的原因。

61. 如果没有使用基准，则应解释没有使用的原因。

费用率

62. 就现有的 ILP 子基金而言，应当列明 ILP 子基金的费用率。在计算费用率时要排除以下费用，同时也要说明这种排除：

（a）保险收费；

（b）经纪费用和其他交易成本；

（c）履行费用；

（d）汇兑损益；

（e）其他基金买卖所产生的前端费用和后端费用；

（f）来源扣税或应得收入产生的税收。

63. 基于本通知的目的，“费用率”是指，按照新加坡投资管理协会关于费用率披露的准则，基于 ILP 子基金最近经审计的报表的数字而计算出来的费用率。

周转率

64. 就现有的 ILP 子基金而言，应列明 ILP 子基金的投资组合的周转率。

65. “周转率”是指基于购买或销售额中的较小者与“平均净资产”的百分比而计算出来的比率。基于本条的目的，“平均净资产”是指，在某一期间内（该期间与计算费用率的期间相同）的日平均净资产价值。若 ILP 子基金大量投入另一基金，则应当披露该基金的周转率并清楚地表明该比率适用的期间。

软美元佣金或安排

66. 就新的 ILP 子基金而言，应当列明保险公司、管理人、获得 ILP 子基金 10% 以上资产投资的基础基金的管理人或次级管理人或者为基础基金利益进行交易的任何其他人是否收到或意在接收 ILP 子基金或基础基金的软美元。

67. 就现有的 ILP 子基金而言，如果附件 A 第 66 条提及的人接受了 ILP 子基金或子基金的软美元，则应当对该接收的软美元予以描述（如果能够获得此信息的话）。

利益冲突

68. 描述存在于或可能产生于 ILP 子基金及其管理的利益冲突，并表明是否应当解决或缓和，以及怎样解决或缓和这些利益冲突。

69. 保险公司和管理人在判断是否存在利益冲突时，应当考虑的因素包括：

（a）保险公司、管理人、投资顾问、次级管理人或董事对 ILP 子基金或者 ILP 子基金购买的或计划购买的任何财产所享有的利益的性质或范围；

（b）保险公司、管理人获得 ILP 子基金利益的可能性；

（c）保险公司、管理人或次级管理人及其董事相互之间的关系，以及向 ILP 子基金提供服务的实体；以及

（d）当保险公司、管理人或次级管理人以同样的投资重点来管理其他基金时，相同财产的交易指令如何在基金中分配。

报告

70. 列明 ILP 子基金的财务年终以及保单持有人何时可以收到年度审计财务报表和半年度报告。

71. 就现有的 ILP 子基金而言，应当表明在哪里可以获得最近的半年度报告和审计后的财务报表。

特种 ILP 子基金

72. 若 ILP 子基金为特种基金，则应当列明本附件的附件所要求的具体警示和其他信息。

其他重大信息

73. 列明投资者及其专业顾问有理由获得的或希望在产品介绍中发现的其他重大信息，以便其掌握充分的信息来确定 ILP 和 ILP 子基金的利弊和风险。

附件 Aa 财产 ILP 子基金的额外披露要求

保险公司在财产 ILP 子基金的产品介绍中提供以下信息：

(a) 财产 ILP 子基金是否应当具有多样化的投资，如果应当具有多样化的投资，则保险公司应当对多样化进行描述。如果财产 ILP 子基金打算向单一不动产投资或向不动产投资的比例过高，保险公司应当对该事实及其可能产生的风险做出声明；

(b) 财产 ILP 子基金关于资产处置的政策，包括是否将款项归还投资者还是进行再投资；

(c) 本通知第 26 条所要求的有利益关系方交易的细节，将准则附录 2 规定有关财产基金的要求并入本通知时，便产生了上述要求。并入时，本通知对有关 ILP 子基金的要求进行了必要的修正；

(d) 对财产 ILP 子基金计划购买的不动产资产做出说明，包括不动产所在地（国家或地区）和不动产的类型（例如，是属于居民使用、商业使用还是工业使用）；

(e) 若是新的财产 ILP 子基金，应当声明管理人必须在 24 个月内将不少于 ILP 子基金财产的 35% 投向不动产；

(f) 当财产 ILP 子基金已经找到行将购买的不动产资产时，进行每笔交易的期间；

(g) 财产 ILP 子基金的许可投资的详细情况；

(h) 当财产 ILP 子基金计划根据《居民财产法》（Cap. 274）向不动产投资时，外国投资者的投资禁止；

(i) 管理人或其雇员在管理财产基金、进行投资或就不动产提供意见的过程中的专业知识和经验；

(j) 顾问（如果有的话）的专业知识和经验，包括对顾问职能的详细说明；

(k) 管理人、顾问或有利益关系方应当支付的所有费用或佣金的细节；

(l) ILP 子基金的不动产资产的评估频率；

(m) 向 ILP 子基金投资的风险，包括：

(i) 与向不动产投资有关的一般风险；

(ii) 其计划投资的特定风险；

(iii) 若为非上市财产 ILP 子基金，保单持有人很难出售其投资带来的风险；

(iv) 若为不要求赎回的非上市财产 ILP 子基金，应当做出清楚的声明，以使保单持有人无权要求管理人和保险公司赎回他们的单元并向潜在投资者提出警告，即被列入任何“证券交易”（如《股票和期货法》（Cap. 289）第 2 条所定义的一样）的官方名单挂牌上市并不能为这些单元保证市场的高流动性。

(n) 赎回的频率/程序、赎回费用（如有的话）以及应当向 ILP 子基金保单持有人支付赎回款项的期间；及

(o) 若为上市型财产 ILP 子基金，应当提供以下信息：

(i) 当各单元的初始购买价格不是财产 ILP 子基金或者被财产 ILP 子基金收购的各资产单元的净资产值时，保费或净资产的折扣；以及

（ii）在首次发行期间将发行的单元的总数量。

附件 Ab　货币市场 ILP 子基金的额外披露要求

保险公司应当在货币市场 ILP 子基金（MMF）的产品介绍中清楚地表明：

（a）购买 MMF 单元不同于将基金存入银行或接受存款的金融机构；

（b）尽管管理人可以试图保持或维持 MMF 的本金，但是子基金要想实现这一目标并没有保障；以及

（c）MMF 不是保证基金，它不存在对已投资的资本或收到的收益的保障。

此外，保险公司应当在 MMF 的产品介绍中表明 MMF 资产能向用来套期保值、战略资产配置或有效组合管理的衍生工具投资的最高比例。

附件 Ac　保本基金的额外披露要求

保险公司应当在保本 ILP 子基金的产品介绍中清楚地表明：

（a）保证人的姓名和营业地以及对其营业、经济状况和信用等级的简要介绍；

（b）声明保证的存在并不能确保保证人在将来一定具有偿付能力；

（c）保证的实质性条款，包括保证的范围、效力和执行以及特殊的可以终止保证的情形，例如：

（i）如果保证人进入清算（不包括为了重建和混同而进行的主动清偿）；

（ii）如果任何法律已过期，使得保证协议成为非法行为或在保险公司看来继续保证已经没有实际意义；或

（iii）如果保本基金自愿终止。

（d）保证对于保单持有人的意义或后果：

（i）如果管理人退休、被开除或调动；或

（ii）如果本通知第 26 条对保证人的要求有所变化，该要求产生于将准则中关于保本基金的附录第 2.2 条（b）和第 2.3 条（b）并入本通知之时，同时还有本通知所列的对申请 ILP 子基金所做的必要修改；

（e）保证的到期日（如果保证是有一定期限的，不管此期间开始于保本子基金的发行日还是开始于保单持有人向保本子基金的投资日）；

（f）保证仅适用于截止保证规定的日期一直持有投资的保本基金的保单持有人，并且该日期前的赎回行为应当基于该日子基金的净资产值进行；

（g）保证是否针对保单持有人支付的 100% 的款项，还是仅仅针对每年实际向保本基金支付的数额（不包括认购费或初期费用）；

（h）做出声明，以凭借已有的保证结构使 ILP 子基金的表现发生稀释效应；

（i）与保证有关的任何其他事项，这些事项与一个潜在投资者决定是否向保本子基金投资相关。

附件 Ad　对冲 ILP 子基金的额外披露要求

保险公司应当在对冲 ILP 子基金的产品介绍中清楚地列明并披露：

（a）本通知没有规定对冲 ILP 子基金对于其他基金的投资准则；

（b）对于对冲 ILP 子基金的投资带有与其他类型集合投资计划或投资于上市证券但不从事卖空交易的 ILP 子基金性质不同的风险，并且对冲 ILP 子基金可能并不适合那些对这些风险厌

恶的人；

（c）如果对冲 ILP 子基金：

（i）其资本未得到保证或保护，则投资者将失去其在对冲 ILP 子基金的全部或大部分的投资；

（ii）其资本得到保证或保护，则投资者将面临保证人的信用风险和提供保护的证券的发行人的违约风险；

（d）向对冲 ILP 子基金投资并非投资者的全部投资计划，有意向的投资者应当根据自身情况、资金来源以及整体投资计划仔细考虑其是否适合向对冲 ILP 子基金投资；

（e）赎回频率和向保单持有人支付赎回款项的期限；

（f）对冲 ILP 子基金与其他类型的集合投资计划或 ILP 子基金之间的主要区别；

（g）对冲 ILP 子基金的风险管理、监控程序和内部控制的具体内容，以及由管理人做出的声明——即从管理人的角度来看，这些程序和控制足以保证对对冲 ILP 子基金进行有效管理以使其符合产品介绍中的目标；

（h）保单持有人的责任仅限于其对对冲 ILP 子基金的投资数额的声明；

（i）若为单一对冲 ILP 子基金，杠杆交易的程度；

（j）若为对冲 ILP 子基金——

（i）为实现多样化将使用的战略；

（ii）用于遴选基础基金的标准；

（iii）基础基金进行杠杆交易的程度；

（k）若为资本保护型 ILP 子基金或资本保证型 ILP 子基金，这种保护或保证仅在对冲 ILP 子基金到期时有效，并且如果保单持有人提前赎回投资，将会出现资本损失的风险。

附件 Ae 期货和期权 ILP 子基金的额外披露要求

保险公司应当在期货和期权 ILP 子基金的产品介绍中清楚地列明并披露：

（a）向期货和期权 ILP 子基金的投资带有与其他类型的集合投资计划或不从事卖空交易的 ILP 子基金性质不同的风险；期货和期权 ILP 子基金并不适合对此类风险厌恶的人；

（b）如果 ILP 子基金：

（i）资本未得到保证，投资人可能失去在期货和期权 ILP 子基金中的全部或大部分投资；

（ii）资本得到保证，投资人将面临保证人的信用风险；

（c）向期货和期权 ILP 子基金投资并非投资者的全部投资计划，有意向的投资者应当根据自身情况、资金来源以及整体投资计划仔细考虑其是否适合向期货和期权 ILP 子基金投资；

（d）期货和期权 ILP 子基金将进行投资的金融期货合约、金融期权及黄金或前述产品的任意组合的类型；

（e）用于实现多样化的战略；若为专门的期货和期权 ILP 子基金，仅应向涉及单一基础金融工具或商品或者特定类型的金融工具或商品的期货合约或期权进行投资；缺乏多样化而导致的风险。

附件 B 保单中披露的信息

在投资连结寿险保单中，保险公司应当从事以下行为：

各种费用

1. 列明应当支付的各种费用，包括以从保险费中扣除或者取消基金单元的方式支付的费用以及以 ILP 子基金资产支付的费用。如果费用尚未确定，则应当说明该事实；如对最高费用额度有规定，则应当列明该最高数额。应当说明向保单持有人披露各种费用变化的方式。

认购和赎回单元

2. 列明交易期限和价格基础是基于前瞻性考虑还是历史的考虑。以及表明定价是基于买卖双方报价还是一方定价。

3. 如果有两类以上不同的基金单元可供认购，则描述各种单元的特点以及各种保单持有人的权利、义务。

4. 表明赎回或购买 ILP 成分基金单元的方式。

5. 列明最低持有量和最低赎回量。

6. 表明保单持有人获取 ILP 子基金单元买卖价格的方式以及适用这些价格的交易期。

7. 表明在什么情况下 ILP 子基金的保险公司或管理人需要从保单持有人手中购买保单持有人认购或购买的单元，并表明确定该单元购买价格的方法。

单元转换

8. 表明单元转换的程序。

中止交易

9. 描述可以中止发行或赎回基金单元的特殊情形。

附件 C　将在致保单持有人的报告中披露的信息

保险公司应当至少每年一次向保单持有人提交关于 ILP 表现和状况的报告，报告应当包括以下内容：

（a）先前报告期结束时所持有单元的数量和价值；

（b）在包括平均单元价格＊ 的报告期间内（在认购时）购买的单元数量和价格；

（c）在包括平均单元价格＊ 的报告期间内（在赎回或扣除时）出售或扣除的单元数量和价格；

（d）在当前报告期间结束时所持有的单元数量和价格；

（e）应当以从保险费或单元中扣除的方式来支付的各种费用。基于与各种费用相关的目的，来识别每种费用，如初始费用、保险承保的费用以及转换费用；

（f）报告期内收到的保险费；

（g）当前报告期结束时的当前死亡福利；

（h）当前报告期结束时净现金转让价值；

（i）当前报告期结束时未偿付的贷款数额（如果有的话）。

＊“平均单元价格”是指按照单元价值或单元数量进行计算。

附件 D　将在提交给保单持有人的半年度报告和年度审计报告中披露的信息（除财产 ILP 子基金外的 ILP 子基金）

本附件不适用于财产 ILP 子基金。保险公司应当，在各种 ILP 子基金的（除财产 ILP 子基金外）半年度报告和年度审计报告中，向保单持有人提供以下相关信息：

1. 就除财产 ILP 子基金外的所有 ILP 子基金而言：

（a）以市场价值衡量的投资，以及在审查期结束时根据以下因素进行分类的投资市值占净资产值的百分比：

（i）国家；

（ii）行业；

（iii）资产类型，如股权、债务证券和现金；以及

（iv）债务证券的信用等级，如“A级”、“B级”、“C级”或“无等级”；

（b）按照市场价值计的前10名以及在期间结束时或前一年结束时占净资产值的百分比；

（c）衍生工具的风险暴露：

（i）衍生合约的市场价值和在审查期结束时占净资产值的百分比；

（ii）审查期间衍生合约的净收益和净损失；以及

（iii）审查期间未偿付衍生合约的净收益和净损失；

（d）审查期结束时向集合投资计划投资的数额及其占净资产值的百分比；

（e）审查期结束时，债务的数额及其占净资产值的百分比；

（f）审查期赎回和认购的数额；

（g）审查期关联方交易的数额；

（h）形式一致的ILP子基金的表现和基准的表现（如果有的话），包括以下期限：自ILP子基金建立时起的3个月、6个月、1年、3年、5年、10年。在出价－出价基础上计算收益，股息以出价进行再投资。基准如果发生变化，保险公司应当做出声明；

（i）审查期间和前一年内的费率。保险公司应当声明费率不包括：保险承保的费用、经纪费用和其他交易成本；履行费用、汇兑损益、产生于集合投资计划买卖的前端和后端费用及来源扣税或者应得收入的扣税；

（j）审查期间和前一年内的周转率；

（k）会给ILP子基金的评估带来不利影响的任何重大信息，如公开合同随时可能产生的负债）；

（l）若ILP子基金将ILP子基金30%以上的资产投资于集合投资计划（“基础基金”）。若基础基金由属于同一公司集团的，或者与新加坡管理人订有正式的协议或投资合同的外国管理人管理，保险公司应当披露以下关于基础基金的关键信息：

（i）按照市场价值计的前10名以及在期间结束时或前一年结束时占净资产值的百分比；

（ii）审查期和前一年内的费率；

（iii）声明费率不包括经纪费用和其他交易成本、履行费用、汇兑损益、产生于集合投资计划买卖的前端和后端费用及来源扣税或者应得收入的扣税；

（iv）审查期和前一年内的周转率；

如果ILP子基金将ILP子基金30%以上的资产投资于集合投资计划，则保险公司应当披露附件D第1条第（1）款第（i）至第（iv）款的信息，除非新加坡管理人可以极其容易地获得该信息；

（m）描述从为ILP子基金进行交易的各经纪人获得的软美元的声明。如果经纪人还为由管理人管理的另一ILP子基金或集体投资计划从事交易，则保险公司应当对此影响做出声明。保险公司还应当确保货物和服务交易都是基于ILP子基金的利益进行的、交易的条件是最有利的以及不会产生交易动荡；以及

（n）半年度报告中的半年度财务报表和年度审计报告中的年度财务报表。

2. 关于货币市场ILP子基金的额外信息：

（a）ILP子基金在投资数额和百分比方面的投资配置，其分类依据是：

（i）货币市场工具和债务证券的类型；

（ii）所有货币市场工具的信用等级（如“AAA级”、“AA级”、“A级”等）；

（b）关于ILP子基金投资组合到期的一般细节，例如根据类似的到期进行分类的投资分

配，如30日、31日至60日、61日至90日、91日至120日、121日至180日等。

3. 关于期货和期权ILP子基金的额外信息：

（a）在报告相关的期间内，平仓变现的净收益或净损失的总额；

（b）在报告相关的期间内，现有仓位尚未变现的净收益或净损失的变化；

（c）在报告相关的期间内，期货和期权ILP子基金所从事的其他交易中的净收益或净损失的总额，包括利息和股息等；及

（d）在报告相关的期间内产生的总的交易成本，包括管理费、投资顾问费（如有的话）、经纪佣金以及向交易所和自律监管机构的费用。

附件E 向保单持有人提交的年度审计报告中披露的信息（就财产ILP子基金而言）

本附件适用于财产ILP子基金。保险公司应当就各种ILP子基金提交给保单持有人的年度审计报告（基于财产ILP成分基金的财务年度）中提供以下信息：

（a）在报告有关的财务年度进行的所有不动产交易的细节，包括对买方、卖方、购买价格、出售价格及其评估（包括用于资产评估的方法）的识别；

（b）财产ILP子基金的全部不动产资产的细节，包括资产所在地、购买价格及其最新评估以及财产ILP子基金的租赁财产的应得租金收入、占用率和剩余租赁期限；

（c）对于财产ILP子基金的其他资产，应当披露以下细节：

（i）10种最主要的财产（包括按照市场评估计算的数量及其占子基金规模的比例）；及

（ii）根据国家、资产类别（如股权证券、抵押支持证券和债券等）及债务证券的信用等级（如“AAA级”、“AA级”等）的投资配置及其比例；

（d）有关财产ILP子基金对衍生工具的风险暴露的详细情况，包括合约价格的总累积净值以及该总值在子基金中所占的比例和市场价值；

（e）财产ILP子基金向其他子基金投资的详细情况，包括投资数额及该投资数额在财产ILP子基金所占的比例；

（f）财产ILP子基金的借贷的详细情况；

（g）财产ILP子基金总的运营费用，包括向管理人、顾问和利益关系人（如有的话）支付的各种费用，以及因财产ILP子基金的不动产资产而产生的税务负债；

（h）以同一格式对财产ILP子基金的表现做出声明，包含以下期限（1年、3年、5年或者10年）：

（i）如果财产ILP子基金的单元没有在证券交易所挂牌上市，则应当根据相关期限内的出价－出价基础来计算基金的表现；或者

（ii）如果财产ILP子基金的单元没有在证券交易所挂牌上市，则应当根据相关期限内在证券交易所成交的价格出价－出价基础来计算基金的表现；

按照附件E中第（h）款的要求对财产ILP子基金进行的计算，应当遵循以下假定，即在支付股息或分红的当天，股息或分红再次投资于财产ILP子基金；

（i）在报告相关的财务年度的年初或年末，其各个基金单元的净资产值；以及

（j）若财产ILP子基金的单元在证券交易所挂牌上市，则应当声明基金单元于报告相关财务年度的年初或年末在证券交易所的报价以及在报告相关的财务年度内的成交的最高价、最低价和成交量。

附件F　在广告和出版物中披露的信息

广告不得带有虚假或误导性内容

1. 在刊登广告或出版出版物之时，保险公司不得在广告或出版物中提供任何虚假或误导性内容或者与广告或出版物负责人已知悉的信息不符的内容。

2. 保险公司不得通过在 ILP 或 ILP 子基金的广告或出版物中用显著字体提供特定信息或其他方式以给人们造成对 ILP 或 ILP 子基金的错误或误导性印象。

广告的内容

3. 若在刊登广告或出版出版物之时，有人对 ILP 子基金的单元提出购买或要约，则保险公司不应刊登此广告或出版出版物，除非该广告或出版物

（a）列明

（i）ILP 子基金的产品介绍是可以获得的；

（ii）如何获得一份产品介绍；

（iii）潜在的投资者在决定是否认购 ILP 子基金单元时应当阅读产品介绍；

（iv）ILP 子基金单元的价值及其单元的应得收入（如果有的话）可能增长或下降；

（b）如果广告或出版物未能清楚地明确保险人或管理人，则应说明 ILP 保险公司名称和 ILP 子基金管理人；

（c）若 ILP 子基金名称并未表明投资目标和重点，则应当说明投资目标和重点；

（d）若广告或出版物包括一项表达对 ILP 子基金或其管理人的赞同或者建议的引用语，则应说明该引用语的来源；

（e）如果以下事项没有获得保证或者担保

（i）对保单持有人向 ILP 子基金投资的本金的保护（无论是否包括认购费）没有任何保证；

（ii）对ILP 子基金的收益率没有任何保证，不包括这样的字眼："担保"、"保证" 或者任何暗示投资于 ILP 子基金的本金、收益率有保障或保单持有人不会发生经济损失的表达；

（f）若 ILP 子基金为保证 ILP 子基金，则应当列明保证人的姓名；

（g）若 ILP 子基金为对冲基金或者其他高风险基金，则应当说明向 ILP 子基金投资涉及的风险很大，而且只有有能力并且愿意承担这种风险的人才适合向此种基金投资；以及

（h）若 ILP 子基金挂牌上市，或基金单元在任何证券交易所的官方报价体系中挂牌的申请已经授予或应该被授予，且所有或大多数投资者仅通过证券交易所交易基金单元，则信息应包括

（i）投资者不能从 ILP 子基金管理人处赎回单元或者只能在某些特定情况下从其处赎回单元的说明；

（ii）单元上市不能保证单元具有高流动性的声明。

ILP 子基金的历史业绩

4. 保险公司不应刊登或出版包含 ILP 子基金历史业绩信息的 ILP 子基金广告或出版物，除非此广告或出版物

（a）包括这样一份显著声明：ILP 子基金的历史业绩并不必然暗示其未来的业绩。

（b）说明 ILP 子基金的收益以及关于计算收益的依据的说明。

（c）若已经宣布股息或者 ILP 子基金已经进行分红，则应当列明 ILP 子基金的收益。收益的计算假定所有股息和分红进行再投资，要考虑因再投资而可能支付的各种收费。应当声明在此基础上计算收益。

（d）提供 ILP 子基金在一年以上期间内的收益，如果 ILP 子基金的期间不满 12 个月，则提供 ILP 子基金在自基金建立之日起至今的期间内的收益。

（e）若 ILP 子基金的收益期超过 1 年，则应当列明，在该期间内 ILP 子基金的年均复合收益。

（f）指明与 ILP 子基金收益相关的期间：

（i）期间的最后一天不应早于刊登广告或出版出版物之日前的 3 个月；

（ii）期间的第一日和最后一日应当在下列的某一基础上确定：

（A）每个月的第一个工作日或最后一个工作日；或者

（B）每个月 ILP 子基金的第一个交易日或最后一个交易日。

5. 基于附件 F 第 4 条的目的，如果建立期限不满 12 个月的 ILP 子基金至少将基金的 90% 投资于另一集合投资计划（“基础基金”），则应当在广告或出版物中列明基础基金历史业绩的信息。

6. 保险公司不得在 ILP 子基金的广告或出版物中列入基础基金历史业绩的任何信息，除非此广告或出版物

（a）包括一项关于用基础基金历史业绩的信息来替代 ILP 子基金历史业绩的局限性的适当的警示；及

（b）遵守附件 F 的第 4 条的规定，尽管基础基金历史业绩的信息似乎就是 ILP 子基金历史业绩的信息。

7. 若在 ILP 子基金的广告或公开文件中包括所包含的 ILP 子基金历史业绩的非持续性是由特殊情况造成的，则保险公司应当在广告或者公开文件中包括一项声明以示警告。

8. 基于附件 F 第 7 条的目的，“特殊情况”包括，但不仅限于

（a）向证券的首次公开发行的投资，该投资行为对 ILP 子基金收益影响重大，但这种收益不可能持续；

（b）某一特定年度较高的年度收益（在该年度内，该 ILP 子基金、集合投资计划或具有类似投资目标的 ILP 子基金已经带来一个相对较低的长期性年度复合收益）。

9. 保险公司不应基于假设的集合投资计划或 ILP 子基金的模拟结果，在广告或出版物中包含任何有关基金历史业绩的信息。

ILP 子基金和另一集合投资计划或另一 ILP 子基金或指数的历史业绩的比较

10. 保险公司在刊登的 ILP 子基金广告或出版的出版物中，不得包含 ILP 子基金和另一集合投资计划或 ILP 子基金历史业绩的比较，除非

（a）该另一集合投资计划或 ILP 子基金具有与广告或出版物所涉及的 ILP 子基金类似的投资目标和重点；

（b）广告或出版物已声明列明历史业绩的计算基础及其适用条件，通过保费扣减或单元取消来支付各种费用已从计算中剔除。

11. 保险公司在刊登的 ILP 子基金广告或出版的出版物中，不得包含 ILP 子基金和指数历史业绩的比较，除非：

（a）该指数是指根据附件 A 第 58 条为 ILP 子基金选择的基准，或是反映 ILP 子基金的投资重点；

（b）广告或公开文件已列明历史业绩的计算基础及其适用条件，通过保费扣减或单元取消来支付各种费用已从计算中剔除。

12. 保险公司不应对ILP子基金和另一集合投资计划或ILP子基金或指数历史业绩进行比较，除非使用共同货币进行比较。在被比较实体的货币不同的情况下，转换成共同货币要基于比较期开始和结束时的当前汇率。

13. 对ILP子基金和另一集合投资计划或ILP子基金或指数历史业绩进行比较的人还应当遵守附件F第4至9条的要求。

ILP子基金和另一种投资形式历史业绩的比较

14. 保险公司不得在关于ILP子基金的广告或出版物中包含对ILP子基金和另一种投资形式历史业绩的比较，除非

（a）该另一种投资形式与ILP成分基金具有类似的风险特征；以及

（b）该广告或出版物已列明历史业绩的计算基础及其适用条件，通过保费扣减或单元取消来支付各种费用已从计算中剔除。

15. 对ILP子基金和另一投资形式历史业绩进行比较的人还应当遵守附件F第4至第9条的要求。

管理人或次级管理人的表现

16. 保险公司不得在ILP子基金广告或出版物中包含这样的信息，即有关ILP子基金管理人或代表该管理人对ILP子基金资产进行管理的人（即附件中所称的次级管理人）的历史业绩或当前业绩、技能或技术方面的信息，除非该广告或出版物

（a）列明这些信息的来源；

（b）指明与该信息相关的期间；以及

（c）则应当包括一项声明，即管理人或次级管理人的历史业绩与未来表现并无必然联系。

17. 保险公司不应在发送给保单持有人的产品介绍或文件中以不公正的方式提供关于ILP子基金（或者有该管理人或次级管理人进行管理的其他基金）管理人或次级管理人的历史业绩或当前业绩、技能或技术方面的信息，或者关于由管理人或次级管理人进行管理的任何其他集合投资计划或ILP子基金的历史业绩或当前业绩的信息，以至于过分夸大某种或者故意隐瞒某种成功。

ILP子基金的未来业绩

18. 根据附件F第20条的规定，保险公司不得在ILP子基金的广告或出版物中——

（a）包括任何对ILP子基金未来业绩或可能的业绩的预测或预言；或

（b）使用“目标”、“预期”或类似的与收益率相关的词语或描述。

19. 保险公司不得在广告或出版物中包括ILP子基金对经济、股票市场、证券市场或者这些市场的经济趋势所做的预测或预言，但是保险公司应当同时对这种预测或预言做出声明，指明该预测或预言与ILP子基金未来业绩或可能的业绩并无必然联系。

20. 监管机构可以通过发布书面通知的形式许可保险公司在ILP子基金广告或出版物中包括对除附件F第19条规定的事项之外的与ILP子基金未来业绩或可能的业绩有关的事项的预测或预言。

21. 保险公司不得在广告或出版物中包括对附件F第20条下的事项所做的预测或预言，除非

（a）做出预测或预言的人是具有充分的理由；以及

（b）广告或出版物披露了监管机构所要求的假定、警示声明及其他信息。

22. 若 ILP 子基金的收益得到保证，保险公司应当说明任何保证的收益或基于年均复合基础的预测或预言。

23. 根据附件 F 第 20 条，对监管机构所要求的事项做出预测或预言的人应当基于年均复合基础提供这种预测或预言。

易读性和易听性

24. 若 ILP 子基金的广告或出版物采用视觉形式，保险公司应当使得包含附件 F 第 3 至 23 条所要求信息的广告或出版物

（a）能够清晰辨认；以及

（b）字体至少是 8 号 Times New Roman（如果广告或出版物以报纸、周刊、杂志或信件、电子邮件或网站等形式出现的话）。

25. 若 ILP 子基金的广告或出版物采用视觉形式并且带有脚注，保险公司应当使得脚注

（a）不得小于相关正文或陈述部分字体的一半；以及

（b）字体在 8 号至 14 号 Times New Roman 之间（如果广告或公开文件以报纸、周刊、杂志或信件、电子邮件或网站等形式出现的话）。

26. 若 ILP 子基金的广告或出版物采用广播、电视、录像或者其他类似形式，保险公司应当使得广告或公开文件中包含的附件 F 第 3 条第（a）款第（iii）项所要求的信息便于收听，除非该广告或出版物仅采用视觉形式；如果仅采用视觉形式，应当保证视觉信息字体容易辨认并且播放时间不少于 5 秒。

附件 G　ILP 的审批申请

投资连结保单的信息

1. ILP 的名称
2. 接收保费分配的 ILP 子基金的名称
（如果不止一个 ILP 子基金，请提供各个 ILP 子基金的详细情况）
3. （a）说明 ILP 子基金类型

非特种

[ ] 股权子基金

[ ] 固定收益子基金

[ ] 平衡子基金

[ ] 结构化产品子基金

特种

[ ] 货币市场子基金

[ ] 财产子基金

[ ] 期货和期权子基金

[ ] 对冲子基金

[ ] 其他（可以具体规定）：____________________

（b）ILP 子基金是保本子基金吗？

如果答案为“是”，那么请提供有关保证人的详细内容（包括信用等级、登记国和监

管机构）。

4. 描述投资目标和ILP子基金的目标。

5. ILP子基金资产任何部分将会被投资于监管机构批准或认可的现行集合投资计划吗？

如果答案为“是”，那么请说明集合投资计划（可能是一个或多个）的名称、将用于向集合投资计划投资的资产数额以及向集合投资计划进行投资的理由。

6. 对一些与监管机构批准的ILP子基金或监管机构批准、认可的集合投资计划的一般特点不同的新颖特点（有理由期望这些新颖特点将会对保单持有人产生影响）进行描述。在不影响前述内容的适用性的情况下，一般认为，股权ILP子基金的固定到期和强加式销售手续费都属于新颖的特点。

管理人的信息

7. ILP子基金管理人的名称

8. 说明以下哪些适用于管理人：

[ ] 根据《保险法》（Cap. 142）注册登记的保险公司

[ ] 根据《证券和期货法》（Cap. 289），在基金管理方面获得资本市场服务许可的人

[ ] 根据《银行法》（Cap. 19）获得许可的银行

[ ] 相关保险公司

[ ] 其他

9. 以下情形可以适用于管理人吗？是否有一些情况可能导致以下情形的出现：

（a）在新加坡境内或境外，管理人处于被解散的过程中；

（b）在新加坡境内或境外，管理人对全部或部分的判决债务未进行清偿；

（c）在新加坡境内或境外，针对管理人的财产，已经任命接管人、接管人兼管理人、司法管理人或适当人士；

（d）管理人已经 与（无论位于新加坡境内或境外）债权人达成妥协或协议，而且该种妥协或协议正在执行之中。

如果对第9条第（a）至第（d）项问题的回答为“是”，请附上一个或数个附件，以提供所有相关细节信息。

管理人和保险公司的关系

10. 对管理人发行的20%及以上的股票享有利益的人是否也能对保险公司发行的20%及以上的股票享有利益？（“利益”是指，任何被认可的对管理人或保险公司股票享有的利益。根据《证券和期货法》［Cap. 289］第4条第（4）至（5）款规定，只有当一个人被认为享有股票利益时，他才被认为具有这种利益）

11. 如果对前述问题答案为“是”，则应当为每个人列出在下表中的具体细节：

（a）名称 （b）公司注册登记编号、新加坡居民身份证、护照编号 （c）注册登记国家/国籍	（d）管理人持有的股票数量和种类 （e）保险公司持有的股票数量和种类

12. 列出有理由认为会影响保险公司（独立于管理人之外的）独立行事能力的因素或关系。

外国集合投资计划的信息

13. 是否有 ILP 子基金的 10% 以上投资于外国集合投资计划？如果答案是肯定的，请回答下面两个问题；否则请继续阅读下一个部分。

14. 列明基金的总数额，该基金从规定之日起开始计算，在新加坡境内由管理人进行管理（基于最近可获得的数据），分为以下类别：

（a）可以自由支配的

（b）不可自由支配的

基于本附件的目的，“可以自由支配”是指由管理人进行内部管理的基金，管理人对投资管理过程投入相当多，并且管理人有权进行投资决策。如果管理人管理一份基金（例如全球基金的亚洲授权），基于计算附件中“可以自由支配”的基金的目的，仅仅包括管理人可以对管理责任进行自由支配的部分。

15. 请为附件 G 第 13 条描述的外国集合投资计划附上一份招股说明书或产品介绍以及包含以下细节的附件：

（a）外国集合投资计划的名称

（b）用于向外国集团投资计划投资的 ILP 子基金的比例

（c）外国集合投资计划的注册地

（d）外国集合投资计划的监管机构

（e）集合投资计划的类型以及外国集合投资计划在其注册地接受监管应当遵循的法律

（f）外国集合投资计划的外国管理人的名称

（g）外国集合投资计划的外国管理人的注册地

（h）附件 G 第 15 条第（f）款所描述的外国管理人的监管机构名称

（i）附件 G 第 15 条第（f）款所描述的外国管理人进行基金管理的年限

（j）附件 G 第 15 条第（f）款所描述的外国管理人管理过的基金数额

（k）关于附件 G 第 15 条第（f）款所描述的外国管理人和新加坡管理人之间关系的简要描述

外国次级管理人的信息

16. 外国次级管理人将会管理 ILP 子基金 10% 以上的资产吗？如果答案是肯定的，请回答以下两个问题；否则，请继续下一个部分。

17. 列明基金的总数额，该基金从规定之日起开始计算，在新加坡境内由管理人进行管理（基于最近可获得的数据），分为以下类别：

（a）可以自由支配的

（b）不可自由支配的

18. 请为附件 G 第 16 款描述的各外国次级管理人附上包含以下细节的附件：

（a）外国次级管理人的名称

（b）外国次级管理人的注册地

（c）外国次级管理人的监管机构名称

（d）外国次级管理人进行基金管理的年限

（e）外国次级管理人管理过的基金数额

（f）关于外国次级管理人和新加坡管理人之间关系的简要描述

其他

19. 请以附件形式列出被视为与本申请有关的其他重大信息。此外，ILP 或者 ILP 子基金如有任何偏离 MAS 307 通知第二部分中的非强制性标准的行为，要及时予以反映。

主要官员姓名和签字：____________________

日期：____________

2 –4 Notice on Investment-Linked Life Insurance Policies

Notice No : MAS 307

Issue Date : 2 September 2004

This Notice replaces MAS 307 dated 30 April 2004.

Introduction

1. This Notice is issued pursuant to section 64 (2) of the Insurance Act (Cap. 142) ("the Act") . It comprises both mandatory requirements (Part I) and non-mandatory standards (Part II) in relation to approval, disclosure, investment guidelines, borrowing limits and operational practices for investment-linked policies ("ILPs") .

2. This Notice shall be read in conjunction with the provisions of the Act. It is not intended to override any provision of the Act.

3. This Notice applies to any direct insurer registered to carry on life business.

4. (a) With effect from 2 September 2004, MAS Notice 307 on "Investment-Linked Life Insurance Policies" dated 30 April 2004 shall be cancelled, and this Notice shall come into force.

(b) Subject to sub-paragraph (d) below, the provisions in Parts I and II of this Notice (except paragraphs 9 and 10) shall not apply to any insurer for the period from 2 September 2004 to 31 December 2004 ("Transitional Period") in respect of any ILP or any ILP sub-fund for which approval has been granted on or before 29 April 2004 (respectively, "Approved ILP" and "Approved ILP Sub-Fund") pursuant to the Insurance (Investment-Linked Life Insurance) Regulations and subject to MAS Notice 307 dated 20 March 2001.

(c) Subject to sub-paragraph (d) below, an insurer shall, in respect of its Approved ILPs or its Approved ILP Sub-Funds, continue to comply with MAS Notice 307 dated 20 March 2001 during the Transitional Period.

(d) Where approval has been granted in respect of an insurer's Approved ILP or Approved ILP Sub-Fund by the Authority under paragraph 9 below, the insurer shall, in respect of that Approved ILP or Approved ILP Sub-Fund, comply with this Notice with effect from the date of such approval.

(e) Notwithstanding sub-paragraphs (b) and (c), an insurer may, in respect of any of its Approved ILPs or Approved ILP Sub-Funds, elect to comply with this Notice at any time before the expiry of the Transitional Period.

(f) Where an insurer elects to comply with this Notice under sub-paragraph (e) above, the insurer shall provide prior written notification to the Authority of the date from which the insurer elects to comply with this Notice, and in that event, sub-paragraphs (b) and (c) shall not apply to the insurer from the date the election is made.

5. For the avoidance of doubt –

(a) an insurer shall comply with paragraphs 9 and 10 of this Notice in respect of all its Approved ILPs and Approved ILP Sub-Funds with effect from 2 September 2004; and

(b) an insurer shall comply with all provisions of this Notice with effect from 2 September

2004 in respect of all its ILPs and ILP sub-funds, except its Approved ILPs and Approved ILP Sub-Funds.

Definitions

6. In this Notice-

(a) "collective investment scheme" has the same meaning as in the Securities and Futures Act (Cap. 289);

(b) "investment-linked policy sub-fund" ("ILP sub-fund") refers to each separate sub-fund within an investment-linked policy to which a policyholder can choose to allocate his or her premiums under the ILP;

(c) "manager" means -

(i) an insurer, if the insurer fully or partly manages the ILP sub-fund itself; or

(ii) a fund manager, other than the insurer, if the fund manager fully manages the ILP sub-fund or the underlying collective investment scheme (s) in which the ILP sub-fund is fully invested in;

(d) "net asset value" or "NAV" means total assets less total liabilities (excluding policyholders' interest if this is classified as a liability);

(e) "policyholder", in relation to an ILP or ILP sub-fund, means a policy owner of the ILP;

(f) "quoted securities" means listed securities and unlisted debt securities that are traded on an organised over-the-counter market which is of good repute and open to the public;

(g) "soft dollars" refers to arrangements under which products or services, other than the execution of securities transactions, are obtained from or through a broker in exchange for the direction by the manager of transactions to the broker. Soft dollars include research and advisory services, economic and political analyses, portfolio analyses, market analyses, data and quotation services, and computer hardware and software used for and/or in support of the investment process of managers;

(h) "structured products" are products tailor-made for an ILP sub-fund such that the issuer (s) of the securities and/or instruments, or an entity other than the issuer (s), stands ready to unwind the products at prevailing market prices so as to enable the ILP sub-fund to meet redemptions on each dealing day;

(i) "Code on Collective Investment Schemes" ("the Code") is a code issued by the Authority under section 321 of the Securities and Futures Act (Cap. 289);

(j) the words "non-specialised ILP sub-fund", "property ILP sub-fund", "money market ILP sub-fund", "hedge ILP sub-fund", "capital guaranteed ILP sub-fund", "ILP sub-fund of funds", and "futures and options ILP sub-fund" shall have the same meaning as "non-specialised fund", "property fund", "money market fund", "hedge fund", "capital guaranteed fund", "fund of funds", and "futures and options fund", respectively, in the relevant appendices of the Code, with the necessary modifications as provided in paragraph 7.

7. When applying the Code for the purpose of this Notice:

(a) a reference to "collective investment scheme", "scheme" or "fund" in the Code should be read as a reference to an ILP sub-fund; and

(b) a reference to "trustee" in the Code should be read as a reference to the insurer.

8. The expressions used in this Notice shall, except where expressly defined in this Notice or where the context otherwise requires, have the same respective meanings as in the Act.

Part I Mandatory Requirements

Approval

9. An insurer shall seek written approval from the Authority for:

(a) the issuance of each ILP;

(b) the establishment of any ILP sub-fund; or

(c) any significant change to any ILP (including any Approved ILP) or ILP sub-fund (including any Approved ILP Sub-Fund), such as any change in the manager or investment objective of the ILP sub-fund.

10. An insurer shall submit a copy of each of the following to the Authority in its application under paragraph 9 of this Notice for written approval:

(a) a premium certificate as required under MAS 302;

(b) a product summary containing the information specified in Appendix A and the annexes to Appendix A;

(c) the policy containing the information specified in Appendix B;

(d) a benefit illustration of the ILP; and

(e) information required under Appendix G: Application for Approval of Investment-Linked Product.

A failure to submit any of the above may result in the Authority refusing the application for approval.

Valuation based on NAV

11. Subject to paragraph 12, the units of an ILP sub-fund shall be issued, redeemed or repurchased at a price arrived at by dividing the NAV of the ILP sub-fund by the number of units outstanding. The price of units may be adjusted by adding or subtracting, as the case may be, fees and charges, provided that such fees and charges are disclosed in the policy of the ILP.

12. At the maturity of a capital guaranteed ILP sub-fund, the units shall be redeemed at a price equal to the higher of the guaranteed amount and the NAV of the ILP sub-fund divided by the number of units outstanding.

Disclosure

Guiding principles

13. An insurer issuing ILPs shall not provide any information about the ILP or ILP sub-fund that is false or misleading.

14. An insurer shall inform existing policyholders of any significant change to be made to the ILP or ILP sub-fund, including any change in the manager or investment objective of the ILP sub-fund, or closure of the ILP sub-fund, not later than one month before the change is to take effect. In respect of closure of the ILP sub-fund, the insurer shall, at the same time, provide written notification to the Authority.

15. An insurer shall not market any ILP or ILP sub-fund with any sales material, including product summary and brochure, containing information updated as of a date more than 12 months prior to such marketing.

Product summary and Policy

16. An insurer issuing an ILP shall ensure that information specified in

(a) Appendix A (Information to be disclosed in the Product Summary);

(b) the annexes to Appendix A; and

(c) Appendix B (Information to be disclosed in the Policy);

Product summary and Policy is disclosed in the product summary and policy respectively.

Statement and Reports to policyholders

17. For each ILP and ILP sub-fund, the insurer shall prepare, or cause to be prepared:

(a) the Statement to Policyholders containing the information required in Appendix C;

(b) the Semi-Annual Report and Annual Audited Report to Policyholders (in respect of ILP sub-funds other than property ILP sub-funds) containing the information required in Appendix D; and

(c) the Annual Audited Report to Policyholders (in respect of property ILP sub-funds) containing the information required in Appendix E.

18. The insurer shall send the Statement to Policyholders within 30 days after each policy anniversary or a specified date by the insurer in each policy year. The insurer shall deliver or cause to be delivered to all policyholders the Semi-Annual Report (in respect of ILP sub-funds other than property ILP sub-funds) and Annual Audited Report to Policyholders on each of the policyholders' ILP sub-funds within 2 months and 3 months respectively from the last date of the period to which the report relates. The insurer shall, at the same time, submit a copy of both reports to the Authority.

Advertisements and Publications

19. An insurer issuing an ILP or an ILP sub-fund shall ensure that the advertisements and publications relating to the ILP or ILP sub-fund comply with the requirements specified in Appendix F (Information to be disclosed in Advertisements and Publications).

Payments from the ILP sub-fund

20. The insurer shall not pay or cause or permit to be paid any marketing or promotion expenses (including advertising) out of the assets of the ILP sub-fund.

Cash rebates and soft dollars

21. The insurer shall ensure that the manager does not retain, for its own account, cash or commission rebates arising out of transactions for the ILP sub-fund executed in or outside Singapore.

22. The insurer shall ensure that the manager shall not receive—

(a) soft dollars in the management of the ILP sub-fund unless the following requirements are met:

(i) the soft dollars received can reasonably be expected to assist in the manager's provision of investment advice or related services to the ILP sub-fund;

(ii) transactions are executed on the best available terms, taking into account the market at the time for transactions of the kind and size concerned;

(iii) the manager does not enter into unnecessary trades in order to achieve a sufficient volume of transactions to qualify for soft dollars; and

(b) goods and services such as travel, accommodation and entertainment which fall within the definition of "soft dollars" but do not qualify for the exceptions in paragraph 22 (a).

23. The insurer shall ensure that the manager maintains a record of all soft dollars received.

Compliance with non-mandatory standards

24. The standards set out in Part II of this Notice are not mandatory in that failure by an insurer to comply with any of the standards shall not of itself render the insurer to be in breach of this Notice. However, the Authority expects insurers to observe the standards set forth in Part II of this Notice.

25. A failure by any insurer to comply with the non-mandatory standards shall not of itself render the insurer liable to criminal proceedings but such failure may, in any proceedings whether civil or criminal, be relied upon by any party to the proceedings as tending to establish or to negate any liability which is in question in the proceedings. In addition, the Authority may take into account a failure to comply with these standards in considering whether to –

(a) approve the issuance of an ILP or of an ILP sub-fund; or

(b) revoke an approval granted for such issuance.

Part II Non-Mandatory Standards

Investment Guidelines, Borrowing Limits and Other Requirements

26. An insurer should ensure that an ILP sub-fund complies with the requirements contained in the relevant appendices of the Code as if the ILP sub-fund were a "fund", "scheme" or "collective investment scheme". In particular, an insurer should ensure the requirements of the Code apply to -

(a) a non-specialised ILP sub-fund as if were a non-specialised fund;

(b) a property ILP sub-fund as if it were a property fund;

(c) a money market ILP sub-fund as if it were a money market fund;

(d) a hedge ILP sub-fund as if it were a hedge fund;

(e) a capital guaranteed ILP sub-fund as if it were a capital guaranteed fund;

(f) a ILP sub-fund of funds as if it were a fund of funds; and

(g) a futures and options ILP sub-fund as if it were a futures and options fund.

Payment of redemption proceeds

27. An insurer should pay out, or cause to be paid out, redemption proceeds to policyholders:

(a) in respect of bond and money market ILP sub-funds, within T +4 business days;

(b) in respect of property ILP sub-funds, within the period allowed under the Appendix on Property Funds contained in the Code;

(c) in respect of hedge ILP sub-funds, according to what is stated in the product summary as required under Annex Ad of this Notice; and

(d) in respect of other types of ILP sub-funds not listed above, within T +6 business days.

28. For the purposes of paragraph 27 -

(a) "bond ILP sub-fund" means an ILP sub-fund which objective is to invest primarily in debt securities and that does not invest in equity securities;

(b) day T is the date of the next pricing of the ILP sub-fund immediately following the receipt of a redemption request by an insurer with all requisite documents and information; and

(c) redemption proceeds are considered paid on the day the account of the policyholder is credited or a cheque is mailed to the policyholder.

Transactions with related parties

29. The manager should not invest funds belonging to the ILP sub-fund under its management in the securities of any related corporation of such insurer or manager, as applicable. For the avoidance of doubt, this prohibition does not extend to collective investment schemes managed by the manager or its related corporations. However, the manager of an ILP sub-fund which is benchmarked against a widely accepted index constructed by a party independent of the insurer or manager, as applicable, may invest the monies of the ILP sub-fund in its own securities or those of any of its related corporations up to the weight of those securities in such index.

30. The manager should not lend monies of the ILP sub-fund under its management to related corporations of such insurer or manager, as applicable. For the purposes of this requirement, a deposit made with a bank licensed under the Banking Act (Cap. 19), a merchant bank approved as a financial institution under the Monetary Authority of Singapore Act (Cap. 186), or a finance company licensed under the Finance Companies Act (Cap. 108) to carry on finance business and any other deposit-taking institution licensed under an equivalent law in a foreign jurisdiction, in the ordinary course of business of the ILP sub-fund, is not construed as monies lent.

31. The manager should not purchase, for or on behalf of any ILP sub-fund under its management, real estate assets owned by the insurer or manager, as applicable, or their respective related corporations, unless such purchases are allowed under the Appendix on Property Funds contained in the Code on Collective Investment Schemes.

Transactions at arm's length

32. The insurer or manager should conduct all transactions with or for an ILP sub-fund at arm's length.

Exercise of voting rights

33. In the case where the insurer exercises the votes or has appointed another party to exercise the votes on its behalf in relation to investments of an ILP sub-fund, the insurer or manager should

(a) maintain a record of how the votes should be exercised; and

(b) ensure that there is no conflict of interest in the exercise of the votes.

Calculation of NAV using market quotations and fair value

34. The value of the assets of an ILP sub-fund, in the case of quoted securities, should be based on:

(a) the last known transacted price on the securities exchange or overseas securities exchange on which the securities are listed or an organized over-the-counter market on which the securities are traded; or

(b) the transacted price on the securities exchange or overseas securities exchange on which the securities are listed or an organized over-the-counter market on which the securities are traded at a cut-off time specified in the product summary and applied consistently by the manager;

unless such price is not representative or not available to participants of the organized over-the-counter market. The manager of an ILP sub-fund should be responsible for determining, with due care and in good faith, whether the price should be considered representative.

35. For quoted securities where the transacted price is not representative or not available to

participants of the organized over-the-counter market on which the quoted securities are traded, and for assets which are not quoted securities, valuation should be based on the fair value of the assets. For this purpose, the fair value of an asset should be the price that the ILP sub-fund would reasonably expect to receive upon the current sale of the asset. The fair valuation should be determined with due care and in good faith. The basis for determining the fair value of the asset should be documented.

36. Except for quoted securities, all the assets of an ILP sub-fund should be valued by a person approved by the insurer as qualified to value such assets.

37. When the fair value of a material portion of the assets of an ILP sub-fund cannot be determined, the manager should suspend valuation and trading in the units of the ILP sub-fund.

Calculation of NAV using basis other than market quotations

38. The NAV of an ILP sub-fund, such as a money market ILP sub-fund, may be determined using methods other than those specified in paragraphs 34 to 37 above, provided that the insurer agrees with the alternative method at the time the ILP sub-fund is approved. Such a valuation may be performed by a person approved by the insurer as qualified to value the ILP sub-fund's assets.

Frequency of valuation

39. In general, the insurer should ensure that the units of an ILP sub-fund should be valued every business day. Exceptions are allowed for:

(a) ILP sub-funds that invest in structured products: to be valued each dealing day, but in any event, at least once a month;

(b) hedge ILP sub-funds: to be valued each dealing day, but in any event, at least once every quarter;

(c) property ILP sub-funds: to have a full valuation at least once yearly.

40. For the avoidance of doubt, the NAV of exchange traded ILP sub-funds i. e. the value of shares comprising the creation basket and the estimated cash component divided by the number of units in the creation basket, should be calculated at least daily.

Rounding differences

41. When calculating the price at which the units in an ILP sub-fund may be issued, redeemed or repurchased, there may be occasions where it is necessary to round up or down the resultant figure in order to obtain a finite dollar value. Rounding differences arising from calculating the price of units in an ILP sub-fund should be credited to the ILP sub-fund.

Valuation errors and compensation

42. When the insurer or manager becomes aware of an error in the calculation of an ILP sub-fund's NAV per unit, the insurer or manager should notify the Authority of the error as soon as practicable. A revised valuation should be performed by the person responsible for the valuation for each valuation date during the period of the error to ascertain the size of the error.

43. When a valuation error represents 0.5% or more of the ILP sub-fund's NAV per unit, the insurer or manager should compensate policyholders and the ILP sub-fund for any losses incurred by them as a result of the valuation error. The Authority should be notified when such compensation has been completed. The compensation to policyholders should not apply if the amount of compensation due to any single policyholder does not exceed $ 20.

44. When a valuation error represents less than 0.5% of the ILP sub-fund's NAV per unit, there is no requirement for the insurer or manager to compensate policyholders or the ILP sub-fund for any losses incurred by them as a result of the valuation error. However, if the insurer or manager chooses to compensate one or more policyholders, then the insurer or manager should compensate all other policyholders in the ILP sub-fund on the same basis.

45. The insurer or manager should not pay or cause to be paid out of the assets of the ILP sub-fund any expenses incurred as a result of effecting compensation for a valuation error.

Management of ILP sub-fund by fund manager (s); Investment of ILP sub-fund in collective investment schemes

46. An ILP sub-fund may be managed in part or in whole by a fund manager (s) other than the insurer (such management referred to herein as "sub-managed" and such ILP sub-fund referred to herein as "a sub-managed ILP sub-fund"). An ILP sub-fund may also be invested in one or more collective investment schemes (such ILP sub-fund referred to herein as "feeder ILP sub-fund").

47. The insurer applying for approval under this Notice for the issuance of -

(a) a feeder ILP sub-fund where more than 10% of the assets of the feeder ILP sub-fund will be invested in collective investment schemes authorised or registered in a foreign jurisdiction; or

(b) a sub-managed ILP sub-fund where more than 10% of the assets of the sub-managed ILP sub-fund will be sub-managed outside of Singapore;

should have at least S $ 500 million of discretionary funds, including insurance funds, in Singapore.

Investment of 100% of the assets of the ILP sub-fund in another collective investment scheme

48. In assessing an application for approval for the issuance of a feeder ILP sub-fund where 100% of the assets of the ILP sub-fund will be invested in an authorised or registered collective investment scheme, the Authority will consider whether the collective investment scheme invested in by the feeder ILP sub-fund follows substantially the core investment and borrowing requirements for non-specialised or specialised ILP sub-funds (as the case may be) as set out in the relevant appendix of the Code.

Investment of more than 10% of the assets in foreign collective investment schemes

49. In assessing an application for approval of the issuance of a feeder ILP sub-fund where more than 10% of the assets of the ILP sub-fund will be invested in collective investment schemes authorised or registered in a foreign jurisdiction, the Authority will consider whether -

(a) the laws and practices of the jurisdictions, under which the collective investment scheme is constituted and regulated, affords to policyholders in Singapore protection at least equivalent to that afforded to policyholders of ILP sub-funds which are wholly managed in Singapore;

(b) each of the collective investment schemes is registered in a jurisdiction where the core investment and borrowing requirements for non-specialised or specialized ILP sub-funds, as the case may be, are substantially the same as those set out in the relevant appendix of the Code; and

(c) the manager, or an equivalent person of each of the foreign collective investment schemes, is reputable and supervised by an acceptable regulator.

Sub-management of more than 10% of the assets of an ILP sub-fund abroad

50. In assessing an application for a sub-managed ILP sub-fund where more than 10% of the assets of the ILP sub-fund will be sub-managed outside of Singapore, the Authority would consider whether-

(a) the sub-manager is reputable and supervised by an acceptable regulator; and

(b) the portion of the applicant's ILP sub-fund being sub-managed will be invested in full compliance with the investment guidelines and borrowing limits set out in this Notice.

Report of breaches

51. The insurer should inform the Authority, within 3 business days after the insurer becomes aware, of any breach of the requirements and standards set out in this Notice.

Appendix A Information to be disclosed in the Product Summary

Description of Policy

1. The insurer shall provide in the product summary for the ILP a general description, in non-technical terms, of the principal features of the ILP, including a description of the manner in which the benefits shall reflect the investment performance of each ILP sub-fund and factors affecting the policy benefits.

2. The insurer shall comply with the requirements set out on paragraphs 4 to 73 in this Appendix for each of the ILP sub-funds selected for investment under the ILP when providing information in the product summary.

Available ILP sub-funds

3. List the name of each of the ILP sub-funds available for investment under the ILP.

Information on the Manager

4. List the manager of each of the ILP sub-funds.

5. State the track record of the manager, including the number of years the manager has managed ILP sub-funds, collective investment schemes or discretionary funds, including life insurance funds whether in Singapore or elsewhere (if applicable).

6. Where the manager invests 30% or more of the asset value of the ILP sub-fund in a collective investment scheme (referred herein as the underlying fund), state the track record of the manager of the underlying fund, including the number of years the manager of the underlying fund has managed ILP sub-funds, collective investment schemes or discretionary funds, including life insurance funds whether in Singapore or elsewhere (if applicable).

7. For the purposes of paragraph 6 of this Appendix A, the amount invested in underlying funds which are managed by fund management companies (each, a "FMC" and collectively "FMCs") within the same group, or which are sub-funds of the same umbrella fund, shall be aggregated. In such cases, either the track record of each FMC or the track record of the group, including the number of years the FMC or the group has managed ILP sub-funds, collective investment schemes or discretionary funds, including life insurance funds whether in Singapore or elsewhere (if applicable), shall be disclosed. Where the ILP sub-fund invests 30% or more of the asset value of the ILP sub-fund in more than one underlying fund managed by unrelated FMCs, state the track record, including the number of years for which each FMC or the group has managed ILP sub-funds, Collective investment schemes or discretionary funds, including life inswrance funds whether in Singapore or elsewgere (if applicable).

8. Where the manager engages another manager (referred herein as the sub-manager) to sub-manage 30% or more of the asset value of the ILP sub-fund, state the track record of the sub-manager including the number of years the sub-manager has managed ILP sub-funds, collective investment schemes or discretionary funds, including life insurance funds whether in Singapore or elsewhere (if applicable).

9. For the purposes of paragraph 8 of this Appendix A, the amount sub-managed by FMCs within the same group shall be aggregated. In such cases, either the track record of each sub-manager or the track record of the group including the number of years the sub-manager or the group has managed ILP sub-funds, collective investment schemes or discretionary funds, including life insurance funds whether in Singapore or elsewhere (if applicable), shall be disclosed. Where the ILP sub-fund is substantially sub-managed by more than one unrelated sub-manager, state the track record for each sub-manager (or group) including the number of years the sub-manager or the group has managed ILP sub-funds, collective investment schemes or discretionary funds, including life insurance funds whether in Singapore or elsewhere (if applicable).

Other Parties

10. State the name of the person (if any) who advises the manager in his management of the ILP sub-fund. The manager retains full discretion over the investments of the ILP sub-fund.

11. State the name of the auditor for each ILP sub-fund.

Structure of the ILP Sub-Fund

12. State if the ILP sub-fund is a single fund or a sub-fund under an umbrella fund.

13. Where the ILP sub-fund:

(a) is a feeder ILP sub-fund, state the name, country of domicile and manager of each underlying fund;

(b) is an ILP sub-fund of funds, state or give a summary of the country of domicile and manager of each underlying fund;

(c) is sub-managed, state the name and country of domicile of the sub-manager.

Investment Objectives, Focus & Approach

14. State the investment objectives and focus of the ILP sub-fund, including the types of investment, the countries or markets in which the ILP sub-fund invests, and the target industry or sector, where applicable.

15. State the manager's investment approach. For this purpose:

(a) describe how the manager or sub-manager (referred to in paragraph 8 of this Appendix A) selects investments for the portfolio of the ILP sub-fund;

(b) describe the investment approach of the manager (referred to in paragraph 6 of this Appendix A) of the underlying fund; and

(c) in the case of an ILP sub-fund of funds, describe how the manager selects the underlying funds.

ILP sub-funds included under the CPF Investment Scheme

16. If the ILP sub-fund is included under the CPF Investment Scheme, state that fact and the risk classification of the ILP sub-fund.

Risks

17. Provide warning statements on the general risks of investing in the ILP and each ILP sub-fund.

18. State the risks specific to each ILP sub-fund by:

(a) describing and explaining any major risk peculiar to the ILP sub-fund, including any risk arising from the markets, countries or sectors in which the ILP sub-fund invests;

(b) where the ILP sub-fund has an investment in a market outside Singapore, stating whether the manager intends to hedge its foreign currency exposure and, if so, how it shall do so (e. g. whether an active or passive hedging policy shall be adopted);

(c) where the ILP sub-fund is not denominated in Singapore dollars, stating whether the manager intends to fully hedge the foreign currency exposure, and if not, stating the policyholders shall be exposed to exchange rate risks; and

(d) where the ILP sub-fund is exempted from the 10% single party limit under Appendix 1 of the Code, stating that fact and the risks of over-concentration.

Fees and Charges

19. Set out the fees and charges listed below (where applicable) for the ILP and ILP sub-fund. Where there is a provision for a maximum fee or charge payable, highlight that fact and state that maximum.

Payable through deduction from premium or cancellation of units

(a) Initial charge

(b) Redemption fee

(c) Switching fee between ILP sub-funds

(d) Charges for insurance coverage

(e) Premium allocation rate

(f) Any other fee or charge payable by policyholder, including policy fee

Payable through deduction from asset value of the ILP sub-fund

(a) Management fee

(b) Additional fee charged by other underlying funds in which the ILP sub-fund invests (if applicable)

(c) Performance fee (if applicable)

(d) Guarantee fee (if applicable)

(e) Any other substantial fee or charge (i. e. 0. 1% or more of the ILP sub-fund's asset value). Where a fee or charge is expected to be substantial (i. e. 0. 1% or more of the ILP sub-fund's asset value) but is currently indeterminable, state that fact and explain why it cannot be determined currently.

Subscription of Units

20. State how units in the ILP sub-fund may be purchased and how they are to be paid for.

21. State the minimum single premium, regular premium and top-up premium amount.

22. In the case of a new ILP sub-fund, state the initial purchase price and initial offer period.

23. State, in plain language, the dealing deadline and whether pricing is done on a forward or historical basis. State also whether pricing is done on an offer-bid or single pricing basis.

24. Give a numerical example of how the number of units allotted to a policyholder under an offer-bid or single pricing basis is derived, based on an investment of $ 1,000.

25. Where the launch of an ILP sub-fund or the continued operation of an existing ILP sub-fund is conditional upon a minimum ILP sub-fund size, state that fact and the minimum ILP sub-fund size.

26. In the case of an ILP sub-fund where the insurer has a right not to proceed with the launch of the ILP sub-fund and to return the contributions to the applicants of the ILP sub-fund, state this fact, the circumstances under which this may occur (e. g. where a minimum ILP sub-fund size is not reached) and whether the refund shall include any interest accrued.

27. Where there are two or more different classes of units available for subscription, describe the features of each class and the rights or obligations of policyholders of each class.

Redemption of Units

28. State how units in the ILP sub-fund may be redeemed or sold.

29. State the minimum holding amount and minimum redemption amount (if applicable).

30. State, in plain language, the dealing deadline and whether pricing is done on a forward or historical basis.

31. Give a numerical example of how the amount paid to a policyholder under an offer-bid or single pricing basis is calculated, based on the sale of 1,000 units in the ILP sub-fund and taking into account all fees or charges payable by the policyholder upon redemption.

32. State the period within which redemption proceeds shall be paid to policyholders.

Switching of Units

33. State the procedure for switching of units (where applicable).

Obtaining Prices of Units

34. State how policyholders may obtain the buying and selling prices of units in the ILP sub-fund and the dealing days to which the prices apply. Where prices are available from certain publications or media in Singapore, state the names of such publications or media. State the frequency of valuing the units.

Suspension of dealings

35. Describe any exceptional circumstances under which the issue or redemption of units may be suspended.

Past performance (where applicable)

36. Where the ILP sub-fund has been set up for at least a year, state the return on the ILP sub-fund over the last 1 year and where applicable, the return on the ILP sub-fund over the last 3, 5 and 10 years and since inception of the ILP sub-fund.

37. Where the ILP sub-fund has been constituted for less than 1 year and

(a) the ILP sub-fund feeds substantially (meaning 30% or more of the asset value of the ILP sub-fund) into an existing underlying fund with a track record of at least 1 year, disclose the performance of the underlying fund over the last 1 year and where applicable, the return on the underlying fund over the last 3, 5 and 10 years and since inception of the underlying fund, and state an appropriate warning regarding its limitations as a proxy for the performance of the ILP sub-fund; or

(b) does not fall within paragraph 37 (a) of this Appendix A, state the fact that a track record of at least one year is not available.

38. State the basis of calculation of past performance and where applicable, include a statement that fees and charges payable through deduction of premium or cancellation of units are excluded from this calculation.

39. Where dividends have been declared or distributions have been made by the ILP sub-fund, state the return on the ILP sub-fund, calculated on the assumption that all dividends and distributions are reinvested, taking into account all charges which would have been payable upon such reinvestment and include a statement that the return is calculated on this basis.

40. Where the total return on the ILP sub-fund is presented for a period exceeding 1 year, state the average annual compounded return on the ILP sub-fund over the same period.

41. Indicate the period to which the return on the ILP sub-fund relates, of which

(a) the last day of the period shall not be earlier than 6 months prior to the disclosure; and

(b) the first day and last day of the period shall be determined on either of the following bases:

(i) the first business day or last business day of a month; or

(ii) the first dealing day or last dealing day of the ILP sub-fund in a month.

42. Include an appropriate warning that any past performance of the ILP sub-fund is not necessarily indicative of the future performance of the ILP sub-fund.

43. The insurer shall not include in the product summary or in any of the documents provided to the policyholders any information on past performance based on the simulated results of a hypothetical fund.

Comparison of past performance of the ILP sub-fund with that of another collective investment scheme or ILP sub-fund or an index

44. The insurer shall not include in a product summary any comparison of the past performance of the ILP sub-fund with that of another collective investment scheme or ILP sub-fund, unless:

(a) such other collective investment scheme or ILP sub-fund has investment objectives and an investment focus similar to those of the ILP sub-fund; and

(b) the insurer states the basis of calculation of past performance and where applicable, that fees and charges payable through deduction of premium or cancellation of units are excluded from this calculation.

45. The insurer shall not include in a product summary any comparison of the past performance of the ILP sub-fund with that of an index, unless:

(a) such index is the benchmark selected pursuant to paragraph 58 of this Appendix A for the ILP sub-fund or reflects the investment focus of the ILP sub-fund; and

(b) the insurer states the basis of calculation of past performance and where applicable, that fees and charges payable through deduction of premium or cancellation of units are excluded from this calculation.

46. The insurer shall not make any comparison of the past performance of the ILP sub-fund with that of another collective investment scheme or ILP sub-fund or index, unless:

(a) such comparison is made using a common currency and where the currencies of the entities being compared are different, the conversion to the common currency is based on prevailing exchange rates at the beginning and end of the comparison period; and

(b) such comparison is based on a period of not less than a year, except where the ILP sub-fund has been constituted for less than a year, in which case, any such comparison is based on a period commencing from the inception of the ILP sub-fund.

47. Paragraphs 38 to 43 of this Appendix A shall also apply in the calculation of past performance referred to in paragraphs 44 to 46 of this Appendix A.

Comparison of past performance of the ILP sub-fund with that of another form of investment

48. The insurer shall not include in a product summary any comparison of the past performance of the ILP sub-fund with that of another form of investment, unless:

(a) such other form of investment has a risk profile similar to that of the ILP sub-fund; and

(b) the insurer states the basis of calculation of past performance and where applicable, that fees and charges payable through deduction of premium or cancellation of units are excluded from this calculation.

49. The insurer shall not make any comparison of the past performance of the ILP sub-fund with that of another form of investment unless it is based on a period of not less than a year, except where the ILP sub-fund has been constituted for less than a year, in which case, any such comparison shall be based on a period commencing from the inception of the ILP sub-fund.

50. Paragraphs 38 to 43 of this Appendix A shall also apply in the calculation of past performance referred to in paragraphs 48 to 49 of this Appendix A.

Performance of the Manager or Sub-Manager

51. Where the product summary includes any information on the past or present performance, skills or techniques of the manager or sub-manager for the ILP sub-fund

(a) state the source of such information;

(b) indicate the period to which the information relates; and

(c) include a prominent statement that the past performance of the manager or sub-manager is not necessarily indicative of its future performance.

52. The insurer shall not present in the product summary or in any other document distributed to the policyholders information on the past or present performance, skills or techniques of the manager or sub-manager for the ILP sub-fund or for any other funds under the management of the manager or sub-manager in a selective or biased way, such that any particular success is exaggerated or lack of success is disguised.

Future performance of the ILP sub-fund

53. Subject to paragraph 55 of this Appendix A, the insurer shall not, in the product summary

(a) include any prediction or forecast as to the future or likely performance of the ILP sub-fund; or

(b) use words such as 'targeted', 'expected' or any similar words or description in relation to a rate of return.

54. The insurer may include in the product summary a prediction, projection or forecast on the economy, stock market, bond market or the economic trends of the markets which are targeted by the ILP sub-fund but the insurer shall juxtapose such prediction, projection or forecast with a prominent statement to the effect that the prediction, projection or forecast is not necessarily indicative of the future or likely performance of the ILP sub-fund.

55. The Authority may by notice in writing allow the insurer to include in the product summary a prediction, projection or forecast on any matter, other than that referred to in paragraph 54 of this Appendix A, in relation to the future or likely performance of the ILP sub-fund.

56. Where the Authority has granted the insurer an allowance under paragraph 55 of this Appendix A, such product summary shall not include a prediction, projection or forecast on any matter under paragraph 55 of this Appendix A unless:

(a) the person making the prediction, projection or forecast has reasonable grounds for making it; and

(b) the product summary discloses such assumptions, warning statements and other information as may be required by the Authority.

57. Where the return on the ILP sub-fund is guaranteed or, where the use of a prediction, projection or forecast has been allowed by the Authority under paragraph 55 of this Appendix A, the insurer shall present any guaranteed return or, prediction, projection or forecast on an average annual compounded basis.

Performance of benchmark (where applicable)

58. Disclose the benchmark against which the ILP sub-fund's performance is or shall be measured. If a customised benchmark or combination of multiple benchmarks is used, describe how the benchmark is derived.

59. In the case of an existing ILP sub-fund, disclose the performance of the benchmark over the last 1, 3, 5 and 10 years and since inception of the ILP sub-fund (where applicable).

60. If there has been a change in benchmark at any point in the life of the ILP sub-fund, state the fact and explain the reason for the change.

61. Where no benchmark is used, explain why no benchmark is used.

Expense ratio

62. In the case of an existing ILP sub-fund, state the expense ratio of the ILP sub-fund, while excluding from the calculation of the expense ratio (as defined herein) the following expenses (where applicable), and state the exclusions from the calculation:

(a) charges for insurance coverage;

(b) brokerage and other transaction costs;

(c) performance fee;

(d) foreign exchange gains and losses;

(e) front or back-end loads arising from the purchase or sale of other funds; and

(f) tax deducted at source or arising from income received.

63. For the purposes of this Notice, "expense ratio" means the expense ratio as calculated in accordance with the Investment Management Association of Singapore's guidelines on the disclosure of expense ratios and based on the figures in the ILP sub-fund's latest audited accounts.

Turnover ratio

64. In the case of an existing ILP sub-fund, state the turnover ratio (as defined herein) of the portfolio of the ILP sub-fund.

65. "Turnover ratio" means a ratio calculated based on the lesser of purchases or sales expressed as a percentage over "average net asset value". For the purposes of this paragraph, "average net

asset value" means the net asset value for each day averaged over, as far as possible, the same period used for calculating the expense ratio. Where the sub-fund feeds substantially into another fund, disclose the turnover ratio of the underlying fund and state clearly the period to which the ratio applies.

Soft Dollar Commissions or Arrangements

66. In the case of a new ILP sub-fund, state whether the insurer, manager, sub-manager or manager of an underlying fund into which the ILP sub-fund invests more than 10% of its asset value or any other person who executes trades for the underlying fund receives or interds to receive soft dollars in respect of the ILP Sub-fund or the Underlying fund.

67. In the case of an existing ILP sub-fund in which a person mentioned in paragraph 66 of this Appendix A receives soft dollars in respect of the ILP sub-fund or underlying fund, describe the soft dollars received in respect of the ILP sub-fund or underlying fund (where such information is available).

Conflicts of Interest

68. Describe any conflict of interest which exists or may arise in relation to the ILP sub-fund and its management, state whether these conflicts of interest shall be resolved or mitigated, and if so, how they shall be resolved or mitigated.

69. The factors to be taken into account by the insurer and manager when determining if there are any conflicts of interest include

(a) the nature and extent of the interest of the insurer, manager, investment adviser or sub-manager, or any of its directors, in respect of the ILP sub-fund or any property acquired or proposed to be acquired by the ILP sub-fund;

(b) any possibility of the insurer or manager acquiring an interest in the ILP sub-fund;

(c) any affiliation between the insurer, manager or sub-manager, or any of the directors of the insurer, manager or sub-manager, and entities which provide services to the ILP sub-fund; and

(d) where the insurer, manager or sub-manager manages other funds with a similar investment focus, how orders for transactions of the same property are allocated between the funds.

Reports

70. State the financial year-end of the ILP sub-fund and when policyholders may expect to receive the annual audited financial statements and semi-annual reports.

71. In the case of an existing ILP sub-fund, state where the latest semi-annual reports and audited financial statements may be obtained.

Specialised ILP Sub-Funds

72. If the ILP sub-fund is a specialised sub-fund, state specific warnings or additional information as required in the Annexes to this Appendix as may be applicable.

Other Material Information

73. State all other material information that investors and their professional advisers would reasonably require and expect to find in the product summary, for the purpose of making an informed decision about the merits and risks of the ILP and ILP sub-fund.

Annex Aa Additional Disclosure Requirements for Property ILP Sub-Funds

The insurer shall provide the following information in the product summary of a property ILP sub-fund:

(a) whether the property ILP sub-fund shall have proper diversification of its investments and if so, the insurer shall describe the diversification. Where the property ILP sub-fund proposes to invest in a single real estate asset or where there is a high concentration of its investments in real estate, the insurer shall state this fact and the risks arising from the lack of diversification;

(b) the property ILP sub-fund's policy on divestment of assets, including whether the proceeds are to be returned to investors or to be re-invested;

(c) the particulars of interested-party transactions as required under paragraph 26 of the Notice, which requirements arise from incorporating into this Notice the requirements concerning property funds set forth in Appendix 2 of the Code, with the necessary modifications described in this Notice for application to ILP sub-funds;

(d) a statement in respect of the real estate assets proposed to be bought by the property ILP sub-fund, including the location (country or region) and type or types of real estate (e. g. whether residential, commercial or industrial);

(e) where it is a new property ILP sub-fund, a statement that the manager has up to 24 months to invest at least 35% of the ILP sub-fund's deposited property in real estate;

(f) where the property ILP sub-fund has identified specific real estate assets to be bought, the period within which each transaction shall be completed;

(g) details of the permissible investments of the property ILP sub-fund;

(h) where the property ILP sub-fund proposes to invest in real estate subject to the Residential Property Act (Cap. 274), the prohibition on investments by foreign investors;

(i) the expertise and experience of the manager or its employees in managing property funds or in investing in or advising on real estate;

(j) the expertise and experience of the adviser (if any), including a statement detailing the functions of the adviser;

(k) details of all fees or commissions payable to the manager, adviser or any interested party;

(l) the frequency of valuation of the property ILP sub-fund's real estate assets;

(m) the risks of investing in the property ILP sub-fund, including:

(i) the general risks associated with investing in real estate;

(ii) the particular risks of its proposed investments;

(iii) in the case of an unlisted property ILP sub-fund, the risk that a policyholder is unable to sell his investment readily; and

(iv) in the case of a listed property ILP sub-fund exempted from the requirement to redeem, a clear statement to the effect that policyholders shall have no right to request that the manager or insurer redeem their units, and a warning to potential investors that being listed for quotation on the official list of any "securities exchange" [as defined in section 2 of the Securities and Futures Act, (Cap. 289)] does not guarantee a liquid market for these units;

(n) if applicable, the frequency of and procedure for redemption, the redemption fees payable (if any) and the period within which redemption proceeds shall be paid to policyholders of the property ILP sub-fund; and

(o) in the case of a listed property ILP sub-fund:

(i) where the initial purchase price of each unit is not the net asset value per unit of the assets of or to be acquired by the property ILP sub-fund, the premium or discount to net asset value; and

(ii) the total number of units to be issued during the initial offer period.

Annex Ab Additional Disclosure Requirements for Money Market ILP Sub-Funds

The insurer shall clearly state the following in the product summary of a money market ILP sub-fund ("MMF"):

(a) that the purchase of a unit in the MMF is not the same as placing funds on deposit with a bank or deposit-taking financial institution;

(b) that although the manager may seek to maintain or preserve the value of the principal of the MMF, there can be no assurance that the sub-fund shall be able to meet this objective; and

(c) that the MMF is not a guaranteed fund, in that there is no guarantee as to the amount of capital invested or return received.

In addition, the insurer shall state in the product summary of a MMF the maximum percentage of a MMF's asset value that can be invested in derivatives for hedging, tactical asset allocation or efficient portfolio management.

Annex Ac Additional Disclosure Requirements for Capital Guaranteed ILP Sub-Funds

The insurer shall disclose the following in the product summary of a capital guaranteed ILP sub-fund:

(a) the name and place of business of the guarantor, a brief description of its business, its financial position and its credit rating;

(b) a statement that the guarantee does not give any assurance as to the future solvency of the guarantor itself;

(c) the material terms of the guarantee, including the scope, validity and enforceability of the guarantee and, in particular, the circumstances under which the guarantee may be terminated, such as:

(i) if the guarantor goes into liquidation (except a voluntary liquidation for the purpose of reconstruction or amalgamation);

(ii) if any law is passed which renders the agreement for the guarantee illegal or which, in the opinion of the insurer, renders it impracticable to continue with the guarantee; or

(iii) if the capital guaranteed fund is voluntarily terminated.

(d) the consequence or implication to policyholders with regard to the guarantee:

(i) if the manager retires, is removed or is replaced; or

(ii) if there is a change in the guarantor by virtue of the requirements under paragraph 26 of the Notice, which requirements arise from incorporating into this Notice paragraphs 2.2 (b) or 2.3 (b) in the Appendix for Capital Guaranteed Funds contained in the Code, with the necessary modifications described in the Notice for application to ILP sub-funds;

(e) if the guarantee is for only a limited duration, the expiry date of the guarantee, and whether or not that period commences from the date of the initial launch of the capital guaranteed sub-fund or from the date of the policyholder's investment in the capital guaranteed sub-fund;

(f) where applicable, that the guarantee only applies to policyholders of the capital guaranteed sub-fund who hold their investment until the date specified in the guarantee and that any redemption before such date would be based on the net asset value of the sub-fund on that date;

(g) whether or not the guarantee is in respect of 100% of the monies paid by the policyholders or only in respect of the amount actually paid into the capital guaranteed sub-fund (i. e. excluding any subscription fee or preliminary charge);

(h) a statement to the effect that there may be a dilution of performance of the ILP sub-fund due to the guarantee structure being in place; and

(i) any other matter relating to the guarantee that may be relevant to a potential investor in deciding whether or not to invest in the capital guaranteed sub-fund.

Annex Ad Additional Disclosure Requirements for Hedge ILP Sub-Funds

The insurer shall clearly state and disclose the following in the product summary of a hedge ILP sub-fund:

(a) that this Notice does not prescribe investment guidelines for hedge ILP sub-funds as opposed to other types of ILP sub-funds;

(b) that an investment in the hedge ILP sub-fund carries risks of a different nature from other types of collective investment schemes or ILP sub-funds which invest in listed securities and do not engage in short selling and that the hedge ILP sub-fund may not be suitable for persons who are averse to such risks;

(c) that in the case where the hedge ILP sub-fund is:

(i) not capital guaranteed or capital protected, investors may lose all or a large part of their investment in the hedge ILP sub-fund; or

(ii) capital guaranteed or capital protected, investors are subject to the credit risk of the guarantor or default risk of the issuer of the securities providing the protection;

(d) that an investment in the hedge ILP sub-fund is not intended to be a complete investment programme for any investor and prospective investors should carefully consider whether an investment in the hedge ILP sub-fund is suitable for them in the light of their own circumstances, financial resources and entire investment programme;

(e) the frequency of redemption and the period within which redemption proceeds shall be paid to policyholders;

(f) the material differences between the hedge ILP sub-fund and other types of collective investment schemes or ILP sub-funds;

(g) details of the hedge ILP sub-fund's risk management and monitoring procedures and internal controls, and a statement from the manager that, in its view, the procedures and controls are sufficient for the management of the hedge ILP sub-fund in accordance with its objectives stated in the product summary;

(h) a statement that the liability of policyholders is limited to their investment in the hedge ILP sub-fund;

(i) in the case of a single hedge ILP sub-fund, the extent to which it may be leveraged;

(j) in the case of a hedge ILP sub-fund of funds

(i) the strategies to be used to achieve diversification;

(ii) the criteria to be used to select underlying funds; and

(iii) the extent to which the underlying funds may be leveraged; and

(k) in the case of a capital protected hedge ILP sub-fund or a capital guaranteed hedge ILP sub-fund, that the protection or guarantee is effective only at maturity of the hedge sub-fund and if policyholders were to redeem their investment prematurely, there would be a risk of capital loss.

Annex Ae Additional Disclosure Requirements for Futures and Options ILP Sub-Funds

The insurer shall clearly state and disclose the following in the product summary of a futures and options ILP sub-fund:

(a) an investment in the futures and options ILP sub-fund carries risks of a different nature from other types of collective investment schemes or ILP sub-funds which do not engage in short selling; the futures and options ILP sub-fund may not be suitable for persons who are averse to such risks;

(b) in the case where the ILP sub-fund is:

(i) not capital guaranteed, investors may lose all or a large part of their investment in the futures and options ILP sub-fund; or

(ii) capital guaranteed, investors are subject to the credit risk of the guarantor;

(c) an investment in the futures and options ILP sub-fund is not intended to be a complete investment programme for any investor and prospective investors should carefully consider whether an investment in the futures and options ILP sub-fund is suitable for them in the light of their own circumstances, financial resources and entire investment programme;

(d) the type of financial futures contracts and financial options and gold or any combination of any of the foregoing, as may be applicable, that the futures and options ILP sub-fund shall invest in; and

(e) the strategies to be used to achieve proper diversification and in the case of a dedicated futures and options ILP sub-fund, that it shall only invest in futures contracts or options concerning a single underlying financial instrument or commodity, or a specific class of underlying financial instruments or commodities, and the risks arising from the lack of diversification.

Appendix B Information to be disclosed in the Policy

In the policy for investment-linked insurance policies, the insurer shall do the following:

Fees and Charges

1. Set out the fees and charges payable, including those payable through deduction of premium or cancellation of units, and those payable from the assets of the ILP sub-fund. Where the fee or charge is not fixed, highlight that fact and state the maximum if there is a provision for a maximum fee or charge payable. Set out how changes in fees and charges shall be disclosed to policyholders.

Subscription and Redemption of Units

2. State the dealing deadline and the pricing basis, whether done on a forward or historical basis. State also whether pricing is done on an offer-bid or single pricing basis.

3. Where there are two or more different classes of units available for subscription, describe the features of each class and the rights or obligations of policyholders of each class.

4. State how units in the ILP sub-fund may be redeemed or sold.

5. State the minimum holding amount and minimum redemption amount.

6. State how policyholders may obtain the buying and selling prices of units in the ILP sub-fund and the dealing days to which the prices apply.

7. State the circumstances in which the insurer or manager for the ILP sub-fund or any other person may be required to purchase from a policyholder any unit subscribed for or acquired by the policyholder and the method of determining the price at which the unit is to be purchased.

Switching of Units

8. State the procedure for switching of units (where applicable).

Suspension of dealings

9. Describe any exceptional circumstances under which the issue or redemption of units may be suspended.

Appendix C Information to be disclosed in the Statement to Policyholders

The insurer shall submit to policyholders a statement on the performance and status of their investment-linked policies on at least an annual basis, which shall contain the following information:

(a) number and value of units held at the end of the previous statement period;

(b) number and value of units (at point of subscription) bought during the statement period including the average unit price*;

(c) number and value of units (at point of redemption or deduction) sold or deducted during the statement period including the average unit price*;

(d) number and value of units held at end of current statement period;

(e) fees and charges payable through deduction of premium or deduction of units, identifying each by the purpose for which the fees and charges relate such as initial charge, charge for insurance coverage or switching fee;

(f) premiums received during the statement period;

(g) current death benefit at the end of the current statement period;

(h) net cash surrender value at the end of the current statement period; and

(i) amount of outstanding loans, if any, at the end of the current statement period.

* "Average unit price" is calculated as the Value of units/Number of units.

Appendix D Information to be disclosed in the Semi-Annual Report and Annual Audited Report to Policyholders (in respect of ILP sub-funds other than property ILP sub-funds)

This Appendix shall not apply to property ILP sub-funds. The insurer shall provide or cause to be provided in the semi-annual report and annual audited report (based on the financial year of the ILP sub-fund) to policyholders on each ILP sub-fund (other than property ILP sub-fund) the following information (where relevant):

1. For all types of ILP sub-funds other than property ILP sub-funds:

(a) investments at market value and as a percentage of NAV as at the end of the period under review classified by:

(i) country;

(ii) industry;

(iii) asset class such as equities, debt securities and cash; and

(iv) credit rating of debt securities such as "A", "B", "C" and "unrated";

(b) the top 10 holdings at market value and as a percentage of NAV as at the end of the period under review and the immediately preceding year;

(c) exposure to derivatives:

(i) market value of derivative contracts and as a percentage of NAV as at the end of the period under review;

(ii) net gains or net losses on derivative contracts realised during the period under review; and

(iii) net gains or net losses on outstanding derivative contracts marked to market as at the end of the period under review;

(d) amount and percentage of NAV invested in collective investment schemes as at the end of the period under review;

(e) amount and percentage of debt to NAV at the end of the period under review;

(f) amount of redemptions and subscriptions for the period under review;

(g) amount of related-party transactions for the period under review;

(h) the performance of the ILP sub-fund and where applicable, the performance of the benchmark, in a consistent format, covering the following periods of time: 3-month, 6-month, 1-year, 3-year, 5-year, 10-year and since inception of the ILP sub-fund. Returns shall be calculated on a bid-to-bid basis with dividends reinvested at the bid price. Where there has been a change in the benchmark used, the insurer shall state so;

(i) expense ratios for the period under review and in the immediately preceding year. The insurer shall state that the expense ratio does not include (where applicable) charges for insurance coverage, brokerage and other transaction costs, performance fee, foreign exchange gains or losses, front or back end loads arising from the purchase or sale of collective investment schemes and tax deducted at source or arising out of income received;

(j) turnover ratios for the period under review and in the immediately preceding year;

(k) any material information that shall adversely impact the valuation of the ILP sub-fund such as contingent liabilities of open contracts;

(l) where the ILP sub-fund invests more than 30% of its assets in a collective investment scheme ("the underlying fund") and where the underlying fund is managed by a foreign manager which belongs to the same group of companies as, or has a formal arrangement or investment agreement with the Singapore manager, the insurer shall include the following key information on the underlying fund:

(i) top 10 holdings at market value and as a percentage of NAV as at the end of the period under review and the immediately preceding year;

(ii) expense ratios for the period under review and the immediately preceding year;

(iii) a statement (where applicable) that the expense ratio does not include brokerage and other transaction costs, performance fee, foreign exchange gains or losses, front or back end loads arising from the purchase or sale of other schemes and tax deducted at source or arising out of income received; and

(iv) turnover ratios for the period under review and the immediately preceding year;

in other cases where the ILP sub-fund invests more than 30% of its assets in a collective investment scheme, such information in paragraphs 1 (i) to 1 (iv) of this Appendix D shall be disclosed only if it is readily available to the Singapore manager;

(m) a statement describing the soft dollars received from each broker that executed transactions for the ILP sub-fund. If the broker also executed trades for other ILP sub-fund or collective investment scheme managed by the manager, the insurer shall include a statement to that effect. The manager shall also confirm that the goods and services received were for the benefit of the ILP sub-fund, the trades were executed on the best available terms and there was no churning of trades; and

(n) the half-yearly financial statements for the semi-annual report or the annual audited financial statements for the annual audited report.

2. Additional information for money market ILP sub-funds:

(a) the distribution of investments of the ILP sub-fund in dollar and percentage terms categorised by:

(i) the type of money market instruments and debt securities; and

(ii) the credit rating (such as "AAA", "AA", "A" etc.) of all money market instruments; and

(b) general details on the term to maturity of the sub-fund's portfolio of investments, such as the distribution of investments grouped by similar maturities e. g. up to 30 days, 31 - 60 days, 61 - 90 days, 91 - 120 days, 121 - 180 days etc.

3. Additional information for futures and options ILP sub-funds:

(a) the total amount of realised net gain or net loss on positions liquidated during the period to which the report relates;

(b) the change in unrealised net gain or net loss on open positions during the period to which the report relates;

(c) the total amount of net gain or net loss from all other transactions in which the futures and options ILP sub-fund engaged during the period to which the report relates, including interest and dividends earned; and

(d) the total transaction costs incurred for the period to which the report relates, including management fees, investment advisory fees (if any), brokerage commissions and all clearance fees paid to exchanges and self-regulatory organisations.

Appendix E Information to be disclosed in the Annual Audited Report to Policyholders (in respect of property ILP sub-funds)

This Appendix shall apply to property ILP sub-funds. The insurer shall provide or cause to be provided in the annual audited report (based on the financial year of the property ILP sub-fund) to policyholders on each property ILP sub-fund the following information:

(a) details of all real estate transaction (s) entered into during the financial year to which the report relates, including the identity of the buyer (s), seller (s), purchase, sale price (s), and their valuation (s) [including the method (s) used to value the asset (s)];

(b) details of all the property ILP sub-fund's real estate assets, including the location of such assets, their purchase prices and latest valuations, rental income received and occupancy rates, and the remaining term (s) of the property ILP sub-fund's leasehold property or properties (where applicable);

(c) in respect of the other assets of a property ILP sub-fund, details of the:

(i) 10 most significant properties (including the amount and percentage of sub-fund size at market valuation); and

(ii) distribution of investments in dollar and percentage terms by country, asset class (e. g. equities, mortgage-backed securities, bonds, etc.) and by credit rating of all debt securities (e. g. "AAA", "AA", etc.);

(d) details of the property ILP sub-fund's exposure to derivatives, including the net total aggregate value of contract prices and such aggregate value as a percentage of total sub-fund size and at market valuation;

(e) details of the property ILP sub-fund's investment in other property funds, including the amount invested and amount invested as a percentage of total property ILP sub-fund size;

(f) details of borrowings of the property ILP sub-fund;

(g) the total operating expenses of the property ILP sub-fund, including all fees and charges paid to the manager, adviser and interested parties (if any), and tax liability incurred in relation to the property ILP sub-fund's real estate assets;

(h) the performance of the property ILP sub-fund in a consistent format, covering the following periods of time (1-year, 3-year, 5-year or 10-year) whereby:

(i) in the case of a property ILP sub-fund whose units are not listed on a securities exchange, such performance is calculated on a "bid to bid" basis over the applicable period; or

(ii) in the case of a property ILP sub-fund whose units are listed on a securities exchange, such performance is calculated on the change in the unit price transacted on the securities exchange over the applicable period[1].

Calculation of the property ILP sub-fund's performance required in sub-paragraph (h) of this Appendix E shall be made on the assumption that any dividends or distributions made were reinvested into the property ILP sub-fund on the day they were paid out[2];

(i) its NAV per unit at the beginning and end of the financial year to which the report relates; and

(j) where units in the property ILP sub-fund is listed on a securities exchange, the unit price quoted on the exchange at the beginning and end of the financial year to which the report relates, the highest and lowest unit price and the volume traded during the financial year to which the report relates.

---

1 This shall be based on the closing price on the last day of the preceding reporting period (or in the case of a new fund, the opening price on the first day of trading) compared with the closing price on the last day of the current period.

2 The price at which dividends or distributions are assumed to be reinvested shall be the bid price (in the case of an unlisted property ILP sub-fund) or the closing price of the unit traded on SGX (in the case of a listed property ILP sub-fund) on the ex-dividend or ex-distribution date.

Appendix F Information to be Disclosed in Advertisements and Publications

Advertisement shall not be False or Misleading

1. No insurer shall provide any information in any advertisement or a publication that is false or misleading, or that cannot be justified on the facts known to the person responsible for the advertisement or publication, at the time the advertisement or publication is advertised or published.

2. No insurer shall, whether by the prominence given to specific information or otherwise, create in any advertisement or publication in relation to an ILP or ILP sub-fund a false or misleading impression as to the ILP or ILP sub-fund in question.

Contents of Advertisement

3. Where an offer or invitation in respect of units in an ILP sub-fund is being made at the time an advertisement or publication in relation to the ILP sub-fund is advertised or published, the insurer shall not advertise or publish the advertisement or publication unless such advertisement or publication —

(a) states —

(i) that a product summary in relation to the ILP sub-fund is available;

(ii) how a copy of the product summary may be obtained;

(iii) that a potential investor should read the product summary before deciding whether to subscribe for units in the ILP sub-fund; and

(iv) that the value of the units in the ILP sub-fund and the income accruing to the units, if any, may fall or rise;

(b) states the name of the insurer of the ILP and the manager of the ILP sub-fund if the advertisement or publication does not otherwise clearly identify the insurer or manager;

(c) where the name of the ILP sub-fund is not indicative of the ILP sub-fund's investment objectives and focus, states the ILP sub-fund's investment objectives and focus;

(d) where the advertisement or publication includes a quotation expressing acclaim or approval for or recommending the ILP sub-fund or the manager for the ILP sub-fund, states the source of such quotation;

(e) where there is no guarantee or warranty given as to —

(i) the protection of the principal sum a policyholder invests in the ILP sub-fund (whether including or excluding the subscription fee); or

(ii) the rate of return on the ILP sub-fund, does not contain words such as "guarantee", "warranty" or any other expression suggesting that the principal sum invested in or rate of return on the ILP sub-fund is guaranteed, or that a policyholder cannot lose money;

(f) where the ILP sub-fund is represented as a guaranteed ILP sub-fund, states the name of the guarantor;

(g) where the ILP sub-fund is a hedge fund or other high risk fund, indicates that an investment in the ILP sub-fund involves a high degree of risk, and that investment in such an ILP sub-fund is only appropriate for a person able and willing to take such a risk; and

(h) where the units of the ILP sub-fund are listed or where an application has been or shall be made for such units to be listed for quotation on the official list of any securities exchange, and all or most investors may only deal in the units through the securities exchange, includes —

(i) a statement that investors cannot redeem the units with the manager for the ILP sub-fund or that investors may only redeem units with the manager for the ILP sub-fund under certain specified conditions; and

(ii) a statement that the listing of the units does not guarantee a liquid market for the units.

Past Performance of ILP Sub-Fund

4. No insurer shall order the publication of an advertisement or publication in relation to an ILP sub-fund that includes information on the past performance of the ILP sub-fund unless the advertisement or publication —

(a) includes a prominent statement that the past performance of the ILP sub-fund is not necessarily indicative of the future performance of the ILP sub-fund;

(b) states the return on the ILP sub-fund and include a statement on the basis of calculation of the return;

(c) where dividends have been declared or distributions have been made by the ILP sub-fund, states the return on the ILP sub-fund, calculated on the assumption that all dividends and distributions are reinvested, taking into account all charges which would have been payable upon such reinvestment, and includes a statement that the return is calculated on this basis;

(d) presents the return on the ILP sub-fund in relation to a period of not less than one year, except that in the case of an ILP sub-fund that has been constituted/for less than 12 months, presents the return on the ILP sub-fund in relation to a period commencing from the inception of the ILP sub-fund;

(e) where the total return on the ILP sub-fund is presented for a period exceeding one year, states the average annual compounded return on the ILP sub-fund over the same period; and

(f) indicates the period to which the return on the ILP sub-fund relates, of which -

(i) the last day of the period shall not be earlier than 3 months prior to the day on which the advertisement or publication is advertised or published; and

(ii) the first day and last day of the period shall be determined on either of the following bases:

(A) the first business day or last business day of a month; or

(B) the first dealing day or last dealing day of the ILP sub-fund in a month.

5. For the purposes of paragraph 4 of this Appendix F, where an ILP sub-fund which has been constituted for less than 12 months invests at least 90% of its funds in another collective investment scheme ("the underlying fund"), information on the past performance of the underlying fund may be included in the advertisement or publication, but not otherwise.

6. No insurer shall include any information on the past performance of an underlying fund in an advertisement or publication in relation to an ILP sub-fund unless the advertisement or publication —

(a) includes an appropriate warning regarding the limitations of using information of past performance of the underlying fund as a proxy for the past performance of the ILP sub-fund; and

(b) complies with paragraph 4 of this Appendix F as though the information on the past performance of the underlying fund were information on the past performance of the ILP sub-fund.

7. Where any past performance of an ILP sub-fund included in an advertisement or publication in relation to that ILP sub-fund is due to exceptional circumstances that may not be sustainable, the insurer shall include in the advertisement or publication a prominent warning statement to that effect.

8. For the purposes of paragraph 7 of this Appendix F, "exceptional circumstances" include,

but is not limited to —

(a) an investment in an initial public offer of securities which has a large impact on the return on the ILP sub-fund but where such return is unlikely to be sustained; and

(b) a high annual return for a particular year where the ILP sub-fund has, or collective investment schemes or ILP sub-funds with a similar investment focus have, yielded a much lower historical long term average annual compounded return.

9. No insurer shall include in an advertisement or publication in relation to an ILP sub-fund any information on past performance based on simulated results of a hypothetical collective investment scheme or ILP sub-fund.

Comparison of Past Performance of ILP Sub-Fund with that of another Collective Investment Scheme or ILP Sub-Fund or an Index

10. No insurer shall order for publication an advertisement or a publication in relation to an ILP sub-fund with a comparison of the past performance of the ILP sub-fund with that of another collective investment scheme or ILP sub-fund unless —

(a) such other collective investment scheme or ILP sub-fund has investment objectives and an investment focus which are similar to those of the ILP sub-fund to which the advertisement or publication relates; and

(b) the advertisement or publication states the basis of calculation of past performance and where applicable, that fees and charges payable through deduction of premium or cancellation of units are excluded from this calculation.

11. No insurer shall order for publication an advertisement or a publication in relation to an ILP sub-fund that includes a comparison of the past performance of the ILP sub-fund with that of an index unless —

(a) such index is the benchmark chosen pursuant to paragraph 58 of Appendix A for the ILP sub-fund or an index which reflects the investment focus of the ILP sub-fund; and

(b) the advertisement or publication states the basis of calculation of past performance and where applicable, that fees and charges payable through deduction of premium or cancellation of units are excluded from this calculation.

12. No insurer shall make any comparison of the past performance of an ILP sub-fund with that of another collective investment scheme or ILP sub-fund or with an index unless such comparison uses a common currency and where the currencies of the entities being compared are different, such comparison must base the conversion to the common currency on prevailing exchange rates at the relevant time.

13. Any person making a comparison of past performance of an ILP sub-fund with that of another collective investment scheme or ILP sub-fund or an index shall also comply with the requirements set out in paragraphs 4 to 9 of this Appendix F.

Comparison of Past Performance of ILP Sub-Fund with that of another form of Investment

14. No insurer shall, in an advertisement or publication in relation to an ILP sub-fund, include a comparison of the past performance of the ILP sub-fund with that of another form of investment unless —

(a) such other form of investment has a risk profile which is similar to that of the ILP sub-fund; and

(b) such advertisement or publication states the basis of calculation of past performance and where applicable, that fees and charges payable through deduction of premium or cancellation of units are excluded from this calculation.

15. Any person making a comparison of past performance of an ILP sub-fund with that of another form of investment shall also comply with the requirements set out in paragraphs 4 to 9 of this Appendix F.

Performance of Manager or Sub-Manager

16. No insurer shall include any information on the past or present performance, skills or techniques of the manager for the ILP sub-fund or a person managing the assets of the ILP sub-fund on behalf of the manager (referred to in this Appendix as a sub-manager) in any advertisement or publication in relation to an ILP sub-fund, unless the advertisement or publication—

(a) states the source of such information;

(b) indicates the period to which such information relates; and

(c) includes a prominent statement that the past performance of the manager or sub-manager is not necessarily indicative of its future performance.

17. No insurer shall, in any advertisement or publication in relation to an ILP sub-fund, present any information on the past or present performance, skills or techniques of the manager or sub-manager for the ILP sub-fund, or the past or present performance of any other collective investment scheme or ILP sub-fund under the management of the manager or sub-manager, in a selective or biased way, such that any particular success is exaggerated or lack of success is disguised.

Future Performance of ILP Sub-Fund

18. Subject to paragraph 20 of this Appendix F, no insurer shall, in an advertisement or publication in relation to an ILP sub-fund -

(a) include any prediction or forecast as to the future or likely performance of the ILP sub-fund; or

(b) use words such as "targeted", "expected" or any similar words or description in relation to a rate of return.

19. No insurer shall include any prediction, projection or forecast on the economy, stock market, bond market or the economic trends of the markets which are targeted by the ILP sub-fund in any advertisement or publication unless such advertisement or publication is accompanied by a prominent statement to the effect that the prediction, projection or forecast is not necessarily indicative of the future or likely performance of the ILP sub-fund.

20. The Authority may by notice in writing allow, in an advertisement or publication in relation to an ILP sub-fund, inclusion of a prediction, projection or forecast on any matter other than that referred to in paragraph 19 of this Appendix F.

21. No insurer shall include in an advertisement or publication in relation to an ILP sub-fund a prediction, projection or forecast on any matter under paragraph 20 of this Appendix F unless —

(a) the person making the prediction, projection or forecast has reasonable grounds for making it; and

(b) the advertisement or publication discloses such assumptions, warning statements and other information as may be required by the Authority.

22. Where the return on an ILP sub-fund is guaranteed, the insurer shall present any guaranteed

return on an average annual compounded basis.

23. A person presenting any prediction, projection or forecast allowed by the Authority under paragraph 20 of this Appendix F, shall present such prediction, projection or forecast on an average annual compounded basis.

Legibility and Audibility

24. Where an advertisement or publication in relation to an ILP sub-fund is in a visual form, the insurer shall cause the publication of such advertisement or publication containing the information required under paragraphs 3 to 23 of this Appendix F —

(a) to be clearly legible; and

(b) in the case of an advertisement or publication appearing in any document, including a newspaper, periodical, magazine or letter, electronic mail or website, to be in a font size of at least 8-point Times New Roman.

25. Where an advertisement or publication in relation to an ILP sub-fund in a visual form contains a footnote, the insurer shall cause the footnote—

(a) to be in a font size which is at least half the font size of the word or statement to which it relates; and

(b) in the case of an advertisement or publication appearing in any document, including a newspaper, periodical, magazine or letter, electronic mail or website, to be in a font size which is at least 8-point Times New Roman but need not be larger than 14-point Times New Roman.

26. Where an advertisement or publication in relation to an ILP sub-fund is shown or broadcast over the radio, television, cinema or other similar means, the insurer ordering the publication of such advertisement or publication shall cause the information required under paragraph 3 (a) (iii) of this Appendix F to be contained in the advertisement or publication to be audible, unless the advertisement or publication is only in visual form, in which case such person shall cause such information to be visually displayed in a legible size for at least 5 seconds.

Appendix G Application for Approval of Investment-Linked Product

Information on the Investment-Linked Policy

1. Name of the investment-linked policy
2. Name of the ILP sub-fund (s) into which premiums may be allocated

(If there is more than one ILP sub-fund, please provide details for each of the ILP sub-funds)

3. (a) Indicate the type of ILP sub-fund

Non-specialised

[ ] Equity Sub-Fund

[ ] Fixed Income Sub-Fund

[ ] Balanced Sub-Fund

[ ] Structured Product Sub-Fund

Specialised

[ ] Money Market Sub-Fund

[ ] Property Sub-Fund

[ ] Futures and Options Sub-Fund

[ ] Hedge Sub-Fund

[ ] Other (specify): ____________________

(b) Is the ILP sub-fund a capital guaranteed sub-fund?

If the answer to 3 (b) is "Yes", please provide details on the guarantor (include its credit rating, country of registration and regulatory authority).

4. Describe the investment objective or objectives of the ILP sub-fund.

5. Will any part of the ILP sub-fund assets be invested in an existing collective investment scheme authorised or recognised by the Authority?

If the answer to question 5 is "Yes", please state the name (s) of the collective investment scheme or collective investment schemes, the expected proportion of the ILP sub-fund assets that shall be invested in the named collective investment scheme or collective investment schemes, and the rationale for investing in the named collective investment scheme or collective investment schemes.

6. Describe any novel features of the ILP sub-fund not characteristic of ILP sub-funds approved by the Authority or collective investment schemes authorised or recognised by the Authority that may reasonably be expected to have an impact on policyholders. Without limitation of the generality of the foregoing, a fixed maturity for an equity sub-fund, the imposition of sales charges other than by way of a front end load are considered norel features.

Information on the Manager

7. Name of manager of the ILP sub-fund

8. Indicate which of the following applies to the manager:

[ ] Insurance company registered under the Insurance Act (Cap. 142)

[ ] Holder of capital markets services licence for fund management under the Securities and Futures Act (Cap. 289)

[ ] Bank licensed under the Banking Act (Cap. 19)

[ ] Related corporation of insurer

[ ] Other

9. Do any of the following situations apply to the manager or are there circumstances now existing that are likely to result in the occurrence of any such situation:

(a) The manager is in the course of being wound up or otherwise dissolved whether in Singapore or elsewhere.

(b) Execution against the manager in respect of a judgment debt has been returned unsatisfied in whole or in part, whether in Singapore or elsewhere.

(c) A receiver, a receiver and manager, a judicial manager or an equivalent person has been appointed, whether in Singapore or elsewhere, in relation to or in respect of any property of the manager.

(d) The manager has entered into a compromise or scheme of arrangement with its creditors whether in Singapore or elsewhere, being a compromise or scheme of arrangement that is still in operation.

Please attach an annex or annexes, where appropriate, giving all relevant particulars if any answer to questions 9 (a) to (d) is "Yes".

Relationship between the Manager and Insurer

10. Does any person who has an interest in 20% or more of the shares issued by the manager,

also have an interest in 20% or more of the shares issued by the insurer? ("Interest" includes any deemed interest in the shares of the insurer or manager as the case may be. A person is taken to have a deemed interest in shares only where he is deemed under section 4 (4) and (5) of the Securities and Futures Act (Cap. 289) to have an interest in those shares.)

11. If the answer to the previous question is "Yes", please set out for each such person the following details in the format below.

(a) Name (b) Company Registration No. /NRIC/Passport No. (c) Country of Incorporation/Nationality	(d) Number and class of shares held in manager (e) Number and class of shares held in insurer

12. Set out any other factors or relationships that may reasonably be expected to affect the ability of the insurer to act independently of the manager.

Information on foreign Collective Investment Schemes

13. Will more than 10% of the ILP sub-fund be invested in a foreign collective investment scheme? If the answer is "Yes", please answer the next 2 questions; otherwise, proceed to the next part.

14. State the total amount of funds, calculated as of a date set forth next to such amount in parenthesis, managed in Singapore by the manager (based on the latest available figures), divided into the following categories:

(a) Discretionary

(b) Non-discretionary

For the purposes of this Appendix, "Discretionary" relates to funds managed in-house by the manager, where the manager has substantial input in the investment management process, and where it has the authority to make investment decisions. If the manager manages a portion of a fund (e. g. the Asian mandate of a global fund), include only the portion where the manager has discretionary management responsibility, for purposes of calculating "Discretionary" funds in this Appendix.

15. Please attach for each foreign collective investment scheme described in paragraph 13 of this Appendix G a copy of its prospectus or product summary and annex or annexes containing the following details:

(a) Name of foreign collective investment scheme

(b) Percentage of ILP sub-fund to be invested in foreign collective investment scheme

(c) Place of registration of foreign collective investment scheme

(d) Regulatory authority of foreign collective investment scheme

(e) Type of collective investment scheme and relevant law under which the foreign collective scheme is regulated in its place of registration

(f) Name of foreign manager of foreign collective investment scheme

(g) Place of incorporation of foreign manager of foreign collective investment scheme

(h) Name of regulatory authority of foreign manager described in paragraph 15 (f) of this Appendix G

(i) Number of years the foreign manager described in paragraph 15 (f) of this Appendix G has managed funds

(j) Amount of funds managed by foreign manager described in paragraph 15 (f) of this

Appendix G

(k) Brief description of relationship between foreign manager described in paragraph 15 (f) of this Appendix G and Singapore manager, if applicable

Information on foreign sub-managers

16. Will more than 10% of the ILP sub-fund be managed by a foreign sub-manager? If the answer is "Yes", please answer the next 2 questions; otherwise, proceed to the next part.

17. State the total amount of funds, calculated as of a date set forth next to such amount parenthetically, managed in Singapore by the manager (based on the latest available figures), divided into the following categories:

(a) Discretionary

(b) Non-discretionary

18. Please attach annex or annexes containing the following details for each foreign sub-manager described in paragraph 16 of this Appendix G:

(a) Name of foreign sub-manager

(b) Place of registration of foreign sub-manager

(c) Name of regulatory authority of foreign sub-manager

(d) Number of years foreign sub-manager has managed funds

(e) Amount of funds managed by foreign sub-manager

(f) Brief description of relationship between foreign sub-manager and Singapore manager, if applicable.

Miscellaneous

19. Please set out as annex or annexes any additional information considered relevant or material to this application. In addition, any deviation by the ILP or the ILP sub-fund from the Non-Mandatory Standards set out in Part II of MAS Notice 307 is to be highlighted.

Name and Signature of Principal Officer: ______________________________

Date: ____________________

2－5 直接人寿保险公司财务状况的压力测试

通知编号：MAS 312

发布日期：2005 年 6 月 20 日

本通知将替代 1996 年 4 月 17 日发布的 MAS 312 号通知。

引言

1. 本通知根据《保险法》（Cap. 142）第 64 条第（2）款发布。本通知包括强制性要求（第一部分）和指导原则（第二部分）两项内容。

2. 应当结合《保险法》、《保险（评估和资本）条例 2004》（G. N. No. S 498/2004）、《保险（精算）条例 2004》（G. N. No. S 495/2004）和《保险（会计和报表）条例 2004》（G. N. No. S 494/2004）来解读本通知。

3. 本通知适用于任何开展寿险业务的注册直接保险公司。

4. 本通知自 2005 年 6 月 20 日起正式生效。1996 年 4 月 17 日发布的 MAS 312 号“动态偿付”通知即行废止。

定义

5. 本通知的有关概念：

（a）“压力测试”，对直接保险人而言，是指由保险公司的指定精算师根据《保险（精算）条例 2004》第 11 条第（b）项的规定，已经或将要对保险公司根据《保险法》建立并管理的每个保险基金的财务状况进行的前景测试。

（b）“压力测试报告”，对直接保险人而言，是指由保险公司的指定精算师根据《保险（精算）条例 2004》第 12 条第（1）款的规定编制的关于所有的压力测试的报告。

（c）“短期情景”，对直接保险人而言，是指在保险人营业正常时，发生概率很低的一些特别情况，但是其一旦发生，则会因单一风险因素或多元风险因素的负效应，对保险人的财务状况产生重要影响。

（d）“中期情景”，对直接保险人而言，是指在保险人的单一风险因素或多元风险因素中，可能形成的逐渐恶化的趋势，这些趋势能够恶化保险人的财务状况。

6. 本通知中所使用的术语，除非在本通知中明确定义或在相关文件中有另外说明，均应与其在《保险法》、《保险（评估和资本）条例 2004》、《保险（精算）条例 2004》和《保险（会计和报表）条例 2004》中的含义一致。

第一部分　强制要求

7. 直接寿险保险人的指定精算师，在对保险人进行压力测试时，应根据第 8 至第 11 条的规定，预估保险人在不同情景中的财务和资本状况，包括：

（a）基本情景；

（b）短期情景；

（c）中期情景。

压力测试报告应包含所有测试的情景的具体内容。

基本情景

8. 对基本情景的预估，应由指定精算师根据对风险因素的最佳科学评估，对保险人从相应财务年度结束之日起后五年的财务和资本状况做出比较准确的估计。预估的格式应符合附件 A 的规定。

短期情景

9. 对短期情景的预估，应包括对保险人从相应财务年度结束之日起后一年的财务和资本状况的正确估计。预估格式应符合附件 B，预估要基于以下逆向情景：

（a）附件 C 中描述的两个短期情景；以及

（b）至少有一个短期情景把附件 C 中的风险因素考虑在内。

中期情景

10. 对中期情景的预估应包括：对保险人从相应财政年度结束之日起五年的财务和资本状况的正确估计，预估格式应符合附件 A，预估要基于至少 3 个由保险人制订的逆向情景。

11. 在设定逆向情景时，保险人应将附件 D 中所列举的风险因素以及附件 D 中虽然没有列举但对保险人的经营具有重大影响的风险因素考虑在内。

第二部分　指导原则

董事会对压力测试报告的意见

12. 如果压力测试报告在呈交给监管机构前，先提交给了保险人的董事会并经过充分讨论，则保险人应将董事会对测试报告的意见形成文件，再与报告一并交至监管机构；如果没有将报告先提交给董事会，或者提交到董事会但并未经过董事会充分讨论，则保险人应在函件中写明提交或讨论所需的时间，再与报告一并交至监管机构。保险人应在董事会完成讨论后一个月内，将对报告所达成的意见以书面形式告知监管机构。

压力测试报告的格式

13. 指定精算师应根据附件 E 的格式编制压力测试报告。

基本情景

14. 为了正确有效地进行每项压力测试，指定精算师应根据保险人的商业计划设定基本情景。基本情景应将保险人的经营管理哲学和战略考虑在内。例如，营销计划、销售目标、投资政策、定价哲学、承保哲学、再保险安排以及对分红保险持有人和股东的分配政策。

15. 指定精算师在预估时应遵守以下指导原则：

（a）预估应全面，涵盖所有的重要产品和业务种类，以及对保险人偿付能力有重要影响的所有资产。

（b）保险人应根据《保险法》对已建立和管理的每只保险基金分别予以预估。

（c）如果对保险基金偿付能力有重要影响的资产或负债具有不同的性质和特点，指定精算师应按保险基金的主要产品种类和资产等级予以分别预估。

16. 指定精算师还应对压力测试报告编制依据的数据或预估结果的正确性予以充分的检验。如果指定精算师依据任何其他人的某些数据或预估结果来证明自己的观点，则应确定所依据的人是符合编制压力测试报告要求的，并且在报告中列出对这些所依据的人的引用性质和范围，以及所依据的人的详细情况。

设定短期情景

17. 在设定短期情景时，指定精算师应对保险人在灾害性事件中面临的主要风险予以分析。例如，自然灾害、严重的经济衰退或股本/不动产/证券市场崩溃。

18. 指定精算师应在压力测试报告中对设定的情景予以说明或对最可能给保险人的财务状况带来最重大影响的情景予以说明。

设定中期情景

19. 在设定中期情景时，指定精算师应分析保险人在被预估期间内，对持续的不良发展趋势的抵制能力。这些不良发展态势包括持续的通货膨胀、经济萧条、股市崩盘和诉讼成本。在追设这些情景的假设时，指定精算师应考虑到各种假设与其他假设的不同性质：

（a）有些假设相当稳定或具有稳定的趋势，因而可以用做依据。例如，死亡率或实值续保费用。但要注意突发变化的风险（例如一种新的传染性疾病）和某种规律可能发生变化的风险。

（b）有些假设可能需要依据保险人现行的运作方法兼顾历史经验和预期变化，例如政策的持续性。

（c）还有些假设可能相当不确定，或完全不受保险人支配。投资环境便是如此，其反复无常可能会给保险人的财务状况造成深远的影响。

20. 在确定压力测试报告的情景时，指定精算师要对假设进行广泛研究，选择那些被认为可能对保险人的财务状况产生重要影响的情景。

“波纹”效应

21. 在进行短期情景分析和中期情景分析时，为了保证与逆向情景的一致性，指定精算师应当考虑到“波纹”效应。

22. 基于第21条的目的，“波纹”效应是指：由于逆向情景的某些假设与所述情景的假设相互依赖，其逆向情景因此对相应情景的某些假设所产生的重要影响。

主要问题与建议

23. 指定精算师应明确从压力测试结果中得出的主要问题，并在压力测试报告中建议降低风险的方法。指定精算师应在压力测试报告中评述用于降低风险程度的方法的合理性和适用性，进一步分析量化该方法可能产生的影响，并阐明分析结果。

对违反规定的要求

24. 任何违反本通知第一部分规定的要求的行为，均被视为违法行为，对此，将根据《保险法》第55条第（2）款的规定予以处罚。

附件 A

5 年预估

保险基金：含非分红保险/分红保险/投资连结保险/一般保险。
基本情景/中期情景（1/2/3）

基金资产负债表

说明	表 1 中的行	过去三年的实际经历			预估年度				
		-3	-2	-1	1	2	3	4	5
资产									
股权证券	1								
债券	2								
土地和建筑物	3								
贷款	4								
现金和存款	5								
其他投资资产	6、7								
固定资产	12								
其他资产	8、9、10、11、13、14								
总资产	**15**								
负债									
保单负债	16								
其他负债	17 至 23								
总负债	**24**								
盈余	**25**								

基金的损益表

说明	表 2 中的行	过去三年的实际经历			预估年度				
		-3	-2	-1	1	2	3	4	5
保费总额	1								
减：分出保费	2								
投资收入	3								
减：投资费用	4								
其他收入	5								
收入总额	**6**								
理赔总额	**7**								
减：分保赔偿金	8								
管理费用	9								
销售费用	10								
净保单负债增加（减少）	11								
呆账预提/坏账冲销	12								
税费	13								
其他费用	14								
支出总额	**15**								
净收入	**16**								

基金偿付能力要求

说　明	表21中的行	过去三年的实际经历			预估年度				
		-3	-2	-1	1	2	3	4	5
资金来源									
盈余账户余额（分红基金）	1								
加：无保证收益准备金津贴（分红基金）	2								
保险基金盈余（非分红基金）	5								
减：分保调整	6								
资金来源调整	7								
资金来源	**13**								
所有风险要求									
第一部分要求									
人寿保险风险要求									
保单负债风险要求	15、24								
退保价值条款风险要求	18、27								
一般保险风险要求									
保费负债风险要求	31								
理赔负债风险要求	32								
所有第一部分要求	**33**								
第二部分要求									
股权投资风险要求	34								
债券投资和期限不匹配风险要求	37								
贷款投资风险要求	48								
不动产风险要求	49								
其他风险要求	50至52								
所有第二部分要求	**53**								
所有第三部分要求	**61**								
所有风险要求	**62**								

5年预估

股东基金和海外分部运营
基本情景/中期情景（1/2/3）

全球业务的资产负债表

说　明	表8中的行	过去三年的实际经历			预估年度				
		-3	-2	-1	1	2	3	4	5
资产									
股票	1								
债券	2								
土地和建筑物	3								
贷款	4								
现金和存款	5								
其他投资资产	6、7								
固定资产	12								
其他资产	8、9、10、11、13、14								
总资产	**15**								
负债									
保单负债	16								
其他负债	17至23								
总负债	**24**								
净资产	**25**								
股东权益和盈余									
已付资本	26								
准备金：									
未分配利润	27								
其他准备金	28								
盈余	29								
总计	**30**								

全球业务的损益表

说　明	表9中的行	过去三年的实际经历			预估年度				
		-3	-2	-1	1	2	3	4	5
保费总额	1								
减：分出保费	2								
投资收入	3								
减：投资费用	4								
其他收入	5								
收入总额	**6**								
理赔总额	7								
减：分保赔偿金	8								
管理费用	9								
销售费用	10								
净保单负债增加（减少）	11								
呆账预提/坏账冲销	12								
税费	13								
其他费用	14								
支出总额	**15**								
净收入	**16**								

所有风险要求

说 明	表22 中的行	过去三年的实际经历			预估年度				
		-3	-2	-1	1	2	3	4	5
所有风险要求									
第一部分要求									
人寿保险风险要求									
保单负债风险要求	2、11								
退保价值条件风险要求	5、14								
一般保险风险要求									
保费负债风险要求	18								
理赔负债风险要求	19								
所有第一部分要求	**20**								
第二部分要求									
股权投资风险要求	21								
债券投资和时间不匹配风险要求	24								
贷款投资风险要求	35								
不动产风险要求	36								
其他风险要求	37 至 38								
所有第二部分要求	**39**								
所有风险要求	**40**								

资本充足率要求

说 明	表23 中的行	过去三年的实际经历			预估年度				
		-3	-2	-1	1	2	3	4	5
资金来源									
一级来源									
除分红基金外的所有保险基金盈余	1								
每个分红基金的盈余账户余额	2								
已付普通股本	3								
未分配利润（亏损）	4								
不可赎回和非累积优先股	5								
其他得到监管机构批准的可以作为一级来源的所有资本	6								
减：分保调整	7								
资金来源调整	8								
所有一级来源	**14**								
二级来源									
没有用做一级资本来源的不可赎回和非累积优先股	15								
不可赎回和累积优先股	16								
所有得到监管机构批准的可以作为二级来源的资本	17								
所有二级来源	**18**								
分红基金非保证收益的预提补助的总合	**19**								
资金来源	**20**								
所有风险要求									
保险基金的所有风险要求	21								
不属于任何基金的资产和负债的所有风险要求	22								
保险人的所有风险要求	**23**								
资本充足率（%）	**24**								

基本情景的损益表分项

说　明	过去三年的实际经历			预估年度				
	-3	-2	-1	1	2	3	4	5
保费总额（表2附件2A）								
个人业务								
趸缴保费								
定期保费——新业务								
定期保费——续保业务								
团体业务保费								
分入保费								
保费总额								
投资收入（表2附件2C）								
股权证券								
分红收入								
资本收益/亏损								
债务证券								
利息收入								
资本收益/亏损								
土地和建筑物								
租金收入								
资本收益/亏损								
贷款								
利息收入								
资本收益/亏损								
现金和存款								
其他投资资产								
收入								
资本收益/亏损								
投资收入总额								
理赔总额（表2附件2E）								
死亡、所有永久性残废、重大疾病								
除永久性残废和重大疾病以外的意外事故和健康收益								
到期/预期养老保险								
退保								
年金								
现金红利								
其他								
理赔总额								
销售费用（表2附件2G）								
个人新业务——趸缴保费								
个人新业务——定期保费								
个人续保业务								
团体业务								
其他销售费用								
所有销售费用								

附件 A 的注释

1. 只有基本情景预估表要求对过去三年的实际经历进行说明。年度 -1、-2、-3 指的是在编制压力测试报告之前的几个财务年度。第一年是指编制压力测试报告的那一年。第二年至第五年指的是在编制压力测试报告那一年之后的几个财务年度。

2. 在编制 2005 年的报告时，保险人不需要包含年度 -2、-3 的数据。在编制 2006 年的报告时，保险人不需要包括年度 -3 的数据。

3. 如果指定精算师确认分析结果不会产生危害，则可以从预估内容和分析中排除选择的项目或保险基金，但这种排除必须要适当公开并符合要求。

4. 预估时要对资产和负债进行评估，评估应以《保险（评估和资本）条例 2004》为依据。当采用的依据与《保险（评估和资本）条例 2004》中规定的依据有所不同时，要适当公开其中的差异，并证明这些差异符合要求。

附件 B

短期情景的 1 年预估

保险基金：非分红保险/分红保险/投资连结保险/一般保险

基金的资产负债表

说明	表 1 中的行	1 年的预估			
		基本	情景 1	情景 2	情景 3
资产					
股权证券	1				
债务证券	2				
土地和建筑物	3				
贷款	4				
现金和存款	5				
其他投资资产	6、7				
固定资产	12				
其他资产	8、9、10、11、13、14				
总资产	**15**				
负债					
保单负债	16				
其他负债	17 至 23				
负债总额	**24**				
盈余	**25**				

基金的损益表

说明	表2中的行	1年的预估			
		基本	情景1	情景2	情景3
保费总额	1				
减：分出保费	2				
投资收入	3				
减：投资费用	4				
其他收入	5				
收入总额	**6**				
理赔总额	7				
减：分保补偿金	8				
管理费用	9				
销售费用	10				
净保单负债增加（减少）	11				
呆账预提/坏账冲销	12				
税费	13				
其他费用	14				
支出总额	**15**				
净收入	**16**				

基金偿付能力要求

说明	表21中的行	1年的预估			
		基本	情景1	情景2	情景3
资金来源					
盈余账户余额（分红基金）	1				
加：无保证收益准备金津贴（分红基金）	2				
保险基金盈余（非分红基金）	5				
减：分保调整	6				
资金来源调整	7				
资金来源	**13**				
所有风险要求					
第一部分要求					
人寿保险风险要求					
保单负债风险要求	15、24				
退保价值条款风险要求	18、27				
一般保险风险要求					
保费负债风险要求	31				
理赔负债风险要求	32				
所有第一部分要求	**33**				
第二部分要求					
股权投资风险要求	34				
债券投资和期限不匹配风险要求	37				
贷款投资风险要求	48				
不动产风险要求	49				
其他风险要求	50至52				
所有第二部分要求	**53**				
所有第三部分要求	**61**				
所有风险要求	**62**				

短期情景 1 年预估

股东基金和海外（分部）运营

全球业务的资产负债表

说明	表 8 中的行	1 年的预估			
		基本	情景 1	情景 2	情景 3
资产					
股票	1				
债券	2				
土地和建筑物	3				
贷款	4				
现金和存款	5				
其他投资资产	6、7				
固定资产	12				
其他资产	8、9、10、11、13、14				
总资产	**15**				
负债					
保单负债	16				
其他负债	17 至 23				
总负债	**24**				
净资产	**25**				
股东权益和盈余					
已付资本	26				
准备金：					
未分配利润	27				
其他准备金	28				
盈余	29				
总计	**30**				

全球业务的损益表

说明	表 9 中的行	1 年的预估			
		基本	情景 1	情景 2	情景 3
保费总额	1				
减：分出保费	2				
投资收入	3				
减：投资费用	4				
其他收入	5				
收入总额	**6**				
理赔总额	7				
减：分保赔偿金	8				
管理费用	9				
销售费用	10				
净保单负债增加（减少）	11				
呆账预提/坏账冲销	12				
税费	13				
其他费用	14				
支出总额	**15**				
净收入	**16**				

所有风险要求

说明	表22中的行	1年的预估			
		基本	情景1	情景2	情景3
所有风险要求					
第一部分要求					
人寿保险风险要求					
保单负债风险要求	2、11				
退保价值条件风险要求	5、14				
一般保险风险要求					
保费负债风险要求	18				
理赔负债风险要求	19				
所有第一部分要求	**20**				
第二部分要求					
股权投资风险要求	21				
债券投资和时间不匹配风险要求	24				
贷款投资风险要求	35				
不动产风险要求	36				
其他风险要求	37至38				
所有第二部分要求	**39**				
所有风险要求	**40**				

资本充足性要求

说明	表23中的行	1年的预估			
		基本	情景1	情景2	情景3
资金来源					
一级来源					
除分红基金外的所有保险基金盈余	1				
每个分红基金的盈余账户余额	2				
已付普通股本	3				
未分配利润（亏损）	4				
不可赎回和非累积优先股	5				
其他得到监管机构批准的可以作为一级来源的所有资本	6				
减：分保调整	7				
资金来源调整	8				
所有一级来源	**14**				
二级来源					
没有用做一级资本来源的不可赎回和非累积优先股	15				
不可赎回和累积优先股	16				
所有得到监管机构批准的可以作为二级来源的资本	17				
所有二级来源	**18**				
分红基金非保证收益的预提补助的总和	**19**				
资金来源	**20**				
所有风险要求					
保险基金的所有风险要求	21				
不属于任何基金的资产和负债的所有风险要求	22				
保险人的所有风险要求	**23**				
资本充足率（%）	**24**				

附件 B 的注释

1. 如果指定精算师确认分析结果不会产生危害，则可以从预估内容和分析中排除选择的项目或保险基金，但这种排除必须要适当公开并符合要求。

2. 预估时，要对资产和负债进行评估。评估应以《保险（评估和资本）条例 2004》为依据。当采用的依据与《保险（评估和资本）条例 2004》中规定的依据有所不同时，要适当公开依据的差异，并证明这些差异符合要求。

附件 C

短期情景

情景测试说明

1. 短期情景 1：

（a）死亡率和发病率经验增加 100%；

（b）一般保险业务中对案发年自然灾害的理赔增加 100%；

（c）股权和不动产价值降低 20%；

（d）新业务保费下降 20%；

（e）分保赔偿金下降 10%。

2. 短期情景 2：

（a）股权和不动产价值下降 30%；

（b）新业务保费下降 30%；

（c）终止的保单增加 200%；

（d）平行 -100bps 收益率曲线在公司债券分布中与平行 +100bps 曲线一起移动；

（e）新加坡货币贬值 5%。

设定情景时需考虑的短期风险因素列表

3. 死亡率/发病率：逆向经验差异

4. 投资收益

（a）收益率曲线

（i）收益率曲线平行移动

（ii）五年内没有变化，五年后平行移动，线性插值

（iii）五年内平行移动，五年后不发生变化，线性插值

（iv）信用分布发生变化

（b）股票市场

（i）股市崩盘——股市下跌

（ii）股票特别事件风险——每一单个股票的波动

5. 费用：费用增加

6. 终止率：逆向经验变化

7. 新业务：新业务减少

8. 关键时候，指定精算师还应在下一年度的预估中包含公司由于以下变化而经历的异常情景：

（a）放弃分保；

（b）储备基础；

（c）保单期权执行率；

（d）股东收益分配；

（e）税费；

（f）其他所有相关事宜。

附件D

中期情景

设定情景时应考虑的中期风险因素列表：

1. 死亡率/发病率：预估期间的年度经验下降率

2. 投资收益

（a）收益率曲线：

（i）收益率曲线每年平行移动

（ii）五年内没有变化，五年后每年平行移动，线性插值

（iii）五年内每年平行移动，五年后不发生变化，线性插值

（iv）信用分布发生变化

（b）股票市场

（i）在预估期间，股票红利收益下降

（ii）在预估期间，总的股票收益下降

3. 费用：在预估期间，年度经验下降

4. 终止率：在预估期间，年度经验下降

5. 新业务：在预估期间，新业务年度收入下降

6. 关键时，指定精算师还应在预估期间中包含公司由于以下变化而经历滑坡情景：

（a）分红规模；

（b）放弃分保；

（c）储备基础；

（d）保单期权执行率；

（e）股东收益分配；

（f）税费；

（g）其他所有相关事宜。

附件E

压力测试报告格式

引言

1. 报告宗旨

2. 情景的局限性和依据

情景

3. 基本情景

- 设定基本情景
- 假设说明

4. 短期情景

- 设定情景
- 对不同于基本情景的假设的说明

5. 中期情景

- 设定情景
- 对不同于基本情景的假设的说明

方法

6. 方法

- 采用的预测软件
- 使用的预测估模型的说明

结果

7. 结果总结

- 基本情景
- 短期情景
- 中期情景

8. 结果证明（如果有的话）

经验分析

9. 对比实际经验与前一年的预估

10. 根据经验评价预估假设是否适当

精算师的评估和建议

11. 对预估结果和其对保险人财务状况的影响进行总体评估。精算师的评论应包括但不限于以下几个方面：

- 保险人满足基金偿付要求和资本充足率的要求的能力
- 威胁保险人财物实力的风险

12. 主要问题

13. 建议

附件

14. 按附件 A 和附件 B 的格式编写的详细的预估

2 – 5 Stress Testing on Financial Condition of Direct Life Insurer

Notice No: MAS 312
Issue Date: 20 June 2005
This Notice replaces MAS 312 dated 17 April 1996.

Introduction

1. This Notice is issued pursuant to section 64 (2) of the Insurance Act (Cap. 142) ("the Act"). It comprises both mandatory requirements (Part I) and guidelines (Part II).

2. This Notice shall be read in conjunction with the provisions of the Act and the Insurance (Valuation and Capital) Regulations 2004 (G. N. No. S 498/2004), the Insurance (Actuaries) Regulations 2004 (G. N. No. S 495/2004) and the Insurance (Accounts and Statements) Regulations 2004 (G. N. No. S 494/2004).

3. This Notice applies to any direct insurer registered to carry on life business.

4. With effect from 20 June 2005, MAS Notice 312 on "Dynamic Solvency Testing" dated 17 April 1996 shall be cancelled and this Notice shall come into force.

Definition

5. For the purposes of this Notice:

(a) "stress test", in relation to a direct life insurer, means a prospective test of the financial condition of each insurance fund established and maintained by the insurer under the Act, conducted or to be conducted by the appointed actuary of the insurer pursuant to regulation 11 (b) of the Insurance (Actuaries) Regulations 2004;

(b) "stress test report", in relation to a direct life insurer, means a report on any stress test prepared or to be prepared by the appointed actuary of the insurer pursuant to regulation 12 (1) of the Insurance (Actuaries) Regulations 2004;

(c) "short-term scenario", in relation to a direct life insurer, means any event that has a low probability of occurring in the normal course of the business of the insurer, but which occurrence will have a major impact on the financial position of the insurer through adverse effects on either a single risk factor or multiple risk factors of the insurer;

(d) "medium-term scenario", in relation to a direct life insurer, means any possible trend of the gradual deterioration in either a single risk factor or multiple risk factors of the insurer, which may impair the financial condition of the insurer.

6. The expressions used in this Notice shall, except where expressly defined in this Notice or where the context otherwise requires, have the same respective meanings as in the Act, the Insurance (Valuation and Capital) Regulations 2004, the Insurance (Actuaries) Regulations 2004 and the Insurance (Accounts and Statements) Regulations 2004.

Part I Mandatory Requirements

7. The appointed actuary of a direct life insurer shall conduct each stress test in relation to the insurer by projecting, in accordance with paragraphs 8 to 11, the financial and capital adequacy positions of the insurer under various scenarios, including:

(a) the base scenario;

(b) short-term scenarios; and

(c) medium-term scenarios.

The stress test report shall contain details of all scenarios constructed.

Base Scenario

8. The base scenario projections shall comprise projections of the financial and capital adequacy positions of the insurer, based on best estimates of risk factors made by the appointed actuary, over the five-year period immediately following the end of the accounting period to which it relates. The projections shall be in the format prescribed in Appendix A.

Short-Term Scenarios

9. The short-term scenario projections shall comprise projections of the financial and capital adequacy positions of the insurer over the one-year period immediately following the end of the accounting period to which it relates, in the format prescribed in Appendix B and based on the following adverse scenarios:

(a) the two short-term scenarios prescribed in Appendix C; and

(b) at least one additional short-term scenario constructed with risk factors specified in Appendix C taken into account.

Medium-Term Scenarios

10. The medium-term scenario projections shall comprise projections of the financial and capital adequacy positions of the insurer over the five-year period immediately following the end of the accounting period to which it relates, in the format prescribed in Appendix A and based on at least three adverse scenarios constructed by the insurer.

11. In constructing the adverse scenarios, the insurer shall take into account risk factors specified in Appendix D and all other factors not specified in Appendix D that have significant relevance to the insurer's business.

Part II Guidelines

Board of Directors' Comments on Stress Test Report

12. If the stress test report was submitted to and deliberated upon by the board of directors of the insurer before its lodgment with the Authority, the insurer should lodge, together with the report, a letter detailing the comments of its board of directors on the report. If the report was not submitted to, or was submitted to but not deliberated upon by, the board of directors of the insurer before its lodgment with the Authority, the insurer should lodge, together with the report, a letter stating when such submission or deliberation will take place. The insurer should notify the Authority in writing of the comments of the board of directors on the report within one month from the date on which the

board of directors completes its deliberation.

Format of Stress Test Report

13. The appointed actuary should prepare the stress test report in the format prescribed in Appendix E.

Base Scenario

14. In order to perform each stress test properly and effectively, the appointed actuary should construct the base scenario in a manner that is consistent with the insurer's business plan. The base scenario should take into account the insurer's management and business philosophy and strategies such as marketing plans, sales objectives, investment policies, pricing philosophy, underwriting philosophy, reinsurance practices and its policy on allocation to participating policyholders and shareholders.

15. The appointed actuary should observe the following guidelines for the construction of projections:

(a) The projections should be comprehensive in scope and cover all key products and lines of business and all assets of the insurer that are material to the solvency of the insurer.

(b) Separate projections should be made for each insurance fund established and maintained by the insurer under the Act.

(c) Where the assets or liabilities of an insurance fund that are material to the solvency of the insurance fund have different inherent characteristics, the appointed actuary should make separate projections by major product lines and asset classes within the insurance fund.

16. The appointed actuary should also conduct adequate checks on the appropriateness of any data or projections that form the bases for the stress test report. If the appointed actuary relies on any other person for any aspect of the data or projections used to support his opinion, the appointed actuary should be satisfied that the person relied on is qualified for such purposes. The nature and extent of the reliance on such person and his particulars should be disclosed in the report.

Constructing Short-Term Scenarios

17. In constructing the short-term scenarios, the appointed actuary should analyse the key risk exposure of the insurer in the face of catastrophic events such as natural calamities, a severe economic recession or a major crash in the equity, property or bond market.

18. The appointed actuary should present in the stress test report the scenario or scenarios that are most likely to have the largest impact on the financial condition of the insurer.

Constructing Medium-Term Scenarios

19. In constructing the medium-term scenarios, the appointed actuary should analyse the insurer's ability to withstand continuous adverse developments over the period of projection. Such adverse developments should include persistent inflation, recession, falling stock markets and claims experience. In deriving the assumptions relating to the scenarios, the appointed actuary should consider the differing nature of various assumptions as compared to others:

(a) Some assumptions, such as mortality or renewal expenses in real terms, may reasonably be relied on as fairly stable or having a stable trend. However, attention should be paid to both the risk of sudden change (e.g. a new infectious disease) and the possibility of a change in the trend.

(b) Other assumptions, for example policy persistency, may need to be considered in the context of both historical experience and changes anticipated in the light of different operating methods now used by the insurer.

(c) Yet other assumptions may be highly uncertain and totally outside the control of the insurer. This is particularly true of investment conditions, the volatility of which may have profound implications for the financial condition of the insurer.

20. In deciding the scenarios to be included in the stress test report, the appointed actuary should investigate into a wide range of scenarios and select those which he considers likely to have a material effect on the financial position of the insurer.

"Ripple" Effects

21. In ensuring consistency within each adverse scenario under the short-term and the medium-term scenario analyses, the appointed actuary should consider "ripple" effects.

22. For the purpose of paragraph 21, "ripple" effects means the consequential effects relating to an adverse scenario on certain assumptions relating to the scenario as a result of the interdependence of these assumptions on the assumptions made to describe the scenario.

Key Areas of Concern and Recommendations

23. The appointed actuary should identify the key areas of concern noted from the stress test results and recommend in the stress test report measures that could be put in place to mitigate the risks. The appointed actuary should comment in the stress test report on the adequacy of the mitigating measures, and where applicable, conduct further analysis to quantify the likely impact of such measures and set out the results of the analysis in the stress test report.

Contravention of requirements imposed

24. Contravention of any requirement imposed under Part I of this Notice shall be an offence and shall attract the penalty specified in section 55 (2) of the Act.

Appendix A

5 Year Projections

Insurance Fund: Non-Participating/ Participating/ Investment-Linked/ General Insurance

Base Scenario/ Medium-Term Scenario (1/ 2/ 3)

Fund Balance Sheet

Description	Rows of Form 1	Past 3 Years' Actual Experience			Projection Years				
		-3	-2	-1	1	2	3	4	5
ASSETS									
Equity securities	1								
Debt securities	2								
Land and buildings	3								
Loans	4								
Cash and deposits	5								
Other invested assets	6, 7								
Fixed assets	12								
Other assets	8, 9, 10, 11, 13, 14								
Total Assets	**15**								
LIABILITIES									
Policy liabilities	16								
Other liabilities	17 to 23								
Total Liabilities	**24**								
SURPLUS	**25**								

Fund Profit & Loss Account

Description	Rows of Form 2	Past 3 Years' Actual Experience			Projection Years				
		-3	-2	-1	1	2	3	4	5
Gross Premiums	1								
Less: Outward reinsurance premiums	2								
Investment revenue	3								
Less: Investment expenses	4								
Other income	5								
Total Income	**6**								
Gross claims settled	7								
Less: Reinsurance recoveries	8								
Management expenses	9								
Distribution expenses	10								
Increase (decrease) in net policy liabilities	11								
Provision for doubtful debts/ bad debts written off	12								
Taxation expenses	13								
Other expenses	14								
Total Outgo	**15**								
NET INCOME	**16**								

Fund Solvency Requirement

Description	Rows of Form 21	Past 3 Years' Actual Experience			Projection Years				
		−3	−2	−1	1	2	3	4	5
FINANCIAL RESOURCES									
Balance in the surplus account (par fund)	1								
Add: Allowance for provision for non-guaranteed benefits (par fund)	2								
Surplus of insurance fund (other than par fund)	5								
Less: Reinsurance adjustment	6								
Financial resource adjustment	7								
Financial Resources	**13**								
TOTAL RISK REQUIREMENT									
Component 1 Requirement									
Life Insurance Risk Requirement									
Policy liability risk requirement	15, 24								
Surrender value condition risk requirement	18, 27								
General Insurance Risk Requirement									
Premium liability risk requirement	31								
Claim liability risk requirement	32								
Total C1 Requirement	**33**								
Component 2 Requirement									
Equity investment risk requirement	34								
Debt investment and duration mismatch risk requirement	37								
Loan investment risk requirement	48								
Property risk requirement	49								
Other risk requirement	50 to 52								
Total C2 Requirement	**53**								
Total C3 Requirement	**61**								
Total Risk Requirement	**62**								

5 Year Projections

Shareholders' Fund and Overseas Branch Operations

Base Scenario/ Medium-Term Scenario (1/ 2/ 3)

Global Business Balance Sheet

Description	Rows of Form 8	Past 3 Years' Actual Experience			Projection Years				
		-3	-2	-1	1	2	3	4	5
ASSETS									
Equity securities	1								
Debt securities	2								
Land and buildings	3								
Loans	4								
Cash and deposits	5								
Other invested assets	6, 7								
Fixed assets	12								
Other assets	8,9,10,11,13,14								
Total Assets	**15**								
LIABILITIES									
Policy liabilities	16								
Other liabilities	17 to 23								
Total Liabilities	**24**								
NET ASSETS	**25**								
SHAREHOLDERS EQUITY & SURPLUS									
Paid-up Capital	26								
Reserves:									
Unappropriated profits	27								
Other reserves	28								
Surplus	29								
Total	**30**								

Global Business Profit & Loss Account

Description	Rows of Form 9	Past 3 Years' Actual Experience			Projection Years				
		-3	-2	-1	1	2	3	4	5
Gross Premiums	1								
Less: Outward reinsurance premiums	2								
Investment revenue	3								
Less: Investment expenses	4								
Other income	5								
Total Income	**6**								
Gross claims settled	7								
Less: Reinsurance recoveries	8								
Management expenses	9								
Distribution expenses	10								
Increase (decrease) in net policy liabilities	11								
Provision for doubtful debts/ bad debts written off	12								
Taxation expenses	13								
Other expenses	14								
Total Outgo	**15**								
NET INCOME	**16**								

Total Risk Requirements

Description	Rows of Form 22	Past 3 Years' Actual Experience			Projection Years				
		−3	−2	−1	1	2	3	4	5
TOTAL RISK REQUIREMENT									
Component 1 Requirement									
Life Insurance Risk Requirement									
Policy liability risk requirement	2, 11								
Surrender value condition risk requirement	5, 14								
General Insurance Risk Requirement									
Premium liability risk requirement	18								
Claim liability risk requirement	19								
Total C1 Requirement	**20**								
Component 2 Requirement									
Equity investment risk requirement	21								
Debt investment and duration mismatch risk requirement	24								
Loan investment risk requirement	35								
Property risk requirement	36								
Other risk requirement	37 to 38								
Total C2 Requirement	**39**								
Total Risk Requirement	**40**								

Capital Adequacy Requirement

Description	Rows of Form 23	Past 3 Years' Actual Experience			Projection Years				
		−3	−2	−1	1	2	3	4	5
FINANCIAL RESOURCES									
Tier 1 Resource									
Aggregate of surpluses of all insurance funds other than participating funds	1								
Balances in the surplus account of each participating fund	2								
Paid-up ordinary share capital	3								
Unappropriated profit (loss)	4								
Irredeemable and non-cumulative preference shares	5								
Any other capital instrument approved by the Authority as a Tier 1 resource	6								
Less: Reinsurance adjustment	7								
Financial resource adjustment	8								
Total Tier 1 Resource	**14**								
Tier 2 Resource									
Irredeemable and non-cumulative preference shares not recognised as Tier 1 resource	15								
Irredeemable and cumulative preference shares	16								
Any qualifying Tier 2 instrument approved by the Authority as a Tier 2 resource	17								
Total Tier 2 Resource	**18**								
Aggregate of allowance for provisions for non-guaranteed benefits of participating funds	**19**								
Financial Resources	**20**								
TOTAL RISK REQUIREMENT									
Total risk requirements of insurance funds	21								
Total risk requirements of assets and liabilities that do not belong any insurance fund	22								
Total Risk Requirement of Insurer	**23**								
Capital Adequacy Ratio (%)	**24**								

Breakdown of Profit and Loss Items for Base Scenario

Description	Past 3 years' Actual Experience			Projection Years				
	-3	-2	-1	1	2	3	4	5
Gross Premiums (**Annex 2A of Form 2**)								
Individual Business								
Single premiums								
Regular premiums- new business								
Regular premiums - renewal business								
Group Business Premiums								
Inward Reinsurance Premiums								
Total Gross Premiums								
Investment Revenue (**Annex 2C of Form 2**)								
Equity securities								
Dividend income								
Capital gains/ losses								
Debt securities								
Interest income								
Capital gains/ losses								
Land and buildings								
Rental income								
Capital gains/ losses								
Loans								
Interest income								
Capital gains/ losses								
Cash and deposits								
Other invested assets								
Income								
Capital gains/ losses								
Total Investment Revenue								
Gross claims settled (**Annex 2E of Form 2**)								
Death, total permanent disability, critical illness								
Accident and health benefits other than total permanent disability and critical illness								
Maturity / Anticipated endowment								
Surrenders								
Annuities								
Cash bonuses								
Others								
Total Gross Claims								
Distribution Expenses (**Annex 2G of Form 2**)								
Individual new business - single premium								
Individual new business- regular premium								
Individual renewal business								
Group business								
Other distribution expenses								
Total Distribution Expenses								

Notes to Appendix A

1. Presentation of past three years' actual experience is only required for base scenario projection table. Years −1, −2, and −3 refer to accounting periods immediately preceding the year of preparation of the stress test report. Year 1 refer to the year of preparation of the stress test report. Years 2 to 5 refer to the accounting periods following the year of preparation of the stress test report.

2. For preparation of the report in year 2005, the insurer need not include data for years −2 and −3. For preparation of the report in year 2006, the insurer need not include data for year −3.

3. Where the appointed actuary is satisfied that the results of the analysis will not be compromised, the appointed actuary may exclude selected items or insurance funds from the detailed projections and analysis. Such exclusions shall be appropriately disclosed and qualified.

4. In conducting valuation of assets and liabilities for the projections, the basis employed should be that prescribed in Insurance (Valuation and Capital) Regulations 2004. Where the basis employed deviates from the basis prescribed in Insurance (Valuation and Capital) Regulations 2004, such deviation shall be appropriately disclosed and qualified.

Appendix B

1 Year Projections of Short-Term Scenario

Insurance Fund: Non-Participating/ Participating/ Investment-Linked/ General Insurance

Fund Balance Sheet

Description	Rows of Form 1	1-Year Projections			
		Base	Scenario 1	Scenario 2	Scenario 3
ASSETS					
Equity securities	1				
Debt securities	2				
Land and buildings	3				
Loans	4				
Cash and deposits	5				
Other invested assets	6, 7				
Fixed assets	12				
Other assets	8, 9, 10, 11, 13, 14				
Total Assets	**15**				
LIABILITIES					
Policy liabilities	16				
Other liabilities	17 to 23				
Total Liabilities	**24**				
SURPLUS	**25**				

Fund Profit & Loss Account

Description	Rows of Form 2	1-Year Projections			
		Base	Scenario 1	Scenario 2	Scenario 3
Gross Premiums	1				
Less: Outward reinsurance premiums	2				
Investment revenue	3				
Less: Investment expenses	4				
Other income	5				
Total Income	**6**				
Gross claims settled	7				
Less: Reinsurance recoveries	8				
Management expenses	9				
Distribution expenses	10				
Increase (decrease) in net policy liabilities	11				
Provision for doubtful debts/ bad debts written off	12				
Taxation expenses	13				
Other expenses	14				
Total Outgo	**15**				
NET INCOME	**16**				

Fund Solvency Requirement

Description	Rows of Form 21	1-Year Projections			
		Base	Scenario 1	Scenario 2	Scenario 3
FINANCIAL RESOURCES					
Balance in the surplus account (par fund)	1				
Add: Allowance for provision for nonguaranteed benefits (par fund)	2				
Surplus of insurance fund (other than par fund)	5				
Less: Reinsurance adjustment	6				
Financial resource adjustment	7				
Financial Resources	**13**				
TOTAL RISK REQUIREMENT					
Component 1 Requirement					
Life Insurance Risk Requirement					
Policy liability risk requirement	15, 24				
Surrender value condition risk requirement	18, 27				
General Insurance Risk Requirement					
Premium liability risk requirement	31				
Claim liability risk requirement	32				
Total C1 Requirement	**33**				
Component 2 Requirement					
Equity investment risk requirement	34				
Debt investment and duration mismatch risk requirement	37				
Loan investment risk requirement	48				
Property risk requirement	49				
Other risk requirement	50 to 52				
Total C2 Requirement	**53**				
Total C3 Requirement	**61**				
Total Risk Requirement	**62**				

1 Year Projections of Short-Term Scenario

Shareholders' Fund and Overseas (Branch) Operations

Global Business Balance Sheet

Description	Rows of Form 8	1-Year Projections			
		Base	Scenario 1	Scenario 2	Scenario 3
ASSETS					
Equity securities	1				
Debt securities	2				
Land and buildings	3				
Loans	4				
Cash and deposits	5				
Other invested assets	6, 7				
Fixed assets	12				
Other assets	8, 9, 10, 11, 13, 14				
Total Assets	**15**				
LIABILITIES					
Policy liabilities	16				
Other liabilities	17 to 23				
Total Liabilities	**24**				
NET ASSETS	**25**				
SHAREHOLDERS EQUITY & SURPLUS					
Paid-up Capital	26				
Reserves:					
Unappropriated profits	27				
Other reserves	28				
Surplus	29				
Total	**30**				

Global Business Profit & Loss Account

Description	Rows of Form 9	1-Year Projections			
		Base	Scenario 1	Scenario 2	Scenario 3
Gross Premiums	1				
Less: Outward reinsurance premiums	2				
Investment revenue	3				
Less: Investment expenses	4				
Other income	5				
Total Income	**6**				
Gross claims settled	7				
Less: Reinsurance recoveries	8				
Management expenses	9				
Distribution expenses	10				
Increase (decrease) in net policy liabilities	11				
Provision for doubtful debts/ bad debts written off	12				
Taxation expenses	13				
Other expenses	14				
Total Outgo	**15**				
NET INCOME	**16**				

Total Risk Requirements

Description	Rows of Form 22	1-Year Projections			
		Base	Scenario 1	Scenario 2	Scenario 3
TOTAL RISK REQUIREMENT					
Component 1 Requirement					
Life Insurance Risk Requirement					
Policy liability risk requirement	2, 11				
Surrender value condition risk requirement	5, 14				
General Insurance Risk Requirement					
Premium liability risk requirement	18				
Claim liability risk requirement	19				
Total C1 Requirement	**20**				
Component 2 Requirement					
Equity investment risk requirement	21				
Debt investment and duration mismatch risk requirement	24				
Loan investment risk requirement	35				
Property risk requirement	36				
Other risk requirement	37 to 38				
Total C2 Requirement	**39**				
Total Risk Requirement	**40**				

Capital Adequacy Requirement

Description	Rows of Form 23	1-Year Projections			
		Base	Scenario 1	Scenario 2	Scenario 3
FINANCIAL RESOURCES					
Tier 1 Resource					
Aggregate of surpluses of all insurance funds other thanparticipating funds	1				
Balances in the surplus account of each participating fund	2				
Paid-up ordinary share capital	3				
Unappropriated profit (loss)	4				
Irredeemable and non-cumulative preference shares	5				
Any other capital instrument approved by the Authority as a Tier 1 resource	6				
Less: Reinsurance adjustment	7				
Financial resource adjustment	8				
Total Tier 1 Resource	**14**				
Tier 2 Resource					
Irredeemable and non-cumulative preference shares not recognised as Tier 1 resource	15				
Irredeemable and cumulative preference shares	16				
Any qualifying Tier 2 instrument approved by the Authority as a Tier 2 resource	17				
Total Tier 2 Resource	**18**				
Aggregate of allowance for provisions for non-guaranteed benefits of participating funds	**19**				
Financial Resources	**20**				
TOTAL RISK REQUIREMENT					
Total risk requirements of insurance funds established under the Act	21				
Total risk requirements of assets and liabilities that do not belong any insurance fund established under the Act	22				
Total Risk Requirement of Insurer	**23**				
Capital Adequacy Ratio (%)	**24**				

Notes to Appendix B

1. Where the appointed actuary is satisfied that the results of the analysis will not be compromised, the appointed actuary may exclude selected items or insurance funds from the detailed projections and analysis. Such exclusions shall be appropriately disclosed and qualified.

2. In conducting valuation of assets and liabilities for the projections, the basis employed should be that prescribed in Insurance (Valuation and Capital) Regulations 2004. Where the basis employed deviates from the basis prescribed in Insurance (Valuation and Capital) Regulations 2004, such deviation shall be appropriately disclosed and qualified.

Appendix C

Short-Term Scenarios

Prescribed Scenario Tests

1. Short-term Scenario 1:

(a) 100% increase in mortality and morbidity experience;

(b) 100% increase in claims for the accident year from general insurance business exposed to natural calamities;

(c) 20% fall in value of equities and properties;

(d) 20% fall in new business premiums; and

(e) 10% fall in reinsurance recoverables.

2. Short-term Scenario 2:

(a) 30% fall in value of equities and properties;

(b) 30% fall in new business premiums;

(c) 200% increase in termination;

(d) Parallel -100bps yield curve shift with a parallel +100bps in the spread of corporate bonds; and

(e) 5% depreciation of Singapore currency.

List of Short-Term Risk Factors to Take Into Account to Form Scenarios

3. Mortality/ Morbidity: adverse deviation in experience

4. Investment returns

(a) Yield curve

(i) Parallel yield curve shift

(ii) No change for duration less than 5 years, parallel shift for duration more than 5 years, linear interpolation

(iii) Parallel shift for duration less than 5 years, no change for duration more than 5 years, linear interpolation

(iv) Change in credit spreads

(b) Equity market

(i) Equity crash - fall in all market, by market

(ii) Stock specific event risk -move in each individual stock, by stock

5. Expenses: increase in expenses

6. Termination rates: adverse deviation in experience

7. New business: fall in new business

8. Where material, the appointed actuary shall also include shock scenarios to company's experience in the next projection year arising from changes in:

(a) reinsurance ceded;

(b) reserving basis;

(c) exercise rate of policy options;

(d) distribution to shareholders;

(e) taxation; and

(f) any other relevant matters.

Appendix D

Medium-Term Scenarios

List of Medium-Term Risk Factors to Take Into Account to Form Scenarios

1. Mortality/ Morbidity: yearly deterioration in experience over the projection period

2. Investment returns

(a) Yield curve:

(i) Parallel yearly yield curve shift

(ii) No change for duration less than 5 years, yearly parallel shift for duration more than 5 years, linear interpolation

(iii) Yearly parallel shift for duration less than 5 years, no change for duration more than 5 years, linear interpolation

(iv) Change in credit spreads

(b) Equity market

(i) Equity dividend yield fall over the projection period

(ii) Equity total returns deteriorate over the projection period

3. Expenses: Yearly deterioration in experience over the projection period

4. Termination rates: Yearly deterioration in experience over the projection period

5. New business: Yearly fall in new business income over the projection period

6. Where material, the appointed actuary shall also include scenarios on deterioration of company's experience over the projection period arising from changes in:

(a) bonus scales;

(b) reinsurance ceded;

(c) reserving basis;

(d) exercise rate of policy options;

(e) distribution to shareholders;

(f) taxation; and

(g) any other relevant matters

Appendix E

Format for the Stress Test Report

Introduction

1. Purpose of the report
2. Limitations and reliance

Scenarios

3. Base scenarios
   - Construction of base scenario
   - Description of assumptions
4. Short-term scenarios
   - Construction of scenario
   - Description of assumptions that deviate from base scenario assumptions
5. Medium-term scenarios
   - Construction of scenario
   - Description of assumptions that deviate from base scenario assumptions

Methodology

6. Methodology
   - Projection software used
   - Description of projection model used

Results

7. Summary of results
   - Base scenario
   - Short-term scenarios
   - Medium-term scenarios
8. Qualifications of results (if any)

Analysis of Experience

9. Comparison of actual experience vis-ὰ-vis projection from the prior year.
10. Comment on the suitability of projection assumptions in light of experience.

Actuary's Assessment and Recommendation

11. General assessment on results of the projections and the implications on the financial condition of the insurer. The actuary's comments should include, but not be limited to, the following areas:

- the ability of the insurer to meet fund solvency requirements and capital adequacy requirement;
- risks that threaten the financial strength of the insurer.

12. Key areas of concern
13. Recommendations

Attachments

14. Detailed projections in the format presented in Appendices A and B

2-6 人寿保险资金资产的管理

MAS 317

2001 年 10 月 11 日

1. 此通知阐述了规范人寿保险资金资产管理过程的基本原则。每一从事人寿业务的保险人均应当保证，这些原则在任何时候均能得到严格遵守。

高级管理层的监督

董事会

2. 从事人寿业务的保险人（即“保险人”）的投资政策的制定、批准和确立最终必须由董事会负责。董事会应当始终不遗余力地履行监督职责，以保证保单持有人的权利和利益不会受到损害。

3. 基于保险人投资活动的目的，董事会应当组建一个委员会（即“投资委员会”），该委员会成员应包括主要执行官、指定精算师和首席投资官（或一名具备同等能力且负责投资事项的管理人员）。

4. 董事会应当根据保险人的活动和风险特征，从整体风险承受能力、长期风险回报要求、清偿能力状况等方面，每年至少对其进行一次审查。

向董事会汇报

5. 投资委员会应当定期向董事会汇报工作。如果董事会授权投资委员会可以进行投资决策，则每次召开董事会时，投资委员会应当汇报自上次董事会以来其所做出的所有重大决策。

6. 除上述报告之外，当具有重大影响的与投资有关的活动发生时，投资委员会还应就各种问题的细节及其对保险基金和保险人的影响编制报告，并提交给董事会。

投资委员会的职责

7. 投资委员会应当保证对董事会批准的投资政策以适当方式加以执行。此外，投资委员会应当代表董事会及时编制投资活动报告，以便对投资政策的执行进行全面监督。投资政策必须包含附件 A 所规定的主要内容。赋予投资委员会的职责应当包括（但不限于）：

a　对投资政策进行例行审查，以使其保持一贯适当，及时有效识别业务和经济环境方面的变化；

b　确保投资政策与支持新产品所必需的资产负债管理策略相一致；

c　确保分红基金的投资政策与保险人红利和/或股息分配方针相一致；

d　确保风险管理职能保持其适当性；

e　审查内部控制体系的适用性以便为投资活动提供支持；

f　确保保险人投资活动使用的各种资源足以用于执行和管理经董事会批准的投资政策以及董事会所要求的任何其他活动。

附件 A

董事会批准的书面投资政策的主要内容

主要内容应包括但不限于：

1. 确定每项主要产品种类的战略资产分配，即在主要投资类别中的长期资产组合。这应根据保险人的资产—负债管理、总体风险容忍度、长期风险回报要求和偿付能力状况等来确定。

2. 根据地理位置、市场、行业、竞争对手和货币等确定资产分配限制。

3. 制订选择单种证券和其他投资权益的总体方针。

4. 针对每个层次的决策，采用消极或更积极的投资管理[1]。

5. 针对积极管理，定义投资灵活性的范围，一般要制订数量化的资产风险敞口限额。

6. 取消或限制持有某种类型的资产的约束，例如，在因市场缺乏流动性而给资产处置增加难度时，或在缺少定价的独立（即外部）证明时。

7. 制订关于使用作为整体资产组合管理过程的一部分的金融衍生工具或具有衍生工具风险特征的结构性产品的总体政策。

8. 留存与保险资金有关的账本并建立所有资产交易的责任框架；这些均须接受年度审计。

9. 制订适当的保险人投资活动的风险管理政策。

---

1 被动管理是指为了维持预先确定的资产种类的战略组合，而根据市场指数进行投资交易。而主动管理则是指为了特意改变预先确定的战略组合，从而获得能够带来与原来的战略资产组合的风险收益不同的资产组合和收益。主动管理可以在不同层次上进行，例如，改变股票和固定收入投资间的资产组合；变更地理分配；在股票资产组合中，根据指数增加或减少股票；或在固定收入资产组合中，增加或减少资产组合的时间。

2 –6 Asset Management of Life Insurance Funds

1. This Notice sets out the basic principles that shall govern the oversight of the asset management process of life insurance funds. Every insurer carrying on life business shall ensure that these basic principles are strictly adhered to at all times.

Senior Management Oversight

Board of Directors

2. The responsibility for the formulation, approval and establishment of investment policies of an insurer carrying on life business ("the insurer") must rest ultimately with its Board of Directors. The Board of Directors shall exercise added oversight to ensure that the interests and rights of policyholders are not compromised at all times.

3. For the purpose of the insurer's investment activities, the Board of Directors shall establish a committee (the "Investment Committee") that shall include the Principal Officer, Appointed Actuary and chief investment officer (or an officer in a similar capacity responsible for the investment functions) .

4. At least once annually, the Board of Directors shall review the adequacy and relevance of the investment policy of the insurer- in terms of overall risk tolerance, long-term risk-return requirements and solvency position - in the light of the insurer's activities and risk profile.

Reports to the Board of Directors

5. The Investment Committee shall report regularly to the Board of Directors. If the Board of Directors delegates authority to the Investment Committee to make investment decisions on its behalf, the Investment Committee shall report to each meeting of the Board on any and all decisions of material consequence made since the last meeting of the Board of Directors.

6. In addition to the above reports, the Investment Committee shall also prepare reports for the Board of Directors, as and when any investment-related activity of material consequence arises, with details of the various issues and the impact on the funds and the insurer.

Duties of the Investment Committee

7. The Investment Committee shall ensure that a Board-approved investment policy of the insurer is implemented in an appropriate manner. It shall ensure that reports on investment activities are prepared in a timely manner for consideration on behalf of the Board of Directors so that it can provide general oversight of the investment policy of the insurer. The investment policy must incorporate the main elements as laid down in . Appendix A. The duties delegated to the Investment Committee shall include, but not be limited to the following functions:

a To review the investment policy of the insurer on a regular basis so that it remains appropriate, recognizing among other things, changes in business in-force and the economic environment;

b To ensure the investment policy is consistent with the asset-liability management strategies required to support any new products;

c To ensure the investment policy of the participating fund is consistent with the bonus and/or dividend policy of the insurer;

d To ensure the risk management functions continue to be appropriate;

e To review the adequacy of internal control systems to support investment activities; and

f To ensure resources dedicated to the investment activities of the insurer are sufficient to implement and manage the approved investment policy and any other activities requested by the Board of Directors.

Appendix A

Main Elements Of The Board-Approved Written Investment Policy

The main elements shall include but are not limited to the following:

1. Determination of the strategic asset allocation for each of the major product lines, that is, the long-term asset mix over the main investment categories. This shall be done with due regard to asset-liability management, overall risk tolerance, long-term risk-return requirements and solvency position of the insurer.

2. Establishment of limits for the allocation of assets by geographical area, markets, sectors, counterparties and currency.

3. Formulation of an overall policy on the selection of individual securities and other investment titles.

4. Adoption of passive or more active investment management[1] in relation to each level of decision-making.

5. In the case of active management, definition of the scope for investment flexibility, usually through the setting of quantitative asset exposure limits.

6. The extent to which the holding of some types of assets is ruled out or restricted where, for example, the disposal of the asset could be difficult due to the lack of liquidity of the market or where independent (i. e. external) verification of pricing is not available.

7. An overall policy on the use of financial derivatives as part of the general portfolio management process or of structured products that have the risk profile of derivatives.

8. Maintain proper books of account relating to the fund and establish the framework of accountability for all asset transactions; these have to be audited yearly.

9. Formulation of an appropriate risk management policy in respect of the investment activities of the insurer.

---

1 Passive management refers to the situation where investment transactions are undertaken in order to maintain a predefined strategic mix between asset categories, or within an asset category, possibly in accordance with market indices. Active management, on the other hand, refers to the situation where transactions are undertaken in order to deliberately deviate from the predefined strategic mix to achieve a risk-return profile different from that implied by the strategic portfolio composition. This may take place at various levels, for example by changing the portfolio mix between equities and fixed income investment; altering the geographical allocation; or, in an equity portfolio, over-and underweighting of shares against an index; and, in a fixed income portfolio, increasing or decreasing the duration of the portfolio.

2－7 关于寿险业务保单负债评估的通知

通知编号：MAS 319

发布日期：2004 年 8 月 24 日

［注释：阅读本通知，应当结合《保险（评估和资本）条例 2004》（G. N. No. S 498/2004）以及《保险（会计和报表）条例 2004》（G. N. No. S 494/2004）来理解］。

引言

1. 本通知根据《保险法》（Cap. 142）［以下简称“法案”］第 64 条第（2）款发布。本通知包含关于寿险业务保单负债评估和评估报告的强制要求及指导意见。

2. 本通知适用于

（a）根据《保险法》第 8 条，在目前已进行了寿险业务注册的任何保险人（专属保险人除外）；

（b）被当局核准的，为了实现《保险法》第 37 条第（1）款第（a）项的宗旨而调查已注册的保险人的寿险业务财务状况的精算师。

3. 本通知的规定分为如下两个部分：

（a）第一部分 —— 关于评估已注册保险人寿险业务保单负债的强制性要求；

（b）第二部分——关于以下内容的指导意见：

（i）评估已注册保险人寿险业务保单负债；

（ii）精算师对精算调查报告的准备。

4. 虽然对本通知第二部分里规定的指导意见有所背离，但其本身不等于违反了《保险法》，当局可以将此种背离视为决定保险人是否应当接受额外监管要求的因素。额外监管要求是保险人经营活动中风险增加的结果，包括基金偿付能力或者资本充足要求，这种要求高于《保险法》第 18 条的规定。

5. 本通知自 2005 年 1 月 1 日起生效。但是，如果保险人在 2005 年 1 月 1 日之前选择在风险资本框架下接受评估，其在按照新的报告格式制定会计报表或依《保险法》第 36 条要求的报表时，应当遵守本通知的规定。

定义

6. 基于本通知：

“会计条例”是指《保险（会计和报表）条例 2004》（G. N. No. S 494/2004）；

“预期未来支出”，如果可行，应当包括：有保证和无保证的收益、管理和销售费用，以及再保险保费；

“预期未来收入”，如果可行，包括未来保费、收费收入，以及再保险获得的赔偿；

“寿险保险人”，指已注册并从事寿险业务的保险人；

“无风险贴现率”，指以本通知附件 A 规定的方式确定的利率；

“评估日期”，指进行评估的日期；

“评估条例”，指《保险（评估和资本）条例 2004》（G. N. No. S 498/2004）。

7. 本通知中使用的概念，除本通知中有明确说明或上下文另有要求外，均与其在《保险法》、《评估条例》和《会计条例》中的含义一致。

背景

8. 评估条例规定了寿险保险人应当如何在逐单层面和保险基金层面来对其保单负债进行评估。总的来说，评估首先包括运用现实假定（包括对费用、死亡率和发病率、退保率等的假定）预测未来现金流，然后，以适当的利率对这些现金流进行折现。在评估过程中，要求提供能补偿背离最佳评估经验的额外准备金。

9. 评估条例规定，单个保单的保单负债（无论是分红保单、非分红保单还是投资连结保单）为该保单的预期未来支出减去预期未来收入（即最佳估计，简称为“BE”）后的数额和背离预期经验准备金（简称为“PAD”）的总额。对于分红保单，每一保单负债包括保单已担保的和未担保的收益所产生的预期支付的价值。

10. 依据评估条例，计算非分红基金或投资连结基金的保单负债时，应合并基金全部保单的保单负债。对于分红基金，基金的保单负债为下列各项的最高值：

（a）基金的各个保单负债的总额；

（b）最低条件负债（minimum condition liability）（代表有保证收益的价值）；

（c）保单资产（代表支持保单负债的资产的价值），

11. 评估条例明确规定了关于对待再保险，以及如何得出以红利的形式分配给分红保单的分红基金的数额的要求。

12. 本通知第一部分规定了进行寿险业务保单负债评估人员必须遵守的技术性的额外强制要求，而第二部分（i）为进行寿险业务保单负债评估的人员提供了技术指导。

13. 《保险法》第37条第（1）款第（a）项要求：保险人聘请当局认可的精算师对其每一会计期间的财务状况进行调查。这种调查包括对保险人保单负债的评估。《保险法》第37条第（1）款第（c）项要求：前面规定的保险人应向当局提交精算调查报告的摘要和关于此调查的证明；而会计条例则要求保险人向当局提交此报告的原文。本通知第二部分（ii）提供了关于精算师起草详细精算调查报告时应当披露的信息的指导意见。

第一部分 关于评估已注册保险人寿险业务保单负债的强制性要求

14. 寿险保险人应当确保精算师在对其寿险业务保单负债评估时遵守本通知第15至第17款的规定。

评估要求

贴现率

15. 在确定以下项目时，应当使用无风险贴现率－

（a）非分红型保单负债；

（b）投资连结保单的非投资单位准备金；以及

（c）分红基金的最低条件负债。

16. 在确定分红保单的负债时，应当像使用贴现率一样使用最佳预估投资回报。此最佳预估投资回报以支持分红基金保单负债的资产的预期投资回报为基础而得出。

无保证收益

17. 基于评估条例，“无保证收益”的计算应当包括以红利或股息的形式给保单持有人的预计未来分配和向分红基金盈余账户的预计未来分配。评估中假定的无保证收益水平应当考虑分红基金的保单资产和保险人涉及红利分配的内部保单。

第二部分（i） 评估已注册保险人寿险业务的保单负债指引

数据和评估系统

18. 评估中使用的数据应当是适当的。应当采取必要的措施来检验被比较数据的一致性、完整性和精确性。

19. 调查中使用的数据，应当与审计后的账户中已核对的数据一致。数据的任何瑕疵应当予以调整。

20. 保单负债核算中所使用的评估系统，应当恰当地运用一些方法及假设。

评估方法

寿险保险人采用的一般方法

21. 在确定保险人寿险业务保单负债（投资连结保单的投资单位准备金除外）时，预期未来支付减去预期未来收入的价值应当使用贴现预期现金流的方法得出。

22. 贴现预期现金流的方法要求保单持续期内预期未来支出和收入的明确预测。如果可行，应当包括以下参数：

（a）死亡和发病收益；

（b）生存和到期收益；

（c）退保收益；

（d）销售成本；

（e）管理费用；

（f）索赔费用（如果其没有包括在管理费用内）；

（g）支付给再保险方的保费和由此获得的赔付；

（h）期权费用

23. 对保单负债评估来说不重要的参数，不必明确地包括在预测中。

24. 预测中所使用的假定应当以最佳估计假定为基础，并且遵守本通知第 29 至第 41 款的规定。

25. 补偿以上得出的最佳估计价值的不确定性的预留将通过 PAD 提供。PAD 应当使用以上列出的同样的方法得出，但应当使用更保守的、包含最佳估计经验波动缓冲器的假定方法。

26. PAD 应当依照本通知第 42 至第 44 款的规定得出。

近似和简化法

27. 如果代表同类保险保单集合的模型测试点用来确定保单负债，则应当进行适度测试，以确保所使用的近似值的合理性，并且此近似值不会导致对保单负债的低估。

28. 对于非实质性产品、没有长期保证的产品或每年可续保的产品 ，可以使用简化法。如果在确定保单负债时使用简化法，精算师应当确保此方法的使用是适当的，并且不会导致对保单负债的低估。

评估假定

最佳估计

29. 预期未来支付和收入的确定，应当对全部相关的参数都使用最佳估计假定。

30. 最佳估计假定应当考虑保险人的经验，尤其应参考其近期经验的重要内容。

费用

31. 分离假定应当用来区别销售费用和管理费用。管理费用应当包括维持和索赔处理费用，这些都是以保险人实际的最近经验为基础的。

32. 如果未来的经历可能和实际经历不同，应当为有关管理费用的未来经历的潜在恶化或改善提供预留。但是，任何为预期管理费用的改善提供的预留应当有充分的理由支持，并且应当建立在以不超过自评估日期起三年的预测的基础上。

通货膨胀率

33. 管理费用预测应该考虑到通货膨胀率这一因素。

34. 标准通货膨胀对保险人的资产组合来说不是特定的。总体上来说它是经济运行的外部因素。参考公共的关于历史工资和价格上涨的可用信息及经济学家对未来工资和通货膨胀率的预测是一种适当的做法。

死亡率和发病率

35. 能够可靠地得出最佳估计假定的索赔经验数据，可能数据量不足。如果对这样的方法还满意的话，从产业数据中得出的假定会收到部分或全面重视。

36. 死亡率和发病率假定，应当以保费率的差异按性别、吸烟情况等细分为适当的类别。

37. 如果有保证的续保产品的某些类别存在对健康生命的有选择退保，在这些保单续保后，死亡率和发病率的恶化经历应当成为考虑的因素。

退保率

38. 在选择预期退保率时，应当考虑到保险人的经验数据。变化的公司业务和市场条件在未来可能影响保单的退保模式，这一点也必须考虑。

39. 应当注意有保证续保产品，在这一产品中，当保费率在续保日增加时，退保率可能出现突然的、暂时的上升。

红利和股息率

40. 在评估中假定的未来红利和股息率应当考虑保单资产和分红基金的红利政策。

41. 在设定红利和股息率时，应当参考最近的支持现时可行的红利和股息率的导出的红利调查研究，并且考虑不同保单之间的公平性。

背离准备金（PAD）

42. PAD 是保险负债价值的组成部分，它与最佳估计经验中的内在的不确定性相联系。因为 PAD 代表负债价值的额外组成部分，所以，它是用来确保保险负债的价值是充分的。

43. 在对提供意外的和健康收益的保单进行评估时，寿险保险人应当以 75% 的充足率水平为基础，来计算涉及意外和健康收益的这部分保单的 PAD 。

44. 如果使用了近似和简化法，应当提供额外的 PAD 来确保这些方法不会低估保单负债。

第二部分（ii） 关于编制精算调查报告（简称“报告”）的指引

45. 关于所使用的数据和评估系统，精算师在报告中应当列出以下内容：

（a）他所采取的，为了验证被比较数据的一致性、完整性和精确性的措施；

（b）如果他对这些数据进行了调整，这种调整的属性、数量和理由；

（c）他所采取的，为了审查评估系统的准确性所采取的措施；

（d）保单和保费的报表（作为附件附着于报告），提供每一保险基金的评估中所使用的数据大纲。（附件 B 给出了保单和保费报表的建议内容。）

46. 关于评估方法，精算师应当：

（a）说明执行评估所使用的方法；

（b）披露任何近似值或简化方式。

47. 关于评估假定，精算师应当：

（a）明确说明评估中使用的关键性假定；

（b）解释这些假定是如何得出的；

（c）如果评估中假定的红利和股息率与现时的尺度或最近红利调查研究支持的尺度不

同，则：

(i) 在假定的红利和股息率附件中披露这些现时的或可支持的红利尺度；

(ii) 并且解释假定的比率和现时可支持的比率之间的所有重要区别；

(d) 简要说明保险人的红利政策，应包含以下事项：

(i) 在红利或股息宣告前，将要支付的保费数量、保单的有效期间及其他要满足的条件；

(ii) 红利的分配是否按照每年收入的保费情况，或按照每一完整的日历年度，或是保险年度；如果都不是的话，则应说明红利是如何分配的；

(iii) 红利是否立即进行分配，如果不是的话，说明保留红利的条件；

(e) 披露得出 PAD 所使用的方法，并证明其是正当的；

(f) 披露假定相对于先前评估活动的任何重大改变，并证明其是正当的，且量化这些改变所产生的财务影响。

48. 精算师应当在其报告中包含保险人的寿险业务的经验分析，以评价先前评估中使用的假定对当年实际经历的背离。如果经历和先前的评估假定之间存在实质性区别，精算师应当证明该区别是正当的，并且解释在当前的评估中是如何反映的。

49. 精算师应当详细列出每一产品类型的评估依据，并作为报告的附件。如果在评估某类产品时进行了合并，精算师应当说明合并的类别。

50. 精算师应当披露其违背本通知第二部分规定的指引的程度，并且对此种违背做出合理解释。

51. 在报告中，精算师应当填写其姓名及专业资格；并且，如果精算师是保险人或关联公司的雇员的话，还应填写他在执行调查中具有的权力。

附件 A

无风险贴现率的确定

1. 对于非分红保单负债、投资连结保单的非投资单位准备金、分红基金的最低条件负债的评估，均使用无风险贴现率。

2. 依据本附件第 5 款的规定，对于新加坡元计价的负债，其“无风险贴现率”是指：

（a）对于期限为 10 年或更短的负债，评估日匹配期限的新加坡政府证券的市场收益；

（b）对于期限为超过 10 年但少于 15 年的负债，从 10 年期新加坡政府证券 的市场收益以内插值替换的收益和稳定的长期无风险贴现率（“LTRFDR”）；

（c）对于期限为超过 15 年的负债，稳定的长期无风险贴现率。

3. 在确定稳定的长期无风险贴现率时，应考虑以下若干因素：

- 长期新加坡政府证券的历史收益；
- 主要的长期新加坡政府证券市场收益；
- 历史的、预期的未来利率走向。

4. 寿险保险人应当确保精算师在评估第 1 款规定的负债的时候，按照以下程序计算稳定的长期无风险贴现率：

（a）计算 10 年期新加坡政府证券自其起始之日起的日平均收盘收益；

（b）计算 10 年期和 15 年期新加坡政府证券之间的日平均收盘收益差别；

（c）通过增加按照第（a）和第（b）项获得的价值得出估计的长期收益；

（d）计算 15 年期新加坡政府证券的过去 6 个月内主要日平均收盘收益 ；

（e）按照第（c）项得出的估计的长期收益占 90% 的比重，而按照第（d）项得出的主要平均收益占 10% 的比重，然后四舍五入到最近的 10 个基本点，得出长期无风险贴现率。

5. 如果期限超过 10 年的保单负债，与保险人作为预期现金流而持有的某些证券相匹配，在评估这部分保单负债时，保险人可以使用评估之日匹配期限的新加坡政府证券的市场收益作为无风险贴现率。当局在任何时候都可以要求保险人在当局指定的期限内，向当局提交全部必要的证明这些保单负债与债权相匹配的文件证据。

6. 对于以国外货币计价的负债，“无风险贴现率”是指在评估之日类似期限的该外国政府证券的市场收益。

附件 B

保单和保费报表

根据本通知的第 45 款，以下项目应当分别制定保单和保费报表：

（a）保险人设立和维持的每一保险基金；以及

（b）再保险扣除之前和之后的情况。

这些报表应当包括以下内容：

1. 对于全部寿险分红保单和非分红保单

（a）投保总金额，同时显示从最低到最高年龄各个年龄段的金额，和（如果相关的话）复归红利的总金额；

（b）未来保费年度支付金额，同时显示每一年龄段的金额，并且区分在评估中被贷计的保费和未被贷计的保费（编制一定年度内可收取保费的报表，并且根据剩余的若干年的支付的金额进行分类）。

2. 对于养老保单

（a）分红和非分红保单投保总额，同时显示每一保单到期应支付的年度金额，和（如果相关的话）复归红利的总额；

（b）未来保费年度支付金额，同时显示每一保费到期年度支付的金额，并且区分在评估中被贷计的保费和未被贷计的保费。

3. 对于纯养老保单

（a）投保总金额；

（b）未来保费年度支付金额。

在每一情形下，都要说明每一保险到期应支付的年度金额 。

4. 对于上面不包括的保单

（a）分红和非分红保单投保总金额，根据具体情况而定。同时，显示（如果相关的话）复归红利的总额；

（b）未来保费支付的年度金额，并且区分在评估中被贷计的保费和未被贷计的保费。

不同类别保单的报表应当分别制作。

5. 即期年金的总额，同时分别显示每一年龄段的合计金额，并且区分男性和女性。

6. 对于年金（即期年金除外）

（a）年金的总金额，同时分别显示不同种类年金的金额；

（b）未来保费支付的年度金额。

2 – 7 Notice on Valuation of Policy Liabilities of Life Business

Notice No : MAS 319

Issue Date : 24 August 2004

[Note: This Notice should be read in conjunction with the Insurance (Valuation and Capital) Regulations 2004 (G. N. No. S 498/2004) and the Insurance (Accounts and Statements) Regulations 2004 (G. N. No. S 494/2004).]

Introduction

1. This Notice is issued pursuant to section 64 (2) of the Insurance Act (Cap. 142) ["the Act"] and comprises both mandatory requirements and guidelines on the valuation of policy liabilities in respect of life business and the reporting of such valuation.

2. This Notice applies to —

(a) any insurer (except a captive insurer) which is for the time being registered under section 8 of the Act in respect of life business; and

(b) any actuary approved by the Authority to conduct an investigation for the purpose of section 37 (1) (a) of the Act into the financial condition of the life business of a registered insurer.

3. This Notice sets out the following in two parts:

(a) Part I-Mandatory requirements on the valuation of policy liabilities relating to the life business of a registered insurer;

(b) Part II-Guidelines on—

(i) valuation of policy liabilities relating to the life business of a registered insurer; and

(ii) the preparation of the actuarial investigation report by the actuary.

4. While any deviation from the guidelines set out in Part II of this Notice does not of itself amount to an offence under the Act, the Authority may consider such deviation as one of the factors in determining whether the insurer should be subject to additional supervisory requirements as a result of the increased risk in the operations of the insurer, including a fund solvency or capital adequacy requirement which is higher than those prescribed under section 18 of the Act.

5. This Notice shall come into effect on 1 January 2005. However, where an insurer elects to be assessed under the risk-based capital framework before 1 January 2005, the insurer shall comply with the requirements set out in this Notice when it prepares statements of account and other statements as required under section 36 of the Act under the new reporting format.

Definitions

6. For the purposes of this Notice:

"Accounts Regulations" means the Insurance (Accounts and Statements) Regulations 2004 (G. N. No. S 494/2004);

"expected future payments" includes, where applicable, guaranteed and nonguaranteed benefits, management and distribution expenses, and reinsurance premiums;

"expected future receipts" includes, where applicable, future premiums, charges and fee income, and reinsurance recoverables;

"life insurer" means an insurer registered to carry on life business;

"risk-free discount rate" means the interest rate determined in the manner described in Annex A of this Notice;

"valuation date" means the date on which the valuation is made; and

"Valuation Regulations" means the Insurance (Valuation and Capital) Regulations 2004 (G. N. No. S 498/2004).

7. The expressions used in this Notice shall, except where expressly defined in this Notice or where the context otherwise requires, have the same respective meanings as in the Act, the Valuation Regulations and the Accounts Regulations.

Background

8. The Valuation Regulations stipulate how life insurers are required to value their policy liabilities both at the policy-by-policy level and at the insurance fund level. Generally, valuation involves first a projection of future cash flows using realistic assumptions (including assumptions on expenses, mortality and morbidity rates, lapse rates, etc.), and then discounting these cash flow streams at appropriate interest rates. Additional provision is required in the valuation process to allow for any adverse deviation from the best estimate experience.

9. The Valuation Regulations provide that the policy liability for any single policy (be it a participating policy, a non-participating policy or an investment-linked policy) is the sum of the value of expected future payments less expected future receipts arising from the policy (i. e. the best estimate or "BE") and any provision made for any adverse deviation from the expected experience ("PAD"). For participating policies, the liability in respect of each policy shall include the value of expected future payments arising from both guaranteed and non-guaranteed benefits of the policy.

10. According to the Valuation Regulations, the policy liabilities of a non-participating fund or an investment-linked fund is calculated by aggregating the policy liabilities of all policies in the fund. For a participating fund, the policy liabilities of the fund is taken to be:

(a) sum of the liability in respect of each policy of the fund;

(b) minimum condition liability (which represents the value of guaranteed benefits); and

(c) policy assets (which represents the value of assets backing the policy liabilities), whichever is the highest.

11. Requirements on the treatment in relation to reinsurance and the derivation of the amount of the participating fund allocated by way of bonus to participating policies are specified in the Valuation Regulations.

12. Part I of this Notice describes the additional mandatory requirements of a technical nature that the person conducting the valuation of policy liabilities of life business has to comply with, while Part II (i) provides technical guidance for persons conducting the valuation of policy liabilities relating to life business.

13. Section 37 (1) (a) of the Act requires an insurer to have an investigation made into its financial condition for each accounting period by an actuary approved by the Authority. Such investigation involves the valuation of the insurer's policy liabilities. Section 37 (1) (c) of the Act requires the insurer to lodge with the Authority an abstract of the actuarial investigation report and a certificate relating to such investigation, while the Accounts Regulations requires the insurer to lodge with the Authority the report itself. Part II (ii) of this Notice provide guidance on the information

that should be disclosed when an actuary prepares the full actuarial investigation report.

Part I Mandatory requirements on the valuation of policy liabilities relating to the life business of a registered insurer

14. A life insurer shall ensure that the actuary complies with paragraphs 15 to 17 of this Notice in the valuation of policy liabilities relating to life business of the life insurer.

Valuation requirement

Discount rates

15. The risk-free discount rate shall be used in determining —

(a) the liability in respect of a non-participating policy;

(b) the non-unit reserves of an investment-linked policy; and

(c) the minimum condition liability of a participating fund.

16. The best estimate investment returns shall be used as the discount rates in determining the liability in respect of a participating policy. This best estimate investment return is derived based on the expected investment returns of assets backing the policy liabilities of the participating fund.

Non-guaranteed benefits

17. For the purposes of the Valuation Regulations, the calculation of "non-guaranteed benefits" shall include projected future allocations to policyholders by way of bonuses or dividends and to the surplus account of the participating fund. The level of non-guaranteed benefits assumed in the valuation shall take into account the policy assets of the participating fund and the insurer's internal policy on bonus allocation.

Part II (i) Guidelines on the valuation of policy liabilities relating to the life business of a registered insurer

Data and Valuation System

18. The data used in the valuation should be appropriate. Necessary steps should be taken to verify the consistency, completeness and accuracy of the data collated.

19. The data used in the investigation should be consistent with the data collated to the audited accounts. Any weaknesses in the data should be adjusted for.

20. The valuation system used in the calculation of policy liabilities should apply the methods and assumptions correctly.

Valuation Methodology

General approach to be taken by the life insurer

21. In determining the liability in respect of a policy relating to the life business of the insurer (other than the unit reserves of the investment-linked policy), the value of expected future payments less expected future receipts should be derived using a discounted prospective cash-flow method.

22. The discounted prospective cash flow method requires explicit projection of expected future payments and receipts over the durations of the policy. This should include, where applicable, the following parameters:

(a) mortality and morbidity benefits;

(b) survival and maturity benefits;

(c) surrender benefits;

(d) distribution costs;

(e) management expenses;

(f) claims expenses if not already included as part of management expenses;

(g) premiums payment to and claims recoveries from reinsurance counterparty;

(h) cost of options.

23. Parameters that are immaterial to the valuation of policy liabilities may be excluded from being included explicitly in the projection.

24. The assumptions used in the projection should be based on the best estimate assumptions and in accordance with paragraphs 29 to 41 of this Notice.

25. Further allowance for the uncertainty of the best estimate value derived above will be provided through the PAD. The PAD should be derived using the same method outlined above but with more conservative assumptions containing a buffer against fluctuations of the best estimate experience.

26. The PAD should be derived in accordance with paragraphs 42 to 44 of this Notice.

Approximations and simplified methods

27. Where model points representing groups of homogeneous insurance policies are used in determining policy liabilities, goodness of fit tests should be conducted to ensure the appropriateness of approximations used and the approximations do not lead to any understating of policy liabilities.

28. Simplified methods may be used for products that are immaterial, products that are not of a long term guaranteed nature or yearly renewable term products. Where simplified methods are used in determining policy liabilities, the actuary should ensure that the use of such methods are appropriate and do not lead to any understating of policy liabilities.

Valuation Assumptions

Best Estimate

29. The expected future payments and receipts should be determined using best estimate assumptions for all relevant parameters.

30. The best estimate assumptions made should have regard to the experience of the insurer, with particular reference to significant aspects of recent experience.

Expenses

31. Separate assumptions should be identified for the distribution expenses and management expenses. Management expenses should include maintenance and claims handling expenses, based on the insurer's actual recent experience.

32. If the future experience is likely to be different from actual experience, allowance should be made for any potential deterioration or improvement in the future experience relating to management expenses. However, any allowance for the improvement in the projected management expenses should be supported by strong justification and should be based on projections not extending beyond 3 years from the valuation date.

Inflation Rate

33. The inflation rate should be factored into the projection of the management expenses.

34. Standard inflation is not specific to an insurer's portfolio. It is an external factor operating in the economy at large. It is appropriate to refer to publicly available information on historic wage and price inflation and economists' forecasts to estimate the future wage and price inflation rates.

Mortality and Morbidity

35. There may be an insufficient amount of claim experience data on which to reliably derive the best estimate assumptions. Partial or full weight may be given to assumptions drawn from industry data, if satisfied that such an approach is appropriate.

36. The mortality and morbidity assumptions should be broken down into appropriate grouping by sex and smoking status according to the way the premium rates are differentiated.

37. Where there are selective lapses by healthy lives for certain types of guaranteed renewable products, the deterioration of mortality and morbidity experience after the renewal of these policies should be factored in.

Lapse and Surrender rates

38. In the selection of the expected lapse and surrender rates, the insurer's experience data should be considered. The changing company practices and market conditions that may affect the lapse and surrender pattern of the policies in the future should also be taken into account.

39. Regard should be had to guaranteed renewable products where the lapse rates are likely to show a sudden and temporary increase when the premium rates are increased at renewal date.

Bonus and Dividend Rates

40. The future bonus and dividend rates assumed in the valuation should take into account the policy assets and bonus policy of the participating fund.

41. In setting the bonus and dividend rates, reference should be made to the latest bonus investigation study that supports the derivation of the current applicable bonus and dividend rates, and consider the fairness and equity among different policies.

Provision for Adverse Deviation (PAD)

42. The PAD is the component of the value of the insurance liabilities that relates to the inherent uncertainty in the best estimate experience. As the PAD represents an additional component of the liability value, it is therefore aimed at ensuring that the value of the insurance liabilities is established at an adequate level.

43. In the valuation of any policy that provides accident and health benefits, the life insurer should calculate the PAD in respect of the part of the policy relating to accident and health benefits based on the 75 per cent level of sufficiency.

44. Where approximations and simplifications are made, there should be additional PAD to ensure that such methods do not understate the policy liabilities.

Part II (ii) Guidelines on the preparation of the actuarial investigation report ["the report"]

45. On the data and valuation system used, the following should be presented by the actuary in the report:

(a) the steps taken by him to verify the consistency, completeness and accuracy of the data collated;

(b) where he has made any adjustment to the data is made, the nature, amount and rationale for such adjustment;

(c) the steps taken by him to review the accuracy of the valuation system; and

(d) a statement of policies and premiums, inserted as an appendix, to provide a synopsis of the data used in the valuation for each insurance fund. (The recommended content for the statement of policies and premiums is given in Annex B.)

46. In relation to the valuation methodology, the actuary should —

(a) explain the method used for carrying out the valuation; and

(b) disclose any approximation or simplifications made.

47. With regard to valuation assumptions, the actuary should —

(a) state clearly the key assumptions used in the valuation;

(b) explain how the assumptions are derived;

(c) where the bonus and dividend rates assumed in the valuation are different from the current scale or the scale supportable by the latest bonus investigation study —

(i) disclose such current or supportable bonus scale alongside the assumed bonus and dividend rates; and

(ii) explain any material difference between the assumed rates and the current supportable rates;

(d) briefly explain the bonus policy of the insurer, which shall include the following matters:

(i) the number of years' premiums to be paid, the duration for which the policy has been in force, and other conditions to be fulfilled, before a bonus or dividend is declared;

(ii) whether the bonus is allocated in respect of each year's premiums paid, or in respect of each completed calendar year or year of insurance or, if not, how the bonus is allocated; and

(iii) whether the bonus vests immediately on allocation or, if not, the conditions for vesting;

(e) disclose and justify the method used in deriving PAD; and

(f) disclose and justify any material change in assumption from the previous valuation exercise, and quantify the financial implication arising from such change.

48. The actuary should include in his report an analysis of the experience in respect of life business of the insurer to review the assumptions used in the previous valuation against the actual experience emerging during the year. If there are material differences between the emerging experience and the previous valuation assumptions, the actuary should justify the difference and explain how that has been reflected in the current valuation assumptions.

49. The actuary should present a detailed valuation result for each product type as an Appendix to the report. Where there has been some aggregation made to value a group of products, the actuary should show the grouping of the aggregation.

50. The actuary should disclose the extent to which he has deviated from the guidelines set out in Part II of this Notice and explain the rationale of such deviation.

51. The actuary should state in the report his name, professional qualifications and, where the actuary is an employee of the insurer or a related corporation, the capacity in which he is carrying out the investigation.

Annex A

Determination of Risk-free Discount Rate

1. The risk-free discount rate shall be used for the valuation of liabilities in respect of non-participating policies, non-unit reserves of investment-linked policies, as well as the minimum condition liability of participating funds.

2. Subject to paragraph 5 of this Annex, for Singapore Dollar-denominated liabilities, "risk-free discount rate" means—

(a) for the duration of a liability which is 10 years or less, the market yield of Singapore Government Securities ("SGS") of a matching duration as at the valuation date;

(b) for the duration of a liability which is more than 10 years but less than 15 years, a yield that is interpolated from the market yield of the 10-year SGS and a stable long-term risk-free discount rate ("LTRFDR"); and

(c) for the duration of a liability which is 15 years or more, a stable LTRFDR.

3. In arriving at a stable LTRFDR, several factors shall be considered. They are —

- historical yields of long-dated SGS;
- prevailing long-dated SGS market yields; and
- historical as well as expected future interest rate trends.

4. The life insurer shall ensure that the actuary, in valuing the liabilities as referred to in paragraph 1, calculate the stable LTRFDR according to the following procedure:

(a) compute the average daily closing yield of the 10-year SGS since its inception;

(b) compute the average daily yield differential between the 10-year and 15-year SGS;

(c) derive an estimated long-term yield by adding the values obtained under subparagraphs (a) and (b);

(d) compute the prevailing average daily closing yield of the 15-year SGS over the past 6-month period;

(e) allocate 90% weight to the estimated long-term yield under sub-paragraph (c), and 10% weight to the prevailing average yield under sub-paragraph (d), and round-up the figure to the nearest 10 basis points to arrive at the LTRFDR.

5. Where such part of its policy liabilities which has a duration of more than 10 years is matched with some debt securities held by the insurer in terms of expected cash flows, the insurer may use the market yield of SGS of a matching duration as at the valuation date as the risk-free discount rate in valuing such part of its policy liabilities. The Authority may at any time require the insurer to produce all necessary documentary evidence of the matching of such policy liabilities with the debt securities to the Authority within such time as may be specified by the Authority.

6. For liabilities denominated in a foreign currency, "risk-free discount rate" means the market yields of the foreign government securities of similar duration at the valuation date.

Annex B

Statement as to Policies and Premiums

In relation to paragraph 45 of the Notice, separate statements as to policies and premiums should be made for —

(a) each insurance fund established and maintained by the insurer; and

(b) the situation before and after deduction for reinsurance.

Each of such statement should contain the following particulars:

1. As regards whole life participating and non-participating policies, —

(a) the total amount insured, showing the amount for each year of life from the youngest to the oldest ages, and (where relevant) the total amount of reversionary bonus; and

(b) the amount per year of future premium payments, showing the amount for each year of life and distinguishing premiums for which credit is taken in the valuation from extra premiums for which credit is not taken (a separate statement being made as to premiums payable for a limited number of years, classified according to the number of years' payments remaining to be made) .

2. As regards endowment policies, —

(a) the total amount insured for both participating and non-participating policies, showing the amount for each year in which the insurances will mature for payment and (where relevant) the total amount of reversionary bonus; and

(b) the amount per year of future premium payments, showing the amount for each year in which the policies will mature for payment and distinguishing premiums for which credit is taken in the valuation from extra premiums for which credit is not taken.

3. As regards pure endowment polices, —

(a) the total amount insured; and

(b) the amount per year of future premium payments,

in each case showing the amount for each year in which the policies will mature for payment.

4. As regards to policies not included above —

(a) the total amount insured for both participating and non-participating policies, as the case may be, showing (where relevant) the total amount of reversionary bonus; and

(b) the amount per year of future premium payments, distinguishing premiums for which credit is taken in the valuation from extra premiums for which credit is not taken.

Separate statements shall be made for different types of policies.

5. The total amount of immediate annuities on lives, showing the amount separately for each year of life and distinguishing male and female lives.

6. As regards annuities on lives (other than immediate annuities) —

(a) the total amount of annuities, showing the amount separately for annuities of different descriptions; and

(b) the amount per year of future premium payments.

2－8 新加坡保险资金投资

1. 保险人在确定新加坡保险资金（简称 SIF）资产的认可价值时，必须遵守《保险条例（1999 年修订版）》第 18 条和第 18 A 款对投资和交易对手风险暴露限额的规定。在以投资限制作为一个宽泛的框架来提升保险资金资产质量的同时，保险人还必须在投资中遵循审慎原则。

投资连结业务

2. 上述条例不适用于人寿保险人的投资连结业务。

对金融机构存款的豁免

3. 根据《保险条例（1999 年修订版）》第 18 条，保险人对一家特许金融机构或一组相互关联的特许金融机构的交易对手风险暴露的认可价值上限为 SIF 资产的 20%。此外，对任一家商业银行或金融公司的交易对手风险暴露上限为 SIF 资产的 5%。

4. 但是，保险人和再保险人在存款 3,000,000 美元的限额内无需遵照上述交易对手上限；相应地，其他所有对该金融机构的交易对手风险暴露，均不得看做是 SIF 资产。

投资上限应用举例

5. 以下所附的例证，旨在阐释以下规定中投资限额的含义及其应用：(i) 第 3、4 条关于交易对手风险暴露的规定；(ii)《保险条例（1999 年修订版）》附表第 5 项和第 6 项关于外币计价资产和海外资产风险暴露的规定：

(i) 交易对手风险暴露限额（CEL）

保险人投资于 XYZ 公司（一家特许的金融机构）的总资产和认可资产如下：

	例 1 (SIF = $ 5m) (CEL = $ 1m)		例 2 (SIF = $ 14m) (CEL = $ 2.8m)		例 3 (SIF = $ 16m) (CEL = $ 3.2m)	
对 XYZ 公司的投资	总资产 ($ m)	认可资产 ($ m)	总资产 ($ m)	认可资产 ($ m)	总资产 ($ m)	认可资产 ($ m)
存款	2	2	4	3	3	3
股票	1	0	1	0	1	0.2
债券	2	0	1	0	0	0
总计	5	2	6	3	4	3.2

(ii) 外币计价资产和海外资产限额

	例证 1 （SIF = $ 500m）		例证 2 （SIF = $ 500m）		例证 3 （SIF = $ 500m）	
外币计价资产和 海外资产投资	总资产 （$ m）	认可资产 （$ m）	总资产 （$ m）	认可资产 （$ m）	总资产 （$ m）	认可资产 （$ m）
特许金融机构中的外币存款，以外币形式持有的 AA 级以上（包括 AA 级）固定收益证券和在任一证券交易所上市的股票	90	90	—	—	180	150
其他外币计价资产和海外资产	120	60	180	100	—	—
总计	210	150	180	100	180	150

衍生工具

引言

6. 在过去的 20 多年里，衍生工具的运用在全球范围内得到迅速发展壮大。衍生工具的不当运用也致使一些金融机构蒙受了重大的财务损失。问题主要出在缺乏对这一金融工具的风险的理解以及缺乏审慎的管理监督。然而，如果以投机为目的并错误地低估风险，那么，即使由专业投资者运用衍生工具，也难免蒙受重大损失。

7. 运用衍生工具会导致投资业绩的波动及投资风险和杠杆系数的增加。为缓和对这一问题的忧虑，并保证保险资金的长期财务稳健性，现为打算将保险资金投资于衍生工具的保险人拟定下述指引。

审慎管理监督

8. 保险人是期待中的对衍生工具交易实施审慎管理监督和适当控制的第一责任人。董事会应该明确批准衍生工具的书面政策，同时，要拟定合适的风险限额。倘若聘用公司以外的资产管理人管理，则保险人必须确保高级管理层能够监督这些管理人对批准的政策和程序的执行情况。

9. 保险人应确保实行完善的风险管理体系和控制体系。此类措施应包括如下内容：执行职能和监督管理职能的适当分立；清晰划定职员的授权范围；合适的执行监控程序；持续的风险监控程序以及及时的管理报告。还应具备合理的审计程序，以确保遵守企业政策和程序以及法律规范。从事衍生工具交易的雇员，也应当称职并且训练有素。

许可的衍生工具交易活动

10. 由于投机交易可能会带来潜在的重大财务损失，所以，保险人要利用衍生工具达到套期保值的目的。可进行列于下文的有效组合管理（EPM）的许可的交易。

（i）套期保值

11. 保险人必须清楚地判定，衍生工具交易仅作为套期保值工具而达到套期保值的目的。套期保值交易必须有相应的基础投资，且能降低公司的投资风险。为确保衍生工具交易合约能降低风险，必须在衍生工具价值变动和套期保值投资价值变动之间存在高度的负相关性。倘若在衍生合约有效期内无论如何均无法达到“降低投资风险”的要求，则保险人必须退出此种衍生工具交易。

12. 在基础投资没有固定收益安排的情况下（如股权证券），当套期保值是为了轧平外汇风险时，保险人需加倍谨慎。

13. 保险人可运用远期合约、期货、掉期交易和期权来对冲基础投资，但这必须满足第 11 款中的条件。

14. 保险人需在其年度财务报告中披露其会计政策及衍生工具风险暴露情况（包括衍生工具投资在保险基金资产中所占百分比）。

(ii) 其他用于有效组合管理（EPM）的许可交易

15. 对于一宗用于有效组合管理的交易，应要求：

(a) 该交易必须经济实惠；

(b) 覆盖了所有的风险，以便能应付任何可能会出现的债务；

(c) 此类交易至少能达到以下三个目的中的一个

* 降低风险；
* 在不增加风险或风险增加最小的情形下降低成本；
* 在不增加风险或在风险水平可接受的情形下，产生额外资金或收益。

16. 允许保险人运用如下金融工具进行有效组合管理

* 期权；
* 外汇、股价指数、远期利率合约、利率期货合约；
* 利率掉期交易；
* 信用衍生工具。

17. 保险人不得在衍生工具交易中存在未抛补头寸。必须在保险资金中储备外汇、股价指数、远期利率合约和利率期货合约，必须提供现金以及类现金资产（在交易日期之前赎回在特许金融机构中的存款或借贷给特许金融机构的款项），以便为交易合约的足额价值提供支持。此项要求亦适用于利率掉期交易的价值和未备基金的信用衍生工具交易及短期期权头寸的基础资产的名义总额。

18. 支持合约的现金资产或类现金资产——包括存于交易所结算成员处的初始保证金——应当按照衍生合约所产生的基础资产风险暴露对其进行分类。举例来说，购买日经股价指数期货的保险人，理应报告投资于海外权益股本（非所有权）的已增加风险（与交易合约足额价值等值）。

19. 未交割的衍生工具交易合约，应当按照账面价值和市场价值两者中的较低者计值。应当将未实现损失作为资产价值的减值对待。

20. 信用衍生合约的等级，应为可投资级别（穆迪评级为Baa级及其以上，标准普尔评级为BBB级及其以上）及其以上。倘若信用衍生合约未被评级时，参考资产和买方（或间接购买方）保障的等级应为可投资级别及其以上。如果信用衍生合约、参考资产和买方（或间接购买方）保障的信用等级跌至可投资级别以下，则合约不再被接受。

禁止条款

21. 除非衍生合约缔约方的惠誉国际评级或穆迪评级高于C级，否则不得签订此类合约。

22. 随着金融工程的产生，衍生工具的复杂性与日俱增。不得使用诸如衍生工具的衍生工具、期权的期权和期权的掉期交易此类的复合衍生工具或奇异的衍生工具。此类复合金融工具的风险是最终用户难以把握的，保险人理应避免使用此类金融工具。

23. 该条已被新加坡金融管理局2004的MAS104（修正案）删除。

虚拟新加坡元资产

24. 完全用于对冲新加坡元的外币计价的固定收益或浮动利率证券，符合下述条件时，即可将其视为新加坡元资产：

i. 用来对冲的远期外汇合约与外币计价的基础证券在现金流和偿还期方面相匹配。

ii. 用于套期保值的外汇衍生合约是与新加坡金融管理局授权的金融机构和满足第21款规定的评级要求的金融机构缔结的。

iii. 外币计价证券的评级必须为穆迪Baa级和标准普尔BBB级或以上。

25. 虚拟新加坡元资产无需遵照《保险条例（1999 年修订版）》第 18 款对外币计价证券和海外资产所规定的投资限额。然而，当外币计价的固定收益或浮动利率资产不能满足以上所列条件时，则应该将其归为《保险条例（1999 年修订版）》第 18 款所定义的外币计价资产。

2 – 8 Investment of Singapore Insurance Fund Assets

1. Insurers are required to comply with the investment and counterparty exposure limits prescribed in Regulations 18 and 18A of the Insurance Regulations (Revised Edition 1999) in determining the admitted values of their Singapore Insurance Fund (SIF) assets. While the investment limits serve as a broad framework to enhance the quality of insurance fund assets, insurers are required to exercise prudence in their investments.

Investment-Linked Business

2. The above Regulations do not apply to the investment-linked business of life insurers.

Exemption for Deposits in Financial Institutions

3. Under Regulation 18A of the Insurance Regulations (Revised Edition 1999), the admitted value of an insurer's counterparty exposure with any one approved financial institution or group of approved financial institutions related to one another is subject to a limit of 20% of its SIF assets. In addition, the counterparty exposure with any one merchant bank or finance company, is subject to a limit of 5% of SIF assets.

4. Insurers and reinsurers are, however, exempted from complying with the above-mentioned counterparty limits, for deposits up to $ 3, 000, 000, and accordingly all other counterparty exposure with that financial institution are not admitted as SIF assets.

Illustrations on Application of Investment Limits

5. Appended below are some illustrations to clarify the interpretation and application of the investment limits in (i) paragraphs 3 and 4 above on counterparty exposure, and (ii) items 5 and 6 in the Schedule to the Insurance Regulations (Revised Edition 1999) on exposure to foreign currency-denominated and overseas assets:

(i) Counterparty Exposure Limits (CEL)

The total and admitted assets of an insurer's investments in XYZ Ltd (an approved financial institution) is illustrated as follows:

	Illustration 1 (SIF = $ 5m) (CEL = $ 1m)		Illustration 2 (SIF = $ 14m) (CEL = $ 2. 8m)		Illustration 3 (SIF = $ 16m) (CEL = $ 3. 2m)	
Investments in XYZ Ltd	Total Assets ($ m)	Admitted Assets ($ m)	Total Assets ($ m)	Admitted Assets ($ m)	Total Assets ($ m)	Admitted Assets ($ m)
Deposits	2	2	4	3	3	3
Equities	1	0	1	0	1	0. 2
Bonds	2	0	1	0	0	0
Total	5	2	6	3	4	3. 2

(ii) Limits on Foreign Currency-Denominated and Overseas Assets

	Illustration 1 (SIF = $ 500m)		Illustration 2 (SIF = $ 500m)		Illustration 3 (SIF = $ 500m)	
Investments in Foreign- Currency Denominated and Overseas Assets	Total Assets ($ m)	Admitted Assets ($ m)	Total Assets ($ m)	Admitted Assets ($ m)	Total Assets ($ m)	Admitted Assets ($ m)
Foreign currency deposits with an approved financial institution, foreign currency fixed income securities graded AA and above and eqities listed on any stock exchange	90	90	—	—	180	150
Other foreign currency-denominated and overseas assets	120	60	180	100	—	—
Total	210	150	180	100	180	150

Derivatives

Introduction

6. There has been rapid global development and proliferation in the use of derivatives over the last two decades. Improper use of derivatives has led to significant financial losses incurred by some institutions. The problems are largely the results of a lack of understanding of the risks of the instruments, and a lack of prudent management oversight. However, even professional investors using derivatives have incurred heavy losses through taking speculative positions and misjudging downside risks.

7. The use of derivatives could lead to volatility in investment performance and an increase in investment risks and gearing. To mitigate this concern and ensure the long-term financial soundness of insurance funds, the following are guidelines for insurers who intend to use derivatives for the insurance funds.

Prudent Management Oversight

8. Insurers are first and foremost expected to exercise prudent management oversight and implement adequate controls over derivative transactions. The Board of Directors should approve clearly written policies on derivatives, and lay down appropriate risk limits. Where external asset managers are used, insurers must ensure that senior management is in a position to monitor the performance of those managers against approved policies and procedures.

9. Insurers should ensure that adequate risk management systems and controls are in place. These should include, among other things, a proper segregation of execution and monitoring/performance measurement functions, clear assignment of authority and limits to staff, proper performance monitoring procedures, continuous risk monitoring procedures, and timely management reporting. There should also be sound audit procedures to ensure compliance with company's policies and procedures and statutory requirements. Employees who are dealing in derivatives should also be suitably qualified and properly trained.

Permitted Derivatives Activities

10. In view of the potential significant financial losses that could arise from speculative trades, insurers are expected to use derivatives for hedging purpose. Permitted transactions for efficient

portfolio management (EPM) as set out below are also allowed.

(i) **Hedging**

11. The insurer must clearly identify a transaction entered into for hedging purposes as a hedge. The hedge must be in connection with underlying investments and reduce investment risk to the company. To determine that a derivative contract reduces risk, it must be probable at inception that there is a high degree of negative correlation between changes in value of the derivative and changes in value of the hedged investment. The insurer must unwind the derivative transaction if the 'reduction of investment risk' condition is not satisfied at any stage during the period of the derivative contract.

12. Insurers are required to exercise extra caution whilst hedging foreign currency risk where the underlying investment does not have a fixed payment schedule (e. g. equities) .

13. Insurers may use forward contracts, futures, swaps and options to hedge their underlying investments, subject to the satisfaction of the conditions set out in paragraph 11.

14. Insurers should disclose in their annual financial statements their accounting policies as well as exposure to derivatives (including the amount and percentage of derivatives investment of total insurance fund assets) .

(ii) **Other Permitted Transactions for EPM**

15. For a transaction to be considered for the purpose of EPM,

(a) the transaction must be economically appropriate;

(b) exposure must be fully covered to meet any obligation to pay or deliver that could arise; and

(c) the transaction must have at least one of three specific aims:

* reduction of risk;
* reduction of cost with no increase or a minimal increase in risk; or
* generation of additional capital or income with no, or an acceptably low level of risk.

16. Insurers are permitted to use the following instruments for the purpose of EPM:

* options;
* currency, stock index, and interest rate forward and futures contracts;
* interest rate swaps; and
* credit derivatives.

17. Insurers should not take uncovered positions in derivatives. For currency, stock index, and interest rate forward and futures contracts, cash or near cash assets (amounts deposited with or loaned to approved financial institutions to be redeemed before delivery date) has to be provided for in the insurance fund to back the full value of the contracts. This requirement also extends to the value of interest rate swaps and the notional amount of underlying assets for unfunded credit derivative contracts and short options positions.

18. The cash or near cash assets backing the contracts including the initial margins deposited with the clearing members of exchanges should be classified according to the underlying asset exposures created by the derivative contracts. As an illustration, an insurer who buys a Nikkei stock futures should report an increased exposure (of an amount equivalent to the full value of the futures contract) in investment in overseas equity shares (non-property) .

19. Outstanding derivative contracts should be valued on a lower of book or market value as at reporting date, on an individual contract basis. Unrealised loss should be provided for as diminution in value of assets.

20. Credit derivative contracts should be rated as being of investment grade (rated Baa or higher

by Moody's and BBB or higher by Standard and Poor's) or higher. Where the credit derivative contract is not rated, both the reference asset (s) and protection buyer/collateral should be rated as being of investment grade or higher. Should the credit quality of the credit derivative contract, or any one of the reference assets or protection buyer/collateral fall below investment grade, the contract shall no longer be admissible.

Prohibitions

21. Derivative contracts are not allowed unless they are entered into with a counterparty that has an individual/financial strength rating of above C by either Fitch Inc. or Moody's.

22. Derivative instruments have gained in complexity over the years, with the emergence of financial engineering. The use of complex or exotic derivatives for example derivatives on derivatives, including swaptions and options on options, are not allowed. The risks of these complex instruments may not be easily understood by end-users and insurers should refrain from using them.

23. Deleted by MAS 104 (Amendment) 2004, wef 26 Jan 2004.

Synthetic Singapore Dollar Assets

24. Foreign currency-denominated fixed income or floating rate securities that are fully hedged to the Singapore dollar will be deemed as synthetic Singapore dollar assets subject to the following conditions:

i. the forward foreign exchange contract used for hedging matches the underlying foreign currency-denominated securities in terms of cash flow and term-to-redemption;

ii. the foreign exchange derivative contract used for hedging is entered into with a financial institution licensed by the Authority and the financial institution satisfies the rating requirement specified in paragraph 21 ; and

iii. the foreign currency-denominated securities must be rated as being Baa or higher by Moody's and BBB or higher by Standard and Poor's.

25. Synthetic Singapore dollar assets will not be subject to the investment limits for foreign currency-denominated and overseas assets under Regulation 18 of the Insurance Regulations (Revised Edition 1999) . However, when a foreign currency-denominated fixed income or floating rate asset fails to meet any of the conditions listed above, it shall be classified as a foreign currency-denominated asset for the purpose of the same Regulation 18 of the Insurance Regulations (Revised Edition 1999) .

3. 加拿大养老金监管

3－1　养老金标准法 1985

R. S. , 1985, c. 32（第二增补版）

出于保护在联邦政府、事业单位和企业工作的人员的利益，本法规定了对养老金计划的组织和管理。

［1986 年 6 月 27 日通过 1986, C. 40］

	简称
简称	1. 本法可以称做《养老金标准法》，1985。
	术语解释
定义	2.（1）在本法中，
“额外自愿缴费”	养老金计划下的“额外自愿缴费”指成员可任选缴费，其缴费并不因而导致雇主承担缴纳额外款项的义务；
“管理人”	养老金计划中的“管理人”指第 7 条中规定的管理人，包括第 29. 1 条（1）分条中指派的替换管理人；
“成员资格的终止”	养老金计划中“成员资格的终止”指第（2）分条中规定的含义；
“集体协议”	“集体协议”指一份由雇主和集体谈判代理人签订的书面协议，内容包括就业条款及相关事项的规定；
“事实婚姻伴侣”	“事实婚姻伴侣”，对个人来说，指与另一个人以夫妇关系共同居住一年以上的人；
“事实婚姻伴侣关系”	“事实婚姻伴侣关系”指事实婚姻伴侣双方之间的关系；
“连续的”	养老金计划或就业中的“连续”指成员资格或就业没有暂时中断的时期；
“延期的养老金福利”	“延期的养老金福利”指即期养老金福利以外的养老金福利；
“养老金的定额给付计划”	“养老金的定额给付计划”指不是定额缴费计划的养老金计划；
“定额给付条款”	“定额给付条款”指养老金计划中非“定额缴费计划条款”的条款，这些条款规定了成员的养老金福利；
“定额缴费计划”	“定额缴费计划”指包含定额缴费条款的养老金计划，但不包含定额年金给付条款，除了 （a）定额给付条款在养老金计划生效期之前，即就业时就已实现， （b）定额年金给付条款只提供了最小数额的养老金福利，其附加价值在监管者看来并不大；
“定额缴费条款”	“定额缴费条款”指养老金计划下的一个条款，这一条款规定成员的养老金由下列两部分提供的养老金的数额唯一确定： （a）由成员及以成员的名义缴费的数额，以及 （b）应分配给该成员的利息收入及其他损益；

“指定省份”	“指定省份”指现行的法律与本法基本相似的省份；
“雇员”	“雇员”包括官员；
“雇主”	“雇主”，相对于雇员来说，指给雇员发放报酬的具有公司形式或不具有公司形式的组织或个人及该组织或个人的继任者或受让人；
“雇佣”	“雇佣”指雇员根据明确或默认的劳务合同或学徒合同为得到报酬而为雇主进行的工作，包括职员的任期；
“前成员”	在“养老金计划”中，前成员指 （a）除了第9.2和24条外，自1987年1月1日起，在该计划中已终止成员资格的人员或已退休人员， （a.1）第9.2条中，在该计划中成员资格已终止的人员或已退休人员未在该计划终止前将第26条下的退休金补助转让，或 （b）第24条中，1987年1月1日之前或自该日起在该计划中成员资格已终止的人员或已退休人员；
“全职”	“全职”，就某一类雇员而言，指一年中为该类雇员规定的工作时间中，全部或基本上全部的时间都在工作；
“即期养老金”	“即期养老金”指给予成员资格后一年内即有效的养老金；
“规定范围内的就业”	“规定范围内的就业”指第4条赋予的含义；
“共生养老金福利”	“共生养老金福利”指在其成员或前成员死亡，或者成员或前成员的遗属死亡四个时点中最晚者之前继续发放的即期养老金；
	“结婚”和“再婚”［2000年废止，c. 12，s. 254］
“成员”	在养老金计划中，“成员”指成为养老金计划的成员且没有终止成员资格或尚未退休；
“部长”	“部长”指财政部长；
“多雇主养老金计划”	“多雇主养老金计划”指根据协议、规章或法令的规定，两个或两个以上的雇主为雇员缴费的被组织和管理的养老金计划，其养老金计划提供的福利由在任何一个或所有参与计划的雇主处的从业年限确定，但《加拿大商业公司法》规定范围内参加计划的公司和附属企业雇佣95%以上成员的养老金计划除外；
“职位”与“高级职员”	“职位”指给予个人固定或可确定薪金或报酬的工作，包括公司或其他组织的高级职员、董事或负责人的代理人；“高级职员”指担任以上职务的人；
“共同参与计划的雇主”	在多雇主养老金计划中，“共同参与计划的雇主”指被要求对该计划缴费的雇主；
“兼职”	“兼职”，对职员来说，从事专职以外的工作；
“养老金”	“养老金”指根据养老金计划条款，定期发放给成员或前成员、配偶、事实婚姻伴侣、遗属或其他受益人、成员或前成员的不动产或继承人的款项 ；
“退休金补助”	对个人来说，“退休金补助”指按法定方式计算在一定时间由养老金计划提供给本人养老金福利和其他福利的总额；
“养老基金”	在养老金计划中，“养老基金”指为养老金计划或与之相关的计划提供福利的基金；
“养老金计划”	“养老金计划”指第4（2）分条中规定的含义；

“领取养老金年龄” “领取养老金年龄”指按照养老金计划条款，成员无需管理人的许可领取养老金且未因提前退休而减少金额的最早年龄（如果可以实行，还要考虑从业年限或取得养老金计划成员资格的年限），（按法规规定）因残废而发放的福利除外；

“法定的” “法定的”指由法规规定的；

“已登记的养老金计划” “已登记的养老金计划”指已登记并且监管人已根据本法发放了登记证书的养老金计划；

“退休” “退休”指第（3）分条中规定的含义；

“配偶” “配偶”对个人来说，包括无效婚姻的个人；

“登记标准”［1998 年废止，c. 12，s. 1］

“监管人” “监管人”指根据《金融机构的监管机构法案》第 5（1）分条指定的金融机构监管人；

“盈余” “盈余”指根据法定方式确定、养老金计划的资产超过负债的数额；

“遗属” “遗属”，与成员或前成员有关，指

（a）如果无（b）款中规定的人员，成员或前成员死亡时成员或前成员的配偶，或

（b）成员或前成员死亡时，成员或前成员曾经的事实婚姻伴侣；

“终止” 在养老金计划中，“终止”一般指停止向计划的成员发放福利，包括第 29（1）和（2）分条规定的情况；

“清算” 在养老金计划中，“清算”指分配已终止养老金计划的资产；

“当年可领取养老金的最大金额” “当年可领取养老金收益的最大金额”与“加拿大养老金计划”中的含义相同。

终止养老金计划的成员资格 （2）在本法中，养老金计划的成员在以下情况下被视为终止成员资格：

（a）在多雇主养老金计划中，当任何一个共同参与计划的雇主 24 个月未给该成员缴费，或本计划下更短期限内未缴费且该成员未收到即期养老金；

（b）在其他养老金计划中，当成员在雇主处的工作停止且该成员未收到即期养老金，不管之前雇主为成员的缴费是否已停止；或

（c）其他法定情形。

“退休”的含义 （3）对本法来说，养老金计划的成员开始接受即期养老金时即被视为退休，无论该成员是否已停止就业。

怎样诠释“配偶”或“事实婚姻伴侣” （4）除第 25 条规定外，当成员或前成员与其配偶分开，与事实婚姻伴侣同居，该成员或前成员的“配偶或事实婚姻伴侣”则指事实婚姻伴侣。

R. S.，1985，c. 32（第二增补版），s. 2，c. 18（第三增补版），s. 38；1994，c. 24，s. 34（F）；1998，c. 12，s. 1；2000，c. 12，s. 254；2001，c. 34，s. 66.

养老金计划可以超过最低要求 3. 本法和法规的要求不应被视为阻止更有利于成员、前成员、潜在的成员及其配偶、事实婚姻伴侣、受益人、不动产或继承人条款的养老金计划的登记或运作。

R. S.，1985，c. 32（第二增补版．），s. 3；2000，c. 12，s. 255.

法律的适用

法律的适用 4.（1）本法适用于养老金计划。

"养老金计划"的定义 (2) 在本法中,"养老金计划"指组织和管理为在规定范围内就业的雇员(及前雇员)提供养老金的退休金或其他计划。不管条款是否也为其他福利或给其他人的福利而制定,雇主应根据该计划的要求缴费。它还包括补充养老金计划,不管雇主是否要根据补充的养老金计划缴费,但不包括:

(a)《所得税法》第144条规定的雇员分红计划和第147条规定的延期分红计划;

(b)《所得税法》第248(1)分条规定的提供退休津贴的计划;或

(c)其他任何法定的计划。

"补充养老金计划"的定义 (3) 在第(2)款中,"补充养老金计划"指在该养老金计划中,雇员在另一养老金计划中的成员资格是成为补充养老金计划成员的先决条件,是另一计划不可分割的部分。

"规定范围内的就业"的定义 (4) 在本法中,"规定范围内的就业"指非排除在外的就业,即加拿大国会法律依据之内的任何工厂、事业或企业,这并未限制上述工作的普遍性,它包括:

(a)所有从事或经营与内陆、海上航运有关的事业或企业,包括船舶经营以及在加拿大范围内的运输;

(b)所有省际或延伸到省外的铁路、运河、电传或其他工作;

(c)所有省际或延伸到省外的蒸汽船或其他船只;

(d)所有连接两省或一省与加拿大以外国家的渡船;

(e)所有机场、飞机或飞机航线;

(f)所有广播电台;

(g)《银行法》第2条规定范围内的所有银行或已获批准的外国银行;

(h)尽管坐落在一省范围内,但加拿大国会宣布运行之前或之后为了加拿大的总体利益或为了两个或以上省份的利益服务的所有项目、事业或企业;以及

(i)所有省内法律的专有权限之外的项目、事业或商业,以及育空区、西北区或努勒维特区当地的或私有的项目、事业或商业。

"规定范围外的就业"的定义 (5) 在本法中,"规定范围外的就业"指

(a)由加拿大女王雇佣;和

(b)除第(6)款规定范围以外的就业。

同上 (6) 加拿大总督可以制定法规规定范围以外的就业:

(a)由加拿大女王的代理人雇佣;

(b)部长报告中的其他就业,如果总督确信:

(i)已经制定条款将在规定范围外就业的雇员纳入养老金计划条款下,主要为了他们的利益进行组织和管理,养老金计划要在指定省份的法律下登记;或

(ii)在其他情况下,考虑到已经有其他措施保障该职业的雇员或其他人员现有或可能有的福利,或考虑到总督确信的其他相关情况,准许该职业除外。

R. S., 1985, c. 32(第二增补版), s. 4; 1993, c. 28, s. 78; 1999, c. 28, s. 172, c. 31, s. 244 (F); 2002, c. 7, s. 226.

监管人的权限

监管人的权限

5.（1）监管人在部长的领导下，控制和监督本法的执行，拥有本法赋予的权限。

信息和研究

（2）监管人可以

（a）收集信息以决定对养老金的通货膨胀调整或其他调整的幅度；

（b）开展对养老金计划及运作的调查研究并编写统计或其他信息；

（c）将按第（a）项或第（b）项收集的信息或按第10条、第10.1条或第12条归档的信息披露给政府部门或监管机构。

R. S.，1985，c. 32（第二增补版），s. 5；1998，c. 12，s. 3.

协议等

有关管理的协议等

6.（1）经总督批准后，部长可以：

（a）与指定省份的主管部门签订有关下列内容的协议：

（i）养老金法规的管理、适用及执行；

（ii）加拿大养老金监督机构协会的设立和运作。

（a.1）与指定省份的主管机构签订关于需要按本法登记养老金计划协议并在指定省份进行登记，目的在于：

（i）如部长认为需要，修改指定省份有关养老金计划的法律或该法的任一部分并使之生效；

（ii）限定本法和法规在养老金计划中的应用。

（b）授权指定省份的主管机构或第（a）（ii）款中所指的协会，代表监管人行使部长根据本法所确定的职权。

（c）授权监管人代表指定省份的主管机构或第（a）（ii）款中所指的协会，行使部长所确定的权力、履行其职责。

（d）指定机构按照本法的规定接收、持有并支付养老金福利和退休金补助。

出版

（2）部长需将按第（1）款第（a.1）项规定签订的每一份协议在《加拿大公报》上通报。

R. S.，1985，c. 32（第二增补版），s. 6；1998，c. 12，s. 4.

养老金计划的管理

管理人

7.（1）养老金计划的管理人应：

（a）在按一个或多个集体协议建立的多雇主养老金计划中，根据计划条款、集体协议或协议组建理事会或其他类似机构来管理养老金计划的事项；

（b）在第（a）项未加说明的多雇主养老金计划中，根据计划条款的第7.1条组建养老金委员会来管理养老金计划的事项；

（c）除了多雇主养老金计划外，在其他养老金计划中，管理人应为

（i）雇主，或

（ii）如果计划是按一个或多个集体协议建立，而且计划、集体协议或协议中管理计划的条款规定组建理事会或其他类似机构来管理养老金计划的事项，则为该机构。

简化的养老金计划管理人

（2）在简化的养老金计划中，养老金计划的管理人就是规定的个人或机构。

R. S. , 1985, c. 32（第二增补版）, s. 7; 1998, c. 12, s. 5.

成员代表

7.1 一个养老金委员会必须

（a）有一名成员代表，如果大多数养老金计划成员如此要求；

（b）有一名退休成员的代表，如果养老金计划有 50 个或 50 个以上的退休成员，且大多数退休成员如此要求。

1998, c. 12, s. 5.

养老金理事会

7.2（1）作为养老金计划管理人的雇主可以建立养老金理事会，但如果养老金计划拥有 50 个或 50 个以上的成员，且大多数成员要求，雇主应建立养老金理事会。

成员代表

（2）如果该计划有 50 个或 50 个以上的退休成员，且大多数退休成员要求，理事会必须包括一名退休成员代表，养老金理事会必须包括养老金计划的成员代表。

养老金理事会的职能

（3）养老金理事会的职能如下：

（a）在成员及潜在成员中推广对养老金的认识和了解；

（b）每年至少评审一次计划的财务、精算和管理情况；

（c）行使法定的管理职能；

（d）行使养老金计划或雇主规定的任何其他职能。

信息

（4）雇主应为养老金理事会提供必要的信息，使之能行使其职能。

1998, c. 12, s. 5.

代表的选择

7.3 为了第 7.1 条和第 7.2 条第（2）款所述规定，养老金计划的成员和退休成员应以法定的方式直接或间接地选出代表。

1998, c. 12, s. 5.

管理人的职责

7.4（1）养老金计划的管理人应根据本法和法规管理养老金计划和养老基金，并将所需文件归档。

雇主提供信息

（2）如雇主不是养老金计划的管理人，应为管理人提供所需的信息，以遵守计划条款并履行第（1）款所述的职责。

通知监管人

（3）养老金计划的管理人应在计划制定或成为管理人 30 天内，通知监管人以下信息：

（a）管理人的姓名和地址；或

（b）所有构成管理人机构的人员的姓名和地址。

管理人应在信息发生变更后 30 天内通知监管人。

1998, c. 12, s. 5.

监管人可以要求召开会议

7.5（1）管理人应在监管人规定的期限内召开会议，讨论监管人以书面形式要求管理人开会讨论的任何问题。

参与

（2）监管人可以：

（a）参加会议；

（b）要求管理人邀请成员、前成员或其他有权按养老金计划领取养老金或退款的人员参加会议；

（c）要求其他任何相关人员参加会议。

1998, c. 12, s. 5.

托管的金额

8.（1）关于养老金计划，雇主应确保

（a）养老基金款项；

（b）按期积累相当于法定付款总额的款项；以及

（c）所有：

（i）雇主从成员的薪金中扣除的数额；

（ii）雇主缴纳而尚未汇入养老基金的其他款项。

应单独保管，不得与雇主自己的款项混在一起；应为养老金计划的成员、前成员及其他有权领取养老金或退款的人员托管第（a）项至第（c）项所规定的款项。

雇主破产等

（2）当雇主进行清算、转让或破产时，托管的相当于第（1）款规定的款项金额应与其财产分割，不论实际上该款项是否与雇主自有的款项或不动产资产真正分开保管，都不作为清算、转让或破产的资产。

养老金计划和基金的管理

（3）管理人应作为雇主、养老金计划的成员、前成员及其他有权领取本计划下的养老金或退款人员的受托人管理养老金计划和养老基金。

关注标准

（4）在养老金计划和养老基金的管理中，管理人对其关注的程度应达到一般审慎人管理另一人财产时的关注程度。

资产投资方式

（4.1）管理人应按法规，以合理谨慎的态度投资于养老基金投资组合。

专门的知识或技能

（5）在不限定第（4）款一般原则的基础上，管理人实际上已掌握或由于职业或业务的需要应掌握有关养老金计划或养老基金方面的专有知识或技能，他/她应将其运用到养老金计划或养老基金的管理中。

管理人责任免除

（5.1）如果管理人因诚信地按照以下信息操作而违反了第（4）、（4.1）或（5）款的规定，管理人不应对此负责：

（a）提交给管理人由会计师编写的养老金计划财务报表或审计师的书面报告能够公正地反映计划的财务状况；或

（b）会计师、精算师、律师、公证人或其他具有公信力的专业人员编写的报告。

利益冲突

（6）如果作为第7条第（1）款（a）或（b）项或第7条第（1）款（c）（ii）小段指出的机构中的成员与其他职位的职责有实质的利益冲突，那么他/她不得接受该机构的任命。

非利益冲突

（6.1）对第（6）款而言，仅仅有权领取养老金或在退休金补助中有利益的并不因此构成利益冲突。

消除利益冲突

（7）第（6）款中所述的人员在意识到存在实质性利益冲突90天内应：

（a）消除利益冲突，或

（b）辞去该机构的成员职务。

文件的效力

（8）尽管其成员有实质性利益冲突，但理事会、其他类似机构或养老金委员会签发的文件仍然有效。

开除成员

（9）如果有人违反了第（6）款或第（7）款的规定，监管人或其他相关人员可以向具有有效管辖权的法院申请裁定撤换该人，如法院认可即可签署命令。

其他利益冲突　(10) 如果作为管理人的雇主或简化的养老金计划的管理人与他们在其他机构的职责存在实质性利益冲突，则该管理人：

(a) 应在意识到存在实质性利益冲突30天内，向养老金理事会或养老金计划的成员公布利益冲突；

(b) 应为实现养老金计划成员的最大利益采取行动。

法院指令　(11) 如果管理人违反了第(10)款的规定，监管人或其他相关人员可以向具有有效管辖权的法院提出申请，该法院可以签署其认为适当的命令。

R. S., 1985, c. 32 (第二增补版), s. 8; 1998, c. 12, s. 6.

筹款和盈余

养老金计划的筹款　9. (1) 养老金计划应根据法定的偿付能力测试和标准，为养老金计划所应支付的全部养老金和其他给付筹集资金。

精算报告　(2) 如果按照第12条第(3)款的规定需要提供精算报告，监管人认为若为以下两种情况下，报告尚未准备好：

(a) 以适当的精算假定或方法为基础；

(b) 应根据加拿大精算师协会采用的实践标准进行，监管人另有规定除外，

监管人应以书面的形式通知管理人并指示管理人对报告做出相应调整，管理人应遵照该指示意见进行工作。

变更后的报告　(3) 养老金计划应根据第(2)分条遵照监管人的指示而变更的报告进行筹款。

(4) 至 (6) [1998年废止, c. 12, s. 8]

R. S., 1985, c. 32 (第二增补版), s. 9; 1998, c. 12, s. 8.

划款通知　9.1 (1) 养老金计划的管理人应书面通知养老基金的持有人或保管人应向养老基金划款的数额和日期。

延迟划款的结果　(2) 如果在第(1)分条所指的日期后三十日内未向养老基金划款，则

(a) 养老金计划的管理人应立即书面通知监管人；

(b) 如果管理人即是雇主，养老基金的持有人或保管人应立即书面通知监管人。

1998, c. 12, s. 9.

将盈余返还雇主　9.2 (1) 如果按第12(3)分条的规定编写的精算报告显示仍有盈余，不得将盈余退还雇主，下列情况除外：

(a) 雇主能证明：

(i) 按照养老金计划，有权获得全部或部分盈余；

(ii) 按照本条有权获得全部或部分盈余。

(b) 达到第39(h.1)款规定的要求，且

(c) 监管人同意退款。

同意退还盈余　(2) 在决定是否同意退款时，监管人应认可本条中雇主对全部或部分盈余的要求权。

对盈余的要求权　(3) 如果下列人员中有三分之二通知雇主他们同意雇主提交的要求退还全部或部分盈余的提案，则雇主对全部或部分盈余享有要求权：

(a) 养老金计划的成员；

(b) 计划的前成员及其他法定阶层内的人员。

提请仲裁 (4) 遵照第 (5) 分条，如果在第 (3) 分条中所述的各类人员中一半以上、三分之二以下同意该提案，或养老金计划终止，雇主可以将提案提请仲裁。雇主应通知监管人及上述人员是否将提案提请仲裁。

雇主停业 (5) 在下列情况下，雇主对全部或部分盈余的要求权应在养老金计划终止后十八个月内或监管人规定的期限内提请仲裁：

(a) 雇主尚未要求返还盈余；

(b) 计划终止；

(c) 雇主停业或正在清算中。

雇主应通知监管人及第 (3) 分条所述的人员其将提请仲裁。

认可仲裁 (6) 如果提出仲裁的提议或要求，雇主和所有相关人员即被视为同意由仲裁决定雇主的要求权。

仲裁员的选择 (7) 仲裁员应由雇主和第 (3) 分条所述的人员选出。如果他们在法定期限内不能对仲裁员的选择达成一致，监管人将选择仲裁员。

仲裁 (8) 仲裁员在处理任何问题时，不受证据的法律规则或技术规则的限制，并且应在公平和自然正义许可的情况下迅速地、以非正式的方式解决问题。

专家的聘请 (9) 如果仲裁员认为必要，可以聘请专家。

仲裁费用 (10) 根据养老金计划条款，仲裁各方应经监管人批准、以仲裁员确定的比例支付费用。

判决的签发 (11) 仲裁员应签发理由充分的书面判决，在签发后十日内在监管人处备案，以备相关人员检查。

分配方案 (12) 对于第 (5) 分条情形下提出的仲裁要求，仲裁员可以提出在仲裁各方中分配全部或部分盈余的方案。

判决的约束力 (13) 仲裁员的裁决为最终裁决，对各方及牵涉到的其他任何人员具有约束力。

给工会的通知 (14) 根据本条下发给工会成员的通知也必须发给工会主席。

工会代表成员 (15) 在本条中，除相关集体合同提出外，工会主席应代表其成员，而非计划的前成员。

1998, c. 12, s. 9; 2001, c. 34, s. 67 (F).

养老金计划的登记

管理人备案的职责 10. (1) 养老金计划的管理人应在计划建立后将下列文件在监管人处备案：

(a) 计划的复印件；

(b) 创立或支持该计划或养老基金的所有文件的复印件；

(c) 由管理人签署的声明（以监管人规定的格式），指出该计划遵守本法及其他法规。

养老金计划的登记 (2) 按照第 (3) 分条的规定，如果管理人已将第 (1) 分条的文件备案，监管人应登记养老金计划并签发登记证书。

拒绝登记 (3) 如果养老金计划未遵守本法及法规的要求，监管人可以拒绝登记。

通告 (4) 如果监管人拒绝登记一项养老金计划，监管人应通知管理人违规的细节。

违规计划的管理 (5) 在达到第 (1) 分条的要求前，管理人不得管理养老金计划；当该计划仍然有效时，确保其遵守本法及法规。

对盈余处理 (6) 提交登记的每项养老金计划必须提供计划延续和终止时盈余的使用方法。

R. S. , 1985, c. 32 (第二增补版), s. 10; 1998, c. 12, s. 10.

变更文件的备案 10.1 (1) 养老金计划的管理人应在第10 (1) 分条中所指的文件发生变更后六十天内在监管人处备案变更后的复印件、由管理人签署的声明 (以监管人规定的格式), 该声明指出变更后的计划遵守本法及其他法规。

无效的变更 (2) 除非监管人批准变更, 否则, 如果出现下列情况, 变更无效:

(a) 如果变更会减少:

(i) 变更日前积累的养老金或与养老金给付相关的退休金补助; 或

(ii) 在变更日前成员、前成员或其他人员有权领取的即期或延期的养老金; 或

(b) 养老金计划的偿付率低于法定的偿付标准。

1998, c. 12, s. 10.

资金划拨

无许可不得划拨 10.2 根据第26条, 没有监管人的许可, 养老金计划的管理人不得将一项养老基金的资产划拨或允许划拨给另一项养老基金, 包括不适用本法的养老基金。

1998, c. 12, s. 10.

服从指令

监管人对管理人的指令 11. (1) 如果监管人认为, 管理人、雇主或其他人员可能或正在采取行动、从事威胁养老金计划的安全、健康的财务状况或商务惯例的活动, 监管人可以指示管理人、雇主或其他人员:

(a) 停止或制止这种行为或活动;

(b) 采取监管人认为必要的行动进行补救。

对违规行为的指令 (2) 如果监管人认为, 养老金计划未遵守本法或其他法规, 未按本法、法规或计划进行管理, 监管人可以指示管理人、雇主或其他人员:

(a) 停止或制止构成违规的行为或活动;

(b) 采取监管人认为必要的行动进行补救。

申诉的机会 (3) 根据第 (4) 分条, 在监管人未给管理人、雇主或其他人员合理的机会进行书面申诉前, 不应发出第 (1) 分条或第 (2) 分条中的指令。

临时指令 (4) 如果监管人认为, 按第 (3) 分条进行申请所需的时间可能有损于养老金计划下有权领取养老金或退款的成员、前成员或其他人员的利益, 监管人可以就第 (1) 分条或第 (2) 分条的问题发出临时指令, 其有效期不得超过十五天。

持续的效力 (5) 如果在规定的时间内未向监管人提出申诉, 或监管人通知管理人、雇主或其他人员取消指令的理由不充分, 不能令监管人信服, 那么第 (4) 分条下的临时指令在十五天的有效期过后仍然有效。

R. S. , 1985, c. 32 (第二增补版), s. 11; 1998, c. 12, s. 10.

登记的撤销

11.1 如果计划的管理人在得到监管人通知的六十天内或监管人规定的更长期限内未遵守第11条的指令，监管人可以撤销养老金计划的登记并注销登记证书。监管人应通知管理人所要采取的措施，包括撤销和注销的日期。

1998, c. 12, s. 10.

一般要求

提供信息的职责

年度申报的要求

12.（1）养老金计划的管理人应每年或按监管人规定的时间间隔或时间，以规定的格式在监管人处备案下列信息：

（a）包括规定信息在内的养老金计划的信息报告；

（b）提供该计划下对养老金进行通货膨胀调整或其他调整的法定信息，这种调整信息是由：

（i）雇主自愿提供；或

（ii）根据集体合同提供，

不论根据该计划是否要提供上述调整信息。

其他申报的要求

（2）养老金计划的管理人每三年、或监管人规定的时间间隔或时间，以规定的格式在监管人处备案下列信息：

（a）进行第（1）（b）分款所述的调整时资金来源的信息；

（b）如果养老基金有收益，收益的使用情况。

同上

（3）养老金计划的管理人应在监管人规定的时间间隔或时间于监管人处备案精算报告、财务报告及第39（i）款规定的其他信息。

精算报告和财务报告

（3.1）监管人另有规定的除外，

（a）精算报告必须按加拿大精算师协会采用的标准编写；

（b）财务报告必须根据通行的会计准则编写，主要是加拿大登记会计师协会的《工作手册》。

备案期限

（4）所需备案的每份文件必须根据本条在计划年度结束后的六个月内进行备案，监管人另行规定的除外。

R. S., 1985, c. 32（第二增补版）, s. 12; 1998, c. 12, s. 12.

为成员提供信息

13. 养老金计划的管理人应在监管人规定的时间、以规定的方式为计划的成员、前成员或其他有权领取养老金或退款的人员提供监管人规定的任何信息。

R. S., 1985, c. 32（第二增补版）, s. 13; 1998, c. 12, s. 13.

成员资格的合格性

合格性（全职雇员）

14.（1）每个为雇主全职工作的雇员且该雇员是雇主为其提供养老金计划的一类雇员中的成员，自以下日期起即有资格成为养老金计划的成员：

（a）除多雇主缴费的养老金计划外，在其他养老金计划中，雇员为雇主连续工作二十四个月整；

（b）在多雇主缴费的养老金计划中，达到以下两个条件之日起，即：

（i）自雇员首次为共同参与计划的雇主工作已有二十四个月，并且

（ii）雇员为共同参与计划的雇主工作，在1984年12月31日后连续两个年度中至少挣得“当年可领取养老金收益的最大金额”的35%，或达到监管人认为与之基本相当的其他要求。

可选择的条款　(2) 虽然第 (1) 分条如此规定，但除了那些因为他们的宗教信仰而拒绝成为计划的成员外，养老金计划对全职雇员来说，其成员资格是强制性的。

合格性（兼职雇员）　15. (1) 按照第 (5) 分条的规定，养老金计划是提供给为雇主全职工作的雇员的，而那些为雇主兼职工作的雇员，在达到下列两个条件之日起，也有资格成为养老金计划的成员，即

(a) 以下两种情况任何一种

(i) 雇员为雇主连续工作二十四个月整；或

(ii) 在多雇主缴费的养老金计划中，自雇员首次为共同参与计划的雇主工作已有 24 个月；和

(b) 雇员为雇主（在多雇主缴费的养老金计划中，为共同参与计划的雇主）工作，在 1984 年 12 月 31 日后连续两个年度中至少挣得“当年可领取养老金收益的最大金额”的 35%，或达到监管人认为与之基本相当的其他要求。

备选：单独计划　(2) 管理人为了达到第 (1) 分条的要求，为兼职工作的雇员提供单独的养老金计划，该计划在监管人看来，应与全职雇员的计划基本类似或持平。

收入减少　(3) 如果兼职工作的雇员是养老金计划的成员并且连续就业，不得因为在一个日历年度中没有挣得“当年可领取养老金最大金额”的 35% 而终止其成为计划的成员。

可选择的条款　(4) 虽然第 (1) 款到第 (3) 款这样规定，但除了那些因为宗教信仰而拒绝成为计划的成员外，养老金计划对兼职工作的雇员来说，其成员资格是强制性的。

改变第 (1) 分条要求的法规　(5) 总督可以针对一个或多个养老金计划或所有养老金计划制定法规，将第 (1) (a) (i) 和 (ii) 分款中规定的参照数“24 个月”延长至更长期限作为法定参数；将第 (1) (b) 款中的参照数“35%”降至更低比例，甚至可以降至零，作为法定参数。

领取即期养老金福利的权利

达到领取养老金年龄时的权力　16. (1) 养老金计划应规定每个有权领取即期养老金福利的成员达到领取养老金年龄时能获得该福利。

提前退休　(2) 尽管在养老金计划中规定了领取养老金的年龄，但计划的成员和前成员在达到领取养老金年龄前 10 年即有资格根据职业和薪水获得即期养老金福利直至实际退休日期，但这并没有要求养老金计划必须在早于领取养老金年龄的 10 年前提供即期养老金福利。

成员资格的最短期限　(3) 养老金计划要求成员资格的期限最短不得少于 2 年，即 2 年后成员才有资格领取即期养老金福利。

减少养老金　(4) 根据第 (2) 款，在达到领取养老金年龄前即开始领取即期养老金福利，只要其精算现值不超过以下数字的总和，其数额可以减少：

(a) 在达到领取养老金年龄时，可以支付的养老金的精算现值，以及

(b) 在成员达到领取养老金年龄前仍是养老金计划的成员，该成员有权领取的其他福利的精算现值。

达到领取养老金年龄后的就业

（5）如果养老金计划规定成员从业年限或从业期间的薪水，或两者共同决定成员的养老金福利，那么当成员达到领取养老金年龄而继续就业，并且未从当前的雇主领取养老金福利时，养老金计划也应该规定计算成员的养老金福利应考虑达到领取养老金年龄后的就业年限、成员在这一时期的薪水，或综合以上两个因素。

（a）确定成员在决定养老金福利时应该考虑的最长的从业年限；

（b）确定养老金福利的最大金额。

可变的养老金福利

（6）养老金计划可以规定成员或前成员能够选择领取即期养老金福利的数额，

（a）参照以下法规支付养老金的数额不尽相同：

（i）《老年保障法》；

（ii）《加拿大养老金计划》或《加拿大养老金计划》中第3条规定的省养老金计划；或

（b）按照监管人批准的其他标准，该数额也不尽相同。

福利保留的权利

关于福利保留的规定

17.（1）养老金计划可以规定，在连续2年成为计划成员后，该成员在终止成员资格时，有权

（a）根据成员的从业年限和薪水领取延期的养老金福利，直至成员资格终止时，其计算方式与成员达到领取养老金年龄有权领取的即期养老金福利（除额外自愿缴费外）计算方式相似，并按相同的条款和条件支付：

（i）如果计划在1987年1月1日前建立，该日期及以后获得成员资格的按照计划条款领取，

（ii）如果计划于1987年1月1日或之后建立，按照计划条款领取，

（iii）不论计划何时建立，根据1987年1月1日或之后对计划做出的更正条款领取；

（b）根据成员的从业年限和薪水领取其他福利或选择权，直至成员资格终止时，以与当成员达到领取养老金的年龄仍是计划的成员时该成员有权获得的福利或期权相似的方式计算，并按相同的条款和条件支付：

（i）如果计划于1987年1月1日前建立，该日期及以后日期的获得成员资格的，根据第（2）款中的计划条款领取，

（ii）如果计划于1987年1月1日或之后建立，按照第（2）款的计划条款领取。

计划的相关条款

（2）第（1）款第（b）项第（i）条和第（ii）条中的计划条款指第16条第（2）款、第（4）款、第（6）款以及第22条、第23条、第24条、第25条和第27条需要或允许的条款。

1987年1月1日前就业人员的福利保留权利

（3）养老金计划应规定如果其成员连续为雇主工作10年，或连续10年作为计划的成员，并且达到45岁，该雇员在终止成员资格时，有权根据成员的从业年限和薪水获得延期的养老金福利至成员资格终止之日，其计算方式与按成员达到领取养老金年龄时有权领取的即期养老金福利（除额外自愿缴费外）计算方式相似，并按相同的条款和条件支付：

（a）如果计划于1967年10月1日前建立，计划的成员资格从1967年10月1日起至1986年12月31日止，按照计划的条款领取；

（b）如果计划在1967年10月1日至1986年12月31日间建立，计划成员资格至1986年12月31日止，按计划的条款领取；

（c）如果计划在1986年12月底前建立、在1967年10月1日至1986年12月31日间对计划进行变更，计划成员资格至1986年12月止。

R. S. , 1985, c. 32（第二增补版）, s. 17; 2001, c. 34, s. 68（F）.

限定

有关限定的条款

18.（1）根据第23条第（5）款和第25条第（4）款，养老金计划应规定：

（a）该计划下的任何福利不得转让、收取费用、预先使用或作为证券支付，不得授予成员或前成员、该成员的私人代表、受抚养家属或其他人员任何转让、收取费用、预先使用或作为证券支付的权利或相关利益。

（b）除了担保年金未过期的情况外，在成员、前成员或其配偶、事实婚姻伴侣的有生之年，不得将第16或17条规定的福利放弃或改变其付款方式；不得授予成员或前成员、该成员的私人代表、受抚养家属或其他人员任何在成员、前成员或其配偶、事实婚姻伴侣的有生之年放弃福利或改变其付款方式的权利或相关利益。

（c）除第26条规定的情况外，第16条或第17条所述有权获得福利的人员，或者已退休或已终止计划成员资格但有权获得福利的人员不得撤回除额外自愿缴费以外的缴费，该条款是针对1967年10月1日或之后有权获得第16条或第17条所述福利的人员，其在计划的成员资格期限内，并且任何缴费的养老基金款项应按第16条或第17条的规定支付福利。

可选择的条款

（2）尽管有第（1）款的规定，养老金计划还可以规定：

（a）对在达到领取养老金年龄前终止成员资格之时或之后，按计划部分地履行成员权利的成员进行一次性支付，但其数额不得超过第17条第（3）款规定的延期养老金福利价值的25%；

（b）有权获得第17条所述的延期养老金福利的成员或前成员，在开始付款之前可以按规定因残疾或经授权领取一笔或一系列的款项，部分或完全替代第17条中延期的养老金福利；

（c）如果在一个日历年度中，成员终止了资格或死亡，给他支付的养老金福利少于“当年可领取养老金的最大金额”的4%或其他法定比例，可以使用退休金补助支付给成员或遗属。

R. S. , 1985, c. 32（第二增补版）, s. 18; 1998, c. 12, s. 14; 2000, c. 12, ss. 256, 263; 2001, c. 34, s. 69（F）.

利息

利息（定额缴费计划）

19.（1）在养老金的定额缴费计划中，运作养老基金相应得到的利息和损益应记入成员的养老金账户。

利息（定额给付计划） （2）在养老金定额给付计划中：

（a）应按等于或大于监管人事先确定的利率将利息贷方计入成员的缴费。

（b）应将运作养老基金相应得到的利息和损益贷方计入成员的缴费。

计划应规定第（a）项或第（b）项的哪一项起作用，但计划可以规定两项中的一项适用于必需的缴费，另一项适用于额外自愿缴费，这样第（b）项引用的“养老基金的运作”应解读为“关于必需缴费的那部分养老基金”或“关于额外自愿缴费的那部分养老基金”。

监管人的指导原则 （3）第（2）款由监管人确定的利率必须合理反映现有利率。

缴费的退还

成员退款的情形 20. 当对于根据第16条或第17条的规定成员无权获得养老金福利时，当终止养老金计划中的成员资格时，成员有权从计划中提取相当于成员自已缴费总额再加上第19条所规定的利息的款项。

R. S.，1985，c. 32（第二增补版），s. 20；2001，c. 34，s. 70（F）.

雇主对定额给付计划的最小缴费额

最低的退休金补助 21.（1）在养老金定额给付计划中，当

（a）成员退休；

（b）成员不再是成员；

（c）成员死亡；或

（d）全部或部分计划终止。

成员的退休金补助（或第（d）款中成员的退休金补助）不得低于第19条规定的成员必需的缴费和利息总额。

特殊情况 （2）在养老金的定额给付计划中，如果：

（a）成员退休；

（b）至少连续两年作为成员的人员不再是成员；

（c）成员死亡；或

（d）全部或部分计划终止；

那么，根据第（3）款和第26条（3）（b）款的规定，如果

（e）1986年12月31日以后成员缴费（不包括额外自愿缴费）与第19条规定利息的总额；

超过

（f）按照1986年12月31日以后计划的成员资格，不计第（1）分条的影响因素，退休金补助50%，

那么，支付给成员的养老金应按上述超额的数量增加。

例外事项 （3）关于养老金定额给付计划的定额缴费条款，第（2）款不适用于缴费或因而产生的养老金福利。

1987年1月1日前的时期 （4）养老金计划可以规定第（2）款适用，如同不存在“1986年12月31日后”这一参照时间。

计划规定指数化调整的情况 （5）当养老金的定额给付计划提供延期的养老金福利进行年度指数化调整，至延期的养老金福利开始支付时，第（2）款不适用，指数化调整基于：

（a）按至少为年消费物价指数的75%增长，或减少1%；或

（b）监管人认为，平均计算能保证与第（a）项所规定的数字相当的其他公式。

消费物价指数年度增长的计算

（6）因第（5）款第（a）项：

（a）“消费物价指数”指在《统计法》的授权下、由《加拿大统计》发行的加拿大消费物价指数；和

（b）消费物价指数的年度增长必须按法定的方式，将最近连续的两个12个月的数据比较进行计算。

R. S.，1985，c. 32（第二增补版），s. 21；2001，c. 34，s. 71（F）、

退休后

“养老金的常规形式”含义

22.（1）本条涉及的“养老金常规形式”是指本条所规定的养老金形式外，依据养老金计划应当发放给达到领取养老金年龄的成员的养老金形式。

共生养老金

（2）根据第25条第（7）款的规定，1987年1月1日或之后方开始支付的养老金，如果享受养老金计划的成员或前成员在开始享受养老金时有配偶或事实婚姻伴侣，则养老金必须以共生养老金形式支付。

因死亡而造成的养老金削减

（3）由于配偶或事实婚姻伴侣一方的死亡，可将第（2）款规定的养老金数额减至不低于死亡未发生情形下该成员或前成员应获得养老金数额的60%。

对初始发放数额的调整

（4）如果养老金的保险精算现值不低于养老金常规形式的保险精算现值，对第（2）款所涉及的养老金的初始发放数额可以进行调整。

养老金的其他形式

（5）不受第（2）至第（4）款规定的制约，针对在1987年1月1日或之后开始支付的养老金，养老金计划应规定，享受养老金计划的成员或前成员可以选择接受

（a）养老金的常规形式，或者

（b）根据养老金计划的条款所确定的任何其他的养老金形式。

但在享受养老金计划的成员或前成员有配偶或事实婚姻伴侣的情况下，该选择如果导致在该成员或前成员死亡在先情况下其配偶或事实婚姻伴侣获得的养老金被削减至低于双方均健在时可获得的养老金数额的60%，则这一选择必须采用规定形式征得配偶或事实婚姻伴侣的书面同意，并将其提交给养老金计划管理人。

R. S.，1985，c. 32（2nd Supp.），s. 22；2000，c. 12，s. 263.

退休前死亡情况下的养老金

如果成员在达到提前退休年龄前死亡

23.（1）如果按照第17条第（1）款有权获得延期养老金的成员或前成员（或者，如果是成员，且已终止了养老金计划中的成员资格，其同样有权获得该养老金），在达到根据第16条第（2）款规定有资格领取即期养老金年龄之前死亡，如有未亡者，其有权获得按照第21条计算的养老金，即基于1986年12月31日之后的计划所规定的成员或前成员资格，该成员或前成员在死亡当天若已经与雇主解除雇佣关系且假设尚未死亡的话，其有权领取的金额。

可选择方式

（2）作为第（1）款的可选方案，养老金计划可以为未亡者规定等于或高于第（1）款规定数额的即期养老金。

如果具备退休资格的成员死亡

（3）按照第17条第（1）款的规定，有权获得延期养老金且其死亡时间在该养老金开始发放之前和其有资格按照第16条第（2）款获得即期养老金之后的、享受养老金计划的成员或前成员，应当被视做：

（a）基于未亡者福利的目的而已经退休；

（b）对于延期养老金，无须考虑第（5）款的规定，其有权获得按照第22条应得到支付的共生养老金。

未亡者的资格

（4）如果养老金总额的全部或部分来自定额缴费计划并且成员或前成员的资格系属于1986年12月1日之后的计划，则第3款中述及的成员或前成员的未亡者，有权获得该成员或前成员在死亡之日若其未死亡且已与雇主终止雇佣关系本有权获得的养老金。

退保获得养老金福利或退休金补助

（5）养老金计划可以规定，在成员或前成员死亡之后，未亡者可以书面形式退保获得其按照本条有权获得的养老金福利或退休金补助，并将《个人所得税条例》中第8500条第（1）款所阐释的未亡者、成员或前成员意义上的受供养人指定为受益人。

团体寿险计划的效力

（6）根据第（7）款的规定，定额给付计划可以规定按第（1）款至第（3）款削减应支付的养老金，减少额为雇主以保费形式已支付的团体寿险支付部分，并按监管人满意的方式计算，如果

（a）在第（1）至第（3）款所述情形下，未亡者因享受养老金计划的成员或前成员的死亡而有权得到团体寿险下的一项支付；

（b）团体寿险计划须获得监管人根据本款目的而做出的批准；

（c）团体寿险保费由雇主全部或部分支付。

限制

（7）关于第（6）款中提及的削减：

（a）保险精算现值减少额不得超过未亡者根据团体寿险计划有权获得的数额；

（b）在缴费养老金计划下，不得将应支付给未亡者的养老金减少至低于成员必须缴费与按照第19条规定利息的总额。

R. S. , 1985, c. 32 (2nd Supp.), s. 23; 1998, c. 12, s. 15; 2000, c. 12, ss. 257, 264; 2001, c. 34, s. 72 (F) .

婚姻或事实婚姻伴侣

新关系不会终止养老金

24. 应支付给成员或前成员的配偶、前配偶或前事实婚姻伴侣或已故成员或前成员的未亡者的养老金不应该仅由于配偶、前配偶、前事实婚姻伴侣或未亡者结婚或形成新的事实婚姻伴侣关系而终止。

R. S. , 1985, c. 32 (2nd Supp.), s. 24; 2000, c. 12, s. 258.

有关离婚、婚姻无效或分居情况下，养老金福利及退休金补助的分配

“省财产法”的定义

25.（1）在本条，“省财产法”是指根据法令或当事人之间订立的协议，与下列财产分配相关的、一省范围内的法律：

（a）离婚、婚姻无效或分居时配偶的财产，或者；

（b）前事实婚姻伴侣在解除其事实婚姻伴侣关系时的财产。

省财产法的适用

（2）根据本条，在离婚、婚姻无效、分居或事实婚姻伴侣关系破裂时，养老金计划中的养老金、退休金补助和任何其他福利应受可适用省财产法的辖制。

本法不适用的情形

（3）根据本条，适用省财产法的养老金计划下的养老金、退休金补助或其他福利，不受制于本法有关养老金计划下的养老金、退休金补助或其他福利的估算或分配条款的限制。

转让给配偶的权力

（4）不受本条或省财产法规定的制约，养老金计划下的成员或前成员自离婚、婚姻无效、分居或事实婚姻伴侣关系破裂生效时起，可以将其养老金计划下的养老金、退休金补助或其他福利的全部或部分转让给其配偶、前配偶、事实婚姻伴侣或前事实婚姻伴侣，并且在发生此种转让时，除第21条第2款至第6款规定外，基于本法的目的，有关养老金、退休金补助或其他福利的受让部分，受让人应当被视为：

（a）以前就是养老金计划的成员；以及

（b）自转让生效日起，不再是养老金计划的成员，

但受让人后来的配偶或事实婚姻伴侣无权获得受让部分的任何养老金、退休金补助或其他福利。

管理人职责

（5）根据本条，如果成员或前成员在养老金计划下的养老金、退休金补助或其他福利的全部或部分要求按法令或当事人间的协议在配偶、前配偶、事实婚姻伴侣间分配，则管理人在收到

（a）来自成员或前成员，或其配偶、前配偶或前事实婚姻伴侣要求养老金、退休金补助或其他福利的全部或部分，根据情形，依法令或协议予以分配的书面请求，以及

（b）法令或协议的副本，

应当根据法令或协议，以规定的方式，根据情形，确定并随即管理养老金、退休金补助或其他福利。然而，如按法令执行，管理人需在所有上诉均已最终确定或上诉期已过，方可按照法令管理养老金、退休金补助或其他福利。

通知

（6）一旦收到第（5）款所指的请求，管理人应通知未提出要求的配偶、前配偶及事实婚姻伴侣，并向其提供已提交的能支持上述要求的法令或协议副本；当管理人所收到请求或协议的形式或方式表明其属于共同提交时，上述要求不适用。

共生养老金的分割

（7）根据本条，若要求将成员或前成员养老金的全部或部分按照法令或当事人间的协议分配给配偶、前配偶及前事实婚姻伴侣，则养老金计划可规定，如果两份养老金的保险精算现值总和不低于共生养老金的保险精算现值，可以调整共生养老金，以使其成为可支付的两份独立养老金，一份由成员或前成员享有，另一份由其配偶、前配偶或前事实婚姻伴侣享有。

限制

（8）不受第（2）款规定的制约，根据本条规定，以下两者总和：

（a）支付给成员或前成员的养老金或其他福利的保险精算现值；及

（b）支付给成员或成员的配偶、前配偶或前事实婚姻伴侣的养老金或其他福利的保险精算现值，

根据情形，不应高于若离婚、婚姻无效、分居或关系破裂未发生时本应支付给成员或前成员的养老金或其他福利的保险精算现值。

R. S.，1985，c. 32（2nd Supp.），s. 25；2000，c. 12，s. 259；2001，c. 34，s. 73（F）.

退休金补助的便利

若成员尚不具备退休资格

26.（1）如果成员在依照第16条第（2）款有资格领取即期养老金之前已终止其养老金计划的成员资格或死亡，则根据情形，该成员或未亡者，有权：

（a）将该成员或未亡者的退休金补助（不管何者适用），转移至许可的另一养老金计划；

（b）根据情形，将该成员或未亡者的退休金补助（不管何者适用），转移至成员或未亡者规定类型的退休储蓄计划；或者

（c）根据情形，使用该成员或未亡者的退休金补助（不管何者适用），为成员或未亡者购买规定类型的即期或延期终身年金，

如果成员或未亡者根据情形，在成员资格终止或成员死亡后90日内，以规定方式通知管理人此种意愿（或若监管人根据第28条第（1）款第（d）项允许更长的期限，在监管人依照本项规定，发出书面声明后的60日内），并且监管人应即刻采取必要的行动以使此种通知生效。

若成员具备退休资格 （2）如果成员依照第16条第（2）款有资格退休之后、开始得到养老金支付之前终止养老金计划的成员资格或死亡，则根据情形，该计划可以允许成员或未亡者：

（a）将该成员或未亡者的退休金补助（不管何者适用），转移至另一养老金计划，如该另一养老金计划允许；

（b）根据情形，将该成员或未亡者的退休金补助（不管何者适用），转移至成员或未亡者规定类型的退休储蓄计划；或者

（c）根据情形，使用该成员或未亡者的退休金补助（不管何者适用），为成员或未亡者购买规定类型的即期或延期终生养老金。

计划中的其他选择规定 （3）任何时候，若成员终止养老金计划的成员资格或死亡，该计划可以规定：

（a）如果成员或未亡者的退休金补助（不管何者适用），低于事件发生的日历年内“当年可领取养老金的最大金额”，成员或未亡者根据情形，必须在下列情形中做出选择：

（i）将全部退休金补助转移至另一养老金计划，如该另一养老金计划允许，

（ii）根据情形，将全部退休金补助转移至成员或未亡者经登记、规定类型的退休储蓄计划，或

（iii）根据情形，使用全部退休金补助为成员或未亡者购买即期或延期终生年金，及

（b）若应支付的部分养老金来自第21条第（2）款所述的盈余部分，成员或未亡者根据情形，必须就该盈余部分，在下列情形中做出选择：

（i）将其转移至另一养老金计划，如该另一养老金计划允许；

（ii）根据情形，将其转移至成员或未亡者规定类型的退休储蓄计划；或

（iii）根据情形，使用它为成员或未亡者购买即期或延期终生年金。

若转移损害偿付能力 （4）如果此种转移在监管人看来会损害养老基金的偿付能力，则根据本条，管理人在未征得监管人同意的情况下不应将款项从养老金计划的养老基金中转移出来；监管人可以同意按照其认为与具体情形相适应的条款和条件来进行转移，或可直接指示该转移。

养老金计划包括 （5）根据本条的目的，养老金可以转至的养老金计划包括：

（a）省司法管辖下的养老金计划，及

（b）为在规定范围外就业的雇员提供养老金而组织和管理的养老金计划。

R. S. , 1985, c. 32（2nd Supp. ）, s. 26; 1995, c. 17, s. 61; 1998, c. 12, s. 16; 1999, c. 31, s. 175（F）; 2000, c. 12, s. 264; 2001, c. 34, s. 74（F）.

禁止性别歧视

禁止性别歧视

27.（1）在确定下列数额时，不应考虑成员或前成员或者其配偶、前配偶、事实婚姻伴侣或前事实婚姻伴侣的性别差异：

（a）要求由1986年12月31日之后养老金计划下的成员支付的保险缴费数额；或

（b）1986年12月31日之后养老金计划下的相关人有权获得福利的数额。

执行

（2）为了遵循第（1）款，养老金计划可以，

（a）使用无性别差异的年金要素；

（b）为雇主制定依据不同性别而采取不同缴费对策；或

（c）使用经监管人批准的任何其他方法。

第26条中的转移

（3）不受第（1）款规定的制约，按照第26条转移的数额可以因成员性别不同而有所区分，只要基于上述转让的数额，在达到可领取养老金年龄时应付的养老金，未因性别原因而形成数额上的重大差异。

R. S. , 1985, c. 32 (2nd Supp.), s. 27; 2000, c. 12, s. 260.

知情权

成员及其配偶或事实婚姻伴侣知情权的规定

28.（1）养老金计划应当规定：

（a）计划的各成员和有资格加入计划的各雇员及其配偶或事实婚姻伴侣依照法定情形和法定方式将获得：

（i）根据情形，在计划确定后或计划做出更正后6个月内对计划的规定及任何可适用的更正条款的书面解释；及

（ii）法定的此类其他信息。

（b）根据第45条规定，计划各成员及其配偶或事实婚姻伴侣，在6个月内或监管人许可的更长期限内，依照法定情形和法定方式将获得载明下列情况的书面声明：

（i）如有定额给付计划，该成员在当年年末计划中有权获得的养老金；

（ii）自其成为成员时起，该成员缴纳缴费的累计价值（如有定额缴费条款，由该成员或相关成员缴纳），该价值需按法定形式表示；

（iii）计划规定的比率或者在没有法定比率时可适用的已累积基金比率；及

（iv）法定的此类其他信息。

（c）计划的各成员和前成员、有权获得计划中养老金或退款的任何其他人及其配偶或事实婚姻伴侣，可以在执行计划过程中每年一次，亲自或者由为实现上述目的经授权的代理人：

（i）在管理人所在的加拿大总部或监管人与提出审查要求方认可的其他此类地点，审查根据第10条第（1）款或第10.1条第（1）款或第12条或第39条第（i）项规定在监管人处备案的文件或信息以及规定的任何其他文件；及

（ii）以书面形式要求的任何此类文件的影印本。

（d）若计划成员退休、终止成员资格或死亡，或者全部或部分计划终止，管理人应当在退休日、成员资格终止、死亡或计划终止后的30日内或监管人许可的更长期限内，根据情形、以法定形式向该成员（如计划终止，则向各成员）及其配偶或事实婚姻伴侣（如该成员死亡，则向其法定代理人）提供关于计划中应付养老金及其他福利的书面声明。

“已积累基金比率”含义

（2）在第（1）（b）（iii）分款中，“已积累基金比率”是指基于连续经营原则，记载了有关备案于监管人处的养老金计划的最新精算报告上的养老金计划资产与该计划负债的比率。

管理人的职责

（3）管理人应立即：

（a）授权对第（1）款（c）（i）项要求文件的审查；及

（b）在管理人能确定合理支付费用的条件下，遵守第（1）款（c）（i）项规定的要求一份影印本的书面指令。

R. S.，1985，c. 32（2nd Supp.），s. 28；1998，c. 12，s. 17；2000，c. 12，s. 263；2001，c. 34，s. 75.

养老金计划的终止和结束

视为终止的情形

29.（1）对养老金计划登记的撤销应视为计划的终止。

如果监管人宣告计划终止

（2）监管人可以宣告全部或部分养老金计划终止，若

（a）雇主中断或终止为全部或部分的计划成员缴纳保险费；

（b）有绝大部分享受养老金计划的成员受雇于业务已停止或正在停止的部门；或

（c）监管人认为，养老金计划未能满足第9条第（1）款规定的偿付能力测试与偿付能力标准。

同上

（3）按照第（2）款所做的宣告应当根据情形宣布养老金计划或其中一部分自监管人认可的适当时间予以终止。

新计划的采纳

（4）如果新计划的采纳导致雇主对养老金计划保险费缴纳中断或终止，则不管原计划和新计划的资产和负债是否已合并，都认为原计划没有终止，并且对于在新计划采纳前所具备成员资格的任何期间，都将原计划规定的养老金和其他福利视做新计划中规定的各种福利。

自愿终止或结束的通知

（5）试图终止全部或部分养老金计划或结束养老金计划的管理人应当在拟采取该行动之日前至少60日以书面形式通知监管人。

雇主付款以满足偿付能力要求

（6）在全部养老金计划终止时，雇主应当向该计划支付为满足第9条第（1）款对偿付能力测试和标准的规定应支付的全部数额，并且，在不限制上述普遍性的情况下，雇主应当向该计划支付：

（a）下列两项之和的数额：

（i）正常精算成本，

（ii）截至终止之日任何法定的特别支出；及

（b）所有

（i）雇主从成员报酬中扣除的数额，及

（iii）在终止之日，雇主未向养老基金汇出的其他数额。

计划资产

（7）全部养老金终止或结束时，在征得监管人同意和针对截至计划终止或结束之前成员资格应享有的全部应计或应付福利，为成员、前成员及其配偶、事实婚姻伴侣、受益人、不动产或继承人做好付款准备之前，计划资产任何部分均不应转至雇主的福利中；并且基于此目的，不管养老金计划或雇佣期限内成员年龄、成员资格期限的任何情况，这些应计或应付的福利均应认为是法定的。

终止对资产的效力

（8）全部养老金计划终止时，旨在提供养老金或其他福利的养老金计划的资产继续受本法的制约。

向监管人报告	(9) 全部或部分养老金计划终止时，计划管理人应当向监管人提交由具备规定资格人员编写的报告，在报告中列明计划规定的养老金和其他福利的性质并且清楚描述如何分配这些福利以及决定向成员支付全部福利或部分福利的优先顺序。
直到报告得到批准方可处置财产	(10) 在监管人批准第 (9) 款所要求的报告之前，不可处置养老金计划资产用以提供任何福利，但是计划管理人仍可根据情形在这些资产到期时，向有权获得者支付养老金或返还雇员缴费及其利息。
监管人可以指示终结	(11) 若全部养老金计划终止，且监管人认为未采取行动或充分行动以终结计划，则监管人可以指示管理人按照第 39 条第 (j) 项的规定分配计划资产，还可指示用计划的养老金基金支付在分配时产生的任何费用，管理人应立即遵照该指示。
计划的部分终止	(12) 若计划部分终止，受到影响的成员的权利不应少于在部分终止的同一天若计划全部终止的情况下成员能够享有的权利。
	R. S., 1985, c. 32 (2nd Supp.), s. 29; 1998, c. 12, s. 18; 2000, c. 12, s. 261.
任命新的管理人	29.1 (1) 如果全部或部分终止的养老金计划的管理人破产或丧失行为能力，或监管人认为撤销计划管理人符合成员或前成员，或有权获得养老金或退款的任何其他人的最佳利益，监管人可以撤销管理人并任命替代管理人。替代管理人可以要求用养老基金支付其合理费用。
通知	(2) 监管人应当视具体情形尽快通知被替代管理人其撤销决定。
更换的效力	(3) 替代管理人自第 (2) 款规定的通知之日起即应管理养老基金。
通知	(4) 第 29 条第 (10) 款中规定的报告在经批准后，替代管理人应将其按照报告分配计划资产的意图通知成员、前成员和有权获得养老金计划下养老金或退款的任何其他人。
公开	(5) 替代管理人应当在《加拿大公报》上公布其通知，并且除非监管人另有规定，在各省都发行的一家或多家报纸上每周一次、连续两周予以公布。
权利转移	(6) 在替代管理人任命之前的成员、前成员和有权获得养老金或退款的任何其他人有权行使替代管理人以书面形式选择放弃的权利和要求。
解雇	(7) 按照本法和法规分配资产时，监管人可以解雇替代管理人。
	1998, c. 12, s. 19.
	商业出售等行为的效力
商业出售等行为的效力	30. (1) 如果
	(a) 作为养老金计划一方当事人的雇主出售、转让或以其他方式处置其全部或部分的商业或企业或者其商业或企业的全部或部分资产，
	(b) 原雇主的雇员成为该商业或企业或资产的购买人 (本条称之为“继任雇主”) 的员工，及
	(c) 继任雇主不承担原雇主养老金计划中福利增长的责任，
	凭借在雇主养老金计划中的成员资格，雇员可以继续享有在雇主计划中规定的福利，但不含进一步的累积增长。

同上

(2) 如果发生了第 (1) 款第 (a) 项和第 (b) 项所述事件，不管继任雇主是否承担对于雇主计划中累积福利的责任，则

(a) 基于雇主计划的目的，第 (1) 款第 (b) 项所指的雇员在雇主计划中的成员资格不会因上述事件的发生而被视为终止；及

(b) 基于以下目的：

(i) 确定继任雇主的养老金计划的资格条件相关的雇佣期限，及

(ii) 确定该雇员是有权获得雇主还是继任雇主的养老金计划下的福利，

雇佣期限应视为包含了雇员与雇主及继任雇主之间不中断雇佣关系的期限。

福利的支付和受益人的指定

可适用省法的某些规定

31. 除与本法不一致外，关于养老金计划下福利支付和受益人指定、适用于为规定范围内雇佣的雇员而组织、管理的养老金计划的省法的任何规定应被视做同样适用于非规定范围内雇佣情况下的养老金计划，如果该省法曾适用于此种养老金计划。

异议和上诉

异议书

32. (1) 根据第 10 条第 (4) 款或第 11.1 条接到通知的管理人，在收到通知后的 60 日内，可以法定的形式和方式向监管人送交异议书，列明异议原因及其相关事实。

监管人复议

(2) 收到异议书时，监管人应根据情形，立即做出拒绝或撤销和取消决定的复议，改变或确认已采取的行动并立即将决定通知管理人。

R. S. , 1985, c. 32 (2nd Supp.), s. 32; 1998, c. 12, s. 20.

向联邦法院上诉

33. (1) 如果管理人根据第 32 条已送交异议书，则他/她可以

(a) 在监管人已经确认按照第 32 条第 (1) 款所述采取行动之后的 90 日内，或

(b) 在异议书送交 90 日后、180 日前且监管人未通知管理人其已改变或确认采取的行动，

为取得第 (5) 款第 (b) 项所述指令，向联邦法院上诉

提起上诉

(2) 提出上诉应当到“法院登记处”登记备案或采用挂号邮件方式将 3 份以法定形式填写的上诉通知寄至渥太华联邦法院。

文书送达登记处

(3) 收到第 (2) 款所指的上诉通知副本时，法院登记处应当向监管人送达两份副本。

上诉相关文件

(4) 收到上诉通知副本之后，监管人应立即向法院登记处提交与上诉相关的所有文件。

对于上诉的处理

(5) 法院可以通过以下方式，处理上诉

(a) 驳回上诉，并指令上诉人应使与上诉相关的养老金计划按照本法和法规执行；或

(b) 接受上诉，并指令监管人视具体情形需要对与上诉相关的养老金计划予以登记或恢复该计划的登记，并签发有关登记证书。

条件

(6) 做出第 (5) 款第 (b) 项所述的指令可以包括施加于上诉人的条件，这些条件是指与上诉相关的养老金计划的登记和恢复登记的先决条件。

R. S. , 1985, c. 32 (2nd Supp.), s. 33; 1998, c. 12, s. 21.

一般情形

向联邦法院提出申请　33.1（1）如果管理人、雇主或其他人遗漏了本法要求其完成或本应由其完成的事项，或者违反了监管人的指示、本法的规定或法规，除了采取其他行动外，监管人也可以向联邦法院申请法令，要求管理人、雇主或其他人停止其违反行为或实施应由其完成的事项。对于此项申请，联邦法院可以发布这种法令以及其认为适当的任何其他发令。

上诉　（2）针对第（1）款规定的法令提起上诉的方式与对联邦法院其他命令提起上诉的方式相同。

1998, c. 12, s. 22.

监管人可以提起诉讼　33.2（1）针对养老金计划，监管人除了可以采取任何其他行动外，也可以使用有权获得福利或退费的成员、前成员或任何其他人的诉因，对管理人、雇主或任何其他人提起诉讼。

溯及力　（2）无论使用何种诉因，无论该诉因出现在本条生效之前或之后，第（1）款均适用。

1998, c. 12, s. 22.

审查　34.（1）基于本法管理的目的，监管人或任何得到监管人书面授权的人可在任何适当时候

（a）审查与养老金计划或养老基金所投资的证券、债券或其他投资形式相关的账簿、档案或其他文件，无论其采用何种形式或具有何种特征；并且

（b）要求养老金计划管理人提供监管人认为对查明本法规定或法规是否得到一贯遵守而必需的信息，该信息应当采用适当的形式。

监管人的权力　（2）在取证方面，监管人拥有与《调查法》第二部分授予调查委员的权力相同的权力，且可以将该权力授予他人。

费用支付　（3）根据第（1）款第（a）项以审查为目的在公共机构外临时任命人员的费用和支出，包括向监管人提交审查报告有关费用和支出，在获得监管人的批准后可以用养老基金支付。

R. S., 1985, c. 32 (2nd Supp.), s. 34; 1998, c. 12, s. 23.

不得对下列人员提起诉讼　35. 不得对遵守或意在遵守本法或法规而拒付、扣除、支付或赊欠一定数额的人提起诉讼。

无效协议　36.（1）如果本法或法规要将一定数额的资金拒付、扣除、支付或赊欠时，则该要求所针对的人员做出的不予拒付、不予扣除、不予支付或不予赊欠该数额资金的协议或安排无效。

同上　（2）任何转让、支付、提前使用或作为证券支付下列福利或款项的协议或安排，

（a）养老金计划规定的任何福利，或

（b）根据第26条从养老金基金中提出的款项，

无效。

例外　（3）在下列情形中，第（2）款不能阻止根据第26条发生的转让或购买行为导致的法定的养老金或终生年金中财产利益的转让：

（a）该转让是法院根据省财产法（含义同第25条第（1）款）发布的指令；或

（b）该转让是根据第25条第（4）款规定、以书面协议形式做出的。

无效协议

（4）任何协议或安排，若其意在

（a）让与或交换某种福利或其中的权利或利益，或

（b）让与或交换第26条规定的转让或购买行为所产生的应付养老金，

如果其与第18条第（1）款的规定不一致，则无效。

例外

（5）第（4）款不适用于根据第18条第（2）款第（b）项或第（c）项的规定进行的支付。

R. S.，1985，c. 32（2nd Supp.），s. 36；2000，c. 12，s. 262.

对养老金计划的修改

37.（1）如果对养老金计划的修改有理由看做意在立即或于将来终止或终结该养老金计划时，避免支付该计划规定的养老金或其他福利，则应当以本条规定的方式宣告该修改无效。

申请和宣告

（2）对于监管人的申请，联邦法院法官在将通知发至养老金计划管理人之后，可以宣告第（1）款中规定的应当被宣告无效的养老金计划修改条款无效，除了应在上诉中解决的情形之外，该修改条款应被视做自始至终完全无效。

宣告程序

（3）在根据第（2）款做出宣告之后，除非经监管人同意，在上诉期限内或上诉有待审理期间，不得根据该宣告采取任何步骤或诉讼。

非法律文书

37.1 依据《法律文书法》，监管人根据本法就特定养老金计划发布的指示并非法律文书。

1998，c. 12，s. 24.

犯罪与刑罚

犯罪

38.（1）任何人

（a）违反本法、相关规定或监管人根据本法或法规的授权做出的指示。

（b）以下列方式拒绝遵守本法或相关规定：

（i）损毁、篡改、删除、隐匿或以其他方式处置档案、手写资料或其他文件，

（ii）做出虚假或欺骗性声明或在任何档案、手写资料或其他文件中加入虚假或欺骗性内容，

（iii）在任何声明或任何档案、手写资料或其他文件中遗漏特别重要的内容。

（c）妨碍或阻止，或试图妨碍或阻止他人根据第34条授权应从事或完成的事情，或者，除非该人员无能力从事该项工作，其不能按照第34条规定从事或完成要求承担的工作。

（d）作为雇主，未向养老基金汇出其有责任缴纳的全额资金，

即构成犯罪。

刑罚

（1.1）犯第（1）款中犯罪行为的人，

（a）若系自然人，需在即席判决中承担不超过100,000加元的罚金，或期限不超过12个月的监禁，或两者并罚；

（b）若系公司或其他团体，需在即席判决中承担不超过500,000加元的罚金。

汇缴欠费

（2）如果雇主因未向养老基金缴纳足额保险费而被判有罪，法院除了可根据的第（1.1）分款对其罚款之外，还可以指令雇主向养老金基金缴纳所欠数额保险费及利息。

证据

（3）在对本条规定的犯罪行为起诉时，本来应由监管人或代表监管人的个人签署的证明一项养老金计划或一项养老金计划中修改条款的副本未按本法要求向监管人提交或养老金计划登记未向监管人提交的证明书，如无相反证据，可以作为证据采纳并能证明其所载事项。

诉讼时效

（4）对本法中规定的犯罪进行起诉，应当在监管人知道该诉讼事由之日起两年内进行，但不得超过两年。

监管人的证明文件

（4.1）在没有相反证据的情况下，一份证明监管人知道诉讼事由的具体日期、从表面上看由监管人签发的文件，即便没有签署人的署名或官方特征，也可以作为证据采纳并能证明所载事项。

公司和其他团体

（5）在公司或其他团体犯本条所述罪责时，指挥、授权、同意、默许或参与此项罪行的管理人员、董事、代理人或其他内部人员亦构成此罪，他们是即席判决的当事人且有责任承担该罪的刑罚处罚，无论公司或其他团体是否受到起诉或判决。

起诉

（6）金融机构监管部的官员、加拿大皇家骑警或任何得到部长书面授权的个人都可以根据本条起诉。

R. S.，1985，c. 32（2nd Supp.），s. 38；1998，c. 12，s. 25；2001，c. 9，s. 583.

法规

法规

39. 总督可以就如下内容制定法规：

（a）养老金计划登记的申请；

（a.1）简化养老金计划；

（b）养老金计划登记费用的收取和已登记的养老金计划的监管费用，包括审查费用等；

（c）制定一旦养老金计划成员资格丧失或养老金计划终止或结束，退休金补助可以由养老金计划管理人托管的条件，或可以转移给另外的养老金计划的管理人或法定类型的已登记退休储蓄计划或第6条第（1）款第（d）项中提及的代理机构所需要的条件；

（d）出于本法或法规的目的，规定确定1986年12月31日之后养老金计划中成员资格所产生的养老金或其他福利份额的方式；

（e）规定管理人向养老基金缴纳养老金计划规定缴费的时间，规定未按时向养老基金缴纳缴费的后果，包括管理人应当承担的责任；

（f）决定养老金计划成员或前成员有权根据该计划获得特定养老金或其他福利的日期；

（g）退休金补助的确定方式和确定日期；

（h）赋予监管人要求管理人提供其养老金计划最新合并情况以及合并方式和合并证明的权力；

（h.1）盈余退还和第9.2条所指的仲裁；

（i）除了第12条规定的信息外，要求或赋予监管人相应权力以使管理人提供有关养老金计划的信息；

（j）对终结的养老金计划资产的分配；

（j.1）养老金管理人处理养老金计划成员、前成员或有权获得养老金或退款的任何人员的投诉或质询的方式；

（k）规定任何雇员或养老金计划、任何类型的雇员、养老金计划、养老金计划中的任何福利或特定类型的福利本法或法规适用的免除情形。

(l) 规定“无能力”这一术语的含义；

(m) 说明第26条第(4)款中“损害偿付能力”的含义；

(n) 结合了

(i) 养老金或养老金计划中缴费的支付

与

(ii)《老年人保障法》、《加拿大养老金计划》或《加拿大养老金计划》第3条规定的省养老金计划中关于养老金支付或可支付缴费的规定；

(o) 规定根据本法应当规定的内容；以及

(p) 实现本法目的及其规定的一般情形。

R. S., 1985, c. 32 (2nd Supp.), s. 39; 1998, c. 12, s. 26; 2001, c. 34, s. 76.

向议会提交报告

年度报告

40. 在每一财务年度结束后，监管人应当尽快向议长提交一份报告，报告

(a) 本法当年的执行情况，

(b) 根据第12条的规定，雇主自愿或根据集体协议做出的该年度对养老金的通货膨胀调整或其他调整的幅度，

(c) b款中提及的调整所需资金的来源，以及

(d) 养老基金产生收益时该收益的使用情况。

议长收到报告后，应当在议会开会的最初15天内将该报告提交各议会讨论。

对其他法律的相应修正

41. [修正] 废止R. S., c. P-7

废止R. S., c. P-7

限制

42. (1)“养老金标准法”(The Pension Benefits Standards Act) 废止。

(2) 不受第(1)款规定的制约，“养老金标准法”和依据其做出的规定仍然适用于1987年1月1日之前终止其养老金计划成员资格或退休的人员。

R. S., 1985, c. 32 (2nd Supp.), s. 42; 2001, c. 34, s. 77.

过渡性规定

新法中视为登记的情形

43. (1) 根据本条，在1987年1月1日之前依据“养老金标准法”登记的养老金计划在以下期间视为依据本法登记，该期间开始于1987年1月1日，

(a) 在未能符合第(2)款的要求时，结束于1988年12月31日，或者

(b) 在符合第(2)款的要求时，结束于该养老金计划根据第(3)款第(a)项规定进行登记之日或根据第(3)款第(b)项规定的登记被拒绝之日。

如果在1987年1月1日之前或监管人许可的随后日期，管理人允诺该养老金计划将从1987年1月1日起根据本法和相关法规进行管理。

养老金计划修正文件的备案

(2) 为使第(1)款中提及的养老金计划符合本法和法规规定而必须做出的修正文件，务必于1988年12月31日或之前在监管人处备案。

修正后的养老金计划的审查与登记

（3）监管人应当立即审查根据第（2）款备案的修正文件，并且

（a）如果修正文件中的修正计划符合登记标准的话，对该计划予以登记并颁发该计划的登记证明文件，并通过挂号邮件形式将此决定通知管理人；或者

（b）如果修正文件中修正的计划不符合登记标准，

（i）则通过挂号邮件的形式通知管理人不相符合之处并指示管理人采取措施确保该修正文件符合监管人的明确指示，并且

（ii）如果在寄发通知之日起60天后或监管人许可的更长期间后，管理人未能遵照第（i）分款中监管人的指示，则监管人应当拒绝登记该计划并以挂号邮件形式通知管理人其决定。

违规情形

（4）当监管人认为第（1）款中提到的允诺未得到遵守时，监管人应当

（a）以挂号邮件的形式通知管理人未遵守允诺的细节之处，并指示管理人采取措施确保其行为符合监管人的明确指示；并且

（b）如果在寄发通知60日后或监管机构许可的更长期限之后，管理人未能遵照第（a）款提及的监管人的指示，则取消第（1）款中规定的认定登记，并将监管人的决定用挂号邮件的形式通知管理人。

异议与上诉规定的适用

（5）第32条和第33条的规定可根据具体情形相应调整，以适用于监管人根据第（3）款和第（4）款采取的措施。

集体协议与本法冲突的情形

44.（1）1987年1月1日之前根据“养老金标准法”登记并由1985年12月17日到1986年12月31日期间签署的一个或多个集体协议管理的养老金计划在其条款与本法规定相冲突时，在集体协议终止之日前或1988年12月底之前养老金计划中的条款优先适用，以先到期者为准，之后，本法中的规定则优先适用。

同上

（2）1987年1月1日之前根据“养老金标准法”登记并由1985年12月17日之前签署的一个或多个集体协议管理的养老金计划在其条款与本法规定相冲突时，在集体协议终止日之前或1990年12月底之前养老金计划中的条款优先适用，以先到期者为准，之后，本法中的规定则优先适用。

成员的知情权

45. 不受第28条第（1）款第（b）项规定的制约，养老金计划也可以规定该款当中提及的声明在1992年之前可以每三年做出一次，其后应当每年做出一次，即第一次这样的声明最迟应当在1989年做出。

生效

生效

46. 本法将于1987年1月1日起生效。

时间表

修正案

修正案不生效

—2003，c. 22，para. 225（z. 16）：

“公共服务”（首字母大写）表述的替换（更换为首字母小写）

225. 除了“公共服务公司”、“公共服务雇佣条例”、“公共服务养老金基金”和“公共服务退休金条例”等用语之外，“公共服务”（首字母大写）这一表述在下列法规的英文版本中均代之以“公共服务”字样（首字母小写）

……

（z. 16）1985年“养老金标准法”第34条第（3）款。

3. Canada: pension regulation

3 –1 Pension Benefits Standards Act, 1985

R. S. , 1985, c. 32 (2nd Supp.)

An Act respecting pension plans organized and administered for the benefit of persons employed in connection with certain federal works, undertakings and businesses

[1986, c. 40, assented to 27th June, 1986]

SHORT TITLE

Short title

1. This Act may be cited as the Pension Benefits Standards Act, 1985.

INTERPRETATION

Definitions

2. (1) In this Act,

"additional voluntary contribution" 《cotisation facultative》

"additional voluntary contribution" under a pension plan means an optional contribution by a member that does not give rise to an obligation on the employer to make additional contributions;

"administrator" 《administrateur》

"administrator", in relation to a pension plan, means the administrator referred to in section 7, and includes the replacement administrator appointed under subsection 29. 1 (1);

"cessation of membership" 《fin de participation》

"cessation of membership" in a pension plan has the meaning assigned by subsection (2);

"collective agreement" 《convention collective》

"collective agreement" means an agreement in writing entered into between an employer and a bargaining agent containing provisions respecting terms and conditions of employment and related matters;

"common-law partner" 《conjoint de fait》

"common-law partner", in relation to an individual, means a person who is cohabiting with the individual in a conjugal relationship, having so cohabited for a period of at least one year;

"common-law partnership" 《union de fait》

"common-law partnership" means the relationship between two persons who are common-law partners of each other;

"continuous" 《continu》

"continuous", in relation to membership in a pension plan or to employment, means without regard to periods of temporary interruption of the membership or employment;

"deferred pension benefit" 《prestation de pension différée》

"deferred pension benefit" means a pension benefit other than an immediate pension benefit;

"defined benefit plan" 《régime à prestations déterminées》

"defined benefit plan" means a pension plan that is not a defined contribution plan;

"defined benefit provision" 《disposition à prestations déterminées》

"defined benefit provision" means a provision of a pension plan under which pension benefits for a member are determined in any way other than that described in the definition "defined contribution provision";

"defined contribution plan" 《régime à cotisations déterminées》

"defined contribution plan" means a pension plan that consists of defined contribution provisions and does not contain defined benefit provisions, other than

(a) a defined benefit provision relating to pension benefits accrued in respect of employment before the effective date of the pension plan, or

(b) a defined benefit provision that provides for a minimum pension benefit whose additional value is not significant in the Superintendent's opinion;

"defined contribution provision" 《disposition à cotisations déterminées》

"defined contribution provision" means a provision of a pension plan under which pension benefits for a member are determined solely as a function of the amount of pension benefit that can be provided by

(a) contributions made by and on behalf of that member, and

(b) interest earnings and other gains and losses allocated to that member;

"designated province" 《province désignée》

"designated province" means a province prescribed as a province in which there is in force a law substantially similar to this Act;

"employee" 《salariés》

"employee" includes an officer;

"employer" 《employeur》

"employer", in relation to an employee, means the person or organization, whether incorporated or unincorporated, in respect of employment with which the employee receives his remuneration, and includes the successors or assigns of that person or organization;

"employment" 《emploi》

"employment" means the performance by an employee of work for remuneration for an employer under an express or implied contract of service or apprenticeship, and includes the tenure of an office;

"former member" 《participant ancien》

"former member", in relation to a pension plan, means

(a) except in sections 9. 2 and 24, a person who, on or after January 1, 1987, has either ceased membership in the plan or retired,

(a. 1) in section 9. 2, a person who has either ceased membership in the plan or retired and has not transferred their pension benefit credit under section 26 before termination of the plan, or

(b) in section 24, a person who, before, on or after January 1, 1987, has either ceased membership in the plan or retired;

"full-time basis" 《à temps plein》

"full-time basis", in relation to an employee of a particular class, means engaged to work, throughout the year, all or substantially all of the normally scheduled hours of work established for persons in that class of employees;

"immediate pension benefit" 《prestation de pension immédiate》

"immediate pension benefit" means a pension benefit that is to commence within one year after the member becomes entitled to it;

"included employment" 《emploi inclus》

"included employment" has the meaning assigned by section 4;

"joint and survivor pension benefit" 《prestation réversible》

"joint and survivor pension benefit" means an immediate pension benefit that continues at least until the death of the member or former member or the death of the survivor of the member or former member, whichever occurs later;

"marriage" and "remarriage" [Repealed, 2000, c. 12, s. 254]

"member" 《participant》

"member", in relation to a pension plan, means a person who has become a member of the pension plan and has neither ceased membership in the plan nor retired;

"Minister" 《ministre》

"Minister" means the Minister of Finance;

"multi-employer pension plan" 《régime interentreprises》

"multi-employer pension plan" means a pension plan organized and administered for employees of two or more employers who contribute to the plan pursuant to an agreement, by-law or statute, where the pension plan provides pension benefits that are determined by periods of employment with any or all of the participating employers, but does not include a pension plan where more than ninety-five per cent of the plan members are employed by participating employers who are incorporated and are affiliates within the meaning of the Canada Business Corporations Act;

"office" and "officer" 《fonctions》 et 《cadre》

"office" means the position of an individual entitling that individual to a fixed or ascertainable stipend or remuneration, and includes the position of an officer or director of a corporation or other organization and of an agent acting for a principal, and "officer" means a person holding such a position;

"participating employer" 《employeur participant》

"participating employer", in relation to a multi-employer pension plan, means an employer who is required to contribute to that plan;

"part-time basis" 《à temps partiel》

"part-time basis", in relation to an employee, means engaged to work on other than a full-time basis;

"pension benefit" 《prestation de pension 》

"pension benefit" means a periodic amount to which, under the terms of a pension plan, a member or former member, or the spouse, common-law partner, survivor or other beneficiary or estate or succession of a member or former member, is or may become entitled;

"pension benefit credit" 《droit à pension》

"pension benefit credit", in relation to any person, means the aggregate value at a particular time of that person's pension benefit and other benefits provided under a pension plan, calculated in prescribed manner;

"pension fund" 《fonds de pension》

"pension fund", in relation to a pension plan, means a fund maintained to provide benefits under or related to the pension plan;

"pension plan"《régime de pension》

"pension plan" has the meaning assigned by subsection 4 (2);

"pensionable age"《âge admissible》

"pensionable age", in relation to a member, means the earliest age (taking into account the period of employment with the employer or the period of membership in the pension plan, if applicable) at which a pension benefit, other than a benefit in respect of a disability (as defined in the regulations), is payable to the member under the terms of the pension plan without the consent of the administrator and without reduction by reason of early retirement;

"prescribed" Version anglaise seulement

"prescribed" means prescribed by regulation;

"registered pension plan"《régime agréé》

"registered pension plan" means a pension plan that is registered and in respect of which a certificate of registration has been issued by the Superintendent under this Act;

"retire"《retraite》

"retire" has the meaning assigned by subsection (3);

"spouse"《époux》

"spouse", in relation to an individual, includes a person who is party to a void marriage with the individual;

"standards for registration" [Repealed, 1998, c. 12, s. 1]

"Superintendent"《surintendant》

"Superintendent" means the Superintendent of Financial Institutions appointed pursuant to subsection 5 (1) of the Office of the Superintendent of Financial Institutions Act;

"surplus"《excédent》

"surplus" means the amount, determined in the prescribed manner, by which the assets of a pension plan exceed its liabilities;

"survivor"《survivant》

"survivor", in relation to a member or former member, means

(a) if there is no person described in paragraph (b), the spouse of the member or former member at the time of the member's or former member's death, or

(b) a person who was the common-law partner of the member or former member at the time of the member's or former member's death;

"termination"《cessation》

"termination", in relation to a pension plan, means the cessation of crediting of benefits to plan members generally, and includes the situations described in subsections 29 (1) and (2);

"winding-up"《liquidation》

"winding-up", in relation to a pension plan, means the distribution of the assets of a pension plan that has been terminated;

"Year's Maximum Pensionable Earnings"《maximum des gains annuels ouvrant droit à pension》

"Year's Maximum Pensionable Earnings" has the same meaning as in the Canada Pension Plan.

Cessation of membership in a pension plan

(2) For the purposes of this Act, a member of a pension plan shall be deemed to cease membership in the plan

(a) in the case of a multi-employer pension plan, when no contributions have been made in respect of that member by any of the participating employers for a period of twenty-four months, or such shorter period as is provided under the plan, and the member is not in receipt of an immediate pension benefit;

(b) in the case of any other pension plan, when the member's employment with the employer terminates and the member is not in receipt of an immediate pension benefit, whether or not contributions by the employer in respect of that member had ceased previously; or

(c) in any other prescribed circumstance.

Meaning of "retire"

(3) For the purposes of this Act, a member of a pension plan shall be deemed to retire on commencing to receive an immediate pension benefit, whether the member's employment has terminated or not.

How "spouse or common-law partner" to be read

(4) Except in section 25, where a member or former member has a spouse from whom they are separated and a common-law partner with whom they are cohabiting, a reference to a "spouse or common-law partner" in respect of that member or former member means the common-law partner.

R. S. , 1985, c. 32 (2nd Supp.), s. 2, c. 18 (3rd Supp.), s. 38; 1994, c. 24, s. 34 (F); 1998, c. 12, s. 1; 2000, c. 12, s. 254; 2001, c. 34, s. 66.

Pension plans may exceed minimum requirements

3. The requirements of this Act and the regulations shall not be construed as preventing the registration or operation of a pension plan containing provisions that are more advantageous to members of the plan, former members or potential members or their spouses, common-law partners, beneficiaries, estates or successions.

R. S. , 1985, c. 32 (2nd Supp.), s. 3; 2000, c. 12, s. 255.

APPLICATION OF ACT

Application of Act

4. (1) This Act applies in respect of pension plans.

Definition of "pension plan"

(2) In this Act, "pension plan" means a superannuation or other plan organized and administered to provide pension benefits to employees employed in included employment (and former employees) and to which the employer is required under or in accordance with the plan to contribute, whether or not provision is also made for other benefits or for benefits to other persons, and includes a supplemental pension plan, whether or not the employer is required to make contributions under or in accordance with the supplemental pension plan, but does not include

(a) an employees' profit sharing plan or a deferred profit sharing plan as defined in sections 144 and 147, respectively, of the Income Tax Act;

(b) an arrangement to provide a "retiring allowance" as defined in subsection 248 (1) of the Income Tax Act; or

(c) any other prescribed arrangement.

Definition of "supplemental pension plan"

(3) In subsection (2), "supplemental pension plan" means a pension plan for employees whose membership in another pension plan is a condition precedent to membership in the supplemental pension plan and that is an integral part of that other plan.

Definition of "included employment"

(4) In this Act, "included employment" means employment, other than excepted employment, on or in connection with the operation of any work, undertaking or business that is within the

legislative authority of the Parliament of Canada, including, without restricting the generality of the foregoing,

(a) any work, undertaking or business operated or carried on for or in connection with navigation and shipping, whether inland or maritime, including the operation of a ship and transportation by ship anywhere in Canada;

(b) any railway, canal, telegraph or other work or undertaking connecting a province with another province or extending beyond the limits of a province;

(c) any line of steam or other ships connecting a province with another province or extending beyond the limits of a province;

(d) any ferry between a province and another province or between a province and a country other than Canada;

(e) any aerodrome, aircraft or line of air transportation;

(f) any radio broadcasting station;

(g) any bank or authorized foreign bank within the meaning of section 2 of the Bank Act;

(h) any work, undertaking or business that, although wholly situated within a province, is before or after its execution declared by the Parliament of Canada to be for the general advantage of Canada or for the advantage of two or more provinces; and

(i) any work, undertaking or business outside the exclusive legislative authority of provincial legislatures, and any work, undertaking or business of a local or private nature in Yukon, the Northwest Territories or Nunavut.

Definition of "excepted employment"

(5) In this Act, "excepted employment" means

(a) employment by Her Majesty in right of Canada; and

(b) any employment that is excepted from included employment by any regulation made under subsection (6).

Idem

(6) The Governor in Council may make regulations excepting from included employment

(a) employment by an agent of Her Majesty in right of Canada; and

(b) any other employment if the Governor in Council, on a report of the Minister, is satisfied that

(i) provision has been made for the coverage of employees employed in that employment under the terms of a pension plan that is organized and administered for the benefit primarily of employees employed in other than included employment and that is required to be registered under the law of a designated province, or

(ii) in any other case, the exception of that employment is warranted having regard to the existence of other arrangements for the safeguarding of any benefits that are or may become available to employees or other persons in respect of that employment, or having regard to such other circumstances as the Governor in Council deems relevant.

R. S., 1985, c. 32 (2nd Supp.), s. 4; 1993, c. 28, s. 78; 1999, c. 28, s. 172, c. 31, s. 244 (F); 2002, c. 7, s. 226.

POWERS OF SUPERINTENDENT

Powers of Superintendent

5. (1) The Superintendent, under the direction of the Minister, has the control and supervision of the administration of this Act and has the powers conferred by this Act.

Information and studies

(2) The Superintendent may

(a) collect information to determine the extent to which inflation adjustments and other adjustments to pension benefits are provided;

(b) conduct studies, surveys and research programs and compile statistical and other information relating to pension plans and their operation; and

(c) disclose information gathered under paragraph (a) or (b) or filed under section 10, 10.1 or 12 to any government agency or regulatory body.

R.S., 1985, c. 32 (2nd Supp.), s. 5; 1998, c. 12, s. 3.

AGREEMENTS, ETC.

Agreements, etc., respecting administration

6. (1) The Minister, with the approval of the Governor in Council, may

(a) enter into agreements with the appropriate authority of a designated province respecting

(i) the administration, application and enforcement of pension legislation, and

(ii) the establishment and operation in Canada of an association of pension supervisory authorities;

(a.1) enter into agreements with the appropriate authority of a designated province with respect to any pension plan that is required to be registered under this Act and is registered in the designated province in order to

(i) make applicable the pension law of the designated province, or any part of that law, with such modifications as the Minister deems necessary, in respect of the pension plan, and

(ii) limit the application of this Act and the regulations to the pension plan;

(b) authorize the appropriate authority of a designated province, or the association referred to in subparagraph (a) (ii), to exercise such powers on behalf of the Superintendent or otherwise under this Act as the Minister may determine;

(c) authorize the Superintendent to exercise or perform such powers and duties on behalf of the appropriate authority of a designated province, or on behalf of the association referred to in subparagraph (a) (ii), as the Minister may determine; and

(d) designate an agency for the purposes, among others, of receiving, holding and disbursing pension benefits and pension benefit credits under this Act.

Publication

(2) The Minister shall cause a notice of every agreement entered into under paragraph (1) (a.1) to be published in the Canada Gazette.

R.S., 1985, c. 32 (2nd Supp.), s. 6; 1998, c. 12, s. 4.

ADMINISTRATION OF PENSION PLANS

Administrator

7. (1) The administrator of a pension plan shall be

(a) in the case of a multi-employer pension plan established under one or more collective agreements, a board of trustees or other similar body constituted in accordance with the terms of the plan or the collective agreement or agreements to manage the affairs of the plan;

(b) in the case of a multi-employer pension plan not described in paragraph (a), a pension committee constituted in accordance with the terms of the plan, subject to section 7.1, to manage the affairs of the plan; or

(c) in the case of a pension plan other than a multi-employer pension plan,

(i) the employer, or

(ii) if the plan is established under one or more collective agreements and the terms of the plan or the collective agreement or agreements to manage the affairs of the plan provide for the constitution of a board of trustees or other similar body, that body.

Administrator of simplified pension plan

(2) In the case of a simplified pension plan, the administrator of the pension plan shall be the prescribed person or body.

R. S., 1985, c. 32 (2nd Supp.), s. 7; 1998, c. 12, s. 5.

Representative of members

7. 1 A pension committee must

(a) if a majority of the pension plan members so requests, include a representative of the plan members; and

(b) if the pension plan has fifty or more retired members and a majority of the retired members so requests, include a representative of the retired members.

1998, c. 12, s. 5.

Pension council

7. 2 (1) An employer who is the administrator of a pension plan may establish a pension council but, if the pension plan has fifty or more members and a majority of the members so requests, the employer shall establish a pension council.

Representative of members

(2) A pension council must include a representative of the pension plan members and, if the plan has fifty or more retired members and a majority of the retired members so requests, the council must include a representative of the retired members.

Functions of pension council

(3) The functions of a pension council are the following:

(a) to promote awareness and understanding of the pension plan among members and potential members;

(b) to review, at least once every year, the financial, actuarial and administrative aspects of the plan;

(c) to perform the prescribed administrative functions; and

(d) to perform any other functions that are specified by the pension plan or the employer.

Information

(4) The employer shall provide a pension council with any information that is necessary to enable it to carry out its functions.

1998, c. 12, s. 5.

Choosing representatives

7. 3 Pension plan members and retired members shall choose their representatives for the purposes of section 7. 1 and subsection 7. 2 (2), directly or indirectly, in the prescribed manner.

1998, c. 12, s. 5.

Duties of administrator

7. 4 (1) The administrator of a pension plan shall, in accordance with this Act and the regulations, administer the pension plan and the pension fund and file the required documents.

Employer to provide information

(2) An employer who is not the administrator of its pension plan shall provide the administrator

with the information that is required by the administrator in order to comply with the terms of the plan and discharge the duties under subsection (1) .

Superintendent to be informed

(3) The administrator of a pension plan shall, within thirty days after being constituted or becoming the administrator, inform the Superintendent of

(a) the administrator's name and address; or

(b) the names and addresses of the persons who together constitute the body that is the administrator.

The administrator shall inform the Superintendent of any change to this information within thirty days after the change.

1998, c. 12, s. 5.

Superintendent may require meeting

7.5 (1) An administrator shall hold a meeting, within the period specified by the Superintendent, to consider any matters set out in a written notice from the Superintendent requiring the administrator to hold a meeting.

Participation

(2) The Superintendent may

(a) participate in the meeting;

(b) require the administrator to invite members, former members or any other persons entitled to pension benefits or refunds under the pension plan to attend the meeting; and

(c) require any other interested persons to attend the meeting.

1998, c. 12, s. 5.

Amounts to be held in trust

8. (1) An employer shall ensure, with respect to its pension plan, that

(a) the moneys in the pension fund,

(b) an amount equal to the aggregate of the prescribed payments that have accrued to date, and

(c) all

(i) amounts deducted by the employer from members' remuneration, and

(ii) other amounts due to the pension fund from the employer

that have not been remitted to the pension fund

are kept separate and apart from the employer's own moneys, and shall be deemed to hold the amounts referred to in paragraphs (a) to (c) in trust for members of the pension plan, former members, and any other persons entitled to pension benefits or refunds under the plan.

Where bankruptcy, etc. , of employer

(2) In the event of any liquidation, assignment or bankruptcy of an employer, an amount equal to the amount that by subsection (1) is deemed to be held in trust shall be deemed to be separate from and form no part of the estate in liquidation, assignment or bankruptcy, whether or not that amount has in fact been kept separate and apart from the employer's own moneys or from the assets of the estate.

Administration of pension plan and fund

(3) The administrator shall administer the pension plan and pension fund as a trustee for the employer, the members of the pension plan, former members, and any other persons entitled to pension benefits or refunds under the plan.

Standard of care

(4) In the administration of the pension plan and pension fund, the administrator shall exercise

the degree of care that a person of ordinary prudence would exercise in dealing with the property of another person.

Manner of investing assets

(4.1) The administrator shall invest the assets of a pension fund in accordance with the regulations and in a manner that a reasonable and prudent person would apply in respect of a portfolio of investments of a pension fund.

Special knowledge or skill

(5) Without limiting the generality of subsection (4), an administrator who in fact possesses, or by reason of profession or business ought to possess, a particular level of knowledge or skill relevant to the administration of a pension plan or pension fund shall employ that particular level of knowledge or skill in the administration of the pension plan or pension fund.

Administrator not liable

(5.1) An administrator is not liable for contravening subsection (4), (4.1) or (5) if the contravention occurred because the administrator relied in good faith on

(a) financial statements of the pension plan prepared by an accountant, or a written report of the auditor or auditors of the plan, that have been represented to the administrator as fairly reflecting the financial condition of the plan; or

(b) a report of an accountant, an actuary, a lawyer, a notary or another professional person whose profession lends credibility to the report.

Conflict of interest

(6) A person shall not accept an appointment to a body referred to in paragraph 7 (1) (a) or (b) or subparagraph 7 (1) (c) (ii) if there would be a material conflict of interest between that person's role as a member of that body and that person's role in any other capacity.

Not a conflict of interest

(6.1) For the purposes of subsection (6), merely being entitled to a pension benefit or having an interest in a pension benefit credit does not constitute a conflict of interest.

Eliminating conflict of interest

(7) A person described in subsection (6) shall, within ninety days after becoming aware that a material conflict of interest exists,

(a) eliminate that conflict of interest; or

(b) resign as a member of that body.

Validity of documents

(8) A document issued by a board of trustees or other similar body or a pension committee is valid notwithstanding a material conflict of interest of a member thereof.

Removal of member

(9) If a person contravenes subsection (6) or (7), the Superintendent or any other interested person may apply to a court of competent jurisdiction for an order that that person be replaced, and the court may make an order on such terms as it considers appropriate.

Other conflicts of interest

(10) If there is a material conflict of interest between the role of an employer who is an administrator, or the role of the administrator of a simplified pension plan, and their role in any other capacity, the administrator

(a) shall, within thirty days after becoming aware that a material conflict of interest exists, declare that conflict of interest to the pension council or to the members of the pension plan; and

(b) shall act in the best interests of the members of the pension plan.

Court order

(11) If an administrator contravenes subsection (10), a court of competent jurisdiction may, on application by the Superintendent or any other interested person, make any order on such terms as the court considers appropriate.

R. S., 1985, c. 32 (2nd Supp.), s. 8; 1998, c. 12, s. 6.

FUNDING AND SURPLUS

Funding of pension plan

9. (1) A pension plan shall provide for funding, in accordance with the prescribed tests and standards for solvency, that is adequate to provide for payment of all pension benefits and other benefits required to be paid under the terms of the plan.

Actuarial reports

(2) In the case of an actuarial report required pursuant to subsection 12 (3), where the Superintendent is of the opinion that the report has not been prepared

(a) on the basis of actuarial assumptions or methods that are adequate and appropriate, and

(b) in accordance with the standards of practice adopted by the Canadian Institute of Actuaries, except as otherwise specified by the Superintendent,

the Superintendent shall notify the administrator in writing of this opinion and shall direct the administrator to cause the appropriate changes to be made to the report, and the administrator shall forthwith comply with such a direction.

Amended report

(3) A pension plan shall be funded in accordance with the report referred to in subsection (2) as amended pursuant to any direction of the Superintendent under that subsection.

(4) to (6) [Repealed, 1998, c. 12, s. 8]

R. S., 1985, c. 32 (2nd Supp.), s. 9; 1998, c. 12, s. 8.

Notification of remittance

9.1 (1) The administrator of a pension plan shall notify in writing the holder or custodian of the pension fund of all amounts that are to be remitted to the pension fund and the expected date of the remittance.

Effect of late remittance

(2) If a payment to a pension fund is not remitted within thirty days after the date referred to in subsection (1),

(a) the administrator of the pension plan shall immediately notify the Superintendent in writing; and

(b) a holder or custodian of the pension fund shall, if the administrator is the employer, immediately notify the Superintendent in writing.

1998, c. 12, s. 9.

Refund of surplus to the employer

9.2 (1) If an actuarial report filed under subsection 12 (3) indicates that there is a surplus, no part of that surplus may be refunded to the employer unless

(a) the employer establishes that

(i) it is entitled to the surplus, or part of it, under the pension plan, or

(ii) it has a claim to the surplus, or part of it, under this section;

(b) the requirements of the regulations made under paragraph 39 (h.1) are met; and

(c) the Superintendent consents to the refund.

Consent to surplus

(2) In deciding whether to consent to a refund, the Superintendent shall recognize the claim of the employer to the surplus, or part of it, established under this section.

Claim to surplus

(3) An employer has a claim to the surplus, or part of it, if, after being notified of the employer's proposal for a refund of that surplus or part of it, at least two thirds of the persons in each of the following categories notify the employer that they consent to the proposal:

(a) members of the pension plan; and

(b) former members of the plan and any other persons within a prescribed class.

Submission to arbitration

(4) Subject to subsection (5), if more than one half but fewer than two thirds of the persons in each of the categories referred to in subsection (3) consented to the proposal, the employer may, or if the pension plan is terminated shall, submit the proposal to arbitration. The employer shall notify the Superintendent and the persons in those categories if the proposal is to be submitted to arbitration.

Winding up of employer

(5) The employer's claim to the surplus, or part of it, shall be submitted to arbitration within eighteen months after the termination of the pension plan, or any further period specified by the Superintendent, if

(a) the employer has not established a claim to the surplus;

(b) the plan is terminated; and

(c) the employer is winding up or is in the process of being liquidated.

The employer shall notify the Superintendent and the persons in the categories referred to in subsection (3) that the claim will be submitted to arbitration.

Deemed agreement

(6) If a proposal or claim is submitted to arbitration, the employer and all interested persons are deemed to have agreed to have the employer's claim determined by the arbitration.

Choice of arbitrator

(7) The arbitrator shall be chosen by the employer and the persons in the categories set out in subsection (3). If they cannot agree on an arbitrator within the prescribed period, the Superintendent shall choose the arbitrator.

Arbitration

(8) The arbitrator is not bound by any legal or technical rules of evidence in conducting any matter that comes before the arbitrator, and shall deal with it as informally and expeditiously as the circumstances and considerations of fairness and natural justice permit.

Retention of experts

(9) An arbitrator may retain any experts that the arbitrator considers necessary.

Costs of arbitration

(10) Subject to the provisions of the pension plan, the parties to an arbitration shall pay its costs in the amount, subject to the approval of the Superintendent, and in the proportion that the arbitrator determines.

Issuance of decision

(11) The arbitrator shall issue a written decision with reasons, file them with the Superintendent within ten days after issuing them and make them available for inspection by any interested person.

Scheme of division

(12) In respect of a claim submitted to arbitration under subsection (5), the arbitrator may impose a scheme of division of the surplus, or of part of it, between the parties to the arbitration.

Decision binding

(13) An arbitrator's decision is final and binding on the parties and on any other person affected by it.

Notification to unions

(14) All notifications to unionized members under this section must also be made to the executive of their union.

Union represents members

(15) Unless otherwise provided by the relevant collective agreement, the executive of a union shall represent its members, other than former members of the plan, for the purposes of this section.

1998, c. 12, s. 9; 2001, c. 34, s. 67 (F).

REGISTRATION OF PENSION PLANS

Duty of administrator to file documents

10. (1) The administrator of a pension plan shall file with the Superintendent, within sixty days after the plan is established,

(a) a copy of the plan;

(b) a copy of every document that creates or supports the plan or the pension fund; and

(c) a declaration (in the form, if any, specified by the Superintendent) signed by the administrator that the plan complies with this Act and the regulations.

Registration of pension plan

(2) Subject to subsection (3), the Superintendent shall register a pension plan and issue a certificate of registration in respect of the plan if the administrator has filed the documents under subsection (1).

Refusal to register

(3) The Superintendent may refuse to register a pension plan if the plan does not comply with this Act or the regulations.

Notification

(4) If the Superintendent refuses to register a pension plan, the Superintendent shall notify the administrator of the particulars of the non-compliance.

Administration of plan prohibited

(5) An administrator shall not administer a pension plan before complying with subsection (1) and shall, while the plan remains in force, ensure that it complies with this Act and the regulations.

Treatment of surplus

(6) Every pension plan that is filed for registration must provide for the use of surplus during the continuation of the plan and on its termination.

R. S., 1985, c. 32 (2nd Supp.), s. 10; 1998, c. 12, s. 10.

Filing of amendments

10.1 (1) The administrator of a pension plan shall file with the Superintendent, within sixty days after making an amendment to any document referred to in subsection 10 (1), a copy of the amendment and a declaration (in the form, if any, specified by the Superintendent) signed by the administrator that the plan as amended complies with this Act and the regulations.

Void amendments

(2) Unless the Superintendent authorizes the amendment, an amendment is void if

(a) it would have the effect of reducing

(i) pension benefits accrued before the date of the amendment or pension benefit credits relating to pension benefits accrued before the date of the amendment, or

(ii) an immediate or deferred pension benefit to which a member, former member or any other person was entitled before the date of the amendment; or

(b) the solvency ratio of the pension plan would fall below the prescribed solvency ratio level.

1998, c. 12, s. 10.

TRANSFER OF FUNDS

No transfer without permission

10. 2 Subject to section 26, the administrator of a pension plan shall not transfer or permit the transfer of any part of the assets of the pension fund to another pension fund, including a pension fund to which this Act does not apply, without the Superintendent's permission.

1998, c. 12, s. 10.

DIRECTIONS OF COMPLIANCE

Superintendent's directions to administrators

11. (1) If, in the opinion of the Superintendent, an administrator, an employer or any person is, in respect of a pension plan, committing or about to commit an act, or pursuing or about to pursue any course of conduct, that is contrary to safe and sound financial or business practices, the Superintendent may direct the administrator, employer or other person to

(a) cease or refrain from committing the act or pursuing the course of conduct; and

(b) perform such acts as in the opinion of the Superintendent are necessary to remedy the situation.

Directions in the case of non-compliance

(2) If, in the opinion of the Superintendent, a pension plan does not comply with this Act or the regulations or is not being administered in accordance with this Act, the regulations or the plan, the Superintendent may direct the administrator, the employer or any person to

(a) cease or refrain from committing the act or pursuing the course of conduct that constitutes the non-compliance; and

(b) perform such acts as in the opinion of the Superintendent are necessary to remedy the situation.

Opportunity for representations

(3) Subject to subsection (4), no direction shall be issued under subsection (1) or (2) unless the Superintendent gives the administrator, employer or other person a reasonable opportunity to make written representations.

Temporary direction

(4) If, in the opinion of the Superintendent, the length of time required for representations to be made under subsection (3) might be prejudicial to the interests of the members, former members or any other persons entitled to pension benefits or refunds under the pension plan, the Superintendent may make a temporary direction with respect to the matters referred to in subsection (1) or (2) that has effect for a period of not more than fifteen days.

Continued effect

(5) A temporary direction under subsection (4) continues to have effect after the expiry of the fifteen day period referred to in that subsection if no representations are made to the Superintendent

within that period or, if representations have been made, the Superintendent notifies the administrator, employer or other person that the Superintendent is not satisfied that there are sufficient grounds for revoking the direction.

R. S. , 1985, c. 32 (2nd Supp.), s. 11; 1998, c. 12, s. 10.

Revocation of registration

11. 1 The Superintendent may revoke the registration and cancel the certificate of registration in respect of a pension plan if the administrator of the plan does not comply with a direction under section 11 within sixty days, or such longer period as the Superintendent may determine, after being informed by the Superintendent of the failure to comply. The Superintendent shall notify the administrator of the measures taken, including the date of the revocation and cancellation.

1998, c. 12, s. 10.

GENERAL REQUIREMENTS

Duty to Provide Information

Annual reporting requirements

12. (1) The administrator of a pension plan shall file with the Superintendent annually, or at such other intervals or times and in such form as the Superintendent directs,

(a) an information return relating to that pension plan, containing the prescribed information; and

(b) prescribed information regarding the extent, if any, to which inflation adjustments or other adjustments to pension benefits under that plan have been provided

(i) voluntarily by the employer, or

(ii) pursuant to a collective agreement,

whether or not those adjustments are provided for under the plan.

Other reporting requirements

(2) The administrator of a pension plan shall file with the Superintendent every three years, or at such other intervals or times and in such form as the Superintendent directs,

(a) information regarding the source of the funds used to make any adjustments referred to in paragraph (1) (b); and

(b) information regarding the application of gains, if any, from the pension fund.

Idem

(3) The administrator of a pension plan shall file with the Superintendent actuarial reports, financial statements, and any other information required by or pursuant to regulations made under paragraph 39 (i), at such intervals or times as the Superintendent directs.

Actuarial reports and financial statements

(3. 1) Except as otherwise specified by the Superintendent,

(a) the actuarial reports must be prepared in accordance with the standards of practice adopted by the Canadian Institute of Actuaries; and

(b) the financial statements must be prepared in accordance with generally accepted accounting principles, the primary source of which is the Handbook of the Canadian Institute of Chartered Accountants.

Time limit for filing

(4) Unless otherwise directed by the Superintendent, every document required to be filed pursuant to this section shall be filed within six months after the end of the plan year to which it relates.

R. S. , 1985, c. 32 (2nd Supp.), s. 12; 1998, c. 12, s. 12.

Information to members

13. The administrator of a pension plan shall provide to the plan members, former members and any other persons entitled to pension benefits or refunds under the plan, at the time and in the manner specified by the Superintendent, any information that the Superintendent specifies.

R. S. , 1985, c. 32 (2nd Supp.), s. 13; 1998, c. 12, s. 13.

Eligibility for Membership

Eligibility (full-time employees)

14. (1) Each employee who is engaged to work on a full-time basis for an employer and is a member of a class of employees for which a pension plan is provided by that employer shall be eligible to become a member of that pension plan on and after

(a) the day on which the employee completes twenty-four months of continuous employment with the employer, in the case of a pension plan other than a multi-employer pension plan; or

(b) in the case of a multi-employer pension plan, the day on which both the following requirements have been fulfilled, namely,

(i) twenty-four months have elapsed since the employee was first employed with a participating employer, and

(ii) the employee has earned, in respect of employment with the participating employers, at least thirty-five per cent of the Year's Maximum Pensionable Earnings in each of two consecutive calendar years after December 31, 1984, or has fulfilled an alternative requirement that, in the Superintendent's opinion, is reasonably equivalent.

Optional provision

(2) Notwithstanding subsection (1), a pension plan may provide, in respect of employees who are engaged to work on a full-time basis, that membership in the plan is compulsory, except for employees who, because of their religious beliefs, object to becoming members of the plan.

Eligibility (part-time employees)

15. (1) Subject to regulations made under subsection (5), where a pension plan is provided for members of a class of employees who are engaged to work on a full-time basis for an employer, each employee who is engaged to work on a part-time basis for that employer and is a member of that class of employees shall be eligible to become a member of that pension plan on and after the day on which both the following requirements have been fulfilled, namely,

(a) either

(i) the employee completes twenty-four months of continuous employment with the employer, or

(ii) in the case of a multi-employer pension plan, twenty-four months have elapsed since the employee was first employed with a participating employer; and

(b) the employee has earned, in respect of employment with the employer (or participating employers, in the case of a multi-employer pension plan), at least thirty-five per cent of the Year's Maximum Pensionable Earnings in each of two consecutive calendar years after December 31, 1984, or has fulfilled an alternative requirement that, in the Superintendent's opinion, is reasonably equivalent.

Alternative: separate plan

(2) An administrator may meet the requirements of subsection (1) by providing a separate pension plan for employees who are engaged to work on a part-time basis that, in the opinion of the

Superintendent, is reasonably comparable, on balance, to the plan covering the employees who are engaged to work on a full-time basis.

Drop in income

(3) An employee who is engaged to work on a part-time basis, is a member of a pension plan and is employed continuously shall not cease to be a member of the plan by reason only of having earned less than thirty-five per cent of the Year's Maximum Pensionable Earnings in a calendar year.

Optional provision

(4) Notwithstanding subsections (1) to (3), a pension plan may provide, in respect of employees who are engaged to work on a part-time basis, that membership in the plan is compulsory, except for employees who, because of their religious beliefs, object to becoming members of the plan.

Regulations altering subsection (1) requirement

(5) The Governor in Council may make regulations, in relation to one or more pension plans or to all pension plans, deeming subparagraphs (1) (a) (i) and (ii) to read as if the references therein to "twenty-four months" were references to such longer period as is prescribed and deeming paragraph (1) (b) to read as if the reference therein to "thirty-five per cent" were a reference to such lower percentage, including zero, as is prescribed.

Entitlement to Immediate Pension Benefit

Entitlement at pensionable age

16. (1) A pension plan shall provide that each member is entitled to an immediate pension benefit on attaining pensionable age.

Early retirement

(2) Notwithstanding the pensionable age specified by a pension plan, members and former members of the plan shall be eligible, commencing ten years before pensionable age, to receive an immediate pension benefit based on the period of employment and salary up to the actual retirement date, but a plan is not required to provide an immediate pension benefit commencing earlier than ten years before pensionable age.

Minimum period of membership

(3) A pension plan may require a minimum period of membership, not exceeding two years, in order for a member to be eligible to receive an immediate pension benefit.

Pension reduced

(4) An immediate pension benefit that commences before pensionable age pursuant to subsection (2) may be reduced, provided that its actuarial present value is not less than the aggregate of

(a) the actuarial present value of the pension that would have been payable commencing at pensionable age, and

(b) the actuarial present value of any other benefit to which the member would have been entitled had the member remained a member of the pension plan until pensionable age.

Employment after pensionable age

(5) Where a pension plan provides generally that a member's period of employment or the member's salary during that period, or both, affect the member's pension benefit, it shall provide that, where a member continues employment after attaining pensionable age and is not receiving a pension benefit in respect of employment with the current employer, the member's period of employment after pensionable age or the member's salary during that period, or both, as the case may be, shall be taken into account in calculating the member's pension benefit, subject to any term of the

pension plan

(a) fixing a maximum number of years of employment that can be taken into account under the plan for purposes of determining the pension benefit; or

(b) fixing a maximum amount of the pension benefit.

Variable pension benefit

(6) A pension plan may provide that a member or former member may elect to receive an immediate pension benefit the amount of which

(a) is varied by reference to the amount of any pension payable under

(i) the Old Age Security Act, and

(ii) either the Canada Pension Plan or a provincial pension plan as defined in section 3 of the Canada Pension Plan; or

(b) is varied on any other basis approved by the Superintendent.

Vesting of Benefits

Provision respecting vesting

17. (1) A pension plan shall provide that any member of the plan who has been a member for a continuous period of two years is entitled, on cessation of membership in the plan,

(a) to a deferred pension benefit, based on the member's period of employment and salary up to the time of cessation of membership, and calculated in a similar manner and payable on the same terms and conditions as the immediate pension benefit (other than that provided by additional voluntary contributions) that, if the member had attained pensionable age, the member would have been eligible to receive

(i) under the terms of the plan, in respect of membership in the plan on and after January 1, 1987, in the case of a plan established before that date,

(ii) under the terms of the plan, in the case of a plan established on or after January 1, 1987, and

(iii) by virtue of any amendment to the plan made on or after January 1, 1987, in the case of a plan whenever established; and

(b) to any other benefit or option, based on the member's period of employment and salary up to the time of cessation of membership, and calculated in a similar manner and payable on the same terms and conditions as the benefit or option to which, if the member had remained a member of the plan until pensionable age, the member would have been entitled

(i) under the terms of the plan described in subsection (2), in respect of membership in the plan on and after January 1, 1987, in the case of a plan established before that date, and

(ii) under the terms of the plan described in subsection (2), in the case of a plan established on or after January 1, 1987.

Relevant terms of plan

(2) The relevant terms of the plan for the purpose of subparagraphs (1) (b) (i) and (ii) are those terms that are required or permitted by subsections 16 (2), (4) and (6) and sections 22, 23, 24, 25 and 27.

Vesting, in respect of employment before Jan. 1, 1987

(3) A pension plan shall provide that any member of the plan who has been employed by the employer for a continuous period of ten years or has been a member of the plan for a continuous period of ten years, and who has attained forty-five years of age, is entitled, on cessation of membership in the plan, to a deferred pension benefit, based on the member's period of employment and salary up to the time of cessation of membership, and calculated in a similar manner and payable on the same terms and conditions as the immediate pension benefit (other than that provided by additional voluntary contributions) that, if the member had attained pensionable age, the member would have been eligible to receive

(a) under the terms of the plan, in respect of membership in the plan during the period beginning on October 1, 1967 and ending on December 31, 1986, in the case of a plan established before October 1, 1967;

(b) under the terms of the plan, in respect of membership in the plan up to the end of December 1986, in the case of a plan established during the period beginning on October 1, 1967 and ending on December 31, 1986; and

(c) by virtue of any amendment to the plan made during the period beginning on October 1, 1967 and ending on December 31, 1986, in respect of membership in the plan up to the end of December 1986, in the case of any plan established before the end of December 1986.

R. S., 1985, c. 32 (2nd Supp.), s. 17; 2001, c. 34, s. 68 (F).

Locking-in

Provisions respecting locking-in

18. (1) Subject to subsections 23 (5) and 25 (4), a pension plan shall provide

(a) that no benefit provided under the plan is capable of being assigned, charged, anticipated or given as security or confers on a member or former member, that person's personal representative or dependant or other person any right or interest therein that is capable of being assigned, charged, anticipated or given as security;

(b) that, except in the case of the unexpired period of a guaranteed annuity, no benefit described in section 16 or 17 is capable of being surrendered or commuted during the lifetime of the member or former member or that person's spouse or common-law partner or confers on a member or former member, that person's personal representative or dependant or other person any right or interest therein that is capable of being surrendered or commuted during the lifetime of the member or former member or that person's spouse or common-law partner; and

(c) that, except as provided in section 26, a person who is entitled to a benefit described in section 16 or 17, or who would be so entitled if that person retired or ceased membership in the plan, is not permitted to withdraw any part of that person's contributions to the plan, other than additional voluntary contributions, in respect of any period of membership in the plan on or after October 1, 1967 for which that person is entitled to a benefit described in section 16 or 17, and that any pension fund moneys attributable to those contributions shall be applied under the terms of the plan toward the payment of the benefit described in section 16 or 17, as the case may be.

Optional provisions

(2) Notwithstanding subsection (1), a pension plan may provide

(a) for payment to a member in partial discharge of the member's rights under the plan, on or after cessation of membership in the plan before attaining pensionable age, of a lump sum not exceeding twenty-five per cent of the value of the deferred pension benefit referred to in subsection 17 (3);

(b) that a member or former member who is entitled to a deferred pension benefit described in section 17 may, before the commencement of payment thereof, elect, or be authorized, to receive a payment or series of payments by reason of disability, as defined by the regulations, partly or wholly in lieu of the deferred pension benefit described in section 17; and

(c) that, if the annual pension benefit payable is less than four per cent of the Year's Maximum Pensionable Earnings for the calendar year in which a member ceases to be a member of the plan or dies, or such other percentage as may be prescribed, the pension benefit credit may be paid to the member or survivor, as the case may be.

R. S., 1985, c. 32 (2nd Supp.), s. 18; 1998, c. 12, s. 14; 2000, c. 12, ss. 256, 263; 2001, c. 34, s. 69 (F).

Interest

Interest (defined contribution plans)

19. (1) In the case of a defined contribution plan, the members' accounts shall be credited with such interest, gains and losses as can reasonably be attributed to the operation of the pension fund.

Interest (defined benefit plans)

(2) In the case of a defined benefit plan,

(a) interest shall be credited on members' contributions at a rate equal to or greater than the rate fixed in advance by the Superintendent, or

(b) members' contributions shall be credited with such interest, gains and losses as can reasonably be attributed to the operation of the pension fund,

and the plan shall specify which of paragraph (a) or (b) operates, but the plan may specify that one of those two paragraphs applies to required contributions and the other paragraph applies to additional voluntary contributions, in which case the reference in paragraph (b) to "the operation of the pension fund" shall be read as either "the operation of that portion of the pension fund that relates to required contributions" or "the operation of that portion of the pension fund that relates to additional voluntary contributions", as the case may be.

Superintendent's guideline

(3) The rate fixed by the Superintendent under subsection (2) must be fixed so that it reflects reasonably current interest rates.

Refund of Contributions

Where member may withdraw money

20. On cessation of membership in a pension plan, a member is entitled to withdraw from the plan an amount equal to the aggregate of the member's own contributions, together with interest in accordance with section 19, in respect of any period of membership for which the member is not entitled to a pension benefit under section 16 or 17.

R. S., 1985, c. 32 (2nd Supp.), s. 20; 2001, c. 34, s. 70 (F).

Minimum Employer Contributions for Defined Benefit Plans

Minimum pension benefit credit

21. (1) In the case of a defined benefit plan, where

(a) a member retires,

(b) a member ceases to be a member,

(c) a member dies, or

(d) the whole or part of the plan is terminated,

the member's pension benefit credit (or, in the case of paragraph (d), any member's pension benefit credit) shall be not less than the aggregate of the member's required contributions together with interest in accordance with section 19.

Special case

(2) In the case of a defined benefit plan, where

(a) a member retires,

(b) a member who has been a member for a continuous period of at least two years ceases to be a member,

(c) a member dies, or

(d) the whole or part of the plan is terminated,

then, subject to subsection (3) and paragraph 26 (3) (b), if

(e) the aggregate of the member's contributions, other than additional voluntary contributions, made after December 31, 1986, together with interest in accordance with section 19

exceeds

(f) fifty per cent of the pension benefit credit in respect of the member's membership in the plan after December 31, 1986, calculated without regard to the operation of subsection (1),

the pension benefit to the member shall be increased by the amount that can be provided by that excess.

Exception

(3) Subsection (2) does not apply to a contribution, or the pension benefit arising therefrom, in respect of any defined contribution provision of a defined benefit plan.

Period before Jan. 1, 1987

(4) A pension plan may provide that subsection (2) applies as if it contained no references to "after December 31, 1986".

Where plan provides indexation

(5) Subsection (2) does not apply where a defined benefit plan provides for annual indexation of a deferred pension benefit, up to the day when that deferred pension benefit commences to be paid, on the basis of

(a) increases of at least seventy-five per cent of the annual increase of the Consumer Price Index, minus one per cent; or

(b) any other formula that, in the Superintendent's opinion, would provide protection that on the average would be comparable to that described in paragraph (a).

Calculation of annual increase of Consumer Price Index

(6) For the purposes of paragraph (5) (a),

(a) the "Consumer Price Index" means the Consumer Price Index for Canada, as published by Statistics Canada under the authority of the Statistics Act; and

(b) the annual increase of the Consumer Price Index must be calculated, in prescribed manner, by the comparison between two consecutive and reasonably current twelve month periods.

R. S., 1985, c. 32 (2nd Supp.), s. 21; 2001, c. 34, s. 71 (F).

Post-retirement

Meaning of "normal form of the pension benefit"

22. (1) In this section, "normal form of the pension benefit" means the form of pension benefit under a pension plan that would be paid to a member at pensionable age were it not for this section.

Joint and survivor pension benefit

(2) A pension benefit that commences to be paid on or after January 1, 1987 to a member or former member of a pension plan who has a spouse or common-law partner at the time the pension benefit commences to be paid shall be in the form of a joint and survivor pension benefit, subject to subsection 25 (7).

Reduction by reason of death

(3) A pension benefit described in subsection (2) may be reduced by reason of the death of either spouse or common-law partner, to an amount not less than sixty per cent of the amount of the pension benefit that would have been payable in respect of the member or former member had the death not occurred.

Initial adjustment

(4) The initial amount of a pension benefit described in subsection (2) may be adjusted, provided that the actuarial present value of that pension benefit is not less than the actuarial present value of the normal form of the pension benefit.

Other forms of pension benefit

(5) Notwithstanding subsections (2) to (4), a pension plan shall provide that, in respect of a pension benefit that commences to be paid on or after January 1, 1987, a member or former member may elect to receive

(a) the normal form of the pension benefit, or

(b) the pension benefit in any other form provided for under the terms of the plan,

except that, where the member or former member has a spouse or common-law partner, an election as a result of which the pension benefit would reduce on the death of the member or former member, where the member or former member predeceases the spouse or common-law partner, to less than sixty per cent of the amount payable when both were alive, may not be made without the spouse's or common-law partner's written agreement, in prescribed form and deposited with the administrator of the plan.

R. S. , 1985, c. 32 (2nd Supp.), s. 22; 2000, c. 12, s. 263.

Pre-retirement Death Benefit

If member dies before eligible for early retirement

23. (1) If a member or former member of a pension plan who is entitled to a deferred pension benefit pursuant to subsection 17 (1) (or, in the case of a member, would be so entitled if the member ceased membership in the plan) dies before becoming eligible to receive an immediate pension benefit in accordance with subsection 16 (2), the survivor, if any, is entitled to that portion of the pension benefit credit, calculated in accordance with section 21, to which the member or former member would have been entitled on the day of death if the member or former member had terminated employment on that day and had not died, that is attributable to the member's or former member's membership in the plan after December 31, 1986.

Alternative

(2) A pension plan may provide for a survivor, as an alternative to what is provided by subsection (1), an immediate pension benefit equal to or greater than what is provided by subsection (1).

If member eligible for retirement dies

(3) A member or former member of a pension plan who is entitled to a deferred pension benefit pursuant to subsection 17 (1) (or, in the case of a member, would be so entitled if the member ceased membership in the plan) and dies before commencement of payment of that pension benefit but after becoming eligible to receive an immediate pension benefit in accordance with subsection 16 (2) is deemed

(a) to have retired for purposes of the survivor benefit; and

(b) to have been entitled to the joint and survivor pension benefit payable pursuant to section 22, without regard to subsection (5) thereof, in respect of that deferred pension benefit.

Eligibility of survivor

(4) The survivor of the member or former member described in subsection (3) is entitled to the pension benefit credit to which the member or former member would have been entitled on the day of death if the member or former member had terminated employment on that day and had not died, if the credit in whole or in part results from a defined contribution plan and is attributable to the member's or former member's membership in the plan after December 31, 1986.

Surrender of pension benefit or pension benefit credit

(5) A pension plan may provide that a survivor may, after the death of a member or former member, surrender, in writing, the pension benefit or pension benefit credit to which the survivor is entitled under this section and designate a beneficiary who is a dependant, within the meaning of subsection 8500 (1) of the Income Tax Regulations, of the survivor, member or former member.

Effect of group life insurance plan

(6) Subject to subsection (7), a defined benefit plan may provide for the reduction of the benefit payable under any of subsections (1) to (3) by an amount equal to that part of the group life insurance payment that can be considered to have been paid by employer premiums, calculated in a manner satisfactory to the Superintendent, if

(a) in the circumstances described in any of subsections (1) to (3), a survivor is entitled to a payment under a group life insurance plan on the death of the member or former member of the pension plan;

(b) the group life insurance plan is one that is approved by the Superintendent for the purposes of this subsection; and

(c) the group life insurance premiums are paid in whole or in part by the employer.

Limitation

(7) In respect of a reduction referred to in subsection (6),

(a) the actuarial present value of the reduction may not exceed the amount of the payment to which the survivor is entitled under the group life insurance plan; and

(b) in the case of a contributory pension plan, the reduction may not reduce the benefit payable to the survivor to an amount less than the aggregate of the member's required contributions together with interest in accordance with section 19.

R. S., 1985, c. 32 (2nd Supp.), s. 23; 1998, c. 12, s. 15; 2000, c. 12, ss. 257, 264; 2001, c. 34, s. 72 (F).

Marriage or Common-law Partnership

New relationship not to terminate pension benefit

24. A pension benefit payable to the spouse, former spouse or former common-law partner of a member or former member or to the survivor of a deceased member or former member shall not terminate by reason only that the spouse, former spouse, former common-law partner or survivor marries or enters into a common-law partnership.

R. S., 1985, c. 32 (2nd Supp.), s. 24; 2000, c. 12, s. 258.

Distribution of Pension Benefits and Pension Benefit Credits on Divorce, Annulment or Separation

Definition of "provincial property law"

25. (1) In this section, "provincial property law" means the law of a province relating to the distribution, pursuant to court order or agreement between them,

(a) of the property of spouses on divorce, annulment or separation; or

(b) of the property of former common-law partners on the breakdown of their common-law partnership.

Application of provincial property law

(2) Subject to this section, pension benefits, pension benefit credits and any other benefits under a pension plan shall, on divorce, annulment, separation or breakdown of common-law partnership, be subject to the applicable provincial property law.

Non-application of this Act

(3) A pension benefit, pension benefit credit or other benefit under a pension plan that is subject to provincial property law pursuant to this section is not subject to the provisions of this Act relating to the valuation or distribution of pension benefits, pension benefit credits or other benefits under a pension plan, as the case may be.

Power to assign to spouse, etc.

(4) Notwithstanding anything in this section or in provincial property law, a member or former member of a pension plan may assign all or part of that person's pension benefit, pension benefit credit or other benefit under the plan to that person's spouse, former spouse, common-law partner or former common-law partner, effective as of divorce, annulment, separation, or breakdown of the common-law partnership, as the case may be, and in the event of such an assignment the assignee shall, in respect of the assigned portion of the pension benefit, pension benefit credit or other benefit, be deemed for the purpose of this Act, except subsections 21 (2) to (6),

(a) to have been a member of that pension plan, and

(b) to have ceased to be a member of that pension plan as of the effective date of the assignment,

but a subsequent spouse or common-law partner of the assignee is not entitled to any pension benefit, pension benefit credit or other benefit under the pension plan in respect of that assigned portion.

Duty of administrator

(5) Where, pursuant to this section, all or part of a pension benefit, pension benefit credit or other benefit under a pension plan of a member or former member is required to be distributed to their spouse, former spouse or former common-law partner under a court order or an agreement between them, the administrator, on receipt of

(a) a written request from either the member or former member or their spouse, former spouse or former common-law partner that all or part of the pension benefit, pension benefit credit or other benefit, as the case may be, be distributed in accordance with the court order or the agreement, and

(b) a copy of the court order or agreement,

shall determine and henceforth administer the pension benefit, pension benefit credit or other benefit, as the case may be, in prescribed manner, in accordance with the court order or agreement. However, in the case of a court order, the administrator shall not administer the pension benefit, pension benefit credit or other benefit in accordance with the court order until all appeals therefrom have been finally determined or the time for appealing has expired.

Notice

(6) On receipt of a request referred to in subsection (5), the administrator shall notify the non-requesting spouse, former spouse or former common-law partner of the request and shall provide that person with a copy of the court order or agreement submitted in support of the request, but this requirement does not apply in respect of a request or an agreement received by the administrator in a

form or manner that indicates that it was jointly submitted.

Splitting of joint and survivor pension benefit

(7) A pension plan may provide that, where, pursuant to this section, all or part of a pension benefit of a member or former member is required to be distributed to that person's spouse, former spouse or former common-law partner under a court order or agreement, a joint and survivor pension benefit may be adjusted so that it becomes payable as two separate pensions, one to the member or former member and the other to that person's spouse, former spouse or former common-law partner, if the aggregate of the actuarial present values of the two pensions is not less than the actuarial present value of the joint and survivor pension benefit.

Limitation

(8) Notwithstanding subsection (2), the aggregate of

(a) the actuarial present value of the pension benefit or other benefit paid to the member or former member, and

(b) the actuarial present value of the pension benefit or other benefit paid to the spouse, former spouse or former common-law partner of the member or former member

pursuant to this section shall be not greater than the actuarial present value of the pension benefit or other benefit, as the case may be, that would have been payable to the member or former member had the divorce, annulment, separation or breakdown not occurred.

R. S., 1985, c. 32 (2nd Supp.), s. 25; 2000, c. 12, s. 259; 2001, c. 34, s. 73 (F).

Portability of Pension Benefit Credits

If member not yet eligible to retire

26. (1) If a member, before becoming eligible to receive an immediate pension benefit pursuant to subsection 16 (2), ceases to be a member of a pension plan or dies, the member or the survivor, as the case may be, is entitled

(a) to transfer the member's pension benefit credit or the survivor's pension benefit credit, whichever is applicable, to another pension plan, if that other plan permits,

(b) to transfer the member's pension benefit credit or the survivor's pension benefit credit, whichever is applicable, to a retirement savings plan of the prescribed kind for the member or survivor, as the case may be, or

(c) to use the member's pension benefit credit or the survivor's pension benefit credit, whichever is applicable, to purchase an immediate or deferred life annuity of the prescribed kind for the member or survivor, as the case may be,

if the member or the survivor notifies the administrator of that desire, in prescribed form and within ninety days after the cessation of membership or the member's death, as the case may be (or, where the Superintendent allows a longer period under paragraph 28 (1) (d), within sixty days after the administrator has given the written statement pursuant to that paragraph), and the administrator shall forthwith take the necessary action to give effect to any such notification.

Where member eligible to retire

(2) Where a member, after becoming eligible to retire pursuant to subsection 16 (2) but before the commencement of payment of a pension benefit, ceases to be a member of the pension plan or dies, the plan may permit the member or the survivor, as the case may be,

(a) to transfer the member's pension benefit credit or the survivor's pension benefit credit, whichever is applicable, to another pension plan, if that other plan permits;

(b) to transfer the member's pension benefit credit or the survivor's pension benefit credit, whichever is applicable, to a retirement savings plan of the prescribed kind for the member or survivor, as the case may be; or

(c) to use the member's pension benefit credit or the survivor's pension benefit credit, whichever is applicable, to purchase an immediate or deferred life annuity of the prescribed kind for the member or survivor, as the case may be.

Other optional provisions of plan

(3) Where, at any time, a member ceases to be a member of the pension plan or dies, the plan may provide

(a) that, where the member's pension benefit credit or the survivor's pension benefit credit, whichever is applicable, is less than ten per cent of the Year's Maximum Pensionable Earnings for the calendar year in which that event occurs, the member or the survivor, as the case may be, must choose one of the following options:

(i) transfer the whole of that pension benefit credit to another pension plan, if that other plan permits,

(ii) transfer the whole of that pension benefit credit to a registered retirement savings plan of the prescribed kind for the member or survivor, as the case may be, or

(iii) use the whole of that pension benefit credit to purchase an immediate or deferred life annuity for the member or survivor, as the case may be; and

(b) that, where part of the pension benefit payable results from the excess described in subsection 21 (2), the member or the survivor, as the case may be, must choose one of the following options in respect of that excess:

(i) transfer it to another pension plan, if that other plan permits,

(ii) transfer it to a retirement savings plan of the prescribed kind for the member or survivor, as the case may be, or

(iii) use it to purchase an immediate or deferred life annuity for the member or survivor, as the case may be.

Where transfer impairs solvency

(4) The administrator of a pension plan shall not transfer moneys out of the pension fund of the plan pursuant to this section without the consent of the Superintendent if such a transfer would, in the Superintendent's opinion, impair the solvency of the pension fund, and the Superintendent may consent to the transfer subject to such terms and conditions as the Superintendent deems appropriate in the circumstances, or may direct the transfer.

Pension plans include

(5) For the purposes of this section, pension plans to which pension benefits may be transferred include

(a) pension plans that are under provincial jurisdiction; and

(b) pension plans that are organized and administered to provide pension benefits to employees employed in excepted employment.

R. S., 1985, c. 32 (2nd Supp.), s. 26; 1995, c. 17, s. 61; 1998, c. 12, s. 16; 1999, c. 31, s. 175 (F); 2000, c. 12, s. 264; 2001, c. 34, s. 74 (F).

Sex Discrimination Prohibited

Sex discrimination prohibited

27. (1) The sex of a member or former member or of their spouse, former spouse, common-law partner or former common-law partner may not be taken into account in determining

(a) the amount of any contribution required to be paid by the member under a pension plan after December 31, 1986; or

(b) the amount of any benefit to which any of those persons becomes entitled under the plan after December 31, 1986.

Compliance

(2) In order to comply with subsection (1), a pension plan may

(a) use annuity factors that do not differentiate as to sex;

(b) provide for employer contributions that vary according to the sex of the employee; or

(c) use any other method approved by the Superintendent.

Transfer under section 26

(3) Notwithstanding subsection (1), amounts transferred pursuant to section 26 may vary according to the sex of the member if the variation is such that the pension benefit payable at pensionable age, based on the amount so transferred, does not vary materially according to the sex of the member.

R. S., 1985, c. 32 (2nd Supp.), s. 27; 2000, c. 12, s. 260.

Rights to Information

Provisions respecting information to member and spouse or common-law partner

28. (1) A pension plan shall provide

(a) that each member of the plan and each employee who is eligible to join the plan, and that person's spouse or common-law partner, will be given, in the prescribed circumstances and in the prescribed manner,

(i) a written explanation of the provisions of the plan and of any applicable amendments thereto, within six months after the establishment of the plan or after the making of the amendment, as the case may be, and

(ii) such other information as is prescribed;

(b) subject to section 45, that each member of the plan and the member's spouse or common-law partner will be given, in the prescribed circumstances and in the prescribed manner and within six months, or such longer interval as is permitted by the Superintendent, after the end of each year of operation of the plan, a written statement showing

(i) in the case of a defined benefit plan, the pension benefits to which the member is entitled under the plan at the end of that year,

(ii) the value of accumulated contributions made under the plan by the member (or, in the case of a defined contribution provision, by or in respect of the member) since the member became a member, expressed in prescribed manner,

(iii) the prescribed ratio of the plan or, if there is no prescribed ratio, the funded ratio, if applicable, and

(iv) such other information as is prescribed;

(c) that each member and former member of the plan, every other person entitled to pension benefits or refunds under the plan and their spouses or common-law partners may, once in each year of operation of the plan, either personally or by an agent authorized in writing for that purpose,

(i) examine the documents or information filed with the Superintendent under subsection 10 (1) or 10.1 (1) or section 12 or any regulations made under paragraph 39 (i), and any other prescribed documents, at the Canadian head office of the administrator or at such other place as is agreed to by the administrator and the person requesting to examine the documents, and

(ii) order, in writing, a photocopy of any such documents; and

(d) that, where a member of the plan retires, ceases to be a member of the plan or dies, or where the whole or part of the plan is terminated, the administrator shall give to that member (or, in the case of termination, each member) and to the member's spouse or common-law partner (and, in the case of the member's death, the member's legal representative) a written statement, in prescribed form, of the member's pension benefits and other benefits payable under the plan, within thirty days, or such longer period as the Superintendent may allow, after the date of the retirement, cessation of membership, death or termination, as the case may be.

Meaning of "funded ratio"

(2) In subparagraph (1) (b) (iii), "funded ratio" means the ratio of the assets of a pension plan to the liabilities of the pension plan on a going-concern basis, as reported in the latest actuarial report respecting the pension plan filed with the Superintendent.

Administrator's duty

(3) The administrator shall forthwith

(a) permit any examination of documents that is requested under subparagraph (1) (c) (i); and

(b) comply, on condition of payment of such reasonable fee as the administrator may fix, with any written order for a photocopy placed under subparagraph (1) (c) (ii).

R. S., 1985, c. 32 (2nd Supp.), s. 28; 1998, c. 12, s. 17; 2000, c. 12, s. 263; 2001, c. 34, s. 75.

TERMINATION AND WINDING-UP OF PENSION PLANS

Deemed termination

29. (1) The revocation of registration of a pension plan shall be deemed to constitute termination of the plan.

Where Superintendent may declare a plan terminated

(2) The Superintendent may declare the whole or part of a pension plan terminated where

(a) there is any suspension or cessation of employer contributions in respect of all or part of the plan members;

(b) the employer has discontinued or is in the process of discontinuing all of its business operations or a part thereof in which a substantial portion of its employees who are members of the pension plan are employed; or

(c) the Superintendent is of the opinion that the pension plan has failed to meet the prescribed tests and standards for solvency in respect of funding referred to in subsection 9 (1).

Idem

(3) A declaration made under subsection (2) shall declare a pension plan or part thereof, as the case may be, to be terminated as of the date that the Superintendent considers appropriate in the circumstances.

Adoption of new plan

(4) If employer contributions to a pension plan are suspended or cease as a result of the adoption of a new plan, the original plan is deemed not to have been terminated, and the pension benefits and other benefits provided under the original plan are deemed to be benefits provided under the new plan in respect of any period of membership before the adoption of the new plan, whether or not the assets and liabilities of the original plan have been consolidated with those of the new plan.

Notice of voluntary termination or winding-up

(5) An administrator who intends to terminate the whole or part of a pension plan or wind up a pension plan shall notify the Superintendent in writing of that intention at least sixty days before the date of the intended termination or winding-up.

Payments by employer to meet solvency requirements

(6) On the termination of the whole of a pension plan, the employer shall pay into the plan all amounts that would otherwise have been required to be paid to meet the prescribed tests and standards for solvency referred to in subsection 9 (1) and, without limiting the generality of the foregoing, the employer shall pay into the plan

(a) an amount equal to the aggregate of

(i) the normal actuarial cost, and

(ii) any prescribed special payments,

that have accrued to the date of the termination; and

(b) all

(i) amounts deducted by the employer from members' remuneration, and

(ii) other amounts due to the pension fund from the employer

that have not been remitted to the pension fund at the date of the termination.

Assets of the plan

(7) On the termination or winding-up of the whole of a pension plan, no part of the assets of the plan shall revert to the benefit of the employer until the Superintendent's consent has been obtained and provision has been made for the payment to members and former members and their spouses, common-law partners, beneficiaries, estates or successions of all accrued or payable benefits in respect of membership up to the date of the termination or winding-up and, for that purpose, those benefits shall be treated as vested without regard to conditions as to age, period of membership in the plan or period of employment.

Effect of termination on assets

(8) On the termination of the whole of a pension plan, all assets of the plan that are to be used for the purpose of providing pension benefits or other benefits continue to be subject to this Act.

Report to Superintendent

(9) On the termination of a pension plan or part of a plan, the administrator of the plan shall file with the Superintendent a report, prepared by a person having the prescribed qualifications, setting out the nature of the pension benefits and other benefits to be provided under the plan and a description of the methods of allocating and distributing those benefits and deciding the priorities in respect of the payment of full or partial benefits to the members.

Assets not to be applied until report approved

(10) Assets of the plan may not be applied toward the provision of any benefits until the Superintendent has approved the report required by subsection (9), but the administrator of the plan may nevertheless pay to the person entitled, as they fall due, pension benefits, or refunds of employee contributions and interest thereon, as the case may be.

Superintendent may direct winding-up

(11) Where the whole of a pension plan has been terminated and the Superintendent is of the opinion that no action or insufficient action has been taken to wind up the plan, the Superintendent may direct the administrator to distribute the assets of the plan in accordance with the regulations made under paragraph 39 (j), and may direct that any expenses incurred in connection with that distribution be paid out of the pension fund of the plan, and the administrator shall forthwith comply

with any such direction.

Partial termination of plan

(12) Where a plan is terminated in part, the rights of members affected shall not be less than what they would have been if the whole of the plan had been terminated on the same date as the partial termination.

R. S., 1985, c. 32 (2nd Supp.), s. 29; 1998, c. 12, s. 18; 2000, c. 12, s. 261.

Appointment of a new administrator

29.1 (1) If the administrator of a pension plan that has been terminated in whole or in part is insolvent or unable to act or the Superintendent is of the opinion that it is in the best interests of the members or former members, or any other persons entitled to pension benefits or refunds under the plan, that the administrator of the plan be removed, the Superintendent may remove the administrator and appoint a replacement administrator. A replacement administrator may recover their reasonable costs from the pension fund.

Notification

(2) The Superintendent shall, as soon as possible in the circumstances, notify a replaced administrator of their removal.

Effect of replacement

(3) The replacement administrator is seized of the pension fund as of the date of the notification under subsection (2).

Notice

(4) After receiving approval of the report under subsection 29 (10), the replacement administrator shall give notice to the members, former members and any other persons who are entitled to pension benefits or refunds under the pension plan of the replacement administrator's intention to distribute the assets of the plan in accordance with the report.

Publication

(5) The replacement administrator shall publish the notice in the Canada Gazette and, except as otherwise directed by the Superintendent, once a week for two consecutive weeks in one or more newspapers in general circulation in each province.

Subrogation

(6) The members, former members and any other persons who were entitled to pension benefits or refunds under the pension plan immediately before the appointment of the replacement administrator are subrogated to those rights and claims of the replacement administrator that the replacement administrator has elected in writing not to pursue.

Discharge

(7) On distribution of the assets in accordance with this Act and the regulations, the Superintendent may discharge the replacement administrator.

1998, c. 12, s. 19.

EFFECT OF SALE, ETC., OF BUSINESS

Effect of sale, etc., of business

30. (1) Where

(a) an employer who is a party to a pension plan sells, assigns or otherwise disposes of all or part of its business or undertaking or all or part of the assets of its business or undertaking,

(b) an employee of that employer becomes an employee of the person acquiring the business, undertaking or assets (in this section called the "successor employer"), and

(c) the successor employer does not assume responsibility for the accrued benefits of the employer's pension plan,

the employee continues to be entitled to the benefits provided under the employer's plan in respect of the period of membership in that employer's plan, without further accrual.

Idem

(2) Where the events described in paragraphs (1) (a) and (b) occur, whether or not the successor employer assumes responsibility for the accrued benefits of the employer's plan, then,

(a) for the purposes of the employer's plan, membership in the employer's plan of an employee referred to in paragraph (1) (b) shall be deemed not to have ceased by reason of those events; and

(b) for the purposes of

(i) determining the period of employment with respect to any eligibility condition of the successor employer's pension plan, and

(ii) determining whether such an employee is entitled to a benefit under a pension plan of the employer or of the successor employer,

the period of employment shall be deemed to include employment with both the employer and the successor employer without any interruption.

PAYMENT OF BENEFITS AND DESIGNATION OF BENEFICIARIES

Certain provisions of provincial law to apply

31. Except to the extent that they are inconsistent with this Act, any provisions of any provincial law respecting the payment of benefits or the designation of beneficiaries under pension plans that would be applicable to a pension plan organized and administered to provide pension benefits to employees employed in included employment if that provincial law were applicable to such a pension plan shall be deemed to apply to such a pension plan as though that employment were not included employment.

OBJECTIONS AND APPEALS

Notice of objection

32. (1) An administrator who is notified under subsection 10 (4) or section 11. 1 may, within sixty days after the day the notification is given, serve on the Superintendent a notice of objection in the prescribed form and manner, setting out the reasons for the objection and all facts relevant to it.

Reconsideration by Superintendent

(2) On receipt of a notice of objection, the Superintendent shall immediately reconsider the refusal or the revocation and cancellation, as the case may be, and vary or confirm the action taken, and shall immediately notify the administrator of the decision.

R. S. , 1985, c. 32 (2nd Supp.), s. 32; 1998, c. 12, s. 20.

Appeal to Federal Court

33. (1) Where an administrator has served a notice of objection under section 32, the administrator may,

(a) within ninety days after the Superintendent has confirmed the action taken as described in subsection 32 (1), or

(b) after ninety days and before one hundred and eighty days have elapsed after service of the notice of objection and the Superintendent has not notified the administrator that the Superintendent has varied or confirmed the action taken,

appeal to the Federal Court for an order as described in paragraph (5) (b).

Institution of appeal

(2) An appeal to the Federal Court shall be instituted by filing in the Registry of the Court, or by sending by registered mail addressed to it at Ottawa, three copies of a notice of appeal in prescribed form.

Registry to transmit copies

(3) On receipt of the copies of the notice of appeal referred to in subsection (2), the Registry of the Court shall transmit two copies to the Superintendent.

Documents relevant to appeal

(4) Forthwith after receiving a copy of the notice of appeal, the Superintendent shall forward to the Registry of the Court copies of all documents relevant to the appeal.

Disposal of appeal

(5) The Court may dispose of an appeal

(a) by dismissing it and ordering the appellant to ensure the compliance of the pension plan to which the appeal relates with this Act and the regulations; or

(b) by allowing it and ordering the Superintendent to register the pension plan to which the appeal relates or reinstate the registration of the plan, as the circumstances require, and issue a certificate of registration in respect thereof.

Conditions

(6) An order made as described in paragraph (5) (b) may include conditions imposed on the appellant that are conditions precedent to the registration or reinstatement of registration of the pension plan to which the appeal relates.

R. S., 1985, c. 32 (2nd Supp.), s. 33; 1998, c. 12, s. 21.

GENERAL

Application to Federal Court

33. 1 (1) If an administrator, employer or other person has omitted to do any thing under this Act that is required to be done by them or on their part, or contravenes a direction of the Superintendent or a provision of this Act or the regulations, the Superintendent may, in addition to any other action that the Superintendent may take, apply to the Federal Court for an order requiring the administrator, employer or other person to cease the contravention or do any thing that is required to be done, and on such application the Federal Court may so order and make any other order it thinks fit.

Appeal

(2) An appeal from an order made under subsection (1) lies in the same manner as an appeal from any other order of the Federal Court.

1998, c. 12, s. 22.

Superintendent may bring actions

33. 2 (1) In addition to any other action that the Superintendent may take in respect of a pension plan, the Superintendent may bring against the administrator, employer or any other person any cause of action that a member, former member or any other person entitled to a benefit or refund from the plan could bring.

Retroactivity

(2) Subsection (1) applies in respect of any cause of action regardless of whether it arose before or after the coming into force of this section.

1998, c. 12, s. 22.

Inspection

34. (1) The Superintendent or any person authorized in writing by the Superintendent for any purpose relating to the administration of this Act may, at any reasonable time,

(a) inspect any books, records or other documents, regardless of their physical form or characteristics, relating to a pension plan or to any securities, obligations or other investments in which pension fund moneys are invested; and

(b) require the administrator of a pension plan to furnish such information and in such form as the Superintendent deems necessary for the purpose of ascertaining whether or not the provisions of this Act or the regulations have been or are being complied with.

Powers of Superintendent

(2) The Superintendent has the same powers as those conferred on commissioners under Part II of the Inquiries Act with respect to the taking of evidence, and may delegate those powers.

Payment of expenses

(3) The fees and expenses of persons appointed on a temporary basis from outside the Public Service for the purposes of an inspection under paragraph (1) (a), including their fees and expenses related to preparing a report to the Superintendent relating to that inspection, are payable by the pension fund on being approved by the Superintendent.

R. S., 1985, c. 32 (2nd Supp.), s. 34; 1998, c. 12, s. 23.

No action against person for withholding, etc.

35. No action lies against any person for withholding, deducting, paying or crediting any sum of money in compliance or intended compliance with this Act or the regulations.

Void agreements

36. (1) Where any provision of this Act or the regulations requires an amount to be withheld, deducted, paid or credited, any agreement or arrangement by the person on whom the requirement is imposed not to withhold, deduct, pay or credit that amount is void.

Idem

(2) Any agreement or arrangement to assign, charge, anticipate or give as security

(a) any benefit provided under a pension plan, or

(b) any money withdrawn from a pension fund pursuant to section 26

is void.

Exception

(3) Subsection (2) does not apply to prevent the assignment of an interest in a pension benefit, or in a life-annuity of the prescribed kind resulting from a transfer or purchase pursuant to section 26, where the assignment

(a) is ordered by a court pursuant to provincial property law (within the meaning of subsection 25 (1)); or

(b) is made under subsection 25 (4) pursuant to a written agreement.

Void agreements

(4) Any agreement or arrangement

(a) to surrender or commute a benefit, or any right or interest therein, or

(b) to surrender or commute benefits payable as a result of a transfer or purchase pursuant to section 26

that is inconsistent with the rules set out in subsection 18 (1) is void.

Exception

(5) Subsection (4) does not apply in respect of payments pursuant to paragraph 18 (2) (b) or (c).

R. S. , 1985, c. 32 (2nd Supp.), s. 36; 2000, c. 12, s. 262.

Amendments to pension plans

37. (1) Where an amendment to a pension plan may reasonably be regarded as having been made in contemplation of the termination or winding-up of the plan, either immediately or in the future, with a view to avoiding payment of any pension benefit or other benefit for which the plan provided, the amendment is subject to being declared void, in the manner provided in this section.

Application and declaration

(2) A judge of the Federal Court may, on application to that Court by the Superintendent and after such notice to the administrator of the pension plan as the judge may direct, declare void any amendment to that pension plan that under subsection (1) is subject to being declared void, and thereon, except as otherwise determined on appeal, if any, the amendment shall be deemed to be and always to have been void for all purposes.

Proceedings on declaration

(3) Where any declaration has been made under subsection (2), except with consent of the Superintendent, no process or proceedings shall be taken or instituted in consequence of that declaration within the time limit for the bringing of any appeal therefrom or while any such appeal remains to be disposed of.

Not statutory instruments

37. 1 A direction issued under this Act by the Superintendent with respect to a particular pension plan is not a statutory instrument for the purposes of the Statutory Instruments Act.

1998, c. 12, s. 24.

OFFENCES AND PUNISHMENT

Offences

38. (1) Every person who

(a) contravenes any provision of this Act or the regulations or a direction of the Superintendent given under the authority of this Act or the regulations,

(b) to avoid compliance with this Act or the regulations,

(i) destroys, alters, mutilates, secretes or otherwise disposes of any record, writing or other document,

(ii) makes a false or deceptive statement or a false or deceptive entry in any record, writing or other document, or

(iii) omits to furnish any material particular in any statement or in any record, writing or other document,

(c) prevents or obstructs, or attempts to prevent or obstruct, another person doing anything that that other person is authorized by or pursuant to section 34 to do or, unless unable to do so, fails to do anything that is required to be done by or pursuant to that section, or

(d) being an employer, fails to remit to the pension fund all amounts that the employer is liable so to remit,

is guilty of an offence.

Punishment

(1. 1) A person who commits an offence under subsection (1) is

(a) in the case of an individual, liable on summary conviction to a fine not exceeding one hundred thousand dollars or to imprisonment for a term not exceeding twelve months, or to both; and

(b) in the case of a corporation or other body, liable on summary conviction to a fine not exceeding five hundred thousand dollars.

Remittance of amount owing

(2) If an employer is found guilty of not remitting all amounts to a pension fund, the court may, in addition to imposing a penalty under subsection (1.1), order the employer to remit to the pension fund all amounts owing with interest.

Evidence

(3) In any prosecution for an offence under this section, a certificate purporting to be signed by the Superintendent or by any person on the Superintendent's behalf certifying that a copy of a pension plan or of an amendment to any such plan was not filed with the Superintendent as required by this Act, or certifying as to the registration of a pension plan, is admissible in evidence and, in the absence of any evidence to the contrary, is proof of the matters so certified.

Limitation period

(4) Proceedings in respect of an offence under this Act may be commenced at any time within, but not later than, two years after the day on which the subject-matter of the proceedings became known to the Superintendent.

Certificate of Superintendent

(4.1) A document appearing to have been issued by the Superintendent, certifying the day on which the subject-matter of any proceedings became known to the Superintendent, is admissible in evidence without proof of the signature or official character of the person appearing to have signed it and is, in the absence of evidence to the contrary, proof of the matter asserted in it.

Corporations and other bodies

(5) Where a corporation or other body is guilty of an offence under this section, every officer, director, agent or member of the corporation or body who directed, authorized, assented to, acquiesced in or participated in the offence is a party to and guilty of the offence and is liable on summary conviction to the punishment provided for the offence, whether or not the corporation or body has been prosecuted or convicted.

Informations and complaints

(6) An information or complaint under this section may be laid or made by any officer of the Office of the Superintendent of Financial Institutions, any member of the Royal Canadian Mounted Police or any person authorized in writing by the Minister.

R. S., 1985, c. 32 (2nd Supp.), s. 38; 1998, c. 12, s. 25; 2001, c. 9, s. 583.

REGULATIONS

Regulations

39. The Governor in Council may make regulations

(a) respecting applications for registration of pension plans;

(a. 1) respecting simplified pension plans;

(b) respecting the fees that may be charged for the registration of pension plans and for the supervision, including inspection, of registered pension plans;

(c) prescribing the conditions under which, on the cessation of a member's membership in a pension plan or on the termination or winding-up of a pension plan, pension benefit credits may be held in trust by the administrator of the plan, or transferred to the administrator of another pension plan or to a registered retirement savings plan of the prescribed kind or to the agency referred to in paragraph 6 (1) (d);

(d) prescribing, for the purposes of this Act or any provision thereof, the manner of determining the portion of a pension benefit or other benefit that is attributable to membership in a plan after December 31, 1986;

(e) respecting the time by which contributions to a pension plan are required to be remitted to the pension fund by the administrator, and respecting the consequences of failure to remit contributions to the pension fund on time, including the liability of the administrator;

(f) providing for the determination of the day on which a member or former member of a pension plan becomes entitled to a particular pension benefit or other benefit under the plan;

(g) prescribing the manner in which pension benefit credits are to be determined and fixing the time as of which the determination is to be made;

(h) for enabling the Superintendent to require administrators to provide up-to-date consolidations of their pension plans and respecting the form and certification of those consolidations;

(h. 1) respecting refunds of surplus assets and arbitrations referred to in section 9. 2;

(i) requiring or enabling the Superintendent to require administrators to provide information to the Superintendent in respect of pension plans, in addition to the information mentioned in section 12;

(j) respecting the distribution of the assets of a pension plan that is being wound up;

(j. 1) respecting the manner in which the administrator of a pension plan shall deal with complaints or inquiries from members of the pension plan, former members and any other persons entitled to pension benefits or refunds under the plan;

(k) exempting any employee or pension plan, any class of employee or pension plan or any benefit or kind of benefit under a pension plan from the application of this Act or any provision thereof;

(l) defining the term "disability";

(m) respecting the meaning of "impair the solvency" for the purposes of subsection 26 (4);

(n) respecting the integration of

(i) the payment of any pension benefit or contribution under a pension plan

with

(ii) the payment of any pension or contribution payable under the Old Age Security Act, the Canada Pension Plan, or any provincial pension plan as defined in section 3 of the Canada Pension Plan;

(o) prescribing anything that by this Act is to be prescribed; and

(p) generally for carrying out the purposes and provisions of this Act.

R. S., 1985, c. 32 (2nd Supp.), s. 39; 1998, c. 12, s. 26; 2001, c. 34, s. 76.

REPORT TO PARLIAMENT

Annual report

40. The Superintendent shall, as soon as possible after the end of each fiscal year, submit to the Minister a report on

(a) the operation of this Act during that year,

(b) the extent to which inflation adjustments or other adjustments to pension benefits have been provided during that year, either voluntarily by employers or pursuant to collective agreements, as shown in information filed pursuant to section 12,

(c) the source of the funds used to make any adjustments referred to in paragraph (b), and

(d) the application of gains, if any, from pension funds,

and the Minister shall cause the report to be laid before each House of Parliament on any of the first fifteen days on which that House is sitting after the day the Minister receives it.

CONSEQUENTIAL AMENDMENTS TO OTHER ACTS

41. [Amendments]

REPEAL

Repeal of R. S. , c. P-7

42. (1) The Pension Benefits Standards Act is repealed.

Limitation

(2) Notwithstanding subsection (1), the Pension Benefits Standards Act and the regulations thereunder continue to apply to persons who have, before January 1, 1987, ceased membership in a pension plan or retired.

R. S. , 1985, c. 32 (2nd Supp.), s. 42; 2001, c. 34, s. 77.

TRANSITIONAL PROVISIONS

Deemed registration under new Act

43. (1) Subject to this section, a pension plan that was, immediately before January 1, 1987, registered under the Pension Benefits Standards Act shall be deemed to be registered under this Act for the period commencing on January 1, 1987 and ending

(a) on December 31, 1988, where subsection (2) is not complied with, or

(b) where subsection (2) is complied with, on the day on which the plan is registered under paragraph (3) (a) or is refused registration under paragraph (3) (b)

if, before January 1, 1987 or such later date as the Superintendent may allow, the administrator has filed an undertaking that the plan will, as of January 1, 1987, be administered in accordance with this Act and the regulations.

Filing of amendments to plans

(2) Amendments that are required in order to bring a pension plan referred to in subsection (1) into compliance with this Act and the regulations must be filed with the Superintendent on or before December 31, 1988.

Examination and registration of amended pension plans

(3) The Superintendent shall forthwith examine amendments that are filed pursuant to subsection (2) and shall,

(a) if the plan, as amended by those amendments, complies with the standards for registration, register the plan and issue a certificate of registration in respect of the plan, and notify the administrator by registered mail of the Superintendent's action; or

(b) if the plan, as amended by those amendments, does not comply with the standards for registration,

(i) notify the administrator by registered mail of the particulars of such non-compliance and direct the administrator to take such action to ensure compliance as the Superintendent specifies, and

(ii) if after sixty days from the day of mailing of such notification, or such longer period as the Superintendent may allow, the administrator has failed to comply with the Superintendent's direction referred to in subparagraph (i), refuse registration of the plan and notify the administrator by registered mail of the Superintendent's action.

Where undertaking not complied with

(4) Where the Superintendent is of the opinion that an undertaking mentioned in subsection (1) is not being complied with, the Superintendent shall

(a) notify the administrator by registered mail of the particulars of the non-compliance and direct the administrator to take such action to ensure compliance as the Superintendent specifies; and

(b) if after sixty days from the day of mailing of the notification, or such longer period as the Superintendent may allow, the administrator has failed to comply with the Superintendent's direction referred to in paragraph (a), cancel the deemed registration provided by subsection (1) and notify the administrator by registered mail of the Superintendent's action.

Application of provisions re objections and appeals

(5) Sections 32 and 33 apply, with such modifications as the circumstances require, in respect of actions of the Superintendent under subsections (3) and (4).

Where collective agreement conflicts with Act

44. (1) In the case of a pension plan that was registered under the Pension Benefits Standards Act immediately before January 1, 1987 and is governed by one or more collective agreements entered into during the period beginning on December 17, 1985 and ending on December 31, 1986, where the terms of the pension plan conflict with the provisions of this Act, the terms of the pension plan prevail until the date of expiration of the collective agreement or the end of December 1988, whichever is earlier, after which time the provisions of this Act prevail.

Idem

(2) In the case of a pension plan that was registered under the Pension Benefits Standards Act immediately before January 1, 1987 and is governed by one or more collective agreements entered into before December 17, 1985, where the terms of the pension plan conflict with the provisions of this Act, the terms of the pension plan prevail until the date of expiration of the collective agreement or the end of December 1990, whichever is earlier, after which time the provisions of this Act prevail.

Information to members

45. Notwithstanding paragraph 28 (1) (b), a pension plan may provide that the statement described in that paragraph may be provided on a triennial basis up to 1992, and annually thereafter, with the first such statement due in respect of the plan year ending in 1989 at the latest.

COMING INTO FORCE

Coming into force

46. This Act shall come into force on January 1, 1987.

SCHEDULE

[Amendments]

AMENDMENT NOT IN FORCE

—2003, c. 22, para. 225 (z. 16):

Replacement of "Public Service"

225. The expression "Public Service" is replaced by the expression "public service" wherever it occurs in the English version of the following provisions, other than in the expressions "Public Service corporation", "Public Service Employment Act", "Public Service Pension Fund" and "Public Service Superannuation Act":

...

(z. 16) subsection 34 (3) of the Pension Benefits Standards Act, 1985;

3－2　养老金标准监管条例1985

SOR/87－19

简称

1. 本条例称为《养老金标准监管条例》(1985)。

说明

2. (1) 在本条例中,

“公认精算惯例”指《养老金标准法》第9条第(2)款第(b)项述及的惯例标准，该标准考虑到了监管人在该款下所做的规定;

“会计师”指在某省法律下，经授权从事会计师业务的人员;

“标准法”指1985年《养老金标准法》,

计划的“精算收益”为下列收益之和:

(a) 计划的经验收益;

(b) 由于计划修正而带来的计划的持续经营负债减少的数额; 及

(c) 由于计划估值方法或基础的变化带来的计划的持续经营负债减少或持续经营资产增加的数额。

“精算师”指加拿大精算师协会的成员;

“账面价值”，就资产而言，指资产收购方的收购成本，包括与收购有关的所有直接成本。

“过渡性福利”指根据计划，为了补充前成员养老金福利，在其退休后暂时向其定期发放的款项，直到前成员依照《老年保障法》有资格获得福利，或依照《加拿大养老金计划》或《魁北克养老金计划法》有资格获得退休福利或开始获得退休福利。

“加拿大资源所有权”与《个人所得税法》第66条第(15)款第(c)项中规定的含义相同。

“延期终身年金”指以下年金:

(a) 购买后至少1年方开始定期支付的年金;

(b) 等额定期支付的年金，或因以下原因而定期支付金额不等的年金:

(i) 根据《老年保障法》应支付的养老金数额;

(ii) 根据《加拿大养老金计划》或《加拿大养老金计划》第3条规定的省养老金计划应当支付的养老金数额;

(iii) 经《统计法》授权，由加拿大统计局出版的消费者物价指数; 或

(iv) 分隔基金持有的资产价值; 及

(c) 经授权在加拿大从事寿险业务的人发布。

“经验收益”是指按持续经营估值确定的扣除养老金计划负债后资产价值的增加额，该增加额指最近的精算报告的(该报告的编写基于持续经营估值，并根据《标准法》第12条在监管人备案和从估值开始就已存在的实际经验)预期收益与实际收益的差额。

“经验损失”是指持续经营估值确定的扣除养老金计划负债后资产价值的减少额，该减少额指最近的精算报告的(该报告的编写基于持续经营估值，并根据《标准法》第12条在监管

人备案和从估值开始就已存在的实际经验）预期收益与实际收益的差额。

“金融机构”指

（a）除第11.1条规定外：

（i）银行或《银行法》第2条所指的经授权的外国银行；

（ii）适用《托管和贷款公司法》的团体法人；

（iii）适用《信用合作协会法》的信用合作社；

（iv）适用《保险公司法》的保险公司；

（v）依照省立法机关颁布的法律而成立的信托、贷款或保险公司；

（vi）依照省立法机关颁布的法律成立并受其监管的信用合作社；

（vii）依照议会法律或省立法机关颁布的法律成立或组建的主要经营证券，包括投资组合管理和投资顾问的实体；或者

（viii）外国机构；以及

（b）基于第11.1条的规定，第（a）项第（i）至第（vi）分项述及的实体或者监管人依照《保险公司法》批准其在加拿大从事保险业务经营的外国机构。

外国机构指以下实体：

（a）从事银行、信托、贷款或保险业务、信用合作社业务、证券业务或其他主要提供金融服务业务的实体。

（b）其他并非依照议会法律或省立法机关颁布的法律成立或组建的实体。

“持续经营资产”是指根据持续经营假定估算的计划资产价值额，包括预期收入和自然增长收入。

“持续经营负债”是指根据持续经营假定估算的计划应计福利现值，包括应付款项或尚未支付的款项。

“持续经营估值”是指运用符合公认精算惯例的假定和方法，对养老金计划的资产和负债进行估值，这里所指的公认的精算惯例的假定和方法的基本假定是该养老金计划预期并非即将终止或结束。

“即期终身年金”指以下终身年金：

（a）购买后不足1年即开始定期支付的年金；

（b）等额定期支付的年金，或因以下原因而定期支付金额不等的年金：

（i）根据《老年保障法》应支付的养老金数额；

（ii）根据《加拿大养老金计划》或《加拿大养老金计划》第3条规定的省养老金计划应当支付的养老金数额；

（iii）经《统计法》授权，由加拿大统计局出版的消费者物价指数；或

（iv）分隔基金持有的资产价值；及

（c）经授权在加拿大从事寿险业务的人发放的。

“保险计划”是指以年金方式支付全部福利的计划，或由经授权在加拿大从事寿险业务的法人签署的保险合同，根据该合同，签署人有义务支付计划所列的全部福利；

“终身收入基金”是指《个人所得税法》第146.3条第（1）款规定的登记退休收入基金，该基金需满足第20.1条所列的要求；

“锁定登记退休储蓄计划”是指《个人所得税法》第146条第（1）款规定的登记退休储蓄计划，需满足第20条所列的要求；

“市值”，就资产而言，是指资产在公开市场上交易的价格，其前提条件是交易双方必须在信息适度对称条件下谨慎、灵活、自愿地进行资产买卖活动。

“共同基金”或“联营基金”是指经正当授权经营基金的公司所建立的基金，由两个或多个存款人提供基金款项用于投资，分配给基金资产持有人的股份能使各存款人在任何时候拥有

与其资产份额相匹配的利息收入。

“正常价值”是指根据持续经营估值确定的、在一个计划年度内应计的福利价值，但不包括特殊付款；

“计划”是指养老金计划；

“计划年度”是指一个日历年度，除非计划另有规定；

“分隔基金”是指经正当授权经营基金的公司所建立的基金，该基金中养老金计划由存款人供款且该基金的资产专门用于该计划的特定目的或者共同用于该计划和一个或一个以上其他养老金计划的共同目的。

“简化养老金计划”是指由金融机构管理的定额缴费计划，该金融机构代表根据第11.1条第（2）款规定订立合同的员工的利益。

“偿付能力估算”，是指运用符合公认精算惯例的假定和方法对养老金计划的资产和负债进行估价，但这里所谓的公认精算惯例的基本假定是该计划即将被终止。

“偿付比率”是指

（a）第11条第（1）款第（c）项述及的计划及

（b）任何其他计划，根据第9条第（1）款第（a）项中“偿付能力不足”定义确定的计划资产与计划负债的比率，该比率根据最近的精算报告计算并依照《标准法》第12条在监管人备案。

“特殊支付”是指一项支付或一系列支付中的某项支付，

（a）这些支付为根据第9条的规定，基于清算初始无基金负债或偿付能力不足的目的，在1986年12月31日之后确定的支付，或

（b）这些支付为根据1986年12月31日仍实行的《养老金福利标准条例》第12条的规定，基于清算该规定中初始无基金负债或经验收益不足的目的，在1987年1月1日之前确定的支付。

（2）“无行为能力”是指：

（a）基于《标准法》第18条第（2）款第（b）项的目的，经证明可能使成员寿命大大缩短的某种不健康的精神或生理状况。

（b）为确定领取养老金年龄，经证明使成员不能履行雇员职责的某种不健康的精神或生理状况。SOR/90－363，s. 1（E）；SOR/93－109，s. 1；SOR/93－299，s. 1；SOR/94－384，s. 1；SOR/95－86，s. 1；SOR/95－551，s. 1；SOR/2001－222，s. 1；SOR/2002－78，s. 1.

指定省份

3. 根据《标准法》第2条第（1）款“指定省份”的定义，规定安大略、魁北克、新斯科舍、新不伦瑞克、曼尼托巴、卑诗、萨斯客彻温、阿尔伯达、纽芬兰和拉布拉多等省的法律与《标准法》本质上类似，以上省份为指定省份。

法律规定以外的雇佣

4. 附件I述及的雇佣不属于法律规定范围内的雇佣。

选举养老金委员会和养老金理事会代表

[SOR/2002－78，s. 3]

5.（1）应当根据本条，选举计划成员或退休成员代表。这些代表将成为第7.1条述及的养老金委员会代表或第7.2条述及的养老金理事会代表。

（2）计划成员或退休成员中的多数应当以书面形式将成员或退休成员代表的选举结果通知雇主或参与养老金计划的雇主。

（3）根据第（5）款，计划成员代表的选举应当按照以下方式进行：

(a) 收到第（2）款述及的通知后，雇主应将其张贴在每一个计划成员可以看到的地方。

(i) 推荐候选成员，及

(ii) 确定一个不少于两周但不超过四周的期间，计划成员在此期间完成对其代表的提名；

(b) 成员代表提名应在雇主处书面备案。

(c) 提名期间结束时，雇主应将载明以下内容的通知张贴在每一个计划成员可以看到的地方：

(i) 被提名人的姓名；

(ii) 在接下来两周内，计划成员可以投票的具体时间；及

(iii) 计划成员将用于计算选票的场所。

(d) 选举应由雇主主持，按无记名投票方式进行。选举代表时，每个计划成员均有权获得一个投票权；

(e) 得票最多的被提名人当选；

(f) 若两名或两名以上被提名人得票相同且均超过其他任一被提名人，则将其姓名放入箱内由被提名人以外的人抽取，被抽中的当选为代表；及

(g) 雇主应当将载明选举结果的通知张贴在计划成员可以看到的地方。

(4) 根据第（5）款，退休成员代表的选举应当按照以下方式进行：

(a) 收到第（2）款述及的通知后，雇主应当向各退休成员邮寄通知：

(i) 推荐候选退休成员；及

(ii) 确定一个不少于四周但不超过八周的期间，退休成员在此期间完成对其代表的提名。

(b) 退休成员代表提名应在雇主处书面备案。

(c) 提名期间结束时，雇主应向各退休成员邮寄选票，选票载有被提名人姓名并规定不少于四周但不超过八周的期间，退休成员必须在此期间内将选票交回雇主处。

(d) 选举应由雇主主持，按无记名投票方式进行。选举代表时，每个退休成员均有权获得一个投票权。

(e) 得票最多的被提名人当选。

(f) 雇主应向退休成员邮寄选举结果。

(g) 若两名或两名以上被提名人得票相同且均超过其他任一被提名人，则将其姓名放入箱内由被提名人以外的人抽取，被抽中的当选为代表。

(5) 如果全部计划成员或退休成员：

(a) 以《加拿大劳动法》规定的工会或联合会为其代表；或

(b) 是按照《养老基金协会法》成立的养老基金协会或其他类似组织的成员。

工会、联合会、养老基金协会或其他组织的执行委员会可以任命养老金委员会或养老金理事会的代表。

(6) 根据第（3）、（4）款完成计划成员或退休成员选举后，以后历届选举应以不超过3年的周期进行。

(7) 如果已根据《标准法》建立养老金理事会，但计划成员目前不足50人，则可以应计划成员的要求解散养老金理事会。

投资

6. (1) 各计划应规定养老基金的资金：

(a) 需按附件Ⅲ的规定进行投资；及

(b) 应当：

(i) 清楚表明该投资系养老金计划以信托投资的名义用养老基金款项进行投资；若该投资能够登记，则以该名义登记；

（ii）根据代表该计划、与金融机构订立的保管协议或信托协议，以金融机构或其被提名人的名义用养老基金款项进行投资，该名义需清楚表明是为计划而持有投资的；

（iii）根据代表该计划、与金融机构订立的保管协议或信托协议，以“加拿大有限证券保管者”或其被提名人的名义用养老基金款项进行投资，该名义需清楚表明是为了计划而持有投资的。

（2）在第（1）款中，“保管协议”指做出下列规定的协议：

（a）根据协议，代表该计划进行的或持有的投资：

（i）构成养老基金的一部分；及

（ii）任何时候均不应构成保管人或被提名人的资产；及

（b）应当由保管人保管所有的记录材料，这些记录能够在任何时候将投资的所有权追溯至计划。

7. 计划管理人应保存一份最新的能够清楚表明代表该计划进行的每项投资、进行投资的名义以及投资登记的名义的记录。

7.1（1）计划管理人应当在1994年7月1日和计划登记日两者中较晚日期之前，代表该计划编制关于计划投资组合与贷款的投资政策和程序的书面报告，报告应包括：

（a）投资和贷款种类，包括衍生产品、期权和期货；

（b）各种投资组合；

（c）资产组合和预期回报率；

（d）投资流动性；

（e）现金或证券的放贷；

（f）保留或授予通过计划投资而获得的投票权；

（g）在公共交易所不定期交易的投资的估价方法和依据；及

（h）附件III第17条许可的关联方交易和用于确定交易对于计划而言是名义上或非实质性的标准。

且需考虑到可能影响该计划筹资和偿付能力的所有因素，并考虑到该计划履行其财务责任的能力。

（2）第（1）款述及的投资政策和程序的报告应当包括该款述及因素的描述及这些因素与政策和程序之间的关系。

（3）计划管理人应当按照以下要求提交第（1）款述及的投资政策和程序的报告：

（a）在以下日期较晚者开始后的60日内，向成立的养老金理事会提交报告：

（i）编制报告的日期；及

（ii）养老金理事会成立之日。

（b）若计划为定额给付计划，于以下日期较晚者或在其之前向计划精算师提交：

（i）报告编制日开始60日内，及

（ii）任命精算师之日。SOR/93－299，s. 2；SOR/2002－78，s. 5.

7.2（1）计划管理人应当对第7.1条第（1）款述及的关于投资政策和程序的报告进行审查和确认或修改，每计划年度至少进行一次。

（2）应当在报告修改后的60日内，按以下要求提交投资政策和程序报告全部修改的副本，

（a）向已成立的养老金理事会提交；及

（b）若计划为定额给付计划，则向计划精算师提交。SOR/93－299，s. 2；SOR/2002－78，s. 6.

筹资

8. 如果按照第9条的要求筹资，必须考虑使得计划的筹资符合偿付能力标准的要求。

9.（1）为本条之目的，

"初始无备资负债"是指在1987年1月1日或以后的持续经营负债的增加，亦可指在1987年1月1日或以后持续经营资产的减少。这些负债的增加或资产的减少是由以下事项引起的：

(a) 计划的建立，

(b) 计划修订，

(c) 计划估值方法或依据的改变，

(d) 经验损失；(初始非资本化)

"偿付能力不足"指计划的负债（在计划终止时确定，或经精算师鉴定、依据合理的估值基础，并考虑到由于计划终止带给计划成员养老金上重大的损益变化后确定）超出以下各部分的合计：

(a) 计划的资产价值，在市值或相关市值（使用不超过5年期的市值，以平抑短期波动）的基础上确定。

(b) 按照1986年12月31日正在实行的《养老金标准监管条例》专项支付的现值。

(c) 和1986年12月31日以后出现的初始无备资负债有关的支付的现值，这些初始无备资负债是因计划生效日以前一段时期的雇佣而授予养老金的结果，在此之前，这样的雇用没有得到养老金计划的确认，

(d) 将在未来5年内到期支付的任何其他专项支付的现值，

(e) 对在1987年1月1日以后要受到《标准法》管辖的计划，受管辖前出现的相对无备资负债的专项支付的现值，这一现值由按照监管人的意见准备好并已在监管人处备案的估值报告确定。估值报告

(i) 精算假设或方法是充分适当的，

(ii) 符合《标准法》第12条第（3.1）款第（a）项的要求，

(iii) 在计划受到《标准法》管辖之前准备。

(2) 为了本条的目的

(a) 在下述部分述及的初始无备资负债的产生时间

(i) 第（1）款述及的"初始无备资负债"定义中的第（a）项，为计划生效日，

(ii) 第（1）款述及的"初始无备资负债"定义中的第（b）项，为修订生效日，

(iii) 第（1）款述及的"初始无备资负债"定义中的第（c）项，为变更日，

(iv) 第（1）款述及的"初始无备资负债"定义中的第（d）项，为做出确定了经验损失的持续性经营估算之日。

(b) 在第（1）款中"偿付能力不足"定义中的第（b）项、第（c）项、第（d）项述及的现值，应在出于定义的目的负债估值所采用的假定利率基础上确定，并且

(c) 偿付能力不足发生日是指做出该不足评估之日。

(3) 养老金计划的初始无备资负债应从以下方面筹资

(a) 首先，持续经营资产超过持续经营负债的部分，

(b) 其次，足以清偿初始无备资负债剩余额的等额年金支付，这项年金自无备资负债出现日起不超过15年。

(4) 出现在1986年12月31日以后的偿付能力不足，其筹资应该通过足以清算偿付能力不足部分的等额年金来专项支付，该年金自偿付能力不足出现日开始不超过5年。

(5) 在出现偿付能力不足之日，用于清算初始无备资负债的专项支付在清算偿付能力不足的5年期之后，可以按比例减少，以便在出现偿付能力不足之日，用于偿付初始无备资负债和偿付能力不足部分的专项支付现值不少于计划持续经营负债超出计划持续经营资产的数额。

(6) 在确定第（5）款所述的专项支付减少额的现值中所使用的利率应该与确定持续经营负债所使用的利率一致。

（7）根据第（8）款，在每个计划年度，计划应该按以下方式筹资：

（a）等于计划的正常成本的缴费；

（b）第（3）款中述及的专项支付；

（c）第（4）款中述及的专项支付；

（d）按照1986年12月31日正在实行的《养老金标准监管条例》确定的专项支付。

（7.1）按照以下较少者之全部或部分数额来削减第（7）款第（a）项述及的缴费额：

（a）计划中持续经营资产超过持续经营负债的数额，

（b）第9条第（1）款的“偿付能力不足”定义中的第（a）项述及的偿付资产超过偿付负债的数额。

（8）为代替第（7）款第（b）项和第（c）项述及的专项支付，可在初始无备资负债或偿付能力不足出现之日确定专项支付额，这样每次支付便是支付给计划成员的期望报酬的同一比例，

（a）在无备资负债情况下，不超过15年，或

（b）在偿付能力不足情况下，不超过5年

并且支付现值应等于第（3）款第（b）项述及的初始无备资负债和偿付能力不足的剩余额。

（9）当按照《标准法》第12条第（3）款提交的精算报告列明在1987年1月1日或以后出现的精算收益时，该收益的数额应该

（a）首先，用于减少无备资负债或偿付能力不足的余额，

（b）其次，

（i）用于提高计划的福利，

（ii）用于将雇主的缴费减至计划的正常费用，或者

（iii）保留在养老基金内。

（10）根据第（11）款，偿付能力不足部分或者初始无备资负债被第（9）款中的精算收益冲减，应该在考虑精算收益的冲减作用后，按比例减少剩余的专项支付。

（11）如果根据第（4）款冲减将延长偿付能力不足的清偿期间，则不应减少专项支付额。

（12）可以按照1986年12月31日正在实行的《养老金标准监管条例》的规定，使用在1987年1月1日之前产生的养老金计划中的精算收益。

（13）当通过任何额外支付用于清偿无备资负债或偿付能力不足部分高于第（3）和第（4）款中规定的最低比例时，如果初始无备资负债或偿付能力不足的余额小于按照第（3）和第（4）款确定的数额，同时考虑到应用第（9）款第（a）或第（b）项可能出现的后果，以后计划年度的专项支付额可以降低。

（14）计划的支付应按照以下方式确定：

（a）计划的正常价值和年度专项支付应该分期等额支付或是按应支付给成员的预期报酬的同等比例予以支付，并且分期支付要至少一个季度一次，在不超过分期支付期期末后30日内进行；

（b）计划成员的缴费应在扣减缴费期期末后不超过30日内汇至管理人；

（c）其他任何支付应在支付期期末后不超过30日内汇至管理人；

（d）管理人应把收到的汇款立即存入基金内。SOR/94 -384，s. 3；SOR/95 -171，s. 6（E）；SOR/2002 -78，s. 7.

10. 管理人如果未能将根据第9条第（14）款汇至管理人的款项存入基金，其应承担对计划的拖欠款项及利息的责任。SOR/2002 -78，s. 8.

登记申请

11.（1）计划的登记应包括

（a）计划、保险合同、托管协议、决议、有关养老金的集体协议、附则和用来建立或支持计划、养老基金及其修改的任何其他文件的副本；

（b）《标准法》第28条第（1）款第（a）项第（i）分项述及的书面解释的副本；

（c）在计划生效日准备的成本证书，或者是在以下情况下，采用最近的成本证书（如果能得到比计划生效日更新的成本证书时）

（i）该养老金计划系由成员个人分担的定额缴费计划，并且

（ii）该养老金计划系已投保的定额给付计划；

（d）对不属于第（c）项中的计划，在计划生效日编制的精算报告。如果有比计划生效日更新的精算报告，则为最新日期的精算报告；

（e）由管理人签署的，有关是否建立了第7.1条第（1）款述及的投资政策与程序的书面报告；

（f）填写于监管人规定的表格中的关于该计划遵守《标准法》及其条例的声明（如有的话），管理人签署；及

（g）对简式养老金计划，管理人所发布的旨在说明计划是简式养老金计划的声明。

（2）在第（1）款第（c）项提及的成本证书应该由精算师、会计师或其他专业顾问编制，应包括以下内容：

（a）计划项下给付预期价值和缴费的，列明在需要编制成本证书的计划年度，雇主及计划成员的各自缴费份额；及

（b）计算养老金成本的公式，列明在以后的计划年度，雇主和计划成员之间分摊成本的公式。

（3）在第（1）款第（d）项述及的精算报告应由精算师编制，按照加拿大精算师协会1994年1月制定并在以后不断修订的《养老金计划估值惯例标准》进行，并应包括：

（a）养老金计划给付的预期价值，分别根据以下服务期限，列明雇主和计划成员的缴费：

（i）报告编制日以后的计划年度，且该报告编制日恰为此计划年度的最后一天。

（ii）报告编制日所在的计划年度，且该报告编制日为此计划年度中的其他任何一天。

（b）计算养老金价值的公式，根据计划成员在该计划年度和随后计划年度的服务，列明雇主和计划成员之间分摊成本的公式；

（c）报告编制日的初始无备资负债的拖欠款项和将按照第9条第（7）款第（b）项和第（d）项进行的专项支付额；

（d）表明计划中不存在偿付能力不足情形的证书，或是计划偿付能力不足的决议，以及按照第9条第（7）款第（c）项确定的专项支付额；

（e）计划的偿付比率，以及计算以后3年偿付比率的方法。

（4）在第（1）款第（d）项提及的精算报告与多雇主养老金计划或按照一项或多项集体协议建立的任何其他计划相关的情况下，如果计划的筹资未能达到第8条偿付能力标准，该精算报告应包括可使计划的筹资达到偿付能力标准的可选方式。

（5）在编制第（1）款第（d）项提及的精算报告是依据一项计划，且该计划规定了该养老金的计算是基于养老金支付开始日的报酬率或是在一段具体有限期间内报酬率的平均值的情况下，应使用每个计划成员现今的报酬来估算其退休时应付养老金的报酬。

（6）第（1）款第（d）项提及的精算报告的编制涉及一项，在成员资格终止或退休后提供养老金福利增加额的计划，该精算报告在确定该计划中的养老金价值时应考虑此增加值。SOR/90-363，s. 3；SOR/93-109，s. 4（E）；SOR/93-299，s. 3；SOR/2002-78，s. 9.

简式养老金计划

11.1（1）雇主可以与金融机构签订合同，为其雇员建立简式养老金计划。

（2）建立简式养老金计划的合同应包括

（a）该计划是简式养老金计划，金融机构是计划的管理人；

（b）缴费的数额与频率，雇主和雇员至少一月一次向金融机构缴纳，缴费需由雇主汇至金融机构；

（c）当雇主未能向金融机构缴纳所需款项时，即是雇主退出计划的日期；

（d）计划应遵守第11.2条；及

（e）金融机构应遵守第11.3条。SOR/2002－78，s. 10.

11.2（1）基于《标准法》第7条第（2）款，简式养老金计划管理人是签订养老金计划合同的金融机构。

（2）简式养老金计划建立基金的缴费、养老金投资以及该缴费和投资的回报构成了计划的养老基金，在任何时候都不能够成为管理人或雇主的资产。

（3）如果雇主未能按合同要求在合同规定的时间内缴费，则该雇主将退出简式养老金计划。

（4）如果有多个雇主参与计划，其中一个或多个雇主的退出不会构成合同的部分或全部终止。

（5）如果雇主退出养老金计划，不管年龄、参与计划的时期或雇佣期，所有利益应被授予，并且在退出日所有应计或应付的福利均应支付给其成员、前成员及其配偶、事实婚姻伴侣、受益人、财产或继承人。

（6）基于《标准法》第2条第（2）款第（c）项，简式养老金计划成员在出现以下任何一种情形下，均应终止其成员资格：

（a）成员的雇主不再参与该计划；或

（b）管理人终止整个计划或成员参与的某部分计划。

SOR/2002－78，s. 10.

11.3（1）简式养老金计划管理人应保管充分的记录，该记录使投资的所有权能在任何时候追溯至该计划。

（2）管理人应在计划修订生效日前至少30日书面通知参与计划的雇主。

（3）如果雇主终止参与计划，计划管理人至少应在终止生效日前30日内书面形式通知该计划的成员，这些成员须是该雇主的雇员。通知内容包括该雇主终止参与计划和终止生效日。

（4）如果管理人要全部或部分终止或终结计划，其应至少在终止或终结日前60日以书面通知参与计划的各雇主。

（5）管理人应在计划每满周年之日或之前书面通知监管人哪些雇主已参加或退出简式养老金计划。SOR/2002－78，s. 10.

报告

12.（1）根据《标准法》第12条第（1）款按年提交的信息报告应当包含与该养老金计划年度相关的信息。

（2）根据《标准法》第12条第（1）款按年提交的报告之外的信息报告应当包含截至信息报告编制之日（含该日）该计划年度期间的所有相关信息。

13.《标准法》第12条第（1）款述及的信息报告应当包含附件2中表2列出的所有信息。

14.（1）如果计划的修订条款改变了养老金的价值或是各方缴费的数额，在养老金计划属于以下情形时，监管人应当要求养老金管理人提交由精算师、会计师或其他专业人士在修订条款生效之日出具的价值证明。

（a）该养老金计划系由成员个人分担的定额缴费计划；并且

（b）该养老金计划系已投保的定额给付计划。

（2）第（1）款述及的价值证明应当包括以下内容：

（a）养老金计划给付的预期价值和缴费数额，分别根据以下服务期限，列明雇主和计划成员的缴费；

（i）如果修订条款生效日为该计划年度的最后一日，则为修改条款生效日以后的计划年度，或者

（ii）如果修订条款生效日为该计划年度中的其他任何一日，则为修改条款生效日所在的计划年度；以及

（b）计算养老金价值的公式，该公式用于计算随后的计划年度内雇主和计划成员之间费用的分摊。

15.（1）监管人可以要求养老金管理人，按照其指令的时间间隔或次数进行申报，

（a）根据第（2）款的规定，在监管人指定的日期养老金计划拥有的财产目录，该目录应当载明

（i）各项资产的账面价值，

（ii）各项资产的市值，以及

（iii）可以证明各项资产市值和据以判断第6条的要求是否得到满足的相关信息；

（b）据以证明该养老金计划所拥有的资产的市值的评估文件；

（c）如果该养老金计划系未经投保之计划，

（i）养老基金的财务报表，

（ii）加拿大特许会计师协会守则要求养老金计划财务报表必须列明的任何信息，以及

（iii）养老基金审计报告；

（d）与养老基金投资相关的信息，包括附件2中表2.1列明的信息；

（e）据以判断养老金计划资产偿付能力和筹资状况的任何信息；

（f）与养老金计划或养老基金投资所涉及的证券、债券或其他投资行为相关的任何账目、档案或其他文件的放置场所；

（g）如有代表养老金计划全体成员利益的集体谈判代表时，该代表的姓名；

（h）据以确定参与或终止参与养老金计划的雇主的必要信息；

（i）由养老金管理人或代表养老金管理人编制、整理或提交信息的人出具的能证实提交给监管人的信息准确性的证明文件；

（j）载明需由养老基金支付的任何营业费用或养老基金应付或应计的任何营业费用的账目或其他证明文件，包括收款人的姓名和已经或行将支付给各收款人的数额及事由，以及费用总额；并且

（k）因他人提供与养老金计划相关的服务而获得或应当获得的所有直接和间接报酬的账目或其他证明文件。

（2）按以下方式提供养老金福利的养老金计划无需提供资产目录：

（a）由经授权在加拿大从事寿险业务的人员而非持有单项、不同基金的人员签署的合同；或者

（b）加拿大政府签署的合同。SOR/93 -299, s. 4；SOR/95 -171, s. 6；SOR/2002 -78, s. 11.

盈余返还

[SOR/2001 -222, s. 2（F）]

16.（1）基于《标准法》第2条第（1）款中盈余的定义，养老金计划资产超过负债的数额应当通过资产减去负债来确定，该资产和负债数额即为按照公认精算惯例计算并根据《标准法》第12条第（3）款提交给监管人的精算报告中的数额；在该养老金计划未完全终止的情况下，该资产和负债数额即为根据持续经营估值假定提交报告中估算的数额。

（2）符合以下条件时，可返还全部或部分盈余：

（a）在养老金计划未完全终止时，盈余超过以下可归属于养老金的定额给付条款范畴内的金额较大者，即

（i）养老金计划正常价值中雇主缴费数额的两倍，及

（ii）根据偿付能力评估确定的养老金计划中负债数额的25%；

（b）养老金计划管理人已经书面通知根据计划条款有权获得养老金福利的成员、前成员或其他人员雇主收回全部或部分盈余的意图，并告知其可以书面形式就盈余返还向监管人提交意见；

（c）养老金计划管理人根据第（b）项规定发出书面通知之日后已过30日；

（d）监管人已经同意返还全部或部分盈余，并将该结论以书面形式通知了第（b）项中述及的就盈余返还发表书面意见的人员；并且

（e）自监管人根据第（d）项发出通知之日后已过14日。

（3）在本条中，由于定额给付条款转化为定额缴费条款后导致的养老金计划中定额缴费条款下的应计负债不应视为归属于养老金定额给付条款。

（4）在养老金计划尚未完全终止时，全部或部分盈余返还数额不得超过该盈余高出定额给付条款中规定的以下数额较大值的差额：

（a）计划正常价值中雇主缴费数额的两倍，及

（b）根据偿付能力评估确定的计划负债数额的25%。

（5）基于《标准法》第9.2条第（3）款第（b）项，规定下列级别的人员：

（a）任何人员指任何有权从计划中获得养老金福利的人员，但不包括计划成员；

（b）成员或前成员的遗属、配偶、前配偶、事实婚姻伴侣和前事实婚姻伴侣是指有权从养老金计划中获得养老金福利或养老金总额的遗属、配偶、前配偶、事实婚姻伴侣或前事实婚姻伴侣；

（c）养老金管理人为其购买了年金，但并非《标准法》第26条规定的终身年金的任何人员，且不包括计划成员。SOR/93－109, s. 5（F）; SOR/95－171, s. 6; SOR/2001－222, s. 3.

16.1（1）雇主应当将其返还全部或部分盈余的建议通知《标准法》第9.2条第（3）款第（a）项列举的人员，该通知应当邮寄到以上人员的当前地址，如果以上人员系在职雇员，则通知应当邮寄到其工作场所。

（2）雇主应当将其返还全部或部分盈余的建议通知《标准法》第9.2条第（3）款第（b）项列举的人员，

（a）该通知应当邮寄到雇主档案中记载的以上人员的当前地址或者雇主有理由相信是其当前地址的地址；或者

（b）如果以上人员地址不清的话，应当连续两周、每周一次同时以两种官方语言在各省均发行的一家或多家报刊上刊登该通知。

盈余返还仲裁

16.2（1）《标准法》第9.2条第（4）款规定的仲裁应当采取以下程序

（a）已加入工会的成员可以向工会管理委员会提出书面意见；并且

（b）除了第（a）项述及的人员外，《标准法》第9.2条第（3）款述及的其他人员也可以向仲裁员提出书面意见。

(2) 根据情形，并根据《标准法》第9.2条第（7）款的规定，申请仲裁期限为雇主按照《标准法》第9.2条第（4）或第（5）款的规定通知监管人和《标准法》第9.2条第（3）款述及人员之日起1年。

(3) 仲裁员应当刊登仲裁开始日期、时间和地点的通知。

(4) 该通知必须包括：

(a)《标准法》第9.2条第（3）款述及的人员获取仲裁程序副本的通信地址；和

(b) 以上人员邮寄书面意见的通信地址。

(5) 该通知应当连续两周、每周一次同时以两种官方语言在《标准法》第9.2条第（3）款述及的人员居住的各省均发行的一家或多家报刊上刊登。

(6) 最后一次通知的刊登必须在仲裁开始日前不少于四周但不超过八周内进行。

指数

17.《标准法》第21条第（6）款第（b）项规定的消费价格指数年增长率的计算方式是，计划年度终止前连续12个月消费价格指数的总和，如果计划中规定的延期养老金福利调整日期并非年度终止日期，该调整日期前连续12个月消费价格指数的总和与一年前同一时期消费价格指数总和的比率再减去1。

养老金总额的计算

18. (1) 根据第（2）款的规定，养老金总额应当按照加拿大精算师协会制定的于1993年9月1日生效并不断修订的《登记养老金计划价值转让计算的推荐方案》进行计算。

(2) 在定额缴费计划中，如果缴费由计划个别成员分担，则该成员或其死亡后的遗属所享有的养老金总额为该成员具备成员资格之日起依照计划由该成员缴纳或为该成员缴纳的缴费的累积价值。

(3) 若计划成员或其遗属意图让与其养老金总额，则应当以附件2中表3的格式通知管理人。

(4) 在下列情况下，应按以下日期确定养老金总额：

(a) 计划成员退休、死亡、全部或部分计划终止时，根据退休、死亡或计划终止的日期计算养老金总额；

(b) 计划成员终止其成员资格时，根据成员资格终止的日期进行计算；并且

(c) 计划成员根据《标准法》第25条第（4）款的规定进行转让时，根据该转让生效的日期进行计算。SOR/90 -363, s. 4; SOR/94 -384, s. 4; SOR/2001 -194, ss. 1, 4; SOR/2002 -78, s. 12.

19. (1) 在养老金计划的偿付比率低于1时，从养老基金中转移出去的任何数额均视做对养老基金偿付能力的损害。

(2) 在养老金计划的偿付比率等于1时，从养老基金中转移出去的任何数额如果导致该计划的偿付比率低于1，均应视做对养老基金偿付能力的损害。

19.1 基于《标准法》第26条第（1）款第（b）项和第（2）款第（b）项及第26条第（3）款第（a）项第（ii）分项和第（b）项第（ii）分项的规定，可以接受养老金总额转让的退休储蓄计划应当是终身收入基金或锁定登记退休储蓄计划。SOR/95 -551, s. 2.

20. (1) 锁定登记退休储蓄计划应当规定

(a) 本基金仅可以

(i) 转让给另一锁定登记退休储蓄计划，

(ii) 转让给以下计划，如果该计划允许此种转让，且该计划对转让基金所产生福利的管理如同该福利是该计划中具有两年成员资格人员的福利，

（iii）用于购买即期终身年金或延期终身年金，或

（iv）转让给终身收入基金；

（b）锁定登记退休储蓄计划的持有人死亡时，该基金应当以如下方式支付给遗属：

（i）将该基金转让到另一锁定登记退休储蓄计划，

（ii）将该基金转让给以下计划，如果该计划允许此种转让，且该计划对转让基金所产生福利的管理如同该福利属于该计划中具有两年成员资格人员的福利，

（iii）用该基金购买即期终身年金或延期终身年金，或

（iv）将该基金转让给终身收入基金；以及

（c）除《标准法》第25条第（4）款的规定外，本基金不能作为担保转让、支付、提前偿付或赠与，任何意在将本基金用做担保的转让、支付、提前偿付或赠与等交易均无效。

（2）若转移到锁定登记退休储蓄计划中的养老金总额不因计划成员的性别而发生变化，则锁定登记退休储蓄计划中积累的基金购买的即期年金或延期年金也不应因性别差异而有所不同。

（3）锁定登记退休储蓄计划应当包含一项声明，说明按照《标准法》第26条转移的养老金总额是否因计划成员的性别而发生变化。

（4）锁定登记退休储蓄计划也可以规定，在医生证明持有人的寿命可能因精神或生理疾病而明显缩短时，本基金可以向持有人一次性支付一笔款项。SOR/93－109，s. 9（F）；SOR/95－551，s. 3；SOR/2001－194，s. 4.

20.1（1）建立终身收入基金的合同或协议应当

（a）列明终身收入基金价值的计算方式，包括终身收入基金持有人死亡时或终身收入基金中的财产转移时确定其价值的估算方法；

（b）规定在每年年初或与持有人达成合同或协议的金融机构约定的其他任何时间，由终身收入基金的持有人决定由该年度终身收入基金应当支付的数额；

（c）规定在终身收入基金持有人未决定该年度终身收入基金应支付的数额时，该年度终身收入基金应当支付按照个人所得税法确定的最低数额；

（d）规定每一年度终身收入年金支付的收入数额不得超过C/F这一公式计算出来的数额，

其中C是指在以下情况下，终身收入基金中的余额

（i）在每一年度开始时，或者

（ii）如果第（i）计算出来的数额是0时，即为第一笔数额注入终身收入基金之日；

F是从该计划年度开始到持有人年满90岁之年12月31日期间的养老金的价值，其年度支付数额为1元，支付期为每年的1月1日，该养老金价值是在计划年度开始、通过使用以下利率确定的，

（i）对于终身收入基金价值估算之年1月1日后的最初15年而言，该利率小于或等于该年度开始前第2个月由加拿大政府公布的长期债券收益率，该收益率由加拿大统计局编辑并以CANSIM系统中No. B14013的编号刊登在加拿大评论文库中，并且

（ii）对于此后的年份，该利率不得超过6%；

（e）规定，在达成合同或协议的年度，由第（d）项所确定的数额应乘以该年度剩余月份数除以12，不足一月的以一月计；

（f）规定，在终身收入基金成立时，如果该终身收入部分基金系由持有人在本基金成立年份初期所持有的其他终身收入基金构成，则此部分终身收入基金在该年度由第（d）项确定的金额应视为0；

（g）规定，根据第（i）项，终身收入基金中的基金仅可以

（i）转移给另一终身收入基金，

（ii）转移给一项锁定登记退休储蓄计划，或者

（iii）用于购买即期终身年金或延期终身年金；

（h）规定，终身收入基金的持有人应当在其满 80 岁之年的 12 月 31 日用终身收入基金中的剩余基金购买即期终身年金；

（i）规定，在终身收入基金的持有人死亡时，终身收入基金中的基金财产应当支付给该持有人的遗属，支付形式为

（i）将该基金转移给另一终身收入基金，

（ii）用该基金购买即期终身年金或延期终身年金，或

（iii）将该基金转移给一项锁定登记退休储蓄计划；

（j）规定，根据《标准法》第 25 条第（4）款，本基金不能作为担保转让、支付、提前偿付或赠与，任何意在将本基金用做担保的转让、支付、提前偿付或赠与的交易均无效；并且

（k）声明，根据《标准法》第 26 条转让的退休金补助额是否因计划成员的性别而有所不同。

（2）转移到终身收入基金的退休金补助额不因计划成员的性别而不同时，用该终身收入基金中积累的基金购买的即期终身年金或延期终身年金也不应因性别而不同。

（3）建立终身收入基金的合同或协议也可以规定，当医生证明基金持有人的寿命因精神或生理疾病而可能明显缩短时，终身收入基金也可以向持有人一次性支付一笔款项。SOR/95 -551, s. 4; SOR/97 -448, s. 1; SOR/2001 -194, s. 4.

21.（1）基于《标准法》第 26 条第（1）款第（c）项和第（2）款第（c）项及第 26 条第（3）款第（a）项第（iii）分项和第（b）项第（iii）分项，用养老金总额、锁定登记退休储蓄计划或终身收入基金中的基金购买的即期终身年金或延期终身年金应当规定

（a）除了《标准法》第 25 条第（4）款的规定外，年金提供的福利不能作为担保转让、支付、提前偿付或赠与，任何意在将年金用做担保的转让、支付、提前偿付或赠与的交易均无效；

（b）除了年金享受者在保障年金未到期时死亡这一情形外，该年金提供的任何福利在年金享受者或其配偶或其事实婚姻伴侣的有生之年均不能转让或抵偿，任何意图转让或抵偿该福利的交易均无效；并且

（c）在年金福利开始支付时，若年金享受者有配偶或事实婚姻伴侣，则年金福利应当根据《标准法》第 22 条的规定以共同及遗属养老金福利的形式支付。

（2）第（1）款中述及的以养老金总额、锁定登记退休储蓄计划或终身收入基金中的基金购买的延期终身年金应当规定，

（a）如果年金享受者在年金开始支付之前死亡，则在年金享受者死亡之日，遗属有权获得与该延期年金的抵偿价值数额相等的财产；并且

（b）该遗属有权获得的资产应当

（i）转移给一项锁定登记退休储蓄计划，

（ii）转移给以下计划，如果该计划允许此种转让，且该计划对转让基金所产生福利金的管理如同该福利属于该计划中具有两年成员资格人员的福利，

（iii）用于购买即期终身年金或延期终身年金，或

（iv）转移给一项终身收入基金。

（3）[已撤销 SOR/95 -551, s. 5]

（4）根据第（2）款的规定，延期终身年金的抵偿价值应当按照加拿大精算师协会制定的于 1993 年 9 月 1 日生效并不断修订的《登记养老金计划中转让价值计算推荐方案》进行计算。SOR/93 -109, ss. 6, 9 (F); SOR/94 -384, s. 5; SOR/95 -551, s. 5; SOR/2001 -194, ss. 4, 5; SOR/2002 -78, s. 13.

需要提供的信息

22. 根据《标准法》第28条第（1）款第（a）和第（b）项的规定提供的书面解释、信息和书面声明应当向管理人档案上记载的计划成员或雇员、及其配偶或事实婚姻伴侣做出，该书面解释、信息和书面声明应当

（a）交给计划成员或在工作场所交给雇员；或者

（b）邮寄到计划成员或雇员的居住地。SOR/95－171，s. 6（F）；SOR/2001－194，s. 5.

23.（1）根据《标准法》第28条第（1）款第（b）项提供的书面声明应当包括

（a）计划成员的姓名；

（b）该声明适用的期间；

（c）计划成员的出生日期；

（d）为计算计划成员养老金之目的而划归计划成员的期间；

（e）计划成员达到领取养老金年龄的日期；

（f）按照《标准法》第16条第（2）款的规定，计划成员有权获得即期终身年金的最早日期；

（g）管理人档案上列出的计划成员的配偶或事实婚姻伴侣姓名；

（h）管理人档案上被指定为成员享受养老金福利的受益人的任何人员的姓名；

（i）计划成员在该计划年度自愿追加的供款和该年度末计划成员自愿追加的供款的累积数额；

（j）要求计划成员在该计划年度缴费和该年度末计划成员缴费的累积数额；

（k）养老金计划中含有定额缴费条款时，雇主在该计划年度为计划成员缴费和该年度末雇主为计划成员缴费的累积数额；

（l）为计划成员之利益转入该计划的基金数额和由该转入基金而产生的福利或与该数额有关的计划成员的工作年限；

（m）若该计划并非定额缴费计划，计划年度末计划成员的养老金年度增加额及达到可领取养老金年龄时应付养老金的年度数额；

（n）可适用时，该计划年度成员缴费适用的利率；

（o）计划成员死亡时应支付的福利和团体寿险中由于该种支付而造成的福利总额的减少程度；

（p）列明查阅《标准法》第28条第（1）款第（c）项述及文件的权利的声明；

（q）未经投保的定额给付计划中有关定额给付条款的内容，

（i）如果根据第2条第（1）款偿付比率定义的第（b）项计算出来的比率小于1时，

（A）该比率的数值和说明，

（B）有关管理人已经或行将采取使该比率达到1的措施的说明，以及

（C）如果该计划以此种偿付比率终止或结束时，成员福利减少的程度；和

（ii）在任何其他情况下，在最新的偿付比率基础上，该计划资本充足的声明。

（2）成员依据计划退休时，《标准法》第28条第（1）款第（d）项述及的书面声明应当以附件4中表1的格式做出。

（3）在计划成员终止其成员资格或全部或部分计划终止且该成员有权获得延期终身年金福利时，《标准法》第28条第（1）款第（d）项述及的书面声明应当以附件4中表2的格式做出。

（4）在计划成员终止其成员资格且无权获得延期终身年金时，《标准法》第28条第（1）款第（d）项述及的书面声明应当以附件4中表3的格式做出。

（5）在计划成员死亡时，《标准法》第28条第（1）款第（d）项述及的书面声明应当以

附件 4 中表 4 的格式做出。SOR/2001 -194, s. 5; SOR/2002 -78, s. 14.

23.1 根据《标准法》第 28 条第（1）款第（c）项的规定，该规定中列举的人员均可以按第 7.1 条第（1）款的规定，查阅有关该计划下投资组合与贷款方面的投资政策和程序。SOR/2002 -78, s. 15.

计划终止的报告

24. 根据《标准法》第 29 条第（9）款的规定提交的有关计划全部或部分终止的报告

（a）在以下情形下，应当由精算师、会计师或其他专业人士编写：

（i）该养老金计划系由成员个人分担的定额缴费计划；并且

（ii）该养老金计划系已投保的定额给付计划。

（b）属其他类型计划时，应当由精算师编写。

费用

25.（1）在本条中，

“计划成员数目”是指一个雇主的工资表上所有雇员的数目，或在多雇主养老金计划中所有参与该计划雇主的工资表上所有雇员的总数，

（a）有关按照《标准法》第 10 条规定提交的养老金计划，在该计划提交登记时，和

（b）有关按照《标准法》第 12 条规定提交的信息报告，在提交该信息报告的计划年度的最后一日时；

“任务年度”是指从一个年度的 4 月 1 日开始，截至第二个年度的 3 月 31 日的期间。

（2）就养老金计划而言，计划费用基数等于以下数字之和：

（a）20；

（b）计划成员超过 20 人时的成员数目与 980 相比之较小的数目；和

（c）计划成员超过 1,000 时成员数目的 50% 与 9,000 相比之较小的数目。

（3）由监管人登记养老金计划应当支付费用，

（a）根据《标准法》第 10 条的规定将该计划提交登记时，支付费用的数额等于计划费用基数乘以当时适用的基准利率；并且

（b）该计划中的计划年度最后一日出现在计划提交登记之后、登记完毕之前时，按照《标准法》第 12 条的规定提交信息报告，支付费用的数额等于该计划费用基数乘以该信息报告涉及的计划年度最后一日之后 6 个月内适用的基准利率。

（4）[已撤销，SOR/2001 -222, s. 4]

（5）在 2002 年 4 月 1 日或其后开始的一个任务年度的基准利率是根据（A + B）/C 这一公式确定的，

其中，

A 是预期在一个任务年度内，计划的登记以及监管人从事包括检查在内的监管工作可能产生费用的总额；

B 是在先前的第 2 个到第 6 个任务年度内但不包括 2000 年或之前结束的任务年度，监管人登记计划、从事包括检查在内的监管工作所产生的费用总额减去根据本条和《标准法》第 34 条第（3）款的规定在先前的第 2 个到第 6 个任务年度内但不包括 2000 年或之前结束的任务年度所支付的费用总额之差的 20%。

C 是预期根据《标准法》第 10 条的规定在任务年度期间提交登记的所有计划的费用基数的估算总额，或者预期根据《标准法》第 12 条的规定在任务年度内提交的有关计划的信息报告的费用基数的估算总额。

（6）每次根据《标准法》第 12 条提交养老金计划的信息报告时，需支付监管人从事包括

检查在内的监管工作的费用。

(6.1) 第(6)款中述及的费用是以该计划的基准费用乘以信息报告涉及的计划年度结束后6个月适用的基本利率计算得到的数额。

(7) 监管人应当在加拿大公报第一部分刊登公告，列明根据第(5)款确定的始于1992年4月1日或之后日期、但不晚于任务年度开始前180天的每一任务年度的基本利率。SOR/90 - 363, s. 5; SOR/91 - 228, s. 1; SOR/2001 - 222, s. 4.

一般规定

26. (1) 根据一项养老金计划正在支付的养老金福利不得因《老年人保障法》、《加拿大养老金计划》或该计划第3条规定的省级保险计划项下的养老金福利的增加而减少。

(2) 养老金计划的成员或前成员有权获得的养老金福利不得因《老年人保障法》、《加拿大养老金计划》或该计划第3条规定的省级保险计划所规定的65岁之前成员或前成员达到领取养老金福利年龄资格的原因而终止或削减，除非该成员或前成员已经根据《标准法》第16条第(6)款的规定选择变更养老金福利。

27. 基于《标准法》的规定，

(a) 基于1987年1月1日之前建立的养老金计划的成员资格，于1986年12月31日以后获准的养老金应划归至1986年12月31日之后确立的养老金计划的成员资格；并且

(b) 如果养老金以计划成员在其退休日报酬的一定比例，或者该计划成员截至退休日(包括该日)的一段确定期限内报酬比例的平均值为基础时，由1986年12月31日以后该计划成员资格所形成的那部分养老金应为

(i) 养老金减去

(ii) 根据情形，利用该成员终止计划成员资格日或退休日报酬的一定比例或者该计划成员截至终止计划成员资格日或退休日的一段确定期限内报酬比例的平均值计算出来的1986年12月31日的养老金福利数额。

28. 若一项养老金计划为雇员规定了养老金福利，但该雇员从事的是规定范围之外的职业且该雇员在第3条述及的特定省份工作，则就该雇员所享受的福利而言，该项计划不适用《标准法》的规定。

28.1 根据与省专有立法权管辖下的工作、事业或企业相关的省级法规确立的养老金计划，且雇员从事的职业属于法律规定范围，则该计划免于适用《标准法》。SOR/93 - 109, s. 7.

28.2 一项为电话公司建立的养老金计划，且该公司并未于1989年8月14日之前根据《标准法》或1985年的加拿大法律修订p - 7章中的养老金标准法进行登记，则基于1989年8月14日之前养老金计划中的成员资格而获得的福利免于适用《标准法》。SOR/93 - 109, s. 7.

28.3 超过根据个人所得税法将养老金计划中资金转至另一养老金计划或登记退休储蓄计划最高金额的退休金补助额不适用《标准法》第18条的规定。SOR/93 - 109, s. 7.

28.4 (1) 若养老金计划为其提供了养老金福利的成员或前成员已经至少两年不在加拿大居住，且其已经终止了与作为计划一方的雇主的雇佣关系或终止了多雇主养老金计划中的成员资格时，则该成员或前成员享有的养老金福利或退休金补助额不适用《标准法》第18条的规定。

(2) 根据本条，如果养老金计划成员或前成员已经于该年度在加拿大连续居住183天或更长的一个时期，或其在该年度居住的多个时期的总和达到183天或更长时间，则其在整个该计划年度内应视为加拿大的居民。SOR/94 - 384, s. 6.

28.5 如果根据养老金计划中的增补条款，该增补后的养老金计划中的所有成员有权获得的福利至少等同于个人所得税法确定的最大福利或供款限额，则该增补后的养老金计划不适用《标准法》。SOR/94 - 384, s. 6; SOR/2002 - 78, s. 16.

28.6 过渡性福利不适用《标准法》第22条和第23条的规定。SOR/94 - 384, s. 6.

29. 正在享受养老金计划福利的雇员不适用《标准法》第 14 条和第 15 条的相关规定。

30. 监管人可以要求管理人向其提交最新的养老金计划汇总及修订事项。

格式

31. 《标准法》第 22 条第（5）款述及的书面协议应当按照附件 2 中表 4 的格式书写。

32. 《标准法》第 32 条第（1）款述及的异议通知应当采用附件 2 中表 5 的格式书写，并且以挂号邮件形式提交或直接送达金融机构监管人。SOR/2002 -78，s. 17.

33. 《标准法》第 33 条第（2）款述及的申诉通知应当按照附件 2 中表 6 的格式书写。

译者注：由于难以获得附件中所包含的表格的正确格式，中文提到的附件没有翻译，参见 http：//laws. justice. gc. ca/en/p -7. 01/sor -87 -19/index. html。

3 –2 Pension Benefits Standards Regulations, 1985

SOR/87 –19

PENSION BENEFITS STANDARDS ACT, 1985

Pension Benefits Standards Regulations, 1985

REGULATIONS RESPECTING PENSION BENEFITS STANDARDS

SHORT TITLE

1. These Regulations may be cited as the Pension Benefits Standards Regulations, 1985.

INTERPRETATION

2. (1) In these Regulations,

"accepted actuarial practice" means the standards of practice described in paragraph 9 (2) (b) of the Act, taking into account any specification made by the Superintendent under that paragraph; (normes actuarielles reconnues)

"accountant" means a person authorized to act as an accountant under the laws of a province; (comptable)

"Act" means the Pension Benefits Standards Act, 1985; (Loi)

"actuarial gain" means, in respect of a plan, the aggregate of

(a) the experience gain of the plan,

(b) the amount by which the going concern liabilities of the plan decrease as a result of an amendment to the plan, and

(c) the amount by which the going concern liabilities of the plan decrease or the going concern assets of the plan increase as a result of a change in the methods or bases of valuation of the plan; (gain actuariel)

"actuary" means a Fellow of the Canadian Institute of Actuaries; (actuaire)

"book value", in respect of an asset, means the cost of acquisition to the person acquiring the asset, including all direct costs associated with the acquisition; (valeur comptable)

"bridging benefit" means a periodic payment that is provided under a plan to a former member of the plan for a temporary period of time after the former member's retirement for the purpose of supplementing the former member's pension benefit until the former member is eligible to receive benefits under the Old Age Security Act or is eligible for or commences to receive retirement benefits under the Canada Pension Plan or An Act respecting the Quebec Pension Plan; (prestation de raccordement)

"Canadian resource property" has the same meaning as in paragraph 66 (15) (c) of the Income Tax Act; (avoirs miniers canadiens)

"deferred life annuity" means a life annuity that

(a) commences periodic payments no earlier than one year after its purchase,

(b) provides for equal periodic payments or periodic payments that have been varied by reference to

(i) the amount of any pension payable under the Old Age Security Act,

(ii) the amount of any pension payable under either the Canada Pension Plan or a provincial pension plan as defined in section 3 of the Canada Pension Plan,

(iii) the Consumer Price Index for Canada as published by Statistics Canada under the authority of the Statistics Act, or

(iv) the value of the assets held in a segregated fund, and

(c) is issued by a person authorized to carry on a life insurance business in Canada; (prestation viagère différée)

"experience gain" means the increase in the value of the assets of a plan less the liabilities of the plan determined in a going concern valuation of the plan that is attributable to the difference between the experience anticipated in the most recent actuarial report, prepared on the basis of a going concern valuation and filed with the Superintendent in accordance with section 12 of the Act, and the actual experience that has emerged since that valuation; (gain actuariel courant)

"experience loss" means the decrease in the value of the assets of a plan less the liabilities of the plan determined in a going concern valuation of the plan that is attributable to the difference between the experience anticipated in the most recent actuarial report, prepared on the basis of a going concern valuation and filed with the Superintendent in accordance with section 12 of the Act, and the actual experience that has emerged since that valuation; (perte actuarielle courante)

"financial institution" means

(a) except in section 11.1,

(i) a bank or an authorized foreign bank within the meaning of section 2 of the Bank Act,

(ii) a body corporate to which the Trust and Loan Companies Act applies,

(iii) a cooperative credit society to which the Cooperative Credit Associations Act applies,

(iv) an insurance company to which the Insurance Companies Act applies,

(v) a trust, loan or insurance corporation incorporated by or under an Act of the legislature of a province,

(vi) a cooperative credit society incorporated and regulated by or under an Act of the legislature of a province,

(vii) an entity that is incorporated or formed by or under an Act of Parliament or of the legislature of a province and that is primarily engaged in dealing in securities, including portfolio management and investment counselling, or

(viii) a foreign institution; and

(b) for the purposes of section 11.1, those entities referred to in subparagraphs (a) (i) to (vi) or a foreign institution for which an order of the Superintendent has been given pursuant to the Insurance Companies Act approving the insurance of risks in Canada. (institution financière)

"foreign institution" means an entity that is

(a) engaged in the business of banking, the trust, loan or insurance business, the business of a cooperative credit society or the business of dealing in securities or is otherwise engaged primarily in the business of providing financial services, and

(b) incorporated or formed otherwise than by or under an Act of Parliament or of the legislature of a province; (institution étrangère)

"going concern assets" means the value of the assets of a plan, including income due and accrued, determined on the basis of a going concern valuation; (actif évalué sur une base de permanence)

"going concern liabilities" means the present value of the accrued benefits of a plan, including amounts due and unpaid, determined on the basis of a going concern valuation; (passif évalué sur une base de permanence)

"going concern valuation" means a valuation of the assets and liabilities of a plan using actuarial assumptions and methods that are in accordance with accepted actuarial practice for the valuation of a plan that is not expected to be terminated or wound up; (valuation sur une base de permanence)

"immediate life annuity" means a life annuity that

(a) commences periodic payments within one year after its purchase,

(b) provides for equal periodic payments or periodic payments that have been varied by reference to

(i) the amount of any pension payable under the Old Age Security Act,

(ii) the amount of any pension payable under either the Canada Pension Plan or a provincial pension plan as defined in section 3 of the Canada Pension Plan,

(iii) the Consumer Price Index for Canada as published by Statistics Canada under the authority of the Statistics Act, or

(iv) the value of the assets held in a segregated fund, and

(c) is issued by a person authorized to carry on a life insurance business in Canada; (prestation viagère immédiate)

"insured plan" means a plan in which all benefits are paid by means of an annuity or insurance contract issued by a person authorized to carry on a life insurance business in Canada and under which the person is obligated to pay all the benefits set out in the plan; (régime assuré)

"life income fund" means a registered retirement income fund, as defined in subsection 146.3 (1) of the Income Tax Act, that meets the requirements set out in section 20.1; (fonds de revenu viager)

"locked-in registered retirement savings plan" means a registered retirement savings plan, as defined in subsection 146 (1) of the Income Tax Act, that meets the requirements set out in section 20; (régime enregistré d'épargne-retraite immobilisée)

"market value", in respect of an asset, means the price that would be obtained in the purchase or sale of the asset in an open market under conditions requisite to a fair transaction between parties who are at arm's length and acting prudently, knowledgeably and willingly; (valeur marchande)

"mutual fund" or "pooled fund" mean a fund established by a corporation that is duly authorized to operate a fund in which moneys from two or more depositors are accepted for investment and where shares allocated to each depositor serve to establish the proportionate interest at any time of each depositor in the assets of the fund; (fonds mutuel or fonds commun)

"normal cost" means the cost of benefits, excluding special payments, that are to accrue during a plan year, as determined on the basis of a going concern valuation; (coûts normaux)

"plan" means a pension plan; (régime)

"plan year" means a calendar year, unless otherwise specified in the plan; (exercice)

"segregated fund" means a fund established by a corporation that is duly authorized to operate a fund in which contributions to a pension plan are deposited and the assets of which are held exclusively for the purposes of that plan alone or that plan and one or more other pension plans; (caisse séparée)

"simplified pension plan" means a defined contribution plan that is administered by a financial institution on behalf of the employees of the employers who have entered into a contract that complies with subsection 11. 1 (2) . (régime de pension simplifié)

"solvency valuation" means a valuation of the assets and liabilities of a plan using actuarial assumptions and methods that are in accordance with accepted actuarial practice for the valuation of a plan, determined on the basis that the plan is terminated; (valuation de la solvabilit)

"solvency ratio" means

(a) for a plan referred to in paragraph 11 (1) (c), one, and

(b) for any other plan, the lesser of one and the ratio of the assets of the plan as determined in accordance with paragraph (a) of the definition "solvency deficiency" in subsection 9 (1) to the liabilities of the plan as determined in accordance with that definition, based on the most recent actuarial report filed with the Superintendent pursuant to section 12 of the Act; (ratio de solvabilité)

"special payment" means a payment or one of a series of payments

(a) that, after December 31, 1986, is determined in accordance with section 9 for the purpose of liquidating an initial unfunded liability or solvency deficiency, or

(b) that, before January 1, 1987, was determined in accordance with section 12 of the Pension Benefits Standards Regulations, as those Regulations read on December 31, 1986, for the purpose of liquidating an initial unfunded liability or an experience deficiency as defined in those Regulations. (paiement spécial)

(2) "Disability" means

(a) for the purpose of paragraph 18 (2) (b) of the Act, a mental or physical condition that a physician has certified as being likely to shorten considerably the life expectancy of a member; and

(b) for the purpose of determining pensionable age, a mental or physical condition that a physician has certified as rendering a member unable to perform the member's duties as an employee. (invalidité) SOR/90 -363, s. 1 (E); SOR/93 -109, s. 1; SOR/93 -299, s. 1; SOR/94 -384, s. 1; SOR/95 -86, s. 1; SOR/95 -551, s. 1; SOR/2001 -222, s. 1; SOR/2002 -78, s. 1.

DESIGNATED PROVINCES

3. For the purposes of the definition "designated province" in subsection 2 (1) of the Act, the Provinces of Ontario, Quebec, Nova Scotia, New Brunswick, Manitoba, British Columbia, Saskatchewan, Alberta and Newfoundland and Labrador are prescribed as provinces in which there is in force a law substantially similar to the Act. SOR/90 - 363, s. 2; SOR/93 - 109, s. 2; SOR/94 -384, s. 2; SOR/2002 -78, s. 2.

EXCEPTED EMPLOYMENT

4. The employment described in Schedule I is excepted from included employment.

CHOICE OF PENSION COMMITTEE AND PENSION COUNCIL REPRESENTATIVE

[SOR/2002 -78, s. 3]

5. (1) The representatives of the plan members or retired members who are to be included on a pension committee referred to in section 7. 1 of the Act or a pension council referred to in section 7. 2 of the Act shall be chosen in accordance with this section.

(2) A majority of the plan members or retired members shall notify an employer or a participating employer in writing of their decision to elect a representative of the members or retired members.

(3) Subject to subsection (5), the election of a representative of the plan members shall be

conducted in the following manner:

(a) on receipt of a notice, referred to in subsection (2), the employer shall post, in areas that are accessible to the plan members, a notice;

(i) advising the members of an election, and

(ii) establishing a period of not less than two weeks and not more than four weeks during which nominations for the position of representative of the plan members may be made by plan members;

(b) nominations for the position of a representative of the plan members shall be filed in writing with the employer;

(c) on the closing of the nomination period, the employer shall post, in areas that are accessible to the plan members, a notice specifying

(i) the names of the nominees,

(ii) a time within the next two weeks at which plan members may cast their votes, and

(iii) a location at the place of employment at which plan members may cast their votes;

(d) the election shall be conducted by the employer by secret ballot and each plan member shall be entitled to one vote for the representative to be elected;

(e) the representative elected shall be the nominee with the greatest number of votes;

(f) where two or more nominees receive an equal number of votes that is greater than the number of votes received by any other nominee, the name of each of the first-mentioned nominees shall be placed in a container and the elected representative shall be the nominee whose name is drawn by a person who is not a nominee; and

(g) the employer shall post, in areas that are accessible to the plan members, a notice specifying the results of the election.

(4) Subject to subsection (5), the election of a representative of the retired members shall be conducted in the following manner:

(a) on receipt of a notice, referred to in subsection (2), the employer shall mail to each retired member a notice;

(i) advising the retired member of an election, and

(ii) establishing a period of not less than four weeks and not more than eight weeks in which nominations for the position of representative of the retired members may be made by the retired members;

(b) nominations for the position of a representative of the retired members shall be filed in writing with the employer;

(c) on the closing of the nomination period, the employer shall mail to each retired member a ballot containing the names of the nominees and specifying a period of not less than four weeks and not more than eight weeks in which the ballot must be returned to the employer;

(d) the election shall be conducted by the employer by secret ballot and each retired member shall be entitled to one vote for the representative to be elected;

(e) the representative elected shall be the nominee with the greatest number of votes;

(f) the employer shall notify the retired members by mail of the result of the election; and

(g) where two or more nominees receive an equal number of votes that is greater than the number of votes received by any other nominee, the name of each of the first-mentioned nominees shall be placed in a container and the elected representative shall be the nominee whose name is drawn by a person who is not a nominee.

(5) If all the plan members or retired members are

(a) represented by a union or group of unions as defined in the Canada Labour Code, or

(b) members of a pension fund society established under the Pension Fund Societies Act or of another similar organization,

the executive of the union, group of unions, pension fund society or other organization may name the pension committee or pension council representative.

(6) After an election for the position of representative of the plan members or retired members has been held pursuant to subsection (3) or (4), an election for that position shall be held thereafter at intervals not exceeding three years.

(7) If a pension council has been established pursuant to subsection 7.2 (1) of the Act and the plan now has fewer than 50 members, the pension council shall be dissolved if a majority of the plan members so request. SOR/93 - 109, s. 3; SOR/95 - 171, s. 6; SOR/2002 - 78, s. 4.

INVESTMENTS

6. (1) Every plan shall provide that the moneys of the pension fund are to be

(a) invested in accordance with Schedule III; and

(b) invested

(i) in a name that clearly indicates that the investment is held in trust for the plan and, where the investment is capable of being registered, registered in that name,

(ii) in the name of a financial institution, or a nominee thereof, in accordance with a custodial agreement or trust agreement, entered into on behalf of the plan with the financial institution, that clearly indicates that the investment is held for the plan, or

(iii) in the name of The Canadian Depository for Securities Limited, or a nominee thereof, in accordance with a custodial agreement or trust agreement, entered into on behalf of the plan with a financial institution, that clearly indicates that the investment is held for the plan.

(2) For the purposes of subsection (1), "custodial agreement" means an agreement providing that

(a) an investment made or held on behalf of a plan pursuant to the agreement

(i) constitutes part of the plan's pension fund, and

(ii) shall not at any time constitute an asset of the custodian or nominee; and

(b) records shall be maintained by the custodian that are sufficient to allow the ownership of any investment to be traced to the plan at any time. SOR/91 - 709, s. 1; SOR/95 - 86, s. 2.

7. The administrator of a plan shall maintain a current record that clearly identifies every investment held on behalf of the plan, the name in which the investment is made and, where appropriate, the name in which the investment is registered.

7.1 (1) The administrator of a plan shall, before the later of July 1, 1994 and the day on which the plan is registered, establish, on behalf of the plan, a written statement of investment policies and procedures in respect of the plan's portfolio of investments and loans, including

(a) categories of investments and loans, including derivatives, options and futures,

(b) diversification of the investment portfolio,

(c) asset mix and rate of return expectations,

(d) liquidity of investments,

(e) the lending of cash or securities,

(f) the retention or delegation of voting rights acquired through plan investments,

(g) the method of, and basis for, the valuation of investments that are not regularly traded at a public exchange, and

(h) related party transactions permitted under section 17 of Schedule III and the criteria to be used to establish whether a transaction is nominal or immaterial to the plan,

having regard to all factors that may affect the funding and solvency of the plan and the ability of the plan to meet its financial obligations.

(2) The statement of investment policies and procedures referred to in subsection (1) shall include a description of the factors referred to in that subsection and the relationship of those factors to those policies and procedures.

(3) The administrator of a plan shall submit the statement of investment policies and procedures referred to in subsection (1)

(a) to any pension council that has been established, within 60 days after the later of

(i) the day on which the statement is established, and

(ii) the day on which the pension council is established; and

(b) where a plan is a defined benefit plan, to the actuary to the plan on or before the day that is the later of

(i) 60 days after the day on which the statement is established, and

(ii) the day on which the actuary is appointed. SOR/93 -299, s. 2; SOR/2002 -78, s. 5.

7.2 (1) The administrator of a plan shall review and confirm or amend the statement of investment policies and procedures referred to in subsection 7.1 (1) at least once each plan year.

(2) A copy of all amendments to the statement of investment policies and procedures shall be submitted, within 60 days after the statement is amended,

(a) to any pension council that has been established; and

(b) where the plan is a defined benefit plan, to the actuary to the plan. SOR/93 -299, s. 2; SOR/2002 -78, s. 6.

FUNDING

8. The funding of a plan shall be considered to meet the standards for solvency if the funding is in accordance with section 9.

9. (1) For the purposes of this section,

"initial unfunded liability" means the increase on or after January 1, 1987 in the going concern liabilities of a plan or the decrease on or after January 1, 1987 in the going concern assets of a plan as a result of

(a) the establishment of the plan,

(b) an amendment to the plan,

(c) a change in the methods or bases of valuation of the plan, or

(d) an experience loss; (passif initial non capitalisé)

"solvency deficiency" means the extent to which the liabilities of a plan, determined on the basis that the plan is terminated, or on a basis that is certified by an actuary to be reasonably approximate thereto, and that takes into account any significant increases or decreases in benefits to the plan members as a result of the termination, exceed the aggregate of

(a) the value of the assets of the plan, determined on the basis of market value or of a value related to the market value by means of a method using market values over a period of not more than five years to stabilize short-term fluctuations,

(b) the present value of a special payment established pursuant to the Pension Benefits Standards

Regulations, as those Regulations read on December 31, 1986,

(c) the present value of a special payment in respect of an initial unfunded liability that emerged after December 31, 1986 as a result of benefits granted for a period of employment prior to the effective date of the plan, where such employment had not previously been recognized by the plan,

(d) the present value of any other special payment due in the next five years; and

(e) in respect of a plan that becomes subject to the Act after January 1, 1987, the present value of special payments with respect to an initial unfunded liability that emerged before the plan became subject to the Act, established in a valuation report that has been filed with the Superintendent and, in the Superintendent's opinion, has been prepared

(i) on the basis of actuarial assumptions or methods that are adequate and appropriate,

(ii) in accordance with paragraph 12 (3.1) (a) of the Act, and

(iii) prior to the plan becoming subject to the Act. (déficit de solvabilité)

(2) For the purposes of this section,

(a) the date of emergence of an initial unfunded liability in respect of an occurrence described in

(i) paragraph (a) of the definition "initial unfunded liability" in subsection (1), is the effective date of the plan,

(ii) paragraph (b) of the definition "initial unfunded liability" in subsection (1), is the effective date of the amendment,

(iii) paragraph (c) of the definition "initial unfunded liability" in subsection (1), is the date as of which the change is made, and

(iv) paragraph (d) of the definition "initial unfunded liability" in subsection (1), is the date as of which the going concern valuation that identified the experience loss was performed;

(b) the present values referred to in paragraphs (b), (c) and (d) of the definition "solvency deficiency" in subsection (1), shall be determined on the basis of the assumed interest rate used in the valuation of the liabilities for the purpose of that definition; and

(c) the date of emergence of a solvency deficiency is the date as of which the valuation that identified the deficiency was performed.

(3) An initial unfunded liability of a plan shall be funded

(a) first, by the amount by which the going concern assets of the plan exceed the going concern liabilities of the plan; and

(b) second, by special payments sufficient to liquidate the remaining amount of the initial unfunded liability by equal annual payments over a period not exceeding 15 years from the date on which the initial unfunded liability emerged.

(4) A solvency deficiency of a plan emerging after December 31, 1986 shall be funded by special payments sufficient to liquidate the solvency deficiency by equal annual payments over a period not exceeding five years from the date on which the solvency deficiency emerged.

(5) At the date of the emergence of a solvency deficiency, any special payments required to fund an initial unfunded liability that are to be made after the five-year period over which the solvency deficiency is to be funded may be reduced pro rata so that at the date of the emergence of the solvency deficiency the present value of the special payments made to fund the initial unfunded liability and the solvency deficiency is not less than the amount by which the going concern liabilities of the plan exceed the going concern assets of the plan.

(6) The interest rate used to determine the present value of the reduced special payments in accordance with subsection (5) shall be the same as the interest rate used to determine the going

concern liabilities of the plan.

(7) Subject to subsection (8), a plan shall be funded in each plan year by

(a) a contribution equal to the normal cost of the plan;

(b) a special payment referred to in subsection (3);

(c) a special payment referred to in subsection (4); and

(d) a special payment established pursuant to the Pension Benefits Standards Regulations, as those Regulations read on December 31, 1986.

(7.1) The amount of a contribution described in paragraph (7) (a) may be reduced by all or a portion of the lesser of

(a) the amount by which the going concern assets of the plan exceed the going concern liabilities of the plan, and

(b) the amount by which the solvency assets of the plan, as referred to in paragraph (a) of the definition "solvency deficiency" in subsection 9 (1), exceed the solvency liabilities of the plan.

(8) In lieu of the special payments referred to in paragraphs (7) (b) and (c), special payments may be established as of the date of the emergence of the initial unfunded liability or the solvency deficiency, so that each payment is the same percentage of the anticipated remuneration to be paid to the plan members

(a) in the case of an initial unfunded liability, for a period not exceeding 15 years, or

(b) in the case of a solvency deficiency, for a period not exceeding five years,

and the present value of the payments shall be equal to the remaining amount of the initial unfunded liability referred to in paragraph (3) (b) or the solvency deficiency.

(9) Where an actuarial report filed pursuant to subsection 12 (3) of the Act reveals an actuarial gain under a plan that emerges on or after January 1, 1987, the amount of the gain shall

(a) first, be applied to reduce the outstanding balance of any initial unfunded liability or solvency deficiency; and

(b) second,

(i) be applied to increase benefits under the plan,

(ii) be applied to reduce the contribution of the employer to the normal cost of the plan, or

(iii) be left in the fund.

(10) Subject to subsection (11), where an outstanding balance of a solvency deficiency or an initial unfunded liability has been reduced by the application of an actuarial gain in accordance with subsection (9), the special payments remaining to be made in respect of the initial unfunded liability or solvency deficiency shall be reduced pro rata to take into account the application of the actuarial gain.

(11) A special payment shall not be reduced if the reduction has the effect of increasing the time over which a solvency deficiency is liquidated in accordance with subsection (4).

(12) An actuarial gain under a plan that emerged prior to January 1, 1987 may be applied in accordance with the Pension Benefits Standards Regulations, as those Regulations read on December 31, 1986.

(13) Where an initial unfunded liability or solvency deficiency has been liquidated at a rate greater than the minimum rate required under subsections (3) and (4) by the making of an additional payment of any kind, the amount of a special payment for a subsequent plan year may be reduced if the outstanding balance of any initial unfunded liability or solvency deficiency will at no time be greater than it would have been had the special payment referred to in subsection (3) or (4) been

made, taking into account the effect of the application of paragraph (9) (a) or (b) .

(14) Payments to a plan shall be made as follows:

(a) the normal cost of the plan and any special payment to be made during the plan year shall be paid in equal instalments or as an equal percentage of the anticipated remuneration to be paid to the members during the plan year and shall be paid not less frequently than quarterly and not later than 30 days after the end of the period in respect of which the instalment is paid;

(b) the contributions of plan members shall be remitted to the administrator not later than 30 days after the end of the period in respect of which such contributions were deducted;

(c) any other payment shall be remitted to the administrator not later than 30 days after the end of the period in respect of which it is made; and

(d) the administrator shall forthwith pay into the fund any amount remitted to the administrator. SOR/94 -384, s. 3; SOR/95 -171, s. 6 (E); SOR/2002 -78, s. 7.

10. An administrator who fails to pay into the fund any amount remitted to the administrator under subsection 9 (14) is liable to the plan for the outstanding payment and interest on it. SOR/2002 -78, s. 8.

APPLICATION FOR REGISTRATION

11. (1) An application for the registration of a plan shall include

(a) a copy of the plan, insurance contract, trust agreement, resolution, collective agreement on pensions, by-law and any other document that creates or supports the plan, the pension fund and any amendments thereto;

(b) a copy of a written explanation referred to in subparagraph 28 (1) (a) (i) of the Act;

(c) a cost certificate, prepared as of the effective date of the plan or, if a cost certificate has been prepared as of a date more recent than the effective date of the plan, the most recent cost certificate, in the case of

(i) a defined contribution plan where the contributions under the plan are allocated to individual plan members, and

(ii) a defined benefit plan that is an insured plan;

(d) an actuarial report, in the case of a plan, other than a plan described in paragraph (c), prepared as of the effective date of the plan or, if an actuarial report has been prepared as of a date more recent than the effective date of the plan, the most recent actuarial report; and

(e) a written statement, signed by the administrator, as to whether a statement of investment policies and procedures referred to in subsection 7. 1 (1) has been established;

(f) a declaration in the form, if any, specified by the Superintendent and signed by the administrator that states that the plan complies with the Act and the Regulations; and

(g) in respect of a simplified pension plan, a declaration by the administrator that states that the plan constitutes a simplified pension plan.

(2) A cost certificate referred to in paragraph (1) (c) shall be prepared by an actuary, accountant or other professional adviser and shall include

(a) the estimated cost of benefits under the plan and the contributions to the plan, showing separately employer and plan member contributions during the plan year in respect of which the cost certificate is prepared; and

(b) the formula for computing the cost of benefits, showing the formula for allocating the cost between the employer and the plan members for subsequent plan years.

(3) An actuarial report referred to in paragraph (1) (d) shall be prepared by an actuary in accordance with the Standard of Practice for Valuation of Pension Plans published by the Canadian Institute of Actuaries in January 1994, as amended from time to time and shall include

(a) the estimated cost of benefits under the plan, showing separately employer and plan member contributions in respect of service

(i) for the plan year following the date as of which the report is prepared, where that date falls on the last day of a plan year, and

(ii) for the plan year in which the date as of which the report is prepared falls, where that date falls on any other day of a plan year;

(b) the formula for computing the cost of benefits, showing the formula for allocating the cost between the employer and the plan members in respect of service for that plan year and subsequent plan years;

(c) the outstanding amount of any initial unfunded liabilities existing on the date as of which the report is prepared and the special payments to be made in accordance with paragraphs 9 (7) (b) and (d);

(d) a certification that the plan does not have a solvency deficiency or a determination of the solvency deficiency of the plan and the special payments to be made in accordance with paragraph 9 (7) (c); and

(e) the solvency ratio of the plan and the method to be used to calculate the solvency ratio of the plan for the succeeding three plan years.

(4) Where an actuarial report referred to in paragraph (1) (d) is prepared in respect of a multi-employer pension plan or any other plan established pursuant to one or more collective agreements, the actuarial report shall, if the funding of the plan fails to meet the standards of solvency referred to in section 8, contain the options available in respect of such funding that would result in the funding of the plan meeting the standards for solvency.

(5) Where an actuarial report referred to in paragraph (1) (d) is prepared in respect of a plan that provides benefits based on a rate of remuneration at the date of commencement of the payment of the pension benefit or on an average of the rates of remuneration over a specified and limited period, the current remuneration of each plan member shall be projected to estimate the remuneration on which the pension benefits payable at retirement will be based.

(6) Where an actuarial report referred to in paragraph (1) (d) is prepared in respect of a plan that provides for an increase in pension benefits after cessation of membership or after retirement, the actuarial report shall take into account the value of the increase in determining the value of pension benefits under the plan. SOR/90 – 363, s. 3; SOR/93 – 109, s. 4 (E); SOR/93 – 299, s. 3; SOR/2002 – 78, s. 9.

SIMPLIFIED PENSION PLAN

11.1 (1) An employer may enter into a contract with a financial institution for the purpose of establishing a simplified pension plan for its employees.

(2) A contract that establishes a simplified pension plan shall provide

(a) that the plan is a simplified pension plan and that the financial institution is the administrator of the plan;

(b) the amount and the frequency, of at least once per month, of the employee and employer contributions that are required to be remitted by the employer to the financial institution;

(c) the day on which the participation of an employer in the plan will cease as a result of the employer's failure to remit the required contributions to the financial institution;

(d) that the plan is subject to section 11.2; and

(e) that the financial institution is subject to section 11.3. SOR/2002 -78, s. 10.

11.2 (1) For the purposes of subsection 7 (2) of the Act, the administrator of a simplified pension plan is the financial institution that has entered into the contract establishing the plan.

(2) The contributions made to the fund established in respect of a simplified pension plan, the investments in which pension money is invested and the returns on those contributions and investments constitute the plan's pension fund and shall not at any time constitute assets of the administrator or employer.

(3) The participation of any employer in a simplified pension plan will cease if the employer fails to remit the contributions required by the contract within the period specified in the contract.

(4) If there is more than one participating employer in a plan, the cessation of participation by one or more employers in the plan does not constitute a termination, in whole or in part, of the plan.

(5) If an employer ceases participation in a plan, all benefits shall be vested without regard to age, period of membership in the plan or period of employment and payment of all accrued or payable benefits under the plan as of the date of cessation shall be made to members and former members and to their spouses, common-law partners, beneficiaries, estates or successions.

(6) For the purposes of paragraph 2 (2) (c) of the Act, a member of a simplified pension plan ceases to be a member of the plan in any of the following circumstances:

(a) the participation of the member's employer in the plan ceases; or

(b) the administrator terminates the plan or the part of the plan in which the member participates. SOR/2002 -78, s. 10.

11.3 (1) Each administrator of a simplified pension plan shall keep records that are sufficient to allow the ownership of any investment to be traced to the plan at any time.

(2) Each administrator shall notify each participating employer in writing of an intended amendment to the plan at least 30 days before the effective date of the amendment.

(3) If an employer's participation in the plan ceases, the administrator of the plan shall notify in writing, within 30 days of the effective date of the cessation, the members of the plan who are employees of the employer, of the cessation of that employer's participation in the plan and the effective date of the cessation.

(4) If the administrator intends to terminate or wind up the plan in whole or in part, it shall provide each employer whose participation in the plan will cease with a notice in writing to that effect at least 60 days before the date of the intended termination and winding - up.

(5) The administrator shall, no later than each anniversary date of a plan, notify the Superintendent in writing of the employers who have commenced or ceased participation in a simplified pension plan. SOR/2002 -78, s. 10.

REPORTING

12. (1) An information return required under subsection 12 (1) of the Act to be filed annually shall contain information in respect of a plan that is related to that plan year.

(2) An information return required under subsection 12 (1) of the Act to be filed other than annually shall contain all the information in respect of a plan relating to that portion of a plan year up to and including the date on which the information return is prepared.

13. An information return referred to in subsection 12 (1) of the Act shall contain the information set out in Form 2 of Schedule II.

14. (1) The Superintendent shall require an administrator to file a cost certificate, prepared by an actuary, accountant or other professional advisor as of the effective date of an amendment to the plan that alters the cost of benefits under the plan or alters the contributions to the plan, in the case of

(a) a defined contribution plan where the contributions under the plan are allocated to individual plan members; and

(b) a defined benefit plan that is an insured plan.

(2) A cost certificate referred to in subsection (1) shall include

(a) the estimated cost of benefits under the plan and the contributions to the plan, showing separately employer and plan member contributions

(i) for the plan year following the effective date of the amendment, where the effective date falls on the last day of the plan year, or

(ii) for the plan year in which the effective date of the amendment falls, where the effective date falls on any other day of the plan year; and

(b) the formula for computing the cost of benefits, showing the formula for allocating the cost between the employer and the plan members for subsequent plan years.

15. (1) The Superintendent may require the administrator to file, at such intervals or times as the Superintendent directs,

(a) subject to subsection (2), a list of assets held by the plan on the date directed by the Superintendent, showing

(i) the book value of each asset,

(ii) the market value of each asset, and

(iii) such information as will permit the verification of the market value attributed to an asset and the determination of whether the requirements of section 6 have been met;

(b) an appraisal that will permit the verification of the market value attributed to an asset held by the plan;

(c) if the plan is not an insured plan,

(i) a financial statement of the pension fund,

(ii) any information that the Handbook of the Canadian Institute of Chartered Accountants requires to be set out in a financial statement of a pension plan, and

(iii) an auditor's report of the pension fund;

(d) information concerning the investments of the pension fund, including the information set out in Form 2.1 of Schedule II;

(e) any information relating to the determination of the solvency and funding status of a pension plan;

(f) the location of any books, records or other documents relating to a pension plan or to any securities, obligations or other investments in which pension fund money is invested;

(g) the name of the collective bargaining agent, if any, who represents the pension plan members;

(h) the information necessary to identify the employers who participate in or who have ceased participation in the plan;

(i) a certificate of the administrator or any person preparing, compiling or filing any information on behalf of the administrator that certifies that the information submitted to the Superintendent is accurate;

(j) a record of, or any other document evidencing, any operating expenses paid from the plan fund or that are due or accrued from the plan fund, including the names of any payees, the purpose and amounts of any payments made or to be made to each payee, including the aggregate amounts; and

(k) a record of, or any other document evidencing, all direct and indirect compensation that a person received or that is due or accrued in relation to any service provided by the person in respect of the plan.

(2) A list of assets is not required in respect of a plan under which benefits are provided through

(a) a contract issued by a person authorized to carry on a life insurance business in Canada, other than a contract in respect of which separate and distinct funds are maintained by the person; or

(b) a contract issued by the Government of Canada. SOR/93 -299, s. 4; SOR/95 -171, s. 6; SOR/2002 -78, s. 11.

REFUND OF SURPLUS

[SOR/2001 -222, s. 2 (F)]

16. (1) For the purpose of the definition of "surplus" in subsection 2 (1) of the Act, the amount by which the assets of the plan exceed its liabilities shall be determined by subtracting the liabilities of the plan from its assets, as those assets and liabilities are shown in an actuarial report filed with the Superintendent under subsection 12 (3) of the Act and prepared in accordance with accepted actuarial practice, and, in the case of a plan that has not been fully terminated, as those assets and liabilities are valued in the report according to a going concern valuation.

(2) A refund of all or part of a surplus may be made if

(a) in respect of a plan that has not been fully terminated, the surplus exceeds the greater of the following amounts that are attributable to the defined benefit provisions of the plan, namely,

(i) two times the employer's contribution to the normal cost of the plan, and

(ii) 25% of the liabilities of the plan, determined according to a solvency valuation;

(b) the administrator of the plan has given notice in writing to the plan members, former members and any other person who is entitled to a pension benefit under the terms of the plan that the employer intends to withdraw all or part of the surplus and that they may make any comments in writing to the Superintendent concerning the refund;

(c) 30 days have gone by after the day on which the administrator gave notice under paragraph (b);

(d) the Superintendent has consented to the refund of all or part of the surplus and has given notice of that consent in writing to the persons referred to in paragraph (b) who made comments in writing concerning the refund; and

(e) 14 days have gone by after the day on which the Superintendent gave notice under paragraph (d).

(3) For the purpose of this section, liabilities accrued under the defined contribution provisions of a plan as the result of a conversion of defined benefit provisions to defined contribution provisions are deemed not to be attributable to the defined benefit provisions of the plan.

(4) In respect of a plan that has not been fully terminated, the surplus or part of it that may be refunded may be no greater than the amount by which the surplus exceeds the greater of the following amounts that are attributable to the defined benefit provisions of the plan:

(a) two times the employer's contribution to the normal cost of the plan, and

(b) 25% of the liabilities of the plan, determined according to a solvency valuation.

(5) The following classes of persons are prescribed for the purpose of paragraph 9.2 (3) (b) of the Act:

(a) any persons who are entitled to pension benefits payable from the plan, but not including plan members;

(b) survivors, spouses, former spouses, common-law partners and former common-law partners of members or former members if the survivor, spouse, former spouse, common-law partner or former common-law partner is entitled to pension benefits or pension benefit credits payable from the plan; and

(c) any persons for whom the administrator has purchased annuities, other than life annuities purchased under section 26 of the Act, but not including plan members. SOR/93-109, s. 5 (F); SOR/95-171, s. 6; SOR/2001-222, s. 3.

16.1 (1) An employer shall notify the persons referred to in paragraph 9.2 (3) (a) of the Act of the employer's proposal for a refund of a surplus or part of it by sending a notice to the current address of the person or, if the person is an employee, to their place of work.

(2) An employer shall notify the persons referred to in paragraph 9.2 (3) (b) of the Act of the employer's proposal for a refund of a surplus or part of it

(a) by sending a notice to the person at their current address contained in the employer's records or at the address the employer reasonably believes to be their current address; or

(b) if the address of the person is unknown, by publishing a notice, in both official languages, once a week for two consecutive weeks, in one or more newspapers in general circulation in each province. SOR/2001-222, s. 3.

Arbitration Relating to Refund of Surplus

16.2 (1) An arbitration under subsection 9.2 (4) of the Act shall include procedures by which

(a) unionized members can make written representations to the executive of their union; and

(b) any person, other than a person described in paragraph (a), who is described in subsection 9.2 (3) of the Act can make written representations to the arbitrator.

(2) For the purposes of subsection 9.2 (7) of the Act, the prescribed period is one year beginning on the day on which the employer notifies the Superintendent and persons referred to in subsection 9.2 (3) of the Act in accordance with subsection 9.2 (4) or (5) of the Act, as the case may be.

(3) The arbitrator shall publish a notice of the date, time and place at which the arbitration will begin.

(4) The notice must include

(a) the mailing address from where the persons referred to in subsection 9.2 (3) of the Act can obtain a copy of the procedures for the arbitration; and

(b) the mailing address where those persons may send their written representations.

(5) The notice must be published, in both official languages, once a week for two consecutive weeks, in one or more newspapers in general circulation in each province in which persons referred to in subsection 9.2 (3) of the Act reside.

(6) The last notice must be published not more than eight weeks and not less than four weeks before the day on which the arbitration begins. SOR/2001-222, s. 3.

INDEXATION

17. The annual increase of the Consumer Price Index referred to in paragraph 21 (6) (b) of the Act is the ratio of the aggregate of the Consumer Price Index for a current period of 12 consecutive months prior to the end of a plan year, or prior to the date the deferred pension benefit is adjusted as specified in the plan, if that date is other than the end of the plan year, to the aggregate of the Consumer Price Index for a corresponding period one year earlier, minus one.

PORTABILITY OF PENSION BENEFIT CREDITS

18. (1) Subject to subsection (2), a pension benefit credit shall be determined in accordance with the Recommendations for the Computation of Transfer Values from Registered Pension Plans effective September 1, 1993 issued by the Canadian Institute of Actuaries, as amended from time to time.

(2) In the case of a defined contribution plan, where the contributions under the plan are allocated to an individual plan member, the pension benefit credit of a plan member or the survivor of a plan member shall be the value of the accumulated contributions made under the plan by or in respect of the plan member since the plan member became a plan member.

(3) A plan member or the survivor of a plan member who wishes to transfer the pension benefit credit of the plan member or the survivor shall notify the administrator thereof in the form set out in Form 3 of Schedule II.

(4) A pension benefit credit shall be determined

(a) where a plan member retires or dies or the whole or part of the plan is terminated, as of the date of the retirement, death or termination;

(b) where a plan member ceases to be a plan member, as of the date that the plan member ceases to be a plan member; and

(c) where a plan member makes an assignment under subsection 25 (4) of the Act, on the effective date of the assignment. SOR/90 –363, s. 4; SOR/94 –384, s. 4; SOR/2001 –194, ss. 1, 4; SOR/2002 –78, s. 12.

19. (1) Where a plan has a solvency ratio that is less than one, any amount transferred out of the pension fund shall be considered to impair the solvency of the pension fund.

(2) Where a plan has a solvency ratio that is equal to one, any amount transferred out of the pension fund that would result in the plan having a solvency ratio of less than one shall be considered to impair the solvency of the pension fund.

19. 1 For the purposes of paragraphs 26 (1) (b) and (2) (b) and subparagraphs 26 (3) (a) (ii) and (b) (ii) of the Act, a retirement savings plan into which a pension benefit credit may be transferred shall be a life income fund or a locked-in registered retirement savings plan. SOR/95 –551, s. 2.

20. (1) A locked-in registered retirement savings plan shall provide that

(a) the funds may only be

(i) transferred to another locked-in registered retirement savings plan,

(ii) transferred to a plan if the plan permits such a transfer and if the plan administers the benefit attributed to the transferred funds as if the benefit were that of a plan member with two years of membership in the plan,

(iii) used to purchase an immediate life annuity or a deferred life annuity, or

(iv) transferred to a life income fund;

(b) on the death of the holder of the locked-in registered retirement savings plan, the funds shall be paid to the survivor of the holder by

(i) transferring the funds to another locked-in registered retirement savings plan,

(ii) transferring the funds to a plan, if the plan permits such a transfer and if the plan administers the benefit attributed to the transferred funds as if the benefit were that of a plan member with two years membership in the plan,

(iii) using the funds to purchase an immediate life annuity or a deferred life annuity, or

(iv) transferring the funds to a life income fund; and

(c) except as provided in subsection 25 (4) of the Act, the funds shall not be assigned, charged, anticipated or given as security and any transaction purporting to assign, charge, anticipate or give the funds as security is void.

(2) Where a pension benefit credit transferred into a locked-in registered retirement savings plan was not varied according to the sex of the plan member, an immediate life annuity or a deferred life annuity purchased by the funds accumulated in the locked-in registered retirement savings plan shall not differentiate as to sex.

(3) A locked-in registered retirement savings plan shall contain a statement as to whether or not the pension benefit credit transferred pursuant to section 26 of the Act was varied according to the sex of the plan member.

(4) A locked-in registered retirement savings plan may provide that, where a physician certifies that owing to mental or physical disability the life expectancy of the holder thereof is likely to be shortened considerably, the funds may be paid to the holder in a lump sum. SOR/93 – 109, s. 9 (F); SOR/95 – 551, s. 3; SOR/2001 – 194, s. 4.

20.1 (1) The contract or arrangement establishing a life income fund shall

(a) set out the method of determining the value of the life income fund, including the valuation method used to establish its value on the death of the holder of the life income fund or on the transfer of assets from the life income fund;

(b) provide that the holder of the life income fund shall, at the beginning of each calendar year or at any other time agreed on by the financial institution with whom the contract or arrangement was entered into, decide the amount to be paid out of the life income fund in that year;

(c) provide that in the event that the holder of the life income fund does not decide the amount to be paid out of the life income fund in a calendar year, the minimum amount determined in accordance with the Income Tax Act shall be paid out of the life income fund in that year;

(d) provide that the amount of income paid out of the life income fund during a calendar year shall not exceed the amount determined by the formula

C/F

where

C

is the balance in the life income fund

(i) at the beginning of the calendar year, or

(ii) if the amount determined in subparagraph (i) is zero, at the date when the initial amount was transferred into the life income fund, and

F is the value, as at the beginning of the calendar year, of a pension benefit of which the annual payment is $ 1, payable on January 1 of each year between the beginning of that calendar year and

December 31 of the year in which the holder reaches 90 years of age, established using an interest rate that

(i) for the first 15 years after January 1 of the year in which the life income fund is valued, is less than or equal to the yield obtained on long term bonds issued by the Government of Canada for the second month before the beginning of the calendar year, as compiled by Statistics Canada and published in the Bank of Canada Review under the identification No. B14013 in the CANSIM System, and

(ii) for any subsequent year, is not more than 6%;

(e) provide that, for the calendar year in which the contract or arrangement was entered into, the amount determined under paragraph (d) shall be multiplied by the number of months remaining in that year divided by 12, with any part of an incomplete month counting as one month;

(f) provide that if, at the time the life income fund was established, part of the life income fund was composed of funds that had been held in another life income fund of the holder earlier in the calendar year in which the fund was established, the amount determined under paragraph (d) is deemed to be zero in respect of that part of the life income fund for that calendar year;

(g) provide that, subject to paragraph (i), the funds in the life income fund may only be

(i) transferred to another life income fund,

(ii) transferred to a locked-in registered retirement savings plan, or

(iii) used to purchase an immediate life annuity or a deferred life annuity;

(h) provide that the holder of the life income fund shall use any funds remaining in the life income fund on December 31 in the year in which the holder attains eighty years of age to purchase an immediate life annuity;

(i) provide that, on the death of the holder of the life income fund, the funds in the life income fund shall be paid to the survivor of the holder by

(i) transferring the funds to another life income fund,

(ii) using the funds to purchase an immediate life annuity or a deferred life annuity, or

(iii) transferring the funds to a locked-in registered retirement savings plan;

(j) provide that, subject to subsection 25 (4) of the Act, the funds in the life income fund shall not be assigned, charged, anticipated or given as security and that any transaction purporting to assign, charge, anticipate or give the funds as security is void; and

(k) state whether or not any pension benefit credit transferred pursuant to section 26 of the Act was varied according to the sex of the plan member.

(2) Where a pension benefit credit transferred to a life income fund was not varied according to the sex of the plan member, an immediate life annuity or a deferred life annuity purchased with the funds accumulated in the life income fund shall not differentiate as to sex.

(3) The contract or arrangement establishing a life income fund may provide that, where a physician certifies that, owing to mental or physical disability, the life expectancy of the holder of the life income fund is likely to be shortened considerably, the funds in the life income fund may be paid to the holder in a lump sum. SOR/95-551, s. 4; SOR/97-448, s. 1; SOR/2001-194, s. 4.

21. (1) For the purposes of paragraphs 26 (1) (c) and (2) (c) and subparagraphs 26 (3) (a) (iii) and (b) (iii) of the Act, an immediate or deferred life annuity that is purchased with a pension benefit credit or with the funds of a locked-in registered retirement savings plan or of a life income fund shall provide that

(a) except as provided in subsection 25 (4) of the Act, no benefit provided under the annuity shall be assigned, charged, anticipated or given as security and any transaction purporting to assign, charge, anticipate or give the benefit as security is void;

(b) except in the case of the unexpired period of a guaranteed annuity where the annuitant is deceased, no benefit provided under the annuity shall be surrendered or commuted during the lifetime of the annuitant or the spouse or common-law partner of the annuitant and any transaction purporting to surrender or commute such a benefit is void; and

(c) where the annuitant has a spouse or common-law partner at the time that annuity benefits commence to be paid, the annuity benefit shall be paid in the form of a joint and survivor pension benefit, subject to the provisions of section 22 of the Act.

(2) A deferred life annuity referred to in subsection (1) that is purchased with a pension benefit credit or with the funds of a locked-in registered retirement savings plan or of a life income fund shall provide that

(a) if the annuitant dies prior to the time that the annuity payments commence, the survivor is entitled, on the death of the annuitant, to an amount equal to the commuted value of the deferred life annuity; and

(b) any amount to which the survivor is entitled shall be

(i) transferred to a locked-in registered retirement savings plan,

(ii) transferred to a plan, if the plan permits such a transfer and administers the benefit attributed to the transferred funds as if the benefit were that of a plan member with two years of membership in the plan,

(iii) used to purchase an immediate life annuity or a deferred life annuity, or

(iv) transferred to a life income fund.

(3) [Repealed, SOR/95 - 551, s. 5]

(4) For the purposes of subsection (2), the commuted value of the deferred life annuity shall be determined in accordance with the Recommendations for the Computation of Transfer Values from Registered Pension Plans effective September 1, 1993 issued by the Canadian Institute of Actuaries, as amended from time to time. SOR/93 - 109, ss. 6, 9 (F); SOR/94 - 384, s. 5; SOR/95 - 551, s. 5; SOR/2001 - 194, ss. 4, 5; SOR/2002 - 78, s. 13.

INFORMATION TO BE PROVIDED

22. The written explanation, information and written statement to be provided pursuant to paragraphs 28 (1) (a) and (b) of the Act shall be addressed to the plan member or the employee and that person's spouse or common-law partner as shown on the records of the administrator and shall be

(a) given to the plan member or the employee at the place of employment; or

(b) mailed to the residence of the plan member or employee. SOR/95 - 171, s. 6 (F); SOR/2001 - 194, s. 5.

23. (1) The written statement to be provided in accordance with paragraph 28 (1) (b) of the Act shall include

(a) the name of the plan member;

(b) the period to which the statement applies;

(c) the date of birth of the plan member;

(d) the period that has been credited to the plan member for the purpose of calculating the pension benefit of the plan member;

(e) the date on which the plan member attains pensionable age;

(f) the date on which the plan member is first entitled to an immediate pension benefit pursuant to subsection 16 (2) of the Act;

(g) the name of the spouse or common-law partner of the plan member listed on the records of the administrator;

(h) the name of any person on the records of the administrator designated as the beneficiary of the pension benefit of the member;

(i) the additional voluntary contributions of the plan member made for the plan year and the accumulated additional voluntary contributions of the plan member as of the end of the plan year;

(j) the required contributions of the plan member made for the plan year and the accumulated required contributions of the plan member as of the end of the plan year;

(k) in the case of a plan with a defined contribution provision, the contributions of the employer in respect of the plan member made for the plan year and the accumulated contributions of the employer in respect of the plan member as of the end of the plan year;

(l) the amount of any funds transferred to the plan in respect of the plan member and the benefit under the plan attributable to that amount or the length of service credited to the plan member in respect of that amount;

(m) in the case of a plan other than a defined contribution plan, the annual amount of the pension benefit accrued in respect of the plan member as of the end of the plan year and payable at pensionable age;

(n) if applicable, the interest rates credited to the contributions of the plan member for the plan year;

(o) the benefit payable on the death of the plan member and the extent to which that benefit would be reduced by a payment under a group life insurance plan;

(p) a statement setting out the right to access the documents described in paragraph 28 (1) (c) of the Act;

(q) in respect of the defined benefit provisions of an uninsured defined benefit plan,

(i) if the ratio as calculated in accordance with paragraph (b) of the definition "solvency ratio" in subsection 2 (1) is less than one,

(A) the value and description of the ratio,

(B) a description of the measures the administrator has implemented or will implement to bring that ratio to one, and

(C) the extent to which the member's benefit would be reduced if the plan were terminated and wound up with that solvency ratio; and

(ii) in any other case, a statement that the plan is fully funded based on the most recent solvency ratio of the plan.

(2) A written statement referred to in paragraph 28 (1) (d) of the Act, in the case of a member who has retired from a plan, shall be in the form set out in Form 1 of Schedule IV.

(3) A written statement referred to in paragraph 28 (1) (d) of the Act, in the case of a plan member who has ceased to be a member of the plan or where the whole or part of the plan has terminated and that member is entitled to a deferred pension benefit, shall be in the form set out in Form 2 of Schedule IV.

(4) A written statement referred to in paragraph 28 (1) (d) of the Act, in the case of a plan member who has ceased to be a member of the plan and who is not entitled to a deferred pension

benefit, shall be in the form set out in Form 3 of Schedule IV.

(5) A written statement referred to in paragraph 28 (1) (d) of the Act, in the case of a plan member who has died, shall be in the form set out in Form 4 of Schedule IV. SOR/2001-194, s. 5; SOR/2002 - 78, s. 14.

23.1 For the purposes of paragraph 28 (1) (c) of the Act, each person referred to in that paragraph may examine the written statement of investment policies and procedures in respect of the plan's portfolio of investments and loans as described in subsection 7.1 (1). SOR/2002 - 78, s. 15.

REPORT ON TERMINATION OF PLAN

24. A report filed pursuant to subsection 29 (9) of the Act on the termination of a plan or part of a plan shall be prepared

(a) by an actuary, accountant or other professional advisor, in the case of

(i) a defined contribution plan where the contributions under the plan are allocated to individual plan members, or

(ii) a defined benefit plan that is an insured plan; and

(b) by an actuary, in the case of any other plan.

FEES

25. (1) In this section,

"number of plan members" means the number of employees who are on the payroll of an employer or the total number on the payroll of all participating employers in a multi-employer pension plan

(a) in respect of a plan that is filed for registration pursuant to section 10 of the Act, at the time the plan is filed for registration, and

(b) in respect of an information return filed pursuant to section 12 of the Act, on the last day of the plan year in respect of which the information return is filed; (nombre d'adhérents)

"office year" means the period beginning on April 1 in one calendar year and ending on March 31 in the next calendar year. (année administrative)

(2) In respect of a pension plan, the plan fee base is the number that is equal to the aggregate of

(a) 20;

(b) the lesser of

(i) the number of plan members in excess of 20, and

(ii) 980; and

(c) the lesser of

(i) 50 per cent of the number of plan members in excess of 1,000; and

(ii) 9,000.

(3) A fee shall be paid for the registration of a pension plan by the Superintendent

(a) at the time the plan is filed for registration pursuant to section 10 of the Act, in an amount that is equal to the plan fee base multiplied by the basic rate that is in effect at that time; and

(b) where the last day of a plan year of that plan occurs after the plan is filed for registration and before the plan is registered, on filing an information return pursuant to section 12 of the Act, in an amount that is equal to the plan fee base multiplied by the basic rate that is in effect six months after the last day of the plan year in respect of which the information return is filed.

(4) [Repealed, SOR/2001 -222, s. 4]

(5) The basic rate for an office year beginning on or after April 1, 2002 is the rate determined in accordance with the formula

(A + B) /C

where

A

is the estimated total of expenses expected to be incurred during the office year for the registration of plans and their supervision, including inspection, by the Superintendent;

B

is 20% of the amount by which the total of expenses incurred for the registration of plans and their supervision, including inspection, by the Superintendent in the second to sixth preceding office years, but not those years ending in or before 2000, exceeds the total of fees and expenses paid under this section and subsection 34 (3) of the Act in the second to sixth preceding office years but not those years ending in or before 2000; and

C

is the estimated total of the plan fee bases of all plans expected to be filed for registration under section 10 of the Act during the office year, or for which an information return is expected to be filed during the office year under section 12 of the Act.

(6) Each time an information return is filed for a plan under section 12 of the Act, a fee shall be paid for the plan's supervision, including inspection, by the Superintendent.

(6.1) The fee referred to in subsection (6) is the amount determined by multiplying the plan fee base in respect of the plan by the basic rate that is in effect six months after the end of the plan year in respect of which the information return is filed.

(7) The Superintendent shall publish in the Canada Gazette Part I a notice setting out the basic rate that is established pursuant to subsection (5) in respect of each office year beginning on or after April 1, 1992, not later than 180 days before the beginning of that office year. SOR/90 -363, s. 5; SOR/91 -228, s. 1; SOR/2001 -222, s. 4.

GENERAL

26. (1) A pension benefit that is being paid under a plan shall not be reduced as a consequence of an increase in the benefits being paid under the Old Age Security Act, the Canada Pension Plan or a provincial pension plan as defined in section 3 of the Canada Pension Plan.

(2) A pension benefit to which a plan member or former member is entitled under a plan shall not cease or be reduced as a consequence of the eligibility of that plan member or former member on account of age for a benefit payable before the age of 65 under the Old Age Security Act, the Canada Pension Plan or a provincial pension plan as defined in section 3 of the Canada Pension Plan, unless the plan member or former member has made an election to vary the pension benefit under subsection 16 (6) of the Act.

27. For the purposes of the Act,

(a) a pension benefit granted after December 31, 1986 in respect of membership in a plan prior to January 1, 1987 shall be attributed to membership in the plan after December 31, 1986; and

(b) where a pension benefit is based on a rate of remuneration of a plan member as of the date the plan member retires, or is based on an average of the rates of remuneration of a plan member over a specified and limited period, up to and including the date the plan member retires, the portion of the pension benefit attributable to membership in a plan after December 31, 1986 is

(i) the pension benefit,

less

(ii) the pension benefit calculated as of December 31, 1986 using the rate of remuneration of the plan member as of the date the member ceases membership in the plan or retires, or the average of the rates of remuneration of the plan member over a specified and limited period, as of the date the member ceases membership in the plan or retires, as the case may be.

28. Where a plan provides for pension benefits for an employee who is not employed in included employment and the employee is employed in a designated province referred to in section 3, the plan is exempt from the application of the Act in respect of any benefits for the employee.

28. 1 A pension plan that was established by a provincial statute in respect of a work, undertaking or business that is within the exclusive legislative authority of that province and in which an employee who is employed in included employment participates is exempt from the application of the Act. SOR/93 – 109, s. 7.

28. 2 A pension plan that was established in respect of a telephone company that was not registered under the Act or under the Pension Benefits Standards Act, chapter P – 7 of the Revised Statutes of Canada, 1985 before August 14, 1989 is exempt from the application of the Act in respect of any benefits that are derived from membership in the pension plan before that date. SOR/93 – 109, s. 7.

28. 3 Section 18 of the Act does not apply in respect of an amount of a pension benefit credit that exceeds the maximum transfer that may be made from a pension plan to another pension plan or to a registered retirement savings plan under the Income Tax Act. SOR/93 – 109, s. 7.

28. 4 (1) Where a plan provides pension benefits for a plan member or former member who has ceased to be a resident of Canada for at least two calendar years and has ceased employment with the employer who is a party to the plan or ceased membership in a multi – employer pension plan, the pension benefits or pension benefit credits applicable to that member or former member are exempt from the application of section 18 of the Act.

(2) For the purposes of this section, a plan member or former member shall be deemed to have been a resident of Canada throughout a calendar year if that member or former member has sojourned in Canada in the year for a period of, or periods the total of which is, 183 days or more. SOR/94 – 384, s. 6.

28. 5 A supplemental pension plan is exempt from the application of the Act if, under the terms of the pension plan to which it is supplemental, all the members of the supplemental pension plan are entitled to benefits at least equal to the maximum benefit or contribution limit under the Income Tax Act. SOR/94 – 384, s. 6; SOR/2002 – 78, s. 16.

28. 6 Bridging benefits are exempt from the application of sections 22 and 23 of the Act. SOR/94 – 384, s. 6.

29. An employee who is receiving a pension benefit from a plan is exempt from the application of sections 14 and 15 of the Act in respect of that plan.

30. The Superintendent may request an administrator to provide to the Superintendent an up-to-date consolidation of a plan and any amendments thereto.

FORMS

31. A written agreement referred to in subsection 22 (5) of the Act shall be in the form set out

in Form 4 of Schedule II.

32. A notice of objection referred to in subsection 32 （1） of the Act shall be in the form set out in Form 5 of Schedule II and shall be served by registered mail or delivery to the Superintendent of Financial Institutions. SOR/2002 – 78, s. 17.

33. A notice of appeal referred to in subsection 33 （2） of the Act shall be in the form set out in Form 6 of Schedule II.

译者注：此后省略了Schedule I、Schedule II、Schedule III、Schedule IV，参见 http：//laws. justice. gc. ca/en/p – 7. 01/sor – 87 – 19/index. html。

3-3 关于将养老金计划从定额给付转换成定额缴费的指引 2001年8月

1. 引言

本文件代替金融机构监管部1992年4月发布的《关于将养老金计划从定额给付转换成定额缴费的指引》。

金融机构监管部必须根据《养老金标准法案（1985）》第10.1条第（2）款的内容，审查“累积定额给付转换成一次性付款”的提议，以此判断这是否造成累积福利的减少。本指引阐明了金融机构监管部确定转换是否会导致累积福利减少的过程中要考虑的有关问题。雇主们还必须考虑计划和信托协议的条款。计划的修改可能使计划成员或受益人承担更多的义务或受更多的约束。

作为转换目标的成员必须拥有留存他们的累积福利作为定额福利的选择权。

2. 对转换日累积福利的处置

养老金计划可以进行修订，以改变未来将获得的福利的特性，前提是这些修订必须符合《养老金标准法案》的规定以及计划和支持文件的条款。

至于如何处置在转换日或转换日之前的累积福利，养老金计划的管理人拥有两项选择权：

1. 保留累积定额福利（有关论述见本指引的第2.1条）。
2. 给每个成员提供用等值的一次性付款来替代累积福利，并将一次性付款额转移至养老金定额缴费账户的选择权（有关论述见本指引第2.2条）。

养老金计划的管理人可以收回部分成员（比如将在10年内退休的成员）将被转换的累积福利的选择权。

2.1 留存累积定额福利

养老金计划的管理人拥有两项选择权：

1. 为定额福利维持一个养老基金。
2. 购买养老金来保障累积福利（有关论述见本指引第2.1.1条）。

2.1.1 通过购买养老金保障累积福利

购买的养老金必须和养老金计划提供完全一样的福利，包括：

- 死亡抚恤金（《养老金标准法案》第22和23条）；
- 雇主为支付成员在转换中终止养老金计划得到的超额福利需要支付的最小缴费额（第21条）；
- 任何承诺的指数化。

在累积福利取决于对工资的预测的情况下，如果累积福利以预测的成员收入为基础，则允许为累积定额福利购买养老金。

在对工资的预测中，可以采用适当的终止比例，考虑到并非所有的成员都维持养老金计划直至正常退休年龄。由于只有一个估计是确定的，所以必须允许计划成员在养老金和等值一次性付款转移至养老金定额缴费账户之间做选择。

2.2 把等值一次性付款转移至养老金定额缴费账户

由于成员关系没有终止，把等值一次性付款转换到养老金定额缴费账户是不允许的。

此外，成员必须享有选择一次性付款或延续的定额福利的权利（有可能是基于对工资的预测）。

3. 对转换后被存档的评估报告的需求

如果养老金计划维持一个定额福利形式，计划的管理人必须坚持把相关的精算评估报告存档。

如果购买了用以提供所有定额福利的养老金，或者所有的成员都选择将定额福利转换成等值的一次性付款账户，就不再需要精算评估报告了。如果保险公司无法提供养老金，则发起人继续承担提供这些养老金的责任。

例外：如果管理人把一次性付款额转移至定额缴费账户，并且保证转换前的退休金收入不会比此时养老金条款约定的累积福利少，那么精算评估是必需的。

4. 定额福利的转换

一次性付款的计算必须考虑养老金计划条款约定的所有福利，包括：

- 死亡抚恤金（《养老金标准法》第 22 和 23 条）；
- 雇主为支付成员在转换中终止养老金计划得到的超额福利需要支付的最小缴费额（第 21 条）；
- 任何承诺的指数化；
- 任何附属福利，包括在养老金计划不改变的情况下，一些已不具备资格的成员最后仍以合格的名义获取养老金的可能性。本指引第 6 条会对这个问题做进一步讨论。

4.1 转换福利的最小价值

根据《加拿大精算学会关于养老金最小转移价值的建议》，等值一次性付款额必须至少等于成员的转换价值，并且以假设成员在转换时已终止养老金计划进行计算。

4.2 精算基础

与定额福利等值并向定额缴费账户转移的一次性付款，必须采纳尽可能对成员有利的经济假设进行计算，如《加拿大精算学会关于转换价值的建议》中阐明的经济假设。

根据养老金计划条款，那些依赖于最终平均值或最佳平均收益的福利价值必须结合工资预测进行计算。与通过购买养老金保障累积福利的情形相一致，在对工资进行预测的过程中可以适当考虑计划终止比例，即：要承认并非所有的成员都将维持计划直至正常的退休年龄。

转换的基础应反映通货膨胀率、优点和服务给累积定额福利带来的影响。虽然《加拿大精算学会关于转换价值的建议》没有直接提供工资增长的假设，但他们声明，应在消费者价格指数上加 1% 以作为平均工资指数化的替代。加拿大金融机构监管部在估计依赖于工资预测的养老金福利转换时，考虑了加拿大精算学会的这一建议。

用于转换那些依赖于工资预测的累积福利的假设，是确保以对成员公平的方式免除与累积定额福利执行有关的义务的关键。当发起人已经向成员通报他不希望为定额给付维持一个养老金基金的时候，这一点尤为重要。

4.3 重新计算转换价值

在转换报告中，应陈述有关重新计算的问题。

在报告中，应规定转换价值是否应该重新计算的情况（延迟转移转换价值、经济条件的变化、给成员提供与他们各自选择权价值有关的信息，以及给转换成员分配盈余，等等）。

4.4 转换时性别区分表的使用

《养老金标准法案》允许性别区分表的使用。然而，它们一定不会给养老金福利带来实质性的性别差异：如果累积福利转换成按性别区分的一次性付款，那么在成员退休的时候，这些款额（计算时考虑利息）必须用来购买在相同基础上建立的养老金。

因此，如果计划的管理人利用性别区分养老金的因素，把累积福利转换成等值一次性付款，转换得到的价值必须和不分性别的缴费得到的账户区别开来。由于大多数货币购买计划按这种方法缴费，因此，该要求给转换时以性别区分死亡率的使用设置了一个限制条件。

5. 受制于允诺的福利

由定额给付转换成定额缴费的计划仍持续经营。在转换价值过程中，福利如何受制于管理人的允诺取决于计划管理人的政策、允诺福利的惯例以及成员通过集体协议、宣传册和交流达到的理解程度。

例如，在决定转换价值的时候，应考虑管理人已经一贯地保证了所有合格成员的养老金福利这一事实。如果受制于允诺的养老金福利排除在转换价值之外，保险精算师应当在转换报告中做相应的说明。当向成员通报被提议的转换时，这一事实也必须同时告诉他们。

6. 附属福利

在成员转换价值中，加入过渡福利、提前退休补助以及其他附属福利，是计划文本和对领取养老金年龄的定义的有关要求所期望的。同样，由于等值一次性付款不能少于成员转移价值，因此，管理人必须考虑《养老金标准法案》第 17 条的要求。该要求规定，成员（该成员的福利是既定的）有权终止“基于雇佣和工资的延迟养老金福利直至终止……如果成员到了领取养老金的年龄，成员就有权领取养老金”。

根据养老金计划的约定，无须管理人同意，可领取养老金的最早年龄是：未减少的养老金福利允许向成员支付时。

例如，如果在转换日成员对年数做了要求，那么在达到 20 年的服务期的领取养老金的年龄后可支付的过渡福利的价值应计入成员的一次性付款额，就好比成员在那天终止计划应计入转移价值一样。

此外，当养老金福利被转换的成员还不享有附属福利时，转换价值应该考虑，在养老金计划不变的情况下他们后来获得附属福利的可能性。

7. 与加拿大海关与税务局规定的冲突

加拿大海关与税务局关于养老金缴费或者免税转移的可推断性规定，没有违背《养老金标准法案》。《养老金标准法案》（第 10.1 条）禁止未经监管机构批准做出减少累积福利的修改。然而，如果精算师计算的转换价值大于把定额给付转换成一次性付款时的转换价值的最大值，超过最大值的部分可以不受这一限制的约束。

同样，管理人可以撤销成员转换他们的累积福利的部分选择权。

8. 从盈余中支付为当前雇主服务的成本

一个雇主可能会希望利用从定额给付计划中获得的盈余充当未来的缴款，或者支付转换计划中的服务费用。如果定额给付计划的文件允许在假日缴款，并且如果修改计划的文件也允许，计划通常可以在转换后利用累积盈余充当缴款。

9. 未足额筹资计划的转换

未足额筹资计划可以转换。转换日的资产和负债之间的差额，可以通过以下一种或两种方法解决：

1. 为了每个转换成员，雇主可发起一个定额缴费账户，使得转换日的成员具有完全的权利，即利用公司的资源来弥补不足。

2. 转移至定额缴费账户的金额仅限于成员的权利价值再乘以转换后计划资产与偿付能力负债之比。与转换福利有关的偿付能力负债必须等于成员的转换后账户价值。雇主制作一个在五年内分期弥补赤字的进度表，进度表制作好后，要向金融机构监管部通报特别支付。

如果转换后的计划中还有定额给付，计划中定额给付部分的偿付能力比率必须至少等于转换前的偿付能力比率。

转换后，对计划中的定额给付部分的操作，不得影响定额缴费部分。计划的定额缴费部分必须在转换日后的五年内，通过特别支付筹齐。

9.1 初始定额缴费账户的额度少于成员权利全面价值总额

在做出特别支付后，每个定额缴费账户必须按照比例收到特别支付的一部分。这些必须包括按照等于或高于确定转换价值的报告中假设的利率计算的利息。

该付给转换成员的金额，必须在转换日后的五年内全部支付。

9.2 转换后的五年内个人计划终止、退休和死亡

如果初始定额缴费账户少于成员权利的全面价值总额，则转换报告必须说明如何处置转换后五年内发生的终止、退休和死亡。

1. （a）如果事件发生使得定额缴费账户必须转移至终身收益基金（LIF）、锁定型登记退休储蓄计划或者其他登记养老金计划（例如，转换的成员在五年内终止并选择转移），雇主要转换全部的定额缴费账户（例如，事件发生日账户的价值再加上应付的金额），并利用公司的资源弥补不足。

（b）如果在事件发生日只有定额缴费账户的实际价值被转换，则剩余部分必须在转换日后的五年内补齐。

2. 如果事件的发生要求购买养老金（例如生还者选择即期养老金），养老金的价值必须等于事件发生日定额缴费账户的价值再加上雇主用公司的资源支付的不足部分的金额。

9.3 转换日后的五年内计划终止

成员在计划的定额给付部分中的福利，根据终止日定额给付部分的偿付能力状况做调整。

成员在计划的定额缴费账户中的福利，将等于终止日定额缴费账户的实际价值。

10. 贷记转换日到转移日期间的利息

向定额缴费账户的转移通常在转换后一段时间内发生。转换报告应该说明，在决定转换和转移出定额给付基金期间，用什么利率贷记转换价值的利息。

附件　存档要求和与成员交流

1. 报告金融机构监管部

对于计划转换（从定额给付到定额缴费的转换）的任何修改都要向金融机构监管部报告。

在本附件第 3 条中所述的必要文件，必须按照金融机构监管部的要求存档，并且管理人在实施福利转换计划之前，应接受金融机构监管部的建议。

2. 向成员通报

如果计划的转换给成员的权利带来了影响，则必须在计划转换生效日后六个月内，向成员及其配偶通报。如果成员被授予转换他们累积福利的选择权，则有必要做更早的通报。雇主向所有受影响的成员提供修订的员工手册，也是很有必要的。

如果修订允许改变累积福利，则必须向成员提供有关他们个人福利和被给予的选择权的详细信息。这些信息必须清楚地表明，成员有权在留存以工资预测为基础的累积定额福利和向等值一次性付款转移之间做出适当的选择。计划的管理人，也必须说明这些选择权各自的价值（例如，说明在各种情况下分别购买什么福利）。

计划的管理人在收到金融机构监管部有关福利转换的意见之前，可能会不愿意向成员提供具体的一次性付款额。然而，金融机构监管部将不会在管理人向成员提供信息和选择权之前，就批准的转换发表意见或建议。为了避免僵局，计划的管理人可以给予成员选择权，条件是获取金融机构监管部的意见或者监管者对福利转换的批准。否则，管理人可以在向成员通报和准备最终转换报告之前，向金融机构监管部提供通告的样本，以获取金融机构监管部的意见。

如果转换没有改变累积福利，雇主在计划转换的过程中不需要向单个成员提供有关他们累积福利的说明。《养老金标准法案》第 23 条将继续要求雇主向个人提供涉及上述信息的年度说明。

3. 按金融机构监管部要求需要存档的文件

3.1 计划转换后需要存档的文件

- 计划修改或者重编的计划文本；
- 任何与转换有关的理事会决议；
- 其他还没有按金融机构监管部的要求存档的、创建或者支持计划或者养老基金的文件。

3.2 其他转换后六个月内需要存档的文件

- 计划转换通告的样本，以及有关分发给成员的福利和选择权的说明；
- 在定额给付被留存的情况下，有关这些定额给付价值变动的详细说明；
- 精算师根据加拿大精算师学会发布的《养老金计划评估操作标准》撰写的转换报告。报告的内容取决于雇主的意愿以及计划的具体情况：

（i）如果被转换的福利被留作定额福利，将从计划基金中支付，那么：

- 报告中必须说明缴费比例的变动；
- 精算师评估的时间间隔要求不超过三年。

（ii）如果通过购买养老金，累积福利的形式和数额都没有变并且得到全面保证，那么：

- 报告中必须证实这一做法并说明盈余的处置方式。

（iii）如果累积福利被转换并且保证退休时不会少于执行定额给付规则的成员应获得的数额，那么：

- 报告中必须说明缴费比例的变动，并列明计划对定额给付和定额缴费账户的负债；
- 精算师评估的时间间隔同样要求不超过三年（除非转换报告使金融机构监管部相信担保无关紧要），且必须指出定额给付和定额缴费账户的负债。

（iv）如果累积福利是通过购买数量取决于工资预测的养老金来获得保证，或者在退休之前或之后，附属福利发生显著改变，那么：

- 报告必须证实成员已被给予等值一次性付款，并说明得到养老金和等值一次性付款至少和累积福利的初始形式的价值相同的假设和方法，同时，还要说明工资是如何预测的。

除非转换前应计的福利形式和数额保持不变，否则，精算师应在转换报告中或者以单独的清单提供金融机构监管部可以用来核实精算师遵循了金融机构监管部的政策和《养老金标准法案》要求的信息。超过 100 个成员的计划可以提供声明的样本而无需给每个成员提供信息。

信息包括：

- 姓名或成员编号；
- 性别和出生日期；
- 当前工资以及预测工资（如果工资被预测的话）；
- 被聘用的日期；
- 接受补助服务的时间；
- 1987 年以前从服务中获取的累积养老金；
- 1986 年以后从服务中获取的累积养老金；
- 1987 年以前的退休金补助；
- 1986 年以后的退休金补助；
- 成员的计息缴费；
- 《养老金标准法案》第 21 条所述的额外缴费；
- 假定退休日期。

3 – 3 Guideline for Converting Plans from Defined Benefit to Defined Contribution August 2001

Purpose

This document replaces the document entitled "Guidelines for Converting Plans from Defined Benefit to Defined Contribution" that was issued by OSFI in April 1992. This document describes what OSFI normally considers before authorizing the conversion of accrued defined benefits to lump sums.

1. Introduction

This document replaces the document entitled "Guidelines for Converting Plans from Defined Benefit to Defined Contribution" that was issued by OSFI in April 1992.

OSFI must review proposed conversions of accrued defined benefits to lump sums to determine, in accordance with subsection 10.1 (2) of the *Pension Benefits Standards Act, 1985* (PBSA), whether these lead to a reduction of accrued benefits. This guideline explains what OSFI normally considers in determining whether a conversion results in a reduction of accrued benefits. Employers must also consider the provisions of the plan text and trust agreement which may impose further obligations to plan members and/or beneficiaries or restrictions with respect to plan amendments.

Members whose benefits are targeted by the conversion must have the option of retaining their accrued benefit as a defined benefit.

2. Treatment of Benefits Accrued to Conversion Date

Plans may be amended to change the nature of benefits earned in the future, provided these amendments are in accordance with the provisions of the *Pension Benefits Standards Act, 1985* (PBSA), as well as the terms of the plan and supporting documents.

Two options are available to the plan administrator with respect to the treatment of benefits accrued prior or up to the conversion date:

1. Retain the accrued defined benefits (addressed in section 2.1 of this guideline).

2. Offer to each member the option to substitute a lump sum of equal value to the accrued benefit and transfer this lump sum to a defined contribution account (addressed in section 2.2 of this guideline).

The administrator may withhold from some categories of members, such as those within 10 years of retirement, the option to convert their accrued benefit.

2.1 Retained Accrued Defined Benefits

Two options are available to the administrator:

1. Maintain a pension fund for the defined benefit.

2. Purchase annuities to guarantee the accrued benefits (addressed in section 2. 1. 1 of this guideline).

2. 1. 1 Accrued Benefits Guaranteed Through Annuity Purchase

The annuities purchased must provide substantially the same benefits as were provided under the terms of the plan, including:

- death benefits (PBSA sections 22 and 23);
- minimum employer contributions (section 21) with any excess benefit determined as if the member had terminated at conversion; and
- any guaranteed indexation.

Where accrued benefits depend on a projection of salaries, the purchase of annuities for the accrued defined benefit is permitted if it is based upon projected member earnings.

Reasonable termination rates can be used in the projection of salaries, in recognition that not all members will reach normal retirement age. Because only an estimate is being insured, members must be allowed to choose between the annuity and the transfer of an equivalent lump sum to a defined contribution account.

2. 2 Transfer of Lump Sums of Equal Value to Defined Contribution Accounts

Lump sum transfers resulting from a plan conversion are not available to members since membership has not terminated.

Again, members must be offered the choice of the lump sum or a continued defined benefit (possibly based on a projected salary).

3. Need for Valuation Reports To Be Filed After Conversion

If the plan maintains a defined benefit component, the plan administrator must continue to file regular actuarial valuation reports.

If annuities are purchased to provide for all defined benefits, or if all members choose to have their defined benefits converted to equivalent lump sum amounts, actuarial valuations are no longer required. The sponsor remains responsible for providing these annuities if the insurer is unable to do so.

Exception: Actuarial valuations are required if the administrator transfers lump sums to defined contribution accounts, and guarantees that the retirement benefit relating to service prior to conversion will not be less than the accrued benefit under the terms of the plan at that time.

4. Conversion of Defined Benefits

The lump sum calculation should recognize all benefits provided under the terms of the plan, including:

- death benefits (PBSA sections 22 and 23);
- minimum employer contributions (section 21) lump sum equivalents should account for the value of any excess contributions;
- any guaranteed indexation; and
- any ancillary benefit, including, for those who do not already qualify, an assumption as to the probability of their ultimately qualifying for the benefit if the plan had remained unchanged. This is further addressed in section 6 of this guideline.

4. 1 Minimum Value of Converted Benefits

The lump sum equivalent must at least equal the member's transfer value, based on the Canadian

Institute of Actuaries' Recommendations for the Minimum Transfer Values of Pensions, and calculated as if the member had terminated at conversion.

4. 2 Actuarial Basis

Lump sum equivalents to defined benefits offered for transfer to defined contribution accounts should be calculated using economic assumptions that are at least as favourable to the members as the economic assumptions specified in the CIA Transfer Value Recommendations.

The value of benefits tied to final average or best average earnings must be calculated with a projection of salaries, in accordance with the terms of the plan. Similar to the case where accrued benefits are guaranteed through annuity purchase, reasonable termination rates can be used in the projection of salaries, in recognition that not all members will reach normal retirement age.

The conversion basis should reflect the effect that inflation, merit and service would have had on accrued defined benefits. Although the CIA Transfer Value Recommendations do not directly provide for salary increase assumptions, they state that the Consumer Price Index plus 1% should be used as a proxy for indexation to the average wage index. OSFI considers this recommendation when assessing conversions of benefits tied to salary projection.

The assumptions used to convert accrued benefits tied to salary projection are key to ensuring that removal of the plan's obligation with respect to accrued defined benefits is carried out in a manner that is fair to members. This is of particular importance when the sponsor has notified members that it does not intend to maintain a pension fund for defined benefits.

4. 3 Recalculation of the Commuted Value

The issue of recalculation should be addressed in the conversion report.

Circumstances (delays in transferring conversion values, changes in economic conditions, information given to members on the respective values of their options, surplus allocated to converting members, etc.) will dictate whether conversion values should be recalculated.

4. 4 Use of Sex Distinct Tables for Commutation

The PBSA allows the use of sex distinct annuity tables. However, they must not result in benefits that vary materially by sex: if accrued benefits are converted to a lump sum on a sex distinct basis, these sums (accumulated with interest) must, at retirement, be used to purchase annuities established on the same basis.

Therefore, if plan administrators convert accrued benefits into lump sum equivalents using sex distinct annuity factors, the resulting conversion values must not be commingled with accounts that are generated from contributions made on a unisex basis. Since most money purchase plans contribute on this basis, this requirement imposes a limitation on the use of sex distinct mortality for conversion purposes.

5. Benefits Subject to Consent

Plans converting from defined benefit to defined contribution remain going concerns. How benefits subject to the consent of the administrator are accounted for in the conversion values will depend on the plan administrator's policy and practice regarding consent benefits, as well as member understanding through collective agreements, booklets and other communications.

For example, the fact that the administrator has consistently granted these benefits to all eligible members who apply suggests that the benefits should be included when determining conversion values. If a benefit subject to consent is excluded from the conversion values, the actuary should so indicate in the conversion report. This fact must also be communicated to members when they are informed of the proposed conversion.

6. Ancillary Benefits

The inclusion of bridge, subsidized early retirement, and other ancillary benefits in member conversion values is a function of related requirements stated in the plan text and its definition of pensionable age. Also, because lump sum equivalents can be no less than member transfer values, the administrator must account for the requirements of section 17 of the PBSA, which provides that a member (whose benefit is vested) is entitled upon termination to a "deferred pension benefit, based on employment and salary up to the time of termination... that, if the member had attained pensionable age, the member would have been eligible to receive."

Pensionable age is the earliest age at which an unreduced pension benefit is payable to a member under the terms of the pension plan without the consent of the administrator.

For example, the value of a bridge benefit payable upon attainment of pensionable age with 20 years of service must be included in members' lump sums if they have the required number of years on the date of conversion, just as it would have to be recognized in the transfer value if the member were to terminate on that date.

Additionally, where members whose benefits are converted are not yet entitled to an ancillary benefit, conversion values should account for the possibility that, had the plan remained unchanged, they might have subsequently qualified.

7. Conflict with Canada Customs and Revenue Agency (CCRA) Rules

CCRA rules regarding the deductibility of contributions or tax-free transfers do not override the PBSA. The PBSA (section 10.1) prohibits amendments that have the effect of reducing accrued benefits without the authorization of the Superintendent. However, if the conversion value calculated by the actuary is larger than the maximum prescribed in the case of conversions of defined benefits to lump sums, the portion in excess of the maximum may be unlocked.

Again, the administrator may withhold from some categories of members the option to convert their accrued benefit.

8. The Funding of Employer Current Service Costs from Surplus

An employer may wish to use surplus that has developed in a defined benefit plan to provide future contributions or pay plan expenses in the converted plan. If the documents for the defined benefit plan permitted contribution holidays, and if the amended plan documents continue to permit them, the plan can generally use accumulated surplus for contributions after conversion.

9. Conversion of a Plan That Is Not Fully Funded

A plan that is not fully funded may be converted. The shortfall between assets and liabilities on the conversion date may be addressed in one of two ways:

1. For each converting member, the employer initiates a defined contribution

account for the full value of the member's entitlement on the conversion date, making up the deficiency from corporate sources.

2. Transfers into the defined contribution accounts are limited to the value of the member's entitlement multiplied by the ratio of plan assets to solvency liabilities after conversion. Solvency liabilities associated with converted benefits must be equal to those members' post-conversion

accounts. The employer sets up an amortization schedule to fund the deficit within five years, reporting special payments to OSFI as they are made.

If, following the conversion, there remain defined benefits in the plan, the solvency ratio of the defined benefit component of the plan must be at least equal to the plan's solvency ratio prior to conversion.

Post-conversion experience of the defined benefit component of the plan must not affect the defined contribution portion. The defined contribution portion of the plan must, through special payments, be fully funded no later than five years after the conversion date.

9. 1 Initial Defined Contribution Accounts Less Than Full Value of Member Entitlements

Each defined contribution account must receive a pro-rata portion of the special payments as they are made. These must include interest equal to or greater than the interest rate assumption used in the report to determine conversion values.

The amount owing to converting members must be fully remitted no later than five years after the conversion date.

9. 2 Individual Terminations, Retirements and Deaths Within Five Years of Conversion

Where initial defined contribution accounts are less than the full value of member entitlements, the conversion report must state how terminations, retirements and deaths within five years after the date of conversion will be handled:

1. (a) If the event entails a transfer to a LIF, locked-in RRSP or other registered pension plan (e. g. , converted member terminates within five years and opts for a transfer), the employer may transfer the full defined contribution account (i. e. , its value on the date of the event plus the amount owing), and pay the deficiency from corporate sources.

(b) If only the actual value of the defined contribution account on the date of the event is transferred, the remainder is due no later than five years after the conversion date.

2. If the event requires the purchase of an annuity (e. g. , the survivor opts for an immediate pension), it must recognize the value of the defined contribution account on the date of the event, plus the amount of the deficiency, paid by the employer from corporate sources.

9. 3 Plan Termination Within Five Years After the Conversion Date

Member benefits in the defined benefit component of the plan are adjusted in accordance with the defined benefit component's solvency status on the date of termination.

Member benefits in the defined contribution component of the plan will be the actual value of the defined contribution account on the date of termination.

10. Interest Credited Between Dates of Conversion and Transfer

Transfer to the defined contribution account typically occurs some time after conversion. The conversion report should state what rate of interest will be credited to conversion values in the period between determination and transfer out of the defined benefit fund.

Appendix Filing Requirements and Communication to Members

1. Notice to OSFI

As for any amendment, OSFI must be notified of a plan conversion, from defined benefit to defined contribution.

Required documents, discussed in section 3 of this appendix, must be filed with OSFI and the administrator should receive OSFI's comments before implementing a benefit conversion scheme.

2. Notice to Members

Members and their spouses, if their rights are affected by the plan conversion, must be notified no more than six months after the effective date of a plan conversion. Earlier notice is necessary if members are being given a choice to convert their accrued benefits. It is also desirable for the employer to provide all affected members with revised employee booklets.

If the amendment permits changes to benefits accrued to date, members must be given statements providing detailed information about their individual benefits and the options they are being offered. These statements should clearly show that the member has a choice between retaining the accrued defined benefit based, where appropriate, on a projection of salary, or transfer of a lump sum equivalent. They must also indicate the respective values of these options (e. g. , by showing what benefit may be purchased under various scenarios) .

Plan administrators may be reluctant to provide specific lump sums to members before receiving OSFI's comments concerning a benefit conversion. However, OSFI will not give its comments or recommend that a conversion be authorized without examining the information and options presented to the members. To avoid an impasse, the plan administrator can present options to members that are conditional on receiving OSFI's comments or the Superintendent's authorization of the benefit conversion. Otherwise, the administrator can provide specimen notices to obtain OSFI's comments before approaching the members and preparing the final conversion report.

If the conversion does not change benefits accrued to date, the employer need not issue statements to individual members concerning their accrued benefits as part of the plan conversion process. Section 23 of the *Pension Benefits Standards Regulations*, *1985* will continue to require the employer to issue individual annual statements with prescribed information.

3. Documents To Be Filed With OSFI

3. 1 Documents To Be Filed Following a Plan Conversion

- plan amendments or restated plan text;
- any board resolutions related to the conversion; and
- any other document not already filed with OSFI that creates or supports the plan or the pension fund.

3. 2 Other Documents To Be Filed No Later Than Six Months Following Conversion

- samples of the notice of the plan conversion and statement of benefits and options distributed to members;
- where defined benefits are being preserved, a statement detailing the change in costs with respect to those benefits; and

- a conversion report prepared by an actuary following the Standard of Practice for the Valuation of Pension Plans issued by the Canadian Institute of Actuaries. The contents depend on the employer's intentions and the plan's circumstances:

(i) Where benefits accrued to the conversion are retained as defined benefits, to be paid from a plan fund:

- the report must address changes in contribution rates; and
- actuarial valuations are still required at intervals no greater than three years.

(ii) Where the form and amount of accrued benefits are unchanged and fully guaranteed through the purchase of annuities:

- the report must certify that this has been done and must describe the treatment of surplus.

(iii) Where accrued benefits are converted but guaranteed to be no less, at retirement, than what members would have received under the defined benefit formula:

- the report must address changes in contribution rates and show the plan's liability for both the defined benefits and for defined contribution accounts; and
- actuarial valuations are still required at intervals no greater than three years (unless the conversion report satisfies OSFI that the guarantees are not significant) and must indicate the defined contribution and defined benefit liabilities.

(iv) Where accrued benefits are guaranteed through the purchase of annuities for amounts that depend on a projection of salaries, or substantially alter an ancillary, early or late retirement benefit:

- the report must verify that members were offered an equivalent lump sum, describe the assumptions and methods that led to the conclusion that the annuities and lump sum equivalents offered are at least as valuable as the accrued benefits in their original form, and describe, where applicable, how salaries were projected.

Unless the form and amount of benefits accrued before the conversion are unchanged, the actuary should include in the conversion report, or provide in separate listings, information that OSFI can use to verify that the actuary has followed OSFI's policy and the requirements of the PBSA. Plans with more than 100 members may provide a sample statement instead of information for every member.

The information is to include:

- name or member identification number;
- sex and date of birth;
- current salary and projected salary, if the salary has been projected;
- date of hire;
- length of credited service;
- accrued pension arising from service before 1987;
- accrued pension arising from service after 1986;
- pension benefit credit, pre-1987;
- pension benefit credit, post-1986;
- member contributions with interest;
- excess contributions under section 21 of the PBSA; and
- assumed retirement date.

3－4　由联邦监管的养老金计划的治理指引
1998 年 5 月 1 日

1.0 导论

养老金计划治理是指，在养老金计划下所有各方履行其信托义务的作用和责任。一般而言，良好的治理能够促进及时并且低成本地提供福利，并以计划成员和受益人的利益为出发点来促进计划的管理。良好的治理要求有适当的监控机制，这种机制鼓励正确的决策、适当及时地执行以及定期的审查和评估。尽管良好的治理自身并不能保证计划的成功，但它对计划的成功帮助很大。

进一步说，良好的治理可以减少计划的发起人、管理人和相关顾问的潜在责任。良好的治理要求对计划所做出的每一次决策都责任明确。明确的责任能带来更好的计划管理。

《养老金标准法案（1985）》规定了进行养老金计划管理的一般审慎标准。信托法也强制规定了管理人的信托责任。（参见附件 I—— 法律环境）养老金计划的发起人、受益人、法院和监管者，开始逐渐重视计划的治理。随着治理的进一步发展，金融机构监管部已经得出这样的结论：对养老金计划管理的细致监管将失效，也未能达到预期的目标。就养老金管理的许多方面而言，要实现这些目标，最好参考养老金计划的目标和管理人审慎标准要求。

本指引突出强调了管理人在制定和审查养老金计划治理框架的过程中应当考虑的问题。其主要目的是：为管理人提供工作上的帮助，并倡导谨慎而有效的治理实践。

2.0 良好治理原则

养老金计划的良好治理应当遵循的几条原则：

- 明确的目标；
- 政府机构与计划发起人相互独立；
- 管理和执行相分离，界定清晰的作用和职责；
- 责任和内部监控；
- 适当的知识和技能要求；
- 决策和监督授权工作中应有的勤勉义务；
- 费用控制和利益冲突的避免；以及
- 透明和充分披露。

除了规定的良好治理的一般原则以外，本指引的附件还对在具体情形下如何使用这些原则做出了规定。

3.0 结构

计划的“发起人”可以根据契约、养老金计划的规定和相关的立法创建、修改和终止养老金计划。计划发起人根据养老金计划文件来确定计划的目标。大家都公认计划发起人在其发起的养老金计划中扮演着双重角色，但本文件主要讨论其作为受托管理人这一角色，而非作为发起雇主或联盟这一角色。

每一个养老金计划必须有一个管理人。管理人在养老金计划中扮演两个不同的角色：

- “受托人”角色，包括发布总体指示并进行监督；

- “管理者”角色，负责日常管理。

在通过集体协议建立的多雇主养老金计划中，理事会对由缔约者、养老金计划成员和工会执行的养老金计划的管理进行监管。通常，在由单一雇主建立的养老金计划中，公司董事会、董事会下的养老金委员会和公司高级管理者可以对由内部计划经理、外部代理人以及顾问对执行的养老金计划的管理进行监管。

虽然管理人可以就其管理职能进行授权，但是不得将发布指令和监督的职责委托他人。应当在尽可能大的范围内实现监督职能和管理职能的分离。授权应当通过书面文件进行，并规定两人间的执行目标和报告关系。

管理人的主要义务是代表计划成员和受益人的最大利益行事。管理人不论是担任“受托人”还是“管理人”角色，都具有信托义务。

4.0 执行

养老金计划的治理包括：对管理行为进行监督，评估养老金计划目标是否实现以及负责管理的人士是否适当地履行了其管理职责。

4.1 文件

养老金计划是基于计划文本和相关记载建立的。计划文件可以反映出计划的目标，应当与计划的实际义务相一致。这是为了确保管理人可以获得书面指示（以受托人和管理人的双重角色），以便履行其义务以及计划受益人可以知悉其在计划下的权利。避免出现官方计划文本以外的承诺与充分披露的设想、清晰明确的目标声明书以及内部监控不一致。这将导致成员和那些为养老金计划筹资并管理养老金计划财务风险的人士的误解。

4.2 福利管理

由于《养老金标准法》要求管理人担任雇主、雇员和其他受益人的受托人的角色，管理人必须为养老金计划的目标服务。其中，最重要的目标就是向成员提供福利。要实现该目标，管理人应当：

- 执行养老金计划条款；
- 根据与养老金计划目标相一致的原则，解释养老金计划条款；
- 以公正、透明和客观的态度来行使自由裁量权；
- 必要时，在法律顾问或法院的帮助下，澄清计划中模糊条款的含义；
- 进行准确、全面的记载；
- 保证遵守《养老金标准法》的最低标准和相关法律。

4.3 合规

不遵守有关的立法会使养老金计划对成员履行义务的能力产生危害。尽管金融机构监管部对每一个养老金计划是否符合《养老金标准法》的标准并不进行强制性检查，但遵守立法仍为管理人的职责。

为履行其谨慎管理的义务，管理人在不具有要求的专业知识时，应当寻求专业帮助，并建设一支训练有素的合格队伍来满足计划的合规义务。

4.4 筹资和投资

对于一项定额给付计划而言，战略规划应当同时考虑到筹资和投资政策，并且应当考察在多种不同情景中比较养老金缴费和偿付能力会如何变化。最好在投资经理和精算师的共同帮助下完成这些工作。

管理人的作用是确保筹资水平足以保证福利支付。受托人对养老金计划筹资进行管理时，应当履行以下职责：

- 审查缴费的准确性以满足当前和未来的需要；
- 调查养老金计划对经济和人口统计条件的敏感性；
- 确定有效缓解潜在下滑趋势所具有的盈余水平；
- 通过建议限制或重组福利、修正投资政策或建议加快缴费来保证要求的福利安全水平。

在定额缴费计划中，管理人的职责是帮助成员创建资产的最佳组合，以保证将来获得合理的退休收入并清楚地将定额缴费计划的固有风险告知计划成员。

此外，所有养老金计划管理人必须具有适当的程序：

- 收集、接收和证实雇主和雇员的缴费；
- 使养老金计划资产和雇主资产相分离；
- 根据养老金计划的投资政策和适用法律，谨慎地进行养老金计划投资。

4.5 内部控制

每个养老金计划都应当具有适当的内部控制机制以确保按照养老金计划条款执行政策，谨慎地管理资金和支付福利。按照受托人行为能力行事的管理人应当理解并同意内部控制机制及支持该机制的内部控制程序。

内部控制程序应：

- 分清职责和义务；
- 明确规定其提出建议、通过决定以及执行决定的程序；
- 规定报告的频度和形式。

应当具备适当的程序以确保能够根据一致性原则来解释计划条款和正确地支付福利。例外情形，比如，计划条款模糊的情形或可以行使自由裁量权的情形，应由按照受托人行为能力行事的管理人审查并批准。

此外，养老金计划应当制定关于管理、投资和其他养老金计划费用的清晰的书面规则。

5.0 治理质量

应当对治理不断进行评估，以迎接不断出现的挑战。对受托人自身业绩评估时，至少应当调查以下内容：

- 受托人对其信托义务是否有正确评价；
- 对养老金计划及其受益人的信托义务是否比任命受托人、其他竞争者以及相关利益人的组织的利益还要重要；
- 对养老金计划的治理是否服从于养老金计划的目标；
- 计划的受托人是否已经确定了对计划管理者的期望并且清楚分配了相应的责任；
- 用于指导受托人的行为守则，规定得是否清楚（是否存在适当的内部控制机制，以防止出现利益冲突和有着不诚实或不称职的受托人、管理者和顾问）；
- 养老金计划受托人是否具有履行职责所需的充分信息，以监控计划所面临的风险并制定防御风险的策略；以及
- 计划受托人是否已经正确履行其职责。

可以通过福利安全、支付评价和养老金计划成员满意度调查或与给成员披露相结合的自我评估方式来评价受托人的表现。受托人应当对自己是否一直在执行计划的目标及自己是否表现良好进行评估。受托人还应当决定是否报告以及向谁报告这些结果。

经常在采取的措施合理性和适当的勤勉义务上挑战自我是按照计划受托人的能力行事的管理人的职责。

附件I 法律环境

《养老金标准法》的第8条，规定了管理养老金计划时注重义务的一般标准：

8（3）作为受托人，管理人应当为雇主、养老金计划成员、先前的成员以及其他有权获得养老金福利或养老金计划退款的人，管理养老金计划和养老金基金。

8（4）在养老金计划和养老基金的管理中，管理人对其关注的程度应达到一般审慎人管理另一人财产时的关注程度。

8（5）在不限定第（4）款一般原则的基础上，管理人实际上已掌握或由于职业或业务的需要应掌握有关养老金计划或养老基金方面的专有知识或技能，他/她应将其运用到养老金计划或养老基金的管理中。

信托法也强制规定了管理人的信托义务：

- 忠诚于养老金计划的利益；
- 合理而谨慎地行事；
- 避免个人利益与养老金计划的利益发生冲突；
- 不应在以受托人行事的行为中获利，也不应获取非法利润；
- 面对竞争性（合法）利益时，应当做到公平无私。

《养老金标准法》下的管理人：

- 对于那些根据一项或多项集体协议建立的多雇主养老金计划而言，管理人是理事会或类似机构。
- 对于由多位雇主（无关联关系）建立且不是根据集体协议建立的养老金计划而言，管理人是《养老金标准法》第7条第（1）款第（b）项所定义的养老金委员会。
- 对于其他养老金计划而言，管理人是雇主，除非养老金计划系根据一项或多项集体协议建立（此时，管理人是理事会、类似组织或养老金计划所规定的雇主）。
- 对于简化养老金计划而言，管理人是金融机构。

此处对“管理人”的定义包括了Bill S-3的提议。

附件II 监督和管理

虽然依照信托人的行为能力行事的管理人必须监督养老金计划的运行，但其可以将某些活动和日常管理职能授权给养老金计划的经理们。以下各例，探讨这种关系和养老金计划特定情形下的责任。

1. 养老金计划目标和政策

管理人应当确保养老金计划能够持续提供其所承诺的福利。养老金计划治理的关键作用是制定能够确保兑现这些承诺的策略。依受托人行为能力行事的管理人，应当对这些策略的执行负责，并在贯彻这些策略之前予以审核、批准。经理和外部专家针对特定技术问题提供咨询意见，但他们仅在其授权范围内承担责任。若赋予经理自由裁量权，则经理还应当根据指示实现某些目标。例如，投资经理可在有关基准利率、资产管理风格、多样化和流动性要求的政策指示下进行某些投资选择。

充分理解养老金计划的政策是良好治理的关键。尽管专家对其所提供的意见负责，但以受托人角色行事的管理人，凭借自己的知识和经验对专家意见进行评价、向专家提问并认识到专家意见的潜在局限性也是至关重要的。例如，精算顾问能够根据某些假定证明盈余资产的存在，法律顾问可以就计划文件的解释和法院判决的预测提供意见，但管理人或受托人必须决定采纳何种意见以及根据养老金计划的目标，在处理筹资余额时应当采用什么政策。

2. 雇主和成员的需要

以受托人角色行事的管理人，应当参与讨论继续采用当前养老金计划的形式是否可取。养老金计划的设计模式是否能够继续服务于雇员和雇主的人力资源政策。计划受益人的优待、人口统计和经济条件以及保障退休收入的其他方法可能都意味着现行的养老金计划模式已不再是最佳选择。尽管养老金计划目标、计划模式设计以及修改和终止养老金计划的最终决定由雇主基于自己的利益来确定，或由工会通过谈判协议来确定，但养老金计划管理人仍有其自己的作用。计划的管理人或受托人，应当确信其已经通过明智的意见或建议履行了职责。管理人或受托人在考虑养老金计划受益人的利益时应当保持谨慎。

3. 财务稳定和筹资

依其受托地位，管理人应当评价经济和人口变化对养老金计划影响的程度，以及这些变化会如何影响雇主或行业缴费的主动性与能力。例如，管理人与受托人应当考虑债券和股票市场的变化、利率和通货膨胀影响。一旦养老金计划停止增长并且员工队伍开始老化，先前适合于年轻且雇主不断扩张的养老金计划的投资政策，可能已不再适合。通过创建未备资负债来给职业均衡计划提供薪水基础的做法，很容易得到年轻的养老金计划的支持。然而，由于计划成员方面的因素和经济条件的变化，这种做法可能会站不住脚。例如，战略财务规划会考虑在增加福利前进行先行融资或者缩短分期付款期限，以降低未来丧失福利的可能性。

定额缴费计划管理人应当决定下列事项（但不仅限于下列事项）：

- 谁将做出投资决定；
- 成员投资全部账户还是仅仅自己的缴费；
- 对潜在回报和风险程度产生实质性影响所要求的投资选择的数量和多样化；
- 遴选投资中的勤勉尽职，以及成员代表是否应当参加投资遴选；
- 监督投资执行的标准；
- 成员更改投资选择的频度；
- 如何最有效地告知成员此种养老金储蓄存在的风险性，尤其是在投资回报率低、养老金成本高的时期；
- 管理人应当向成员提供什么样的信息和投资意见；
- 如何指导成员做出明智的投资决策；
- 如何处理基金收取的费用。

4. 计划运营

只有当管理层能够从受托人处获得明确的指示，并且经理们能够充分地理解自己在预期结果和政策方面的作用时，才可能进行有效的监督。要监督计划的运营，管理人或受托人需要有关财务和管理绩效方面的充分及时的信息。受托人所依赖的信息由经理和顾问编制，管理人应当考虑由独立审计员对这些信息进行核实。

在监督计划运营情况时，担任受托人角色的管理人应当执行下列任务：

- 定期评估养老金计划目标实现与否；
- 确保不出现（潜在的）利益冲突；
- 确保控制到位，并对控制进行定期审计；
- 必要时，明确对管理层的期望，并通过有效的授权对执行情况进行评价；
- 考虑实现目标和战略所需的必要资源；
- 审查有关养老金计划的文件，以评估具体管理事项；

- 保管好对计划有影响的关键会议和决定的记录，并确认随后的行动。

5. 委托和外包

养老金计划管理人所面临的挑战要求运用广泛的知识和技能。管理人或受托人可以通过雇佣合格的员工（计划管理人员）和外包方式来获得技能和知识。挑选员工或代理人并监督委托的工作是委托任务一方的重要职责。此外，管理人或受托人必须评价服务质量并决定是否采纳其获得的建议。作为受托人或管理者的管理人，必须能够合理地理解这些问题，以评估顾问们的可信度和提出这些建议的理由依据。附件III——外包将简要介绍在获得第三方服务过程中适当勤勉义务的具体内容。

6. 控制费用

谨慎标准要求依照受托人行为能力行事的管理人，应制定基于福利支付以外的目的是用计划资产的明确的书面规则和指引。特别强调，此规则应当详细规定，在授权用养老金计划基金进行支付前，管理人应当考虑的问题以及养老金计划合理费用的指导原则。除了管理费用之外，还应当涉及投资费用和服务费用。例如，如果养老金计划欲通过派其参加会议来更新管理人和员工的知识，其文件性指导原则可以具体规定：可参加哪些相关会议，可以从会议中获得什么，期望与会者写出什么样的报告或总结，由谁参加，可望报销哪些费用以及哪些属于合理费用等内容。

若需要以养老金计划资金支付有关费用，则相关程序应当包括：

- 要求签订书面服务协议，以及包括法律、会计和精算服务、员工工资、计算机系统在内的所有服务费用分担协议；
- 要求证明购买是基于竞争性决定的；
- 账单和收据要求；
- 明确地分清具体情况和经授权审批从养老金计划支付费用和支出的人士；
- 管理人将如何监控对规则的遵守，比如，通过抽查审计方式。

7. 提供给成员的信息

法律和法规不可能规定指导管理人遵循披露治理原则所要求的所有细节内容。金融机构监管部已经发布关于向成员披露信息的一项单独的准则，该准则概括了最低要求并建议进行某些额外披露。管理人在考虑披露内容、披露方式和形式及其披露对象之前，应当对受托人所应具备的信托义务以及谨慎标准留心。不管媒介或接受者如何，信息应当清晰、准确、全面和及时。

此外，管理人应当确保由技术娴熟的员工来负责成员的咨询和投诉，并确保具备有效的冲突解决方案以处理分歧。管理人还应充分重视成员或退休委员会作为咨询和信息传播组织的作用。

8. 记录保管

对于管理人的会议记录和决议，内部和外部管理体制，都要进行记录。有效的记录应当包括以下内容：

- 组织、更新并将文字记录转换成现代形式；
- 确定为了实现福利计算效率、计算信贷分割以及明确筹资义务或盈余权利的法律要求之目的，记录应当保存的有效期限；
- 对记录进行审核以确保准确性并要求能够快速应对审计员和精算师所关注的计划的记录质量问题 。

9. 计划文件

除了描述计划的目标外，文件应当根据养老金计划的具体情况对以下内容予以考虑：

- 包括所有适用法律的要求；
- 界定修改计划的权力；
- 描述所有养老金承诺；
- 描述这些养老金承诺与计划筹资之间的联系；
- 明确规定必要的缴费细则，并表明雇主何时应当缴费以及何时可以放弃；
- 确保养老金计划能够反映谈判所达成的协议；
- 明确收取缴费和收集资料的权力；
- 明确对持续经营养老金计划的盈余资产的获取权和使用权；
- 描述计划终止时盈余的分配情况；
- 记录养老金计划的赔偿、支出和费用情况；以及
- 具体规定计划条款和文件的审查周期。

例如，尽管存在需要获得管理人同意的书面文件，但是，养老金计划可以自动提前支付退休津贴。计划文本中未规定的与成员交流及其他行为可以产生依赖于计划文件的精算师在计算筹资要求时未意识到的权利。精确而及时更新的文件将有助于避免产生误解和出人意料的筹资行为。

10. 业绩期望和审查

管理人（具信托行为能力的计划发起人）应当期望从计划的受托人、经理和顾问那里寻找到通行的职业行为和建议，如果此种职业行为并不适宜，管理人应当考虑延后行动，包括职业惩戒性程序的使用以及在必要时法律资源的使用。

在评价计划的受托人和经理的要求和业绩时，（在考虑到自己和经授权的实体的有效性的同时）管理人应当适当地采取以下措施：

- 确保受托人足够独立地监督养老金计划的管理；
- 确保作为受托人和管理者双重角色的管理人，能够得到关于养老金计划管理的发展动态以及工商、金融业务方面的指导；
- 确保管理人能够充分了解金融市场、风险管理、法律和其他一般性养老金问题以及一些关于养老金计划的具体问题，比如，计划承诺、计划的现状、计划政策和计划管理的执行过程等；
- 更新合适的候选人名单以便为受托人服务；
- 制定计划管理的年度目标，并定期评估目标的进展情况；
- 确保计划管理中的每个人都在为计划目标而努力，为管理计划的人提供明确的指示，计划管理人不得针对这些指示行使不正当的自由裁量权；
- 确保在计划管理、政策制定和战略规划中使用的信息，是可靠的并且没有受到任何偏见的干扰；
- 确保管理人已经对最近一次治理审计的检察和建议做出回应；如果还未进行审计，则决定是否进行审计。

例如，在进行投资决策中，管理人不应该因用恢复资本帮助没落行业或企业而应受到压力或诱导。如果管理人已经赋予受托人或经理某些投资决策的自由裁量权，那么，这些决策必须符合计划的目标并遵守审慎的决策程序。如果管理人发现其未能提供这样一种框架，那么，必须立即采取正确的措施来纠正错误。

附件 III　外包

为了在获得服务过程中，满足适当勤勉的标准，管理人至少应当确定：

- 服务提供者是合格的；
- 服务提供者的利益与养老金计划的利益不冲突；
- 服务提供者具有发展稳定关系所需的足够财务资源；
- 服务提供者将给服务赋予良好绩效，并拥有评估绩效的适当措施；
- 服务安排物有所值；
- 服务提供者具有必要的程序和控制手段以确保遵守保密规则，保有准确的记录和保证养老金计划资产的安全。

与服务提供者签订的合同应当要求：

- 服务提供者遵守养老金计划的所有政策；
- 服务提供者避免利益冲突的发生；保证履行职责人士的资格；保守机密并按约履行义务；
- 服务提供者进行记录；
- 服务提供者向计划管理人汇报服务提供者和相关各方从其他渠道获得的与养老金计划工作有关的报酬，比如，基于购买养老金或投资从保险公司取得的佣金；
- 服务提供者同意合同存续或终止的条件，包括与该提供者的继任者、其他服务提供者和监管者合作的协议。

管理人还应做到：

- 通知所有相关的职业人士：管理人的职责是向相关职业协会或监管机构报告不道德行为；
- 对是否继续提供优质和物有所值的服务进行定期评估；
- 当有可信证据证明其不再安排或提供优质和物有所值的服务时，终止合同。

为了实现以上一些内容，管理人可以考虑在合同签订之前、履行期间或终止时，按照《加拿大特许会计师协会手册》第 5900 条的标准，对服务提供者进行审计。根据具体情况，此审计工作可以由购买人或服务提供者组织的内部或外部的审计师进行。关于外包的更多要求，可参见 1997 年 8 月 1 日发布的金融机构监管部政策声明书#1997 - 02 中的“商务功能外包”部分。

附件 IV　雇主为管理人时的特殊治理问题

《养老金标准法》表明，管理人可担任雇主、成员和其他受益人的受托人角色。然而，如果作为管理人的雇主发现自己的利益与计划的利益发生冲突（站在雇主立场上，需要某些考虑；而站在受托人立场上，要求采取相对行动）时，雇主必须根据计划成员的利益行事。这对于确立投资政策以及处理费用和提供福利等方面的程序，有重要意义。

1. 投资和筹资政策

为累计养老金提供较高安全性的投资政策可能比以高回报率为目标而较少关心福利安全性的投资要低。如果积极投资能够为定额给付计划中的雇主带来较低的成本，则雇主可以从中受益。成员福利的安全可以从保守收益率预期的投资政策中获益，例如，在管理人试图使计划的偿付能力比率不受利率或通货膨胀的影响的情形下。同时，福利安全和收益数量之间也存在替代关系。管理人应当牢记信托职责，对风险和回报做出公平的平衡。（关于进一步的论述，参

见金融机构监管部的《养老金计划投资指引》)

2. 费用

许多雇主认为，自己在雇员缴费之后补缴了养老金计划的剩余费用，因而，认为他们直接或间接地从养老金计划中支付费用无关紧要。然而，从养老金计划中支取费用是违反养老金计划目标的，是对计划基金的非法使用。计划文件应当就使用养老基金支付的费用的问题，向管理人做出清楚的指示。当然，雇主在寻求自身利益（不是履行信托义务）时所产生的费用，不得以养老基金支付。

3. 福利政策

许多雇主将他们的养老金计划视为处理人力资源问题的一个工具。雇主为了自身利益可以在裁员期间或为了吸引特殊人才向某些群体提供特别福利。如果养老金计划条款要求受托人在特定情况下，向某些受益人提供优待时，受托人可以有所偏袒。然而，在雇主担任管理人时，他必须遵守计划条款，公正地行使自由裁量权。差别对待必须不是独断的，更确切地说，必须根据具体情况正确地贯彻文件精神。

附件 V　理事会为管理人时的特殊治理问题

经磋商的养老金计划会引起特别的治理关注，因为这是集体谈判中的重要问题。

1. 理事会的组成和导向

理事会应当特别注重教育自己的委员，并为理事会的有序继任进行规划。从理想的角度来说，理事会应当代表养老金计划中的各种利益群体：雇主、当前成员、退休者和先前成员。若某一群体没有被明确代表，理事会应当考虑通过其他方式听取他们的意见，比如，有机会发表评论的特别通知。

2. 投资

受托人应当明确其管理基金的目的是为了实现养老金计划的目标。受托人必须以养老金计划投资政策和跟自身关于养老金计划信托责任相一致的方式，考虑与其他工会、当地组织或某一行业的就业促进会进行联合。理事会的信托业务应当成为衡量所有投资决策的标准。（关于进一步的论述，参见金融机构监管部的《养老金计划投资指引》)

3. 获取独立客观的建议

与养老金计划运营相关的集体谈判的对抗性质不得妨碍受托人根据独立客观的建议行事。例如，工会有理由夸大或缩小工资涨幅预测，雇主希望夸大或缩小失业的可能性。当对这些缴费有待进一步协商时，在确定福利时很难对福利融资所要求的未来缴费计划进行评估。获得独立客观建议的困难性应能提醒受托人保持特别的警惕——尤其是在提供的福利增长的时候。

4. 福利增加

在几代成员中秉持公正是明智的，尤其对协商缴费或定额给付计划的受托人而言。这表明，受托人应当确保每一代成员均应为其所获取的福利履行支付义务，而不应依赖于下一代成员的缴费。为了实现这一点，同时保障已承诺的福利，受托人应当预先避免无备资负债，并为未来生活改善的成本提前融资。例如，由于可以获得基金，因此，诸如通货膨胀保护等具有追溯效力的福利改善，可以分阶段逐步进行。在考虑调整福利时，理事会会发现包括一系列现实假定的精算情景测试是非常有用的工具。

5. 对受托人的补偿

理事会应当制定政策，以便为其成员在从事服务工作时所耽误的时间和收入提供补偿。为了制定政策，他们必须征询具有补偿专业知识的独立顾问的意见。该政策应当由法律顾问审查，以确保政策与法律和养老金计划的具体规定相一致。理事会应当向其成员披露现实补偿和费用报销以及养老金计划在这方面的政策。

6. 收集资料和缴费

如果集体协议未向养老金计划提供可以收集缴费和资料的充分权利，那么，受托人应当考虑拒绝参加这些雇主团体。受托人应当制定包括收取未支付缴费在内的欠款控制计划。及时的信息对于协议缴费计划尤为重要，因为其能够影响缴费谈判的情况并不多。受托人应当对现有的资料收集系统予以评价并建立追究违反该系统行为的法律手段。例如，因受托人的建议：工会和雇主应当在其集体协议中明确——雇主提供资料的职责、管理人对该信息的核实权以及在雇主未能及时提供信息时管理人收集资料的权利（由雇主支付相关费用）。

3 – 4 Guideline for Governance of Federally Regulated Pension Plans, May 1, 1998

1.0 Introduction

Pension plan governance refers to the roles and responsibilities of all persons in respect of a pension plan to fulfil their fiduciary obligations. In general, good governance promotes the timely and cost-effective delivery of benefits and promotes the administration of the plan in the best interests of the plan members and beneficiaries. Good governance requires appropriate control mechanisms that encourage good decision making, proper and timely execution, and regular review and assessment. While good governance will not, in and of itself, guarantee good performance of a plan, it does contribute to its success.

Further, good governance may reduce potential liability for the plan sponsor, the administrator, and associated advisors. Good governance demands a clear accountability for every decision made with respect to a pension plan. This accountability leads to better plan administration.

The *Pension Benefits Standards Act, 1985* (*PBSA*) prescribes the general standard of care for the administration of pension plans. Trust law also imposes fiduciary duties on administrators. (See Appendix I-Legal Environment.) Increasingly, governance has the attention of pension plan sponsors, beneficiaries, courts and regulators. As governance evolves, OSFI has come to the conclusion that detailed regulation of the administration of pension plans by this office is ineffective and counterproductive. For many aspects of pension administration, it is best to refer to the objectives of the plan and the standard of care required of administrators in achieving these objectives.

This guideline highlights issues administrators should consider when developing and reviewing a governance framework for a pension plan. Its main purpose is to help administrators in their work and to promote prudent and sound governance practices.

2.0 Principles of Good Governance

A few simple principles underlie good governance of pension plans.

- clearly stated objectives;
- independence of the governing body from the plan sponsor (s);
- separation of governance from operations, clearly defined roles and responsibilities;
- accountability and internal controls;
- adequate knowledge and skill sets;
- due diligence in decisions and supervision of delegated work;
- controls for expenses and protection from conflicts of interest; and
- transparency and full disclosure.

In addition to discussing the general principles of good governance, Appendices to this paper also examine how these principles may be applied to specific situations and examples.

3.0 Structure

A plan "sponsor" may establish, amend and terminate a pension plan, subject to contractual agreements, plan provisions and relevant legislation. The objectives of the plan are defined by the plan sponsor through plan documentation. While it is recognized that the plan sponsor plays a dual role in the pension plan it sponsors, the focus of this paper is the sponsor's actions as a plan fiduciary administrator, rather than as a sponsoring employer or union.

Each pension plan must have an administrator. The administrator has two distinct roles with respect to the pension plan:

- a "trustee" role which encompasses setting overall direction and providing supervision, and
- a "manager" role in carrying out the day-to-day administration.

In a multi-employer pension plan established pursuant to a collective agreement, a board of trustees oversees the administration performed by contractors, by employees of the pension plan or by the union. Usually, in the case of a plan established by a single employer, the corporate board of directors, a pension committee of the board, or a senior officer of the company may oversee the administration performed by internal plan managers, external agents and advisors.

While the administrator may delegate management functions, accountability for directionsetting and supervision can not be delegated. To the greatest extent possible, the supervision functions should be independent of the management functions. The chain of delegation should be documented and performance objectives and reporting relationships established between the two roles.

The prime obligation of the administrator is to act in the best interests of the plan members and beneficiaries. The administrator has fiduciary obligations whether it is acting as a "trustee" or a "manager".

4.0 Execution

Governance of a pension plan includes the supervision of administration, assessing whether the objectives of the plan are being met, and whether the people responsible for administration are performing their tasks properly.

4.1 Documentation

Pension plans are instituted by a plan text and related records. The plan documentation is the expression of the plan's objectives and should be consistent with the actual obligations under the plan. This is to ensure that the administrator (in both the trustee and manager roles) has written direction to perform the work and the plan beneficiaries can learn their entitlements under the plan. Promises outside the official plan text are inconsistent with the ideals of full disclosure, clear statement of objectives, and internal controls. They lead to misunderstanding by members, and those charged with funding the plan and managing the plan's financial risks.

4.2 Benefit Administration

Since required by the *PBSA* to act as a trustee for the employer, members and other beneficiaries, the administrator must serve the objectives of the plan. Foremost of these for a pension plan is to provide benefits to members. To this end the administrator should:

- implement plan provisions;
- interpret provisions consistently with the objectives of the plan;

- use discretionary powers in a fair, transparent and objective manner;
- seek clarification for unclear plan provisions, with the help of legal counsel or courts where necessary;
- keep accurate and complete records; and
- ensure compliance with the minimum standards of the *PBSA* and other governing statutes.

4.3 Compliance

Failure to conform with the legislation may jeopardize the plan's ability to meet its obligations to members. Compliance is the administrator's responsibility as OSFI does not have a mandate to verify that every plan provision meets the standards of the *PBSA*.

To meet its obligation to act prudently, the administrator should seek professional help in areas where it does not have the required expertise, and maintain well trained and qualified personnel to meet the compliance obligations of the plan.

4.4 Funding and Investments

The strategic planning for a defined benefit plan should project both funding and investment policy together, and should examine how contributions and solvency will vary under a variety of plausible scenarios. This work is best done with help from both the investment manager and the actuary.

The role of the administrator is to ensure that the funding levels are adequate to permit the payment of benefits. The following responsibilities may be included in the trustees' management of the funded status of the plan:

- to review the adequacy of required contributions to meet current and future needs;
- to investigate the sensitivity of the plan to economic and demographic conditions;
- to determine the desired level of surplus needed as a cushion against potential downturns; and
- to maintain the desired level of benefit security by recommending the restraining or reshaping of benefits, modifying investment policy, or recommending accelerating contributions.

In a defined contribution plan, the role of the administrator is to commission the build-up of the optimum amount of assets in the members' accounts to secure a reasonable retirement income, and to communicate clearly to the members the risks inherent in defined contribution plans.

In addition, all pension plan administrators must have procedures in place to:

- collect, receive and validate contributions from employers and employees;
- keep assets of the plan separate from the assets of the employer; and
- invest plan assets prudently and in accordance with the plan's investment policy and applicable legislation.

4.5 Internal Controls

Every pension plan should have an internal control framework in place to ensure policies are implemented, funds are managed prudently and benefits are paid in accordance with plan provisions. The administrator acting in its capacity as trustee should understand and approve the framework and the written internal control procedures supporting the framework.

Internal control procedures should:

- identify responsibilities and accountabilities;

- set out the process for recommending, approving, and implementing decisions; and
- prescribe the frequency and format of reporting.

There should be procedures in place to ensure that the plan provisions are being interpreted consistently and benefits paid correctly. Exceptions, such as those arising where plan provisions are not clear or where there is room for some discretion, should be reviewed and approved by the administrator acting in its trustee capacity.

In addition, the pension plan should establish clear written rules regarding administration, investment and other plan expenses.

5.0 Quality of Governance

Governance should be reviewed continuously to meet emerging challenges. A review of the trustee's own performance should at least investigate the following:

- does the trustee have an appreciation of its fiduciary duties;
- is the duty of loyalty to the plan and its beneficiaries paramount over the interests of the organization that appoints the trustee and other players and related parties;
- does the governance of the pension plan serve the objectives of the pension plan;
- has the plan trustee defined expectations for plan managers and assigned clear accountabilities for results;
- is the code of conduct well articulated to guide the trustee (are there adequate control mechanisms in place to protect the plan from conflicts of interest and dishonest or incompetent trustees, managers and advisors);
- does the plan trustee have adequate information to perform its duties to monitor the risks facing the plan and to map out strategies to manage the risks; and
- how has the plan trustee performed.

Trustee performance can be evaluated through benefit security and delivery appraisals, plan membership satisfaction surveys, or another form of self assessment in combination with disclosure to members. The trustee should assess whether it has delivered on the objectives of the plan and behaved well in doing so. The trustee should also determine whether to report the findings and to whom.

It is the responsibility of the administrator in its capacity as the plan trustee to challenge itself about rationale for actions and due diligence processes.

Appendix I Legal Environment

Section 8 of the *PBSA* gives the general standard of care for the administration of pension plans:

8 (3) The administrator shall administer the pension plan and pension fund as a trustee for the employer, the members of the pension plan, former members, and any other persons entitled to pension benefits or refunds under the plan.

8 (4) In the administration of the pension plan and pension fund, the administrator shall exercise the degree of care that a person of ordinary prudence would exercise in dealing with the property of another person.

8 (5) Without limiting the generality of subjection 8 (4), an administrator who in fact possesses, or by reason of profession or business ought to possess, a particular level of knowledge or skill relevant to the administration of a pension plan or pension fund shall employ that particular level of knowledge or skill in the administration of the pension plan or pension fund.

Trust law also imposes fiduciary duties on administrators:

- to be loyal to the interest of the plan;
- to act reasonably and prudently;
- to prevent personal interests from conflicting with those of the plan;
- not to profit from actions taken as fiduciary and to account for unauthorized profits; and
- to be evenhanded, when faced with competing (legitimate) interests.

Administrator According to the *PBSA*

- For multi-employer pension plans established pursuant to one or more collective agreement (s), the administrator is a board of trustees or similar body.
- For plans not established pursuant to a collective agreement by groups of employers who are not affiliated, the administrator is a pension committee as defined in section 7 (1) (b) of the *PBSA*.
- For other plans the administrator is the employer, unless it is established pursuant to one or more collective agreement(s), in which case the administrator is a board of trustees, or similar body, or the employer as specified by the plan.
- For simplified pension plans, the administrator is the financial institution.

Bill S-3 proposals are included in this definition of "administrator".

Appendix II Supervision and Management

While the administrator in its trustee capacity must oversee the operation of the plan, certain activities and day-to-day administrative functions are often delegated to plan managers. The following examples explore this relationship and accountabilities in specific plan situations.

1. Pension Plan Objectives and Policies

The administrator must ensure that the plan will continue to provide the benefits it promises. A key role in the governance of any pension plan is setting strategies on how to deliver on those promises. The administrator, in its trustee capacity, is accountable for the implementation of those strategies, and must authorize them before they are carried out. Managers and outside experts do advise, particularly on technical issues, but are accountable only to the extend that activities have been delegated to them. If they are to be given discretion, managers should also be instructed to achieve certain objectives. For instance, an investment manager's choice of certain investments will be guided by the plan's policies regarding benchmarks, return rate expectations, asset management styles, diversification and liquidity requirements.

Fully understanding the plan's policies is key for sound governance. While the experts are responsible for the advice they provide, it is essential that the administrator, in its role as a trustee, evaluate the advice it receives in the context of its own knowledge and experience, question the experts and recognize the potential limitations of the expertise. For example, the actuarial consultant may be able to demonstrate the existence of excess assets under certain assumptions, and the legal counsel may advise on the interpretation of the plan documentation and precedent setting court decisions, but the administrator/trustee has to determine what reliance it places on the advice and what policy will be followed for handling funding excess under the objectives of the plan.

2. Needs of the Employers and Members

The administrator, acting in its role as a pension plan trustee, should participate in discussions whether the continuation of the plan under its current form makes sense. Will the plan design continue to serve the employees and the employer's human resource policies? The preferences of plan beneficiaries, the demographic and economic circumstances of the plan and the existence of other methods of securing retirement income may mean that the status quo of the plan is no longer the best alternative. Even if the plan objectives, plan design and the ultimate decision to amend or terminate the plan are determined by the employer in its own self interests or by the union through negotiated agreement (s), the plan administrator retains a role. The plan administrator/trustee must make sure that its fiduciary responsibilities have been fulfilled through judicious advice and recommendations. In these deliberations the administrator/trustee should be scrupulous in considering the interests of the plan beneficiaries.

3. Financial Stability and Funding

In its trustee capacity, the administrator should assess the vulnerability of the plan to changes in economic and demographic conditions, and how these may influence the willingness and ability of the employer or industry to contribute. For example, the administrator/trustee should consider changes in bond and stock markets, interest rates, and the effects of inflation. An investment policy that was suitable for the plan when it was young and the employer was expanding may not be suitable once growth halts and the workforce starts to age. The practice of bringing the salary base for career average plans up to date by creating unfunded liabilities may have been easily sustainable by a young plan. This practice may become untenable, either because of the plan membership profile, or changed economic climate. Strategic financial planning would, for example, consider prefunding benefit improvements or at least shortening the amortization period to reduce the possibility of having to forfeit benefits in the future.

A defined contribution plan administrator will have to determine, among other matters:

- who will make the investment decisions;
- whether the members invest the total account, or just their own contributions;
- number and diversity of investment choices required to materially affect the potential returns and degree of risk;
- diligence in the selection of investment choices, should member representatives participate

in the selection;

- standards for monitoring the performance of the investments;
- how frequently the members can change their investment choices;
- how to best communicate to the members the risks of this type of pension savings, especially during times of low investment returns and high annuity costs;
- what information or investment counselling the administrator should provide to the members;
- how to educate the members on making good investment decisions; and
- how to handle expenses charged to the fund.

4. Plan Operation

Effective supervision is possible only if management has clear instructions from the trustee and the managers fully understand their roles in terms of expected results and policies to be followed. To over-see the operation of the plan, the administrator/trustee needs sufficient and timely information about financial and administrative performance. Information on which the trustee relies is prepared by managers and advisors, and the administrator should consider having it verified by independent auditors.

The administrator, in the role of a trustee, should perform the following tasks as it supervises the plan operations:

- assess periodically if objectives of the plan are being met;
- ensure absence of (potential) conflicts of interest;
- ensure controls are in place and that they are audited regularly;
- set expectations with management and evaluate performance, through effective delegation where required;
- consider the necessary resources required to pursue the objectives and strategies;
- review correspondence relating to the plan to assess specific administration matters; and
- maintain appropriate records of key meetings and decisions affecting the plan, and confirm follow-up action.

5. Delegating and Outsourcing

The challenges facing the administrator of a pension plan require the use of a broad range of skills and knowledge. The administrator/trustee may acquire skills and knowledge by employing qualified staff (plan managers) and through outsourcing. Selection of staff and/or agents and monitoring of the delegated work are the responsibility of the party who commissions the tasks. In addition, the administrator/trustee must assess the quality of the services and decide whether to follow the advice it receives. The administrator, as a trustee or a manager, must have a reasonable understanding of the issues to assess the credibility of the advisors and the rationale behind their recommendations. More details on the due diligence process in obtaining third party services are outlined below in Appendix III - Outsourcing.

6. Controlling Expenses

The standards of prudent care demand that the administrator, in its capacity as trustee, establish clear written rules and guidelines regarding the use of the plan assets for purposes other than benefit payments. In particular, the rules should detail what issues the administrator will have to consider before authorizing a payment from the pension fund and guidelines on what are appropriate expenses of the pension plan. In addition to administration expenses, investment expenses and purchase of services should be addressed. If, for example, the plan wishes to update the knowledge of its administrator and staff by sending them to conferences, documented guidelines could specify for instance what conferences are considered appropriate, what is to be gained from the attendance, what reporting of findings is expected of the attendees, who should attend, what accounting of expenses is expected, and what are reasonable expenses.

If fees are charged to the plan, the procedures should include for instance:

- a requirement for written service contracts and expense sharing agreements for all services including legal, accounting and actuarial services, staff salaries, computer systems, premises, etc.;
- a requirement for proof that purchases are based on competitive determinants;
- billing and receipt requirements;
- clear identification of positions and persons who are authorized to approve fees and expenses from the plan; and
- how the administrator will monitor that the rules are being followed, e. g, . through random audits.

7. Information to Members

Laws and regulations cannot possibly provide all of the detail required to guide the administrator in meeting the principles of governance for disclosure. OSFI has issued a separate guideline on disclosure of information to members that summarizes the minimum requirements and makes recommendations for certain additional disclosure. The administrator should also be mindful of its fiduciary responsibilities and the standard of care required of a trustee when considering what to disclose, the manner and form of disclosure, and whom to inform. Regardless of the medium or the recipient, the information should be clear, accurate, complete, and timely.

In addition, the administrator should ensure that member inquiries and complaints are managed by skilled staff and effective conflict resolution mechanisms are in place to handle disagreements. The administrator would also do well to consider the role of member and/or retiree committees as advisory and information-dissemination bodies.

8. Record Keeping

Record keeping applies to both the administrator's records of meetings and decisions and to the administration systems used internally and externally. Effective record keeping involves the following considerations:

- organize, refresh and transcribe records to modern format;
- determine the length of time records should be kept to validate benefit calculations, to compute credit splitting, to establish legal requirements such as funding obligations or surplus entitlements; and
- audit records to ensure accuracy and respond quickly to any concerns of the auditor and actuary about the quality of the plan's records.

9. Plan Documentation

In addition to describing the plan's objectives, the following should be considered for documentation, as appropriate in the plan circumstances:

- include requirements of all applicable legislation;

- define the powers to amend the plan;
- describe all pension promises;
- describe how those benefit promises are related to plan funding;
- specify required contributions, and state when the employer must contribute and when it can abstain;
- ensure that the plan reflects negotiated agreements;
- specify authority to collect contributions and data;
- address the rights to and use of excess assets in an ongoing plan;
- describe the allocation of surplus on plan termination;
- address compensation, disbursements and expenses from the plan; and
- specify periodic review of plan provisions and documentation.

For instance, a plan may pay subsidised early retirement benefits automatically, despite wording that calls for administrator consent. Practice and communications to members of benefits not specified in the plan text may lead to entitlements that an actuary who relies on the plan text will not recognize when calculating funding requirements. Accurate and up-to-date documentation will help to prevent misunderstandings and funding surprises.

10. Performance Expectations and Review

The administrator (plan sponsor in its fiduciary capacity) should expect and look for an acceptable level of professional conduct and advice from the plan trustees, managers and advisors and, if the conduct is not appropriate, the administrator should consider mechanisms and follow-up actions, including use of professional disciplinary procedures and legal recourse if necessary.

In reviewing the plan trustee's and managers' mandate and performance, the administrator (measuring its own and delegated entities' effectiveness) should take the following actions, if appropriate:

- ensure the trustee is sufficiently independent to supervise plan management;
- ensure the administrator, in both the trustee and manager capacities, continues to be educated about developments in pension plan governance and other sound business and financial practices;
- ensure the administrator is qualified in understanding financial markets, risk management, legislation and other general pension issues, as well as plan specific matters such as the plan promises, current status of the plan, its major policies and the operating processes of the plan administration;
- refresh the list of suitable new candidates to serve in the role of a trustee;
- set annual objectives for the management of the plan and review progress towards the objectives on regular basis;
- ensure no one in the plan administration is working contrary to the plan objectives, and give clear instructions to those who administer the plan, the instructions should not leave undue discretion;
- ensure the information used in the administration of the plan, the formulation of policy and in strategic planning is reliable and untainted by biases; and
- ensure the administrator has responded to the observations and recommendations of the last governance audit, and if no audit has been performed, determine if such an audit should take place.

For example, in making investment decisions the administrator should not be open to arm-twisting or inducements for recovery capital to aid declining industries or failing ventures. If the administrator has given the trustees or the managers discretionary latitude in certain investment decisions, those decisions must serve the objectives of the plan and follow a prudent decision-making process. Should the administrator discover that it has failed in providing such a framework, corrective measures should be taken immediately and mistakes dealt with.

Appendix III Outsourcing

In order to meet the test of due diligence in obtaining services, the administrator should, as a minimum, establish that:

- the provider is qualified;
- the provider's interests do not conflict with those of the pension plan;
- the provider has sufficient financial resources for a stable relationship;
- the provider will give the service adequate performance and that it has measures in place to assess performance;
- the arrangement will provide good value for money; and
- the provider has the necessary procedures and controls to ensure that rules of confidentiality will be respected, that accurate records will be maintained, and that plan assets will be safe.

The contract with the service provider should require:

- the provider to conform to all plan policies;
- the provider to guarantee the absence of conflicts of interest, qualifications of the people performing the work, confidentiality, and performance;
- the provider to maintain records;
- the provider to disclose to the plan administrator any direct or indirect compensation obtained by the service provider and related parties for work in connection with the pension plan from other sources, e. g. , commissions from insurance companies on annuity purchases or investments; and
- the provider to agree to conditions for the continuation or termination of the contract, including an agreement to co-operate with its successor, other service providers and regulators.

The administrator should also:

- inform any professional it engages that the administrator's policy is to report unethical behaviour to relevant professional associations and/or regulatory bodies;
- reassess periodically whether the arrangement continues to provide good service and good value for money; and
- terminate the contract when there is credible evidence that it is not providing the service and value for money.

To accomplish some of the above, the administrator may consider an audit of the service provider, performed to the standards of Section 5900 of the Handbook of the Canadian Institute of Chartered Accountants, either before, during or at end of the contract. This audit can be performed by internal or external auditor of the purchaser or the provider, as circumstances permit. Further guidance on outsourcing can be found in OSFI Policy Statement #1997-02, August 1, 1997, Outsourcing of Business Functions by FRFIs.

Appendix IV Special Governance Issues When Employer is the Administrator

The *PBSA* states that the administrator acts as a trustee for the employer, members and other beneficiaries. However, if an employer acting as administrator finds itself in a conflict-of-interest situation, where the employer role demands certain considerations and the plan trustee role requires opposing actions, it must act in the interests of plan members. This has implications for establishing investment policy, and for certain procedures in handling expenses and granting benefits.

1. Investment and Funding Policies

Investment policies that provide high security for accrued benefits may have lower return expectations than aggressive investments that aim for high returns with less concern for benefit security. The employer will benefit from aggressive investments if they lead to lower employer costs in a defined benefit plan. The members' benefit security may benefit from an investment policy with conservative return-rate expectations, for instance, in cases where the administrator attempts to immunize the plan's solvency ratio from interest rate changes or inflation. At the same time, there may be a tradeoff between benefit security and benefit amounts. The administrator must strike a fair balance between risk and reward, keeping in mind its fiduciary responsibility. (For further discussion, refer to OSFI's pension plan investment guideline.)

2. Expenses

Many employers feel that they pay the residual cost of the pension plan after employee contributions, and therefore it does not matter much whether they pay expenses directly or from the pension fund. However, payment of expenses from the fund that are not consistent with the purpose of the plan may be an illegal use of pension funds. Plan documentation should give clear direction to the administrator on permissible disbursements from the fund. Certainly, expenses incurred by the employer in pursuit of its own interests, and not as a plan fiduciary, must not be paid by the pension fund.

3. Benefits Policy

Many employers see their pension plans as a tool for handling human resources issues. Employers may serve their own interests by giving special benefits to certain groups during downsizing or to attract special talent. A trustee need not be even-handed in such cases if the terms of the plan instruct the trustee to favour certain beneficiaries in certain circumstances. However, while acting as administrator, the employer must conform to the terms of the plan and apply discretion with an even hand. Variations in treatment must not be arbitrary; rather they should reflect an application of documented policy to the circumstances of the cases.

Appendix V Special Governance Issues When Board of Trustees is the Administrator

Negotiated pension plans pose special governance concerns because they are often important issues in collective bargaining.

1. Composition and Orientation of the Board

Boards of trustees should pay special attention to educating the board members and planning for an orderly succession. Ideally, the board should have representation of the various groups with an interest in the plan: employers, active members, retirees and other former members. If a group is not explicitly represented, the board should consider other ways to obtain its views, such as special notifications with opportunity to comment.

2. Investments

The trustees should ensure that they are managing the funds to achieve the plan objectives. Considerations of solidarity with other unions or locals or promotion of employment in an industry have to be dealt with by trustees in a manner that is consistent with the plan's investment policies and their own fiduciary responsibilities relating to the pension plan. The fiduciary obligations of the board should set the standard against which all investment decisions are measured. (For further discussion, refer to OSFI's pension plan investment guideline.)

3. Obtaining Independent Objective Advice

The adversarial nature of collective bargaining connected to the operation of the plan must not hinder trustees from acting on independent and objective advice. For example, the union may have reasons to exaggerate or minimize wage increase forecasts, or the employer may wish to exaggerate or minimize the possibility of layoffs. In setting benefits, it is difficult to evaluate projections of future contributions required to finance the benefits when these contributions are yet to be negotiated. The difficulty obtaining independent objective advice should alert trustees to the need for special caution, especially when granting benefit increases.

4. Benefit Increases

Preserving equity among generations of members is a rational concern, especially for trustees of a negotiated contribution/defined benefit plan, and suggests that trustees should ensure that each generation pay for the benefits it receives, and not rely on contributions of the members who follow. To do this and simultaneously safeguard promised benefits, trustees should strive to avoid unfunded liabilities and to finance future cost of living improvements in advance. For example, retroactive benefit improvements, such as inflation protection, could be phased in gradually as funds become available. The board may find actuarial scenario testing, with a realistic range of assumptions, a helpful tool when considering benefit adjustments.

5. Compensation of Trustees

The board of trustees should establish a policy for compensating its members for their time and earnings lost while they work as trustees. In doing so, they should seek the opinion of independent advisors with expertise in compensation. The policy should be reviewed by legal counsel to ensure that it is consistent with trust law and the specifics of the plan. The board should consider disclosing to members the actual compensation and any honoria or repayment of expenses to trustees as well as the plan's policy in this regard.

6. Collection of Data and Contributions

Trustees should consider refusing participation to a group of employees if their collective agreement does not provide the plan with adequate authority to collect contributions and data. They should establish a delinquency control program including procedures for the collection of unremitted contributions. Timely information is especially important for negotiated contribution plans, because occasions to influence negotiations for contributions are infrequent. The trustees should be comfortable with the systems in place for collecting data and should establish remedies to deal with noncompliance. For instance, at the recommendation of the trustees, the union and the employers should include in their collective agreements the employer's duty to provide data, and the plan administrator's right to verify this information or collect it at the employer's expense should the employer fail to provide it on time.

3－5　关于联邦监管的养老金计划投资政策和程序制定的指引 2000 年 4 月

1. 本指引的目的和适用范围

《养老金标准法案（1985）》和《养老金标准监管条例》要求受联邦监管的养老金计划的管理人应当编制养老金投资政策和程序（SIP&P）的书面报告。养老金投资政策和程序必须建立在“审慎人组合方法”的基础上，“审慎人组合方法”是将理性的、审慎的人适用到养老基金投资组合。良好的养老金投资政策和程序帮助管理人在定额缴费计划条款中使成员利益最大化，并且在定额给付计划条款中兑现承诺的给付。

本指引概括了金融机构管理部联邦监管的养老金计划的管理人在建立、贯彻和监督养老基金投资政策和程序中要考虑到的因素。本指引希望成为帮助计划管理人制定适合他们的养老金计划的投资政策的指南，同时不限制谨慎计划的管理人履行其职责。

每个计划管理人应当根据具体情况使用本指引，以反映其计划的义务（包括监管要求）、养老基金的目标，所有可能影响该计划持续筹资和偿付能力的因素，以及计划履行其财务义务的能力。对本指引的任何违背，管理人应当准备做出解释。

附件 I 列示了确定投资政策中需要考虑的问题。

附件 II 提供了一个表格，概要列示了 PBSR 中表 III 所规定的投资和贷出限额。

附件 III 列出了与制定投资政策相关的其他金融机构监管部指引和最佳实践。

本指引依据以下法条，这些法规规定了受 PBSA 管辖的养老金计划管理人的职责：PBSA 的第 7.4 条、第 8 条第（3）款、第 8 条第（4）款和第 8 条第（4.1）款以及 PBSR 中的第 6 条、第 7 条和表 III。

2. 投资政策和程序的阐释

注：此处规定的某些内容和程序可能包括在投资经理委任书中，或其他除投资政策本身之外的处理投资过程的文件当中。

2.1　投资政策

投资政策：

- 将计划管理人的投资思想传达给养老基金管理人。
- 说明投资和贷款的目标，以及养老金计划的风险哲学。
- 阐明投资经理人的选任、报酬和替换事项，这些都应当以有助于服从政策目标和程序的方式进行。
- 将投资策略传达给评估养老金计划的财务状况的人和基金的缴费人；这些群体可能包括计划精算师、养老金理事会和金融机构监管部，还有该计划的成员和其他希望评估他们在该基金中的利益的数量及安全性的受益人；确定参与投资过程的人员的职责，以及对他们的期望。

和 PBSR 第 7.1 条规定的一样，养老金投资政策和程序必须明确说明以下要素：

- 投资和贷款的类别，包括衍生产品、期权或期货；
- 投资组合的多样性；
- 资产混合和预期回报率；
- 投资流动性；
- 现金和证券借出；
- 附着于投资的投票权的保留和授权；
- 评估在公开交易所非规则性交易的投资；
- 关联方交易。

在说明这些要素时，计划管理人应当确定该计划所能承受的风险等级和风险容忍度。因素如缴费频率和盈余水平等，应当在持续经营和偿付能力的基础上进行考虑。计划管理人应当考虑养老金计划的债务结构、基金的预期需求，以及根据这些需求安排的投资组合的到期状况等。因此，计划管理人应当很好地掌握计划中的债务、投资的意图和风险，以及用来满足计划债务的资产的适当混合。

基于“审慎人组合方法”的投资政策，承认个人投资不可容忍的风险对多样化的组合是可以承担的。这样一种方法要求计划管理人结合养老金计划的目标和特定环境来看待整个资产组合。

在投资政策中载明这些要素时，管理人应当确定计划对信用风险（单个实体或联合实体）和市场风险（利率、通货和价格）的风险敞口的限额。在设定这些限额时，计划管理人应当考虑多种可能情景下计划的风险敞口。计划管理人应当确保养老金计划遵循健全的投资政策。它应当执行确保组合结构与制定的投资政策和投资限制相一致的程序。随着投资环境和计划债务的变化，应当定期修订投资计划，以确保其继续符合计划的目标。PBSR 第 7.2 条要求计划管理人至少每年审查一次养老金投资政策和程序 。

2.2 程序

程序应当：

- 鉴别责任和义务；
- 制定提出、批准和执行决定的程序；
- 决定报告和成绩评估的频率和形式。

养老金计划应当概括如何执行和监督投资和贷款政策的书面程序。在某些情况下，当意识到责任分离可能不可行或不能实现低执行成本时，程序仍应当在负责做出投资决定、证券托管、基金的支付和接受、保管记录、巩固位置和调节等职责的人间分离责任。计划管理人应当确保养老金投资政策和程序由具备适当专业水平的人员执行，可以是其员工或依据合同委托的人。

另外，书面程序应当规定贷款和投资的分类方式和非规则性地交易的贷款和投资的评估依据。书面程序应当规定这些资产的托管安排。在制定程序时，应当参考 PBSR。

程序应当包括监督和控制计划对利率、汇率和市场价格波动的风险敞口。

应当识别利益冲突的潜在根源，程序应当确保参与执行投资和贷出政策的人员懂得在什么情形下其可能发生及如何解决问题。

3. 养老金投资政策和程序的批准

养老金投资政策和程序是计划管理人的职责。计划管理人不需要让养老金投资政策和程序获得精算师或金融机构监管部的批准。但是，根据 PBSR 第 7.1 条第（3）款，如果精算师和养老金理事会存在，计划管理人必须将养老金投资政策和程序提交给他们。

4. 向金融机构监管部提供信息

计划管理人不需要向金融机构监管部正式提交养老金投资政策和程序，但是，如果金融机构监管部要求审查时，必须能够获得养老金投资政策和程序 。

计划管理人应当使有关投资组合的信息能够体现为便于分析的方式，例如：

- 当前养老金资产和投资政策设定的限额之间的比较；
- 对资产质量和集中度的分析；
- 利率和期限错配的分析，包括适当的情景测试的结果；
- 对收益来源多样性的分析。

本指引的其他内容，尤其是附件 I. 4（理解风险）、I. 5（风险测定）和 I. 6. 3 条（资产混合和预期回报率）等内容，着重讨论了这些问题。使信息保持这样的流通方式会使投资经理、精算师或其他有权力或义务报告投资计划的人员的工作更加轻松。

如果上交的法定报告没有包含这一分析所需要的信息，金融机构监管部可以要求提供巨大风险领域的补充信息。

5. 向成员提供信息

计划管理人应当考虑向养老金计划成员披露关于投资政策、投资经理委任和业绩的信息。

附件 I　投资政策和程序的指引

I.1　参考法规

本指引依据以下法条，这些法规规定了受 PBSA 管辖的养老金计划管理人的职责：PBSA 的第 7.4 条、第 8 条第（3）款、第 8 条第（4）款和第 8 条第（4.1）款以及 PBSR 中的第 6 条、第 7 条和表 III。

PBSA 第 7.4 条规定计划管理人必须依据 PBSA 和 PBSR 来管理养老基金。

PBSA 第 8 条第（3）款、第（4）款要求计划管理人作为相关利益者（雇主、成员和受益人）的委托人而行为，并且履行一般的审慎管理者在处理他人的财产时须履行的审慎要求，这就是所谓的“审慎标准”。

PBSA 第 8 条第（4.1）款要求计划管理人依据 PBSR，以适用于养老基金的投资组合的理性和审慎投资人原则来投资养老基金资产，这就是所谓的“审慎人组合方法”。

PBSR 第 6 条和第 7 条要求计划的资产依据 PBSR 的表 III 进行投资，并且，为了计划的利益，其资产应以信托的方式持有，或者由管理人、以加拿大存管处的名义或以被任命者的名义持有。

PBSR 中的表 III 规定了养老基金的投资和贷款限额，其内容概要包括在附件 II 中。

PBSA 第 7.1 条要求计划管理人编制投资政策和程序的书面报告，并且概括了其必须包含的要素。

I.2　撰写养老金投资政策和程序

计划管理人负责制定养老金投资政策和程序 ，并且应确保其充分涵盖了投资的重要方面。在养老金计划已经建立的情况下，必须考虑投资的适当性，以确定它们是否遵守正在制定的养老金投资政策和程序。

在准备养老金投资政策和程序时，任何养老金计划的管理人应当考虑：

- 当前投资的适当性；
- 未来缴费率 ；
- 当前自然产生的债务的数量和结构；
- 这些债务和正在计划的各种投资将如何应对变幻莫测的经济事件，这就是“如果怎么样”情景；
- 计划的财务状况；
- 风险容忍度；
- 养老金计划的到期；
- 预计的现金流量需求；
- 计划的发起人为养老金计划筹资可能面对的风险。

这将既需要技术性信息，也需要有专家的建议。被指派负责起草养老金投资政策和程序的人员应当具备广泛的专业知识。定额给付计划的精算师能很好地理解现时的和发展中的债务，但是，不可能对计划投资有同样深刻的理解。投资经理可能只在有限的资产种类方面具备专业知识，而且，投资经理可能只专注于已投资资产的回报和风险，而不考虑基金必须确保的义务。计划管理人应当确保对致力于养老金计划财务管理的人员有充分的评论养老金投资政策和程序的机会 。

计划管理人应当确保随之而来的建议不受利益冲突的左右。计划管理人应当谨记，撰写养老金投资政策和程序的投资经理没有动机去抑制投资经理们的作用或者设立有效的业绩评价。同样，有些推荐购买金融产品的人可能忽视披露可以冲销服务费用的佣金的需要，因而会扭曲产品的实际定价。

养老金投资政策和程序应当记载计划管理人如何监督、奖励或替换投资经理和其他遵守养老金投资政策和程序并为业绩结果而为基金服务的人员。

I.3 了解计划的义务和目标

I.3.1 定额给付条款

成员资格和福利

为了达到 PBSA 谨慎投资的标准，计划管理人必须首先了解计划的义务。

附带定额给付条款的计划的管理人应当考虑如下因素：

- 正在支付的养老金是否与生活成本同时增长。这种增长可以在计划文本（指数化）中明确承诺，或者各方认为生活成本的不断增长是正常的。
- 养老金计算公式是否总是对工资增长进行调整，或者计划管理人是否打算实行增长以使公式顺应当前情况。
- 义务如何在现成员和前成员之间分布。在这些成员之间，要考虑义务如何按照年龄和退休时间分布。
- 就业水平或经济条件的变化是否可能改变退休模式。
- 是否有重要的补助金临时或彻底被中止。
- 计划是否如预期一样改变（例如转换等）。

偿付能力比率

偿付能力比率接近或低于 1 的养老金计划需要非常谨慎的风险管理，因为如果雇主的缴费停止的话，基金的资产可能不足以保证承诺的福利。为了控制风险，有的管理人试图使计划免受名义利率改变的影响。但是，如果计划没有结束，计划的义务可能会受到其他因素的影响，例如，通货膨胀、工资增长、持续获利和提前退休资格条件的改变，这些都是策略无法解决的。

计划管理人应当警惕不断增加的风险，以免受偿付能力问题的困扰。例如，通过购买非流动性或低质量但高收益的资产。

计划到期

在到期的养老金计划中，累积福利的债务远超过一年福利累积的价值。如果债务超过资产，对用来弥补赤字的额外专项支付的需要将超过计划的正常年度价值。这对于议定缴费的定额给付计划是个突出的问题，在这种计划中缴费通常不能增加以满足弥补赤字的最低标准。而且，雇主觉得自然累积的福利与正在进行的缴费不相当的话，他们可能会退出计划。所以，到期计划的管理人对计划的财务恶化状况必须有灵敏的反应。

如果对领取养老金者的债务是固定的，并且对年长的计划成员的债务较少地受到工资增长变化的影响，那么，计划可能通过购买年金、现金流或久期资产负债匹配来应对利率波动。在持久地购买年金来帮助养老金领取者应对利率的改变时，计划管理人必须谨慎以确保保险公司是财务健全的，并且预期回报率从长远来看是合理的，因为计划将持续对这些债务负责。

I.3.2 定额缴费条款

在附有定额缴费（货币购买）条款的计划中，养老金计划可能仅仅通过支取已积累在成员账户中的缴费以及投资回报——即使回报可能很低，来履行其投资义务 。但是，这一类型计划条款的管理人应当考虑：

- 成员的需求和合理预期。例如，这些成员可能更加看重其账户的现金价值，而不是他们可以得到的养老金收益。
- 成员混杂。年轻的成员期待其账户收益的增长，而年长的成员则更注重保护他们的资金。
- 成员的风险容忍度。年轻成员比年长的成员更能容忍风险，因为他们有更多的时间调整理财策略和补偿损失。
- 同样年龄的计划成员之间的风险容忍度和期望有差异。以“平均年龄成员”的需求为基础的策略仍可能让许多成员不满意。
- 计划成员选择投资项目的能力。计划成员可能面对多种不同风险和回报期望的投资选择。

成员做出精明决策的能力依靠他们的阅历和选择的范围。计划管理人应当考虑对计划成员提供持续的信息和培训，并且确定计划成员承受的风险限度。计划管理人应当明白，在货币购买计划中投资的义务和职责不会自动转移给计划成员。

定额缴费计划的管理人应当说明以下事项：

- 资产类别和投资风格（积极或消极，成长型或收入型，等等）。
- 投资经理的选择。
- 投资经理业绩标准的确定。
- 投资经理业绩的监督及对其业绩不良时采取的措施。
- 对成员和受益人进行退休计划、计划缴费和投资方法方面的培训。
- 向成员告知投资选项、投资业绩、计入成员账户的费用和可用的管理支持等方面的信息。
- 监督以下事项：
- 监督没有指明投资选择的参与者的“默认账户”。
- 参与率（在参与是否可选的计划中）和成员的投资选择。对此监督的目的是为了决定在交流和培训计划中是否需要有所改变。

I. 4 理解风险

资产受到许多投资风险的影响，如果不进行适当地管理，将会导致养老基金价值的受损。

投资中固有的某些主要风险是：

信用风险：指对方不支付初始协议约定的到期金额并且最终不履行义务的风险。

不匹配风险：指因为计划资产市场价值的增加或减少与债务相应的增加或减少不相匹配而产生的偿付能力不足的风险。

货币风险：金融工具的市场价值将随着汇率的变化而波动的风险。

价格风险：投资的市场价值或以投资为基础的金融工具的市场价值将会波动的风险。

利率风险：证券的市场价值因为市场利率的变化而波动的风险。

其他风险：包括通货膨胀风险、选时风险和新兴市场上的政治风险。

信用风险在 I. 6. 1 条（投资和贷款种类）和 I. 6. 5 条（现金和证券借出）中有规定。但是，计划管理人在任何出让养老金资产（收入或者支出除外）的交易中，都应当考虑信用风险。不匹配风险在 I. 6. 3 节（资产混合和回报率预期）中有规定。

像许多其他风险一样，信用风险也可以通过多样化得到控制。同时，谨慎认购、持有担保物或者获得第三方的保证，也可以降低信用风险。如果其风险重大的话，养老金投资政策和程序应当识别信用风险，并且规定如何对之进行管理。如果信用风险暴露是长期的，那么养老金投资政策和程序应当进行定期的信用风险审查。

另外，当资产需要变卖的时候，用来满足计划义务的现金流会给管理人最大化资产价值带来压力。因此，资产和债务的匹配有助于保持养老基金的可持续性。然而，匹配可能导致相对的低收益。管理人必须懂得金融风险和完全匹配或不匹配的成本。例如，成员资格限定在一定范围并且90%的计划债务可归于退休成员的到期计划，没有必要将90%的基金资产投资于固定收入投资——在带来的回报估计会减少的情况下。同样，刚设立的没有退休债务的计划不必完全投资于股权——在考虑风险的情况下。

这些风险会在不稳定的利率环境下和剧烈动荡的投资市场中放大。计划管理人可以运用动态情景测试来评估养老金计划承受波动的市场环境的能力。

I.5 风险测量

风险测量包括对偿付能力比率和必需的缴费波动性的测量。除了给付安全水平的量化外，偿付能力比率也是I.4节规定的“不匹配风险”的一个衡量指标，因为有盈余的计划比资金不足的计划能承受更大程度的不匹配。

投资文献热衷于风险和预期回报之间的平衡，并认为风险就是收益波动性的衡量。价值年与年之间变化很小的资产组合被认为风险很小。但是，定额给付养老基金是为了保护易受利率和其他经济、人口因素影响的债务而设立。当利率的下降抬高了提供承诺养老金的成本时，易受这些因素影响并且给予稳定的年度回报的资产组合将在确保义务实现方面给成员和领取养老金的人做了不尽如人意的工作。可能导致的赤字将引发偿付能力不足的计划的终止，除非雇主愿意并且能够进行特别支付。

这些风险对货币购买计划也会同样产生作用，但是，投资风险几乎全部由计划成员承担。虽然偿付能力比率对这些计划不适用，但个体成员仍会受到上面所述的“不匹配风险”的影响，尤其是打算用他们的账户余额购买养老金的临近退休的成员。

I.6 养老金投资政策和程序的规定要素

I.6.1 投资和贷款的种类

由于需要制定某些限制以保护计划不受决策制定投资过程中专断行为的影响，许可的投资和贷款的范围应当：

- 能有效地促进服务于计划需要的投资组合的形成；
- 考虑到不远的将来形势的可能变化；
- 避免集中投资于某一投资市场。

对被许可投资种类的描述应当至少说明：

- 包括在该类别中的资产的质量；
- 股票市场、利率和通货膨胀的变化对投资的影响；
- 清算资产偿付的优先权；
- 现金流特征。

如果某一资产质量下滑至投资政策允许的规定以下，管理人应当考虑如何处置这一资产。

养老金投资政策和程序应当把衍生工具的利用和基金的目标及养老金计划的义务联系起来。如果衍生工具的利用被许可，养老金投资政策和程序应当：

- 列出可接受的衍生工具；
- 说明可以被配置的资产组合的比例；
- 指出其将被利用的目的（对冲、指数复制等）；
- 确定哪一经理被授权使用衍生工具，并且设定交易限额；
- 指出这些产品将从何处取得；

- 说明将如何管理场外交易产品。

计划管理人应当了解如何使用衍生工具和测量计划的衍生工具的风险，管理人还应将这些理解写入他们的政策里。对此话题进一步的探讨，计划管理人应当参考金融机构监管部的《受联邦监管的养老金计划的衍生工具最佳实践指引》。

I. 6. 2 投资组合的多样化

资产组合理论的一项原则是投资风险可以通过资产类型、行业和地理区域的多样化来降低。但是，多样化也有成本，包括选择投资的努力、交易费用、托管成本、财务报告成本以及可能的低回报。风险的降低可以使成本的增加有充分的理由。

适合于某个计划的多样化程度取决于计划的规模、相关利益者承担风险的意愿以及投资内在的风险。对大多数计划，审慎性要求的多样化比 PBSR 的表 III 中第 9 条和第 10 条规定的要大得多。例如，房地产投资存在 5% 的限度，这一限度揭示了有不适当地依靠某项资产命运的风险。但是，由不同的所有者持有的在同一城市街区的两宗类似的财产通常一起升值或贬值。所以，养老金投资政策和程序需要按照地理区域和住宅类型（住宅、商业或工业）评估房地产投资的集中度。

另一方面，立法还要求养老金计划使其证券持有多样化，当联邦或省政府发行或担保它们时（正如表 III 中第 9 条第（2 款）、第 9 条第（3）款第（d）项和第 9 条第（3）款第（e）项中所认为的）。但是，在信用风险降低的同时，管理人必须考虑其他风险（例如，利率、流动性等），以及现金流特征和这些资产的回报是否十分适合计划。

多样化的利益可以通过进行投资工具投资以持有多样化的投资组合（例如，普尔基金）以较低的成本获得。计划管理人应当熟悉这些投资工具的投资政策，因为这些政策实际上成为了养老金计划的子政策。同时，他们应当确保妥善地管理这些投资工具，并且满足表 III 的要求。

I. 6. 3 资产混合和回报率预期

养老金投资政策和程序应当规定：

- 资产组合的预期回报率；
- 该回报率的预期波动；
- 预期回报类型；
- 预测什么时间内它们将被获得；
- 如何利用它们来评价投资经理的业绩。

回报率预期的范例有：

- 若干年内 x% 的真实回报率；
- 名义回报率；
- 基准组合上的回报率。

不同种类的回报预期被用于不同的目的。有的用于监督投资经理的业绩，有的用来建立以选定投资组合为基础的基金预期。如果预期没有实现（例如，在制定的时间期限内投资经理的业绩低于一般的水平），管理人应当考虑需要采取什么行动。

养老金投资政策和程序应当确定被认可投资的类型和每一类型可接受的比例。意识到变化的经济条件或市场情况要求资产配置随之改变，这可以表达成可能性范围。

可能配置的范围应当充分限制成这样：

- 计划管理人的意图很清楚；
- 能够控制投资经理的活动；
- 第三方能够评价福利的安全性。

同时，养老金投资政策和程序应当规定“资产配置目标”（asset allocation target）或“正常状态”。

在为来年以及现已生效的计划义务预测的经济环境下，养老金投资政策和程序所允许的极限配置颇有意义，计划管理人应当对此感到满意。养老金投资政策和程序应至少每年审查一次，并且做出必要的修改，以反映经济条件或计划义务的剧烈和长期的变化。

现金流特征或资产和债务的久期（资产/债务管理）的匹配是建立和维持适合计划需要的组合的重要工具。但是，这可能会导致低收益，并且因此导致更高的根据定额给付条款提供养老金的成本。尽管如此，即使没有资产或债务的管理策略，掌握不匹配的程度将有助于计划管理人鉴别计划所暴露的风险。

I.6.4　资产流动性

养老金计划根据计划条款和养老金法律进行支付。支付的时间选择取决于计划成员或其他受益人的决定。投资政策应当预见以后年份计划的现金需求，并且说明将如何满足这些需求，这样：

- 资产不会意外地、潜在地以不利的价格被清算；
- 资产组合不包括多余的现金金额或者低收益的流动资产。

I.6.5　现金和证券借出

投资政策应当详细地说明现金和证券借出，尤其是：

- 执行这一活动的环境；
- 谁被授权从计划中借出；
- 最大风险暴露和对手风险；
- 要求的担保物；
- 保证金要求。

对于借出什么资产及借贷期限，政策可以变化。对于证券投资，其多样化能够降低对手风险暴露。实施证券借出的养老金计划，应当遵守金融机构监管部《养老金计划证券借出指南》。

I.6.6　附着于投资的投票权的保留和委托

计划管理人不应当忽视通过计划投资而取得的投票权的价值。股东的投票权如果和他人联合使用时，通常很有价值。如果在投资政策中疏于规定这些权利如何行使，计划管理人将会利用这一疏漏，做出渎职的或专断的行为，可能违反谨慎标准。投资政策应当描述并要求投票权的使用，无论是直接还是通过代理人。

如果投票代理人的权力被委托给投资经理，代理人应当受到投资政策规定的规则的限制。管理人应当收到一份报告，该报告应说明代理人是如何选定的，并且要确认服从于管理人的代理人投票政策。

I.6.7　在公开交易所非规则地交易的投资的评估

为了诸多目的，必须评估投资，包括：

- 评价经理的业绩；
- 确定收益的安全性；
- 满足监管要求；
- 决定已累积和正在累积基金的适当缴费率。

对于持有在公开交易所非规则地交易资产的养老金计划，其投资政策应当说明评估这些资产的基础和评估频率。评估基础将根据公认的会计原则或法律来确定。如果使用市场价值，就应从公开交易所获得评估需要的信息。计划管理人应当与专业人员合作，以确保可以获得必要的信息。

I.6.8　关联方交易

一般来说，PBSR 禁止关联交易。但是，PBSR 对于退休金计划意义不重大的关联交易予以豁免 。投资政策应当规定这些重大交易合理的标准。除了设定每一交易的限额外，投资政策还应当规定重复投资的累计限额。

如果关联交易对于养老金计划的运作是必要的，并且购买的条款和条件至少和其他可用的条款和条件一样有利，PBSR 也可豁免。这一豁免允许计划发起人向他们的养老金计划提供服务，并且收取适当的费用——如果计划文本允许的话。如果关联各方的紧密联系能够证明是互惠的，并且此联系能证实养老金计划正获得合理的、甚至是有利的条款和条件，档案保管、储藏、代保管和经纪服务都可以是这样的服务。

I.7 管理人识别、管理其他风险和问题的义务

为了达成审慎的资产组合，除了 PBSR 的规定外，计划管理人还应当处理以下风险和因素。

I.7.1 资产的抵押和借入

抵押或借入资产的计划管理人应当检查这些行为的风险，并且确保投资政策有所涉及。而且，计划管理人应当确保所有的抵押或借入都是信托合同允许的。

对于一些能较好地服务于养老金计划的行为，如从事期货合约交易，抵押资产是必要的。

借入可能带来更适合于计划需求的现金流模式，并且减小其容易遭受利率的影响；例如，它可以使得计划满足其现金流需求，而免受草率出售资产的损失。

I.7.2 外国风险

国外投资为计划管理人提供了使资产多样化的机会，因而改善了计划风险的多样化，并且提高了增加回报的可能性。但是，对各种外国市场的投资及计划是如何实现这些的，取决于许多因素，其中最重要的也许就是受所得税法案的限制。使用衍生工具去扩大外国投资的计划管理人应当意识到，加拿大税务潜在的裁决可能使衍生产品的目的无效，从而使基金承受风险。

金融机构监管部主要关注的仍然是投资对于计划目标的适宜性。外国投资可能带有其他风险：

- 外国监管和财政环境；
- 投资信息的可获得性和可靠性；
- 比国内市场更昂贵的交易费用；
- 当地的政治和市场条件；
- 外国货币波动。

但是，因为通过外汇期货交易可能大大降低或消除通货的可变性，货币风险就成为一个能够被减少到可接受水平的风险，并且通常只需适度的成本。管理人考虑货币对冲策略的使用就应当获得相关的最优建议，并且制定和实施其政策。

从这一意义上看，外国投资仅仅是又一种投资类别而已。但是，因为信息可获得性和成本的巨大差异，投资政策应当清楚地规定外国投资风险应当被如何管理。

I.7.3 管理费用、交易成本和托管费用的成效

投资政策应当阐明，计划管理人在主动管理和被动管理之间的选择，以及这一选择的原因。在主动管理和被动管理之间做出决定时，管理人在适当的条件下应当检查曾经的业绩，并且考虑全部相关成本。在考虑其管理成本后，回报可能不令人信服。为了评估业绩，计划管理人可能需要获得专家的建议。他们应当确保其建议人与利益冲突无关。

I.7.4 基金经理和专业人员的职责与报酬

必须清楚地确定参与投资过程人员的角色和职责。投资政策应当确定需要完成的任务和哪些人员或代理应当执行它们，以及采取这些行动时给予的适当的权力。确定作为和不作为的责任，这一点至关重要。

职责的分配应当包括足够的检查并用来保障养老金计划利益的平衡。重大交易或配置的改变，应当由计划管理人或被授权做出决策的人来决定——尤其是交易涉及到认购或投资于非流动性资产时。在托管人向管理人提供监督和报告服务的情况下，就应当向前者提供投资政策的副本和足够的支持材料，以便他们可以质疑不适当的行为。

职责的分配应当保障养老金计划不受利益冲突的左右。尤其是，计划资产的评估应当由独

立于投资和贷款职能的人来执行，并且足够频繁地向管理人警示重大的损失或对授权行为的背离。

全部报酬应当与投资策略和目标一致。任何激励制度无论如何都不能鼓励对合乎道德的行为和授予投资经理的委托权利的背离。

I.7.5 管理人、审计师、精算师和经理之间的信息交流

计划目标的实现，需要参与确定和执行投资政策的各方之间的交流和合作。投资政策的副本应当送达每个投资组合经理或投资经理，在定额给付计划的情形下，还应当送达计划精算师。

I.8 监督和报告

养老金投资政策和程序必须至少每年被审查一次，以保证其仍然与计划目标和政策相一致。应当制定监督投资和周期性评估风险/回报特征的程序。如果管理人对风险特征不满意的话，应当有适当的程序定期来调整组合。

附件 II 投资政策和程序指南[1]

依据 PBSA 的养老金计划的法定投资和贷款限额

资产 类型[2]	限额/约束	例外	参考[3]
贷款给或投资于： a）单个人； b）两个或多个联合的组织；或 c）两个或多个附属的公司	计划资产账面价值的 10%	存在 CDIC、CompCorp 或类似省属机构保险的金融机构的基金； 符合时间表 III 的要求的共同基金或共有基金； 在加拿大经营的人寿保险公司未配置的普通基金； 投资公司、房地产公司、资源公司； 加拿大政府、省政府或机构的证券或他们担保的证券； 复制广泛接受的指数的基金	第 9 条
房地产和加拿大资源财产： a）房地产； b）加拿大资源财产总计； c）全部财产合计	a）计划资产账面价值的 5%； b）计划资产账面价值的 15%； c）计划资产账面价值的 25%		第 10 条
证券： 此证券附有选举公司董事的权利的投票权	有投票权的公司证券的 30%	房地产公司、资源公司、投资公司	第 11 条
关联方： 贷款或其证券	禁止	在公开交易所获得的证券 对养老金计划不具有重大意义的投资	第 16 条、第 17 条
外国投资	在购买日计划资产账面价值的 20%		《所得税法案》

1 本表是便捷的参考。想完全了解被禁止的投资，参考第 6 条、第 7 条，以及 PBSR 1985 年（Pension Benefits Standards Regulations）中的时间表 III（Schedule III）。

2 例外：根据加拿大商务公司法第 192 条第（1）款的规定，为了公司的重组或清算而安排的投资，以及通过股票利息实现取得的资产。

3 参考 PBSR 中的时间表 III（Schedule III），已经指明出处的除外。

附件 III　投资政策和程序指引

与金融机构监管部签发的指导方针和“优秀实践文件”相关的其他投资清单：

指引—证券出借—养老金计划

(1992 年 2 月)

受联邦监管的养老金计划指引——衍生工具最佳实践（1997 年 5 月 12 日）

3 – 5 Guideline for the Development of Investment Policies and Procedures for Federally Regulated Pension Plans April 2000

1. Intent and Scope of this Guideline

The Pension Benefits Standards Act, 1985 (*PBSA*) and the *Pension Benefits Standards Regulations* (*PBSR*) require that the administrator of a federally regulated pension plan establish a written Statement of Investment Policies and Procedures (SIP&P). This SIP&P must be based on the "prudent person portfolio approach" that a reasonable and prudent person would apply to the investment portfolio of a pension fund. A good SIP&P helps administrators optimize the members' benefits under defined contribution plan provisions and meet the promised benefits under defined benefit plan provisions.

This guideline outlines factors that the Office of the Superintendent of Financial Institutions (OSFI) expects the plan administrator to consider in establishing, implementing and monitoring a SIP&P for the pension fund. It is meant to serve as a guide to assist plan administrators develop investment policies and procedures suitable to their pension plan, without limiting the care plan administrators take in their duties.

This guideline should be adapted by each plan administrator to reflect the obligations of the plan (including regulatory requirements), the objectives of the pension fund, and all other factors that may affect the ongoing funding and the solvency of the plan and also the ability of the plan to meet its financial obligations. The administrator should be prepared to explain any deviation from the guideline.

Appendix I sets out the issues that need to be considered in establishing an investment policy.

Appendix II provides a table summarizing the investment and lending limits prescribed in Schedule III of the *PBSR*.

Appendix III lists other OSFI guidelines and best practices papers that are relevant to investment policy making.

This guideline is based on the following legislative references describing the responsibilities of administrators of pension plans that are subject to the *PBSA*: section 7.4 and subsections 8 (3), 8 (4) and 8 (4.1) of the *PBSA* and sections 6, 7 and 7.1 and Schedule III of the *PBSR*.

2. Statement of Investment Policies and Procedures (SIP&P)

Note: Some of the items and procedures described here may be included in investment manager mandates or other documents dealing with the investment process rather than in the investment policy itself.

2.1 Investment Policies

An investment policy:

- communicates the investment philosophy of the plan administrator to the pension fund managers.
- describes the objectives for the investment and lending programs and the overall risk philosophy for the pension plan.
- documents how investment managers will be chosen, compensated and replaced in a manner that encourages compliance to the policy's goals and procedures.
- communicates the investment strategy to those who evaluate the financial condition of the plan and to those who recommend contributions to the fund; these groups may include the plan actuary, a pension council and OSFI, as well as members of the plan and other beneficiaries who wish to assess the amount and security of their stake in the fund.
- identifies the role of those involved in the investment process and what is expected of them.

As prescribed by section 7.1 of the *PBSR*, the SIP&P must specifically address the following elements:

- categories of investments and loans, including derivatives, options and futures;
- diversification of investment portfolio;
- asset mix and rate of return expectations;
- liquidity of investments;
- lending of cash and securities;
- retention or delegation of voting rights attached to investments;
- valuation of investments not regularly traded at a public exchange;
- related party transactions.

In addressing these elements, the plan administrator should determine the degree of risk and risk tolerance the plan is able to sustain. Factors such as volatility of contribution and surplus levels should be considered on both a going-concern basis and a solvency basis. The plan administrator should take into consideration the obligation structure of the pension plan, the anticipated demand for funds and the maturity profiles required from the investment portfolio in light of these demands. Therefore, the plan administrator should have a good understanding of the plan's obligations, the purposes and risks of the investments and the appropriate mix of assets to meet the plan's obligations.

An investment policy based on the "prudent person portfolio approach" recognizes that risks that would be unsupportable for an individual investment may be suitable for a well diversified portfolio. Such an approach requires plan administrators to regard the whole portfolio of assets in conjunction with the purpose and circumstances of the pension plan.

In addressing these elements in an investment policy, the administrator should establish limits on the plan's exposure to credit risk (a single entity or group of associated entities), and to market risks (interest rate, currency and price). In setting these limits, the plan administrator should consider the plan's exposure under a variety of potential scenarios. The plan administrator should ensure that the pension plan follows a sound investment policy. It should implement a process for ensuring the portfolio structure is consistent with the investment policies and constraints that have been established. As the investment environment and plan obligations evolve, the investment policy should be revised regularly to ensure that it continues to meet the objectives of the plan. Section 7.2 of the *PBSR* requires that the plan administrator review the SIP&P at least annually.

2.2 Procedures

The procedures should:

- identify responsibilities and accountabilities;
- set out the process for recommending, approving, and implementing decisions;
- determine the frequency and format of reporting and of performance measures.

Pension plans should have written procedures outlining how the investment and lending policies will be implemented and monitored. While recognizing that, in certain circumstances, the segregation of duties may not be practical nor cost effective to implement, the procedures should segregate the duties among individuals responsible for making investment decisions, maintaining custody of securities, disbursing and receiving funds, keeping records, confirming positions and reconciliations. The plan administrator should ensure that the SIP&P is implemented by persons, either on staff or under contract, who have the appropriate level of expertise.

In addition, written procedures should describe the method for classifying loans and investments and the basis for valuing loans and investments that are not regularly traded. Written procedures should describe custodial arrangements of these assets. In developing procedures, reference should be made to the *PBSR*.

Procedures should cover monitoring and controlling of the plan's exposure to fluctuations in interest rates, foreign exchange rates, and market prices.

Potential sources of conflict of interest should be identified and procedures should be in place to ensure that those involved with implementing the investment and lending policies understand where such situations could arise and how they should be addressed.

3. SIP&P Approval

The SIP&P is the responsibility of the plan administrator. The plan administrator is not required to have the SIP&P approved by the actuary or OSFI. However, the plan administrator must submit the SIP&P to the actuary and the pension council, if such exists, in accordance with subsection 7.1 (3) of the *PBSR*.

4. Providing Information to OSFI

Plan administrators are not required to file the SIP&P with OSFI on a regular basis; however, the plan's SIP&P must be available for OSFI's review on request.

The plan administrator should maintain information on the plan's investment portfolio presented in a manner that facilitates analysis, such as:

- a comparison of current pension assets against the limits established in the investment policy;
- an analysis of asset quality and concentration;
- an analysis of interest rate and maturity mismatch, including the results of scenario testing as appropriate;
- an analysis of the diversification of income sources.

These issues are discussed elsewhere in the guideline, particularly sections I.4 (Understanding Risks), I.5 (Measuring Risk) and I.6.3 (Asset Mix and Rate of Return Expectations). Maintaining information in this way eases the work of investment managers, actuaries, or any other party who has the right or duty to apprise itself of the plan's investments.

Where information required to perform this analysis is not available through the filing of statutory returns, OSFI may request supplemental information that expands on the areas of greatest risk.

5. Providing Information to Members

The plan administrator should consider disclosure of the investment policy, investment manager mandates and performance information to plan members.

Appendix I Investment Policies And Procedures Guideline

I. 1 Legislative References

This guideline is based on the following legislative references describing the investment responsibilities of administrators of pension plans that are subject to the *Pension Benefits Standards Act*, *1985* (*PBSA*): section 7. 4 and subsections 8 (3), 8 (4) and 8 (4. 1) of the *PBSA* and sections 6, 7 and 7. 1 and Schedule III of the *Pension Benefits Standards Regulations* (*PBSR*).

Section 7. 4 of the *PBSA* states that the plan administrator must administer the pension fund in accordance with the *PBSA* and the *PBSR*.

Subsections 8 (3) and 8 (4) of the *PBSA* require that the plan administrator act as a trustee for plan stakeholders (employers, members and beneficiaries) and exercises the degree of care that a person of ordinary prudence would exercise in dealing with the property of another person, that is the "standard of care approach."

Subsection 8 (4. 1) of the *PBSA* requires that the plan administrator invest the assets of a pension fund in accordance with the *PBSR* and in a way that a reasonable and prudent person would apply to the investment portfolio of a pension fund, that is the "prudent person portfolio approach."

Sections 6 and 7 of the *PBSR* require that the plan assets be invested in accordance with Schedule III of the *PBSR* and held in trust, or with a custodian or in the name of the Canadian Depository or a nominee thereof, for the benefit of the plan.

Schedule III of the *PBSR* sets out the prescribed investment and lending limits applicable to a pension fund, a summary of which is included in Appendix II.

Section 7. 1 of the *PBSR* requires that the plan administrator establish a written Statement of Investment Policies and Procedures (SIP&P) and outline the elements that it must include.

I. 2 Writing a SIP&P

The plan administrator is responsible for the SIP&P and should ensure that it adequately covers essential aspects of investment. In the case of an already established pension plan, investments in place must be considered, in order to establish whether they are in compliance with the SIP&P being prepared.

In preparing a SIP&P, the administrator of any pension plan should consider:

- the current investments in place;
- the rate of future contributions;
- the amount and structure of current and accruing liabilities;
- how these liabilities and the various investments being contemplated would respond to plausible economic events, that is the "what if" scenarios;
- the financial situation of the plan;
- the tolerance for risk;
- the maturity of the pension plan;
- the estimated cash flow requirements;
- the financial risks the plan sponsor may face with regard to funding the pension plan.

This will require technical information and perhaps expert advice. The person assigned the task of drafting the SIP&P should have wide expertise. A defined benefit plan's actuary has a good appreciation of the current and developing liabilities, but may not have as deep an understanding of the plan's investments. An investment manager may have great expertise in only a limited class of assets. Further, the investment manager may focus on the return and volatility of invested assets without considering the obligations that the fund must secure. The plan administrator should ensure that those contributing to the financial management of the pension plan have ample opportunity to comment on the SIP&P.

The plan administrator should ensure that the advice it follows is free of conflicts of interest. The plan administrator should keep in mind that an investment manager who writes the SIP&P for a plan does not have an incentive to constrain the investment manager's actions or set up effective performance appraisals. Likewise, someone recommending the purchase of financial products may overlook the need to disclose commissions to offset fees for service, thereby distorting the true pricing of products.

The SIP&P should document how the plan administrator will monitor, reward or replace investment managers and others serving the fund for performance results and compliance with the SIP&P.

I. 3 Understanding the Plan's Obligations and Objectives

I. 3. 1 Defined Benefit Provisions

Membership and Benefits

To apply the *PBSA*'s standard of care for investment, the administrator of a plan must first understand the obligations of the plan.

The administrator of a plan with defined benefit provisions should consider factors such as:

- Whether pensions in payment are increased to keep pace with the cost of living. The increases may be promised explicitly in the plan text (indexation), or there may be an understanding among various parties that increases will be granted from time to time.
- Whether the pension formula adjusts to increases in salaries over time, or whether the plan administrator intends to grant increases to keep the formula current.
- How the obligations are distributed among the categories of members and former members. Within these categories, how obligations are distributed by age and time to retirement.
- Whether changes in employment levels or conditions are likely to change patterns of retirement.
- Whether there are important ancillary benefits contingent on full or partial termination.
- Whether any plan changes are anticipated (e. g. , conversions, etc.) .

Solvency Ratios

A pension plan with a solvency ratio near or below one demands very careful management of risk because the fund assets may be inadequate to secure promised benefits should the employer's contributions cease. To control risk, some plan administrators attempt to immunize the plan against changes in nominal interest rates. However, if the plan is not winding up, the plan's obligations may be affected by other factors, such as inflation, salary increases, continued accruals, and changing eligibility for early retirement, that cannot be addressed by an immunization strategy.

Plan administrators should be wary of increasing risk to earn their way out of a solvency problem, for example through acquiring high yield but illiquid or lower quality assets.

Plan Maturity

In a mature pension plan, the liability for accrued benefits is significantly larger than the cost of a one-year benefit accrual. If the liabilities exceed assets, the requirements for additional special payments prescribed to fund the deficiency will tend to overshadow the plan's normal annual cost. This presents a particular problem for negotiated contribution defined benefit plans where contributions often cannot be increased to meet the minimum standards for funding a deficiency. Furthermore, the perception that the accruing benefits are not commensurate with the contributions being made may encourage participating employers to leave the plan. Therefore, plan administrators of mature plans must be sensitive to a deteriorating financial position of the plan.

Where liabilities to pensioners are fixed and liabilities to older plan members less subject to change from salary inflation, plans may protect themselves against fluctuations in interest rates through purchase of annuities and cash flow or duration asset/liability matching. While the purchase of annuities permanently safeguards pensioners against changes in interest rates, plan administrators must be careful to ensure that the insurer is financially sound and the implicit rate of return is reasonable on a long term basis as the plan remains responsible for these liabilities.

I. 3. 2 Defined Contribution Provisions

In a plan with defined contribution ("money purchase") provisions, the pension plan may appear to discharge its investment obligations simply by paying out contributions accumulated in members' accounts along with investment returns, even though these may be low. However, the plan administrator of this type of plan provision should consider include:

- Needs and reasonable expectations of members who, for example, may focus more attention on the cash value of their accounts than on the pension income they can purchase.
- Mix of members. Younger members look for growth of their accounts while older members are more concerned with protecting their capital.
- Members' risk tolerance. Younger members may be more tolerant to risk than older members because they have more time to adjust financial strategies and recoup losses.
- Variation of risk tolerance and expectations among plan members of the same age. A strategy based on "average member" needs may be unsatisfactory for many individuals.
- Ability of plan members to choose investment options. Plan members may be given several investment options with differing risk and return expectations.

The ability of members to make an informed decision depends on their sophistication and on the range of options. Plan administrators should consider providing ongoing information and training to plan members and establishing limits on the risks plan members take. The plan administrator should understand that the responsibility for duty of care in investments is not automatically transferred to plan members in a money purchase plan.

Administrators of defined contribution plans should also address the following:

- The asset classes and investment styles (active vs. passive, growth vs. income, etc.) offered.
- The investment managers selected.
- The determination of standards of performance for investment managers.
- The monitoring of investment manager performance and the actions taken in response to

unsatisfactory performance.

- The education of members and beneficiaries about plan provisions, retirement planning, and investment methods.
- The communication of information about investment options, investment performance, fees charged to member accounts and administrative support available to members.
- The monitoring of the following:
- "Default" accounts for participants who have not indicated in investment option.
- The participation rate (in plans where participation is optional) and the investment options selected by members. The purpose of such monitoring is to determine whether changes may be required in communication and education programs.

I. 4 Understanding Risks

Assets are subject to many investment risks and, if not properly managed, this could lead to the erosion of the value of the pension fund.

Some of the key risks inherent in investments are:

Credit risk:	the risk that a counterparty will not pay an amount due as called for in the original agreement, and may eventually default on an obligation.
Mismatch risk:	the risk that a solvency deficiency will develop because an increase or decrease in the market value of the plan assets are not matched by a corresponding increase or decrease in the liabilities.
Currency risk:	the risk that the market value of a financial instrument will fluctuate due to changes in exchange rates.
Price risk:	the risk that the market value of an investment or of a financial instrument based on investments will fluctuate.
Interest rate risk:	the risk that the market value of a security will fluctuate due to changes in market interest rates.

Other risks include inflation risk, timing risk and political risk in emerging markets.

Credit risk is addressed in sections I. 6. 1 (Categories of Investments and Loans) and I. 6. 5 (Lending of Cash and Securities). However, plan administrators should consider the credit risk in any transaction that commits pension assets to, other than a benefit or an expense. Mismatch risk is addressed in section I. 6. 3 (Asset Mix and Rate of Return Expectations).

Like many other risks, credit risk can be controlled through diversification. It is also reduced through careful underwriting, holding collateral, and obtaining guarantees from third parties. SIP&P should identify credit risk where it is material and describe how it will be managed. If exposure to credit risk is long term, then the SIP&P should provide for regular credit review.

In addition, the cash flow needed to meet plan obligations puts pressure on the administrator to optimize the value of the assets, when they need to be realized. Matching of assets and obligations is therefore instrumental in maintaining the viability of the pension fund. However, matching may produce lower yields. The administrator must understand the financial risks and costs of either fully matching and/or not matching. For example, a mature plan with a closed membership and 90 per cent of the plan's liabilities attributable to retired members would not necessarily have 90 per cent of the funds assets invested in fixed income investments given the anticipated reduction in return which would result. Similarly, a start-up plan with no retired liabilities is unlikely to be fully invested in equities given the risks involved.

These risks are amplified in a volatile interest rate environment and evolving investment market. The plan administrator may use dynamic scenario testing to assess the pension fund's ability to withstand such volatile market conditions.

I. 5 Measuring Risk

Measures of risk include the volatility of both the solvency ratio and required contributions.

In addition to quantifying the level of benefit security, the solvency ratio is a measure of the "mismatch risk" described in section I. 4, in that a plan in a surplus position can afford a greater degree of mismatch than one that is underfunded.

Investment literature focuses on a trade-off between risk and expected return, where risk is a measure of the volatility of return. A portfolio of assets whose value varies little from year to year is seen to have little risk. However, a defined benefit pension fund is established to secure liabilities that are sensitive to interest rates and other economic and demographic factors. A portfolio that is insensitive to these factors and gives a steady annual return will do a poor job of securing obligations to members and pensioners when a drop in interest rates drives up the cost of providing promised pensions. The deficits that can result may trigger the termination of the plan with a solvency deficiency unless the employer is willing and able to make special payments.

These risks apply to money purchase plans as well; however, the investment risks are borne almost entirely by plan members. Although solvency ratios do not apply to these plans, individual members can be subject to the "mismatch risk" described above; particularly members approaching retirement who plan to purchase an annuity with their account balance.

I. 6 Prescribed Elements of a SIP&P

I. 6. 1 Categories of Investments and Loans

Within certain limits needed to protect the plan from arbitrary action in the decision-making investment process, the range of authorized investments and loans should:

- facilitate the building of an investment portfolio that can serve the needs of the plan efficiently;
- take into consideration potential changes in circumstances in the short term future;
- avoid the concentration in any one investment market.

A description of an authorized investment category should at least address:

- the quality of assets to be included in the category;
- the impact on the investment resulting from changes in equity markets, interest rates and inflation;
- the priority in claims to assets upon liquidation;
- cash flow characteristics.

Administrators should consider what should be done with an asset in the event it becomes downgraded to a quality below that stated in the investment policy.

The SIP&P should relate the use of derivatives to the objectives of the fund and the obligations of the pension plan. If the use of derivatives is authorized, the SIP&P should:

- list the acceptable derivatives instruments;
- state the proportion of asset portfolio that may be so allocated;
- indicate the purpose (hedging, index replication, etc.) for which they are to be used;
- identify which managers are authorized to use derivatives, and set trading limits;
- indicate where the products are to be obtained;
- describe how over-the-counter products are to be managed.

Plan administrators should understand how the use and risks of derivatives will be measured for their plan and document this understanding in their policies. Plan administrators should refer to OSFI's *Derivatives Best Practices Guideline for Federally Regulated Pension Plans* for further discussion on this topic.

I. 6. 2 Diversification of Investment Portfolio

A principle of portfolio theory is that investment risks can be reduced through diversification by asset types, industries and geographic regions. Diversification, however, has costs, including the effort of choosing investments, transaction fees, custody costs, costs of financial reporting, and potentially lower returns. Any increase in these costs can be justified by the reduction in risk.

The degree of diversification appropriate to a plan will depend on its size, the willingness of stakeholders to assume risk, and the investments' inherent risks. For most plans, prudence calls for greater diversity than what is prescribed by the requirements of sections 9 and 10 of Schedule III of the *PBSR*. For example, there is a five per cent parcel limit for real estate investments which addresses the risk of undue dependence on the fortunes of one asset. However, two similar properties on the same city block that are held by different owners normally rise and fall together in value. Therefore, the SIP&P need to address concentration in real estate by geographic sector and by type? residential, commercial or industrial.

On the other hand, the legislation does not require a pension plan to diversify its holdings of securities when a federal or provincial government issues or guarantees them (as recognized by sections 9 (2), 9 (3) (d) and 9 (3) (e) of Schedule III). However, while credit risk is reduced, administrators must consider other risks (e. g., interest rate, liquidity, etc.) and whether the cash flow characteristics and return of these investments best suit the plan.

The benefits of diversification may be achieved at low cost by investing in an investment vehicle established to hold a diverse portfolio (e. g., a pooled fund). Plan administrators should be familiar with the investment policies of these vehicles since their policies effectively become sub-policies of the plan. They should also ensure that the vehicles are well managed and meet the requirements of Schedule III.

I. 6. 3 Asset Mix and Rate of Return Expectations

A SIP&P should specify:

- the expected rate of return of the portfolio;
- the expected volatility of that rate;
- the types of return expectations;
- over what time frame they are expected to be achieved;
- how they are going to be used to monitor the investment manager's performance.

Examples of rate return expectations are:

- a real rate of return of x per cent over a period of years;
- a nominal rate of return;
- a rate of return over some benchmark portfolio.

Difference types of return expectations are used for difference purposes. Some are used to monitor the investment manager's performance; others are used to establish expectations for the fund based on the portfolio of investments chosen. The administrator should consider what actions are required, if any, if expectations are not met (for example, if the investment manager's performance falls below a certain level over a specified period of time).

A SIP&P should identify both the categories of authorized investments and the acceptable proportions for each category. This may be expressed as a range of possibilities, in recognition that changing economic conditions or views of the market may require a change in asset allocation.

The range of possible allocation should be sufficiently narrow so that:

- the intentions of the plan administrator are clear;
- the activities of investment managers can be controlled;
- third parties can assess the security of benefits.

The SIP&P should also specify an "asset allocation target" or "normal position."

The plan administrator should be satisfied that extreme allocations permitted under the SIP&P make sense under the economic conditions expected for the coming year and for the plan obligations currently in effect. The SIP&P should be reviewed at least annually and revised as necessary to reflect radical and long term changes in economic conditions or in the obligations of the plan.

Matching the cash flow characteristics or duration of assets and liabilities (asset/liability management) is an important tool for building and maintaining a portfolio suitable to the needs of the plan. However, this may produce lower yields and, therefore, higher costs in providing pension benefits under defined benefit provisions. Still, even in the absence of an asset/liability management strategy, knowing the degree of mismatch will help the plan administrator appreciate the risks to which the plan is exposed.

I. 6. 4 Liquidity of Investments

Pension plans make payments as specified by plan provisions and pension law. Their timing also depends on decisions by plan members or other beneficiaries. The investment policy should anticipate the plan's needs for cash in the coming year and address how these needs will be provided for so that:

- assets are not liquidated unexpectedly and potentially at unfavourable prices;
- the portfolio does not contain excessive amounts of cash or low yielding liquid assets.

I. 6. 5 Lending of Cash and Securities

An investment policy should address the lending of cash and securities, specifically:

- the circumstances in which this activity will be carried out;
- who is authorized to commit the plan to lending;
- maximum exposure in aggregate and by counterparty;
- required collateral;
- margin requirements.

The policy may vary by what is lent and the term of the loan. As with investment in securities, exposure to counterparty risk can be reduced by diversifying. Pension plans that engage in securities lending should follow OSFI's *Guideline on Securities Lending by Pension Plans.*

I. 6. 6 Retention or Delegation of Voting Rights Attached to Investments

Plan administrators should not ignore the value of voting rights acquired through plan investments. Shareholder votes are often most valuable when used in alliance with others. Failure to describe in the investment policy how these rights will be used leaves plan administrators open to charges of either negligence or arbitrary action, possibly in violation of the standard of care requirement. Investment policies should describe and require the use of voting rights, whether directly or through proxy.

If the power to vote proxies is delegated to investment managers, proxies should be bound by rules established in the investment policy. The administrator should receive a report showing how proxies were voted, and affirming compliance with the administrator's proxy voting policy.

I. 6. 7 Valuation of Investments Not Regularly Traded at a Public Exchange

Investments must be valued for many purposes, including:

- to evaluate the performance of managers;
- to determine the security of benefits;
- to meet regulatory requirements;
- to determine a suitable rate of contributions to fund accrued and accruing benefits.

Investment policies of pension plans holding assets not regularly traded at public exchanges should state the basis for valuing these assets and the frequency of valuation. The basis for valuation will be established by generally accepted accounting principles or by law. Where market value is used, information can be obtained from public exchanges. The plan administrator should work with the professional to ensure that all necessary information is available.

I. 6. 8 Related Party Transactions

The *PBSR* generally prohibits related party transactions. However, the *PBSR* exempts related party transactions where they are not material to the pension plan. The investment policy should set a reasonable standard for materiality for these transactions. In addition to a limit per transaction, the investment policy should set a cumulative limit for repeated items.

The *PBSR* also exempts any related party transactions necessary for the operation of the pension plan and purchased at terms and conditions at least as favourable for the pension plan as otherwise available. This exemption permits the plan sponsor to provide services to their pension plans and to charge reasonable fees, when permitted by the plan text.

Record-keeping, accommodation, administration and brokerage services are services where the close relationship between related parties could prove mutually beneficial and where it can be confirmed that the pension plan was getting reasonable or even favourable terms and conditions.

I. 7 Duty of Plan Administrator to Identify and Manage Other Risks and Issues

To arrive at a prudent portfolio, the plan administrator should address the following risks and factors in addition to those specified in the *PBSR*.

I. 7. 1 Pledging and Borrowing of Assets

Administrators of plans that pledge or borrow assets should examine the risks of these activities and ensure these are addressed in the investment policy. Further, the plan administrator should ensure that any pledging or borrowing is permitted by the trust agreement.

Pledging assets is necessary for some activities that serve a pension plan well, such as engaging in futures contracts.

Borrowing may result in a pattern of cash flow more suitable to the needs of the plan and reduce its vulnerability to changes in interest rates; for example, it may allow a plan to meet its cash flow needs without loss from the hasty sale of assets.

I. 7. 2 Foreign Exposure

Foreign investment provides an opportunity for plan administrators to diversify plan assets thereby improving the plan's risk diversification and potential for increased returns.

However, the levels of exposure to various foreign markets and how the plan achieves them will depend on many factors, perhaps the most important being the limit imposed by the *Income Tax Act*. Plan administrators using derivatives to extend foreign exposure should be aware that potential rulings from Revenue Canada could nullify the purpose of the derivatives and thereby put the fund at risk.

OSFI's main concern remains the suitability of investments to the objectives of the plan. Foreign investments may carry other risks:

- foreign regulatory and fiscal environments;
- availability and reliability of information about investments;
- more expensive transaction costs than in domestic markets;
- local political and market conditions;
- foreign currency fluctuations.

However, because currency variability may be greatly diminished or eliminated through foreign exchange futures, currency risk constitutes a risk that can be reduced to a manageable level, usually at a modest cost. Administrators considering the adoption of a currency hedging strategy should obtain the best advice on the subject and make and document a policy decision.

In this sense, foreign investments are just one more category of investments. However, because of vast differences in costs and availability of information, the investment policy should identify clearly how exposure to specific foreign investments should be managed.

I. 7. 3 Effects of Management Fees, Transaction Costs and Custodial Fees

The investment policy should specify the plan administrator's choice between active and passive management and the rationale for this choice. In deciding between active and passive management, administrators should examine performance over a suitable term and take into account all relevant costs. Returns may be unimpressive after considering their administrative costs. To assess performance, plan administrators may need to secure expert advice. They should ensure that the advisors are free of conflicts of interest.

I. 7. 4 Responsibilities and Compensation of Fund Managers and Professionals

Those involved in the investment process must have clearly defined roles and responsibilities. The investment policy should identify the tasks that need to be done and which officer or agent should perform them, together with appropriate authority for actions. Accountability both for action and inaction is important.

The assignment of responsibilities should include adequate checks and balances to protect the interests of the pension plan. Material transactions or shifts in allocation should be approved by the plan administrator or the party it has empowered to make these decisions, particularly if it involves underwriting or investment in illiquid assets. Where the custodian provides monitoring and reporting services to the administrator, the former should be provided with a copy of the investment policy and adequate supporting material so that they may question improper activities.

The assignment of responsibilities should protect the pension plan from conflicts of interest. In particular, the valuation of plan assets should be performed by people independent of the investment and lending function and should be sufficiently frequent to alert the plan administrator of significant losses or deviation from authorized activities.

All compensation should be consistent with investment policies and goals. Any system of rewards must not encourage deviation from the ethical behaviour or the mandate assigned to the investment manager.

I. 7. 5 Communication Between Administrator, Auditor, Actuary and Manager

Achievement of plan objectives requires communication and cooperation between all parties involved in setting and carrying out the investment policy. Copies must be sent to each portfolio manager and investment manager, as well as the plan actuary in the case of a defined benefit plan.

I. 8 Monitoring and Reporting

At least annually, the SIP&P must be reviewed to ensure that it continues to meet the circumstances and objectives of the plan.

Procedures should be established to monitor investments and to assess the risk/return profile on a regular basis. There should be appropriate procedures for adjusting the portfolio where the administrator is not comfortable with the risk profile.

Appendix II Investment Policies and Procedures Guideline[1]

Prescribed Investment and Lending Limits for Pension Plans that Are Subject to the *PBSA*

Type of Assets[2]	Limits/Restrictions	Exceptions	Reference[3]
Loans to or investments in: a) a single person; b) two or more associated persons; or c) two or more affiliated corporations	10 % of the total book value of the plan's assets	Funds on deposit with a financial institution that are insured by CDIC, CompCorp, or similar provincial bodies; Segregated or mutual or pooled funds that meet the requirements of Schedule III; Unallocated general fund of a life insurance company operating in Canada; An investment corporation, real estate corporation, resource corporation; Securities of, or guaranteed by: the Government of Canada, a province or agency; Fund of MBSs guaranteed by the Government of Canada, a province or agency; Fund that replicates a widely recognized index	Section 9
Real property and Canadian resource property: a) Parcel of real property; b) Total of Canadian resource properties; c) Aggregate of all properties	a) 5% of book value of the plan's assets; b) 15% of book value of the plan's assets; c) 25% of book value of the plan's assets		Section 10
Securities: To which are attached voting rights to elect directors of a corporation	30% of the corporation's securities issued with voting rights	Real estate corporation; resource corporation and investment corporation	Section 11
Related party: Loans to or securities of	Prohibited	Securities acquired at a public exchange. Investments not material to the pension plan	Sections 16 and 17
Foreign investments	20% of book value of the plan's assets at date of purchase		*Income Tax Act*

1 This table serves as a quick reference. For a complete understanding of the permitted investments, refer to sections 6 and 7, and Schedule III of the *Pension Benefits Standards Regulations, 1985* (*PBSR*).

2 Exceptions: Investments made as a result of an arrangement within the meaning of subsection 192) 1) of the *Canada Business Corporations Act*, for the reorganization or the liquidation of a corporation, and assets acquired through the realization of a security interest.

3 Reference is to Schedule III of the *PBSR*, except as indicated.

Appendix III　Investment Policies And Procedures Guideline

List of Other Investment Related Guidelines and Best Practices Papers Issued by OSFI

Guideline-Securities Lending-Pension Plans (February 1992)

Guideline for Federally Regulated Pension Plans-Derivatives Best Practices (May 12, 1997)

A copy of these guidelines may be obtained through the OSFI website at www. osfi-bsif. gc. ca or by calling (613) 990 -7655.

3－6 加拿大航空公司养老金计划偿付能力不足筹资条例*

释义

1.（1）下列定义适用于本条例。

“加拿大航空公司养老金计划”或称“计划”，其含义为：在2004年1月1日前制定的、由加拿大航空公司作为管理人的定额给付计划。

“受益人代表”是指工会的代表，或法院在养老金计划现成员、前成员、其他受益人中指定的代表。

“初始指令”是指，2003年4月1日，根据《公司债权人安排法》第11条的规定，针对加拿大航空公司签发的指令。

“初始偿付能力不足”是指在2004年1月1日出现的、某一养老金计划偿付能力不足。

“协议”是指，加拿大航空公司与加拿大金融机构部于2004年5月14日签订的“加拿大航空公司——加拿大金融机构监管部养老金筹资救济协议”。

（2）除非本《条例》另有规定，本《条例》中的表述与《养老金标准条例（1985）》中的含义一致。

适用

2. 本《条例》适用于“加拿大航空公司养老金计划”。

资金

3. 如果养老金计划的筹资符合第一部分或者第二部分的规定，则应认为该筹资达到了偿付能力标准。

第一部分

加拿大航空公司养老金计划偿付能力标准向监管部门呈报信息

4. 如果将下述信息在初始指令丧失效力之前呈交给监管机构备案，则一项养老金计划的初始偿付能力不足及其后来的任何偿付能力不足可以根据本条例的内容进行筹资；

（a）2004年1月1日评估养老金计划的精算报告；

（b）加拿大航空公司关于确认受益人代表代表该养老金计划的成员和前成员以及其他受益

---

* 根据财政部长的建议，依照《养老金标准法（1985）》第2条第（1）款、第9条第（1）款、第10.1条第（2）款第b项和第39条对“盈余”的定义，经委员会授权，（加拿大）总督特制定《加拿大航空公司养老金计划偿付能力不足筹资条例》，作为《养老金标准法》的补充。

人同意根据本《条例》对该养老金计划偿付能力不足发行债券表示认可的声明；

（c）加拿大航空公司董事会根据本条例认可的为该养老金计划偿付能力不足进行筹资的一份经正式核准的鉴定副本；

（d）根据协议第4条与协议第5条第（b）项所指的安全保障协议副本，该养老金计划发行的本票副本；

（e）加拿大航空公司在本条例生效之日或之前缴纳的、与该养老金计划正常支出相等的资金的确认。如果可行，并提交加拿大航空公司对已将该“协议”第11条第（c）项所指的特别支付交付给该养老基金的确认。

例外情况

5.（1）如果第4条所指的涉及某一养老金计划的信息呈交给了监管机构，则该计划有关下述款项不适用于《养老金标准法》第8条第（1）款、第（2）款的规定：

（a）2004年1月1日前的任何特别支付、雇主缴费，或者该养老基金应计或应付的款项；

（b）协议第4条所指的、该养老金计划所签发的本票的未偿付本金，如果这一款项根据本票条款的规定，由于拖欠付款而造成的到期应付。

（2）除去上述第（1）款规定的情况以外，养老金计划中涉及的特别支付、缴费，或者其他根据这些条例养老基金应计或应付的款项，均适用于《养老金标准法》第8条第（1）款、第（2）款的规定。

《养老金标准条例（1985)》的适用

6. 如果第4条所指的涉及某一养老金计划的信息呈交给了监管机构，则除去本部分另有规定的情况外，该计划适用《养老金标准条例》第9条的规定。

7.（1）基于本部分，《养老金标准条例》第9条第（1）款第（a）项关于“偿付能力不足”的定义，应做如下理解：

（a）根据市场价值所确定的该计划资产价值。

（2）根据《养老金标准条例》第9条第（1）款第（d）项关于“偿付能力不足”的定义，本条例中2004年1月1日前计算的任何特别支付的当前价值，以及要求于2004年1月1日针对初始无备资负债产生而支付的任何特别支付的当前价值，均为零。

（3）基于本部分，《养老金标准条例》第9条第（1）款关于“偿付能力不足”的定义的理解，在第（d）项后应包括下列内容：

（d.1）《加拿大航空公司养老金计划偿付能力不足筹资条例》所指的所有特别支付的当前价值；

（d.2）始于2004年1月2日，止于2013年12月31日的时间段内支付的、某一养老金计划在2004年1月1日后出现的初始无备资负债的特别支付的当前价值；

（4）根据《所得税法》第147.2条第（2）款，《养老金标准条例》第9条第（7.1）款不适用于按本部分规定获得资金补充的养老金计划。

偿付能力比率

8.（1）某一养老金计划初始偿付能力不足的计算，应与协议第11自然段第（c）项所指的、已于2003年12月31日向养老基金缴纳的特别支付的计算方法相一致。

（2）某一养老金计划在2004年1月1日的偿付比率，应根据上述第（1）款确定初始偿付能力不足后计算。

筹资——特别支付

9.（1）本条适用于下述定义。

“调整后总额”是指根据第4条所确定的，或者根据第4条和第5条所确定的，已调整的该养老金计划年度特别支付的总额。

“未调整总额”是指在某一养老金计划年度尚未调整的该养老金计划年度安排中所规定的年度特别支付的总额。

（2）不考虑《养老金标准条例》第9条第（4）款的规定，某一养老金计划的初始偿付能力不足的筹资期限应不超过10年；自2004年开始，到2013年结束。在此期间，应根据第3条至第5条所确定的向养老基金缴纳年度特别支付。

（3）某一养老金计划年度特别支付的数额，应将该计划年度调整后总额乘以该养老金计划初始偿付能力不足与所有养老金计划的初始偿付能力不足的总额的比率来确定。

（4）根据下述第（5）款的规定，养老金计划安排表第一栏所列示的，涉及某一计划年度的调整后总额，应以下述方法来确定：

（a）第二栏所列示的该计划年度未调整总额乘以大于1的数字；

（b）第二栏所列示的该计划年度未调整总额乘以所有养老金计划初始偿付能力不足总额与第二栏所列示的每一未调整总额的当前价值数额，即2004年1月1日的价值数额的比率。

（5）如果根据上述第（4）款所确定的2004年度调整后总额，小于出于计算养老金计划初始偿付能力不足的目的而评估计划负债时所使用的假设利率乘以所有养老金计划初始偿付能力不足的结果，则：

（a）2004计划年度调整后总额应与上述计算结果相等；以及

（b）可以将2006年、2007年及2008年各个计划年度调整后总额减少相同的数额，以便上述第（2）款所指的10年期限中每一年度所确定的调整后总额的当前价值——2004年1月1日的价值，与在不考虑上述第（a）项规定的情况下所计算得出的结果相一致。

（6）加拿大航空公司应在初始指令效力终止后不迟于14天的时间内，向监管机构提交支付安排，支付安排对每一养老金计划中根据上述第（3）款至第（5）款的计算方法所得出的、第（2）款所指的10年期限中每一年度所要求的年度特别支付的数额做出规定。

（7）在不考虑《养老金标准条例》第9条第（14）款的规定的情况下，上述第（2）款所指的2004年度养老金计划的年度特别支付，应分两次缴纳：

（a）第一次缴纳该年度特别支付数额的75%，缴纳时间应不迟于——

（i）2004年10月30日，且

（ii）不迟于本《条例》生效后30天；

（b）第二次缴纳该年度特别支付数额的25%，缴纳时间应不迟于2005年1月30日。

（8）应着重强调，下述养老金计划的年度特别支付不要求支付：

（a）根据《养老金标准条例》第9条第（3）款的规定已要求支付的、用以补偿2004年1月1日产生的未备资负债的任何特别支付；

（b）根据《养老金标准条例》第9条第（3）款或第（4）款的规定已要求支付的、按在2004年1月1日前提交给监管机构的精算报告计算出的任何特别支付。

10. 基于《养老金标准条例》，根据第9条、第13条或第16条第（2）款，某一计划所要求的支付应被认为是特别支付。

11. 除了根据《养老金标准条例》第9条第（7）款规定的缴费和任何适当的特别支付之外，一项养老金计划应当每年用第9条和第13条所指的特别支付进行筹资。

精算收益

12. 在2006年计划年度之前，不能用精算收益抵消应向养老基金缴纳的任何特别支付，但是，可以用于缩短一个或者多个偿付能力不足的摊销期限，或者用于按照比例抵消在2006年至2013年计划年度之间所要求的补充偿付能力不足的特别支付。

2004 年计划年度之后发生的偿付能力不足

13. 除去第 15 条规定的情况之外，在本条例生效日之后某计划年度内发生的偿付能力不足，应该用相同数量的年度特别支付予以补充。该特别支付在不超过下述年限的时间内，应足以补偿偿付能力不足：

（a）第 9 条所指的付款时间表中自偿付能力不足发生的年度开始计算的剩余年数；

（b）5 年。

计划修改

14. 基于《养老金标准法》第 10.1 条第（2）款第（b）项，规定的偿付能力比率是在《养老金标准法》第 12 条第（3）款所规定的提交给监管机构的最新精算报告的基础上计算的偿付能力比率。

福利增加

15.（1）自本条例生效后发生的偿付能力不足，以及由于养老金福利增加、退休金补助或者计划的其他福利支付增加而发生的偿付能力不足，应根据《养老金标准条例》第 9 条第（4）款的规定予以筹资。

（2）基于《养老金标准条例》第 9 条第（1）款第（d）项关于“偿付能力不足”的定义，用来补充第（1）款所指的偿付能力不足的特别支付的当前价值应包括在内。

出现赤字的养老金计划的终止

16.（1）在本条中，“赤字”是指某一养老金计划的负债超过其资产的数额。

（2）根据第（3）款的规定，如果某一养老金计划全部终止，并且该计划在其终止时含有赤字，则用于协议第 4 条所指的就该计划签发的本票的未偿付本金的年度付款，应该在到期应付时向该养老基金缴纳，直到先抵消完该本票的未偿付本金或该计划赤字两项中的任意一项为止。

（3）如果由于发生本票的条款规定的拖欠事件而导致第（2）款所指的本票的未偿付本金全部到期应付，则该款所指的年度特别支付不必缴纳。

第二部分

加拿大航空公司养老金计划选择性偿付能力标准选择性适用

选择

17.（1）自某一养老金计划年度的第一日开始，加拿大航空公司可以根据本部分内容，选择为养老金计划筹资，并在该计划年度开始后不迟于四个月的时间内，将选择结果的书面报告呈交监管机构。

（2）第（1）款所指的选择报告，应指出该计划在做出选择的年度开始的第一日是否含有盈余。

《养老金标准条例》的适用

18. 如果上述第 17 条第（1）款所指的选择已在某一养老金计划做出，除去部分另有规定的情况之外，《养老金标准条例》第 9 条适用。

盈余的确定方式

19. 基于本部分的目的，一项养老金计划的盈余应当按照《养老金标准条例》第 16 条第（1）款关于某项已全部终止的养老金计划所做的规定的方式予以确定。并且，在确定盈余时，该养老金计划的资产价值应当根据市场价值来确定。

含有盈余的养老金计划

20. 如果上述第 17 条第（1）款所指的选择已在某一养老金计划做出，且该计划在做出选择的年度的第一日含有盈余，那么，除去第 4 条、第 6 条至第 9 条和第 11 条至第 15 条对该计划不再适用外，本条例第一部分对该养老金计划继续适用。

不含盈余的养老金计划

21. 如果上述第 17 条第（1）款所指的选择已就某一养老金计划的 2005 年至 2009 年间的任一年度做出了，且该计划在做出选择的年度的第一日不含盈余，那么本条例第一部分内容对该计划仍然适用；除非：

（a）加拿大航空公司就该计划在该日准备了一份精算报告；

（b）根据该精算报告，第 9 条和第 13 条所指的特别支付的当前价值应为零；

（c）如果精算报告披露了任何偿付能力不足，那么该偿付能力不足应被认为是发生于该精算报告的评估日；

（d）根据第 9 条和第 13 条要求向养老金基金缴纳的特别支付应继续缴纳，直到为上述第（c）项所指的偿付能力不足筹资的第一笔特别支付缴纳给养老基金为止；

（e）除去第（d）项规定的情况以外，在做出选择的该计划年度的第一日，第 4 条、第 6 条至第 9 条和第 11 条至第 15 条对该计划不再适用。

22. （1）基于本条规定，《养老金标准条例》第 9 条第（1）款第（a）项中关于“偿付能力不足”的定义应作如下理解：

（a）根据市场价值确定的该计划的资产价值。

（2）根据第 23 条的规定，如果上述第 17 条第（1）款所指的选择已就某一养老金计划的 2010 年至 2013 年间的任一年度做出了选择，该计划在做出选择的年度的第一日不含盈余，上述第一部分对该计划仍然适用，除非：

（a）根据第 9 条或者第 13 条的规定要求为偿付能力不足的筹资不应被分摊；

（b）基于《养老金标准条例》第 9 条第（1）款第（d）项关于“偿付能力不足”的定义，应包含第 9 条和第 13 条所指的特别支付的当前价值；

（c）在做出选择的养老金计划年度开始的第一日，其第 4 条和第 6 条、第 7 条第（4）款和第 8 条、第 12 条、第 15 条对养老金计划不再适用。

23. 如果第 22 条第（2）款所指的、根据第 9 条和第 13 条的规定做出的特别支付，在做出选择的年度的该养老金计划年度第二季度结束之前，全部缴纳给该养老基金，则：

（a）第 22 条对该计划不再适用；

（b）并且，除去第 4 条、第 6 条至第 9 条和第 11 条至第 15 条的规定在做出选择的年度开始的第一日不再适用外，上述第一部分对该养老金计划仍然适用。

效力终止

24. 本条例之效力于 2013 年 12 月 31 日终止。

生效

25. 如果初始指令的效力在 2005 年 1 月 1 日之前结束，本条例于该指令效力结束之日生效。

时间表

（第 9 条第（1）款和第（4）款）

特别支付时间表

第一栏		第二栏
项目	计划年度	未调整年度特别支付总额（百万元）
1.	2004	65
2.	2005	85
3.	2006	201
4.	2007	181
5.	2008	181
6.	2009	184
7.	2010	184
8.	2011	184
9.	2012	184
10.	2013	184

3 – 6 Air Canada Pension Plan Solvency Deficiency Funding Regulations* (SOR/DORS/2004 –174)

INTERPRETATION

1. (1) The following definitions apply in these Regulations.

"Air Canada pension plan" or "plan" means a defined benefit plan in respect of which Air Canada is the administrator and that was established before January 1, 2004. (*régime de pension d'Air Canada ou régime*)

"beneficiary representative" means a union representative or a court-appointed representative of the members or former members of a plan or of the other beneficiaries of a plan. (*représentant des bénéficiaires*)

"initial order" means the order issued on April 1, 2003 in respect of Air Canada under section 11 of the *Companies' Creditors Arrangement Act.* (*ordonnance initiale*)

"initial solvency deficiency" means the solvency deficiency of a plan emerging as at January 1, 2004. (*déficit initial de solvabilité*)

"Protocol" means the Air Canada/OSFI Pension Funding Relief Protocol of May 14, 2004 entered into by Air Canada and the Office of the Superintendent of Financial Institutions. (*protocole*)

(2) Except as otherwise provided in these Regulations, expressions used in these Regulations have the same meaning as in the *Pension Benefits Standards Regulations, 1985.*

APPLICATION

2. These Regulations apply in respect of Air Canada pension plans.

FUNDING

3. The funding of a plan shall be considered to meet the standards for solvency if the funding is in accordance with Part 1 or 2.

---

* Her Excellency the Governor General in Council, on the recommendation of the Minister of Finance, pursuant to the definition "surplus"[a] in subsection 2 (1), subsection 9 (1), paragraph 10.1 (2) (b)[b] and section 39[c] of the *Pension Benefits Standards Act, 1985*[d], hereby makes the annexed *Air Canada Pension Plan Solvency Deficiency Funding Regulations.*

a S. C. 1998, c. 12, S. 1 (4).

b S. C. 1998, c. 12, S. 10.

c S. C. 2001, c. 34, S. 76.

d R. S., c. 32 (2 nd Supp.).

PART 1

SOLVENCY STANDARDS FOR AIR CANADA PENSION PLANS

Information to Be Filed With Superintendent

4. An initial solvency deficiency and any subsequent solvency deficiency of a plan may be funded in accordance with this Part if the following information is filed with the Superintendent not later than the day on which the initial order expires:

(a) an actuarial report that values the plan as at January 1, 2004;

(b) a statement by Air Canada confirming that the beneficiary representatives have consented on behalf of the members, former members and other beneficiaries of the plan to the funding of the solvency deficiency of the plan in accordance with these Regulations;

(c) a certified copy of a resolution of the board of directors of Air Canada agreeing to the funding of the solvency deficiency of the plan in accordance with these Regulations;

(d) a copy of the promissory note issued in respect of the plan and referred to in section 4 of the Protocol as well as a copy of the security agreement referred to in paragraph 5 (b) of the Protocol; and

(e) confirmation by Air Canada that contributions equal to the normal cost of the plan required to be remitted on or before the day on which these Regulations come into force and, if applicable, the special payments referred to in paragraph 11 (c) of the Protocol have been remitted to the pension fund.

Exemption

5. (1) If the information referred to in section (4) is filed with the Superintendent in respect of a plan in accordance with that section, the plan is exempt from the application of subsections 8 (1) and (2) of the Act in respect of the following amounts:

(a) any special payments, employer contributions or other amounts accrued or due to the pension fund before January 1, 2004; and

(b) the principal outstanding amount of a promissory note, issued in respect of the plan and referred to in section 4 of the Protocol, if that amount becomes due and payable in full as a result of the occurrence of an event of default under the terms of the promissory note.

(2) For greater certainty and except as described in subsection (1), a plan is not exempt from the application of subsections 8 (1) and (2) of the Act in respect of any special payments, contributions or other amounts that are accrued or due to the pension fund under these Regulations.

Application of Pension Benefits Standards Regulations, 1985

6. If the information referred to in section 4 is filed with the Superintendent in respect of a plan in accordance with that section, section 9 of the *Pension Benefits Standards Regulations*, *1985* applies in respect of that plan except as otherwise provided in this Part.

7. (1) For the purposes of this Part, paragraph (a) of the definition "solvency deficiency" in subsection 9 (1) of the *Pension Benefits Standards Regulations*, *1985* shall be read as follows:

(a) the value of the assets of the plan, determined on the basis of market value.

(2) In this Part, for the purpose of paragraph (d) of the definition "solvency deficiency" in subsection 9 (1) of the *Pension Benefits Standards Regulations*, *1985*, the present value of any special payment calculated before January 1, 2004 and the present value of any special payment required to be made in respect of an initial unfunded liability emerging as at January 1, 2004 shall be zero.

(3) For the purposes of this Part, the definition "solvency deficiency" in subsection 9 (1) of the *Pension Benefits Standards Regulations*, *1985* shall be read as including the following after paragraph (d):

(d. 1) the present value of any special payment referred to in section 9 or 13 of the *Air Canada Pension Plan Solvency Deficiency Funding Regulations*,

(d. 2) the present value of any special payment required to be made during the period beginning on January 2, 2004 and ending on December 31, 2013 in respect of an initial unfunded liability of a plan emerging after January 1, 2004,

(4) Subject to subsection 147. 2 (2) of the *Income Tax Act*, subsection 9 (7. 1) of the *Pension Benefits Standards Regulations*, *1985* does not apply in respect of a plan that is funded in accordance with this Part.

Solvency Ratio

8. (1) The initial solvency deficiency of a plan shall be calculated as if any applicable special payments referred to in paragraph 11 (c) of the Protocol had been remitted to the pension fund on December 31, 2003.

(2) The solvency ratio of a plan as at January 1, 2004 shall be calculated after determining the initial solvency deficiency in accordance with subsection (1).

Funding —— Special Payments

9. (1) The following definitions apply in this section.

"adjusted aggregate amount" means, in respect of a plan year, the adjusted aggregate amount of annual special payments for that plan year as determined in accordance with subsection (4) or in accordance with subsections (4) and (5), as applicable. (*total rajusté*)

"unadjusted aggregate amount" means, in respect of a plan year, the unadjusted aggregate amount of annual special payments set out in the schedule for that plan year. (*total non rajusté*)

(2) Notwithstanding subsection 9 (4) of the *Pension Benefits Standards Regulations*, *1985*, an initial solvency deficiency of a plan shall be funded over a period not exceeding 10 years, beginning with the 2004 plan year and ending with the 2013 plan year, by an annual special payment to the pension fund in each of those years determined in accordance with subsections (3) to (5).

(3) The amount of an annual special payment in respect of a plan for a plan year shall be determined by multiplying the adjusted aggregate amount for that plan year by the ratio of the initial solvency deficiency of the plan to the aggregate amount of the initial solvency deficiencies of all of the plans.

(4) Subject to subsection (5), the adjusted aggregate amount in respect of a plan year set out in column 1 of the schedule shall be determined by multiplying the unadjusted aggregate amount set out for that plan year in column 2 by the greater of

(a) one, and

(b) the ratio of the aggregate amount of the initial solvency deficiencies of all of the plans to the sum of the present values, as at January 1, 2004, of each of the unadjusted aggregate amounts set out in column 2.

(5) If the adjusted aggregate amount determined in accordance with subsection (4) for the 2004 plan year is less than the result obtained by multiplying the assumed interest rate used in the valuation of the liabilities of the plans for the purpose of calculating their initial solvency deficiencies by the aggregate amount of the initial solvency deficiencies of all of those plans,

(a) the adjusted aggregate amount for the 2004 plan year shall be an amount equal to that result; and

(b) the adjusted aggregate amount for each of the 2006, 2007 and 2008 plan years may be reduced by an equal amount for each of those plan years such that the sum of the present values, as at January 1, 2004, of each of the adjusted aggregate amounts determined for the 10 plan years referred to in subsection (2) is the same as it would be if it were calculated without reference to paragraph (a).

(6) Air Canada shall, not later than 14 days after the expiration of the initial order, provide the Superintendent with a payment schedule setting out for each plan the amount of the annual special payment required to be made in each of the 10 plan years referred to in subsection (2) calculated in accordance with subsections (3) to (5).

(7) Notwithstanding subsection 9 (14) of the *Pension Benefits Standards Regulations, 1985*, the annual special payment referred to in subsection (2) in respect of the 2004 plan year shall be made in two installments as follows:

(a) the first installment, in an amount equal to 75 per cent of that annual special payment, shall be remitted not later than the later of

(i) October 30, 2004, and

(ii) 30 days after the day on which these Regulations come into force; and

(b) the second installment, in an amount equal to 25 per cent of that annual special payment, shall be remitted not later than January 30, 2005.

(8) For greater certainty, the following special payments are not required to be paid in respect of a plan in a plan year:

(a) any special payment required to liquidate an initial unfunded liability emerging as at January 1, 2004 that would have been required to be paid in respect of that plan year under subsection 9 (3) of the *Pension Benefits Standards Regulations, 1985*; and

(b) any special payment calculated in accordance with an actuarial report filed with the Superintendent before January 1, 2004 that would have been required to be paid in respect of that plan year under subsection 9 (3) or (4) of the *Pension Benefits Standards Regulations 1985.*

10. For the purposes of the *Pension Benefits Standards Regulations, 1985*, a payment that is required to be made in respect of a plan by section 9 or 13 or subsection 16 (2) shall be considered a special payment.

11. A plan shall be funded in each plan year by the special payments referred to in sections 9 and 13 in addition to the contributions and any applicable special payments set out in subsection 9 (7) of the *Pension Benefits Standards Regulations, 1985.*

Actuarial Gain

12. Until the 2006 plan year, an actuarial gain shall not be used to reduce the amount of any special payments due to the pension fund, but it may be applied to reduce the amortization period or

periods applicable to the payment of a solvency deficiency or used to reduce, on a pro rata basis, the special payments required to fund the solvency deficiency during any of the 2006 to 2013 plan years.

Solvency Deficiency Emerging After 2004 Plan Year

13. Except as provided in section 15, a solvency deficiency that emerges in a plan year that begins after the day on which these Regulations come into force shall be funded by equal annual special payments sufficient to liquidate the solvency deficiency over a period not exceeding the greater of

(a) the number of years remaining in the payment schedule referred to in section 9, calculated from the beginning of the plan year in which the solvency deficiency emerges, and

(b) five years.

Amendments to a Plan

14. For the purpose of paragraph 10. 1 (2) (b) of the Act, the prescribed solvency ratio level is the solvency ratio calculated on the basis of the most recent actuarial report filed with the Superintendent in accordance with subsection 12 (3) of the Act.

Increase in Benefits

15. (1) A solvency deficiency that emerges after the day on which these Regulations come into force and that results from an increase in pension benefits, pension benefit credits or other benefits payable under a plan shall be funded in accordance with subsection 9 (4) of the *Pension Benefits Standards Regulations, 1985*.

(2) The present value of the special payments required to fund the solvency deficiency referred to in subsection (1) shall be included for the purpose of paragraph (d) of the definition "solvency deficiency" in subsection 9 (1) of the *Pension Benefits Standards Regulations, 1985*.

Termination of Plan With a Deficit

16. (1) In this section, "deficit" means the amount by which the liabilities of a plan exceed its assets.

(2) Subject to subsection (3), if a plan is fully terminated and the plan has a deficit as at the day of the termination, the annual payments due in respect of the principal outstanding amount of the promissory note that is issued in respect of the plan and referred to in section 4 of the Protocol shall be remitted to the pension fund as they become due and payable, until such time as the principal outstanding amount of that promissory note is paid or the deficit is eliminated, whichever is earlier.

(3) If the principal outstanding amount of the promissory note referred to in subsection (2) becomes due and payable in full as a result of the occurrence of an event of default under the terms of the promissory note, the annual payments referred to in that subsection are not required to be remitted.

PART 2

ALTERNATE SOLVENCY STANDARDS FOR AIR CANADA PENSION PLANS APPLICABLE ON ELECTION

Election

17. (1) Air Canada may elect to fund a plan, beginning on the first day of a plan year, in accordance with this Part by giving written notice of the election to the Superintendent not later than four months after the beginning of that plan year.

(2) The notice of election referred to in subsection (1) shall indicate whether or not the plan has a surplus as at the first day of the plan year in respect of which the election is made.

Application of the Pension Benefits Standards Regulations, 1985

18. If the election referred to in subsection 17 (1) is made in respect of a plan, section 9 of the *Pension Benefits Standards Regulations, 1985* applies in respect of that plan except as otherwise provided in this Part.

Manner of Determining Surplus

19. For the purposes of this Part, a surplus in respect of a plan shall be determined in the manner prescribed by subsection 16 (1) of the Pension *Benefits Standards Regulations, 1985* in respect of a plan that has been fully terminated and, in making that determination, the value of the assets of the plan shall be determined on the basis of market value.

Plan With a Surplus

20. If the election referred to in subsection 17 (1) is made in respect of a plan that has a surplus as at the first day of the plan year in respect of which the election is made, Part 1 continues to apply in respect of that plan, except that sections 4, 6 to 9 and 11 to 15 cease to apply in respect of the plan on that day.

Plan Without a Surplus

21. If the election referred to in subsection 17 (1) is made in respect of any of the 2005 to 2009 plan years of a plan that does not have a surplus as at the first day of the plan year in respect of which the election is made, Part 1 continues to apply in respect of that plan, except that

(a) Air Canada shall have an actuarial report prepared in respect of the plan as at that day;

(b) for the purpose of that actuarial report, the present value of the special payments referred to in sections 9 and 13 shall be zero;

(c) the solvency deficiency disclosed by the actuarial report, if any, shall be considered to have emerged as at the valuation date of the actuarial report;

(d) the special payments required to be made to the pension fund in accordance with sections 9 and 13 shall continue to be made until the first special payment required to fund the solvency deficiency referred to in paragraph (c) is remitted to the pension fund; and

(e) except as otherwise provided in paragraph (d), sections 4, 6 to 9 and 11 to 15 cease to apply in respect of the plan on the first day of the plan year in respect of which the election is made.

22. (1) For the purposes of this section, paragraph (a) of the definition "solvency deficiency" in subsection 9 (1) of the *Pension Benefits Standards Regulations*, *1985* shall be read as follows:

(a) the value of the assets of the plan, determined on the basis of market value,

(2) Subject to section 23, if the election referred to in subsection 17 (1) is made in respect of any of the 2010 to 2013 plan years of a plan that does not have a surplus as at the first day of the plan year in respect of which the election is made, Part 1 continues to apply in respect of that plan, except that

(a) a solvency deficiency that is required to be funded in accordance with section 9 or 13 shall not be reamortized;

(b) the present value of the special payments referred to in sections 9 and 13 shall be included for the purpose of paragraph (d) of the definition "solvency deficiency" in subsection 9 (1) of the *Pension Benefits Standards Regulations*, *1985*; and

(c) sections 4 and 6, subsection 7 (4) and sections 8, 12 and 15 cease to apply in respect of that plan on the first day of the plan year in respect of which the election is made.

23. If the aggregate amount of the remaining special payments required to be made in accordance with sections 9 and 13 in respect of a plan referred to in subsection 22 (2) is remitted to the pension fund not later than the end of the second quarter of the plan year in respect of which the election is made,

(a) section 22 does not apply in respect of that plan; and

(b) Part 1 continues to apply in respect of that plan, except that sections 4, 6 to 9 and 11 to 15 cease to apply in respect of the plan on the first day of the plan year in respect of which the election is made.

CEASING TO BE IN FORCE

24. These Regulations cease to be in force on December 31, 2013.

COMING INTO FORCE

25. These Regulations come into force on the day on which the initial order expires provided that that order expires before January 1, 2005.

SCHEDULE

(Subsections 9 (1) and (4))

SCHEDULE OF SPECIAL PAYMENTS

Item	Column 1 Plan Year	Column 2 Unadjusted Aggregate Amount of Annual Special Payments (in millions of dollars)
1.	2004	65
2.	2005	85
3.	2006	201
4.	2007	181
5.	2008	181
6.	2009	184
7.	2010	184
8.	2011	184
9.	2012	184
10.	2013	184

3－7 弹性养老金计划

（加拿大）金融机构监管部（OSFI）弹性养老金计划出台基于两个目的：一是我们愿意引进一种新的可确保收益的产品，二是我们希望能遵循加拿大养老金监察协会（CAPSA）与加拿大精算师协会（CIA）合作特派组签订的协议。其协议的建议如下：

- 额外的自愿型缴费；
- 不必遵守50%的规则；
- 需要时，如符合一般的法定信托标准，可要求归还部分缴费；
- 缴费的不定额。

此外，计划中必须说明投资弹性养老金的收支程序。对此的精算评估，必须有一个加拿大税务局和金融机构监管部认可的合理原则。对于弹性养老金缴费额和加拿大税务局允许的最大收益限额，弹性养老金收益转移额的支付应等于两者中的较小的一个。

缴费和收益的分担——关于额外自愿缴费（AVC）

按照联邦养老金福利标准法案（PBSA）的规定，弹性养老金的缴费可由他人来承担（但并不硬性指派给雇主），这也可以认为是额外自愿缴费（AVC）。而当雇主提供了部分弹性养老金缴费时，以下情况应当说明：由谁在何种情况下提供？提供了多少以及弹性养老金缴费和收益如何分担？

50%的规则——联邦养老金福利标准法案第21条第（2）款的实施

如果弹性养老金缴费按规定属于额外自愿缴费型，则本法案中的50%的规则，将不再被要求实行。无疑，在总的原则上，在关于非额外自愿缴费型的弹性养老金缴费和收益时，50%的规则还应当实行。

联邦养老金福利标准法案第21条第（2）款的规定，是为了防止对于以下情况产生误解：当缴费事实上是完全或大部分地被他人所提供时，养老金仍会被支付。如果个人选择投资于额外弹性养老金之前，要说明弹性养老金支付仅仅鼓励独立缴费者，或者说明只允许协助缴费者拥有有限的利益分享，那么，就没有实行50%的最低支付规则的必要了。

没收——联邦养老金福利标准法案第21条第（1）款的实行

联邦养老金福利标准法案第21条第（1）款规定，养老金收益支付额至少应是“养老金缴费的总和加上利息”（不丧失原则）。只有当弹性养老金的缴费，属于本款中规定的那种情况下，本款的“没收规则”才能实行。总的来说，对弹性养老金还应实行不丧失规则。主管方有责任确保本计划符合一般的法定信托标准。主管方可以选择从退休基金以外寻找途径来确保归还个人的缴费。

另外，为了避免误解，必须提前做出以下说明，即：在某些情况下，个人可能难以收回他们的养老金缴费的全额，包括他们的雇主提供的资助。

锁定型养老金

根据加拿大税务局96－3简讯，只要基本收益不超出计划规定的范围，弹性养老金的缴费数是完全“固定”的。可是，既然弹性养老金的缴费可以是联邦养老金福利标准法案下的额外自愿缴费型缴费，那么，在这种情况下，主管者将不再要求缴费额锁定。实际上，当个人退出养老金计划时，他可以方便地获得一笔总的养老金（基本养老金 + 锁定弹性养老金），而不锁定缴费部分的弹性养老金却不能立即得到。如果他想得到所有的收益，包括不锁定缴费的那部分弹性养老金，他可以按计划中的规定，选择将不锁定弹性养老金部分转化为锁定的弹性养老金，按这种方式可以立即拿回其现金价值。

如果规定了不锁定弹性养老金部分可以随时提取，则个人和其配偶必须被清楚的告知：不固定弹性养老金部分不再受联邦养老金福利标准法案的保护，不固定部分随时可以转化为投资者手中的现款，在婚姻破裂和当事人死亡的情况下，其配偶也无权直接受益。

投资

弹性养老金的缴费，可以随基本养老金一起，也可以单独按计划中规定的投资方式。同时，必须声明：谁做出的投资决定以及谁承担投资风险，弹性养老金的回报率均存在损失的可能性。

评估

弹性养老金的投资和收益，都必须遵循加拿大精算师协会和联邦养老金福利标准法案的有关标准与方针，遵守加拿大税务局在这方面的特别要求。

我们期望：弹性养老金的收益评估与弹性养老金缴费密切相关，让每个投资者获利，让整个的计划可以信赖。我们也期望，设定浮动条款，使个人缴费损失的风险最小，同时，允许个人随时变通弹性缴费量，以满足其最大利益要求。

在精算评估报告和资产负债表中，弹性养老金缴费和收益必须明确作为一个独立项目，且弹性养老金缴费必须体现在财政报告和金融机构监管部要求的归档报告中（AIRs）。

加拿大精算师协会正在研发一项精算规则，该规则可以用来把弹性养老金缴费转换为弹性养老金收益。此间，一般性投资原则、当前的加拿大精算师协会价值转换原则、当前的加拿大精算师协会价值转换过度原则以及其他的合理化原则，在加拿大税务局允许的情况下，都可以被采纳到联邦养老金福利标准法案中来。

转移价值

当个人选择了将基本养老金和弹性养老金转化成现金时，弹性养老金缴费的转化值应高于下列两种数额中的较小者：一是弹性养老金缴费数额，二是加拿大税务局规定的最大允许数额。

完全公布

弹性养老金的主管方，有责任对弹性养老金的有关事项细致、明确地予以公布。个人必须能够得到充分的信息，以便对弹性养老金计划是否适合他本人的具体情况，做出审慎的决定。主管方可以通过和准备加入弹性养老金计划的个人签署一份特殊“合同”，来表明各项相关规定已经予以告知。另外，管理方应当谨慎地对待他们的法定告知义务；在告知有关的弹性养老金的规定时，注意要有别于经济建议和忠告。

在最初的个人资料袋（合同或成员）年度声明中，至少应当包含如下声明：

- 弹性养老金缴费是可选的。
- 谁是提供弹性养老金的收益者。
- 弹性养老金的收益如何分享（如果不存在收益分享问题，个人必须被清楚地告知他将获得全部弹性养老金的收益）。

- 在一定情况下，个人可能接收不到全部的缴费值（包含举例），以及补偿雇主的津贴。
- 当50%的规则或者非丧失规则失效时，联邦养老金福利标准法案的保护作用也同时失效。
- 谁做出投资决定，谁承担相应的风险。
- 弹性养老金的或高或低的收益额和可能的损失额。
- 成员及其配偶必须被清楚地告知：不固定的弹性养老金的收益不会受到联邦养老金福利标准法案的保护等。也就是说，不固定的弹性养老金的收益只兑现给投资者，而不是缴费者的配偶。
- 举出有关弹性养老金的各种可供选择的收益的例子和不同的有关人员需要做出的投入。
- 弹性养老金的收益转化规则。
- 每个年度的成员存在着特殊的未获风险提示信息的可能。

在市场上，弹性养老金是新鲜事物，而且受所得税法影响很大。目前，金融机构监管部尚不能对其前景做出明确的判断。相关政策，原则上要保证弹性养老金的收益。在缴费人的最大利益要求下，或者在行业需要时，我们保留修订有关政策的权利。但在目前，金融机构监管部还没有任何关于弹性养老金的修订案，也还未预见到联邦养老金福利标准法案中的相关规定会有什么变化。遵循加拿大养老金监察协会和加拿大精算师协会联合特派组的建议，我们在相关法律的框架内，制定了当前的政策。

3 –7 Flexible Pension Plans - OSFI Policy Paper

The OSFI policy on flexible pension plans has been developed with two goals in mind. First, we do not want to discourage the introduction of new defined-benefit products. Second, we want to harmonize our policy with the CAPSA Task Force recommendations, developed in co-operation with the Canadian Institute of Actuaries.

- an additional voluntary type contribution,
- not necessarily subject to the 50% rule,
- requiring the return of member contributions as necessary under common law fiduciary standards, and
- not necessarily locked-in.

In addition, the plan must specify how the flexible accounts are invested. The actuarial valuation must be done on a reasonable basis that is acceptable to Revenue Canada and to OSFI, and the flexible benefit transfer value payable from the plan should be an amount equal to the lesser of the value of the flexible contributions account and the maximum permitted by Revenue Canada.

Classification - Additional Voluntary Contribution (AVC)

If a pension plan provides for flexible contributions and benefits by allowing optional member contributions that do not give rise to an obligation on the employer to make additional contributions, these contributions may be regarded as AVC-type contributions under the PBSA. Where the employer supplies a portion of the flexible contributions, the plan provisions should clearly specify what is being offered, who carries the costs and under what conditions, if any, and how the flexible contributions and benefits are classified.

50% Rule—Application of Subsection 21 (2)

If the plan provides for flexible contributions as AVC-type contributions, no application of the 50% rule would be required under the Act. Clearly, the plan may provide for the application of the 50% rule on the aggregate basic and flexible contributions/benefits.

The intent of subsection 21 (2) is to protect members from misrepresentation that the sponsor is providing pension benefits in cases where the benefit in fact may be fully or mostly funded by member contributions. If the flexible benefits are clearly promised only to the extent that the member contributions can buy, or a certain cost sharing arrangement is specified up front before the member chooses the additional flexible pension benefit option, there appears to be no need for the protection of the 50% minimum cost rule.

Forfeitures - Application of Subsection 21 (1)

Subsection 21 (1) of the PBSA specifies that the value of a defined benefit must be at least "the aggregate of the member's required contributions together with interest" (non-forfeiture rule). Only if the flexible contributions are specified as required contributions in the plan provisions must this subsection of the PBSA be applied. Clearly, the plan may provide for the application of the non-forfeiture rule on the aggregate of basic and flexible provisions. It is the plan sponsor's responsibility to ensure that common law fiduciary standards are met. Here, the plan sponsor may consider options such as a guarantee of the return of member contributions from outside the pension fund.

Also, protection from misrepresentation must be provided through full, up-front disclosure that, in certain circumstances, the members may not receive the full value of their own contributions and that they may end up subsidizing the employer basic benefit costs.

Locking-in

Under the Revenue Canada Newsletter 96-3, flexible contributions are effectively "locked-in" as long as the basic benefits remain in the plan. Since the flexible contributions can be defined as AVC-type contributions under the PBSA, the locking-in requirements do not have to apply to them if that is the way the plan sponsor wishes to provide. In effect, a pension plan may offer a terminating plan member portability for the aggregate benefit (basic + flexible), and the member will have to exercise this portability in order to receive an un-locked flexible benefit. The member will receive the locked-in basic benefit and the flexible benefit, which may be un-locked at that point. If the member chooses to collect his pension directly from the plan, his flexible benefits will be paid directly from the plan in the form of enhanced locked-in pension benefits.

If the plan provides for un-locking of the flexible benefits through portability, members and their spouses must be clearly informed that the un-locked portion of the benefit will then cease to be protected by the PBSA, i. e., the un-locked benefit becomes cash that is accessible to creditors, and will be excluded from spousal claims on marriage breakdown and on member's death.

Investments

The assets connected with flexible contributions may be invested together with the basic plan fund or kept separate with alternative investment strategies as defined by the plan. The plan and member disclosure should specify clearly who makes the investment decisions, who carries the return risks, and return rate implications on the flexible benefit amounts and on potential forfeiture amounts.

Valuation

Funding of a plan, including flexible benefits, must follow the CIA and PBSA standards and guidelines. Revenue Canada also has specific requirements in this regard.

We expect that the valuation of flexible benefits relate closely to flexible contributions, in reference to specific members and the whole plan, to avoid gains to the plan. We also expect plans to design flexible provisions so as to minimize the risk of forfeitures of member contributions, and to allow immediate changes to members ' flexible contributions when members ' best interests so require.

Flexible contributions and benefits must be identified as a separate item in the actuarial valuation reports and balance sheets, and flexible contributions must be included in the financial statements and AIRs filed with OSFI.

The CIA is currently developing an actuarial basis that can be required for converting flexible contributions to flexible benefits. In the interim, the funding basis, the current CIA transfer value basis, smoothing of the current CIA transfer basis, or other reasonable basis that is acceptable to Revenue Canada, will be acceptable under the PBSA.

Transfer Values

When a member elects a transfer of the basic and flexible benefits, the minimum transfer value in respect of the flexible benefit should be an amount equal to the lesser of the value of the flexible contributions account and the maximum permitted by Revenue Canada.

Full Disclosure

Accurate and clear member disclosure is the responsibility of the plan administrator. Members must be well informed to enable them to make an educated decision whether the flexible plan provisions are beneficial to their own individual circumstances. Plan administrators may wish to make a member specific "contract" with each member who wishes to participate in the flexible plan provisions to demonstrate prudent disclosure. In addition, plan administrators should carefully consider their legal liability in providing information about the flexible pension option versus financial advise and counselling.

The initial member information package/contract and/or member annual statements should specify at least:

- that flexible contributions are optional,
- who pays for the flexible benefits,
- what cost sharing arrangements are provided (if no cost sharing, members must be clearly informed that they carry the full cost of the flexible benefits),
- that in certain circumstances, the members may not receive the full value of their own contributions (include examples), and they may end up subsidizing the employer costs,
- that the protection of the PBSA does not apply where the 50% or the non-forfeiture rules are not applied,
- who makes the investment decisions, who carries the return risks,
- implications of high/low return rates on the flexible benefit amounts and on potential forfeiture amounts,
- members and their spouses must be clearly informed that unlocked flexible benefits will cease to be protected by the PBSA, i. e. the un-locked benefit becomes cash that is accessible to creditors and will be excluded from spousal claims,
- examples of flexible benefit options and their costs to various member profiles,
- the benefit conversion basis, and
- member specific forfeiture risk information annually.

Since flexible pension provisions are new in the market and driven by Income Tax Act considerations, OSFI does not have a clear picture, at this point in time, what these products may entail. This policy has been developed so as not to discourage flexible benefits, but we reserve the right to review and revise this policy if the best interests of plan members and the pension industry so require. OSFI has not seen many plan amendments for flexible provisions and does not contemplate a change to the PBSA or to the regulations to accommodate flexible provisions at this point in time. This policy has been developed with view of harmonizing with the CAPSA/CIA Joint Task Force recommendations to the extent possible without legislative changes.

4. 澳大利亚非寿险监管

4-1 资本基数的计量
(指导原则手册 GGN 110.1)

1. 保险公司需拥有足够的资本基数，使保险公司的保险债务能满足多种情况下的要求。尤其是保险公司需始终持有最低不得少于其最低资本要求（MCR）的资本基数。本指导原则列出了一系列资本工具，用以判断保险公司的资本基数构成。

2. 建议保险公司在发行任何资本工具之前，都应当提前咨询澳大利亚审慎监管局（APRA）（可否由保险公司发行该资本工具，或由某家机构或特殊目的机构发行资本工具），以避免因合法性问题而发生争执。

3. 本指导原则手册中所列之定义和资格标准，适用于所有在澳大利亚境内设立的保险公司。然而，如《GPS 110 资本充足率》之第 25 节所述，适用于在澳大利亚有分支机构（境外保险公司）的境外资本设立的保险公司，其资本充足率的计量方法则有所不同。这反映出外资保险公司在澳大利亚的资产负债表中，通常并未将认可资本工具涵盖在内。

资本基数

4. 就监督目的而言，资本可划分为两类：一级资本（或核心资本）由质量最好的资本组成，此类资本完全满足 GPS 110 第 3 节中所列之资本的本质特征；二级资本（或辅助资本），包括种类繁多的其他资本工具，其质量无法与一级资本相比，但仍有益于保险公司的财务稳定性。

5. 境内保险公司的资本基数，是其一级资本和二级资本的总和与下文所述扣减额之差。依据 GPS 110 之规定，保险公司需始终持有最低不得少于其最低资本要求（MCR）的资本基数。关于如何计算保险公司之资本基数的案例，已列于附件 1 之中。

一级资本

6. 一级资本由质量最好的资本要素组成，包括在本质上属于永久性和非累积性的收益性工具。一级资本（第 18 节中所列之净扣减额）至少应占保险公司资本基数的 50%。[1]

7. 一级资本包括：

（a）已发行普通股；

（b）普通准备金；

（c）留存利润；

（d）扣除预期分红和税务支出后的当年净利润；

---

1 在其形成中，信托保险公司可不必按照澳大利亚审慎监管局批准书的要求行事。

（e）超过《GPS 210 债务评估》所要求的技术准备金；[2]

（f）非累积性不可赎回优先股；以及

（g）其他创新型资本工具（由保险公司或由特殊目的机构发行）。

8. 第 7 款中第（a）项到第（e）项所列之项目，可作为保险公司资本基数的一部分，而且无需事先经过澳大利亚审慎监管局的批准。如若保险公司打算将第 7 节中第（f）项和第（g）项中所列之项目归为一级资本，则需由澳大利亚审慎监管局批准。如若澳大利亚审慎监管局认为保险公司所用之工具已不符合相关标准，则澳大利亚审慎监管局有权撤回对该资本工具的批准书。

9. 若把某种资本工具归为一级资本，使得第 7 款中第（f）项和第（g）项中所列之项目在一级资本总量（未做扣减）中的比例超过 20%，则此种资本工具不能归入一级资本。任何因为上述限制而不能被归为一级资本的工具，均可归入高级二级资本。

10. 除非澳大利亚审慎监管局批准，否则保险公司以一级资本为依托的债务总额，不得超过保险公司的当年税后收益。亦即不经澳大利亚审慎监管局的事先批准，保险公司不得把留存利润用于分红和支付利息（参见第 22 节至第 24 节）。

二级资本

11. 为与第 6 节保持一致，二级资本总量最多不得超过保险公司一级资本总量（净减净额）的 100%。

12. 二级资本包括级别不同的资本工具，其质量虽然不及一级资本，但仍有益于保险公司的整体稳定。此类工具包括那些同时具备股权和债务特征的混合型资本工具。二级资本可划分为高级二级资本和低级二级资本。

13. 高级二级资本工具包括：

（a）累积性不可赎回优先股；

（b）法定可转换票据和类似的资本工具；

（c）永久性次级债务；以及

（d）其他永久性混合型（债务/股权）资本工具（例如：因为第 9 节中规定的限制而未能将其归为一级资本的资本额）。

14. 低级二级资本工具包括：

（a）限期次级债务；

（b）有限存续期可赎回优先股；以及

（c）其他类似的定期资本工具。

15. 保险公司希望纳入二级资本的所有资本工具，均需经过澳大利亚审慎监管局批准。如若澳大利亚审慎监管局认为保险公司所用之工具已不符合相关标准，则澳大利亚审慎监管局有权撤回对该资本工具的批准书。

16. 如果把某种资本工具归为二级资本，会使得低级二级资本总量超过一级资本总量（扣减净额）的 50%，则不能把这种资本工具归入二级资本。

17. 具有有限存续期的资本工具（即低级二级资本），其初始到期期限不得低于五年。在此类资本工具存续期的前四年内，可按下表分期摊还：

---

2 如若技术准备金数额超过 GPS 210 的要求而被划入一级资本，则必须借助税收效应以提高现行公司税率（2002 年 7 月 1 日该税率为 30%）的方式减少技术准备金。

到期日期限	二级资本的合格发行量
四年及四年以上	100%
三年以上四年以下	80%
两年以上三年以下	60%
一年以上两年以下	40%
一年以下	20%

保险公司资本基数的扣减

(i) 从一级资本中扣减

18. 保险公司资本基数中一级资本量是减去如下扣减额后的净值：

(a) 福利支出；

(b) 其他无形资产；以及

(c) 企业未来所得税退税（递延所得税债务的净准备金）。[3]

(ii) 自购资本工具

19. 在事先未获澳大利亚审慎监管局批准之前，保险公司不得参与购买其自有的一级资本工具或二级资本工具的计划，或参与为另一方提供财务援助，帮助其进行购买的交易。这些交易均需与澳大利亚审慎监管局认同的上限保持一致。为了应对此种情形，澳大利亚审慎监管局还会要求从一级资本或二级资本中扣减同等数量的资本（这取决于预期购买是否与一级资本工具或二级资本工具相关）。

资本扣减

20. 保险公司的资本扣减包括但不限于：股票回购；对保险公司或特殊目的机构发行的合格资本工具的赎回、回购或偿付；交易保险公司自己的股票（参见第 19 节）；一级资本的利息和分红支出总额高于保险公司关联年份的税后利润（亦即一级资本的利息和分红支出全部或部分来自留存利润）。

21. 在扣减资本基数之前，保险公司必须获得澳大利亚审慎监管局的批准。澳大利亚审慎监管局是否批准，则依情况而定。

22. 若依据第 21 节之要求应获得澳大利亚审慎监管局的事先批准，则保险公司应当向澳大利亚审慎监管局提供一份资本计划，该计划应列明为期至少两年的资本情况。保险公司还需在已提供资本计划的基础上，让澳大利亚审慎监管局确信，在保险公司做出资本扣减后，其资本基数仍可充分满足未来之需。在决定是否批准资本扣减时，澳大利亚审慎监管局理应考虑到所有需考虑的事项，如保险公司的资本计划是否表明了保险公司会持有适当水平的资本量以及事后资本状况、筹资承诺和核心收益率。

3 如果递延所得税债务准备金超过了企业未来所得税退税，则不能把超过部分归入一级资本（即净扣减为零）。

附件1

保险人资本基数的确定

假定保险人资产负债表如下：

资产		**负债**	
投资	20,000	保费债务	4,000
关联投资	3,000	未决索赔准备金	5,000
无形资产	600	其他债务	300
未来所得税退税	100	信托可转换票据	3,000
其他资产	3,300	限期次级债务	5,000
			17,300
		股东基金	
		股东基金	4,000
		普通准备金	1,000
		留存利润	2,500
		混合型债务或混合型资本工具	2,000
		当年利润	200
			9,700
总计	**27,000**	**总计**	**27,000**

保险公司资本基数的计算如下：

资本工具	数量	**附注**
一级资本		
股东基金	4,000	
普通准备金	1,000	
留存利润	2,500	
当年利润	200	派发红利和税务支出补贴为2,000美元；根据第9节所述，只有1,925美元的合格一级资本
其他一级资本工具	1,925	
扣减额		
无形资产	(600)	
未来所得税退税	(100)	
一级资本总计	**8,925**	
二级资本		
累积性不可赎回优先股	—	
信托可转换票据	3,000	
永久性次级债务	—	参见一级资本之“其他工具”项
不合格一级资本	75	五年前发行5,000美元，初始到期期限为6.5年
次级债务	2,000	因为各项数额均低于第11节所列上限，所以均属于合格的二级资本
其他二级工具	—	
二级资本总计	**5,075**	
一级资本与二级资本之和	**14,000**	

4. Australia: supervisory rules on no-life insurance

4 – 1 Guidance Note GGN 110.1 Measurement of Capital Base

1. An insurer must maintain a capital base sufficient to enable its insurance obligations to be met under a range of circumstances. In particular, an insurer must maintain, at a minimum, a capital base in excess of its Minimum Capital Requirement (MCR) at all times. This Guidance Note sets out the range of capital instruments that are eligible for inclusion in the capital base of an insurer.

2. An insurer is advised to consult APRA in advance of issuing any capital instrument (whether that instrument is to be issued by the insurer, or through an associate or special purpose vehicle) in order to avoid any dispute over eligibility.

3. The definitions and the qualifying criteria detailed in this Guidance Note are applicable to all locally-incorporated insurers. As outlined in paragraph 25 of GPS 110 Capital Adequacy, a different measure of capital adequacy applies to foreign-incorporated insurers operating in Australia as branches (foreign insurers). This reflects the nature of a foreign insurer's Australian balance sheet, which does not generally include separately identifiable capital instruments.

Capital Base

4. Capital, for supervisory purposes, is considered in two tiers. Tier 1, or core capital, comprises the highest quality capital elements that fully meet all the essential characteristics of capital described in paragraph 3 of GPS 110. Tier 2, or supplementary capital, includes other instruments that, to varying degrees, fall short of the quality of Tier 1 capital but nonetheless contribute to the overall financial strength of an insurer.

5. A locally-incorporated insurer's capital base is defined as the sum of Tier 1 and Tier 2 capital, less the deductions specified below. An insurer must ensure that its capital base exceeds its MCR, as defined under GPS 110, at all times. An example illustrating the calculation of an insurer's capital base is included as Attachment 1.

Tier 1 Capital

6. Tier 1 capital comprises the highest quality capital elements, including the proceeds of instruments that are both permanent and non - cumulative in nature. Tier 1 capital (net of deductions

set out in paragraph 18 below) must constitute at least 50% of an insurer's capital base. [1]

7. Tier 1 capital comprises:

(a) paid-up ordinary shares;

(b) general reserves;

(c) retained earnings;

(d) current year's earnings net of expected dividends and tax expenses;

(e) technical provisions in excess of those required by GPS 210 *Liability Valuation*; [2]

(f) non-cumulative irredeemable preference shares; and

(g) other "innovative" capital instruments (issued by the insurer or through special purpose vehicles).

8. Items (a) to (e) in paragraph 7 may be included as part of the insurer's capital base without the need for APRA's prior approval. If an insurer wishes to have instruments covered by items (f) and (g) of paragraph 7 included in its Tier 1 capital, this will require APRA's approval. APRA may revoke its approval in relation to an instrument if it becomes aware that the instrument does not meet the relevant criteria.

9. A capital instrument is not eligible for inclusion in Tier 1 capital to the extent that its inclusion will result in the aggregate amount of items (f) and (g) in paragraph 7 exceeding 20% of aggregate Tier 1 capital (before deductions). Any amount ineligible for inclusion as Tier 1 capital as a result of this limit will be eligible for inclusion as Upper Tier 2 capital.

10. Unless otherwise approved by APRA, an insurer's total servicing obligations on Tier 1 capital instruments must not exceed the insurer's after-tax earnings in the year to which they relate. That is, there should be no dividend or interest payments out of retained earnings without APRA's prior approval (see paragraphs 20 – 22).

Tier 2 Capital

11. Consistent with paragraph 6, Tier 2 capital is limited to a maximum of 100% of an insurer's Tier 1 capital (net of deductions).

12. Tier 2 capital consists of instruments that, to varying degrees, fall short of the quality of Tier 1 capital but nonetheless contribute to the overall strength of an insurer. Such instruments include some forms of hybrid capital instruments that have the characteristics of both equity and debt. Tier 2 capital is divided into Upper Tier 2 and Lower Tier 2 capital.

13. Upper Tier 2 instruments include:

(a) cumulative irredeemable preference shares;

(b) mandatory convertible notes and similar capital instruments;

(c) perpetual subordinated debt; and

(d) any other hybrid (debt/equity) capital instruments of a permanent nature (eg capital amounts that are ineligible for inclusion as Tier 1 capital as a result of the limit referred to in paragraph 9.)

14. Lower Tier 2 instruments include:

(a) term subordinated debt;

---

1 Mutual insurers may, in their formative years, be exempt from this requirement with approval from APRA.

2 Where technical provisions in excess of that required by GPS 210 are included as Tier 1 capital, they must be reduced by the current corporate tax rate (30% as at 1 July 2002) to take account of tax effects.

(b) limited life redeemable preference shares; and

(c) any other similar limited life capital instruments.

15. All capital instruments that an insurer wishes to include in Tier 2 capital will require APRA's approval. APRA may revoke its approval in relation to an instrument if it becomes aware that the instrument does not meet the relevant criteria.

16. A capital instrument is not eligible for inclusion in Tier 2 capital to the extent that its inclusion will result in the aggregate amount of Lower Tier 2 capital exceeding 50% of eligible Tier 1 capital (net of deductions).

17. Capital instruments with a limited life (ie Lower Tier 2 Capital) must have an original maturity greater than 5 years. These instruments will also be subject to amortisation over the last four years of their life according to the following schedule:

Term to Maturity	Issued Amount Eligible for Inclusion in Tier 2 Capital
4 years or more	100%
3 to less than 4 years	80%
2 to less than 3 years	60%
1 to less than 2 years	40%
Less than 1 year	20%

Deductions from an Insurer's Capital Base

(i) Deductions from Tier 1 Capital

18. The amount of Tier 1 capital to be included in an insurer's capital base will be net of the following deductions:

(a) goodwill;

(b) other intangible assets; and

(c) future income tax benefits (net of provisions for deferred income tax liabilities).[3]

(ii) Own Instrument Purchases

19. An insurer may not, without obtaining APRA's prior approval, enter into an arrangement where it may purchase, or provide financial assistance with a dominant purpose of facilitating the purchase by another party of, its own Tier 1 or Tier 2 capital instruments. Any such purchases will be subject to a limit agreed with APRA. APRA will require an amount of capital equal to that limit to be deducted from Tier 1 or Tier 2 capital as appropriate (depending on whether the prospective purchases relate to Tier 1 or Tier 2 capital instruments).

Reductions in Capital

20. A reduction in an insurer's capital includes, but is not limited to: share buybacks; the redemption, repurchase or early repayment of any eligible capital instruments issued by the insurer or a special purpose vehicle; trading in own shares (see paragraph 19); or where aggregate interest and dividend payments on Tier 1 capital exceed the insurer's after-tax earnings in the year to which they relate (ie dividend and interest payments on Tier 1 capital wholly or partly funded from retained earnings).

---

3 Where the provision for deferred income tax liabilities exceeds the amount of future income tax benefits, the excess cannot be added to Tier 1 capital (ie the net deduction is zero).

21. An insurer must seek APRA's prior approval before making a reduction in its capital base. APRA's approval may be subject to conditions.

22. Where APRA's prior approval is required under paragraph 21, the insurer should provide APRA with a capital plan extending for at least two years. The insurer will need to satisfy APRA, on the basis of the capital plan provided, that the company's capital base after the proposed reduction will remain adequate for its future needs. In deciding whether or not to approve a reduction in capital, APRA will have regard to all relevant considerations, including whether the insurer's capital plan shows that the insurer will maintain an adequate level of capital, taking account of factors such as the immediate capital position, commitments to raise capital, and core profitability.

Attachment 1

July 2002

Determining an Insurer's Capital Base

Assume an insurer has the following balance sheet:

Assets		Liabilities	
Investments	20,000	Premium liabilities	4,000
Investments in relateds	3,000	Outstanding claims provisions	5,000
Intangibles	600	Other liabilities	300
Future income tax benefits	100	Mandatory convertible notes	3,000
Other assets	3,300	Term subordinated debt	5,000
			17,300
		Shareholders' Funds	
		Shareholders' funds	4,000
		General reserves	1,000
		Retained earnings	2,500
		Hybrid debt/capital instruments	2,000
		Current year earnings	200
			9,700
Total	**27,000**	**Total**	**27,000**

The insurer's capital base would be calculated as follows:

Capital Instruments	Amount	Notes
Tier 1 Capital		
Shareholders' funds	4,000	
General reserves	1,000	
Retained earnings	2,500	
Current year earnings	200	After allowance for likely dividends and tax payments
Other Tier 1 instruments	1,925	$ 2,000 issued; only $ 1,925 eligible due to limit in para. 9
Less Deductions		
Intangibles	(600)	
Future income tax benefits	(100)	
Total Tier 1 Capital	**8,925**	
Tier 2 Capital		
Cum. Irredeemable prefs.	—	
Mandatory conv. notes	3,000	
Perpetual sub. debt	—	
Ineligible Tier 1 capital	75	See Other instruments' in Tier 1 Capital
Term sub. Debt	2,000	$ 5,000 issued 5 years ago, original maturity of 6.5 years
Other Tier 2 instruments	—	
Total Tier 2 Capital	**5,075**	All eligible because does not exceed limit in para. 11
Tier 1 plus Tier 2 Capital	**14,000**	

4-2 内部模型法（指导原则手册 GGN 110.2）

1. 内部模型法（IMB），允许保险公司在内部资本配置模型的基础上确定其最低资本要求（MCR）。因此，如果模型的选择是深思熟虑和严谨的，并与行业参照标准大体一致，则每个保险公司均可灵活设计最适合其业务的方法和原则。不过，使用内部模型法仍需经过澳大利亚审慎监管局和财政部附带有严格条件的批准。[1]

2. 为保证保险公司计算最低资本要求所用的内部模型法具有审慎性、可比性、一致性，模型的批准要求保险公司的风险管理体系和资本核算的基本方法达到一定标准。澳大利亚审慎监管局将在与业者磋商后，不断修订这些标准，以确保标准能与行业建模能力的发展保持同步。然而，从长远来讲，保险公司亦应满足本《指导原则手册》所列的数量和质量要求。

3. 每家保险公司均有权确定建模方法的本质属性。然而，保险公司必须能够证明其内部模型：

（a）在一个理念合理、并有充分资源支持的风险管理环境中运行；

（b）基于一系列本《指导原则手册》规定的数量参数，包括规定的违约概率的计量以及计量这一概率的模型时间范围。这些参数的设定旨在使保险公司达到并维持住最低水平的财务稳健性；

（c）说明所有的实质性风险，这些风险是我们可以合理的预期保险公司肯定是要遇到的，这些风险同因保险公司业务混合而产生的风险具有同样的重要性；

（d）要紧密融入保险公司日常的风险管理程序；

（e）有适当的审计和合规程序的支持。

除本《指导原则手册》所列的数量和质量要求外，在寻求使用内部模型法获得批准时，保险公司亦应使用适当的程序来审核资本计量模型的准确性，并监督和评估其执行绩效。同时也要求一份衡量风险中的合理的精确度的跟踪记录。

质量因素

4. 重要的是，采用内部模型法的保险公司具备风险管理体系，并拥有设计合理且运行起来真实可靠的资本计量模型。因此，在澳大利亚审慎监管局决定是否批准保险公司为资本充足目的而使用内部模型时，存在着诸多质量标准。

5. 质量标准为：

（a）保险公司须成立一个独立的风险管理部门，以专门负责资本计量模型的设计与运行。该部门可部分起到精算师的作用，可以成为保险公司组织架构中的财务控制部门或其他类似部门的一部分，该部门应独立于保险公司的一般业务部门。只要指定部门有充分的独立性、适当的技巧和资源以及直接向保险公司高层管理报告的权利，澳大利亚审慎监管局就不会试图给保险公司委派一个特别的机构。此外，该部门理应定期编制并分析资本计量模型的结果，并结合

---

1 在将 GPS 110 及相关的《指导原则手册》适用于依据《保险法》第 32 条第（3A）款采用保险公司模型的保险公司时，澳大利亚审慎监管局将修订这些规定。然而，根据《保险法》第 32 条第（3E）款的规定，此类修订须得获得财政部的批准。

保险公司的实际经验对此类模型进行常规审核。

（b）保险公司董事会和高层管理者应积极参与风险控制过程，亦应将风险控制视为各项业务中值得投入重大资源的必要一环。由独立的风险管理部门编制的定期报告和审核结果，须由具有一定级别和权威的管理部门负责审查，以便限制保险公司的整体风险暴露。

（c）资本计量模型必须与保险公司的日常风险管理过程紧密结合。因此，模型的结果应当成为保险公司风险的规划、监督和控制过程的不可或缺的一部分。

（d）定期对资本计量模型进行独立性审查，并将其作为保险公司内部审计过程的一部分。对全面风险管理过程的审查亦应定期完成（最好是每年不低于一次），而且应该具体问题具体处理，至少是：

（i）资本计量模型涵盖的风险范围；

（ii）管理信息系统的完整性；

（iii）对模型运行所用数据来源的一致性、及时性和可靠性的审核，亦包括对此类数据来源的独立性审核；

（iv）反复性、相关性、分布假设的准确性和合理性；

（v）通过定期的反向测试或其他检查程序，对模型的准确性进行审查；

（vi）对资本计量模型的任何重大变化进行有效的检查；

（vii）资本计量模型和相关风险管理体系和程序的记录的充分性；

（viii）风险管理部门的组织结构；

（ix）将资本计量模型融入保险公司更广泛的风险管理框架内。

数量标准

6. 保险公司的资本计量模型应该计算出足以把保险公司在一年内破产的概率降至0.5%以下的资本量。[2]

7. 保险公司可通过不同的破产概率和时间范围，计算出各类资本要求——假定保险公司有能力向澳大利亚审慎监管局证明，多样化的参数适合其业务混合，并可得出与第6条中所列基准相一致的结果。

风险因素说明

8. 保险公司内部资本计量模型很重要的一环是确定一系列适当的风险系数，也就是影响保险公司各项资产和负债价值的风险。资本计量模型所用的风险系数必须充分反映出保险公司投资组合内在的风险。尽管保险公司有多个标准用于为其内部模型确定风险系数，但是，仍需将第10条至第13条中所列标准考虑在内。

9. 第10条至第13条中所列的各种风险，意在为保险公司处理需要纳入资本计量模型的各类风险因素提供指导。然而，该清单亦未能够将所有风险列入其内——在用内部模型计算保险公司最低资本要求（MCR）之前，存在一些起因于单个保险公司活动，而且须将其纳入内部模型的额外风险因素。同样，在第10条至第13条所列的各种风险中，亦存在与特别的保险公司业务和建模技巧无关或不太重要的风险。在此类情形下，保险公司无需投入过多模型资源用于其中。

---

2 该上限是澳大利亚审慎监管局与业者商讨后制定的一个合理的基准。然而，倘若在一般保险业的这个基准点上，及时给定资本计量模型的相关初始参数，澳大利亚审慎监管局可提高或降低作为依据测试过的资本计量模型的结果而定的该上限值。不过，澳大利亚审慎监管局认为：内部模型法（IMB），可以促使保险公司提供采用更为完善的风险计量和资本配置方法，此后在对此上限进行调整时均要使其能够对保险公司起到促进作用。

(i) 投资风险

10. 保险公司的资本计量模型，须考虑到：保险公司资产现金流数量与期限可能与评估日期的预期和假设不一致的风险。须考虑的风险因素包括：

(i) 违约或交易对手破产；

(ii) 资产的未来市场价值；

(iii) 资产的流动性；

(iv) 利率变动对资产现金流量价值的影响（包括来自债券、抵押品、不动产和股利的现金流量）。

(ii) 保险风险

11. 保险公司的资本计量模型，须考虑到：保险公司资产现金流数量与期限可能与评估日期的预期和假设不一致的风险。须考虑的风险因素包括：

(a) 未决理赔风险——在核算日期之前出现的债务理赔的实际成本由于以下因素与预期或假设不一致的风险：

(i) 理赔成本未能预测到的通货膨胀；

(ii) 利率的变动；

(iii) 理赔的法律环境的变化，包括由保单持有人或第三方追索的法律环境；

(iv) 隐含在特殊保险业务的条款的基本前提的变化（诸如，伴随环境破坏产生的保险）；

(v) 会影响理赔支付或事故准备金充足度的充分定价模式；

(vi) 会影响用境内货币计价时产生的成本损失的货币波动；

(vii) 理赔过程的随机因素；

(viii) 数据库的不完整性。

(b) 保费风险——由于以下因素的变化而导致的核算日后披露的保费，包括核算日后收取的保费不足以偿付该业务的债务的风险：

(i) 利率的变动；

(ii) 致使保险公司无法完成假定的暴露水平以及/或充足率水平的竞争压力；

(iii) 抑制保费增长或减少的监管介入，以及未有监管介入时无需承保的业务；

(iv) 同假设不一致的溯及以往的保费和股利；

(v) 同假设不一致的来自代理人的可收取数量。

(c) 损失预测风险——关于未来理赔成本的不确定性的风险。损失预测风险，是影响准备金风险的因素，同时也是以下因素的不确定性，诸如：

(i) 从历史经验中未能预期到的损失成本和风险暴露的变动；

(ii) 承保的新保单的混合而造成的损失成本，包括逆向选择的影响；

(iii) 不同于以往成本调整的未来的成本调整。

(d) 集中风险——灾害事件成本的不确定性。可将集中风险视为损失预测风险的一部分，同时也是以下因素的综合：

(i) 正在承保的保险；

(ii) 在某一地理区域或司法管辖区域内，投保价值的集中；

(iii) 灾害事件的频率、严重性和本性的不确定性。

(e) 再保险风险——再保险价格和可获得性的不确定性，再保险风险也是由于保险公司财务状况或保障条件的不明确而产生的可摊回分保赔款收回的不确定性。再保险风险反映了再保险如何应对压力，诸如：巨灾或收回应收账款、聚合、复原的变化以及其他再保险参数。

(f) 费用风险——由于以下因素导致费用和预期不同的风险：

(i) 支付给代理人的额外佣金；

(ii) 投标新业务的边际费用；

（iii）管理费用，包括由于监管介入而造成的管理费用变动的风险以及保险费用变动而管理费用未按比例变动所带来的风险。

（iii）操作风险

12. 如同精确计量其财务风险一样，保险公司计量资本充足率的模型亦应考虑到各种可能会面临的操作风险，例如因个人或系统、内部控制、公司治理以及外部事件的失误而导致错误、欺诈和未能及时履行各项活动所带来财务损失的风险。尽管此类风险难以量化，但是，对于保险公司财务的稳定性和持续经营会带来巨大的成本，有时甚至是极为严重的破坏 。因此，保险公司资本计量模型需要将此类操作风险纳入资本核算之中。

（iv）各类风险间的相关性

13. 保险公司的资本计量模型必须独立评估第 10 条至第 12 条所指出的风险对保险公司财务状况的影响，同时，还要分析这些风险和其他风险之间的相互关系。

压力测试

14. 压力测试是任一建模方法的重要组成部分。使用内部模型法计量其最低资本要求的保险公司，必须有全面的压力测试计划，以便完成其资本计量核算。

15. 澳大利亚审慎监管局不会为保险公司设置标准的测试情景，但希望使用内部模型法的保险公司设计出全面的测试情景，以使各情景下的资本核算可以比较。重要的是，这些情景是为保险公司所处的特殊情形量身定制的，同时也反映了那些对保险公司财务状况有巨大潜在负面影响的小概率事件。此类情景应包括但不仅限于：对资本计量模型所用的假定的敏感性分析，以及对可能的压力情景影响的评估（例如，主要灾害事件或极端的市场状况）。

16. 压力测试的结果应当被纳入模型检查程序中，并且应将其作为日常管理报告的一部分。

局部模型

17. 澳大利亚审慎监管局会考虑以下申请，即：保险公司使用内部模型法计量其最低资本要求，并使用指定方法计算无内部模型的保险公司业务的最低资本要求。然而，考虑到指定方法未能涵盖所有风险因素（如操作风险），澳大利亚审慎监管局会在局部模型的结果的基础上增加额外的资本要求。

模型审查过程

18. 保险公司在使用内部模型法计量其最低资本要求之前，必须获得澳大利亚审慎监管局的批准。批准应基于全面的模型审查过程所得的结果，这些过程包括：

（a）完成一份关于所用模型及关联风险控制环境的完整详尽的调查问卷；

（b）举行一次或多次现场调查，以商讨模型、风险管理体系、相关的组织架构和控制的具体细节。

一旦澳大利亚审慎监管局认为保险公司满足了本《指导原则手册》所列的标准，则澳大利亚审慎监管局（获得财政部的同意后）就会批准模型。[3] 任何批准使用模型的条件均会列明。

19. 作为批准模型的最低要求，澳大利亚审慎监管局会要求保险公司承诺提前告知资本计量模型或控制环境的变化，澳大利亚审慎监管局亦会要求保险公司提供能证明其已达到本《指导原则手册》所列标准的必要信息。

20. 一旦保险公司开始使用内部模型法计量其最低资本要求，则保险公司必须一直使用此

---

3 通过保险公司依据《保险法》第 32 条第（3A）款提出的申请，修订 GPS 110 及相关《指导原则手册》。

资本计量方法，除非：

（a）澳大利亚审慎监管局撤回批准模型，并指令保险公司使用指定方法计算其最低资本要求；或者——

（b）保险公司征求并获得澳大利亚审慎监管局的批准，重新使用指定方法。

4 -2 Guidance Note GGN 110. 2 Internal Model Based Method

July 2002

1. The Internal Model Based (IMB) method is intended to allow an insurer to calculate its Minimum Capital Requirement (MCR) based on the output of its in-house capital allocation model. Hence, each insurer will have the flexibility to develop a methodology that is best suited to its business, provided that the model chosen is comprehensive, rigorous and broadly consistent with comparable segments of the industry. Use of the IMB method will, however, be strictly conditional on APRA's and the Treasurer's approval. [1]

2. To ensure that the MCRs calculated by insurers using the IMB method are sufficiently prudent, comparable and consistent across the industry, model approval will require that the insurer's risk management system and the methodology underlying the capital calculation meet certain criteria. APRA will, in consultation with industry, refine these criteria over time to ensure that they are consistent with the evolution of industry modelling capabilities. In broad terms, however, the insurer should satisfy the quantitative and qualitative requirements outlined in this Guidance Note.

3. Each insurer will have discretion to determine the precise nature of its modelling approach. However, an insurer must be able to demonstrate that its internal model:

(a) operates within a risk management environment that is conceptually sound and supported by adequate resources;

(b) is based on a set of quantitative parameters specified in this Guidance Note, including a required probability of default and a modelling time horizon over which that probability is to be measured. These parameters will be set at a level that ensures insurers achieve and maintain a minimum level of financial soundness;

(c) addresses all material risks to which the insurer could be reasonably expected to be exposed and is commensurate with the relative importance of those risks, based on the company's business mix;

(d) is closely integrated into the day-to-day risk management process of the insurer; and

(e) is supported by appropriate audit and compliance procedures.

In addition to the quantitative and qualitative requirements of this Guidance Note, insurers seeking approval to use the IMB method must have in place adequate processes for validating the accuracy of the capital measurement model, and for monitoring and assessing its on-going performance. A proven track record of reasonable accuracy in measuring risk will also be required.

---

1 APRA will modify GPS 110 and related Guidance Notes in their application to the insurer under subsection 32 (3A) of the Act to implement the insurer's model. Such modification, however, will require the Treasurer's approval under subsection 32 (3E).

Qualitative Factors

4. It is important that insurers using the IMB method have risk management systems and capital measurement models that are conceptually sound and implemented with integrity. Accordingly, there are a number of qualitative criteria that APRA will have regard to in deciding whether to approve an internal model for capital adequacy purposes.

5. The qualitative criteria are:

(a) The insurer should have an independent risk management unit that is responsible for the design and implementation of the insurer's capital measurement model. This unit could form part of the insurer's actuarial function, its financial control division, or other appropriate group within the insurer's organisational structure that is separate from the insurer's general business units. It is not APRA's intention to mandate a particular organisational structure for insurers, provided the designated unit has adequate independence, appropriate skills and resources, and direct reporting access to the senior management of the insurer. Amongst other things, this unit should produce and analyse the periodic results of the capital measurement model and conduct regular validation of the model against the actual experience observed by the insurer.

(b) The insurer's Board and senior management should be actively involved in the risk control process and must regard risk control as an essential aspect of the business to which significant resources need to be devoted. The periodic reports and validation results produced by the independent risk management unit must be reviewed by a level of management with sufficient seniority and authority to enforce restrictions on the insurer's overall risk exposure.

(c) The capital measurement model must be closely integrated into the day-to-day risk management process of the insurer. Accordingly, the output of the models should be an integral part of the process of planning, monitoring and controlling the insurer's risk profile.

(d) An independent review of the capital measurement model should be carried out periodically as part of the insurer's own internal audit process. A review of the overall risk management process should take place at regular intervals (ideally not less than once a year) and should specifically address, at a minimum:

(i) the scope of the risks captured by the capital measurement model;

(ii) the integrity of the management information system;

(iii) the verification of the consistency, timeliness and reliability of data sources used to run internal models, including the independence of such data sources;

(iv) the accuracy and appropriateness of volatility, correlation and distributional assumptions;

(v) the verification of the model's accuracy through periodic back testing or other validation process;

(vi) the validation of any significant change in the capital measurement model;

(vii) the adequacy of the documentation of the capital measurement model and accompanying risk management systems and processes;

(viii) the organisation of the risk management unit; and

(ix) the integration of the capital measurement model into the broader risk management framework of the insurer.

Quantitative Standards

6. The insurer's capital measurement model should calculate an amount of capital sufficient to

reduce the insurer's probability of default over a one year time horizon to 0.5% or below[2].

7. An insurer may measure its capital requirement over a different combination of probability of default and time horizon, provided the insurer can demonstrate to APRA that the alternative parameters are appropriate for its business mix and produce a result which is consistent with the benchmark set in paragraph 6.

Specification of Risk Factors

8. An important part of an insurer's internal capital measurement model is the specification of an appropriate set of risk factors, i. e. the risks that impact on the value of the insurer's assets and liabilities. The risk factors contained in the capital measurement model must be sufficient to capture the risks inherent in the insurer's portfolio. Although insurers will have some discretion in specifying the risk factors for their internal models, the criteria specified in paragraphs 10-13 should generally be taken into account.

9. The risks specified in paragraphs 10-13 are intended to provide guidance to insurers on the sorts of risk factors that should be incorporated into capital measurement models. However, the list is not intended to be exhaustive: there may be additional factors specific to an individual insurer's activities that will need to be built into any internal model before it can be used to calculate the insurer's MCR. Similarly, there may be factors included in paragraphs 10-13 which are irrelevant or immaterial to a particular insurer's business or modelling technique. In these cases, the insurer will not be required to devote significant modelling resources where this is clearly unwarranted.

(i) Investment Risks

10. An insurer's capital measurement model must consider the risk that the amount or timing of the cash flows connected with the insurer's assets will differ from expectations or assumptions as of the valuation date. Factors that should be considered include:

(i) default/counterparty failure;

(ii) the future market value of assets;

(iii) the liquidity of assets; and

(iv) the impact of changes in interest rates on the value of asset cash flows (this includes cash flows from bonds, mortgages, real estate and dividends).

(ii) Insurance Risks

11. An insurer's capital measurement model must consider the risk that the amount or timing of cash flows connected with the insurer's obligations will differ from expectations or assumptions as at the valuation date. Factors that should be considered include:

(a) outstanding claims risk - the risk that the actual cost of claims for obligations incurred before the calculation date will differ from expectations or assumptions due to factors such as:

(i) unexpected inflation in claim costs;

(ii) changes in interest rates;

2 This threshold has been determined by APRA to be a reasonable starting point for discussion with the industry. However, given the relative infancy of capital measurement models within the general insurance industry at this point in time, APRA may raise or lower this threshold as the results of capital measurement models are examined. APRA intends, however, that the IMB method should provide an incentive for insurers to adopt more sophisticated risk measurement and capital allocation techniques, and so will endeavour to ensure that any adjustment to the threshold maintains this incentive.

(iii) changes in the legal environment in which claims will be resolved, including the environment in which claims are pursued by policyholders or third parties;

(iv) changes to the basic premises underlying the provisions for a particular coverage (such as has occurred with environmental impairment liability) ;

(v) patterns of pricing adequacy which affect the payment of claims or the adequacy of case reserves;

(vi) currency fluctuations which affect the costs of losses when expressed in local currency;

(vii) the randomness of the claims process itself; and

(viii) incompleteness of databases.

(b) premiums risk - the risk that premiums relating to post calculation date exposures, including premiums written after the calculation date, could be insufficient to fund the liabilities arising from that business due to changes in factors including:

(i) changes in interest rates;

(ii) competitive pressures that do not allow the insurer to achieve assumed levels of exposure and/or rate adequacy;

(iii) regulatory intervention that restrains premium increases or decreases or requires business to be underwritten that would not be underwritten in the absence of such intervention;

(iv) retrospective premiums or dividends that differ from assumptions; and

(v) amounts collectible from agents that differ from assumptions.

(c) loss projection risk - the uncertainty regarding assumptions about future claims costs. Loss projection risk is a function of the factors that affect reserve risk and also of the uncertainty regarding factors such as:

(i) unanticipated changes in loss costs and exposures from the historical experience period;

(ii) loss costs for the mix of new policies being underwritten, including the effect of adverse selection; and

(iii) loss adjustment practices in the future that may differ from those in the past.

(d) concentration risk - the uncertainty regarding the cost of catastrophic events. Concentration risk can be considered a component of loss projection risk, and is a function of factors such as:

(i) the coverages being written;

(ii) the concentration of insured values in specific geographic areas or legal jurisdictions; and

(iii) uncertainty regarding the frequency, severity and nature of catastrophic events.

(e) reinsurance risk - uncertainty regarding the price and availability of desired reinsurance, and of the uncertainty regarding the collectability of reinsurance recoverables arising from the financial condition of the reinsurer or ambiguity about coverages provided. Reinsurance risk recognises how reinsurance responds under stress, such as a large catastrophe or other strain on collectability, aggregates, reinstatements and other reinsurance parameters.

(f) expense risk - the risk that expenses will differ from projections due to factors such as:

(i) contingent commissions to agents;

(ii) marginal expenses of adding new business; and

(iii) overhead costs, including the risk that overhead costs will be changed by regulatory intervention, and the risk that there may be periods of changing premium during which overhead costs will not change in proportion to premium.

(iii) Operational Risk

12. As well as accurately measuring financial risks, an insurer's model for measuring capital

adequacy must take into account the various operational risks that it also faces, ie the risk of financial loss occurring through error, fraud or failure to perform activities in a timely manner as a result of breakdown of people or systems, internal controls, corporate governance and external events. These risks, although difficult to quantify, have the potential to impose significant costs upon, and possibly seriously jeopardise, the financial soundness and on-going business of the insurer. An insurer's capital measurement model will therefore need to include a measure of operational risk within its capital calculation.

(iv) Correlation Between Risk Classes

13. An insurer's capital measurement model must estimate the effects of the risks specified in paragraphs 10-12 individually on the financial position of the insurer, and evaluate the interrelationships between these risks and other risks.

Stress Testing

14. Stress testing is an important component of any modelling approach. Insurers that use the IMB method for determining their MCR must have in place a comprehensive stress testing program to supplement their capital measurement calculations.

15. APRA will not impose standard stress scenarios on insurers, but will expect insurers using the IMB method to have developed a comprehensive range of scenarios against which its capital calculations can be compared. It is important that these scenarios are tailored to the particular circumstances of the insurer, and reflect low-probability but potentially high-impact events that might adversely affect the insurer's financial position. These scenarios will include, but should not be limited to, sensitivity analysis on the assumptions made within the capital measurement model, as well as the assessment of the impact of plausible stress scenarios (eg major catastrophe events or extreme market conditions).

16. Stress testing results should be incorporated into model validation procedures, and included as part of regular management reporting.

Partial Models

17. APRA will consider applications by insurers to use the IMB method to calculate elements of its MCR, and to use the Prescribed Method for those parts of the insurer's business for which it does not have an internal model. However, recognising that there is a range of factors which are not explicitly addressed within the Prescribed Method (eg operational risk), APRA may impose an additional capital requirement on the results of any partial model to compensate for this.

Model Review Process

18. An insurer must obtain APRA's prior approval before it will be able to use its internal capital measurement model to determine its MCR. Approval will be subject to the outcome of a comprehensive model review process including:

(a) completion of a detailed questionnaire about the model and accompanying risk control environment; and

(b) one or more on-site visits to discuss the detail of the model, risk management systems, and surrounding organisational structure and controls.

Once APRA is satisfied with the extent to which the insurer has met the criteria outlined in this

Guidance Note, APRA will (subject to obtaining the Treasurer's consent) approve the model.[3] Any conditions on which the approval is granted will also be specified.

19. APRA will require, as a minimum condition of its model approval, that the insurer undertake to advise APRA in advance of any material changes to its capital measurement model or surrounding controls, and that APRA be provided with any information necessary to satisfy itself that the insurer continues to meet the criteria outlined in this Guidance Note.

20. Once an insurer has commenced using the IMB method for the measurement of its MCR, the insurer will be required to continue using this method of capital measurement unless:

(a) APRA revokes model approval and directs the insurer to use the Prescribed Method for calculating its MCR; or

(b) the insurer seeks and receives approval from APRA to return to the Prescribed Method.

3 By modifying GPS 110 and related Guidance Notes in their application to the insurer under subsection 32 (3A) of the Act.

4－3 保险风险资本支出（指导原则手册 GGN 110.3）

1. 本指导原则手册详细阐述了使用《指定方法》确定其最低资本要求（MCR）的保险人如何计算其保险风险资本支出的有关问题。

2. 保险风险资本支出，是为了应对起因于净保险债务的真实价值高于依据 GPS 210 所得之价值的风险。此项支出包括两部分：关于未决索赔风险的支出与关于保费债务风险的支出。总保险风险资本支出为上述两部分资本支出之和。

未决索赔风险

3. 未决索赔风险之资本支出，是为了应对起因于净未决索赔债务的真实价值高于依据 GPS 210 所得之价值的风险。

4. 据《指定方法》之旨，未决索赔风险以净未决索赔债务的价值为依据，并按大比例估算。由于不同业务类型有着不同的未决索赔风险范围，所以，对于不同业务类型来说，其未决索赔风险的资本支出理应单独计算。

5. 不同业务类型的资本要求，是该类业务的净未决索赔债务（依据 GPS 210 而定）与相应未决索赔风险资本系数的乘积。为此，澳大利亚审慎监管局所监管的业务类型，已划分为关于直接保险的三个业务类别和关于内部再保险的具有四种业务类型的混合型业务（已将其列于下文的表 1 和表 2 之中）。可判为同一类别的业务，具有大致类似的未决索赔风险水平。未决索赔风险的总资本要求是各类业务资本要求之和。

保费债务风险

6. 保费债务风险资本要求为了应对的风险是与结算日后的风险暴露相联系的保费（包括结算日之后的保费）无法偿付该业务所产生的债务。部分与新业务相关的资本支出，起因于从结算日起到澳大利亚审慎监管局有能力处理信息并采取必要措施这一期间内的时间延误。

7. 依据 GPS 210 计算的净保费债务的价值，可作为计算保费债务风险资本支出的基础价值。

8. 据《指定方法》之旨，保费债务风险以净保费债务的价值为依据，并按大比例估算。与未决索赔风险一样，保费债务风险范围因业务类型而异。然而，在一项固定的保险投资组合业务中，其保费债务风险通常都高于未决索赔风险。所以，对于不同业务类型来说，其保费债务风险的资本支出理应单独计算。

9. 不同业务类型的资本支出值，是该类业务的净保费债务（依据 GPS 210 而定）与相应保费债务风险资本系数（采用与同一类别未决索赔风险相同的资本系数——参见下文表 1 和表 2）的乘积。可判为同一类别的业务，具有大致类似的保险债务风险水平。保险债务风险的总资本支出，是各类业务资本支出之和。

涵盖多种类型的保险业务

10. 如若保险人承接内部再保险业务，但却不能将其归入下文所列之业务类别，则该保险人可在其未决索赔债务和保费债务上使用最大的意外灾害系数。

11. 如若保险人承接涵盖多种业务种类的内部再保险业务，但却很难将保险合同进行业务归类，澳大利亚审慎监管局认为此类保险合同可按下述方法中的任意一种对其进行归类：

（a）可将此类保险合同归入代表最大风险的业务类别；

（b）可将此类保险合同归入具有最高保费收入的业务类别。

承接内部再保险业务的保险公司，可自由选择采用何种方法，或者可采用适用于所签保险合同的其他适当方法。

表 1　直接保险

业务种类	未决索赔风险资本系数	保费债务风险资本系数
家庭 商用汽车 旅行 家用汽车	9%	13.5%
火灾保险和 ISR 保险 海运保险和空运保险 消费者信贷 抵押保险 其他意外保险 其他	11%	16.5%
CTP 公共责任和产品责任 专业补偿 雇主责任	15%	22.5%

表 2　内部再保险

业务种类	未决索赔风险资本系数	保费债务风险资本系数
财产保险		
- 临时比例再保险	9.0%	13.5%
- 协定比例再保险	10.0%	15.0%
- 临时超赔分保	11.0%	16.5%
- 协定超赔分保	12.0%	18.0%
海运保险和空运保险		
- 临时比例再保险	11.0%	16.5%
- 协定比例再保险	12.0%	18.0%
- 临时超赔分保	13.0%	19.5%
- 协定超赔分保	14.0%	21.0%
意外保险		
- 临时比例再保险	15.0%	22.5%
- 协定比例再保险	16.0%	24.0%
- 临时超赔分保	17.0%	25.5%
- 协定超赔分保	18.0%	27.0%

4 –3 Guidance Note GGN 110. 3 Insurance Risk Capital Charge

1. This Guidance Note details the calculation of the Insurance Risk Capital Charge for an insurer using the Prescribed Method to determine its Minimum Capital Requirement (MCR).

2. The Insurance Risk Capital Charge is in response to the risk that the true value of net insurance liabilities is greater than the value determined under GPS 210 *Liability Valuation.* It has two components: a charge in respect of Outstanding Claims Risk and a charge in respect of Premiums Liability Risk. The total Insurance Risk Capital Charge is the sum of the capital charge for each of the two components.

Outstanding Claims Risk

3. The capital charge for Outstanding Claims Risk is in response to the risk that the true value of the net outstanding claims liabilities is greater than the value determined under GPS 210.

4. For the purposes of the Prescribed Method, Outstanding Claims Risk is considered to be broadly proportional to the value of the net outstanding claims liabilities. Because the extent of Outstanding Claims Risk will vary by class of business, a separate capital charge for Outstanding Claims Risk must be calculated for each class of business.

5. The capital charge for each class of business is calculated by multiplying the net outstanding claims liabilities for that class (as determined under GPS 210) by the relevant Outstanding Claims Risk Capital Factor. For these purposes, APRA classes of business have been divided into three categories with respect to direct insurance business and a matrix of three classes with four types of business with respect to inwards reinsurance (as set out in Tables 1 and 2 below). Classes of business within the same category are regarded as having broadly similar levels of Outstanding Claims Risk. The total capital charge for Outstanding Claims Risk is the sum of the capital charges for each class of business.

Premiums Liability Risk

6. The capital charge for Premiums Liability Risk is in response to the risk that premiums relating to post calculation date exposures, including premiums written after the calculation date, will be insufficient to fund the liabilities arising from that business. The need for a capital charge which relates, in part, to new business arises because of the time delay between calculation date and the time at which APRA is able to process information and take any action which may be necessary.

7. The value of the net premium liabilities, as determined under GPS 210, is taken as the base value for the liabilities upon which the capital charge for Premiums Liability Risk is calculated.

8. For the purposes of the Prescribed Method, Premiums Liability Risk is considered to be broadly proportional to the value of the net Premiums Liabilities. As for Outstanding Claims Risk, the extent of Premiums Liability Risk will vary by class of business. However, in a stable portfolio,

Premiums Liability Risk is likely to be greater than Outstanding Claims Risk for the same class of business. A separate capital charge for Premiums Liability Risk therefore needs to be calculated for each class of business.

9. The capital charge for each class of business is calculated by multiplying the net premium liabilities for that class (as determined by GPS 210) by the relevant Premiums Liability Risk Capital Factor (using the same categories as for Outstanding Claims Risk - see Tables 1 and 2 below). Classes of business within the same category are regarded as having broadly similar levels of Premiums Liability Risk. The total capital charge for Premiums Liability Risk is the sum of the capital charges for Premiums Liability Risk for each class of business.

Business Covering Multiple Classes

10. Where an insurer writes inwards reinsurance business and is unable to split this business into the classes and types listed below, they are to use the highest casualty factors on their outstanding claims liabilities and their premiums liabilities.

11. Where an insurer writes inwards reinsurance which spans multiple classes and the insurer cannot readily split the contract between classes, APRA suggests that the contract should be allocated using one of the following methods:

(a) allocate the contract to the category which represents the greatest exposure; or

(b) allocate the contract to the category representing the greatest premium income.

An insurer that writes inwards reinsurance is free to choose which of the above methods it uses, or may use another appropriate method, provided the same method is used for all contracts and all subsequent periods.

Table 1 Direct Insurance

Class of Business	Outstanding Claims Risk Capital Factor	Premiums Liability Risk Capital Factor
Householders Commercial Motor Domestic Motor Travel	9%	13.5%
Fire and ISR Marine and Aviation Consumer Credit Mortgage Other Accident Other	11%	16.5%
CTP Public and Product Liability Professional Indemnity Employers' Liability	15%	22.5%

Table 2 Inwards Reinsurance

Class of Business	Outstanding Claims Risk Capital Factor	Premiums Liability Risk Capital Factor
Property		
– Facultative Proportional	9. 0%	13. 5%
– Treaty Proportional	10. 0%	15. 0%
– Facultative Excess of Loss	11. 0%	16. 5%
– Treaty Excess of Loss	12. 0%	18. 0%
Marine & Aviation		
– Facultative Proportional	11. 0%	16. 5%
– Treaty Proportional	12. 0%	18. 0%
– Facultative Excess of Loss	13. 0%	19. 5%
– Treaty Excess of Loss	14. 0%	21. 0%
Casualty		
– Facultative Proportional	15. 0%	22. 5%
– Treaty Proportional	16. 0%	24. 0%
– Facultative Excess of Loss	17. 0%	25. 5%
– Treaty Excess of Loss	18. 0%	27. 0%

4－4　投资风险资本支出
（指导原则手册 GGN 110.4）

1. 本指导原则手册详细阐述了使用《指定方法》确定其最低资本要求（MCR）的保险公司如何计算其投资风险资本要求的问题。

2. 投资风险资本要求，是保险公司为了应对因某项表内资产和（或）某项表外债务之价值的不利变动风险。投资风险的起因是多种多样的，其中包括：

（a）信用风险——由于资产发行人信用质量（包括资产发行人违约）发生变化而使该项资产的价值发生不利变动的风险；

（b）市场/不匹配风险——资产价值的不利变动不足以由相应的债务价值变动所弥补而产生的风险；以及

（c）流动性风险——由于在特定情形下无法实现资产账面价值而引起的风险。

3. 不可能精准地考虑所有的风险因素来设计一个简单的资本架构。投资风险资本要求，意在要求保险公司持有与某项资产价值成一定比例的资本量来抵御这些风险。各类资产对应的资本系数仅反映出澳大利亚审慎监管局出于保证保险公司资本充足率目的而做的大致判断，因此，不可代替对各家保险公司特定资产进行的风险评估。本规范亦要求保险公司持有高于最低资本要求的资本量，保险公司董事会与高管人员，首要责任就是确保保险公司拥有适当的体制来独立评估保险公司运作的风险，配置适量资本抵御风险。并且，对能带来这类风险的交易进行合适定价。

4. 为计算投资风险资本要求，保险公司的各项资产（和某些表外风险暴露）均得归入九大类别其中的一类。投资风险资本要求是各项资产的账面价值与对应于该类的投资风险资本系数的乘积（如若资产的资本系数高于下文第 16 节至第 18 节所指定的上限，则应以该上限为准）。投资风险的总资本要求，是各项单个资产的资本要求的总和。关于适用于各项资产的投资风险资本系数，参见本指导原则手册的附件 1。

5. 出于应用资本系数的目的，“债务债券”这一术语是指所有的贷款、存款、定额存单、利率证券和其他应付款项。如需使用信用交易对手评级，应当参照附件 2。

5A. 澳大利亚审慎监管局在书面确定一个特定的一般保险公司特定资产或特定资产类别的投资风险资本要求时，可运用下列系数进行计算：

（a）其值为零的投资资本系数；或者

（b）依据具体情况而确定的投资资本系数（大于零，但小于附件 1 列出的投资资本系数）——如若符合第 5B 节所列条件。

澳大利亚审慎监管局的决定可在特定期限内应用或直至澳大利亚审慎监管局将其废止。在计算已经废止的规定所涵盖的某项资产的投资风险资本要求时，需采用附件 1 中为该资产所指定的投资资本系数来计算。为避免疑问，与特定保险公司相关的、可涵盖该保险公司的多项资产或多种类资产，亦可针对不同资产或不同资产种类制定不同的规定。

5B. 澳大利亚审慎监管局可根据第 5A 节，制定与某项资产或特定资产类别相关的规定，其条件如下：

（a）如若某项资产或某一种类的所有资产是：

（i）交易对手评级为一级、二级、三级或四级的再保险公司的再保险收回或其他再保险资产；或者

（ii）拖欠期未满六个月的未付保费；以及

（b）相关支出（“债务人”）的交易对手由一般保险公司根据《1973 年保险法》第 12 节授权；以及

（c）与持有相关资产的一般保险公司关联的债务人（其定义参见《2001 年公司法》第 50 节）；

（d）澳大利亚审慎监管局认为，根据《1973 年保险法》第 3 节之要求制定的有关审慎规定的决定是恰当的。

额外获准实体（ELE）

6. 在某些情况下，保险公司可选择将其资产置于特殊目的机构或其他相关实体之中，[1] 而不是留于自身的资产负债表上。为与下述条件保持一致，澳大利亚审慎监管局可允许保险公司依据关联实体的单项资产，确定其投资风险资本要求（和所有投资集中资本要求），而不是简单地基于保险公司对该实体产生的直接的风险暴露。

7. 保险公司在某关联实体中的风险暴露取决于其持股比例，风险的大小则取决于保险公司对该实体的控制程度或整合程度，同时也取决于该实体是否存在第三方负债。在出现财务压力时必须要清算上述资产，必须把这种潜在的复杂因素考虑进去。

8. 为符合第 9 节规定的具体要求，保险公司可向澳大利亚审慎监管局申请批准一个或多个关联实体，作为其额外获准实体的一部分。澳大利亚审慎监管局一旦批准，就允许保险公司不受法律体制的羁绊，将关联实体的资产负债表与保险公司资产负债表合并，以确定投资风险资本要求。事实上，这一做法是让保险公司把自己的资产负债表与已获批准的实体的资产负债表统一处理，目的在于计算其资本要求。

9. 决定是否批准某个实体作为一家保险公司额外获准实体的一部分，澳大利亚审慎监管局可根据有关保险公司和关联实体的关系进行决策，其标准如下：

（a）关联实体必须由保险公司完全所有和控制，关联实体的董事会/信托人委员会必须完全由保险公司董事会成员或高管人员组成；

（b）保险公司必须向澳大利亚审慎监管局证明，在关联实体向保险公司转移资产时不存在法律或规章障碍（其中包括其分支机构的跨境业务，或保险公司所申报的额外获准实体不是澳大利亚境内的实体）；

（c）保险公司风险管理机制与控制机制必须完全能覆盖关联实体的运营。保险公司的高管人员对关联实体运营的监督程度必须和对本公司运营的监督程度相当。保险公司的内部审计与外部审计程序中必须涵盖监督控制关联实体的机制；

（d）保险公司必须能够为关联实体编制独立的会计报告，并保证无论何时澳大利亚审慎监管局都有权使用这些信息，而且不受任何限制（包括现场调查之时）；

（e）关联实体绝对不得从事《1973 年保险法》中禁止保险公司从事的业务；以及

（f）如果关联实体代表保险公司持有或投资于某项资产，那么关联实体绝对不能有实质性第三方债务（澳大利亚审慎监管局规定，税收债务和雇员权益不在此列）。

可作为减缓风险措施的担保品和抵押品

10. 倘若保险公司持有某项资产对应的特定类型的抵押品，或将资产进行担保，则可降低投资风险资本要求，从而降低风险。

---

1 根据本指导原则手册之目的，“关联实体”系指《澳大利亚会计准则 1017 节之关联方披露》所定义的关联方（该规定适用于 2005 年 1 月 1 日以后的所有申报期限）。

（i）抵押品

11. 如果保险公司拥有某项资产对应的已被普遍接受的抵押品，则与抵押品有关的投资风险资本系数适用于该项资产价值（由此可替代原本适用于该项资产的资本系数）。抵押品若以资本要求抵押品形式或以其他担保的物权的合格担保品项目形式存在时，方可被普遍接受。合格抵押品项目，包括现金、政府债券以及债务人之交易对手评为一级、二级或三级的债务债券（其定义见第5节）。合格抵押品项目的持有期，是对应资产的持有期。倘若抵押品的市场价值低于所持对应资产的总价值，则只有等于抵押品价值的那部分资产，方可运用适用于抵押品的投资资本系数。

（ii）担保品

12. 已被担保人明确地、无条件地、不可撤回地担保的且交易对手评级为一级、二级或三级的资产，则可使用适用于担保人的投资资本系数。

13. 由其所有人或其关联实体提供的担保品未列在内。

抵押资产和担保资产

14. 根据第15节之规定，有固定或变动支出的保险公司的资产、抵押品或其他证券，其抵押负债使用100%的投资资本系数，并以此替代适用于抵押资产的投资资本系数。

15. 如若此类证券用于支持保险公司保险责任，则100%的投资资本系数仅适用于抵押资产的市场价值高于保险人所负债务的那一部分。

投资集中支出

16. 如若保险公司获得承担由于过多持有某项资产而产生的额外风险（包括再保险回收），且保险公司持有某项资产或特殊债务人或某一组债务人的债务，高于下文所列上限，则保险公司理应持有额外资本，以应对与资产过度集中相关的风险。集中于单个交易对手的风险，应由保险公司或作为其额外获准实体的经批准的关联实体承担（参见第6至第9节）。

17. 第16节中提到的上限是基于交易对手的信用评级[2]，其值如下：

交易对手评级（未抵押债务）	上限（以资本基础百分比表示）
一级、二级或三级	无限制
四级	50%
五级	25%

18. 对于高于上限的所持资产，保险公司必须使用与高于上限的资产相关的投资资本系数，并对高于这一水平的资本采用100%的资本系数。

表外交易

19. 保险公司通过各种交易暴露于不同的投资风险当中，而这些交易并不在它的资产负债表中反映出来。

（i）直接信用替代物

20. 保险公司的发行范围：

（a）担保品（包括作为担保品的已发售卖出期权）；

（b）信用证；或者

2 为达到投资集中支出的目的，投资于证券或次级债券的资本的评级，应与该未抵押债务债券发行人的评级相同。

(c) 受惠人是另一方的所有其他信用替代物(保险单除外);

如果被担保方违约或无法交割,保险公司就会暴露在为此类工具支付相关费用的风险当中。

21. 保险公司必须备有资本以应对上述风险。根据《指定方法》,可通过应用——按面值计算——适用于债务或资产高于已发行信用替代物价值部分的投资资本系数。如若信用替代物有担保品或抵押品支持,则可适用第11节至第13节所列规则。

22. 不同于第21节和第22节所列的方法的,是采用担保债券(surety bond)。保险公司可选择:

(a) 把保险公司所发行的所有担保债券当做一种直接信用替代物。此时,保险公司必须按担保债券价值总额的25%,采用债务或资产高于已发行担保债券时所适用的投资资本系数,从而确定其资本要求。如若担保债券有风险减缓措施的支持,则适用的投资资本系数与该措施之交易对手的指定系数相同,但仅可将其用于风险减缓措施的适用范围之内。

(b) 保险公司应将发行的所有担保债券都看做似乎存在保险风险而向澳大利亚审慎监管局要求获得书面批准(这么做仅为达到审慎规范的要求)。这或许需要保险公司按照《GPS 210之债务评估》的要求,把担保债券风险暴露列入对保险公司的保险债务的评估中,并采纳GGN 110.3中的相关资本系数。[3] 为了计算净未决索赔债务和净保费债务(如GPS 210所规定),保险公司可将所有的风险减缓措施,当做再保险来处理。申请澳大利亚审慎监管局批准此做法的保险公司,其申请书中需附有公司认可的精算师的认可证明,因为精算师可以合理地在保险公司保险债务之内评估担保债券业务的风险。

针对所有的担保债券,保险公司必须采用同样的处理方式,而且不得更改。

(ii) 衍生品

23. 衍生品包括远期合同、期货、掉期交易、期权和其他类似工具。衍生品将保险公司暴露于各种各样的投资风险之中,虽然在很多情形下,可能并不或只存在很少的初始投资额(initial outlay)。保险公司必须备有资本,以防备此类交易的投资风险,特别是当出于各种原因但并非对上文提到的实物头寸进行套期保值而运用衍生品时,更应如此。根据《指定方法》,保险公司必须持有资本以应对衍生品交易风险。

24. 应对衍生品交易风险的方法不适用于:

(a) 最初到期日为14个公历日以内的外汇交易合同(黄金除外);以及

(b) 根据逐日盯市和保证金支付原则而进行期货和期权交易的工具。

25. 每份衍生品交易合约的资本要求,按其"资产等值"来确定。资产等值按是衍生品风险暴露按逐日盯市计价的当前值(正值)和风险潜在附加值的总和。

26. 风险潜在附加值等于衍生品交易合约的名义金额与(不管衍生品合约是否为零、为正或为负的市场价格)相关信用转换系数的乘积。该系数依据所用工具的性质和剩余到期日确定,见下表。[4]

剩余到期日	利率合约	外汇与黄金合约	证券合约	贵金属合约(除黄金外)	其他合约
低于1年	0	1.0%	6.0%	7.0%	10.0%
1年以上5年以下	0.5%	5.0%	8.0%	7.0%	12.0%
5年以上	1.5%	7.5%	10.0%	8.0%	15.0%

3 在GGN 110.3表1中,按此方式处理的担保债券业务应归入"其他"项所属业务。

4 潜在期货信用风险应基于有效名义额,而不是表面名义额。如若一份交易合约的规定名义额因为杠杆作用而增加,则保险公司需按照有效名义额计算潜在期货信用风险值。例如,一项利率掉期交易的规定名义额为100万美元,但若按伦敦同业拆借利率(LIBOR)两次计算其应付款项,则该交易的有效名义额为200万美元。

27. 衍生品的资产等值为适用于交易对手之债务债券的投资资本系数与衍生品交易合同值的乘积，可据此确定投资风险资本要求。

28. 澳大利亚审慎监管局认为，第23节至第27节中用于估计衍生品头寸风险的方法过于简单，而且不能很好反映出保险公司所面临的风险暴露。不过，鉴于衍生品在一般保险业中的使用有限，澳大利亚审慎监管局认为对澳大利亚绝大多数的保险公司来说，一种简单的方法足可应付。如若保险公司进行重大衍生品交易——其交易额高于保险公司总投资风险资本要求的5%，或所用金融工具的名义本金额高于保险公司资本基数；或保险公司利用衍生品进行投机交易，此时澳大利亚审慎监管局则保留要求保险公司持有额外资本的权利，以让保险公司遵从澳大利亚审慎监管局对此情形的相关规定。

29. 保险公司不应当以场外价格缔结衍生品合约。其中包括按历史利率转滚法缔结的外汇交易合约。如若履行以场外价格交易的衍生品合约，则保险公司必须与澳大利亚审慎监管局取得联系，以交代采取此种措施的原因，并商讨如何对此类交易进行资本处理（含其他审慎管理措施）。

附件 1

投资资本系数

资产	投资资本系数
现金 债务债券： • 澳大利亚联邦政府； • 澳大利亚各州和地方政府；或者 • 外国中央政府，其中： - 有一级交易对手评级的证券；或无评级证券， - 长期的外汇交易对手评级为一级的国家。 GST 应收账款	0.5%
到期日在一年以内或一年内可赎回的一级或二级债务债券 一级或二级现金管理信托	1%
到期日在一年以内或一年内可赎回的其他一级或二级债务债券 再保险公司的交易对手评为一级或二级的再保险回收和再保险资产（与第 5A 节列出的澳大利亚审慎监管局之规定相一致）	2%
拖欠期未满 6 个月的未付保费（与第 5A 节列出的澳大利亚审慎监管局之规定相一致） 未完成业务 其他三级债务债券 再保险公司的交易对手评为三级的再保险回收和再保险资产（与第 5A 节列出的澳大利亚审慎监管局之规定相一致）	4%
其他交易对手评为四级的债务债券 再保险公司的交易对手评为四级的再保险回收和再保险资产（与第 5A 节列出的澳大利亚审慎监管局之规定相一致）	6%
其他交易对手评为五级的债务债券 再保险公司的交易对手评为五级的再保险回收和再保险资产（与第 5A 节列出的澳大利亚审慎监管局之规定相一致） 上市证券工具 上市信托基金 拖欠期未满 6 个月的未付保费	8%
直接持有的不动产 未上市权益工具（包括次级债） 未上市信托基金（不包括上述现金管理信托） 未列入本表的其他各项资产	10%
保险公司董事或关联实体的董事（或董事的配偶）的贷款 金额超过 1,000 美元的未保证雇员贷款 有固定或变动支出的资产（参见第 14 节至第 15 节）	100%
福利补贴（包括投资与补贴的各项无形补助成分） 其他无形资产 未来企业所得退税 （此类资产的资本系数为零，是因为在计算保险公司资本基数时将其归为一级资本——参见 GGN 110.1）	0%

附件2

交易对手评级

级别	标准普尔	穆迪	AM Best	惠誉
1	AAA	Aaa	A + +	AAA
2	AA + AA AA −	Aa1 Aa2 Aa3	A +	AA + AA AA −
3	A + A A −	A1 A2 A3	A A −	A + A A −
4	BBB + BBB BBB −	Baa1 Baa2 Baa3	B + +	BBB + BBB BBB −
5	BB + 及以下	Ba1 及以下	B + 及以下	BB + 及以下

未评级资产或风险均归为四级

一般来说，保险公司应当使用同一个评级机构来确定交易对手的级别。如果保险公司之交易对手有上表所列的多家评级机构的评级，则保险公司应当尽可能选择同一个评级机构的评级。例如，保险公司可能有很多已被标准普尔和 AM Best 评级的交易对手，此时，保险公司理应始终选择同一个评级机构的评级，以避免产生评级冲突。

如果保险公司打算使用上表未列之评级机构的评级，则必须获得澳大利亚审慎监管局的批准。

4 – 4 Guidance Note GGN 110.4 Investment Risk Capital Charge

1. This Guidance Note details the calculation of the Investment Risk Capital Charge for an insurer using the Prescribed Method to determine its Minimum Capital Requirement (MCR).

2. The capital charge for investment risk is in response to the risk of an adverse movement in the value of an insurer's on-balance sheet assets and/or certain off-balance sheet obligations. Investment risk derives from a number of sources. These include:

(a) credit risk-the risk of an adverse movement in the value of an asset owing to changes in the credit quality of the issuer of that asset (including the default of the issuer);

(b) market/mismatch risk-the risk of an adverse movement in the value of an asset, which is not offset by a corresponding movement in the value of liabilities; and

(c) liquidity risk-the risk that the reported asset value will not be readily realised in certain circumstances.

3. It is not possible to devise a simple capital framework that takes all of these risk factors into an account in an accurate fashion. The capital charge for Investment Risk attempts to cover these risks by requiring insurers to hold an amount of capital against each asset that is proportional to the value of that asset. The capital factors assigned to assets reflect broad judgements by APRA for capital adequacy purposes only, and should not be taken as a substitute for individual company assessments of the risks associated with particular assets. Over and above the minimum capital requirements required by this Standard, the Board and senior management of an insurer have primary responsibility for ensuring that adequate systems are in place to individually assess the risks in an insurer's operations, to allocate the appropriate amount of capital to cover that risk and to suitably value the transactions that give rise to that risk.

4. To calculate the capital charge for Investment Risk, each of an insurer's assets (and certain off-balance sheet exposures) is assigned to one of nine categories. The Investment Risk Capital Charge is determined by multiplying the balance sheet value of each asset by the appropriate Investment Capital Factor for its category (subject to any thresholds in the case of assets exceeding the specified thresholds detailed in paragraphs 16 – 18). The total capital charge for Investment Risk is the sum of the Investment Risk Capital Charges for each individual asset. The Investment Capital Factors to be applied to each asset are presented in Attachment 1 to this Guidance Note.

5. For the purpose of applying the capital factors, the term 'debt obligations' refers to all loans, deposits, placements, interest rate securities and other payables. Where reference is required to credit/counterparty ratings, these should be applied in accordance with Attachment 2.

5A. APRA may determine in writing that the Investment Risk Capital Charge for a specified asset, or an asset of a specified class, of a particular general insurer is to be calculated by applying:

(a) an Investment Capital Factor of zero; or

(b) an Investment Capital Factor specified in the determination (being greater than zero but lower than the Investment Capital Factor provided for in Attachment 1 for the asset) –

if the conditions in paragraph 5B are satisfied. APRA's determination shall apply for a period specified in the determination or until APRA revokes the determination, and upon the determination ceasing to apply the Investment Risk Capital Charge for an asset covered by the determination shall be calculated by applying the Investment Capital Factor specified in Attachment 1 for that asset. For the avoidance of doubt, a determination in relation to a particular insurer may cover more than one asset, or more than one class of assets, of that insurer, and a determination may make different provision in respect of different assets or classes of assets.

5B. APRA may only make a determination under paragraph 5A in relation to an asset, or an asset of a particular class, if:

(a) the asset, or each asset in the class, is:

(i) a reinsurance recovery, or other reinsurance asset, due from a reinsurer with a counterparty rating of Grade 1, 2, 3 or 4; or

(ii) an unpaid premium that is less than 6 months overdue; and

(b) the party liable for the relevant payment ('*the obligor*') is a general insurer authorised under section 12 of the *Insurance Act 1973*; and

(c) the obligor is related (within the meaning of section 50 of the *Corporations Act 2001*) to the general insurer that holds the relevant asset; and

(d) APRA considers that it is appropriate to make the determination, having regard to relevant prudential matters within the meaning of section 3 of the *Insurance Act 1973*.

Extended Licensed Entity

6. In certain circumstances, an insurer may choose to hold assets in a special purpose vehicle or other related entity[1], rather than on its own balance sheet. Subject to meeting the conditions outlined below, APRA may allow an insurer to determine its Investment Risk Capital Charge (and any Investment Concentration Capital Charge) based on the individual assets of the related entity, rather than simply on the insurer's direct exposure to that entity.

7. The extent to which the risk of an insurer's exposure to a related entity is commensurate with the underlying holdings of that entity depends on the insurer's extent of control over, and integration with, the entity as well as on the existence of any third party liabilities of the entity. Potential complications under a scenario where underlying asset holdings must be liquidated during financial stress must also be considered.

8. Subject to the specific requirements set out in paragraph 9, an insurer may apply to APRA to have one or more related entities approved as part of its Extended Licensed Entity (ELE). Once approved, APRA will allow the insurer to "look through" the legal structures involved, and to "consolidate" the balance sheet of the related entity with its own for the purposes of determining the Investment Risk Capital Charge. In effect, this allows the insurer to treat its own balance sheet and that of the approved entity as a single entity for the purpose of calculating that charge.

9. In deciding whether to approve an entity as part of an insurer's ELE, APRA will have regard to the following criteria in respect of the relationship between the insurer and the related entity:

(a) the related entity must be a wholly-owned and controlled by the insurer, with a Board of

1 For the purposes of this Guidance Note, a 'related entity' is an entity which is a 'related party' within the meaning of Australian Accounting Standard 1017 *Related Party Disclosures* (as it applied in relation to reporting periods that began immediately before 1 January 2005).

directors/trustees that is comprised entirely of members of the insurer's Board or senior management;

(b) the insurer must demonstrate to APRA that there are no legal or regulatory barriers (including cross-border issues for a branch or if the proposed ELE is not an Australian entity) to the transfer of the assets back to the insurer;

(c) the insurer's risk management systems and controls must be fully extended to the operations of the related entity. The senior management of the insurer must be in a position to monitor the operations of the related entity to the same extent as the operations of the insurer itself. Systems for monitoring and control over the related entity must be included within the internal and external audit programs of the insurer;

(d) the insurer must be able to furnish stand-alone accounting records for the related entity, and provide APRA with full and unfettered access to this information at any time (including during on-site visits);

(e) the related entity must not conduct any business that the insurer would otherwise be prevented from doing under the *Insurance Act 1973*; and

(f) where the related entity holds or invests in assets on behalf of the insurer, the related entity must have no material third party liabilities (APRA will exempt tax liabilities and employee entitlements from this requirement).

Treatment of Collateral and Guarantees as Risk Mitigants

10. The capital charge for Investment Risk may be reduced where the insurer holds certain types of collateral against an asset, or where the asset has been guaranteed, as a means of reducing risk.

(i) Collateral

11. Where an insurer possesses recognised collateral against an asset, it may apply the Investment Risk Capital Factor relevant to the collateral to the value of the asset (instead of applying the capital factor that would otherwise apply to the asset). Collateral will be recognised only to the extent that it takes the form of a charge, mortgage or other security interest in, or over, an Eligible Collateral Item. Eligible Collateral Items are cash, Government securities, or debt obligations (as defined in paragraph 5) where the obligor has a counterparty rating in Grade 1, 2 or 3. The Eligible Collateral Item must also be held for the period for which the asset is held. Where the market value of the collateral does not cover the full value of the asset, only that part of an asset that is covered by collateral may be assigned the Investment Capital Factor applicable to the collateral.

(ii) Guarantees

12. Assets that have been explicitly, unconditionally and irrevocably guaranteed for their remaining term to maturity by a guarantor with a counterparty rating (or for governments, the long-term foreign currency credit rating) in Grades 1, 2 or 3 may be assigned the Investment Capital Factor that would be applicable to the guarantor.

13. Guarantees provided to an insurer by its own parent or a related entity are not eligible for this treatment.

Charged and Encumbered Assets

14. Subject to paragraph 15, assets of the insurer that are under a fixed or floating charge, mortgage or other security are subject to an Investment Capital Factor of 100%, to the extent of the indebtedness secured on those assets. This will replace the Investment Capital Factor that would otherwise apply to the secured assets.

15. Where the security supports an insurer's insurance liabilities, the Investment Capital Factor of 100% is applicable only to the amount by which the market value of the charged assets exceeds the insurer's supported liabilities.

Investment Concentration Charge

16. An insurer may be exposed to an additional risk arising from an excessive exposure to a particular asset (including reinsurance recoveries). To address the risk associated with excessive asset concentration, an insurer must hold additional capital in those cases where an insurer's holdings of an asset or exposure to a particular obligor, or group of related obligors, exceeds the thresholds set out below. The aggregation of exposures to individual counterparties must be undertaken for an insurer and any entities approved as part of its ELE (see paragraphs 6 – 9).

17. The thresholds referred to in paragraph 16 are based on the credit rating[2] of the counterparty, and are as follows:

Counterparty Rating (unsecured obligations)	Threshold as a Percentage of Capital Base
Grades 1, 2 or 3	no limit
Grade 4	50%
Grade 5	25%

18. For holdings of assets in excess of the threshold, an insurer must apply the relevant Investment Capital Factor to the asset up to the value of the threshold, and apply a 100% Capital Factor to the value in excess of this level.

Off-Balance Sheet Transactions

19. An insurer can be exposed to various Investment Risks through transactions or dealings other than those reflected on its balance sheet.

(i) **Direct Credit Substitutes**

20. To the extent that an insurer has issued:

(a) guarantees (including written put options serving as guarantees);

(b) letters of credit; or

(c) any other credit substitute (other than insurance) in favour of another party;

the insurer is exposed to risk of having to make payment on these instruments should the guaranteed party default or fail to deliver.

21. Insurers must set aside capital to cover the risk of such events occurring. Within the Prescribed Method, this is to be achieved by applying, to the face value of the credit substitute, the Investment Capital Factor that would be applied to the obligation or asset over which the credit substitute has been written. Where the credit substitute is supported by collateral or a guarantee, the provisions of paragraphs 11 – 13 may be applied.

22. A different approach to that contained in paragraphs 20 – 21 is available for surety bond business. Insurers have the choice of either:

2 For the purposes of the Investment Concentration Charge, investments in equity or subordinated debt should be regarded as having the same rating as unsecured debt obligations of the issuer.

(a) treating any surety bonds the insurer has issued as a type of direct credit substitute. In this case, the insurer must determine 25% of the value of the surety bond, and apply to that amount the Investment Capital Factor that would be applied to the obligation or asset over which the surety bond has been written. Where the surety bond is supported by a risk mitigation arrangement, the applicable Investment Capital Factor will be that assigned to the counterparty to that arrangement, but only to the extent that the risk mitigation arrangement applies; or

(b) seeking written approval from APRA to treat any surety bonds the insurer has issued as if they were an insurance risk (for the purposes of meeting the requirements of the Prudential Standards only). This would require the insurer to include surety bond exposures within the insurer's assessment of insurance liabilities, as determined under GPS 210 *Liability Valuation*, and to apply the relevant capital factors within GGN 110.3.[3] For the purpose of calculating net outstanding claims liabilities and net premium liabilities (as determined under GPS 210) the insurer may treat any risk mitigation arrangement as if it were reinsurance. An insurer seeking APRA's approval for this approach would need to include with its application a confirmation from the company's Approved Actuary that that person is able to appropriately measure the risk of the surety bond business within the insurer's insurance liabilities.

Insurers must use the same approach for all surety bond business, and apply that approach consistently over time.

(ii) Derivatives

23. Derivatives include forwards, futures, swaps, options and other similar contracts. Derivatives expose insurers to the full range of investment risks, even though in many cases there may be no, or only a very small, initial outlay. Insurers must set aside capital to cover the Investment Risk of these transactions, particularly in instances where the derivatives are used for reasons other than to hedge an underlying physical position. Under the Prescribed Method, insurers are required to hold capital against derivatives using the method described below.

24. The requirements set out below do not apply to:

(a) foreign exchange (except gold) contracts which have an original maturity of 14 calendar days or less; and

(b) instruments traded on futures and options exchanges which are subject to daily mark-to-market and margin payments.

25. The capital charge for each derivative contract is based on its 'asset equivalent value'. The asset equivalent value is the sum of the current mark-to-market exposure of the derivative (where positive) and a potential exposure add-on.

26. The potential exposure add-on is determined by multiplying the notional principal amount of the derivative contract (regardless of whether the contract has a zero, positive or negative mark-to-market value) by the relevant credit conversion factor specified in the table below according to the nature and residual maturity of the instrument.[4]

3 Surety bond business treated in this manner should be classed as an 'other' line of business in Table 1 of GGN 110.3.

4 Potential future credit exposure should be based on effective rather than apparent notional amounts. In the event that the stated notional amount of a contract is leveraged or enhanced by the structure of the transaction, an insurer must use the effective notional amount when calculating potential future credit exposure. For example, an interest rate swap with stated notional amount of $ 1 million, but with payments calculated at two times LIBOR, would have an effective notional amount of $ 2 million.

Residual Maturity	Interest Rate Contracts	Foreign Exchange & Gold Contracts	Equity Contracts	Precious Metal Contracts (except Gold)	Other Contracts
Less than 1 year	Nil	1.0%	6.0%	7.0%	10.0%
1 year to less than 5 years	0.5%	5.0%	8.0%	7.0%	12.0%
5 years or more	1.5%	7.5%	10.0%	8.0%	15.0%

27. The asset equivalent value of each derivative must then be multiplied by the Investment Capital Factor applicable to a debt obligation of the counterparty to the derivative contract to determine the Investment Risk Capital Charge.

28. APRA acknowledges that the method of measuring the risk of derivative positions outlined in paragraphs 23 - 27 is simple, and may not always reflect the underlying risk to which the insurer is exposed. However, given the limited usage of derivatives within the general insurance industry, APRA is of the view that a simple method will be adequate for the vast majority of Australian insurers. Where an insurer enters into significant derivative transactions - defined for the purposes of this Standard as contributing greater than 5% of the insurer's total Investment Risk Capital Charge or, in relation to exchange traded derivatives, where the notional principal amount of these instruments is greater than the capital base of the insurer - or where the insurer is otherwise making extensive use of derivatives for speculative purposes, APRA reserves the right to require the insurer to hold additional capital against these positions using a method that APRA will prescribe.

29. Insurers should not generally enter into derivative contracts at off-market prices. This includes historical rate rollovers on foreign exchange contracts. If any derivative contracts are undertaken at off-market prices, insurers must contact APRA to discuss the reasons for such actions and to agree the capital (and other prudential) treatment of these transactions.

Attachment 1

Investment Capital Factors

Asset	Investment Capital Factor
Cash Debt Obligations of: • the Commonwealth Government; • an Australian State or Territory government; or • the national government of a foreign country where: – the security has a Grade 1 counterparty rating; or, if not rated, – the long-term, foreign currency counterparty rating of that country is Grade 1. GST receivables (input tax credits)	0.5%
Any debt obligation that matures or is redeemable in less than one year with a rating of Grade 1 or 2 Cash management trusts with a rating of Grade 1 or 2	1%
Any other debt obligation (that matures or is redeemable in one year or more) with a rating of Grade 1 or 2 Reinsurance recoveries and other reinsurance assets due from reinsurers with a counterparty rating of Grade 1 or 2 (subject to any determination by APRA under paragraph 5A).	2%
Unpaid premiums due less than 6 months previously (subject to any determination by APRA under paragraph 5A). Unclosed business Any other debt obligation with a rating of Grade 3 Reinsurance recoveries and other reinsurance assets due from reinsurers with a counterparty rating of Grade 3 (subject to any determination by APRA under paragraph 5A).	4%
Any other debt obligations with a counterparty rating of Grade 4 Reinsurance recoveries and other reinsurance assets due from reinsurers with a counterparty rating of Grade 4 (subject to any determination by APRA under paragraph 5A).	6%
Any other debt obligations with a counterparty rating of Grade 5 Reinsurance recoveries and other reinsurance assets due from reinsurers with a counterparty rating of Grade 5 Listed equity instruments (including subordinated debt) Units in listed trusts Unpaid premiums due more than 6 months previously	8%
Direct holdings of real estate Unlisted equity instruments (including subordinated debt) Units in unlisted trusts (excluding Cash Management Trusts listed above) Other assets not specified elsewhere in this table	10%
Loans to directors of the insurer or directors of related entities (or a director's spouse) Unsecured loans to employees exceeding $1,000 Assets under a fixed or floating charge (refer paragraphs 14–15)	100%
Goodwill (including any intangible components of investments in subsidiaries) Other intangible assets Future income tax benefits *(Assets in this category are zero weighted because they are deducted from Tier 1 capital when calculating an insurer's capital base – refer GGN 110.1)*	0%

Attachment 2

Counterparty Grades

Grade	Standard & Poor's	Moody's	AM Best	Fitch
1	AAA	Aaa	A + +	AAA
2	AA + AA AA −	Aa1 Aa2 Aa3	A +	AA + AA AA −
3	A + A A −	A1 A2 A3	A A −	A + A A −
4	BBB + BBB BBB −	Baa1 Baa2 Baa3	B + +	BBB + BBB BBB −
5	BB + or below	Ba1 or below	B + or below	BB + or below

Unrated assets or exposures should be classified as Grade 4.

Insurers should, in general, use the same rating agency for determining counterparty gradings. Where the insurer has counterparties with multiple ratings from two or more of the rating agencies in the table above, the insurer should consistently choose the ratings of a single agency whenever possible. For example, an insurer may have a number of counterparties that are rated by Standard & Poor's and AM Best. In this case, the insurer should choose a single agency that will be consistently used whenever the individual ratings conflict.

APRA's approval must be sought if an insurer wishes to use the rating determined by a rating agency not included in the table above.

4－5　集中风险资本支出（指导原则手册 GGN 110.5）

1. 本指导原则手册详细阐述了使用《指定方法》确定其最低资本要求（MCR）的保险公司如何计算其集中风险资本要求的问题。特别列出了保险公司在确定应对灾害所需的最大事件准备金（MER）时需考虑的事项。保险公司董事会和高管人员，有责任确保所持最大事件准备金与保险公司风险预测及其再保险计划相适应。

定义

2. 最大事件准备金，是指在减除再保险回收后，由于保单集中而产生的、保险公司将要面临的最大损失（考虑到这种损失的可能性）所做的资金准备。最大事件准备金，必须包括保险公司灾害再保险重置保费成本的补贴。

3. 可能的最大损失（PML），是指无任何再保险回收的、由于保单集中而产生的、保险公司将要面临的最大损失（需考虑到这种可能性）。

4. 重现期，是某种特殊灾害事件再次发生的预期平均时间。根据本指导原则手册的目的，保险公司需要设定每 250 年发生一次的重现期，或更长的重现期。

背景

5. 保险公司要暴露于由于其投资组合而可能引起巨大损失的风险中，这些损失起因于各种自然灾害或其他原因，比如地震、火灾、风暴等。虽然此类灾害事件的发生并不多见，但一旦发生，将给保险公司带来重大财务影响，甚至会导致保险公司倒闭。

6. 从理论上来说，保险公司可根据所有承保保单的总额，计算出特殊地理区域的自然灾害损失的最高上限。不过，此法显然需要有充足的资本数据支持。

7. 事实上，保险公司均采用了最大事件准备金概念，来估计它们暴露于自然灾害中的风险程度。在运用最大事件准备金时，保险公司可以：

（a）应保险公司要求，计算再保险覆盖的水平；

（b）再保险成本的摊销，基本上是在不同业务间进行；以及

（c）如果灾害损失的风险高于可接受范围，则应根据保险公司的风险预测，控制保险公司对各地理区域或业务类型的风险暴露。

影响最大事件准备金水平的问题

8. 在确定一个给定的投资组合的最大事件准备金的水平时，保险公司应当考虑：

（a）保险公司所从事的业务类型；

（b）需要应对的自然灾害类型；

（c）保险公司可用的资本量；

（d）保险公司从事业务的地理区域；

（e）综合风险的影响，例如保险公司在同一地理区域内，既开展工人赔偿保险业务，又开展建筑物保险业务；

（f）为了计算，如何对地理区域进行分类；

（g）保险公司的风险容忍度以及破坏性事件的发生概率。

专业保险公司

9. 诸如开展医疗赔付或抵押贷款保险业务的保险公司，即为专业保险公司。它们可能不会暴露于自然灾害造成的巨大损失风险之中。但是，专业保险公司仍然会暴露在由一般原因造成大量损失的风险之中。例如，医疗保险公司可能面对由于误诊造成的大量索赔；抵押保险公司则可能在严重的经济萧条期间面对最大的风险暴露。

确定最大事件的准备金水平

10. 保险公司在计算其最大事件准备金时，应当基于：

（a）相关区域的集中度（例如，地理区域）；

（b）存在的最高最大事件准备金的危险；

（c）相关灾害的重现期和最大事件准备金对重现期变动的敏感度；

（d）伪造保险公司从业经验所带来的后果；以及

（e）所有在外部的和商业上可获得的数据和模型化的设施，也要考虑这些数据对保险公司风险投资组合的影响。

11. 正如 GPS 230《再保险安排》所要求，最大事件准备金必须按照适当的程序，进行确定、监督、修正，并且将其列于保险公司再保险管理战略（REMS）之中。

12. 保险公司可利用内部开发的或由外部供应商提供的计算机模拟技术，来评估不同灾害情形下的可能损失。如果保险公司采用此类模型，则此模型必须在理论上无瑕疵，而且可以进行现实可行的最大事件准备金的计算。澳大利亚审慎管理局期望保险公司能够证明用于评估最大事件准备金的模型现实可行。其中包括：

（a）模型所用数据和假定的类型；

（b）模型中用于整合数据和假定的方法；

（c）最大事件准备金模型对假定的变动的敏感度。

13. 保险公司必须能够证明，它们已对模型进行了全面的研究，并在若干种不同的重现期下，对其中涉及的影响风险投资组合的灾害性事件进行了测试。与此相似，保险公司必须依据统一的、准确的、全面的数据来确定其最大事件准备金的水平。如果保险公司相关数据无法获得，则必须能够对所用数据的估计值提供合理和详细的解释及详审。这包括分析其假定的变动对这些数据的敏感度。

14. 在确定合适的最大事件准备金水平时，董事会必须考虑保险公司的历史理赔情况、资本可用性和再保险安排。当最大事件准备金最终由保险公司的特殊投资组合来确定时，可利用几个简单的方法来完成这一决策。例如，将最大事件认定为自然灾害的保险公司，可应用澳大利亚保险委员会制定的标准 PML 系数来确定总的风险暴露。这将会对保险公司的风险暴露的损失总额做出估计。然后，保险公司就可根据这一数值提供再保险保护措施，从而计算出最大事件准备金。

15. 类似地，抵押保险公司的最大事件准备金水平，最终取决于保险公司的风险投资组合。不过，作为一般指导原则，保险公司可利用标准普尔模型的相关部分，计算评级为 BBB 级资本的最大事件准备金。这涉及保险公司要根据其影响力来评估保险业务。而 LVR 是使用标准频率和严重度系数计算。

董事会监督和管理层监督

16. GPS 230 要求保险公司在董事会和澳大利亚审慎监管局的批准下开展业务（如果是境外保险公司，则需得到来自驻澳大利亚的高级行政人员的允可）。保险公司的 REMS，必须有保险公司确定、监督、更改其最大事件准备金体制的具体细节。指导原则手册 GGN 230.1《再保险管理战略》，列出了保险公司 REMS 的所有细节：

（a）保险公司承担灾害风险的意愿；

（b）保险公司实现最大事件准备金的资金来源；

（c）保单由高管人员和认可精算师（若他与此相关）监督的常规程序，按照业务种类和地理区域划分的保险公司的分类计算结果，以及当前的市场状况。例如，能够拥有足够的再保险抵补措施；

（d）保单由董事批准的常规程序；

（e）独立监督保险公司按照保单行事的常规程序。

17. 无论采用何种方法，董事会都应当定期征询认可审计师、认可精算师或其他相关专家的意见，以监督最大事件准备金的计算结果，从而确保最大事件准备金处于合理妥当的水平。

报告

18. 作为澳大利亚审慎监管局监督保险公司的 REMS 的一部分，澳大利亚审慎监管局将对保险公司的资本充足率及其所采用的方法和原则的合理性进行监督。

19. 在 REMS、风险投资组合、承接业务类型、再保险计划变动而造成最大事件准备金变动时，保险公司必须向澳大利亚审慎监管局申报。

4 -5 Guidance Note GGN 110. 5 Concentration Risk Capital Charge

1. This Guidance Note details the calculation of the Concentration Risk Capital Charge for an insurer using the Prescribed Method to determine its Minimum Capital Requirement (MCR) . Specifically, it sets out the issues that an insurer should consider in setting its Maximum Event Retention (MER) for catastrophe purposes. It is the responsibility of the insurer's Board and senior management to ensure that the MER is set at a level which is consistent with the insurer's risk profile and its reinsurance program.

Definitions

2. The MER is the largest loss to which an insurer will be exposed (taking into account the probability of that loss) due to a concentration of policies, after netting out any reinsurance recoveries. The MER must include an allowance for the cost of one reinstatement premium for the insurer's catastrophe reinsurance.

3. Probable Maximum Loss (PML) is the largest loss to which an insurer will be exposed (within the realms of possibility) due to a concentration of policies, without any allowance for reinsurance recoveries.

4. Return Period is the expected average period within which a particular catastrophic event will re-occur. For the purposes of this Guidance Note, insurers will be required to assume a return period of 1 in 250 years, or greater.

Background

5. Insurers are exposed to the possibility of very large losses arising from their portfolios as a result of various natural catastrophes or other causes of large losses eg earthquakes, fires, storms etc. These catastrophic events will occur only rarely and yet their financial impact on an insurer can be very significant, possibly even resulting in the failure of an insurer.

6. Theoretically an insurer can calculate the maximum limit of its catastrophic losses in a particular geographical region as the total of the individual sums insured under all of its policies. Clearly, however, such an approach would require prohibitively large amounts of capital.

7. In practice, insurers use the concept of MER to estimate their exposure to catastrophic events. The use of MER allows insurers to:

(a) calculate the level of reinsurance cover which the insurer requires;

(b) apportion reinsurance costs fairly among different segments of business; and

(c) control exposures to geographical zones or business types, where the risks of catastrophic loss are higher than acceptable, having regard to the insurer's risk profile.

Issues affecting the level of MER

8. In determining the level of MER for a given portfolio, thc insurer should consider:

(a) the classes of business in which the insurer is engaged;

(b) the types of catastrophic risk which need to be addressed;

(c) the level of capital available to the insurer;

(d) the geographical zones in which the insurer transacts business;

(e) the effects of combined risks eg where an insurer provides coverage for both workers' compensation business and building insurance in the same geographical area;

(f) how the geographical zones will be grouped for calculation purposes; and

(g) the insurer's overall risk appetite and desired probability of ruin.

Specialist Insurers

9. Specialist insurers, such as providers of medical indemnity or mortgage lender's insurance, may not be exposed to large losses from natural catastrophes. They may, however, still be exposed to large losses arising from groups of claims resulting from a common source. For example, a medical insurer may face a large number of claims arising from a class action related to a faulty medical procedure, while a mortgage insurer might be most exposed to a period of severe economic downturn.

Determining the level of the MER

10. The insurer should base the calculation of its MER on:

(a) the relevant area of concentration (eg geographic region);

(b) which peril produces the greatest MER;

(c) the return period of the relevant catastrophe and the sensitivity of the MER to changes in the return period;

(d) results produced by modelling the insurer's own past experience; and

(e) any externally, commercially available data and modelling facilities, bearing in mind the appropriateness of these data to the insurer's portfolio of risks.

11. The MER must be calculated in a manner consistent with the processes for setting, monitoring and altering the MER outlined in the insurer's Reinsurance Management Strategy (REMS), as required under GPS 230 *Reinsurance Arrangements*.

12. It is common practice for insurers to use computer-based modelling techniques, developed either in-house or by external providers, to estimate likely losses under different catastrophe scenarios. Where an insurer uses such a model, the model must be conceptually sound and capable of consistently producing realistic calculations of the MER. APRA will expect the insurer to be able to demonstrate an understanding of the model used in estimating the MER. This understanding will include:

(a) the type of data and assumptions used in the model;

(b) the methodology used to incorporate the data and assumptions into the model; and

(c) the sensitivity of the resulting MER figure to changes in the model's assumptions.

13. Insurers must be able to demonstrate that they have thoroughly researched the model and tested at least several different scenarios of return period for each type of catastrophic event that may affect their portfolio of risks. Similarly, an insurer must calculate its MER using data that is consistent, accurate and complete. Where an insurer lacks access to the relevant data, it must be able to explain the rationale for, and details of, any estimates of data that it uses. This would include analysis of the sensitivity of the results to changes in the estimates and assumptions.

14. In setting an appropriate level of MER, the Board must consider the insurer's claims history,

capital availability and reinsurance arrangements. While the MER will ultimately be governed by the insurer's particular portfolio, some simple methods could be used to guide the decision. For example, insurers who have determined that their maximum event would be a natural catastrophe could apply the standard PML factors produced by the Insurance Council of Australia to their aggregate exposures. This will provide an estimate of the gross loss to which the insurer is exposed.

The insurer could then apply their reinsurance protections to this amount to obtain their MER.

15. Similarly, the MER for a mortgage insurer will ultimately depend on the insurer's portfolio of risks. However, as a general guide, the insurer could use the relevant part of the Standard & Poor's model for calculating capital at the BBB level. This would involve assessing the insurance in force of the mortgage insurer, and applying the standard frequency and severity factors by LVR band.

Board and Management Oversight

16. GPS 230 requires insurers to have a REMS approved by the Board (or in the case of foreign insurers, a senior officer from outside Australia with requisite Board delegation) and by APRA. An insurer's REMS must include details of the insurer's systems for the setting, monitoring and altering of its MER. Guidance Note GGN 230. 1 *Reinsurance Management Strategy* sets out matters that each insurer's REMS must detail:

(a) the insurer's willingness to take on catastrophic risks;

(b) how the insurer's financial resources cover its calculated MER;

(c) the regular process by which the policies are reviewed by senior management, and (if relevant) by the Approved Actuary, in the light of the insurer's results by class of business and geographical region, as well as current market conditions eg availability of adequate catastrophe reinsurance cover;

(d) the regular process by which the policies are approved by the directors; and

(e) the regular process by which the insurer's compliance with its policies is independently reviewed.

17. Regardless of the methodology used, the Board should periodically seek the advice of its Approved Auditor, Approved Actuary, or other relevant expert, to review the calculation of the MER, and ensure that it is established at an appropriate level.

Reporting

18. APRA will review and agree with each insurer the adequacy and appropriateness of the methodology for setting its MER as part of APRA's review of the insurer's REMS.

19. An insurer must inform APRA of any changes to its MER arising as a result of changes in its REMS, risk profile, classes of business underwritten or reinsurance program.

4－6　保险公司抵押贷款的集中风险资本准备金（指导原则手册 GGN 110.6）

1. 本指导原则手册适用的抵押贷款保险公司（LMI），指的是已经签订或打算签订抵押贷款保险保单，或已经进行再保险或打算进行再保险的一般保险公司（根据《1973 年保险法》）。为了实现上述目的，**抵押贷款保险**具有通常的商业含义，且包括一份保单保险。当借款人违反抵押贷款合同（以房屋和/或其他财产担保）时，该保单可以保护贷款免受损失。本指导原则手册概括性地规定了最大事件准备金（MER）的计算方法，以及可用于确定最低资本要求（MCR）的集中风险资本准备金。

2. 抵押贷款保险公司也必须符合指导原则手册 GGN110.5 集中风险资本支出的要求。如果本指导原则手册和 GGN110.5 之间有任何不一致之处，在涉及抵押贷款保险公司时应优先适用本指导原则手册。

定义

3. 在计算出再保险赔偿净额之后，由于保单的集中，最大事件准备金是保险公司所暴露的最大损失风险（考虑到损失发生的可能性）。最大事件准备金还必须包括保险公司为自然灾害复保保费成本提供的补贴金额。

4. 可能的最大损失（PML）是指在保单集中的情况下，如果没有任何再保险赔偿金，保险公司将暴露的最大损失风险（考虑到损失发生的可能性）。

5. 本指导原则手册所指的**贷款**是指用房产和/或其他财产进行保险抵押的贷款。

6. 保险价值是指抵押贷款保险公司在抵押贷款保险保单中说明的最初风险暴露值。在第 29 节中提供了关于保险价值的更多信息。

7. 贷款—估值比率（LVR）是指在贷款开始之日，贷款数额与受担保的房产价值之间的比率。如果贷款金额中包含了抵押保险保费，那么，计算贷款—估值比率时，应包括保费；也就是说，由于保费的增加，贷款数额也相应增加了。在抵押房产的押金中含有第一房主授权（FHOG），不会增加贷款—估值比率。第 29 节提供了更多关于贷款—估值比的信息。

8. 保险期限是指从贷款开始之日到贷款结束的期间。第 29 节据此规定了更多的内容。

9. 贷款类型包括非标准贷款、标准贷款和商业贷款三种。第 23 节至第 28 节提供了更多信息。

10. 赔付类型指保险公司是赔付全部贷款数额、部分贷款数额还是仅赔付贷款约定（抵押保险约定）。

11. 本指导原则手册所指的保费负债与现行保单中规定的保险事由的未来理赔支付、再保险的预期赔偿额有关，按照总价值的 75% 进行折算。

12. 不论是否已将再保险的预期赔偿额以及 75% 的折算值报告给了保险公司，本指导原则手册所规定的未决申索准备金（OCP），与在计算日之前发生的所有理赔相关。

背景

13. 虽然抵押贷款保险公司可能不会暴露于诸如其他的绝大多数一般保险公司所面临的由自然灾害可能带来的巨大损失的风险之中但是它将会暴露于来自严重的经济滑坡和/或财产缩

水而带来的巨大损失的风险中。

14. 绝大多数的自然灾害只会在一定期限内殃及当地。相比之下，经济或财产损失则有可能持续很长时间，而全国性事件的影响力则可能持续好几年。澳大利亚审慎监管局认为，确定抵押贷款保险公司的最低资本要求时，三年时间比较恰当。

抵押贷款保险公司的最大事件准备金模型

15. 抵押贷款保险公司的最大事件准备金模型，假定存在三年的经济衰退或财产损失。应当将模型中假定的经济衰退损失和/或财产损失进行分摊，其中 25% 的损失分摊到第一年，50% 的损失分摊到第二年，25% 的损失分摊到第三年。这些损失不包括用于保费负债的未来理赔。

16. 按照以下方式计算抵押贷款保险公司的最大事件准备金：

（a）计算出可能的最大损失（其将构成依据第 17 节至第 22 节计算出的总额）；

（b）从可能的最大损失中减去根据第 30 节至第 38 节和附件 2 计算出的可扣除再保险的数额；

（c）在理赔处理支出中增加 5% 的可能的最大损失；以及

（d）增加再保险赔偿金的成本（如果可行的话）。

17. 当抵押贷款保险公司签订一份或多份关于标准贷款或非标准贷款的保单时，其可能的最大损失将包括一个根据以下方法计算的数额：

（a）计算出各保单中的保险价值与以下各项的乘积：合理的违约的可能性（PD）、违约导致损失的可能性（LGD）和附件 1 中列出的季节性因素；然后

（b）根据第（a）小节，计算出各保单所有数额的总和。

18. 若抵押贷款保险公司已经签订一份或多份标准贷款或非标准贷款的高额度赔付的保单，则其可能的最大损失将包含根据以下方法计算出来的数值：

（a）计算出各保单中的保险价值与以下各项的乘积：

（i）附件 1 中规定的适当的违约的可能性因素；

（ii）附件 1 中规定的适当的违约导致损失的可能性因素，（对其进行调整并通过划分 LGD 高额赔付的百分比来反映现行保险比例）（参见下面的例子），其最大值为 100%；以及

（iii）附件 1 中规定的适当的贷款年限因素；然后

（b）根据第（a）小节，计算出各保单所有数额的总和。

19. 若抵押贷款保险公司已经签订抵押保险的一份或多份保单（包括标准贷款或非标准贷款），则其可能的最大损失将包含根据以下方式计算的数值：

（a）计算出各保单中的保险价值与以下各项的乘积：适当的违约的可能性、违约导致损失的可能性和（下面规定的）季节性因素；然后

（b）据第（a）小节，计算出各保单所有数额的总和。

根据第（a）小节要求，违约的可能性和季节性因素是指附件 1 所规定的、能够应对加权平均的贷款—估值比率和加权平均的保险期限，而违约导致损失的可能性是 100%。

20. 如果抵押贷款保险公司已经签订一份或多份商业贷款保单，那么，其可能的最大损失将包含按照以下方法计算的数额：

（a）计算出各保单中的保险价值与 8% 因素的乘积（不论贷款—估值比率的高低和贷款期限的长短）；然后

（b）根据第（a）小节，计算出各保单所有数额的总和。

21. 如果保单的承保类型不止一种，或者投保的一份或多份贷款超过一种贷款类型，那么，在各种类型中必须识出才能够算出可能的最大损失最高值的有关风险暴露。如果第 17、18、19 和 20 节不能适用于保单或贷款类型，那么，澳大利亚审慎监管局可以以书面形式确定与此种

风险相关的可能的最大损失的计算公式（该公式与保单或贷款类型相适应，并与本指导原则手册所采用的谨慎做法在总体上保持一致）。

22. 在根据第17节至第21节的规定计算可能的最大损失时，抵押贷款保险公司最大事件准备金模型假定保险金额在三年计划内保持不变。这表明虽然保险金额可能由于现有保单到期而减少，但是抵押贷款保险公司在这三年内签订的新业务可能抵消这些保险金额的减少。然而，对于那些在三年内未签订新的业务的抵押贷款保险公司（即停止新业务），保险金额有望在三年计划期内减少。因此，为了计算其最大事件准备金，对停止新业务的抵押贷款保险公司来说，可以在第二年和第三年中下调可能的最大损失，这一做法可能较为妥当。调整抵押贷款保险公司的可能的最大损失所采用的方法可获得澳大利亚审慎监管局的书面批准。

标准贷款、非标准贷款和商业贷款的标准

23. 主要由房产进行担保的贷款，总体上可分为标准贷款和非标准贷款。根据抵押贷款保险公司的最大事件准备金模型，标准贷款必须符合以下标准：

（a）抵押贷款保险公司或贷款人已经正式证实借款人收入和受雇状况；以及

（b）曾根据抵押贷款保险公司的文件或贷款人保单或信用保单及程序，对借款人进行过标准信用审查和收入审查。

24. 除了贷款不符合第23节规定的标准之外，借给拥有非储蓄性存款的（non-saved deposites）借款人的贷款，应属于标准贷款。

25. 主要由登记的房产进行担保、但不符合第23节规定的标准的贷款，应属于非标准贷款。

26. 如果澳大利亚审慎监管局认为标准贷款的违约的可能性因素没有反映出贷款的内在风险，则可以以书面形式，指示抵押贷款公司将贷款归为非标准贷款类。

27. 所有并非主要由登记的房产进行担保的贷款，应当属于商业贷款。

28. 澳大利亚审慎监管局可以以书面形式，指示抵押贷款公司对以下贷款进行重新归为商业贷款类：

（a）特定的标准贷款或非标准贷款；或者

（b）特定种类的标准贷款或非标准贷款。

如果澳大利亚审慎监管局认定可能申请贷款的可能的最大损失没有反映出与贷款或相关抵押有关的内在风险，便可以对贷款类型进行重新归类。

与保险金额、LVR和保险期限相关的指示

29. 尽管第6、7和8节做出了相关规定，但是澳大利亚审慎监管局仍然可以以书面形式，指示抵押贷款公司将以下贷款的保险金额、LVR或保险期限假定为：

（a）特定的标准贷款或非标准贷款；以及

（b）特定种类的标准贷款或非标准贷款。

关于澳大利亚审慎监管局所确定的保险金额、LVR或保险期限，或者依据澳大利亚审慎监管局指示内容计算出的保险金额、LVR或保险期限，在对贷款性质进行考虑后，如果澳大利亚审慎监管局认为适用第6、7或8节规定计算保险金额、LVR或保险期限的做法将会导致这样的后果，即不能反映与贷款相关的风险，则澳大利亚审慎监管局可以做出上述指示。

注：如澳大利亚审慎监管局可以做出有关反向抵押的指示（在未偿付数额随着贷款期限增加的情况下）。

再保险

30. 再保险安排必须至少提前一年进行制定，文件要齐备，并在最大事件准备金的计算中能够反映出来。例如，为了实现最大事件准备金模型的目的，如果抵押贷款保险公司能够进行两年半的再保险承保经营，那么，其只能在三年计划的前两年中进行再保险经营。

31. 澳大利亚审慎监管局认为，像将保费负债按比例分摊到贷款期间一样，在模型假定经济滑坡的相同时期内，抵押贷款保险公司的保费负债的比例，将被视为理赔支付。因此，为了实现运用最大事件准备金计算再保险的目的，具有总超额赔款再保险或止损再保险的抵押贷款保险公司可以在最大的可能损失之外，设定适当的保费负债比例（参见第 32 节至第 35 节及附件 2）。

32. 针对具有配额股票再保险安排的抵押贷款保险公司，保费负债水平不会影响运用最大事件准备金计算的再保险金额（参见附件 2）。

33. 具有总超额赔款再保险或止损再保险的抵押贷款保险公司，在每个理赔年度[1] 可以将最多 60% 的报告保费负债金额假定为理赔支付额，这就如同在最大事件准备金计算日确定可用的再保险金额来计算最大事件准备金一样。[2] 在模型假定经济滑坡的期间，最多可以将 15% 的保费负债分摊于第一年，30% 分摊于第二年，15% 分摊于第三年。

34. 与三年计划假定的保险金额不变相一致（参见第 22 节），（不属于停开新业务的）具有总超额赔款再保险或止损再保险的抵押贷款保险公司，在每个理赔年度应当假定在模型假定经济滑坡的第二年和第三年的再保险保额起始点（attachment point）与第一年确定的保额起始点相同。

35. 具有总超额赔款再保险或止损再保险的抵押贷款保险公司，在每个承保年度[3] 可以：

（a）在每个承保年度通过单独把模型用于每个承保年度保险金额的办法或将可能的最大损失（在三年计划期内）总额平均分摊于每个承保年度来确定各承保年度的可能的最大损失；

（b）在计算可用的再保险金额从而算出最大事件准备金时，要确认已经支付的索赔、90% 的未决申索准备金和 90% 的保费负债；以及

（c）根据抵押贷款保险公司再保险管理策略（REMS）规定的方法，将未决申索准备金和保费负债分摊到每个承保年度（参见第 40 节）。

36. 第 32 节至第 35 节未详细介绍的具有再保险安排的抵押贷款保险公司，必须针对计算现有再保险额而提出的方法论设法获得澳大利亚审慎监管局的批准（澳大利亚审慎监管局将以书面形式批准）。

37. 在确定最大事件准备金的过程中，不论第 30 节至第 36 节规定的金额是多少，从可能的最大损失之中扣减的可用的再保险数额，不得超过可能的最大损失的 60%。

38. 附件 2 提供了本部分中概括了确定允许的再保险安排金额的范例。

再保险管理策略

39. 抵押贷款保险公司必须在其再保险管理策略中，概括出它在确定最大事件准备金时所有的假定情况（尤其是抵押贷款公司停止新业务的情况），以及计算许可的再保险金额的办法和抵押贷款保险公司在确定最大事件准备金时如何将许可的再保险用于其可能的最大损失之中。

40. 在承保年度中有再保险业务的抵押贷款保险公司必须在其再保险管理策略中详细说明它在将未决申索准备金和保费负债分摊于各承保年度的过程中采用的推理和方法（参见第 35 节）。

---

1 这既包括再保险中提出的索赔——即与保单（保单为数年前或当年签订）在特定年度内提出的所有索赔以及再保险产生的索赔相关，又包括再保险中发生的索赔即与特定年度发生的所有索赔有关。

2 不包括超出 75% 充足率的技术准备金。

3 承保年度再保险与特定年度签订的所有保单的索赔有关——不论何时提出或发生索赔。

过渡性安排

41. 本指导原则手册自施行之日起，适用于所有抵押贷款保险公司。如果按照本指导原则手册的要求，抵押贷款保险公司的资本基数不能达到最低资本要求以及澳大利亚审慎监管局规定的其他要求，那么，抵押贷款保险公司可以向澳大利亚审慎监管局提出申请（以书面形式），获得一个过渡期，在该期间内：

（a）抵押贷款保险公司需要按照本指导原则手册的要求，进行计算和建立模型，但不必持有指导原则手册中规定的部分或全部资本（澳大利亚审慎监管局有所规定）（参见审慎标准GPS110 一般保险公司的资本充足率内容）；以及

（b）抵押贷款保险公司需要采取措施并满足澳大利亚审慎监管局批准过渡期时规定的临时要求，以确保到过渡期末时，抵押贷款保险公司符合本指导原则手册（参见 GPS110）的资本要求。

42. 澳大利亚审慎监管局将根据第 41 段按照抵押贷款保险公司提出申请的具体内容做出决定，或按照其自己认为合适的方式做出决定，或拒绝向抵押贷款保险公司授予过渡期。

注释：按照 2001 年金融部门法第 13 条（数据收集）制定的报告标准，在向 APRA 进行报告时，在过渡期内，抵押贷款保险公司需要忽略根据第 42 段提出的任何过渡性救济，并假定需要按照指导原则手册的要求保持其资本。

2006 年 1 月

43. 资本管理计划必须支持根据第 41 段提出的申请，该计划表明抵押贷款保险公司应当如何在过渡期到期之前满足资本要求。APRA 在决定是否授予抵押贷款保险公司过渡期时，将考虑资本管理计划和其他相关情形，如果授予，则应考虑授予过渡期的适当期限。APRA 授予抵押贷款保险公司的最长期限为三年，从本指导原则手册生效之日起算。

附件 1

对于标准贷款而言，在三年计划期内，LVR 的 PD 和 LGD 因素总计是：

LVR	PD 因素	LGD 因素
大于 100%	14.0%	40%
95.01% -100%	8.0%	40%
90.0% - 95%	5.0%	40%
85.01% -90%	3.2%	30%
80.01% -85%	1.6%	30%
70.01% -80%	1.2%	30%
60.01% -70%	0.8%	20%
低于 60.01%	0.6%	20%

对于非标准贷款而言，在三年计划期内，LVR 的 PD 和 LGD 因素总计是：

LVR	PD 因素	LGD 因素
大于 100%	21.0%	40%
95.01% -100%	12.0%	40%
90.0% -95%	7.5%	40%
85.01% -90%	4.8%	30%
80.01% -85%	2.4%	30%
70.01% -80%	1.8%	30%
60.01% -70%	1.2%	20%
低于 60.01%	0.9%	20%

贷款年限因素是：

贷款期限	贷款年限因素
少于三年	100%
三年至五年（不包括五年）	75%
五年至十年（不包括十年）	25%
十年以上（含十年）	5%

附件 2

A. 有配额股票再保险的 LMI 其 MER 的计算（如第 32 段所描述）

假定：

- 三年期间 PML 总计为 100 美元；
- 索赔处理支出为 5 美元，即 PML 的 5%；
- 没有恢复保险权利成本。

如果 LMI 通过配额股票再保险安排分出 70% 的风险，那么，可获得的再保险为 70 美元（即 PML 的 70%）。

然而，可获得再保险数额违反了第 37 段规定的限制比例——该段规定的限制比例是不得超过 PML 的 60%。因此，只能认可其中的 60 美元。

LMI 的 MER 是：

MER ＝PML－许可的再保险＋索赔处理支出＋恢复成本

＝100 美元－60 美元＋5 美元＋0 美元

＝45 美元

B. 针对具有超额赔款或止损再保险的 LMI 而言，在每个索赔年度，MER 的计算（在第 33 和 34 段中作了描述）为

假定：

- 三年期间总 PML（适用模型）为 100 美元；
- 保费负债为 100 美元；
- 索赔处理支出为 5 美元，即 PML 的 5%；
- 没有恢复成本。

如果 LMI 每个索赔年度具有总超额赔款再保险，而且每年再保险的下限为 45 美元、上限为 90 美元，那么，应当通过以下做法来确定可获得的再保险：

（a）将总 PML（100 美元）分摊于三年之中，分别向第一年和第三年分摊 25%；向第二年分摊 50%；

（b）将保费的 60%（60 美元）平均分摊于三年之中；

（c）确定损失总额为 PML 和 60% 的保费负债的数额；

（d）每年根据损失总额计算可获得的再保险，不得违反再保险 LMI 的上限（90 美元）和下限（45 美元）的规定。

年度	PML（a）	60% 的保费负债（b）	损失总额（c）	可获得的再保险（d）
第一年	25 美元	15 美元	40 美元	0 美元
第二年	50 美元	30 美元	80 美元	35 美元
第三年	25 美元	15 美元	40 美元	0 美元
总计	100 美元	60 美元	160 美元	35 美元

可获得再保险数额（35 美元）没有违反 PML 的 60% 的限制，因此，可以许可的再保险数额为 35 美元。

LMI 的 MER 是：

MER ＝PML－许可的再保险＋索赔处理支出＋恢复成本

＝100 美元－35 美元＋5 美元＋0 美元

=70 美元

C. 对于在承保年度具有总超额赔款或止付再保险的 LMI 而言，MER 的计算方法（第 35 段中对此作了描述）为

假定：
- 总 PML（使用模型）为 100 美元；
- 保费负债是 100 美元，OCP 为 20 美元；
- 在 2001 年至 2004 年的索赔支出为 12 美元；
- 索赔处理支出是 5 美元，即 PML 的 5%；
- 没有恢复成本；
- 自 2001 年以来，LMI 只从事抵押贷款保险业务（也一直从事此种保险的再保险经营）。

如果 LMI 在每个承保年度具有总超额赔款再保险，而且每个承保年度再保险的下限为 45 美元、上限为 90 美元，那么，应当通过以下做法来确定可获得的再保险：

（a）将总 PML（100 美元）平均分摊于三年之中。例如，2001 年的 PML（10 美元）是 PML 总额（100 美元）的 10%。相应地，可以使用 MER 模型，将 PML 分摊到每个年度；

（b）将索赔数额（12 美元）、90% 的保费负债（90 美元）以及 90% 的 OCP（18 美元）分配到各承保年度之中。在分配时，应当使用 LMI 的 REMS 文件中规定的方法；

（c）确定损失总额为每个承保年度的 PML、索赔数额、90% 的 OCP 和 90% 的保费负债的数额；

（d）根据损失总额计算每个承保年度可获得的再保险，不得违反再保险 LMI 的上限（90 美元）和下限（45 美元）规定。

承保年度	保险价值（美元）	保险价值（%）	PML（a）	索赔数额 +90% 的保费负债 +90% 的 OCP（b）	损失总额（c）	可获得的再保险（d）
2001	100	10	10 美元	30 美元	40 美元	0 美元
2002	200	20	20 美元	25 美元	45 美元	0 美元
2003	300	30	30 美元	30 美元	60 美元	15 美元
2004	400	40	40 美元	35 美元	75 美元	30 美元
总计	1,000	100	100 美元	120 美元	220 美元	45 美元

可获得再保险数额（45 美元）没有违反 PML 的 60%（即 60 美元）的限制，因此，许可的再保险数额为 35 美元。

LMI 的 MER 是：

MER =PML－许可的再保险＋索赔处理支出＋恢复成本

=100 美元－45 美元＋5 美元＋0 美元

=60 美元

4 -6 Guidance Note GGN 110. 6 Concentration Risk Capital Charge for Lenders Mortgage Insurers

1. This Guidance Note applies to a Lenders Mortgage Insurer (LMI) meaning a general insurer (as defined in the *Insurance Act 1973*) that has written or reinsured, or proposes to write or reinsure, policies of lenders mortgage insurance. For these purposes **lenders mortgage insurance** has its ordinary commercial meaning and includes insurance under a policy which protects a lender from losses in the event of borrower default on a loan secured by mortgage over residential and/or other property. This Guidance Note outlines the methodology for the calculation of the Maximum Event Retention (MER), and the applicable Concentration Risk Capital Charge, for an LMI that uses the Prescribed Method to determine its Minimum Capital Requirement (MCR).

2. An LMI must also meet the requirements of *Guidance Note GGN 110. 5 Concentration Risk Capital Charge*. Should there be any inconsistency between this Guidance Note and GGN 110. 5, the requirements in this Guidance Note take precedence in relation to an LMI.

Definitions

3. The MER is the largest loss to which an insurer will be exposed (taking into account the probability of that loss) due to a concentration of policies, after netting out any reinsurance recoveries. The MER must include an allowance for the cost of one reinstatement premium for the insurer's catastrophe reinsurance.

4. Probable Maximum Loss (PML) is the largest loss to which an insurer will be exposed (within the realms of possibility) due to a concentration of policies, without any allowance for reinsurance recoveries. For the purpose of this Guidance Note, the PML is assumed to arise from a catastrophic event that is expected to re-occur, on average, once in every 250 years.

5. **Loans**, as referred to in this Guidance Note, are loans secured by an insured mortgage over residential and/or other property.

6. Sum insured is the original exposure amount for an LMI as stated in the mortgage insurance policy. Further information on sum insured is provided in paragraph 29.

7. Loan-to-Valuation Ratio (LVR) is the ratio of the amount of the loan to the value of the secured residential property, as at the date of origination of the loan. Where the mortgage insurance premium is capitalised in the loan amount, the LVR should be calculated including the premium; that is, the loan amount should be increased by the amount of the capitalised premium. The inclusion of a First Home Owners Grant (FHOG) in the deposit for a mortgaged property will not otherwise increase the LVR of a loan. Further information on LVR is provided in paragraph 29.

8. Age is the length of time from the date of origination of the loan to the date of calculation. Further information on age is provided in paragraph 29.

9. Loan type refers to whether the loan is a standard, non-standard or commercial loan. Further

information on loan types is provided in paragraphs 23 to 28.

10. Coverage type refers to whether the insurance provided is for 100 per cent of the loan amount, or less than 100 per cent of the loan amount (top cover), or is coverage in respect of a pool of loans (pool mortgage insurance).

11. Premiums Liabilities, as referred to in this Guidance Note, relate to future claim payments arising from future events insured under existing policies, gross of expected reinsurance recoveries and valued at a 75 per cent level of sufficiency.

12. Outstanding Claims Provision (OCP), as referred to in this Guidance Note, relates to all claims incurred prior to the calculation date, whether or not they have been reported to the insurer, gross of expected reinsurance recoveries and valued at a 75 per cent level of sufficiency.

Background

13. Although an LMI may not be exposed to the possibility of large losses due to natural perils, such as those faced by most other general insurers, it will be exposed to large losses resulting from a severe economic and/or property downturn.

14. Most natural peril catastrophes are localised and occur at a particular point in time. In contrast, an economic and/or property downturn can be a prolonged, nationwide event, which may have an impact over several years. APRA considers that a three-year downturn is appropriate for determining the MER of an LMI.

MER model for LMIs

15. The MER model for LMIs assumes a three-year economic and/or property downturn. The modelled losses must be allocated in the proportion of 25 per cent to year one, 50 per cent to year two and 25 per cent to year three, of the downturn. These losses are in addition to future claim payments provisioned for as Premiums Liabilities.

16. An LMI's MER is calculated by:

(a) working out the PML (which will comprise the total of all the amounts worked out by applying paragraphs 17 to 22);

(b) deducting the amount of allowable reinsurance, worked out in accordance with paragraphs 30 to 38 and Attachment 2, from the PML;

(c) adding an allowance of five per cent of the PML for claims handling expenses; and

(d) adding the cost of one full reinstatement of reinsurance cover (if applicable).

17. Where an LMI has written one or more policies covering standard or non-standard loans (other than by way of a policy of pool mortgage insurance, or by way of a policy of top cover), its PML will include an amount calculated by:

(a) multiplying the sum insured under each such policy by the appropriate Probability of Default (PD), Loss-Given-Default (LGD) and seasoning factors set out in Attachment 1; and then

(b) adding together the amounts calculated for each policy under subparagraph (a) to produce a total.

18. Where an LMI has written one or more policies of top cover in respect of standard or non-standard loans, its PML will include an amount calculated by:

(a) multiplying the sum insured under each such policy by:

(i) the appropriate PD factor set out in Attachment 1; and

(ii) the appropriate LGD factor set out in Attachment 1, adjusted to reflect the proportion of insurance in place by dividing the LGD percentage by the percentage of top cover (see the Example below), up to a maximum of 100 per cent; and

(iii) the appropriate seasoning factor set out in Attachment 1; and then

(b) adding together the amounts calculated for each policy under subparagraph (a) to produce a total.

Example: 30 per cent top cover for a loan with an LVR of 65 per cent is subject to an LGD of 67 per cent (= 20 per cent divided by 30 per cent).

19. Where an LMI has written one or more policies of pool mortgage insurance covering standard and/or non-standard loans, its PML will include an amount calculated by:

(a) multiplying the total sum insured under each such policy by the appropriate PD, LGD and seasoning factors (as set out below); and then

(b) adding together the amounts calculated for each policy under subparagraph (a) to produce a total.

For the purposes of subparagraph (a), the PD and seasoning factors are the factors set out in Attachment 1 that correspond to the weighted-average LVR and weighted-average age of the pool, and the LGD is 100 per cent.

20. Where an LMI has written one or more policies covering commercial loans, its PML will include an amount calculated by:

(a) multiplying the sum insured under each such policy by a factor of eight per cent (irrespective of the LVR and age of the loan); and then

(b) adding together the amounts calculated for each policy under subparagraph (a) to produce a total.

21. Where a policy has characteristics of more than one coverage type, or the insured loan or loans have characteristics of more than one loan type, then the relevant exposure must be recognised in the category which produces the highest PML for that exposure. If paragraphs 17, 18, 19 or 20 do not readily apply to the policy or the loan type, APRA may determine, by instrument in writing, a formula for the calculation of the PML in relation to that exposure (being a formula that is appropriate to the policy or loan type and is broadly consistent with the prudential approach taken in this Guidance Note).

22. In calculating the PML in accordance with paragraphs 17 to 21, the LMI MER model assumes a constant sum insured over the three-year scenario. This recognises that, although the sum insured may decrease as a result of the expiration of existing policies, this may be offset by the LMI writing new business over the three-year scenario. However, for an LMI no longer writing new business (i. e. in run-off), the sum insured is expected to decrease over the three-year scenario. Accordingly, it may be appropriate for an LMI in run-off to adjust its PML downwards in years two and three of the scenario for the purpose of calculating its MER. The methodology for adjusting an LMI's PML must be approved, by APRA, by an instrument in writing.

Criteria for standard loans, non-standard loans and commercial loans

23. Loans predominantly secured by residential property are generally classified as standard or non-standard. For the purpose of the LMI MER model, a standard loan must meet the following criteria:

(a) the LMI or lender has formally verified the borrower's income and employment; and

(b) the borrower passes standard credit checks and income requirements as documented in the

LMI or lender's underwriting or credit policies and procedures.

24. Loans to borrowers with non-saved deposits (e. g. borrowers with deposits partially generated under the FHOG scheme), are to be classified as standard loans, except where the loans do not otherwise meet the criteria in paragraph 23.

25. Loans which are predominantly secured by registered mortgage over residential property, but do not meet the criteria set out in paragraph 23, are to be classified as non-standard loans.

26. APRA may also, by instrument in writing, direct an LMI to classify a loan as a non-standard loan where APRA considers the PD factors for standard loans do not reflect the inherent risk of the loan.

27. All loans which are not predominantly secured by registered mortgage over residential property must be classified as commercial loans.

28. APRA may, by instrument in writing, direct an LMI to reclassify:

(a) a particular standard or non-standard loan; or

(b) each standard or non-standard loan of a particular kind

as a commercial loan. APRA may do this if it is satisfied that the PML that would otherwise apply to the loan would not reflect the inherent risk relating to the loan or related mortgage.

Direction relating to sum insured, LVR and age

29. Despite paragraphs 6, 7 and 8, APRA may, by instrument in writing, direct an LMI to assume that the sum insured, LVR or age of:

(a) a particular standard or non-standard loan; or

(b) each standard or non-standard loan of a particular kind

is the sum insured, LVR or age specified in APRA's direction, or is the sum insured, LVR or age worked out by applying instructions contained in APRA's direction. APRA may do so if it is satisfied, having regard to the nature of the loan (or kind of loan), that working out the sum insured, LVR or age by applying paragraph 6, 7 or 8 would produce a result that fails to reflect the risks relating to the loan (or kind of loan).

Note: For example, APRA may give such a direction in relation to a reverse mortgage (where the amount outstanding increases over the life of the loan).

Reinsurance

30. Reinsurance arrangements must be in place for at least a full year in advance, and be fully documented, to be recognised in the MER calculation. For example, where an LMI has two and a half years of reinsurance cover remaining, it can only recognise reinsurance in the first two years of the three-year scenario for the purpose of the MER model.

31. APRA recognises that, as Premiums Liabilities are apportioned over the term of the loan, a proportion of an LMI's Premiums Liabilities will be recognised as claim payments in the same period as the modelled downturn. Accordingly, for the purpose of calculating available reinsurance for the MER calculation, an LMI with aggregate excess-of-loss or stop-loss reinsurance may assume an appropriate proportion of Premiums Liabilities as being incurred in addition to its PML (refer paragraphs 32 to 35 and Attachment 2).

32. For an LMI with a quota share reinsurance arrangement, the level of Premiums Liabilities will not impact on the amount of available reinsurance for the MER calculation (refer Attachment 2).

33. An LMI with aggregate excess-of-loss or stop-loss reinsurance on a claims year basis[1] may assume claim payments of up to a maximum of 60 per cent of reported Premiums Liabilities as at the MER calculation date, in determining the amount of available reinsurance for the MER calculation.[2] A maximum of 15 per cent of Premiums Liabilities may be allocated to year one, 30 per cent to year two and 15 per cent to year three, of the modelled downturn.

34. Consistent with the assumption of a constant sum insured over the three-year scenario (refer paragraph 22), an LMI (that is not in run-off) with aggregate excess-of-loss or stop-loss reinsurance on a claims year basis should assume that the attachment points of reinsurance in years two and three of the modelled downturn are the same as the attachment point determined in year one.

35. An LMI with aggregate excess-of-loss or stop-loss reinsurance on an underwriting year basis[3] may:

(a) determine PML for individual underwriting years by applying the model separately to the sum insured in each underwriting year or allocating total PML (over the three-year scenario) back to each underwriting year in the same proportion as the sum insured for those years;

(b) recognise claims that have already been paid, 90 per cent of OCP and 90 per cent of Premiums Liabilities in calculating the amount of available reinsurance for the MER calculation; and

(c) allocate OCP and Premiums Liabilities to each underwriting year in accordance with a methodology outlined in the LMI's Reinsurance Management Strategy (REMS) (refer paragraph 40).

36. An LMI with reinsurance arrangements which are not detailed in paragraphs 32 to 35 must seek APRA's approval (which APRA may provide by instrument in writing) of the methodology proposed for the calculation of available reinsurance.

37. The amount of allowable reinsurance to be deducted from the PML in determining the MER is limited to a maximum of 60 per cent of the PML, irrespective of the amount available under paragraphs 30 to 36.

38. Examples of determining allowable reinsurance for the arrangements outlined in this section are provided in Attachment 2.

Reinsurance Management Strategy

39. An LMI must outline in its REMS all assumptions that have been made in the determination of its MER (as might particularly be the case for LMIs in run-off), the methodology used in calculating its allowable reinsurance and how allowable reinsurance is applied to its PML in determining its MER.

40. An LMI with reinsurance on an underwriting year basis must detail in its REMS the reasoning and methodology it has adopted in allocating OCP and Premiums Liabilities to individual underwriting years (refer paragraph 35).

Transitional arrangements

41. This Guidance Note will apply on commencement to all LMIs. Where an LMI's capital base

---

1 This includes both claims made reinsurance, which relates to all claims made in a particular year on policies written in previous years as well as the current year, and claims incurred reinsurance, which relates to all claims incurred in a particular year.

2 Technical provisions in excess of a 75 per cent level of sufficiency should not be recognised.

3 Underwriting year reinsurance relates to claims on all policies written in a particular year, irrespective of when claims are made or incurred.

does not adequately cover its MCR, and any additional capital requirements imposed by APRA, as a result of the requirements in this Guidance Note, then the LMI may apply to APRA for a determination (by way of an instrument in writing) allowing the LMI a transitional period during which:

(a) the LMI will be required to undertake the calculations and modelling required by this Guidance Note but will not be required to hold some or all of the capital (as specified in APRA's determination) which it would otherwise be required to hold because of the application of this Guidance Note (read with *Prudential Standard GPS 110 Capital Adequacy for General Insurers*); and

(b) the LMI will be required to take such steps, and meet such interim requirements as are specified in APRA's determination approving the transitional period, to ensure that the LMI satisfies the capital requirements of this Guidance Note (read with GPS 110) by the end of the transitional period.

42. APRA may make a determination in the terms sought in the LMI's application under paragraph 41, or make a determination on such terms as APRA considers appropriate, or decline to make a determination granting the LMI a transitional period.

Note: During a transitional period the LMI will be required to ignore any transitional relief granted under paragraph 42, and assume that it is required to hold capital in accordance with this Guidance Note, for the purposes of reporting to APRA under reporting standards made under section 13 of the *Financial Sector (Collection of Data) Act 2001*.

43. An application under paragraph 41 must be supported by a capital management plan demonstrating how the LMI will meet its capital requirements before the expiry of the requested transitional period. APRA will consider the capital management plan, and any other relevant circumstances, in determining the LMI's eligibility for a transitional period and, if granted, the length of the transitional period. The maximum transitional period that APRA will grant to an LMI is three years from the commencement date of this Guidance Note.

ATTACHMENT 1

The aggregate PD and LGD factors by LVR, over the three-year scenario, for standard loans are:

LVR	PD factor	LGD factor
Greater than 100%	14.0%	40%
95.01 – 100%	8.0%	40%
90.01 – 95%	5.0%	40%
85.01 – 90%	3.2%	30%
80.01 – 85%	1.6%	30%
70.01 – 80%	1.2%	30%
60.01 – 70%	0.8%	20%
Less than 60.01%	0.6%	20%

The aggregate PD and LGD factors by LVR, over the three-year scenario, for non-standard loans are:

LVR	PD factor	LGD factor
Greater than 100%	21.0%	40%
95.01 – 100%	12.0%	40%
90.01 – 95%	7.5%	40%
85.01 – 90%	4.8%	30%
80.01 – 85%	2.4%	30%
70.01 – 80%	1.8%	30%
60.01 – 70%	1.2%	20%
Less than 60.01%	0.9%	20%

The seasoning factors by age are:

Age of loan	Seasoning factor
Less than 3 years	100%
3 years to less than 5 years	75%
5 years to less than 10 years	25%
10 years or more	5%

ATTACHMENT 2

A. MER calculation for an LMI with quota share reinsurance (as described in paragraph 32)

Assume that:

- aggregate PML over three years (using the model) is $ 100;
- claims handling expenses are $ 5, i. e. 5 per cent of PML; and
- there are no reinstatement costs.

If an LMI cedes 70 per cent of risk through a quota share reinsurance arrangement, available reinsurance is $ 70 (i. e. 70 per cent of the PML).

However, the amount of available reinsurance ($ 70) breaches the limit of 60 per cent of the PML ($ 60) outlined in paragraph 37. Hence, only $ 60 can be recognised as allowable reinsurance in the MER calculation.

The MER for the LMI is:

MER = PML – allowable reinsurance + claims handling expenses + reinstatement costs

= $ 100 – $ 60 + $ 5 + $ 0

= $ 45

B. MER calculation for an LMI with aggregate excess-of-loss or stop-loss reinsurance on a claims year basis (as described in paragraphs 33 and 34)

Assume that:

- aggregate PML over three years (using the model) is $ 100;
- Premiums Liabilities are $ 100;
- claims handling expenses are $ 5, i. e. 5 per cent of PML; and
- there are no reinstatement costs

If an LMI has aggregate excess-of-loss reinsurance on a claims year basis, where the lower limit of reinsurance (retention) for each year is $ 45 and the upper limit is $ 90, available reinsurance is determined by:

(a) allocating aggregate PML ($ 100) in the proportion of 25 per cent in years one and three of the downturn and 50 per cent in year two;

(b) distributing 60 per cent of Premiums Liabilities ($ 60) across the three-year scenario in the same proportion as PML;

(c) determining total losses as the sum of PML and 60 per cent of Premiums Liabilities; and

(d) calculating available reinsurance in each year using total losses, given the LMI's lower limit ($ 45) and upper limit ($ 90) of reinsurance.

Year of downturn	PML (a)	60 per cent of Premiums Liabilities (b)	Total losses (c)	Available reinsurance (d)
Year 1	$ 25	$ 15	$ 40	$ 0
Year 2	$ 50	$ 30	$ 80	$ 35
Year 3	$ 25	$ 15	$ 40	$ 0
Total	$ 100	$ 60	$ 160	$ 35

The amount of available reinsurance ($ 35) does not breach the limit of 60 per cent of the PML ($ 60), hence allowable reinsurance is $ 35.

The MER for the LMI is:

MER = PML – allowable reinsurance + claims handling expenses + reinstatement costs
= $ 100 – $ 35 + $ 5 + $ 0
= $ 70

C. MER calculation for an LMI with aggregate excess-of-loss or stop-loss reinsurance on an underwriting year basis (as described in paragraph 35)

Assume that:

- aggregate PML (using the model) is $ 100;
- Premiums Liabilities are $ 100 and OCP is $ 20;
- claims paid over the period 2001 to 2004 is $ 12;
- claims handling expenses are $ 5, i. e. 5 per cent of PML;
- there are no reinstatement costs; and
- the LMI has only been writing lenders mortgage insurance since 2001 (and has therefore only been reinsuring in respect of that insurance since then) .

If an LMI has aggregate excess-of-loss reinsurance on an underwriting year basis, where the lower limit of reinsurance (retention) for each underwriting year is $ 45 and the upper limit is $ 90, available reinsurance is determined by:

(a) allocating aggregate PML to each underwriting year in the same proportion as sum insured for those years, e. g. the PML in 2001 ($ 10) is 10 per cent of the total PML ($ 100) . Alternatively, the MER model may be applied separately to each underwriting year;

(b) allocating claims paid ($ 12), 90 per cent of Premiums Liabilities ($ 90) and 90 per cent of OCP ($ 18) to individual underwriting years using a methodology that is documented in the LMI's REMS;

(c) determining total losses as the sum of PML, claims paid, 90 per cent of OCP and 90 per cent of Premiums Liabilities in each underwriting year; and

(d) calculating available reinsurance in each underwriting year using total losses, given the LMI's lower limit ($ 45) and upper limit ($ 90) of reinsurance.

Underwriting year	Sum insured ($)	Sum insured (%)	PML (a)	Claims paid + 90% of Premiums Liabilities + 90% of OCP (b)	Total losses (c)	Available reinsurance (d)
2001	100	10	$ 10	$ 30	$ 40	$ 0
2002	200	20	$ 20	$ 25	$ 45	$ 0
2003	300	30	$ 30	$ 30	$ 60	$ 15
2004	400	40	$ 40	$ 35	$ 75	$ 30
Total	1000	100	$ 100	$ 120	$ 220	$ 45

The amount of available reinsurance ($ 45) does not breach the 60 per cent limit of the PML ($ 60), hence allowable reinsurance is $ 45.

The MER for the LMI is:

MER = PML – allowable reinsurance + claims handling expenses + reinstatement costs
= $ 100 – $ 45 + $ 5 + $ 0 = $ 60

4-7　非寿险保险公司的负债评估（审慎标准 GPS 210）

本标准的目的和基本要求

本审慎标准确定了一整套规范的原则和标准，以便对非寿险保险公司的保险负债情况进行持续地审查和衡量。

对一家保险公司及其董事会来说，恰当地评估其保险负债，是最重要的事情之一。在现实性和一致性原则的基础上进行保险负债评估，有利于公司的财务稳健，并能最终保障保户的利益。在听取精算师及其他有关方面的建议后，对公司的保险负债进行恰当的评估，是公司董事会和高层管理人员应负的责任。

本标准的制定，参考澳大利亚会计准则委员会（AASB）第 1023 号文件（该文件于 2005 年 1 月 1 日之前的报告期内已经施行），也兼顾会计报表的编制者和使用者双方的便利。这一专门为保险公司设计的完整财务报告框架既要能够适应相关法律文件和通常的报告体制的要求，也要尽可能地避免保险公司重复报告的麻烦。所以，对于某些保险公司来说，他们可能会发现审慎标准和澳大利亚会计准则委员会第 1023 号文件（该文件于 2005 年 1 月 1 日之前的报告期内已经施行）之间存在着不一致性。从澳大利亚审慎监管局的角度看，为了达到我们的审慎监管目标，这种情况是不可避免的。

审慎标准的基本要求是：

- 保险公司的董事会必须聘请专业的注册精算师，且该注册精算师要对保险公司的保险负债评估情况提交正式的书面建议。这项要求的目的，是确保董事会在行使职责中获得充分的信息。但并不排除董事会从其他来源获得建议（比如，从公司高管、核算师和其他顾问处获得信息）。
- 保险负债，包括保险公司的未决赔偿负债和保险费负债。未决赔偿负债与（保险负债）核算日之前的索赔事件相关，不管这些索赔事件是否已经上报给保险公司。保费负债是现有保单所担保的、与未来索赔事件相关的未来索赔支付。
- 在进行保险负债评估时，注册精算师必须要留出一定余地，也就是说评估值的充分率要达到一个预定的充足水平，即 75%（在有些情况下，甚至是中心估计值再加上评估值参数的 50%）。也就是说，精算师提供的保险负债评估，必须在中心评估值之上保留一个风险余地。
- 对于保险负债的评估，应当遵守折扣原则，其折扣率等同于无风险利率。即，政府证券的总偿付额与（调整风险系数后）某一等级的保险负债的总偿付额相等（例如，在评估澳大利亚元负债时，应当使用联邦政府债券的收益率作为参照系数）。
- 保险公司董事会，应负责最终确定适当的保险负债评估值。然而，如果董事会未采纳注册精算师的建议，或者未遵循本标准的原则进行保险负债评估（实际使用标准高于或低于本标准），那么必须以书面形式告知澳大利亚金融监管局。其具体细节也应当在保险公司的年度财务报表中予以说明。

下面给出了这些要求的细则。关于注册精算师和注册审计师的胜任标准以及对其提交的评估报告的相关要求，已在审慎标准 GPS 220 的风险管理一节中列明。

审慎标准

1. 依据1973年实施的保险法第32条制定的审慎标准，适用于依照该保险法注册的所有一般保险公司。

2. 在评估保险负债价值时，并非要求所有的保险公司都聘请注册精算师[1]。但是，无论是否曾经获得过精算师的建议，保险负债评估都必须符合本标准的思想。

注册精算师在保险负债评估中的作用

3. 根据精算指南GGN 220.1的管理一节中列出的某些特例，为了与保险法的规定相一致，保险公司必须委任一名精算师（注册精算师），此委任应当经澳大利亚审慎监管局的批准。除了履行其他由澳大利亚审慎监管局指定的职责外，根据本标准的要求，此注册精算师必须对保险公司董事会就保险负债的评估结果提出书面建议；根据保险公司编制年度财务报表的法定要求，此书面建议的次数至少是一年一次——除非澳大利亚审慎监管局书面同意减少其次数。保险公司董事会如果认为适当，可以要求其完成更多的评估建议。

评估保险负债

4. 当保险公司在其账目报表中使用的保险负债评估值与注册精算师提交的书面建议中的评估不一致，或者其评估方式与本标准的原则相违背时，保险公司必须书面通知澳大利亚审慎监管局，并且应当在其年度财务报表中具体说明情况：

（a）不接受注册精算师的建议，或者没有采纳与本标准要求相符的方式的原因；

（b）用来评估保险负债的方法和假设的相关细节。

5. 在进行其保险负债评估时，保险公司（如必要，可在采纳其注册精算师的建议后）必须对每一种保险业务的未决赔偿负债和保费负债的数额进行评估[2]。

6. 未决赔偿负债与所有核算日前的索赔事件有关，而无论它们是否已经报告给了保险公司。对于长尾业务（指导致理赔事件发生一年或多年后才赔付完结的业务）来说，未决赔偿负债是最主要的保险负债组成部分。未决赔偿负债的评估值，必须包括保险公司所预期发生的索赔支付量。评估未决赔偿负债时要参考再保险回款的净利润和毛利润。

7. 保费负债与现有保单确定的未来索赔的支付有关。对短尾业务来说，保费负债相对要更重要一些。保费负债的评估值，必须包括保险公司所预期发生的保单执行费用与相关索赔支付费用。保费负债取决于未来因素以及预期中的再保险回款净利润和毛利润（因此，不需要对延期获得资产进行单独报告）。

8. 受本标准的约束，保险公司的未决赔偿负债和保费负债的评估，必须是现实的评估，应当与资产评估的一般原则和澳大利亚会计标准相一致（上述要求已经于2005年1月1日后的报告期中施行）。

9. 每种业务的保险负债的评估，都必须包括：

（a）一个未决赔偿负债的中心评估值；

（b）一个保费负债的中心评估值；

（c）这些中心评估值相应包含的风险补偿。

保险负债的评估（包括未决偿付责任和保费负债），应是中心评估值和风险补偿之和。

10. 保险负债的评估，应当反映每家保险公司的具体情况。尽管如此，为确保评估过程在

---

1 注册精算师，是由保险公司依保险法第39条任命的、由澳大利亚金融监管局依保险法第40条批准的精算师。更多的关于注册精算师的任命与批准的细节，可以参考GPS220和GGN220.1以及保险法第47条和GGN220.1中的相关免予指定注册精算师的要求。

2 评估保险公司的保险负债时，还可以考虑来源于保险企业担保业务的风险，实际做法要视依照GGN 110.4第22节的规定具体采取哪些措施而定。

整个行业中的一致性和严格性，在确定风险余地量时，为保证保险公司的保险负债评估充分可靠，其评估值应当以 75% 为基础设立。

11. 由于一些保险业务具有高度的不确定性，因此达不到第 10 款的充足性要求。因此，对这种情况下的风险补偿的确定，应当让保险公司保险负债（附加值的）可变系数的取值高于 50% 。

业务类型的影响

12. 对于所有类别的保险业务，确定其未决赔偿负债和保费负债中心评估值的主要原则是满足实质性要求，并以保险精算师的职业判断为依据。

13. 为了在财务报表中清楚地说明保险负债的评估结果，风险补偿额应当按未决赔偿负债和保费负债分别开列。同时，风险补偿也应当按保险业务的不同类别开列。

14. 如果注册精算师认为适当，在确定风险补偿额时，风险分散和再保险这两种情况的影响，也可以考虑进来。至于考虑的理由和方式，应当由保险精算师给出清楚的证明材料并辅以书面报告。

15. 保险公司报告的保险负债（包括未决索赔负债和保费负债）的价值是各类保险的负债的加总。

16. 在实际操作中，对保险负债的中心评估值的决定，应当按保险业务进行分类。但是，这并不意味着反对注册精算师按照数据性质和保险公司的特殊情况，采用他认为必要的更合适的其他形式的分类方法。

中心评估值

17. 依第 9 款所述，中心评估值的目的是反映可能的评估结果的平均值（也就是说，可能结果的平均体现）。中心评估值的确定，应当考虑保险公司未来的发展趋势和情况，这就需要：

（a）利用经验进行判断；

（b）参考合理的实际统计数据和其他信息；

（c）既不故意夸大，也不故意缩小。

18. 应当承认：经验并非是完全可靠的，来自经验的模式参数也同样不一定可靠。中心评估值的意图，是尽可能地反映保险公司未来的发展趋势。为此，考虑经验数据的可信性，对中心评估值的确定可以要求限定在其参数本身所据有的可信范围之内。

19. 一般来说，中心评估值是未来期望支付额的现行评估值。其评估过程中包括的对未来的预计和模拟技术，将要求其对公司未来情况做出假定，并考虑所有可能起作用的因素，这些因素包括：

（a）折扣率（参见第 29 款至第 31 款）；

（b）索赔扩大；

（c）索赔花费；

（d）索赔的实施模式。

这些，同样适用于保险业务总负债额的确定和再保险回款额的预算。

20. 在确定中心评估值时，应当考虑的实质性原则：

（a）相关业务的类别；

（b）特殊假定对评估结果的影响。

21. 在进行未决赔偿负债和保费负债的评估时，两者遵循的大多数假设前提应当是一致的。如若不然，应当明确报告其原因。

风险补偿

22. 在第 9 款中，由于中心评估值具有内在的不确定性，因此风险补偿额也是保险负债值的组成部分之一。风险补偿额的确定不应当和相关原生资产的风险相联系，包括资产负债不配比风险。这是因为作为负债值的附加成分，设立风险补偿的目的是保证保险负债评估保持在一个合适和充分的程度（如第10款至第11款中所规定的）。

23. 对风险补偿的确定，应当参考保险公司过去的情况。需要依靠专业人员的判断来确定保险公司的风险补偿额；既要从总体上确定，也要分业务类型来确定。在确定风险补偿额时，本标准的要求以及其他指导性文件和相关职业标准的要求，都应当予以考虑。

24. 在确定各类业务的风险补偿额时，对所使用的方法和假定，应当考虑以下因素：

（a）评估模式的效率；

（b）评估资料的可靠性与数量是否充分；

（c）保险公司、企业的已往经验；

（d）此类业务的特殊性质。

25. 中心估计值本身具有的不确定性为参数的估计带来了一些技术性困难，不便于进行统计性分析。一般来说，可变系数的确定既需要参考精算师给出的判断，也需要借助技术分析手段。参照本标准其他方面的要求，在确定可变系数时，其保险负债值的可靠性应予以优先考虑。

26. 对于风险补偿额的确定，通常应考虑净保险负债的不确定性。但是，也应当考虑与再保险回款相关的附加不确定性。

27. 如果对于某类业务，其风险补偿额在该业务获得的利润结构中占据了相当大的比例，则不适宜使用风险补偿额作为消除评估假设前提或评估方法发生变化所导致影响的工具。

28. 对各类业务来说，多年以来，风险补偿额的确定通常都会按照不变的百分比值来确定，除非某些方面发生了实质性的变化。比如，再保险安排的变化、公司总风险值或者业务量的变化，或者是结构性的变化，例如某些法令法规发生了变化。

折扣率

29. 对保险公司负债额的评估，一般是基于负债所支持的资产的价值。因此，选择一个可被观察的、以市场为基础的、客观的折扣率是最为适宜的。

30. 在计算某一类保险业务未来索赔支付额时使用的折扣率相当于一个独立风险证券组合在计算日当天的总体支付率。这一证券组合与该类保险负债有着相似的期望折扣率（比如，可以使用联邦政府债券利率作为澳大利亚元负债的折扣率）。

31. 在有些情况下，负债的期望支付额不能用上面所述的折扣率来进行计算。比如，如果持续期过长，与本标准看来相符的折扣率实际上反而是不符合实际情况的。

保险负债的评估方法

32. 本标准的目的不是要给出评估保险负债所采用的方法；而任何评估方法的适当性主要依赖于：

（a）业务类别；

（b）可用数据的品质、数量和质量；

（c）保险公司的实际情况；

（d）实质性考虑。

33. 当注册精算师就保险负债评估提供建议时，有必要考虑其实质性以及全面精算分析和模拟等技术的应用。当为不同类型的保险业务确定中心估计值和风险补偿值时，本标准只负责说明应采用的原则；具体的评估要取决于注册精算师履行其职责的情况。在精算指南GGN 210.1中，关于一般保险负债的精算意见和报告一节，包括其建议的方法，可以供保险精算师参照来核算保险负债。应当将GGN 210.1作为过渡性的指导原则，直到澳大利亚精算师协会发布这方面的职业标准和指导性说明为止。

34. 在遵循了本标准原则的前提下，可以在以下情况的保险负债评估中适用近似原则，但前提是评估结果不会因此而失去其客观性，或者与进行全面评估时的结果没有本质上的不同。例如，对于短尾业务，更适合使用对未来期望索赔不进行折扣这样的近似方法。与此类似，在对抵押借贷保险公司进行保险负债评估时，可以采纳这样一种近似原则：即设立申报索赔事件的评估机制，然后通过建立保费收益模型来衡量保险费的收入水平，使其保持在索赔模型所确定的未来支付额的期望范围之内。

35. 如果保险公司减去延期获得费用（DAC）后的未到期保险费准备金（UPP），是对其保费负债的合理近似估计值的话，那么保险公司也可以适用近似原则来做评估。如果评估结果证明对保险公司保费负债的近似评估并不会比进行完全细致评估的结果明显地高，那么，在调整了未到期保险费准备金（UPP）的利润余额后，保险公司就可以用未到期保险费准备金（UPP）减去延期获得费用（DAC）后的差值，作为整个保费负债的中心评估值。从评估角度来看，应当从该评估对保险公司的资产负债表和偿付能力的影响上来判断其是否适用。为了保证此方法的适当性，注册精算师除了应当考虑有关的正常的因素外，还应考虑如下情况：

（a）从上一家保险公司的核算日以来的、对任何未决索赔的估计。

（b）保险公司的当前年度和前三个事件年度的净组合率和净损失率的发展趋势和稳定性。当然，这与保险公司需要获得的资本利润有关。注册精算师在评估中，应当为正发生的损失、重大索赔和灾难引发的理赔，留下充分的（资金）补偿余地。

（c）保险公司前三个财政年度盈利的趋势和稳定性，包括当前财政年度的可能利润。注册精算师在评估中应当为正发生的损失、重大索赔和灾难引发的赔偿支付，留下充分的资金补偿余地。

（d）相应过去三年间，保险公司每笔保险费率变化的轨迹。例如，在损失率的历史数据较高的业务类别中，保险费率的明显增加。注册精算师也应当考虑这些变化对保险公司的保险业务和索赔管理系统的影响。

（e）保险公司过去三年中保险业务增长率的变化趋势。注册精算师应当分析：基于保险业务发展、投资份额得失和新业务类型的出现而使保险费增长的原因。

（f）保险公司的再保险安排和其比率的最新趋势和可能的发展。

（g）索赔处理、政策调整和其他管理支出的适当补偿。

36. 对任何近似原则做适当性的证明，是保险公司董事会的责任，也是相关的保险精算师的责任。当一个保险精算师对保险负债进行评估时，他/她必须在其书面的建议中，陈述确定风险补偿的近似方法及其理由和效果，这一点，不同于第 22 款至第 28 款中所述的内容。

对再保险回款的评估

37. 再保险是指单个或一组保险风险被部分地过渡给其他某家或某些保险公司的情况。这包括直接承保人对其他再保险公司和别的直接承保人的保险割让，也包括保险公司向它们的母保险公司或别的保险公司进行的转分保险。再保险回款，是再保险公司给予保险公司的相关未决赔偿负债和保费负债的期望回款。

38. 对再保险中净保险责任的评估，也应当遵循本标准的原则。本标准的原则同样适用于再保险中对总保险负债的评估。

39. 在实际操作中，保险负债的评估值既可能是一个总额评估，其中包括单独的再保险回款的评估；也可能是一个净值评估。当评估是净值评估时，仍旧有必要评估总的负债值和回款量。

40. 在评估再保险回款量估计值时，必须遵守本标准的原则。必须参考注册精算师的建议来评估保险负债额。注册精算师也应当考虑对再保险回款的评估。在这些情况下，应当在本标准的执行中使用精算判断方法。

41. 对再保险回款量的评估，一般是建立在不同的保险业务类别上。然而，某些形式的再保险，其回款量依赖于几种业务类别索赔的组合情形。

索赔扩大

42. 在为未决索赔负债和保费负债确定中心评估值时，必须为未来的索赔扩大留有余地。

未来的索赔支付可能会超过当前的水平，这是因为：

（a）工资或者物价上涨（通货膨胀）；或者

（b）法庭判决的利益变化以及环境和经济原因等（附加通货膨胀）。

因此，必须在上述两种情况下都保留适当的资金余地。在处理索赔支付时，索赔支付包括三部分的开支：调查费用、医药费用和法律费用。

非再保险回款

43. 非再保险回款，是指来自非再保险行为的回款。包括抢救挽回的损失、代位清偿和分担协议等挽回的损失。非再保险回款的处理，应当遵循澳大利亚会计标准的相关要求（该标准已于2005年1月前的报告期内施行）而施行。

实质性

44. 如果特殊值的错误估计或遗漏会误导信息的使用者，那么该特殊值对全面评估结果来说是很重要的。通过特殊值与它所反映的全面评估结果总量（基础量）的关系，其实质性验证了评价特殊值的重要性。

45. 实质性通常是判断得出的结果。应当承认，对于是否成为实质性的差别，人工判断的结果可能与统计意义上的结果相差要很远，在这种情况下，判断过程需要特别谨慎。

报告要求

46. 精算指南 GGN220.1 中的第 25 款至第 31 款，详细列出了注册精算师的保险负债报告应包含的内容。

4 -7 Prudential Standard GPS 210 Liability Valuation for General Insurers

Objective and Key Requirements of this Standard

This Prudential Standard establishes a set of principles for the consistent measurement and reporting of the insurance liabilities of all general insurers.

The appropriate valuation of insurance liabilities is one of the most important issues facing an insurer and its Board. It is important for the financial soundness of the insurer, and ultimately for the protection of policyholders, that insurance liabilities are valued in a realistic and consistent manner. It is ultimately the responsibility of the insurer's Board and senior management to place an appropriate valuation on the insurer's liabilities, after considering actuarial and other advice.

In developing this Standard, regard has been had to the requirements of AASB 1023 (as it applied in relation to reporting periods that began immediately before 1 January 2005) . Regard has also been had to the merits, to both the preparer and user of the accounts, of establishing an integrated financial reporting framework for the insurance industry, ie a reporting framework that responds to the objects of the statutory and general purpose reporting regimes and avoids, to the extent possible, dual reporting by industry. At this stage, it is possible that for some insurers, there will be some inconsistency between this Prudential Standard and AASB 1023 (as it applied in relation to reporting periods that began immediately before 1 January 2005) . From APRA's perspective, we believe this to be unavoidable if our prudential objectives are to be met.

The key requirements of this Prudential Standard are:

- The Board of an insurer that is required to have an Approved Actuary must obtain written advice from the Approved Actuary on the valuation of its insurance liabilities. This requirement is designed to aid Boards to perform their duties by ensuring they are adequately informed. It does not preclude a Board from obtaining advice from other sources (eg senior management, auditors and consultants) .
- Insurance liabilities include both the insurer's Outstanding Claims Liabilities, and its Premiums Liabilities. Outstanding Claims Liabilities relate to all claims incurred prior to the calculation date, whether or not•they have been reported to the insurer. Premiums Liabilities are future claim payments arising from future events insured under existing policies, assessed on a prospective basis.
- The Approved Actuary must provide advice on the valuation of insurance liabilities at a given level of sufficiency-that level is 75% (or, in some circumstances, the central estimate plus one half of the coefficient of variation) . In other words, the valuation of insurance liabilities provided by the Approved Actuary must include a risk margin over and above the central estimate.
- Insurance liabilities are to be valued on a discounted basis. The rate to be used in discounting is the risk-free rate; ie the gross redemption yield of a portfolio of sovereign risk securities with a similar expected payment profile to the insurance liabilities for a given class (eg the yield on

Commonwealth Government securities should be used for Australian dollar liabilities).

- It is ultimately for the Board of the insurer to determine the appropriate valuation of insurance liabilities. However, in circumstances where the Board decides not to accept the Approved Actuary's advice, or to otherwise adopt a valuation of insurance liabilities (higher or lower) that is not in accordance with the principles of this Standard, this must be disclosed to APRA. Details should also be included in the insurer's published annual financial accounts.

Details on these requirements are contained below. Additional requirements relating to Approved Actuaries and Approved Auditors, including eligibility criteria and reporting requirements, are set out in *GPS 220 Risk Management*.

Prudential Standard

1. This Prudential Standard, made under section 32 of the *Insurance Act 1973* (the Act), applies to all general insurers authorised under the Act.

2. In determining the value of insurance liabilities, not all insurers will be required to have an Approved Actuary.[1] However, irrespective of whether actuarial advice is sought or required, an insurer's liabilities must be valued in accordance with the principles of this Standard.

The Role of the Approved Actuary in Valuing Insurance Liabilities

3. Subject to certain exceptions set out in Guidance Note GGN 220.1 *Governance*, an insurer must appoint an actuary (Approved Actuary) in accordance with the Act, and have this appointment approved by APRA. As well as any other responsibilities that may be assigned by APRA, the Approved Actuary must provide written advice to the Board of the insurer on the value of insurance liabilities in accordance with this Standard. Unless APRA provides written approval for less frequent advice, this must at a minimum occur on an annual basis to coincide with the preparation of the insurer's yearly statutory accounts. The Board of an insurer is free to seek more frequent advice if it believes this is to be appropriate.

Valuation of Insurance Liabilities

4. Where an insurer includes in its accounts a value for insurance liabilities which is inconsistent with the advice received from the Approved Actuary, or is not determined in a manner consistent with the principles of this Standard, the insurer must notify APRA in writing, and should include within its published annual financial accounts:

(a) the reasons for not accepting the Approved Actuary's advice, or for not determining the insurance liabilities in a manner consistent with this Standard; and

(b) details of the alternative assumptions and methodologies used for determining the value of the insurance liabilities.

5. In determining the value of its insurance liabilities, an insurer (after taking advice from its Approved Actuary, where necessary) must determine a value for both its Outstanding Claims Liabilities and its Premiums Liabilities for each class of business.[2]

6. The Outstanding Claims Liabilities relate to all claims incurred prior to the calculation date,

---

1 An Approved Actuary is an actuary appointed by the insurer under section 39 of the Act and approved by APRA under section 40. For further details on the appointment and approval of actuaries, see GPS 220 and GGN 220.1. Requirements regarding an exemption from the requirement to appoint an Approved Actuary are contained in section 47 of the Act and GGN 220.1.

2 An insurer's insurance liabilities may also include its exposure from surety bond business, depending on the treatment adopted under paragraph 22 of GGN 110.4.

whether or not they have been reported to the insurer. The most significant component of the insurance liabilities for long tail business is the Outstanding Claims Liabilities. The value of the Outstanding Claims Liabilities must include an amount in respect of the internal expenses that the insurer expects to incur in settling these claims. The Outstanding Claims Liabilities are to be determined both net and gross of expected reinsurance recoveries.

7. The Premiums Liabilities relate to future claim payments arising from future events insured under existing policies. For short tail business, the Premiums Liabilities are of greater relative significance. The value of the Premiums Liabilities must include an amount in respect of the internal expenses that the insurer expects to incur in administering the policies and settling the relevant claims. The Premiums Liabilities are to be determined on a fully prospective basis; both net and gross of expected reinsurance recoveries (as a result, there is no need to separately report a deferred acquisition cost asset).

8. Subject to the requirements of this Standard, the valuations of an insurer's Outstanding Claims Liabilities and its Premiums Liabilities must be realistic estimates, determined having regard to considerations of consistency with the basis for valuing assets, and the requirements of relevant Australian Accounting Standards (as they applied in relation to reporting periods that began immediately before 1 January 2005).

9. The valuation of insurance liabilities for each class of business must comprise:

(a) a central estimate value of the Outstanding Claims Liabilities;

(b) a central estimate value of the Premiums Liabilities; and

(c) risk margins that relate to the inherent uncertainty in each of these central estimate values.

The value of the insurance liabilities (for both Outstanding Claims Liabilities and Premiums Liabilities) is the sum of the central estimate and the risk margin.

10. The valuation of insurance liabilities should reflect the individual circumstances of each insurer. Notwithstanding this, to ensure that valuation processes are consistent and sufficiently rigorous across the industry, the risk margin should be established on a basis that is intended to secure the insurance liabilities of the insurer at a given level of sufficiency - that level is 75 per cent.

11. Due to the highly skewed nature of some insurance distributions, the level of sufficiency established in paragraph 10 may result in a value regarded as insufficient for prudent purposes. Therefore, the risk margin should not be less than one half of the coefficient of variation for the insurance liabilities of the insurer.

Determination by Class of Business

12. The principles for determining the central estimate values of the Outstanding Claims Liabilities and the Premiums Liabilities are, subject to considerations of materiality and the professional judgement of the Approved Actuary, to be applied to each class of business of the insurer.

13. For the purpose of disclosing the values of the insurance liabilities in the accounts, risk margins should be shown separately in relation to the Outstanding Claims Liabilities and the Premiums Liabilities. Risk margins should also be shown separately for each class of business.

14. Where the Approved Actuary thinks it appropriate, allowance for diversification and/or reinsurance should be made in determining the risk margin. The justification for and method of determining such diversification allowance and reinsurance recoveries should be clearly documented and reported by the Approved Actuary.

15. The value of the insurance liabilities (both for Outstanding Claims Liabilities and Premiums

Liabilities) reported by the insurer will be the aggregate of the liabilities determined for each class of business.

16. In practice, the process of determining the central estimate values of the insurance liabilities should be undertaken on the basis of a class of business. However, this should not prevent the Approved Actuary from undertaking the necessary analysis on a basis which is more suitable, taking into account the nature of the data and the particular circumstances of the insurer.

The Central Estimate

17. For the purposes of paragraph 9, the central estimate is intended to reflect the mean value in the range of possible values for the outcome (that is, the mean of the distribution of probabilistic outcomes). The determination of the central estimate should be based on assumptions as to future experience which reflect the experience and circumstances of the insurer and which are:

(a) made using judgement and experience;

(b) made having regard to reasonably available statistics and other information; and

(c) neither deliberately overstated nor deliberately understated.

18. It should be recognised that where experience is highly volatile, model parameters estimated from the experience can also be volatile. The intention is for the central estimate to reflect as closely as possible the likely future experience of the insurer. To this end, judgement may be required to limit the volatility of the assumed parameters to that which is justified in terms of the credibility of the experience data.

19. The central estimate will generally be measured as the present value of the future expected payments. This measurement process will involve prospective calculations and modelling techniques, and will require assumptions in respect of the expected future experience, taking into account all factors which are considered to be material to the calculation, including:

(a) discount rates (see paragraphs 29 -31);

(b) claims escalation;

(c) claims expenses; and

(d) the pattern of claims run-off.

This is equally applicable to the determination of the gross insurance liabilities and the estimation of reinsurance recoveries.

20. In establishing the central estimate assumptions, due regard should be had to the materiality of:

(a) the class of business being considered; and

(b) the effect of particular assumptions on the determined result.

21. Many of the assumptions should be consistent for the estimation of the Outstanding Claims Liabilities and the Premiums Liabilities. Where there are differences, the reasons must be clearly documented.

The Risk Margin

22. For the purposes of paragraph 9, the risk margin is the component of the value of the insurance liabilities that relates to the inherent uncertainty in the central estimate. The risk margin does not relate to the risk associated with the underlying assets, including asset-liability mismatch risk. As the risk margin represents an additional component of the liability value, it is therefore aimed at ensuring that the value of the insurance liabilities is established at an appropriate and sufficient level (as defined in paragraphs 10 -11).

23. Risk margins should be determined on a basis that reflects the experience of the insurer.

Professional judgement will be needed to determine the risk margins for the insurer as a whole, and for each class of business. In determining risk margins, regard should be had to the objective of this Standard, any other guidance or any relevant professional standards.

24. In considering the methodology and assumptions to be used in determining the risk margin for a class of business, regard should be had to a range of factors, including:

(a) the robustness of the valuations models;

(b) the reliability and volume of the available data;

(c) past experience of the insurer and the industry; and

(d) the particular characteristics of the class of business.

25. Estimation of the coefficient of variation may, itself, present technical difficulties with some components of the uncertainty in the central estimate not permitting statistical analysis. Generally, estimation of the coefficient of variation will require judgement as well as technical analysis. As with other aspects of this Standard, regard should be had to the intent underlying the valuation of insurance liabilities in making these judgements.

26. The risk margin should normally be determined having regard to the uncertainty of the net insurance liabilities, but consideration should also be given to any additional uncertainty related to the estimate of reinsurance recoveries.

27. While the risk margin plays a role in achieving an appropriate pattern of profit emergence for a class of business, it is not appropriate to use the risk margin as a tool for smoothing the effect of changes in assumptions or valuation methods.

28. From year to year, risk margins would generally be a constant percentage of the central estimate for each class of business, unless there has been a material change in uncertainty. Such changes may include changed reinsurance arrangements, changes in the insurer's gross risk profile or volume of business, or structural changes, eg legislative requirements.

The Discount Rate

29. The value of an insurer's liabilities is typically independent of the value of the underlying assets. For this reason, a discount rate that is observable, market-based and objective is most appropriate.

30. The rate to be used in discounting the expected future claims payments for a class of business is the gross redemption yield, as at the calculation date, of a portfolio of sovereign risk securities with a similar expected payment profile to the insurance liabilities for that class (eg Commonwealth Government securities for Australian dollar liabilities).

31. Where the expected payment profile of the liabilities cannot be matched - for example, because the duration is too long-a discount rate regarded as consistent with the intention of this Standard should be assumed.

Methodologies for the Valuation of Insurance Liabilities

32. It is not the purpose of this Standard to be prescriptive in terms of the methods to be adopted for the valuation of the insurance liabilities. The appropriateness of any methodology will depend on:

(a) the class of business;

(b) the nature, volume and quality of the available data;

(c) the circumstances of the insurer; and

(d) considerations of materiality.

33. Where an Approved Actuary provides advice on the valuation of insurance liabilities, it is considered necessary that, subject to considerations of materiality, comprehensive actuarial analyses

and modelling techniques will be employed. While the principles of establishing the central estimate and risk margin in respect of each class of business are described in this Standard, it remains the professional responsibility of the Approved Actuary to determine an appropriate methodology. Guidance Note GGN 210. 1 *Actuarial Opinions and Reports on General Insurance Liabilities* contains a range of suggested methodologies that may help the Approved Actuary in calculating insurance liabilities. GGN 210. 1 should be used as interim guidance until the Institute of Actuaries of Australia releases its own professional standards and guidance notes in this area.

34. Approximate methods may be employed in the valuation of the insurance liabilities, subject to the principles of this Standard and where the result so produced is not material or not materially different from that which would result from a full valuation process. Short tail business, for example, may justify the use of approximate methods to the extent that future expected claims are not discounted. Similarly, an approximate method which Mortgage Lenders insurers might adopt in the valuation of insurance liabilities, is to establish case estimates for reported claims, and to construct a premium earning pattern designed to hold back premium so that it is earned in line with expected claims reporting patterns.

35. An insurer may use an approximate method to assess if its Unearned Premium Provision (UPP), less the value of its Deferred Acquisition Expense (DAC), is a reasonable approximation of its Premiums Liabilities. If the assessment suggests that the insurer's Premiums Liabilities would not be materially higher from a more detailed investigation then the insurer may use its UPP less its DAC as the central estimate of its total Premiums Liabilities after adjusting for the profit margin in the UPP. For the purposes of this assessment, materiality should be judged in terms of the impact on the balance sheet and solvency of the insurer. In considering the appropriateness of such an approach, the Approved Actuary should have regard to, among other things:

(a) any recent assessments of outstanding claims undertaken by the Approved Actuary since the previous calculation date of the insurer;

(b) trends in, and the stability of, the insurer's net combined ratios and net loss ratios over the previous three accident years, including the current year, relative to the level the insurer needs in order to achieve its required return on capital. The Approved Actuary should make adequate allowance for working losses, large claims and catastrophes;

(c) trends in, and the stability of, the insurer's profits over the previous three financial years, including estimates of the likely profit for the current year. The Approved Actuary should make adequate allowance for working losses, large claims and catastrophes;

(d) the insurer's experience with respect to premium rate changes over the previous three years per unit of exposure, eg significant premium rate increases in classes that have had historically high loss ratios. The Approved Actuary should also consider the impact of major changes to the insurer's underwriting and claims management systems;

(e) trends in the rate of growth in exposure for the insurer over the previous three years. The Approved Actuary should analyse premium growth arising from increases in exposure, adjusted for acquisitions, divestment of portfolios, new classes etc;

(f) recent trends and likely developments in the insurer's reinsurance arrangements and rates; and

(g) proper allowance for claims handling, policy administration and other management expenses.

36. The onus for justification of the appropriateness of any approximate method rests with the

Board of the insurer and, where relevant, the Approved Actuary. Where an Approved Actuary has been involved in the valuation of the insurance liabilities, then the Approved Actuary must report in his/her written advice on the reasons for, and the effect of, any approach to the determination of risk margins other than one consistent with paragraphs 22 – 28.

Estimation of Reinsurance Recoveries

37. Reinsurance refers to arrangements where some part of individual or aggregate insurance risks are ceded to another insurer or insurers. This includes cessions of direct writing insurers to reinsurers or other direct writing insurers, as well as retrocessions of reinsurers to their parent insurers or other reinsurers. Reinsurance recoveries are amounts expected to be recovered under arrangements in relation to the Outstanding Claims Liabilities and the Premiums Liabilities.

38. The valuation of net (of reinsurance) insurance liabilities is to be determined in accordance with the principles of this Standard. The principles of this Standard should be applied with similar robustness to the valuation of gross (of reinsurance) insurance liabilities.

39. In practice, the estimation of the value of the insurance liabilities may be either undertaken on a gross basis, with a separate estimate of the value of reinsurance recoveries, or on a net basis. Where the process is undertaken on a net basis, it is still necessary to value separately estimates of the gross liability and the recovery amounts.

40. In determining the estimate of reinsurance recoveries, the principles of this Standard must be complied with. Where the advice of an Approved Actuary is required in regard to the valuation of the insurance liabilities, the Approved Actuary should also consider the estimation of reinsurance recoveries. Actuarial judgement should be used in the application of the principles of this Standard in those circumstances.

41. The estimation of the value of reinsurance recoveries would normally be undertaken on the basis of a class of business. However, there are certain forms of reinsurance where recoveries depend on the combined claims experience of several classes.

Claims Escalation

42. Appropriate allowance must be made for future claims escalation when determining the central estimates of both the Outstanding Claims Liabilities and the Premiums Liabilities. Future claims payments may increase over current levels as a result of either or both of:

(a) wages or price increases (inflation); or

(b) court awarded interest, other environmental or economic causes (superimposed inflation),

and appropriate allowance must be made in both respects. Claims payments include third party costs incurred in settling those claims such as investigation, medical and legal fees, etc.

Non-Reinsurance Recoveries

43. Non-reinsurance recoveries are amounts that may be recovered under arrangements other than reinsurance arrangements. These would include salvage, subrogation and sharing agreements. The treatment of nonreinsurance recoveries should be consistent with that required by relevant Australian Accounting Standards (as they applied in relation to reporting periods that began immediately before 1 January 2005).

Materiality

44. Particular values are considered material to the overall result of a calculation when their misstatement or omission would cause the result to be misleading to the users of the information. Materiality tests assess the significance of the particular value by relating it to the amount of the overall result (the base amount) to which it contributes.

45. Materiality will always be a matter requiring exercise of judgement. It should be recognised that the level at which a difference becomes material can be considerably lower than a statistically significant difference. In these circumstances, careful exercise of judgement is required.

Reporting Requirements

46. Paragraphs 25 to 31 of Guidance Note GGN 220. 1 set out details on the content of an Approved Actuary's report on liabilities.

4－8　关于普通保险负债的精算意见和报告（指导原则手册 GGN 210.1）

地位

本指导原则手册由澳大利亚审慎监管局编制，是保险公司和精算师在依据 GPS 210 进行责任评估和确定普通保险价值时要使用的初步标准。

澳大利亚精算师学会（IAAust），正在就这个问题开发一个专业标准和指南，本指导原则手册将被澳大利亚精算师学会开发的标准取代。

引言

1. 2000 年 4 月，澳大利亚审慎监管局发布了一份关于保险单的讨论文件，题目为《澳大利亚一般保险公司审慎监管改革建议》。这份文件提出了一些实现审慎监管现代化的详细建议。1999 年 9 月发布的保险单的讨论文件第一次探讨了审慎监管的要求。澳大利亚审慎监管局随后发布了关于一系列问题的审慎标准。本指导原则手册的目的是为给 GPS 210 负债值评估标准提供支持。

2. 在相关的政策讨论文件里提到，审慎管理要求在估算保险负债时，要保持一致性、严格性和稳定性。其与会计标准第 AASB1023 号文件的不一致会危及资本充足框架的完整性。之所以存在不一致，是因为该标准未明确说明审慎保证金的问题。业界在审慎管理保证金问题上的做法不尽相同，这是因为每家保险公司的价值评估和对风险、税务、利润和损失影响的态度不尽相同。

3.《保险法 1973》（法案）要求一般保险公司要任命一名注册精算师[1]。注册精算师有责任建议保险公司的董事会和高级管理层，应采用与 GPS 210 相一致的保险负债价值评估。

4. 注册精算师和其他在评估保险负债过程中起到辅助作用的保险负债精算师，他们所出具的意见书的重要性，说明了精算师要承担高度的职业责任。对于一名注册精算师，或者是被任命进行保险负债估算、提供注册精算师咨询意见的精算师，必须对照澳大利亚精算师学会颁布的职业行为准则，检查上述专业人士是否具有足够的相关经验为接受其意见者提供合理的建议。此外，精算师还应该参考本指导原则手册和澳大利亚审慎监管局或者澳大利亚精算师学会印发的其他相关指导原则手册。

关系

5. 董事会、管理层、审计员、内部精算师和精算顾问之间的关系，可能非常复杂。注册精算师有责任理清各方之间的关系，以便根据 GPS 210 提交关于公司保险负债价值的意见。注册精算师的报告里必须披露从其他各方那里获得的信息和他们所做的工作。

6. 注册精算师应该清楚他或她可以要求接触的公司管理层、保险公司、其他员工和公司的审计人员，并从这些人那里获得信息。同时，注册精算师要对他们的建议和报告负全部责任，而且，必须对（上述人员）提供给他们的信息的有效性和（按照精算师要求）所做的工作感到

1　保险公司可以根据法案的第 47 条和 GGN 220.1 治理免除此要求。

满意。

7. 在根据 GPS 210 而提供报告时，注册精算师负有提供符合法案和 GPS 210 的精算建议的法律责任，并且具有提供符合本指导原则手册和 IAAust 职业标准建议的职业责任。这些责任超越了作为保险公司雇员或者顾问的任何责任。

范围

8. 为了遵守 GPS 210 的要求，对保险公司保险负债进行评估的精算师，有责任熟悉本标准的要求及其对评估意见和报告的影响作用。

9. 精算师应该进一步向董事会、管理层和其他公司职员或者注册精算师了解关于意见和报告的范围的情况。在精算师的评估只涉及到公司的部分而非全部保险负债价值时，这一点尤其重要。因此，要求另一方把该评估结果和其他精算师的评估意见整合起来，形成一个符合 GPS 210 的关于整个公司保险负债额的完整评估意见。

10. GPS 210 规定，当注册精算师被请求编制关于保险负债价值的意见时，其意见必须至少包括：

（a）未偿索赔负债的中心估算价值；

（b）保费负债的中心估算价值；

（c）和每一个中心估算价值内在不确定性相关的风险保证金。

数据

11. 精算师应该熟悉保险单的管理和会计程序，以及评估过程中要考虑到的对保险公司的索赔事项。

12. 精算师应该了解保险单和索赔流程的特点，因为这可能对保险负债估计造成实质影响。这包括：

（a）投保范围的性质；

（b）承保策略和所承担的风险的性质以及结构；

（c）根据保单条款或者立法，需要支付的保险赔偿费，包括绝对免赔额和限额；

（d）分保安排。

13. 精算师还应该熟悉可能对保险负债价值造成影响的更大范围内的经济、技术、医学、法律和社会趋势。

14. 精算师有责任确保所使用的数据能为估算保险负债提供适宜的基础。这包括保险公司自己的风险敞口和索赔经验数据。但是，当保险公司自己的数据不足以把不确定性降低到可接受的水平时，精算师应该进一步扩展到使用行业数据。在行业数据也稀少的情况下，可能多少需要一些主观的评价。就获得更可靠的估算来说，获得更多数据所付出的成本和获益之间保持平衡对精算判断也是必要的，这将会在实质上减少不确定性。

15. 精算师应该采取合理的步骤，确保公司的财务记录与所核对的数据具有一致性、完全性和准确性。精算师对公司提供的数据的依赖程度，或者对于公司审计人员对数据进行的测试的依赖，以及这种依赖对精算员对数据信心的限制，应该在报告中给予评论。

16. 为了按期提交报告，精算师可能在报告日之前确定一个评估日期来评估保险负债的价值。精算师可能会把此报告日前进行的评估获得的结果就当做是评估日实际获得的评估结果，或者是将相关数据更新到报告日。另一个方法是基于对较早期数据的分析建立一个模型，将其应用于评估日期的数据。这种做法是可以接受的，条件是这些数据是通过全面分析而得到的，因此精算师没有理由相信使用日期更近的数据进行的全面分析会给出完全不同（在技术统计意义上）的结果。精算师应该在报告里对因此而产生的数据的特点进行评论，这些数据可能会实质上影响结果和使差异量化。

中心估算

业务范围

17. 在对保险公司的保险负债进行估算时，可能需要根据风险特征将保险业务细分成不同的类别或小类别。细分要求应在均衡性和统计可靠性之间进行适当平衡。

18. 精算师有责任根据分析和预测的要求，确定最适宜的细分方法。但是，对于澳大利亚审慎监管局规定的每种业务，都必须评估和报告保险负债的价值。

－ 分析

19. 应当对每一份保险单和每一件索赔事项进行逐个分析，或者依照相似的索赔案例进行分析。根据所检查的业务种类的性质、数据的可用性和可靠性，精算师在进行分析时，应该结合下述部分或全部风险敞口因素进行全盘考虑：

（a）保险单的数量；

（b）已赚保费；

（c）索赔的数量：

（i）已报告的索赔；

（ii）继续存在的索赔；

（iii）已经解决的索赔；

（iv）最终决定的索赔；

（v）重开的索赔；

（d）预先的支付款项；

（e）案件估计；和

（f）报告的花费。

20. 应当建立一些模型来分析和考虑这些风险暴露项目的发展。

21. 对索赔经验的分析不一定要区别不同的索赔，例如，已经报告的索赔，已发生未报告准备金和重新开启的索赔。

22. 有时候，精算师可能需要估计到报告日期所承保的保险单的未来或尚未完全缴纳的保险费。精算师应该考虑承保时间和收取保险费时间之间的延迟，以及影响延迟的因素。精算师还应该考虑已经赚得但未缴完的保险费的数量和未赚得的保险费的数量之间的区分。本指南关于未偿索赔负债的原则，在适当的情况下也适用于未缴完保险费。

23. GPS 210 关注的是再保险和其他回款的净值。通常来说，未偿索赔的分析和评估是在总额基础上进行的，而对于再保险和其他回款则是分开估算的。对于再保险和其他回款的分析，应该与具体情势相适应。再保险回款的估计可能要求对大额索赔、大型事件或超过再保险自留额进行单独的确定性的或假设性分析。但是，在某些情况下，分析和价值评估更应该考虑再保险网络，并且为再保险回款额留有余地，以便获得总的估算值。

24. 精算师应该初步假定再保险回款会完全实现。在资本充足框架下，无法从再保险公司那里回收款项是公司投资风险的一部分。如果存在一种已知的实质性风险，即一个或多个再保险公司将不能履行他们的义务，精算师应该把再保险回收额分摊到本应从每一个再保险公司那里回收的款项里，使得投资和风险集中费用能够符合 GPS 110 资本充足性规定。如果是实质风险，精算师还应该评估无法从再保险公司处回收的款项的潜在数额，根据个别损失和总的毛损失率来确定。

25. 精算师进行分析时应当考虑公司的内外因素，这些因素可能影响到了历史经验中观察到的模式。这些因素及其改变，应包括但不限于下列事项：

（a）承保策略；

（b）业务结构；

(c) 保险单涵盖范围，包括绝对免赔额、限额和排他规定；
(d) 立法；
(e) 经济和社会趋势；
(f) 索赔管理程序；
(g) 分保计划。

评估模型

26. 精算师负责挑选适宜的价值评估模型，考虑数据的可用性和可靠性，还要考虑数据分析所揭示的、与对应保险业务本质相关的影响索赔成本的关键性因素。

27. 精算师可能会使用不止一种评估模型对保险负债进行估算，然后，挑选其中一个模型或者结合多个模型的测试结果。

- 索赔经验假定

28. 索赔经验假定的选择，应该考虑所采用的评估模型和经验分析。这些假定应该包括：用于预测未偿索赔款的现有索赔项目的发展趋势，这不同于标准经济指标所测量的通货膨胀率。这种趋势包括社会的经济环境、立法和法庭先例因素的影响，通常被称为附加的通货膨胀率。

29. 由于工资或者物价上涨造成的通货膨胀，也应该考虑在内。

30. 模型是否要发生变化取决于模型中的某些趋势是否明确或者是在其他假设前提下能够隐含的存在。在趋势不明确的情况下，应该在报告中进行讨论。

31. 如果使用显性通货膨胀率或者附加通货膨胀率的序列，或者在模型的不同部分使用不同的通货膨胀率或者附加通货膨胀率，则在报告中精算师应当给出等效的单一水平膨胀率。

32. 有时候，索赔经验数据的数量可能不足，而所挑选的某个或多个模型要基于这些数据进行可靠的假设。在这种情况下，如果精算师觉得适宜的话，可以局部或者全部使用从业界数据得出的假定前提。对于索赔请求上报速度缓慢的业务类别，或者是有关于索赔请求严重性的早期信息数量较少，则可以部分或完全使用一部分或所有的保费假定前提。如果没有明确的假定，则可以部分或完全使用基于应用于所收取的保费预期损失比率而确定的假设。

33. 如有必要，所有的索赔经验假定，都应该在每次保险负债评估时进行适当的审议和更新。精算师应该确保每次评估所采用的索赔经验假定，都是与当时拥有的数据相符合的。对假定的改变只限于一次评估，但是，在改变发生后，这并不妨碍精算师对自从上次评估以来出现的索赔事项赋予适当的可信度。

- 贴现率

34. GPS 210 规定了如何确定假设的贴现率。贴现率是固定息票和具有赎回价值证券的投资组合的总有效收益，以预期支付货币计算并且和相关支付相匹配。

对于所有澳大利亚保险公司的保险负债，相匹配的固定利息证券是联邦政府国库券和债券。可以使用平均贴现率或者从相应的收益曲线上选取一系列贴现率。

35. 政府发行的固定利息债券一般无法正好轧平预期的支付款项。现有的到期日之间总存在着时间差，不能完全覆盖，即使是期限最长的债券也不能够。精算师可以根据政府债券市场上观测到的收益率，通过平整、插入和推衍技术来获得假定的贴现率。

36. 如果精算师把一个贴现率序列应用于未来时期，则应该计算每种业务相应的平均贴现率，并写在报告里。每种业务贴现后的平均值，也应在报告里说明。

37. 如果未结保费的价值和时间安排可以被预测，则也应进行贴现计算。

38. 在贴现不足以实质上改变中心估算值时，可以不考虑贴现。

- 索赔管理费用

39. 应该为索赔管理的未来费用准备一笔适宜的准备金，这笔准备金不会被分配给个别的索赔案，因此，不会被包括在索赔经验假定所基于的数据里。索赔管理费用的津贴，应该在考虑索赔管理费用的历史水平、组织结构、内部职能和外包职能及未来的管理发展之后确定。我们应当指出，这些费用是在进行赔偿支付和回收过程中发生的。还有一点值得注意，对于较为复杂的索赔案，索赔费用的数额通常要更高一点。尽管这可能会包括在主动投资组合的平均费率里，然而对于封闭的投资组合来说，可能需要为不断增加的开支提供补充。用以确定索赔管理费用准备金额度的方法，其复杂性应该和其可能实现的实质性相一致。

– 中心估算

40. 精算师负责确保评估计算得以准确进行。精算师也必须确保评估过程和估算是合理的。精算师应该对其上次精算评估以来发生的变化对评估基础产生的影响进行量化，目的是要遵守 GPS 210 的规定。精算师的报告应该包括对实质性变化的影响的解释。

41. GPS 210 要求报告未偿索赔负债的基本估算。为了达到 GPS 210 之目的，这一要求应当被看做是提供一个各种结果按理论概率分布的平均值——不论保险公司是否有足够的资本来应付所有可能的结果。如果精算师认为估算不是此理论平均值，应该在报告里解释原因，并且应提供一个替代的中心估算值并且给予解释。此类解释应和不确定性分析的上下文相符。应当指出，对于一般保险，平均值一般比中间值或者众数要大，因此，报告或者中间值或者众数很可能会导致低估。对于总值而言，低估的程度或影响通常比净值估算要大。

保费负债

42. GPS 210 还要求精算师提供关于保费负债价值的咨询意见。与现存保险单所投保的未来事件引起的索赔支付被定义为保险负债。现存保险单一直持续到下次更新。

43. 上面描述的用于评估未偿索赔负债的一般程序和原则，也适用于评估保费负债。但是，人们认为，作为保费负债的完全保险统计评估，本质上是对投资组合的重新承保，可能不宜或者甚至不可能像未偿索赔负债那样实现完全的评估。

44. 如果保费是基于精算建议而收取的，通常可以根据该建议确定保费负债的中心估算值，随后再依照后面获得的新信息酌情修改，并且考虑现有的通货膨胀和贴现率假定。

45. 对于一个相当稳定的投资组合来说，通常可能根据索赔频率和保险单数量或某些类似的风险应对措施，来扩展未偿付索赔的评估模式。

46. 对一个比较稳定的投资组合来说，通常可以根据未偿索赔估算所揭示的历史绩效，把精算损失比率应用于未到期保险费。如果采取本方法或第 45 款提到的方法，精算师应该进行调查，并酌情调整所选定的假定，使其适用于下列情况：

（a）未到期风险和用以开发未偿索赔的评估模型和索赔经验假定所基于的风险在性质上的差异；

（b）承保标准和保险费率的变化；

（c）可能影响负债估算值的环境差异和其他差异。

47. 在特定情况下，如果没有根据精算建议来收取保费，那么也许只能假定所收取的保费和风险相适应。在这种情况下，有必要扣掉合理的花费和利润，来假定损失比率。其可以包括但不限于下列情况：

（a）在进行承保判断时要特别考虑一些特有的风险；

（b）关于此类保险过去经验很少；或者

（c）关于定价或风险承保的信息不充分或根本没有。

48. 由于这些调查和考虑，精算师应该在报告里为每种保险设立下列事宜：

（a）与新近的风险敞口有关的未到期风险敞口的性质；

（b）对于与重大业务保费负债的全面评估或者再承保相关联的特别困难的解释；

（c）对所采用的方法的描述，目的是达成关于保费负债的价值的意见；

（d）在对保费负债进行全面评估时所采用的方法的局限性的讨论。

49. 所选择方法的复杂性应该考虑到保费负债的实质性和不确定性，要考虑到每一特定业务的保险负债总额和整个公司的保险负债。

50. 理想的情况是，随着获得信息的增多，下列各项之间应该有高度的连续性：

（a）保费负债的估计；

（b）已发生未报告未决（IBNR）负债的估计；

（c）报告的索赔的估计。

不确定性

51. 保险负债的价值是不确定的。不确定性源于但不限于下列各项：

（a）分析和预测采用的模型无法完全模拟实际索赔过程的复杂性；

（b）观察到的索赔经验的波动会导致为评估模型选择合适的假定前提时存在不确定性；

（c）索赔数据的缺失会导致假定前提的选择过程出现错误；

（d）对未来索赔付款造成影响的未来经济和环境因素是不确定的；

（e）与保费负债相关的预计付款涉及的是尚未发生的事件；

（f）即使可以找到真实的索赔经验假定来建立一个完美的模型，其预计付款仍然存在不确定性。

52. 尽管类比是不精确的，把真值（这只有在所有索赔都解决后才可以知道，即使如此，实际的真值也并非十全十美）作为随机变量却是有用的，这要从可能结果的概率分布中获得。理论上讲，概率分布具有期望值，相应曲线有一定形状，对相对高点和相对低点是可以进行量化的。这种估算也可能有标准差、不对称等等。

53. 要求精算师对不确定性进行量化，一般要求使用下列的一种或多种量化方法：

（a）统计分析；

（b）敏感性分析、调整索赔经验假定或者评估模型；

（c）和以前的评估进行比较；

（d）情况分析；

（e）判断。

54. 在这一量化过程中，有必要考虑两种不确定性的来源——独立的和系统的：

（a）测量变量是指可以对个别保险单或者索赔产生孤立影响的因素。如果有足够的数据，就很容易进行严格的统计分析。这可以通过多元化和再保险进行控制。其相对重要性和投资组合的规模的平方根成反比；

（b）系统不确定性是由各种影响投资组合整体的因素引起的。因为这些影响因素的性质各有不同，所以不容易进行统计分析。通常可以认为，过去观测到的情况在未来不可能一成不变地继续发展下去。系统不确定性的评价主要依赖于精算判断。

55. 上述分类当然是过于简单化。实际的经验要受到位于两个极端情况之间的多种因素的影响。大多数现实世界的变量彼此之间总是有着或多或少的关联，但并不是完全相互关联或者完全彼此独立。但是，这种分类为讨论和评估总体不确定性提供了一个有用的框架。

56. GPS 210 要求精算师估算净保险负债的 75% 处以及变量系数二分之一处的不确定性概率，不包括投资和操作风险，并且假定是个平衡的独立风险资产的投资组合。再保险违约的风险应该被包含在这一评价当中（参见第 24 款）。

57. 在对各类保险业务分别进行估价时，不确定性也应该分开评估，每一类业务应被视为是独立的。精算师最初应该评价未偿索赔负债和保费负债总额的 75 点百分位数。然后，再将未偿索赔负债和保费负债区分开来。在缺乏其他更好做法的情况下，可以假定这种分解的方法是和各自的中心估算成比例的。如果精算师认为总负债的分布特别不平衡，那么精算师应当认真检查75点百分位数是否会低于平均值以上的变化系数的一半，随后将较高的数值替换掉。对于不太极端的分布，明确估算变化系数可能有帮助，但并不做要求。

58. 尽管这可能有助于精算师形成关于理论概率分布的近似形状的意见，但这并不是必要的。本标准要求的是，精算师采用的数据应当是75点百分位数和高于平均值的变动系数的二分之一两者之间较高的那个数值。如果精算师确实研究了某一特定的理论概率分布，应该在报告中进行描述，还要表明其合理性及原因。如果没有做这方面的工作，精算师应该讨论数字选择后面的推理过程。

59. 由于有必要使公司整体上享受多元化带来的好处，精算师还应该讨论所评估的业务种类的不确定性，不同的业务种类之间彼此也会相互影响。这可以通过讨论所评估的不确定性的独立部分和系统部分来实现。如果这是不可行的或者被认为是不适当的，那么精算师应该注明不确定性的程度，把正在评估的业务种类的保险负债看成整个公司可能的总保险负债。

60. 精算师应该对正在评估的业务种类或投资组合的关键的不确定性因素进行定性描述。应该讨论自上次评估以来这些关键因素所发生的重大变化或整个不确定性发生的重大变化，如果合适，还应当对这些变化进行量化的描述。

61. 报告中还必须解释自上次评估以来各种业务保险负债结果概率分布的重大变化。

62. 精算师一般还要负责解释其提交的不确定性估算结果造成的实际后果。在许多情况下，不确定性的合理范围可能非常大。在这一范围靠近端点的地方得出的结论，可能完全不同，例如，巨额利润和破产的对比。除了提供GPS 210下要求的信息，精算师还应该用保险公司可以理解的术语解释不确定性。

风险保证金

63. GPS 210呼吁设立风险保证金，目的是确定保险公司的保险负债在75%的概率下是充足的，但是不得低于复合中心估算值变动系数的二分之一。针对不同业务的保费和未偿索赔负债，其保证金要分别给出报告。在精算师认为合适的情况下，在确定风险保证金过程中还应设立多元化和/或再保险津贴。此类津贴一般是适宜的。在精算师认为不适宜的情况下，应该说明持这一观点的理由。

64. 在报告中应该描述根据不确定性的评估值评定的风险保证金数额，以及保险公司对GPS 210要求的遵守情况。通常，风险保证金在中心估算中的比例，在不同的评估中不应该有大的变动。

65. 应该明确记录精算师所采用的调整多元化和再保险的风险保证金的方法。通常，精算师应该考虑保险负债规模对整个公司的影响以及各种业务的潜在结果之间非完全关联的程度。由于评估风险保证金的不确定性甚至比中心估算的不确定性还要大，因此精算师通常可以根据整个市场中不同业务之间的关联程度得出结论。但要注意的是，应当认真观察上述所谓的关联关系。

66. 精算师应该把多元化的好处分派到不同种类的业务里。由于这可能是为了报告目的而采取的一种武断分配方法，因此必须记录所使用的分配方法。通常认为采用按风险保证金数额进行比例削减的方法或者按业务类别根据充足性概率进行比例削减的方法，都是可行的。

一个以上的精算师介入

67. 较大的保险公司承保的业务种类多，规模大，可能需要雇佣一个以上的精算师评估未偿索赔负债和保费负债及风险保证金的价值。在这些情形下，注册精算师有责任协调不同的评估，把评估结果汇总成一份意见提交给保险公司的董事会和高级管理层。

68. 在给保险公司准备保险负债摘要意见时，注册精算师应该确保本意见中包含由其他精算师提供的中心估算、风险保证金和多元化益处，然后，要提供一个替代的数字。在总结报告中，要说明改变原有数字的合理理由。

69. 在评价未偿索赔负债和保险费负债的中心估算时，各种不同业务的不确定性和风险保证金是相对独立的工作，可以派给不同的精算师，而对于公司的多元化好处的评估就不行。注册精算师负责确保多元化益处是根据整个公司的情况综合进行评估的。

70. 某些形式的再保险可能要依赖于一系列业务的总的索赔经验。如果一个精算师对完全包含于此类再保险安排的业务种类进行评估，那么，就应该考虑再保险对未偿索赔负债中心估算和风险保证金的影响，并将其作为报告的一部分。如果是由不同的精算师对此类再保险安排的业务种类进行评估，注册精算师有责任确保再保险对基本估算和风险保证金的影响得到适当的评估和记录。

71. 为了能满足已公布账户的最后报告期限，有必要颠倒自然顺序，在完成各个业务类别的评估之前确定多元化调整。对于个别的投资组合报告来说，通常是可以接受的，可以根据最近的评估基于对多元化好处的分析来确定风险保证金。如果做了该工作，就应该讨论这些调整是否会继续适用。

报告

72. 尽管整个指导原则手册中要求提交的报告都是一种式样，但是有时也有可能要求提交两种样式的报告：一种是保险负债报告，另一种是风险保证金多元化报告——特别是在多个精算师参与的情况下，第二种要求更加多见。精算师应该编制一份书面的最终报告，并且签署日期。在两种报告中，精算师都应该包括以下的项目：

（a）由谁委托编制报告和报告要提交给谁。在由其他精算师准备单独报告时，报告应该提交给注册精算师。注册精算师至少要准备一份意见摘要，提交给保险公司的董事会。这份报告应该根据业务类别披露参与评估的精算师的情况。

（b）精算师的名字和身份。

（c）报告的目的和职权范围，至少应能根据 GPS 210 就未偿索赔负债和保费负债的价值以及相应的风险保证金提供咨询；应该明确，报告不能用做其他不当目的。

（d）对本指导原则手册遵守的程度和不完全遵守的理由。

（e）本报告中使用的可能含义模糊或被扩大解释的术语和表达方式的定义。

73. 两种报告具有明显不同。各自报告应该涉及下列事项。

（a）保险负债报告包括：

（i）评估业务的种类；

（ii）数据的性质、适当性、准确性和解释；

（iii）保险单的分析和索赔经验——显著突出新近经验方面；

（iv）为预测未偿索赔负债和保费负债所采用的评估模型和索赔经验假定；

（v）对这种方法和模型所做的调整以及自上次同一性质报告以来的索赔经验；

（vi）实际经验和上次同一性质报告假定所期望的情况的比较，包括未偿索赔负债和保费负债；

（vii）评价不确定性的方法，75%或变动系数和符合 GPS 210 的风险保证金；

（viii）评估结果要明确包括：

- 按业务类别对未偿索赔负债所做的中心估算；
- 按业务类别对保费负债所做的中心估算；
- 按业务类别分别确定未偿索赔负债和保险费负债的变动系数（如果适用）和风险保证金（在多元化以前）；
- 如果应用以前的评估为基础进行多元化调整，还应包括调整后的风险保证金。

（b）风险保证金多元化报告包括：

（i）整个公司按业务类别确定的未偿索赔负债、保险费负债、75 点百分位数和/或者变动系数（如果适用）及风险保证金的摘要；

（ii）方法、模型和假定，特别是彼此之间的相关性，以便在整个公司的业务类别里实现多元化；

（iii）自从上次同一性质的报告以来，对模型和假定所做的调整；

（iv）风险保证金多元化报告的结果，要明确多元化的益处；

（v）如果基于以前评估所做的多元化调整，使用在单个的负债报告里，则该调整要继续保持适当性。

74. 在任何情况下，都要对所采用的方法和模型进行清晰的描述，并且要根据数据分析对所得出的假定进行清楚的解释。此外，还应说明局限性。

75. 在委托人要求精算师使用特定假定时或者精算师依赖于委托人或其他顾问提供的立法、标准或者裁决时，该精算师必须清楚说明情形，讨论假定是否合理，并且与本指导原则手册、GPS 210 和其他相应的专业标准相一致；讨论偏离本指导原则手册、GPS 210 和其他相应的专业标准所造成的后果。

4 – 8 Guidance Note GGN 210. 1 Actuarial Opinions and Reports on General Insurance Liabilities

Status

This Guidance Note has been issued by APRA as preliminary guidance for insurers and actuaries when determining the value of general insurance liabilities under GPS 210 Liability Valuation. The Institute of Actuaries of Australia (IAAust) is developing a professional standard and guidance notes on this issue, and it is intended that this Guidance Note will be replaced by the standards of the IAAust as they are developed.

Introduction

1. In April 2000, APRA released a policy discussion paper entitled *Proposed Reforms to the Prudential Supervision of General Insurance Companies in Australia.* This paper provided some detailed proposals for modernising prudential supervisory requirements that were first explored in policy discussion papers issued in September 1999. APRA has subsequently released Prudential Standards on a range of issues; this Guidance Note is intended to support GPS 210 *Liability Valuation.*

2. With respect to insurance liabilities, it was noted in the policy discussion papers that prudential regulation requires consistency, rigour and robustness in the estimation of such liabilities. Inconsistencies in the application of Accounting Standard AASB1023 compromise the integrity of the capital adequacy framework. These inconsistencies arise because of the standard's silence on the issue of prudential margins. Industry practice with respect to prudential margins has been quite varied and depended on each insurer's assessment and attitude towards risk, taxation and profit and loss implications.

3. The *Insurance Act 1973* (the Act) contains a requirement that general insurers appoint an Approved Actuary. [1] The Approved Actuary has the responsibility of advising the Board and senior management of the insurer on the value of insurance liabilities that is consistent with GPS 210.

4. The nature of the advice required from the Approved Actuary, and from other actuaries assisting in the preparation of insurance liabilities for inclusion in this opinion, places a high level of responsibility on the actuarial profession. Actuaries accepting an appointment as an Approved Actuary, or being delegated the function of preparing an estimate of the value of insurance liabilities for inclusion in the Approved Actuary's opinion, must consider in relation to the IAAust Professional Code of Conduct whether they have sufficient and relevant experience to justify acceptance. In addition, the actuary should have regard to this Guidance Note and any other relevant guidance issued

---

1 Insurers may be exempt from this requirement in accordance with section 47 of the Act and GGN 220. 1 *Governance.*

by APRA or the IAAust.

Relationships

5. The relationships between Boards, management, auditors, internal actuaries and consulting actuaries can be very complex. It is the responsibility of the Approved Actuary to clarify the relationship between these parties for the purpose of preparing advice on the value of a company's insurance liabilities consistent with GPS 210. The extent to which any information is obtained from, or work undertaken by, other parties must be disclosed in the Approved Actuary's report.

6. It is the role of the Approved Actuary to make it clear that he or she may require access to and information from management, underwriters, other employees of the company and the company's auditors. Approved Actuaries must, however, take full responsibility for their advice and reports and must therefore be satisfied as to the validity of information provided to them or work undertaken for them.

7. In providing a report under GPS 210, the Approved Actuary has a legal responsibility to provide advice that complies with the Act and GPS 210, and a professional responsibility to provide advice that complies with this Guidance Note and the professional standards of the IAAust. These responsibilities override any responsibility as an employee of, or consultant to, the insurer.

Scope

8. It is the responsibility of an actuary valuing insurance liabilities for the purpose of compliance with GPS 210 to be conversant with the requirements of the Standard and its implications for the preparation of an opinion and report.

9. An actuary should seek further instruction as to the scope of the opinion and report from the Board, management, other company staff or the Approved Actuary as appropriate. This is particularly important where the actuary has a delegation to form an opinion on some, but not all, of the value of a company's insurance liabilities, thereby requiring another party to integrate the opinion with others to form an opinion for the company as a whole that complies with GPS 210.

10. GPS 210 specifies that when an Approved Actuary has been requested to prepare an opinion on the value of insurance liabilities, that opinion must at least include:

(a) a central estimate value of the Outstanding Claims Liabilities;

(b) a central estimate value of the Premiums Liabilities; and

(c) risk margins that relate to the inherent uncertainty in each of those central estimate values.

Data

11. An actuary should be familiar with the administration and accounting procedures for policies and claims for the part of the company for which an opinion is required.

12. An actuary should be conversant with the characteristics of the insurance policies and claim processes that may materially impact upon the estimation of insurance liabilities. This may include familiarity with the:

(a) nature of coverage;

(b) underwriting strategy and the nature and mix of risks underwritten;

(c) benefits payable under policy terms or by virtue of legislation, including deductibles and limits; and

(d) reinsurance arrangements.

13. An actuary should also be familiar with economic, technological, medical, legal and social trends within the broader community that may impact upon the value of insurance liabilities.

14. It is an actuary's responsibility to ensure that the data used gives an appropriate basis for estimating the insurance liabilities. This includes the insurer's own exposure and claim experience data, but should extend to industry data, where the insurer's own data is not sufficient to reduce uncertainty to an acceptable level. Where even industry data is sparse, it may be necessary to rely, to a greater or lesser extent, on subjective assessment. The appropriate compromise between the cost of better data and the benefit, in terms of more reliable estimation, is a matter for actuarial judgement, which should take into account the materiality of the reduction in uncertainty that might result.

15. An actuary should take reasonable steps to verify the consistency, completeness and accuracy of the data collated, against the company's financial records. The degree to which an actuary relies upon the data provided by the company or upon earlier or later testing of the data by the company's auditors, and the resulting limitations that this reliance places on the actuary's confidence in the data, should be commented upon in the report.

16. In order to meet reporting deadlines, an actuary may be asked to value insurance liabilities as at a valuation date prior to the reporting date. It may be intended either to use this valuation as if it were at the reporting date, or to update it to the reporting date. Another approach is to develop a model based on analysis of data up to an earlier date, applied to data as at the valuation date. This practice is acceptable, provided that the actuary does not have reason to believe, on the basis of the data emerging since the full analysis, that a full valuation using more recent data would give significantly (in the technical statistical sense) different results. The actuary should comment in the report on any features of the subsequent data that might materially affect the result and quantify the difference.

The Central Estimate

– Class of Business

17. The estimation of insurance liabilities for a company is likely to require subdivision of risks into classes or sub-classes of business with similar characteristics. This subdivision requires an appropriate balance between homogeneity and statistical reliability.

18. It is the responsibility of the actuary to determine the most appropriate subdivision for the purpose of analysis and projection. However, the value of insurance liabilities must be assessed and reported for each class of business specified by APRA.

– Analysis

19. Policy and claim experience should be analysed on an individual policy or claim basis or on the basis of cohorts of similar claims. Depending on the nature of the class of business being examined and the availability and reliability of data, this analysis should consider the development over time of claim payments in relation to some or all of the following measures of exposure:

(a) number of policies;

(b) earned premium;

(c) numbers of claims:

(i) reported;

(ii) continuing;

(iii) settled;

(iv) finalised; and

(v) reopened etc.

(d) prior payments;

(e) case estimates; and

(f) reported incurred costs.

20. It may be necessary for some models to analyse and consider the development of these exposure items.

21. The claim experience need not necessarily be analysed in a fashion that distinguishes claims of different status such as reported, IBNR and reopened.

22. In some cases, it may be necessary for an actuary to estimate future, or unclosed, premiums for policies underwritten up to the reporting date. The actuary should consider the delay between when the business is underwritten and when premiums are received and factors that influence this delay. The division between the amount of unclosed premium that is earned and unearned should also be considered. The principles in this Guidance Note with respect to Outstanding Claim Liabilities also apply, where relevant, to unclosed premiums.

23. The focus of GPS 210 is for estimates of insurance liabilities that are net of reinsurance and other recoveries. Ordinarily, analysis and valuation of outstanding claims will be on a gross basis, with separate estimates for reinsurance and other recoveries. The analysis of reinsurance and other recoveries should be appropriate to the circumstances. The estimation of reinsurance recoveries may require separate deterministic or stochastic analysis of large claims, large events or aggregate costs that approach or exceed reinsurance retentions. In some circumstances, however, it may be more suitable for the analysis and valuation to consider the net of reinsurance experience and add an allowance for reinsurance recoveries to arrive at the gross estimate.

24. The actuary should initially assume that reinsurance recoveries will be made in full. Under the capital adequacy framework, the risk that recoveries will not be received from the reinsurer is part of the investment risk for the company. Where there is a known material risk that one or more reinsurers will fail to meet their obligations, the actuary should separate reinsurance recoveries into amounts recoverable from each of those reinsurers to enable the appropriate investment and concentration risk charges to be made as prescribed by GPS 110 *Capital Adequacy*. If material, the actuary should also assess the potential range of amounts unrecoverable from reinsurers, based on the uncertainty of individual and aggregate gross losses.

25. The analysis should consider factors both internal and external to the company that may have influenced the observed patterns in historical experience. Such factors, and changes to them, may include, but are not limited to:

(a) underwriting strategies;

(b) mix of business;

(c) policy coverage, including deductibles, limits and exclusions;

(d) legislation;

(e) economic and social trends;

(f) claim management procedures; and

(g) reinsurance programs.

Valuation Model

26. The actuary is responsible for the selection of an appropriate valuation model, having regard to the availability and reliability of the data and the key drivers of claim cost as revealed by the data

analysis or consistent with the nature of the class of business.

27. The actuary may investigate more than one valuation model for the estimation of insurance liabilities, then select one or blend the results from more than one as considered most appropriate.

– Claim Experience Assumptions

28. The selection of claim experience assumptions should have regard to the adopted valuation model or models and the analysis of experience. These assumptions should include trends, other than inflation as measured by standard economic indicators, in claim experience considered suitable for the projection of outstanding claim payments. These trends include the impact of social, economic, environmental, legislative and court precedent factors; often referred to as superimposed inflation.

29. Escalation due to wage or price inflation should also be allowed for.

30. Models vary depending on whether certain trends are explicit in the model or are implicitly allowed for by other assumptions. Where trends are implicit, this should be discussed in the report.

31. Where a sequence of explicit inflation or superimposed inflation rates are used, or where different inflation or superimposed inflation rates are used in different parts of the model, the equivalent single, level rate should be stated in the report.

32. In some cases, there may be an insufficient amount of claim experience data on which to reliably base assumptions for the selected model or models. The actuary may give partial or full weight to assumptions drawn from industry data, if satisfied that such an approach is appropriate. For classes where claims are reported slowly, or where there is little early information about the severity of claims, it may be appropriate to give partial or full weight to some or all of the premium assumptions or, if there are no such assumptions explicit, to assumptions based on expected actuarial loss ratios applied to the premiums charged.

33. All claim experience assumptions should be reviewed with each valuation of insurance liabilities and updated, if necessary, as considered appropriate. The actuary should be satisfied that the claim experience assumptions adopted at each valuation are realistic in the context of data known at that time. Changes required to assumptions must not be spread over more than one valuation, but this does not prevent the actuary from placing appropriate credibility on the claim experience that has emerged since the previous valuation, when determining such changes.

– Discount Rate

34. GPS 210 prescribes how the discount rate assumption is to be determined. This discount rate is the gross effective yield on a portfolio of sovereign fixed coupon and redemption value securities, in the currency of, and with a payment profile matching as far as possible, the expected payment profile. For all Australian insurance liabilities, the fixed interest securities to be used are Commonwealth Government Treasury notes and bonds. It is acceptable to use either the average rate or a series of discount rates taken from the corresponding yield curve.

35. Sovereign fixed interest securities are typically not available to exactly match projected payments. There are usually gaps in the maturity dates available and the longest dated such security may not be long enough. It is appropriate to smooth, interpolate and extrapolate from the observed yields in the sovereign bond market.

36. If the actuary applies a sequence of discount rates for future periods, the corresponding average discount rate should be calculated for each class of business and stated in the report. The discounted mean term for each class of business should also be stated in the report.

37. Where the value and timing of unclosed premiums have been projected, discounting should also be applied.

38. Discounting may be disregarded where the effect of discounting does not materially change the resulting central estimate.

– Claim Administration Expenses

39. An appropriate allowance should be made for the future costs of claim administration that are not allocated to individual claims and, therefore, not included in the data on which the claim experience assumptions were based. The allowance for claim administration expenses should be made after consideration of historical levels of claim administration expenses, organisational structure, internal and outsourced functions and future administrative developments. It should be noted that expenses are incurred in the making of gross payments as well as making recoveries. It should also be noted that expense levels are often higher for older, more complex claims. While this may be encompassed in an average rate for an active portfolio, allowance for escalating expenses may be needed for a closed portfolio. The complexity of the approach used to determine an appropriate allowance for claim administration expenses should be commensurate with its likely materiality.

– Central Estimate

40. The actuary is responsible for ensuring that the valuation calculations are carried out accurately. The actuary must also be satisfied that the overall valuation process and estimates are reasonable. The actuary should quantify the impact of any changes to the valuation basis since the previous actuarial valuation conducted for the purpose of compliance with GPS 210. Explanation of the impact of material changes should be included in the actuary's report.

41. GPS 210 requires that a central estimate of the Outstanding Claim Liabilities be reported. For the purpose of GPS 210, this should be thought of as a requirement for the mean of a notional probability distribution of outcomes, without regard to whether the insurer has sufficient capital to meet all of the possible outcomes. Where the actuary is of the view that the estimate is not such a notional mean, the reasons for this should be explained in the report, and an alternative central estimate should be provided and explained. Such explanations will usually be in the context of the analysis of uncertainty. It should be noted that, in the context of general insurance, the mean is typically larger than either the median or the mode, so that reporting either the median or the mode is likely to result in underestimation. These differences are usually larger for gross than for net estimates.

Premium liabilities

42. The actuary is also required by GPS 210 to provide an opinion on the value of Premiums Liabilities. These are defined as insurance liabilities which relate to claim payments arising from future events insured under existing policies up until their next renewal.

43. The general procedures and principles described in the section above for valuing Outstanding Claim Liabilities also apply to valuing Premiums Liabilities. However, it is recognised that, as a full actuarial valuation of Premiums Liabilities is essentially a re-underwriting of the portfolio, it may not be appropriate or even possible to undertake as complete a valuation as is appropriate for Outstanding Claim Liabilities.

44. If the premiums charged are based on actuarial advice, it will normally be appropriate to base the central estimate of the Premiums Liability on that advice, modified as appropriate for subsequent information and with current inflation and discount rate assumptions.

45. For a reasonably homogeneous and stable portfolio, it will usually be possible to extend the outstanding claim valuation model on the basis of claim frequencies and numbers of policies, or some

similar measure of exposure.

46. For a relatively stable portfolio, it will often be possible to apply an actuarial loss ratio, based on historical performance as revealed by the outstanding claim estimates, to the unexpired premium. If this, or the approach in paragraph 45 is taken, the actuary should investigate and, if appropriate, adjust the selected assumptions for any:

(a) differences in nature between the unexpired risk exposure and the exposure from which the models and claim experience assumptions developed for the valuation of outstanding claim liabilities were derived;

(b) changes in underwriting standards and premium rates or levels; and

(c) environmental and other differences that might affect the estimated liability.

47. In certain cases where premiums charged are not based on actuarial advice, it may not be possible to do more than assume that the premiums charged were appropriate to the risk. In such a case it may be necessary to assume a loss ratio based on subtracting reasonable expense and profit margins. These cases may include, but are not limited to those where:

(a) a large element of underwriting judgement is required in relation to unique risks;

(b) there is little past experience for the class; or

(c) there is insufficient or no information relating to the pricing or underwriting of the risks.

48. As a result of these investigations and considerations, the actuary should set out in the report for each class of insurance:

(a) the nature of the unexpired risk exposure relative to recent exposure;

(b) an explanation of the particular difficulties associated with a full valuation or re-underwriting of Premium Liabilities for material classes of business;

(c) a description of the approach adopted in order to reach an opinion on the value of Premiums Liabilities; and

(d) a discussion of the limitations of the approach adopted versus undertaking a full valuation of Premiums Liabilities.

49. The complexity of the selected approach should have regard to the materiality and uncertainty of the Premiums Liabilities in the context of the total insurance liabilities for each particular class of business and the insurance liabilities for the company as a whole.

50. There should ideally be a high degree of continuity between the following as progressively more information becomes available:

(a) the estimation of Premiums Liabilities;

(b) the estimation of IBNR liabilities; and

(c) the estimation of reported claims.

Uncertainty

51. The value of insurance liabilities is uncertain. Sources of this uncertainty include, but are not limited, to the following:

(a) the valuation model or models adopted for analysis and projection are unable to fully capture the complexities of an actual claim process;

(b) fluctuations in observed claim experience result in uncertainty in selecting suitable assumptions for the valuation model;

(c) errors in the claim data result in errors in selecting assumptions;

(d) future economic and environmental factors that impact upon future claim payments are uncertain;

(e) projected payments relating to Premiums Liabilities relate to events that are yet to occur; and

(f) there is uncertainty in the projected payments, even if the true claim experience assumptions could be found for a perfect model.

52. Although the analogy is not exact, it is useful to think of the true value (which can only be known, in hindsight, after all claims are settled and, even then, only imperfectly) as a random variable, drawn from a probability distribution of possible outcomes. This notional probability distribution has an expected value and shape that can be quantified in terms of its second and higher moments. The aim of the actuarial estimation process is to arrive at an estimate of the notional expected value. It is also possible to think in terms of this estimate having a standard error, skewness, etc.

53. The actuary is required to quantify the uncertainty, which will generally require use of one or more of the following:

(a) statistical analysis;

(b) sensitivity analysis, changes to claim experience assumptions or the valuation models;

(c) comparison with previous valuations;

(d) analysis of scenarios; and

(e) judgement.

54. In this quantification, it may be useful to think in terms of two components of uncertainty, independent and systemic:

(a) *Independent variation* arises out of factors that have an isolated impact on individual policies or claims. If there is a sufficient body of data, it is susceptible to rigorous statistical analysis. It can be controlled by diversification and reinsurance. Its relative importance is inversely proportional to the square root of the size of the portfolio; and

(b) *Systemic uncertainty* arises out of factors that affect the portfolio as a whole. Because of the nature of many of these factors, it is not easily susceptible to statistical analysis, if at all. Even where a reasonable body of past data is available for analysis, it can often be argued that the conditions observed in the past are unlikely to continue unchanged in the future. Most assessments of systemic uncertainty rely heavily on actuarial judgement.

55. The above split is, of course, an oversimplification. Actual experience is driven by factors that range between these two extremes. Most real world variables are partially correlated, rather than perfectly correlated or perfectly independent. The split does, however, provide a useful framework for discussing and assessing overall uncertainty.

56. GPS 210 requires the actuary to estimate uncertainty in terms of the 75th percentile, and half the coefficient of variation, of the net insurance liability, excluding investment and operational risks, and assuming a matched portfolio of sovereign risk assets. The risk of reinsurance default should be included in this assessment (see paragraph 24).

57. Where classes of business are valued separately, uncertainty should be assessed for each class separately, as if that class stands alone. The actuary should initially assess the 75th percentile of the combined Outstanding Claim Liabilities and Premiums Liabilities. This should then be split between Outstanding Claim Liabilities and Premium Liabilities. In the absence of any better basis, it is acceptable to assume this split is in proportion to the respective central estimates. If the actuary is concerned that the distribution of the total liability is particularly skewed, the actuary should form a view as to whether the 75th percentile is less than half the coefficient of variation above the mean and

substitute the higher value. For less extreme distributions, while it may be helpful, an explicit estimate of the coefficient of variation is not required.

58. While it may be helpful for the actuary to form a view as to the approximate shape of the notional probability distribution, this is not necessary. All that is required, is for the actuary to adopt a figure which is intended to be the higher of the 75th percentile and half the coefficient of variation more than the mean. Where the actuary does work in terms of a particular notional probability distribution, this should be described in the report, along with the reasons why it is considered appropriate. Where this is not done, the actuary should discuss the reasoning behind the figure chosen.

59. As it will be necessary to allow for the benefits of diversification across the company as a whole, the actuary should also discuss the way in which the uncertainties, of the class of business being valued, might interact with the other business of the company. This can be done in terms of a discussion of the independent and systemic components of the assessed uncertainty. Where this is not feasible or considered appropriate, the actuary should indicate the extent of uncertainty, as if the insurance liabilities for the class of business being assessed were of the size of the likely total insurance liabilities for the company as a whole.

60. The actuary should describe, in a qualitative fashion, the key drivers of uncertainty for the class of business or portfolio being valued. Material changes in these key drivers, or uncertainty generally, since the previous valuation, should be discussed and, if appropriate, quantified.

61. Material changes, since the previous valuation, in the probability distribution of insurance liability outcomes by class of business must be explained in the report.

62. The actuary also has a general responsibility to explain the practical consequences of the uncertainty of the estimates presented. In many cases, the range of reasonable uncertainty will be very large. The conclusions that may be drawn, near the ends of this range, may be totally different, for example, in terms of large profits versus insolvency. In addition to providing the information required under GPS 210, the actuary should attempt to explain uncertainty in terms that will be understood by the insurer.

Risk margins

63. GPS 210 calls for a risk margin intended to give a 75% probability that an insurer's insurance liabilities will prove adequate, but not less than half of the coefficient of variation of the combined central estimate. This margin must be reported separately for Premiums and Outstanding Claim Liabilities within each class of business, and where the actuary deems it appropriate, allowance for diversification and/or reinsurance should be made in determining the risk margin. Such an allowance will normally be appropriate. Where the actuary takes the view that it is not appropriate, the reasons for adopting this view should be given.

64. The derivation of the risk margins in the context of the assessed uncertainty, and how this complies with the requirements of GPS 210, should be described in the report. Normally, the risk margin, as a proportion of the central estimate, should not change greatly between valuations. Where there is a change, the reasons for the change should be explained.

65. The approach adopted by the actuary who adjusts the risk margins for diversification and reinsurance should be clearly documented. Normally, the actuary should consider the impact of the size of the insurance liabilities for the company as a whole and the extent of less than full correlation of potential outcomes between classes of business. As the uncertainties involved in assessing risk

margins are even greater than those of central estimates, it will usually be appropriate for the actuary to base conclusions mainly on the extent of correlation between classes of business for the entire market, but regard should also be given to any observed correlations for the company.

66. The actuary should apportion the diversification benefit between classes of business. While this is an essentially arbitrary allocation that is performed for reporting purposes, the approach adopted should be documented. Approaches such as a proportional reduction to the amounts of risk margin or to the probability of adequacy by class of business would usually be considered suitable.

Involvement of more than one actuary

67. Larger insurers underwriting numerous and sizeable classes of business are likely to require the services of more than one actuary to assess the value of Outstanding Claim Liabilities and Premiums Liabilities as well as the risk margins. In these circumstances, the Approved Actuary has responsibility for coordinating the valuations and summarising the results into one opinion for delivery to the insurer's Board and senior management.

68. In preparing the summary opinion for the insurance liabilities for the company, the Approved Actuary should be satisfied as to the suitability of central estimates, risk margins and diversification benefits prepared by other actuaries for inclusion in the opinion. Where the Approved Actuary is not satisfied as to the suitability of a particular item for inclusion in the opinion, then an alternative figure is to be provided. Justification for varying the figure from the original is to be included in the summary report.

69. While the assessment of central estimates for Outstanding Claim Liabilities and Premiums Liabilities, uncertainty and risk margins for various classes of business in isolation is a relatively independent exercise capable of delegation to separate actuaries, the assessment of diversification benefits for the company is unlikely to be. The Approved Actuary is responsible for ensuring that the diversification benefit is assessed on a holistic basis for the company.

70. Some forms of reinsurance may be dependent upon the aggregate claim experience of a number of classes of business. Where an actuary is undertaking the valuation of classes of business completely encompassed by such a reinsurance arrangement, then the impact of the reinsurance on the central estimate of Outstanding Claim Liabilities and risk margin should be considered and included as part of the report. Where separate actuaries are valuing classes of business within such a reinsurance arrangement, it is the responsibility of the Approved Actuary to ensure that the impact of the reinsurance arrangement on the central estimates and risk margins is appropriately assessed and documented.

71. In order to meet reporting deadlines for published accounts, it may be necessary to invert the natural sequence and determine diversification adjustments before the individual classes of business valuations are completed. It will normally be acceptable for individual portfolio reports to show risk margins based on analysis of diversification benefits at the most recent previous valuation. If this is done, the continued appropriateness of those adjustments should be discussed.

Reporting

72. Although referred to in the singular throughout this Guidance Note, it is likely that two styles of report may be required: an insurance liabilities report and a risk margin diversification report. This is particularly the case where more than one actuary is involved. The actuary should prepare, date and sign a written final report. For both styles of report, the actuary should include the following items:

(a) who commissioned the report and the addressee. Where other actuaries prepare separate reports, the addressee should be the Approved Actuary. At least a summary opinion is to be prepared by the Approved Actuary, addressed to the insurer's Board. This report should disclose the actuaries who have undertaken the valuations by class of business;

(b) the name of the actuary and the capacity in which the actuary is acting;

(c) purpose of the report and terms of reference which, as a minimum, are to advise the values of Outstanding Claim Liabilities and Premiums Liabilities and the corresponding risk margins in compliance with GPS 210. It should be made clear that the report should not be used for purposes for which it is not suitable or intended;

(d) extent of compliance with this Guidance Note and reasons for not complying fully with it; and

(e) definition of terms and expressions used in the report that may be ambiguous or subject to wide interpretation.

73. The two styles of report are distinct. Each should deal with the items indicated below for the respective reports.

(a) Insurance liabilities report should include:

(i) classes of business for which a valuation has been undertaken;

(ii) nature, appropriateness, accuracy and interpretation of data;

(iii) analysis of policy and claim experience, highlighting significant aspects of recent experience;

(iv) valuation model or models and the claim experience assumptions adopted for the projection of the Outstanding Claim Liabilities and Premiums Liabilities;

(v) changes to the approach, model or models and claim experience since the previous report of this nature;

(vi) comparisons of actual experience, for both Outstanding Claim Liabilities and Premiums Liabilities with that expected under the assumptions of the previous report of this nature;

(vii) approach to the assessment of uncertainty, 75th percentile and/or coefficient of variation and derivation of the risk margin that complies with GPS 210; and

(viii) results of the valuation that clearly identify:

- the central estimate of Outstanding Claim Liabilities by class of business;
- the central estimate of Premiums Liabilities by class of business;
- the coefficient of variation (if applicable) and risk margins (before diversification) by class of business, separately for Outstanding Claim Liabilities and Premiums Liabilities; and
- if diversification adjustments based on a previous valuation have been applied, the adjusted risk margins.

(b) Risk margin diversification report should include:

(i) summary of Outstanding Claim Liabilities, Premiums Liabilities, 75th percentiles and/or coefficient of variation (where applicable) and risk margins by class of business for the entire company;

(ii) approach, model or models and assumptions, particularly with respect to correlations, for allowing for diversification across the classes of business within the company;

(iii) changes to the model or models and assumptions since the previous report of this nature;

(iv) results of the risk margin diversification report that clearly identifies the diversification benefit; and

(v) if diversification adjustments based on a previous valuation have been used in individual liability reports, the continued appropriateness of those adjustments.

74. In all cases, the approach and model or models adopted should be clearly described and the derivation of assumptions clearly explained with reference to the analysis of data. Any limitations should also be stated.

75. Where the principal requires the actuary to use specific assumptions or the actuary is relying on the interpretation of legislation, standards or rulings supplied by the principal or its other advisers, the actuary must clearly state the circumstances, discuss whether or not the assumptions are reasonable and consistent with this Guidance Note, GPS 210 and other relevant professional standards, and discuss the implications of any divergence from this Guidance Note, GPS 210 and professional standards.

4－9　治理（Governance）（指导原则手册 GGN 220.1）

1. 保险公司的内部治理结构对于确保投保人的利益受到保护，起着决定作用。为了形成有效的内部治理结构，保险公司的董事会、高级管理层和指定的专家，必须具备制定、监控和审查健全的管理风险系统所必要的正直品格和能力。

2. 而且，风险管理和控制系统，应当由强有力的、信息充分的董事会、董事会下的审计委员会和独立专家来支持。

适应性和适当性（Fitness and Propriety）

3. 根据“GPS 220 风险管理”第 2 至第 3 条，保险公司必须确保担当保险公司关键职位的人员具备与他们的责任相称的正直品格和能力。为此，保险公司应当制定处理适宜性问题的政策和程序。对所有关键职位的管理人员及其他现有的职员进行评估，且应当至少每年审查这些评估一次。

4. 如果某一关键岗位人员不再符合保险公司确立的适应性和适当性测试，那么保险公司应当立即向澳大利亚审慎监管局报告。

5. 澳大利亚审慎监管局可以对某一个人的适应性和适当性进行审查。如果澳大利亚审慎监管局进行这样的审查，并且信息的提供者已经允许公布这些信息，则澳大利亚审慎监管局将允许获取作为审查部分而收集的信息。如果根据与信息提供者的协议或者法律禁止这样做，澳大利亚审慎监管局将不会公布这些信息。

关键职位的角色和义务

(i) 董事会

6. GPS 220 第 17 至第 18 条规定了保险公司董事会组成的要求。保险公司董事会必须整体地具备了解保险公司业务风险的适当的技能和经验。这可能包括（但不限于）精算、会计、财务、保险业务和法律方面的专业知识。

7. 虽是外资但成立于本地的所有保险公司、当地董事会的非执行董事（包括主席），包括母公司（包括外国母公司的保险子公司）的董事会成员或者高级管理人员，如果该董事会主席能够根据要求与澳大利亚审慎监管局商议，则澳大利亚审慎监管局也可以接受母公司的董事会成员或高级管理人员作为澳大利亚保险公司的董事会主席。

8. 非执行董事不能是保险公司的高级管理层组成人员，也不能是保险公司[1] 的关联公司[2] 的高级管理层的组成人员。

9. 董事会必须向注册审计师和注册精算师提供直接向董事会提出问题的机会，这包括问题已经向高级管理层或董事会审计委员会提出，但没有得到令注册审计师或注册精算师满意的情形。

1　为了满足这一要求，自保保险公司（Captive insurers）可以就关联公司（related body corporate）的管理层人员作为非执行董事，向其申请书面批准。

2　系根据 2001 年公司法第 50 条的定义范围。

(ii) 董事会下属的审计委员会

10. 审计委员会在确立、维持和制定保险公司内部控制制度和合规性方面发挥了重要的作用。本地组建的保险公司必须建有董事会审计委员会。

11. 如果保险公司是较大公司集团的组成部分，并且有证据表明“集团审计委员会”能够有效地解决保险公司的需要，则澳大利亚审慎监管局可以允许保险公司利用“集团审计委员会”。而且，保险公司的董事会必须保留委任“集团审计委员会”代表保险公司承担工作的权力。为了决定保险公司业务相关的特殊问题，保险公司的董事会还必须能够安排与“集团审计委员会”的联席会议，就保险公司的重大事项进行讨论。

12. 至少，审计委员会应当监视保险公司的财务报告、内部和外部审计、注册审计师的制定，并且协助董事会提供对保险公司的财务报告和风险管理与控制程序的客观的、非执行性的审查。

13. 审计委员会必须每年审查注册审计师的工作情况，包括根据审计行为声明 AUP 32“审计独立”[3]，评估注册审计师的独立性。

14. 虽然某些属于董事的义务转托给了审计委员会，但是，董事会仍然保留了确保这些义务被履行的最终责任。保险公司必须进行这样的安排，并且给予审计委员会充分的权力，使其能够获得全部履行其职能必要的信息。

15. 审计委员会必须要求注册审计师和注册精算师参加审计委员会会议，并且如果必要的话，给予注册审计师和注册精算师不顾及保险公司其他董事和高级管理人员而向该委员会提出问题的机会。

(iii) 注册审计师和注册精算师

16. 保险人必须根据保险法的规定，指定一名审计师（注册审计师），并且使该指定得到澳大利亚审慎监管局的批准。[4]

17. 根据第 19 条，保险公司必须根据保险法的规定，指定一名精算师（注册精算师），并且使该指定得到澳大利亚审慎监管局的批准。[5]

18. 注册审计师的主要职责是针对财务报表的真实性和公平性，提供独立客观的审查。而且，审计师还要提供对保险公司内部控制体系及程序的评估结果。注册精算师的主要职责是对保险负债的评估提供意见。

19. 在以下情形下，保险公司将免予聘用注册精算师的要求：

(a) 保险公司的保险负债总额低于 2, 000 万美元，并且长尾业务（long tail business）类别方面不包括重大金额。长尾业务是指一般在导致索赔发生的事件发生后一年或更长时间才被理赔完毕的业务类别；

(b) 或保险公司能够使澳大利亚审慎监管局确信：精算意见不是必要的（not warranted）（在这些情形下，澳大利亚审慎监管局将需要寻求财务长官（Treasurer）批准该豁免）。[6]

20. 寻求利用第 19 款第（a）项规定进行豁免的保险公司，必须通知澳大利亚审慎监管局，并且提供符合标准的证据。澳大利亚审慎监管局可以要求保险公司在任何时候提供追加的信息，以确保保险公司仍然满足豁免标准。

21. 尽管第 19 款有关于豁免的规定，澳大利亚审慎监管局仍然可以根据其判断要求保险公司进行独立的精算审计。[7]

---

3 由澳大利亚会计研究基金会审计和担保理事会出版。

4 见保险法第 39 条和第 40 条。

5 见保险法第 39 条和第 40 条。

6 见保险法第 47 条。

7 见保险法第 49E 条。

– 许可程序

22. 保险法要求，澳大利亚审慎监管局注册保险公司对审计师和精算师的指定。必须向澳大利亚审慎监管局上交审计师和精算师注册的书面申请。申请必须包括以下细节：

(a) 被指定人的姓名、住址和电话号码；

(b) 被指定的人是否是保险公司的雇员，如果不是，此人受雇的或作为其合作者的公司的名称；

(c) 关于 GPS 220 第 8 款规定的适当标准的细节；

(d) 关于 GPS 220 第 6 款规定的适应性和适当标准的细节；

(e) 被指定的人或者关联人（related person），在该保险公司或保险公司的关联公司（related body corporate）中拥有的经济利益（pecuniary interests），例如：

(i) 在该保险公司或保险公司的关联公司中的股票或与之签订的合同；

(ii) 以及从该保险公司或保险公司的关联公司获得的按服务类别给予的报酬；

注册审计师或注册精算师的关联人是指：配偶、没有独立生活能力的子女、业务伙伴、雇主（该保险公司除外）、注册审计师或注册精算师作为董事或合作者的公司。

(f) 在聘用注册审计师的情形下，来自拟任命审计师的关于他/她遵守审计行为声明 AUP 32 "审计独立" 的证明。如有违反之处，必须提供有关的细节。

23. 而且，被提议的注册审计师或精算师必须向澳大利亚审慎监管局提供他或她将根据澳大利亚审慎监管局发布的审慎要求和有关专业组织发布的标准，履行他或她的职责的承诺。

例行报告

(i) 注册审计师

24. 注册审计师必须根据保险法[8] 的要求，每年审计保险公司的法定账目。注册审计师必须向保险公司提供证明，在注册审计师的意见中，详细说明：

(a) 保险公司具备足够的系统和程序以确保其遵守所有澳大利亚审慎监管局为保险公司设定的审慎标准要求；

(b) 确保保险公司在其年度法定账目中向澳大利亚审慎监管局提供的统计和财务数据是可靠的；

(c) 保险公司具备足够的系统和程序，确保其遵守或符合法定的一般保险要求、注册经营保险业务的条件和任何澳大利亚审慎监管局对保险公司的经营规定的条件；

(d) 任何可能对保险公司的投保人的利益产生不利影响的问题。

如果注册审计师不能满足这些要求（例如，如果有的会计记录未被适当的保存，看起来不规则的、未被准确或适当记录的交易，请求信息或者解释的要求未被满足，或者账目没有真实地代表交易和财务状况），证明中应当包括这些细节。

(ii) 注册精算师

25. 在保险公司的每一财政年度末，注册精算师必须根据 "指导原则手册 GPS 210 负债评估" 和其他指导原则手册或相关专业标准，起草一份报告。

26. 该报告必须提供：

(a) 根据 GPS 210 对保险公司的负债情况的书面建议；

(b) 在起草建议中是否存在可能对保险公司的投保人的利益产生不利影响的问题。

27. 尤其是，该报告必须提供每一业务类别以下方面的细节：

(a) 根据 GPS 210 确定的保险负债价值的估计［如果必要的话，这可能也包括价值的可能

---

8 见保险法第49J 条。

范围的指示，保险负债的真实价值可能存在于其中]；

（b）在评估过程中使用的假定；

（c）数据的可用性和适当性；

（d）新近经验的重要方面；

（e）使用的模型；

（f）如果被使用的话，用来估计变量系数的方法；

（g）估计变量系数中不确定性的指示；

（h）进行的敏感性分析。

28. 在每一核算日期，注册精算师必须重新评估保险公司用以确定保险负债额的假定前提和评估方法的适当性。如果注册精算师或者保险公司对假定或方法进行了更改，则必须在当前的计算阶段说明该变动对保险负债价值的影响。这一变动的作用延伸到未来计算阶段是不适当的。

29. 而且，如果与先前评估中采用的假定或评估方法有区别，在书面建议中必须披露这些不同。

30. 通常应当特别注意的是，评估结果可能并不与后来实际发生的情况相符。尤其当重大差异结果可能被合理证明是正当的情形。

31. 对于不太重要的业务，相关内容可以较为简略。

32. 注册精算师必需及时在合理期限内向保险公司董事会提供相关报告，以便给予董事会足够的时间使用这些报告准备本保险公司当年的年度财务报表。

33. 根据“2001 年金融部门（数据收集）法”，保险公司应当向澳大利亚审慎监管局上交法定账目之日或之前，将注册精算师报告提交给澳大利亚审慎监管局。

34. 如果保险公司的账目中包含的保险负债的价值与注册精算师的建议不一致，或者其价值不是以 GPS 210 的原则确定的，那么保险公司必须书面通知澳大利亚审慎监管局，并且在其公布的年度财务账目中具体说明：

（a）不接受注册精算师意见或不以 GPS 210 的原则确定保险负债的原因；

（b）用以确定保险负债价值的另一种假定和方法的细节。

审计师和精算师非例行报告

35. 保险法规定了许多注册审计师或注册精算师有义务向澳大利亚审慎监管局进行非例行性报告的情形。[9]

36. 履行此义务时，注册审计师或注册精算师并未被要求找出审慎性要求可能被违反或投保人的利益被危及的情形，但是，他们在履行其职能的过程中，一旦发现这样的情形，必须报告。也就是说，如果注册审计师或注册精算师在作业过程中发现了澳大利亚审慎监管局未明确要求的问题，注册审计师或注册精算师仍然必须将此信息提供给澳大利亚审慎监管局。

37. 在评估投保人的利益是否可能被实质性损害时，注册审计师和注册精算师应当不仅考虑单个行为或单项不足。投保人的利益也可能被许多本身不会导致重大威胁，但联系全局并成为一个整体时，就构成重大威胁的行为或不良损害。在这样的情形下，注册审计师或注册精算师应当将这样的信息提供给澳大利亚审慎监管局。

38. 在大多数情形下，由注册审计师或注册精算师提供给澳大利亚审慎监管局的信息，同时也应当由他们提供给保险公司。但是，如果他们认为这样做将损害投保人的利益或者将会导致注册审计师或注册精算师与保险公司的董事会或高级管理层之间的不信任，则注册审计师或

9 这些要求的进一步细节，参见保险法第 49A 条。

注册精算师不必通知保险人。

39. 在非例行报告中，向澳大利亚审慎监管局提供信息的注册审计师或注册精算师，不能因为这样做将导致他们被控告或者使他们遭受惩罚，而不向澳大利亚审慎监管局提供信息。在这些情形下，保险法[10]对向澳大利亚审慎监管局提供信息的注册审计师或注册精算师提供保护。

40. 而且，澳大利亚审慎监管局鼓励注册审计师或注册精算师提供信息，如果其认为这将有助于其履行保险法或“2001 年金融部门（数据收集）法”[11]中的职能。

注册审计师或注册精算师的其他职能

41. 注册审计师还可能被要求承担其他澳大利亚审慎监管局指定的职能；而且，保险公司也可能就其他问题寻求注册审计师的建议，比如保险公司的风险管理和控制制度的充分性，如果保险公司认为适当的话。

42. 注册精算师还可能被要求承担其他澳大利亚审慎监管局指定的职能；而且，保险公司也可能就其他问题寻求注册精算师的建议，比如保险公司的再保险安排的充分性，前提是保险公司认为适当的话。

10 见保险法第 49C 和 49D 条。

11 见保险法第 49B 条。

4 -9 Guidance Note GGN 220. 1 Governance

1. The internal governance structure of an insurer is critical to ensuring that the interests of policyholders are protected. For an internal governance structure to be effective, the Board, senior management and appointed experts of an insurer must have the probity and competence necessary to develop, monitor and review sound systems for managing risk.

2. In addition, risk management and control systems should be supported by a strong and fully informed Board, the use of Board Audit Committees and independent experts.

Fitness and Propriety

3. In accordance with paragraphs 2 -3 of GPS 220 *Risk Management*, insurers must ensure that persons occupying key positions within the insurer have the degree of probity and competence commensurate with their responsibilities. For this purpose, insurers should have in place policies and procedures to address fitness and propriety. Accordingly, insurers must assess all new persons filling key positions, and those of existing staff, and should review these assessments at least annually.

4. An insurer should notify APRA immediately if a key person no longer complies with the tests of fitness and propriety established by the insurer.

5. APRA may conduct a review of the fitness and propriety of an individual. Where APRA conducts such a review, APRA will allow access to the information collected as part of the review where the provider of the information has granted permission for the information to be released. APRA will not release information where it is prohibited from doing so under any agreement with the provider of the information or under any law.

Roles and Obligations of Key Positions

(i) Boards

6. Paragraphs 17 - 18 of GPS 220 set out the requirements for the composition of an insurer's Board. The Board of an insurer must collectively possess appropriate skills and experience to understand the risks of that insurer's business. This could include (but is not limited to) actuarial, accounting, finance, insurance business and legal expertise.

7. In the case of a foreign-owned locally-incorporated insurer, non-executive directors (including the Chair) of the local Board may include Board members or senior management of the parent company (including insurance subsidiaries of the foreign parent) . APRA will also accept a Board member or senior manager of the parent company to be the Chair of the Australian insurer provided the Chair is available to consult with APRA if required.

8. Non - executive directors are persons not part of the management of the insurer , nor of any

related body corporate[1] of the insurer.[2]

9. The Board must provide the Approved Auditor and Approved Actuary of the insurer with the opportunity to raise matters directly with the Board. This includes instances where the matters have already been raised with senior management or the Board Audit Committee, but have not been dealt with to the satisfaction of the Approved Auditor or Approved Actuary.

(ii) **Board Audit Committees**

10. Audit Committees play an important role in establishing, maintaining and developing the control systems and compliance culture within an insurer. Locally incorporated insurers must have a Board Audit Committee.

11. Where the insurer is part of a larger corporate group, APRA may allow the insurer to use the Group Audit Committee as its Board Audit Committee where it is demonstrated that the Group Audit Committee can effectively address the needs of the insurer. In addition, the Board of the insurer must retain the authority to commission the Group Audit Committee to undertake work on behalf of the insurer. The Board of the insurer must also be able to arrange meetings with the Group Audit Committee in order to determine matters particular to the business of the insurer.

12. The Audit Committee should, at a minimum, oversee the insurer's financial reporting, internal and external audits, the appointment of the Approved Auditor, and generally assist the Board in providing an objective, non-executive review of the effectiveness of the insurer's financial reporting and risk management and control processes.

13. The Audit Committee must review the Approved Auditor's engagement every year, including evaluating the Approved Auditor's independence in accordance with Statement of Auditing Practice AUP 32 "Audit Independence".[3]

14. While some duties placed on directors may be delegated to the Audit Committee, the Board retains ultimate responsibility for ensuring that those duties are performed. The insurer must make such arrangements and give the Audit Committee sufficient powers to enable it to obtain all information necessary for the performance of its functions.

15. The Audit Committee must invite the Approved Auditor and Approved Actuary of the insurer to the meetings of the Audit Committee and, where necessary, provide the Approved Auditor and Approved Actuary with the opportunity to bring matters to the attention of that Committee without reference to the other directors or senior management of the insurer.

(iii) **Approved Auditors and Approved Actuaries**

16. An insurer must appoint an auditor (Approved Auditor) in accordance with the Act, and have this appointment approved by APRA.[4]

17. Subject to paragraph 19, an insurer must appoint an actuary (Approved Actuary) in accordance with the Act, and have this appointment approved by APRA.[5]

18. The Approved Auditor's primary role is to provide an independent and objective view on the truth and fairness of financial statements, and the Approved Auditor may also provide an assessment

1 Within the meaning of section 50 of the *Corporations Act 2001*.

2 Captive insurers may apply to APRA for written approval to regard persons involved in the management of a related body corporate as non-executive directors for the purposes of meeting this requirement.

3 Published by the Auditing and Assurance Standards Board of the Australian Accounting Research Foundation.

4 Refer sections 39 and 40 of the Act.

5 Refer sections 39 and 40 of the Act.

of the internal controls and processes within an insurer. The Approved Actuary's primary role to provide advice on the valuation of insurance liabilities.

19. An insurer will be exempt from the requirement to have an Approved Actuary where:

(a) the total insurance liabilities of the insurer are less than $ 20 million, and do not include a material amount in respect of a class of business which is long tail business. Long tail business refers to those classes of business where the claims are typically settled one year or more after the date of occurrence of the event that gives rise to the claim; or

(b) the insurer is able to satisfy APRA that actuarial advice is not warranted (in these cases, APRA will also need to seek the approval of the Treasurer for such an exemption).[6]

20. An insurer seeking to take advantage of the exemption granted under paragraph 19 (a) must inform APRA, and provide evidence that the criteria have been met. APRA may request that the insurer provide additional information at any time to ensure that the insurer still meets the criteria for an exemption.

21. Notwithstanding any exemption available under paragraph 19, APRA may at its discretion still require the insurer to have an independent actuarial review undertaken.[7]

– The approval process

22. The Act requires that APRA approve the insurer's appointment of an auditor and actuary. For this purpose, an application for approval of an auditor or actuary must be submitted in writing by the insurer to APRA. An application must include the following details:

(a) the name, address and telephone number of the person;

(b) whether the person is an employee of the insurer, or if not, the name of any firm that the person is an employee or partner of;

(c) details on the eligibility criteria set out in paragraph 8 of GPS 220;

(d) details on the criteria for fitness and propriety set out in paragraph 6 of GPS 220;

(e) a statement of the pecuniary interests which the person, or a related person, has in the insurer, or a related body corporate of the insurer, for instance:

(i) a security in, or contract with, the insurer or a related body corporate; and

(ii) the receipt of any remuneration, specified by type of service, from the insurer or a related body corporate;

A related person of the Approved Auditor or Approved Actuary means a spouse, or a dependent child, or a business partner, or an employer (other than the insurer), or a firm of which the Approved Auditor or Approved Actuary is a director or partner.

(f) in the case of an Approved Auditor, an attestation from the proposed auditor that he/she complies with Statement of Auditing Practice AUP 32 "Audit Independence". Where there is noncompliance, details of that must be provided.

23. In addition, the proposed Approved Auditor or Approved Actuary must provide APRA with a written undertaking that he or she will perform his or her functions in accordance with all prudential requirements issued by APRA and standards issued by relevant professional bodies.

Routine Reporting

(i) Approved Auditor

24. The Approved Auditor must audit the yearly statutory accounts of an insurer as required by

---

6 Refer section 47 of the Act.

7 Refer section 49E of the Act.

the Act. [8]The Approved Auditor must provide a certificate to the insurer specifying whether, in the Approved Auditor's opinion:

(a) the insurer has adequate systems and procedures in place to ensure it observes all the prudential standard requirements APRA has set for the insurer;

(b) the statistical and financial data provided by the insurer to APRA in its yearly statutory accounts are reliable;

(c) the insurer has adequate systems and procedures in place to ensure it complies with statutory general insurance requirements, any conditions on the authority to carry on insurance business, and any other conditions imposed by APRA in relation to an insurer's operations; and

(d) there are any matters which will, or are likely to, adversely affect the interests of insurer's policyholders.

Where the Approved Auditor is unable to satisfy these requirements (for example, if there are accounting records that have not been appropriately kept, transactions that appear irregular or that have not been accurately or properly recorded, requests for information and explanation that have not been met, or aspects to the accounts that do not truly represent the transactions and financial position), the certificate should contain details of these matters.

(ii) Approved Actuary

25. The Approved Actuary must prepare a report in accordance with this Guidance Note, GPS 210 *Liability Valuation* and any other guidance or any relevant professional standards at the end of each financial year of the insurer.

26. The report must provide:

(a) written advice in respect of the value of the insurer's liabilities in accordance with GPS 210; and

(b) whether there are any matters arising out of the preparation of this advice which will, or are likely to, adversely affect the interests of the insurer's policyholders.

27. In particular, the report must provide details of, in respect of each class of business:

(a) an estimate of the value of insurance liabilities determined in accordance with GPS 210 (where necessary, this might also include an indication of the conceivable range of values, between which the true value of the insurance liabilities might lie);

(b) assumptions used in the valuation process;

(c) availability and appropriateness of the data;

(d) significant aspects of the recent experience;

(e) the model (s) used;

(f) the approach taken to estimate the coefficient of variation where this is used;

(g) an indication of the uncertainty in the estimate of the coefficient of variation; and

(h) the sensitivity analyses undertaken.

28. For each calculation date, the Approved Actuary must reassess the appropriateness of the assumptions and valuation methods the insurer uses to determine its insurance liabilities. Where a change in assumptions or method is made by the Approved Actuary or the insurer, the effect of that change on the value of the insurance liabilities must emerge in the current calculation period - it is not appropriate that the effects of such a change be spread over future calculation periods.

---

8 Refer section 49J of the Act.

29. In addition, where there has been a change in assumptions or in valuation method from that adopted at the previous valuation, the effect of these changes must be disclosed in the written advice.

30. In general, care should be taken to ensure that results are not presented in a way that gives the impression of greater reliability than is actually the case. This applies, in particular, in situations where materially different results could reasonably be justified.

31. Abbreviated details are appropriate for a class of business that is not material.

32. The Approved Actuary must provide the report to the insurer's Board within such time as to give the Board a reasonable opportunity to consider and use the report in preparing the insurer's yearly statutory accounts for that financial year.

33. The insurer must submit the Approved Actuary's report to APRA on or before the day that the insurer's yearly statutory accounts are required to be given to APRA under the *Financial Sector (Collection of Data) Act 2001.*

34. Where an insurer includes in its accounts a value for insurance liabilities which is inconsistent with the advice received from the Approved Actuary, or is not determined in a manner consistent with the principles of GPS 210, the insurer must notify APRA in writing, and should include within its published annual financial accounts:

(a) the reasons for not accepting the Approved Actuary's advice, or for not determining the insurance liabilities in a manner consistent with GPS 210; and

(b) details of the alternative assumptions and methodologies used for determining the value of the insurance liabilities.

Non-routine Reporting by Auditors and Actuaries

35. The Act specifies a number of instances in which an Approved Auditor or Approved Actuary is obliged to report to APRA on a non-routine basis.[9]

36. In fulfilling this obligation, Approved Auditors and Approved Actuaries are not required to actively seek out instances where prudential requirements may be breached or policyholder interests may be threatened, but must report any such instances when identified in the course of fulfilling their functions. That said, should an Approved Auditor or Approved Actuary come across such a matter during the course of undertaking an activity not specifically required by APRA, the Approved Auditor or Approved Actuary must still provide that information to APRA.

37. In assessing whether the interests of policyholders may be materially prejudiced, an Approved Auditor and Approved Actuary should consider not only a single activity or single deficiency. Policyholder interests may be materially prejudiced by a number of activities or deficiencies that may not of themselves result in a material threat to policyholder interests but, when considered in total, do amount to a material threat. In such cases, an Approved Auditor or Approved Actuary should provide such information to APRA.

38. In most cases, matters reported to APRA by the Approved Auditor or Approved Actuary should also be reported by that person to the insurer. However, the Approved Auditor or Approved Actuary does not need to notify the insurer where that person considers that by doing so the interests of the policyholders would be jeopardised, or, where there is a situation of mistrust between the Approved Auditor or Approved Actuary and the Board or senior management of the insurer.

---

9 Refer section 49A of the Act for further details of these requirements.

39. An Approved Auditor or Approved Actuary that provides information to APRA in the course of non-routine reporting is not excused from giving the information to APRA on the grounds that doing so would tend to incriminate that person or make them liable to a penalty. Protection is provided under the Act[10] to Approved Auditors or Approved Actuaries that supply information to APRA in these circumstances.

40. In addition, an Approved Auditor or Approved Actuary is encouraged to provide information to APRA if that person considers it will assist APRA in the performance of its functions under the Act or the *Financial Sector (Collection of Data) Act 2001.*[11]

Other Functions of Approved Auditors and Approved Actuaries

41. An Approved Auditor may also be required to undertake other functions specified by APRA. In addition, insurers may also seek the advice of the Approved Auditor in relation to other matters, for instance the adequacy of the insurer's risk management and control framework, should the insurer consider this appropriate.

42. An Approved Actuary may also be required to undertake other functions specified by APRA. Insurers may also seek the advice of the Approved Actuary in relation to other matters, for instance the adequacy of the insurer's reinsurance arrangements, should the insurer consider this appropriate.

10 Refer sections 49C and 49D of the Act.

11 Refer section 49B of the Act.

4－10 风险管理体制
（指导原则手册 GGN 220.2）

1. 风险管理和控制，是指识别、监控、控制和报告所有内部和外部可能对保险公司的经营产生重大影响的风险可能产生的过程。这包括金融性和与业务行为有关的非金融性的风险 。

2. 澳大利亚审慎监管局在监督保险公司的再保险安排时，采用了制度性的方法。这种方法认为：再保险管理的首要责任应由保险公司的董事会和高级管理层承担，并且还集中关注保险公司采用的程序和控制的质量。虽然董事会对再保险管理负首要责任，但是，在其再保险安排的适当性、充分性和有效性方面，澳大利亚审慎监管局可以向注册审计师、注册精算师或其他相关专家寻求建议。

3. 澳大利亚审慎监管局承认，风险管理体系的范围因保险公司的规模、业务混合和经营的复杂性而呈现出明显的差异。

风险管理策略（RMS）

4. RMS 必须详细记录为管理风险而采取的策略。RMS 应当确定并记录保险公司的风险管理与控制的目标和策略，并且应当明确风险管理框架的确认以及实时监督的责任。制定保险公司董事会的风险管理政策和控制制度及其程序（至少应当包括处理资产负债风险、市场风险、信用风险、操作风险和再保险安排中出现的风险），其内容应当包括：

（a）风险识别和评估的程序；

（b）控制程序和机制；

（c）信息管理系统和通信程序；

（d）监控风险的程序。

5. RMS 必须具有为考察业务概况和其他可用信息的变化而定期审查这些制度的条款（至少每年一次）。同时，如果存在制度上的或其他与保险公司在澳大利亚的经营相关的、对保险公司的风险状况产生重要影响的事件，则保险公司应当首先咨询澳大利亚审慎监管局 。这些事件包括：子公司的设立、保险公司职能的较大修改、重组、保险公司或保险公司所属的集团的操作发生变化以及其他可能带来新的风险的活动。比如，新业务的组合或新的表外风险。这些事件，都应当在保险公司的 RMS 中有所反映。

6. 对于外国保险公司，应当在其 RMS 中明确说明监督其经营风险状况的责任归属。如果确定了风险控制机制，则这些机制应包括：向总公司报告或者总公司承担责任。RMS 应当制定这些机制，并且详细告知未来的安排。

7. 如果在澳大利亚的保险公司是国际保险集团的组成部分，或者以国外保险公司的身份经营，则澳大利亚审慎监管局希望 RMS 包括其关于全球风险管理政策的信息。这可能透露其关于风险管理的政策目标和策略，但是，报告其在澳大利亚和海外经营的信息、报告其海外母公司或总部对澳大利亚经营的监控和其本国管理者对风险管理的监管政策，是保险公司责无旁贷的使命。如果 RMS 的管理由海外总部控制，那么这些内容应当被确定下来并且详述。

8. 如果在澳大利亚的保险公司是澳大利亚保险集团的组成部分，则澳大利亚审慎监管局希望 RMS 包括其关于集团风险管理政策的信息。这可能涉及其关于风险管理的政策目标和策略，但是，将保险公司的经营和由其集团母公司进行经营、监控的信息报告给澳大利亚审慎监管局，是保险人责无旁贷的使命。如果 RMS 的管理由集团中的其他公司控制，这些内容应当被确定下来并且报告。

9. 作为其常规监管活动的一部分，澳大利亚审慎监管局将审查保险公司的 RMS 的适当性、足够性和有效性。同时，将考虑保险公司的经营规模、业务混合程度和经营的复杂性，这包括其在国内和（相关的）海外的业务活动。

风险识别和评估的程序

10. 保险公司必须制定识别和评估各种可能对保险公司的经营产生不利影响的风险的程序。

11. 保险公司的风险管理系统，应当能够处理所有重大风险。澳大利亚审慎监管局认为：保险公司必须且至少具备处理以下风险的风险管理办法：

（a）资产负债表和市场风险（见“指导原则手册 GGN 220.3”）；

（b）信用质量风险（见“指导原则手册 GGN 220.4”）；

（c） 操作风险（见指导原则手册 GGN 220.5）。

（d）来自再保险安排的风险（见审慎标准 GPS 230 再保险安排）。

12. 保险公司评估和量化风险的办法及其检验保险公司经营水平的可用技术有很多，比如，压力测试和情景分析。如果需要，保险公司应当考虑运用这些技术。

控制行为

13. 保险公司应当具备适当的控制机制，确保为风险控制而设立的政策和程序始终得到遵守。

14. 控制机制通常包括：

（a）明确界定的管理责任；

（b）充分的职责划分；

（c）建立和维持控制过程之管理风险委员会或审计职能；

（d）建立审批、限制、授权和报告制度；

（e）编制保险公司程序控制的政策；

（f）下属部门的活动控制；

（g）对活动的确认，比如承保、定价、索赔管理和调解；

（h）由董事会、高级管理层和内部审计进行的审查；

（i） 整体控制。

信息和交流

15. 作为保险公司风险管理和控制系统的组成部分，应当确立、维持并利用全面的信息管理系统，以帮助管理风险和交流结果及报告。

16. 有效而广泛的信息管理系统，需要确保相关的、准确的信息被及时的报告给适当的人员，使保险公司能够识别、量化、评估并监控业务活动、风险度、财务状况和业绩。信息系统还应当有助于保险公司监控其控制机制的有效性和遵守情况，并且报告出现的任何偶然事件。

17. 保险公司要定期对信息管理系统进行审查，以评估产生信息的流通速度和系统性、充分性、准确性及其质量。

监控风险的程序

18. 保险公司的风险管理和控制系统应当被监控，以评估该系统功能和质量。可以通过实时监控、分别评估或者两者相结合，来完成这一目标。实时监控的好处是，系统的不足将被迅速发现并且纠正。同样，分别监控能够进行更全面地分析，并且能够使保险公司全面地评估总体和系统的功效。与此相反，实时监控则是一种临场监控方式。

19. 在所有质量评估过程中，应当明确界定内部和外部审计所担负的角色。至少，必须有定期的审计（要具有确定审查主要业务、活动或风险来源的频率的明确方法），并且将结果向董事会或董事会下属的审计委员会和高级管理层报告。

20. 任何监控过程或内部审计中出现的不足，若被发现，必须向负责人员报告，以使它们得到及时处理。重大的问题必须向董事会和高级管理层报告。重大问题，不仅来自于单个缺陷，也可能来自许多细小的缺陷，当小缺陷综合在一起产生作用的时候，就会产生重大的问题。

董事会声明

21. 监管部门要求保险公司的董事会必须确保有关保险公司的立法和审慎监管要求得到遵守，并且对管理者的风险管理和再保险安排的充分性和对其法律的遵守感到满意。特别强调，每一保险公司在每年向澳大利亚审慎监管局提交上一年的会计账册的同时，必须提供董事会声明，其声明内容为：

（a）保险公司已经具备了确保遵守《保险法》（1973）、《保险条例》（1974）、审慎性标准的执行条件和系统；

（b）董事会和高级管理层已经能够识别保险公司面临的重大风险，并且具备了管理和监控这些风险的管理策略；

（c）保险公司已经具备了选择和监控再保险计划的“再保险管理策略”；

（d）保险公司充分遵守了其“风险管理策略”和“再保险管理策略”，并且有效地运作，同时，它们要控制的风险已被充分考虑；

（e）其提供给澳大利亚审慎监管局的“风险管理策略”和“再保险管理策略”的副本是准确的、现行的。

22. 如果董事会意欲证明“董事会声明”合格，则被证明合格的“董事会声明”必须包含其对重要义务违背后所负责任的描述，及补救这些违背后果（breaches）所采取的措施。

23. 考虑到保险公司的经营规模、业务混合和复杂性，保险公司面临的重大风险包括所有能够影响保险公司的风险状况的各种因素，如果适当，保险公司可以通过设立并且遵守一系列审慎操作和及时报告程序，来规避这些重大风险。

24. 因为董事会在形成“董事会声明”时，已经考虑了独立专家的建议，所以，保险公司可以不对“董事会声明”进行审计。

4 –10 Guidance Note GGN 220. 2 Risk Management Systems

1. Risk management and control is the process of identifying, monitoring, controlling and reporting all internal and external sources of risk that could have a material impact on an insurer's operations. This includes both the financial and non-financial (or operational) risks associated with conducting business.

2. APRA follows a systems-based approach in supervising risk management of insurers. This approach recognises primary responsibility for risk management rests with the Board and senior management of an insurer, and focuses on the quality of the processes and controls adopted by that insurer. While the Board retains the primary responsibility for risk management and control, it may, of course, also seek the advice of its Approved Auditor, Approved Actuary or other relevant expert in relation to the appropriateness, adequacy and effectiveness of its risk management and control systems.

3. APRA recognises that the scope of risk management systems will vary among insurers depending on the size, business mix and complexity of their operations.

Risk Management Strategy (RMS)

4. The RMS must document, in detail, the strategy adopted for managing risk. The RMS should define and document the insurer's objectives and strategy for risk management and control and should identify the individuals responsible for approval, and ongoing oversight, of the risk management framework. The RMS should identify the insurer's broad risk management and control systems (including at a minimum the systems in place to address balance sheet and market risk, credit risk, operation risks and risks arising out of reinsurance arrangements), in particular its policies and procedures including:

(a) processes for the identification and assessment of risks;

(b) control processes and mechanisms;

(c) management information systems and communication processes; and

(d) processes for monitoring risk.

5. The RMS must include provisions to review these systems regularly (at least annually) to take account of changes in an insurer's business profile and other available information. In addition, where there are institutional or other developments relating to the insurer's operations in Australia that materially affect the risk profile of the insurer, the insurer should first consult APRA. Examples of such developments include proposals relating to the establishment of subsidiaries, major modifications to, or the re-organisation of, the functions of the insurer, any changes in the operations of the insurer or the Group to which the insurer is a part, and any other activities that involve new risks, for example new business lines or new off-balance sheet exposures. Any such developments would need to be incorporated into the insurer's RMS.

6. Foreign insurers should identify in their RMS where responsibility resides for monitoring the

risk profile of their operations. Where control mechanisms for risk are in place, and these include reporting to home office or are the responsibility of home office, the RMS should also identify these mechanisms and detail the reporting arrangements.

7. If the insurer in Australia is part of a global insurance group or operates as a foreign insurer, APRA expects the RMS to include information on the global risk management policy. This may include policy objectives and strategies in respect of risk management, but would particularly include the reporting arrangements between Australian and overseas operations, the monitoring of Australian operations by the overseas parent or home office and the home regulator's supervisory arrangements regarding risk management. Where elements of the RMS are controlled by an overseas office, these should be identified and detailed.

8. If the insurer in Australia is part of an Australian insurance group, APRA expects the RMS to include information on the group's risk management policy. This may include policy objectives and strategies in respect of risk management, but would particularly include the reporting arrangements between the insurer's operations and the monitoring of operations by the parent of the group. Where elements of the RMS are controlled by another company in the group, for instance the parent, these should be identified and detailed.

9. As part of its normal supervisory activities, APRA will review the appropriateness, adequacy and effectiveness of an insurer's RMS having regard to the size, business mix and complexity of the insurer's operations, covering both domestic and (where relevant) overseas activities.

Processes for Risk Identification and Assessment

10. An insurer must have in place processes to identify and assess the range of risks that could adversely affect the operations of the insurer.

11. Whilst the risk management systems of an insurer should address all material risks, APRA considers that, at a minimum, an insurer must have risk management systems to address:

(a) balance sheet and market risk (see Guidance Note GGN 220.3);

(b) credit quality risk (see Guidance Note GGN 220.4);

(c) operational risk (see Guidance Note GGN 220.5); and

(d) risks arising out of reinsurance arrangements (see GPS 230 *Reinsurance Arrangements*).

12. There are a number of techniques available to insurers to enable the assessment and quantification of risks and their impact on the insurer's operations, including, for example, stress testing and scenario analysis. Where appropriate, an insurer should consider using such techniques.

Control Activities

13. An insurer should have appropriate control mechanisms in place to ensure that the policies and procedures established for risk management are adhered to at all times.

14. Control mechanisms would normally include:

(a) clearly defined management responsibilities;

(b) adequate segregation of duties;

(c) a risk committee or audit function to establish and maintain the control processes;

(d) a system of approvals, limits, authorisations and reporting lines;

(e) policies to document the insurer's procedural controls;

(f) activity controls for each division or department;

(g) verifications of activities such as underwriting, pricing and claims management, and reconciliations;

(h) reviews by Board, senior management and internal audit; and

(i) physical controls.

Information and Communication

15. As part of an insurer's risk management and control systems, comprehensive management information systems should be established, maintained and utilised to assist in the management, communication and reporting of risk issues and outcomes.

16. An effective and comprehensive management information system needs to ensure that relevant, accurate and timely information is reported to appropriate persons, so to enable the insurer to identify, quantify, assess and monitor business activities, exposure to risk, financial position and performance. The information system should also allow the insurer to monitor the effectiveness of, and compliance with, its control mechanisms and report any exceptions that arise.

17. Management information systems need to be reviewed regularly to assess the current relevance of information generated and the adequacy, quality and accuracy of the system's performance over time.

Processes for Monitoring Risk

18. An insurer's risk management and control systems should be monitored to assess the quality of the systems' performance. This can be accomplished through ongoing monitoring activities, separate evaluations or a combination of the two. The advantage of ongoing monitoring is that deficiencies in the systems can be detected and corrected quickly. Alternatively, separate evaluations enable the insurer to periodically assess the effectiveness of a system. Separate evaluation involves a more comprehensive analysis and allows an insurer to assess the quality of the system as a whole as opposed to a case-by-case approach to ongoing monitoring.

19. Within any quality assessment, there should be clearly defined roles for both internal and external audits. At a minimum, there must be periodic internal audits (with a clear methodology in place to determine the frequency of review for major business or activities or risk sources), with results being reported to the Board or the Board Audit Committee and to senior management.

20. Any deficiencies identified as part of the monitoring process or internal audit must be reported to those persons responsible in order that they can be addressed. Material deficiencies must be reported to the Board and senior management. A material deficiency can result not only from a single deficiency, but from a number of small deficiencies that, when considered together, amount to a material deficiency.

Board Declaration

21. The Board is required to confirm that the insurer has systems in place to ensure compliance with legislative and prudential requirements, and that the Board has satisfied itself as to the adequacy of, and compliance with, the insurer's risk management and reinsurance arrangements. Specifically, each insurer must provide APRA with a Board Declaration, at the same time it lodges its yearly statutory accounts, that, for the last financial year:

(a) the insurer has systems in place to ensure compliance with the *Insurance Act 1973*, *Insurance Regulations 1974*, Prudential Standards, authorisation conditions and directions;

(b) the Board and senior management have identified the key risks facing the insurer and have a

Risk Management Strategy in place to manage and monitor those risks;

(c) the insurer has in place a Reinsurance Management Strategy for selecting and monitoring reinsurance programs;

(d) the insurer has substantially complied with its Risk Management Strategy and Reinsurance Management Strategy and that they are operating effectively in practice, having regard to the risks they are designed to control; and

(e) copies of its Risk Management Strategy and Reinsurance Management Strategy provided to APRA are accurate and current.

22. Should the Board wish to qualify the Board Declaration, the qualified Board Declaration must include a description of any material deviation from its obligations, and steps taken to remedy those breaches.

23. Key risks facing an insurer include all matters capable of influencing the risk profile of an insurer, taking into account the size, business mix and complexity of an insurer's operations. Where appropriate, an insurer may address key risks by setting and requiring adherence to a series of prudential limits and timely reporting processes.

24. An insurer is not required to have the Board Declaration audited since the Board should have considered the advice of independent experts in making the Board Declaration.

4-11 资产负债表和市场风险（指导原则手册 GGN 220.3）

1. 保险公司的董事会和高级管理层必须制定、执行并维持编制资产负债表和市场风险的风险管理和控制制度。资产负债表和市场风险包括，但不仅限于：承保和投资风险；与承保、索赔管理、产品设计与价格、流动性管理及衍生产品的使用等相关联的风险。这些风险，有的在“GPS 220 风险管理”和其他的文件中具体论述过。本指导原则手册汇总了部分有关上述风险的论述，并且对保险公司在风险管理和控制制度中需要解决的资产负债表和市场风险问题提供了指导原则。

保险

2. 保险风险是指保险负债的真实价值可能超过保险负债的估计价值而面临的风险，其中保险负债主要包括未决索赔负债和保费负债。保险风险是保险公司承受的重大风险之一。因此，保险公司的风险管理和控制制度，必须通过一定的程序确定适时审查和评估负债的框架（即框架的设定、估计的再保险获赔额等）。在进行这一审查时，应当考虑目前的保险定价和索赔支付动态。

投资

3. 投资风险是指保险人资产负债表上的资产或某些表外资产，由于价格的不利变动而导致的风险。投资风险有许多来源，包括市场风险（例如，股票、利率和外汇风险）、信用风险、投资集中风险和资产与负债不匹配风险。

4. 保险公司的风险管理制度应当清楚地规定投资决策制度，包括监控、控制和报告投资风险的程序（比如，资产配置、负债组合匹配标准和业绩分析）。关于信用风险、集中风险、流动性风险和衍生风险的具体要求，本指导原则手册的其他部分和指导原则手册 GGN 220.4 信用风险管理中都有规定。

承保

5. 承保指的是保险公司是否决定接受一项可能遭受损失的业务，以及在什么条件下接受该业务的程序。如果承保程序的控制和制度方面存在问题，那么将会使保险公司可能遭受财务损失或资本状况遭受意想不到的风险。

6. 至少，承保风险管理和控制制度必须包括以下政策和程序：

（a）关于保险公司接受风险的意愿和能力的声明。

（b）保险公司准备承保的保险业务的种类和特征，包括：

（i）地理区域；

（ii）可能承保的风险类别；

（iii）不予接受保单的准则和再保险之利用原则。

（c）能够有效评估被承保业务风险程度的评估标准，包括：

（i）评估风险的标准；

（ii）监控时总结的经验及方法；

(iii) 在更新承保程序中应考虑总结的经验及其方法。

(d) 适当的批准权限和确定这些权限的标准（包括对保险中介的委托授权的控制）。

(e) 集中度限度。

(f) 对承保政策和程序的遵守的监控办法，例如：

(i) 内部审计；

(ii) 对已承保保单的同行评估；

(iii) 对经纪人提供给保险公司的信息的质量是否符合适当标准的评估；

(iv) 再保险情况下，对分出公司的审计，以确保承担的再保险符合已签订的条约。

索赔管理

7. 索赔管理是指，保险公司履行其对投保人的合同义务的全过程管理。当保单中规定的承保损失发生时，保险公司必须：

(a) 核实并履行支付赔款的合同义务。

(b) 评估赔款付债，包括理赔费用。

(c) 管理理赔程序。

8. 如果索赔管理程序的控制和制度方面存在不足，将使保险公司面临意想不到的风险。这些风险可能危及该保险公司的资本状况。

9. 至少，索赔管理的风险管理和控制制度必须包括以下措施和程序：

(a) 明确清晰的、适当的行政授权的级别权限。

(b) 理赔程序，包括赔款决定与调查程序以及接受索赔或拒绝索赔的标准。

(c) 损失评估程序（包括评估再保险获赔）。

(d) 是否遵守索赔管理程序的监控方法，例如：

(i) 内部审计；

(ii) 对已付赔款的同行评估；

(iii) 对经纪人提供给保险公司的信息的质量是否符合适当标准的评估；

(iv) 再保险情况下，对分出公司的审计，以确保已支付的赔款符合已签的条约。

产品设计和定价

10. 保险产品的定价，涉及对赔款与该产品的成本的核算，涉及对来自该产品的保费收入进行投资而获得的投资收入的核算。如果对某一销售产品的赔款、成本或投资回报计算的不准确，就可能产生定价风险（Pricing risk）。

11. 产品设计和定价的风险管理和控制制度必须至少包括以下措施和程序：

(a) 该保险公司准备涉足或已经确定不涉足的产品系列。

(b) 批准对产品设计和定价等方面的明确清晰的、适当的分级授权。

(c) 评估风险的程序（processes for assessing risks），包括对以下方面风险的评估：通货膨胀、逆向选择、技术变化、巨灾、法律决定、政府政策变化和投资回报。

(d) 通过多元化、拒赔条款和再保险来控制风险。

(e) 确保保单文件拟定充分，以使得该产品意欲保险的范围和级别确定具有法律效力。

(f) 总结的经验在价格调整中如何反映。

(g) 保险公司的产品定价如何应对竞争压力。

(h) 监控其是否遵守了产品设计和定价的政策和程序。

流动性

12. 在保险公司对投保人（和其他债权人）的现金支出义务到来的时候，保险公司应当有足够的流动性资金来履行这些义务。保险活动的性质意味着，现金支出的时间和数额是不确定的。这种不确定性可能影响保险公司履行其义务的能力，或者可能需要保险公司承受额外的成本负担，比如，在保费上可能增加附加成本或者通过资产出售减少成本。

13. 流动风险管理体制，至少必须包括以下政策和程序方面的考虑：

（a）在正常和具有压力的运营条件下，预期的资产和负债现金流之间的不匹配程度。

（b）资产的流动性和可变现性。

（c）履行保险和其他负债的义务。

（d）保险负债的发生率、时间和数量的不确定性。

（e）保险公司持有的流动性资产的水平。

（f）其他资金来源，包括再保险、借贷能力、信用额度和集团内融资的可供性。

衍生产品

14. 衍生产品是一种金融合约。它包括远期、期货、掉期（互换）、期权和其他类似交易。

15. 衍生产品的风险管理体制至少必须包含以下的政策和程序：

（a）保险公司运用衍生产品的目标声明；

（b）保险公司的风险忍受能力以及与这些风险忍受能力相一致的控制制度；

（c）衍生产品交易的权利和责任的适当界限，包括交易额度；

（d）对最坏情形的考虑、敏感性分析以及具体的分析报告。

4-11 Guidance Note GGN 220. 3 Balance Sheet and Market Risk

1. The Board and senior management of an insurer must develop, implement and maintain a risk management and control system to address balance sheet and market risks. Balance sheet and market risks include, but are not limited to, insurance and investment risks, and the risks associated with underwriting, claims management, product design and pricing, liquidity management and the use of derivatives. Some of these risks have been discussed in detail elsewhere in GPS 220 *Risk Management* and the guidance notes. This Guidance Note brings together some of that discussion, and provides guidance on some of the balance sheet and market risks that an insurer's risk management and control systems need to address.

Insurance

2. Insurance risk is the risk that the true value of insurance liabilities, both outstanding claims liability and premiums liability, will be greater than the estimated value of insurance liabilities. Insurance risk is one of the most significant risks to which an insurer is exposed. To this end, an insurer's risk management and control system must include a process for ongoing review and appraisal of the liability valuation framework (i. e. assumptions made, reinsurance recoveries estimated, etc). In conducting this review, consideration should be given to emerging pricing and claim payment trends.

Investment

3. Investment risk refers to the possibility of an adverse movement in the value of an insurer's on-balance sheet assets and/or certain off-balance sheet obligations. Investment risk derives from a number of sources, including market risk (eg equity, interest rate and foreign exchange risk), credit risk, investment concentration risk and asset and liability mismatch risk.

4. An insurer's risk management system should document clearly the investment decision making framework, and include information on the process for monitoring, controlling and reporting investment exposures (eg asset allocations, liability portfolio matching criteria, limit structures and dealing authorities, and performance analysis). Requirements in respect of credit risk, concentration risk, liquidity risk and derivatives risk are provided elsewhere in this Guidance Note and Guidance Note GGN 220. 4 *Credit Quality.*

Underwriting

5. Underwriting is the process by which an insurer determines whether and under what conditions to accept a risk. Weaknesses in the controls and systems surrounding the underwriting process can expose an insurer to the risk of unexpected losses which may threaten the capital position of the insurer.

6. At a minimum the risk management and control system for underwriting must consist of

policies and procedures including:

(a) a statement of the insurer's willingness and capacity to accept risk;

(b) the classes and characteristics of insurance business that the insurer is prepared to underwrite including:

(i) geographical areas;

(ii) the types of risks that may be underwritten; and

(iii) criteria for the use of policy exclusions and reinsurance;

(c) a formal evaluation process for the effective assessment of risks underwritten including:

(i) the criteria for assessing risk;

(ii) the method for monitoring emerging experience; and

(iii) the method by which emerging experience is taken into account in updating the underwriting process;

(d) appropriate approval authorities and limits to those authorities that are definitive and specific (including controls surrounding delegations given to intermediaries of the insurer);

(e) concentration limits; and

(f) methods for monitoring compliance with underwriting policies and procedures such as:

(i) internal audit;

(ii) peer review of policies underwritten;

(iii) assessments of brokers' procedures and systems to ensure the quality of information provided to the insurer is of a suitable standard; and

(iv) in the case of reinsurers, audits of ceding companies to ensure that reinsurance assumed is in accordance with treaties in place.

Claims Management

7. Claims management is the process by which insurance companies fulfil their contractual obligations to policyholders. When a loss occurs under an insurance policy the insurer must:

(a) verify the contractual obligation to pay the claim;

(b) make an assessment of the claims liability, including loss adjustment expenses; and

(c) manage the claim settlement process.

8. Weaknesses in the controls and systems surrounding the claims management process can expose an insurer to the risk of unexpected losses. These losses may threaten the capital position of the insurer.

9. At a minimum, the risk management system for claims management must consist of policies and procedures including:

(a) clearly defined and appropriate levels of delegations of authority;

(b) claim settlement procedures, including claim determination and investigation procedures and the criteria for accepting or rejecting claims;

(c) loss estimation procedures (including estimated reinsurance recoveries); and

(d) methods for monitoring compliance with claims management processes and procedures such as:

(i) internal audit;

(ii) peer review of claims paid;

(iii) assessments of brokers' procedures and systems to ensure the quality of information provided to the insurer is of a suitable standard; and

(iv) in the case of reinsurers, audits of ceding companies to ensure that the value of claims paid is in accordance with treaties in place.

Product Design and Pricing

10. The pricing of an insurance product involves the estimation of claims and costs arising from that product and the estimation of investment income arising from the investment of premium income attaching to the product. Pricing risk may occur where the claims, costs or investment returns arising from the sale of a product are inaccurately calculated.

11. At a minimum the risk management system for product design and pricing must consist of policies and procedures including:

(a) product lines that the insurer is prepared to engage in or has chosen not to engage in;

(b) clearly defined and appropriate levels of delegation for approval of all material aspects of product design and pricing;

(c) processes for assessing risks, including, risks arising from: inflation; anti-selection; technology changes; catastrophes; legal decisions; changes in government policy; and investment returns;

(d) requirements for limiting risk through, for example, diversification, exclusions and reinsurance;

(e) processes to ensure that policy documentation is adequately drafted to give legal effect to the proposed level of coverage under the product;

(f) how emerging experience is to be reflected in price adjustments;

(g) how the insurer's product pricing responds to competitive pressures; and

(h) methods for monitoring compliance with product design and pricing policies and procedures.

Liquidity

12. An insurer should have sufficient liquidity to meet all cash outflow commitments to policyholders (and other creditors) as and when they fall due. The nature of insurance activities means that the timing and amount of cash outflows are uncertain. This uncertainty may affect the ability of an insurer to meet its obligations to policyholders or may require insurers to incur additional costs through, for example, raising additional funds at a premium on the market or through the sale of assets.

13. At a minimum the risk management system for liquidity must consist of policies and procedures including consideration of:

(a) the level of mismatch between expected asset and liability cash flows under normal and stressed operating conditions;

(b) the liquidity and realisability of assets;

(c) commitments to meet insurance and other liabilities;

(d) the uncertainty of incidence, timing and magnitude of insurance liabilities;

(e) the level of liquid assets held by the insurer; and

(f) other sources of funding including reinsurance, borrowing capacity, lines of credit and the availability of intra-group funding.

Derivatives

14. Derivative transactions are financial contracts and include a wide assortment of instruments

such as forwards, futures, swaps, options and other similar transactions.

15. At a minimum, the risk management and control system must consist of policies and procedures including:

(a) a statement of the insurer's objectives in using derivatives;

(b) the risk tolerances of the insurer and a limit framework consistent with those risk tolerances;

(c) appropriate lines of authority and responsibility for transacting derivatives, including trading limits; and

(d) consideration of worst case scenarios and sensitivity analysis and reporting of that analysis.

4－12 信用质量
（指导原则手册 GGN 220. 4）

1. 保险公司的董事会和高级管理层必须制定、执行并遵循一份处理信用质量风险的风险管理和控制制度。

信用风险敞口

2. 信用风险敞口增加了保险公司的风险度，并且对保险公司的财务能力产生不利影响。为了实现“GPS 220 风险管理”和本指导原则手册之目的，现将信用敞口定义为包括资产负债表内和资产负债表外对单方或关联各方的敞口（包括担保、衍生金融工具）以及与绩效相关的债务。

3. 信用敞口风险管理制度，由政策和程序组成，其至少且必须包括

（a）对下列对象的信用敞口限度：

（i）单个对方和关联对方的集团；

（ii）集团内的资产敞口（对于子公司或者关联企业）；

（iii）单个行业；以及

（iv）单个地理区域。

要在个体和整体两个层面上予以考虑。

（b）批准临时增加敞口限额的程序和确保对敞口限额的掌握；在设定好的时间框架内，确保信用额度仍保持在先前批准的信用限额内的程序 。

（c）如果交易对方目前正陷入财务困境，降低或取消对该特定对方的信用限额的程序。

（d）监督和控制信用敞口对先前批准的信用额度是否违背的程序。

（e）审查信用敞口（至少每年一次，但是，如果有信用质量恶化的证据，应当更加频繁）的程序。

（f）能够及时收紧任何一个对方（或者关联对方集团）、资产类别、行业和地区的敞口。

（g）向董事会和高级管理层报告的程序：

（i）任何对信用限额的违背情况；

（ii）巨大敞口和其他信用风险集中。

4. 为了达到上述目的，澳大利亚审慎监管局通常认为：巨大敞口是指保险公司资本基数的10% 以上单单针对一方资产或相应另一方（包括关联企业）的敞口。

4 –12 Guidance Note GGN 220. 4 Credit Quality

1. The Board and senior management of an insurer must develop, implement and maintain a risk management and control system to address credit quality risks.

Credit Exposures

2. Credit exposures can increase the risk profile of an insurer and adversely affect financial viability. A credit exposure for the purpose of GPS 220 *Risk Management* and this Guidance Note includes both on-balance sheet and off-balance sheet exposures (including guarantees, derivative financial instruments and performance related obligations) to single and related counterparties.

3. At a minimum the risk management system for credit exposures must consist of policies and procedures including:

(a) limits for credit exposures to:

(i) single counterparties and groups of related counterparties;

(ii) intra-group asset exposures (to subsidiaries and related entities);

(iii) single industries; and

(iv) single geographical locations.

at both an individual and consolidated level.

(b) a process for approving requests for temporary increases in limits and a process to ensure excesses are brought within the preapproved limits within a set timeframe;

(c) processes for reducing or cancelling limits to a particular counterparty where the counterparty is known to be experiencing problems;

(d) a process in place to monitor and control credit exposures against pre-approved limits;

(e) a process to review credit exposures (at least annually but more frequently in cases where there is evidence of a deterioration in credit quality);

(f) a management information system that is capable of aggregating exposures to any one counterparty (or group of related counterparties), asset class, industry or region in a timely manner; and

(g) a process of reporting to the Board and senior management:

(i) any breaches of limits; and

(ii) large exposures and other credit risk concentrations.

4. For these purposes, APRA would normally regard a large exposure as an exposure to an asset or counterparty (including related entities) of greater than 10% of the insurer's capital base.

4－13　操作风险
（指导原则手册 GGN 220.5）

操作风险

1. 保险公司的董事会和高级管理层必须制定、执行并遵循一份处理保险公司非金融性或操作风险的管理和控制制度。操作风险包括但不限于技术风险（包括处理风险）、名誉风险、欺诈、合谋、外包、业务连续性计划、法律风险和关键人物风险。

2. 采用指导原则手册 GGN 220.2“风险管理体制”，可以减轻某些上述风险。例如，通过分离义务、授权和调整程序，可以减少欺诈风险。本指导原则手册主要处理与外包和业务连续性中断有关的特殊风险。

外包

3. 许多保险公司将外包部分业务的管理职能委托给第三方服务提供者。保险公司应当确保他们保留了对外包业务的最终控制权，且已清楚地划分风险和责任并为双方所理解。

4. 外包风险管理制度，由政策和程序组成，其至少且必须包括：

（a）评估对服务提供者的控制程序；

（b）达成外包协议的程序：

（i）外包活动的利益和风险信息，包括：外包业务情况；要求提供的服务；质量和时间要求；保险公司将如何监督、测评和管理关系以及计划控制的具体信息；

（ii）服务提供者应当承担的勤勉责任，包括：服务提供者的职责、处理业务连续性和满足保证金或处罚的能力（财务、技术），以及

（iii）利益冲突。

5. 所有外包安排必须采取书面的、有法律效力的协议。该协议应当：

（a）清楚地列出各方的契约责任；

（b）规定保险公司和服务提供者将根据协议执行监督的方式；

（c）设立问题解决的程序；

（d）包括中止条款（含服务提供者向保险公司移交记录和所有权）和过渡安排；

（e）确定因为各方不作为而导致的惩罚措施；

（f）规定服务提供者应具有相关的保险资格。

6. 同时，保险公司必须确保：

（a）对敏感信息提供足够的安全性和私密性保护；

（b）保险公司和服务提供者持有的记录应当能够满足审计追踪目的（audit trail purposes）的要求；服务提供者持有的记录能随时被保险公司获取；如果澳大利亚审慎监管局认为必要，也能够获得这些记录。

7. 保险公司必须确保存在足够的突发事件应对方案，包括适当的备用工具，来应对服务提供者运作中的故障，或者应对服务提供者或保险公司行使终止合同的权利的情形。这些计划，应当对其进行定期（至少一年一次）测试；保险公司亦应当能够获得这些测试结果。

8. 如果服务提供者和保险公司相关联（例如，属于同一公司集团），则保险公司必须制定

类似于外部服务提供者的风险管理和控制制度。而且，突发事件应对方案，应当考虑在关联机构不能继续提供合同服务的情形，以类似的成本，选择外部服务提供者的服务。

业务连续性

9. 保险公司业务的中断，可能导致意料不到的金融性（financial）和非金融性（non－financial）损失（例如，数据、房产、信誉等等）。以下情形可能导致业务的中断：权力失灵（v）、被拒绝进入工作区域、系统失灵（计算机、数据、建筑和/或设备）、火灾、舞弊和关键人员流失（loss of key staff）。

10. 业务连续性风险管理制度，由政策和程序组成，其至少且必须包括：

（a）风险识别程序：

（i）可能导致业务连续性中断的事件；

（ii）这些事件发生的可能性；

（iii）最危险的过程；

（iv）那些事件的结果。

（b）业务连续性计划（BCP）及其描述：

（i）如果业务连续性问题发生将遵循的程序；

（ii）制定 BCP 的具体程序，包括人工操作、场外复原体系的激活（如果必要）及负责激活 BCP 的人员；

（iii）通信方式（包括媒介策略）和相关人员、供应者、监管者、市场管理者、主要客户、媒体和主要人物的联系信息；

（iv）BCP 包括的主要制度时间表和恢复这些制度的时间框架；

（v）人员的预先指派责任和对职员进行 BCP 全面培训的程序；

（vi）定期测试和审查 BCP 的程序。

（c）定期备份重要数据和存储非现场信息的程序。

4 –13 Guidance Note GGN 220. 5 Operational Risks

Operational Risk

1. The Board and senior management of an insurer must develop, implement and maintain a risk management and control system to address the non-financial or operational risks of that insurer. This covers, but is not limited to, issues such as technology risk (including processing risks), reputational risk, fraud, compliance, outsourcing, business continuity planning, legal risk and key person risk.

2. Some of these risks can be mitigated by adopting the principles outlined in Guidance Note GGN 220. 2 *Risk Management Systems.* For example, the risk of fraud can be reduced through segregation of duties, authorisation and reconciliation procedures. This Guidance Note addresses the particular risks associated with outsourcing and disruptions to business continuity.

Outsourcing

3. Many insurers outsource some parts of the administration of their business to a third party service provider. Insurers should ensure that they retain ultimate control over the outsourced operations and that the division of risks and responsibility is clear and mutually understood.

4. At a minimum, the risk management system for outsourcing must consist of policies and procedures including:

(a) procedures to assess the controls of the service provider;

(b) procedures for entering into outsourcing agreements including:

(i) the formation of a business case outlining the benefits and risks of outsourcing the activity, including: an outline of the processes to be outsourced; the services required; the quality and timeframe requirements; together with detail on how the insurer intends monitoring, measuring and managing the relationship and the intended controls;

(ii) due diligence on the service provider, including: the capacity of the service provider (financial, technical and otherwise) to fulfil duties, deal with disruptions in business continuity and to meet any indemnities or penalties; and

(iii) conflicts of interest.

5. All outsourcing arrangements must be undertaken using a written, legally binding agreement. The agreement should:

(a) clearly outline the responsibility of each party to the contract;

(b) set out the ways in which the insurer and the service provider will monitor performance under the agreement;

(c) establish procedures for problem resolution;

(d) include termination clauses (including requirements for the ownership and delivery of records from the service provider to the insurer) and transitional arrangements;

(e) define the consideration together with penalties to be incurred by either party for non-performance; and

(f) set out requirements for the service provider to hold relevant insurance.

6. In addition, the insurer must ensure that:

(a) adequate security and confidentiality is provided over sensitive information; and

(b) records held by the insurer and the service provider are adequate for audit trail purposes and that those records held by the service provider are readily available at all times to the insurer and, where APRA considers it necessary, to APRA.

7. The insurer must ensure that adequate contingency plans exist, including back-up facilities if appropriate, to cover a breakdown in the operations of the service provider or in circumstances where the service provider or the insurer exercises a right to terminate the contract. These plans should be tested regularly (annually at a minimum) and the results of these tests should be made available to the insurer.

8. Where the service provider is related to the insurer (for example, part of the same corporate group), the insurer must have in place risk management and control systems similar to those in place for external service providers. In addition, the contingency plan should consider the possibility of accessing external service providers at a similar cost in the case of an inability of the related entity to continue to provide contracted services.

Business Continuity

9. Disruptions in an insurer's business can lead to unexpected losses of both a financial and non-financial nature (eg data, premises, reputation, etc.). Disruptions may occur as a result of events such as power failure, denial of access to premises or work areas, systems failure (computers, data, building and/or equipment), fire, fraud, and loss of key staff.

10. At a minimum the risk management system for business continuity must consist of policies and procedures including:

(a) a process for identifying:

(i) events that may lead to a disruption in business continuity;

(ii) the likelihood of those events occurring;

(iii) the processes most at risk; and

(iv) the consequence of those events.

(b) a business continuity plan (BCP) describing:

(i) procedures to be followed if business continuity problems arise;

(ii) detailed procedures for enacting the BCP, including manual processes, the activation of an off-site recovery site (if needed) and the person (s) responsible for activating the BCP;

(iii) a communications strategy (including a media strategy) and contact information for relevant staff, suppliers, regulators, market authorities (including exchanges), major clients, the media and other key people;

(iv) a schedule of critical systems covered by the BCP and the timeframe for restoring those systems;

（v）the pre-assigned responsibilities of staff and procedures for training staff on all aspects of the BCP；

（vi）procedures for regular testing and review of the BCP；and

（c）procedures for backing up important data on a regular basis（preferably daily）and storing the information off-site.

4－14　对一般保险公司资本充足率的要求（审慎标准 GPS 110）

本标准的的和基本要求

本审慎标准的目的是，通过规定各保险公司保持和具备最低资本要求，来确保所有的保险公司的保险客户保持一定数量的稳定性。

资本是保险公司的基石。资本能够弥补可能发生的损失；在解决可能发生的问题时，资本能使保险公司继续运营。保有适当的资本量，能够使保险客户、债权人产生信心，并能保障保险公司的财务健康和稳定。

在保证具备了本标准规定的最低资本的基础上，保险公司董事会和高级管理层有责任确保保险公司的资本符合相应的规模、商务组合模式和业务的复杂性要求。与此相应，保险公司应当具备适当的机制，对与业务活动相关的风险进行识别、管理和监控，并保有与总体风险模式相称的资本。

本审慎标准的基本要求是：

• 保险公司可以选择两种方法中的一种来确定最低资本要求（MCR）。应当鼓励拥有充足资源的保险公司制定资本测算模式，以便计算出最低资本要求［这里指的是内部模型方法（IMB）］。然而，使用这种方法的条件是，获得澳大利亚审慎监管局和财政部部长的同意，并且要求保险公司满足一系列的质量和数量标准。对于不使用 IMB 方法的保险公司，必须使用本标准规定的方法。

• 无论使用何种方法来计算最低资本要求，都必须在考虑一系列风险因素的基础上来确定保险公司的最低资本要求。这些风险因素可能威胁到保险公司是否能够具有对保险客户履行义务的能力。根据本标准所规定的方法，这些风险因素有三种类型：保险风险（是指净保险负债的实际价值可能高于按照审慎标准所确定价值的风险）；投资风险（保险公司资产负债表内、表外项目价值的不利变化）；集中风险（与连续灾难事件相联系的风险）。根据其计算方法，使用 IMB 方法的保险公司，在进行风险预测时，应涵盖上述风险因素以及其他相关的风险因素。

• 保险公司必须始终备有合格的资本，并超过其最低资本要求。合格的资本由两种资本组成：从广义上说，第一层次的资本是永久性的，保险公司无须为此付出持续经营的服务成本，而第二层次的资本的生命周期可能是有限度的，可能需要履行持续的经营服务义务方可获得。在保险公司的合格资本中，其中第二层次的资本数额不得超过第一层次的资本数额。

• 在外国注册并在澳大利亚境内获得授权而设立分支机构（相对于澳大利亚本土保险公司而言，这些分支机构即为外国保险公司）并进行经营的保险公司，与澳大利亚本土保险公司适用的标准有所不同。具体而言，要求这些外国保险公司保持其在澳大利亚境内的资产高于其在澳大利亚境内的负债，即至少达到其最低资本要求。

• 披露和透明对于监督过程而言是极其重要的。为了增强保险客户和市场对资本充足状况的了解，保险公司应当在其发行的年度报表中披露其合格资本和最低资本要求的所有细节内容。

下文以及指导原则手册 GGN 110.1、GGN 110.2 和 GGN 110.5（其均为本标准的一部分）中，对这些要求的细节内容做出了规定。与澳大利亚境内资产界定相关的其他指导原则，参见“GPS 120 澳大利亚资产”。

审慎标准

1. 根据《1973 年保险法》（以下称法案）第 32 条所制定的审慎标准，适用于所有依照该法案授权而进行登记的保险公司。

2. 由于资本对于保险公司的财务健康至关重要，因此，澳大利亚审慎监管局要求各保险公司维持其充足资本，以使保险公司在相关情况下能够履行其保险义务。关于监管程序所要求的资本水平，应当参照最低资本要求而定。

资本基数的界定

3. 在评价保险公司资本资源是否充足时，不仅应注意可能发生的事件或事件的类型，而且应当注意各种资本工具所提供支持的质量。以下事项与确定资本工具是否符合监督机构所要求的充足程度紧密相关，即各种工具可以在何种范围能从事以下行为：

（a）提供永久性和不受限制的资金；

（b）很容易获得资本工具来消除商业活动所遭受的损失；

（c）不强加任何不可避免的服务收费；

（d）在保险公司清算时，加入保险客户和其他债权人行列而提出债权请求。

4. 并非所有资本工具都同样地符合这些标准。由于需要为确保保险公司的资本基数提供适当支持，因此澳大利亚审慎监管局针对满足最低资本要求的合格资本的组成，强制增加了一些条件。在指导原则手册 GGN 110.1 资本基数计算法中，包括了合格资本工具及其合格的具体条件和要求。

5. 在保险公司遭遇了困难、无法进行监督且其资产又十分可疑的情况下，保险公司的资产负债表可以包括经营台账接受的某些资产，比如未来所得税福利、商誉及其他有形资产。保险公司需要从合格资本中扣除这些资产类型的所有控股。指导原则手册 GGN 110.1 中规定了扣除操作的具体内容。

6. 保险公司应当始终保证合格资本（扣除之后）高于其最低资本要求。若保险公司提出从资本中进行扣除，则其事先必须获得澳大利亚审慎监管局的书面同意（参见指导原则手册 GGN110.1）。

最低资本要求（MCR）

7. 保险公司的资本资源，必须与其规模、商业组合及其业务的复杂性相适应。为了达到这个目的，澳大利亚审慎监管局采用了以风险为基础的方法，来测算所有保险公司的资本资源。最低资本要求旨在使得保险公司的资本从总体上与保险公司面临的所有风险保持一定的适应性（包括与保险索赔、投资、对方违约、资产—负债不相称、灾难以及经营方面的失误等相关的风险）。

8. 可以使用以下任一方法来确定最低资本要求：

（a）公司制定的能够反映其业务状况的内部模式——内部模型方法（IMB）；[1]

1 需要通过修改本标准和相关指导文件，来实行适合特定保险公司的内部模式。此种修改应当根据第 32 条第（3A）款进行。若根据第 32 条第（3E）款进行，则澳大利亚审慎监管局必须事先获得财政部部长的书面同意。

（b）本标准详细规定的标准框架以及相应的指导文件规定的方法；

（c）同时，采用上述两种方法，以保持与公司的经营组合相适应。

9. 无论是依据第 8 款计算出的结果如何，保险公司的最低资本要求不得低于 500 万美元。

10. 计算保险公司的资本，需要进行一定的判断和考察并进行风险评估（尽管风险评估很难进行），对于这一点，业界已经达成共识。因此，如果澳大利亚审慎监管局认为根据本标准确定的数额不能适当反映某一保险公司的风险模式[2]，则其可以调整保险公司的最低资本要求。也就是说，澳大利亚审慎监管局可以要求某一保险公司保证具备其合格资本高于根据第 8 款风险计算方法算出的资本。这种情况适用于以下公司：新成立的保险公司、遭遇财务困难或经营困难的保险公司、澳大利亚审慎监管局认为对特定类型风险做出妥善处理的保险公司。

11. 在正常的营业过程中，保险公司必须具备资本管理程序，以便监控和确保其持续地符合最低资本要求。这些程序应当与保险公司的总体业务计划保持一致，并且必须包括能够避免违反最低资本要求的措施和程序。

（i）内部模型方法

12. 应当鼓励具有充足资源的保险公司使用内部资本计算模型，来计算最低资本要求。使用 IMB 的模型是获得澳大利亚审慎监管局[3] 和财政部部长的事先批准、满足指导原则手册 GGN 110. 2 内部模型方法所规定要求的先决条件。对于涵盖其他监督行业的审慎标准，澳大利亚审慎监管局必须保证保险公司的资本计算方法的有效性，并与该行业的相关部门保持一致。不能或不愿制定满足规定的模型的保险公司，必须使用下文规定的方法。

（ii）法定方法

13. 对于使用法定方法的保险公司，MCR 将由以下资本费用总额决定：

（a）保险风险；

（b）投资风险；

（c）集中风险。

－保险风险

14. 应当使用保险风险资本费用来应对以下风险：净保险负债价值可能高于根据审慎标准 GPS 210“负债评估”确定的价值。指导原则手册 GGN 110. 3“保险风险资本的计算”，规定了确定保险公司风险资本费用的方法。

15. 资本费用由两个部分组成：一部分是未偿付的索赔风险；另一部分是保险费负债风险。第一部分资本费用可以用于应对以下风险：未偿付索赔风险可能高于根据 GPS 210 确定的价值。第二部分资本费用可以用于应对以下风险：与计算日后发生的项目相关的保费，可能不足以抵消业务负债。

16. 在考虑相关未偿付索赔资本因素的基础上，应将未偿付索赔资本费用确定为保险公司的各种业务中的净未偿付索赔负债的价值数额（该价值系根据 GPS 210 确定的）。

17. 在考虑相关保费负债资本因素的基础上，应将保费负债资本费用确定为保险公司各种业务中的净保费负债的价值数额（该价值系根据 GPS 210 确定的）。

－投资风险

18. 投资风险资本费用用于应对以下风险：即保险公司资产和/或资产负债表以外项目的投资，因价格不利变化产生的风险。投资风险可能产生于许多方面，包括市场风险和信用风险。指导原则手册 GGN 110. 4 的投资风险资本费用，规定了确定投资风险资本费用的

2　法案第 32 条第（3D）款规定：审慎标准可以包括对谨慎要求进行调整的可能。

3　参见法案第 32 条第（3A）款和第 32 条第（3E）款。

方法。

19. 根据第 20 至第 22 款的规定，应当在考虑相关投资资本因素的基础上，将投资风险资本费用确定为所有资产和某种资产负债表以外项目中各项投资价值的数额。为了实现本标准的目的，应当根据澳大利亚会计标准来评估资产和相关项目。

20. 可以根据指导原则手册 GGN 110.4 所规定的标准，调整资本费用，并对风险缓释工具（如抵押担保或保证）所产生的投资风险的降低进行识别。

21. 如果特定资产或对方收益高于指导原则手册 GGN 110.4 规定的标准，则可以要求保险公司以集中投资风险资本费用的形式，维持其额外资本。

22. 在某些情况下，保险公司可以选择以资产负债表以外的特定方式持有资产。澳大利亚审慎监管局可以允许保险公司详阅相关法律构架，并确定基于特定方式的单项投资的风险资本费用（以及投资集中资本费用）。关于澳大利亚审慎监管局的自由裁量权，参考指导原则手册 GGN 110.4 第 9 段规定的标准。

集中风险

23. 集中风险资本费用主要用于应对以下风险：即与单一灾难事件相关的风险项目。指导原则手册 GGN 110.5 的“集中风险资本费用”的内容，规定了确定资本费用的方法。

24. 集中风险资本费用应当等于保险公司最大事件准备金价值。澳大利亚审慎监管局的目标是监控保险公司计算其最大事件准备金价值的过程，并且如果澳大利亚审慎监管局对使用的方法和/或假定不满意，可以责令其进行相应的调整。

外国公司

25. 根据澳大利亚资产负债表的性质，在外国注册、在澳大利亚设立分支机构并进行经营的保险公司，不会具有指导原则手册 GGN 110.1 规定类型的资本工具。无论如何，应要求外国保险公司保证其在澳大利亚[4] 的资产高于其在澳大利亚的负债，即至少等于本标准规定的最低资本要求。

26. 在 GPS 120 澳大利亚资产部分的内容中，规定了规制外国保险公司的具体内容。

披露

27. 披露和透明，对于监督机构至关重要。为了增强保险客户和市场对于其资本充足状况的了解，保险公司应在年度报表中披露以下内容：

（a）合格资本的第一层次，对于 GGN 110.1 规定的各项内容进行的独立披露；

（b）应从第一层次资本中扣除的总数额；

（c）合格资本的第二层次，对 GGN 110.1 规定的各项内容进行的独立披露；

（d）可以从第二层次的资本中扣除的总额；

（e）可以从第（a）至第（d）项中获得的保险公司资本基数总额；

（f）保险公司的最低资本要求；

（g）保险公司资本充足和市盈利水平（第（e）项、第（f）项）。

4　在此情况下，“澳大利亚境内资产”是指法案第 28 条、第 116A 条和 GPS 120 所规定的资产。

4 – 14 Prudential Standard GPS 110 Capital Adequacy for General Insurers

Objective and Key Requirements of this Standard

This Prudential Standard aims to ensure that the security of policyholder obligations of all insurers is established at an appropriate level by requiring that each insurer maintain at least a minimum amount of capital.

Capital is the cornerstone of an insurer's strength. It provides a buffer against losses that have not been anticipated and, in the event of problems, enables the insurer to continue operating while those problems are addressed or resolved. In this way, the maintenance of adequate capital resources can engender confidence on the part of policyholders, creditors and the market more generally in the financial soundness and stability of the insurer.

Beyond the minimum levels of capital specified by this Standard, it is the responsibility of an insurer's Board and senior management to ensure that the insurer's capital resources are appropriate to the size, business mix and complexity of its business. Accordingly, the insurer must have suitable systems in place to identify, manage and monitor the risks associated with its business activities, and to hold capital commensurate with its overall risk profile.

The key requirements of this Prudential Standard are:

- An insurer may choose one of two methods for determining its Minimum Capital Requirement (MCR). Insurers with sufficient resources are encouraged to develop an in-house capital measurement model to calculate the MCR (this is referred to as the Internal Model Based (IMB) Method). Use of this method will, however, be conditional on APRA's and the Treasurer's prior approval and will require insurers to satisfy a range of qualitative and quantitative criteria. Insurers that do not use the IMB Method must use the Prescribed Method outlined in this Standard.
- Regardless of which method is used to calculate the Minimum Capital Requirement, an insurer's MCR is determined having regard to a range of risk factors that may threaten the ability of the insurer to meet policyholder obligations. Under the Prescribed Method, these fall under three broad types: insurance risk (the risk that the true value of net insurance liabilities could be greater than the value determined under Prudential Standard GPS 210 *Liability Valuation*); investment risk (the risk of an adverse movement in the value of an insurer's assets and/or off-balance sheet exposures); and concentration risk (the risk associated with an accumulation of exposures to a single catastrophic event). An insurer using the IMB Method will be expected to include these risks, as well as other relevant risk factors, within its calculation methodology.
- An insurer must, at all times, have eligible capital in excess of its MCR. Eligible capital is comprised of Tier 1 and Tier 2 capital: broadly, Tier 1 capital is permanent, and does not impose on-going servicing costs on the insurer, while Tier 2 instruments may be of limited life and/or have on-going servicing obligations. Within an insurer's eligible capital, Tier 2 capital cannot exceed Tier 1 capital.

• Foreign-incorporated insurers authorised to operate in Australia as branches (foreign insurers) have slightly different requirements than those applied to locally-incorporated insurers. Specifically, foreign insurers are required to maintain assets in Australia in excess of their liabilities in Australia, of an amount at least equal to their MCR.

• Disclosure and transparency are important allies of the supervisory process. To improve policyholder and market understanding of its capital adequacy position, an insurer should disclose, in its published annual accounts, details of its eligible capital and MCR.

Details on these requirements are contained below, and in Guidance Notes GGN 110. 1, GGN 110. 2, GGN 110. 3, GGN 110. 4 and GGN 110. 5, which form part of this Standard. Additional guidance relating to the definition of assets in Australia is set out in GPS *120 Assets in Australia*.

Prudential Standard

1. This Prudential Standard, made under section 32 of the *Insurance Act 1973* (the Act), applies to all general insurers authorised under the Act.

2. As a consequence of the key role played by capital in the financial health of an insurer, APRA requires that each insurer maintain sufficient capital to enable its insurance obligations to be met under a wide range of circumstances. This required level of capital for regulatory purposes is referred to as the Minimum Capital Requirement (MCR).

Definition of Capital Base

3. In assessing the adequacy of an insurer's capital resources, attention must be paid not only to the types of events or problems that it might encounter, but also the quality of the support provided by various types of capital instruments. The following matters are relevant to whether a capital instrument is adequate for supervisory purposes, namely the extent to which each instrument:

(a) provides a permanent and unrestricted commitment of funds;

(b) is freely available to absorb losses from business activities;

(c) does not impose any unavoidable servicing charges against earnings; and

(d) ranks behind the claims of policyholders and other creditors in the event of the winding-up of the insurer.

4. Not all types of capital instruments meet these criteria equally. Due to the need to ensure that the capital base of an insurer provides adequate support, APRA imposes some restrictions on the composition of capital eligible to meet the MCR. The capital instruments deemed eligible for inclusion in an insurer's capital base, and the conditions as to their inclusion, are outlined in Guidance Note GGN 110. 1 *Measurement of Capital Base*.

5. An insurer's balance sheet may contain certain assets - such as future income tax benefits, goodwill and other intangibles-that are acceptable from an accounting perspective, but for supervisory purposes are either generally not available, or of questionable value, should the insurer encounter difficulties. Insurers are therefore required to deduct from eligible capital any holdings in these types of assets. Details of these deductions are provided in Guidance Note GGN 110. 1.

6. An insurer must, at all times, hold eligible capital (after deductions) in excess of its MCR. Where an insurer proposes any reduction in its capital, it must obtain APRA's prior written consent - see Guidance Note GGN 110. 1.

Minimum Capital Requirement (MCR)

7. An insurer's capital resources must be adequate for the size, business mix and complexity of its business. To this end, APRA adopts a risk-based approach to the measurement of capital adequacy of all insurers. The MCR is intended to be broadly commensurate with the full range of risks to which an insurer is exposed (including risks relating to insurance claims, investments, counterparty default, asset-liability mismatches, catastrophes, and operational errors and problems).

8. The MCR may be determined using either:

(a) an internal model developed by the company to reflect the circumstances of its business-Internal Model Based (IMB) Method;[1]

(b) the standardised framework detailed in this Standard and accompanying Guidance Notes - the Prescribed Method; or

(c) a combination of (a) and (b) as appropriate to the mix of business of the company.

9. Regardless of the outcome of calculations made under paragraph 8, an insurer's MCR cannot be less than $ 5 million.

10. It is recognised that any measure of the adequacy of an insurer's capital involves considerable judgement and estimation, and requires the quantification of risks even where it is extremely difficult to do so. As a result, APRA may adjust an insurer's MCR where it believes that the amount determined under this Standard does not adequately reflect the risk profile of an individual insurer.[2] That is, an individual insurer may be required by APRA to maintain a specified level of eligible capital in excess of that calculated using one of the risk measurement methodologies outlined in paragraph 8. This might be the case, for example, for a newly established insurer, an insurer that has encountered financial or operational difficulties, or for an insurer that is deemed by APRA to have a disproportionate exposure to a particular type of risk.

11. In the normal course of business, an insurer must have in place capital management processes to monitor and ensure its continual compliance with the MCR. These processes should be consistent with the insurer's overall business plan and must include actions and procedures to avert any breaches of the MCR.

(i) Internal Model Based Method

12. Insurers with sufficient resources are encouraged to develop an in-house capital measurement model to calculate the MCR. Use of the IMB Method will be conditional on APRA's and the Treasurer's prior approval[3] and will require insurers to satisfy a range of criteria, as detailed in Guidance Note GGN 110.2 *Internal Model Based Method.* As is the case for Prudential Standards covering other supervised industries, APRA must be satisfied that the insurer's capital calculation methodology is suitably rigorous and broadly consistent with comparable segments of the industry. Insurers unable or unwilling to develop a model that meets the criteria specified by APRA must use the Prescribed Method outlined below.

(ii) Prescribed Method

13. For insurers using the Prescribed Method, the MCR will be determined as the sum of the

1 The internal model will need to be implemented by way of a modification to this Standard and related Guidance Notes, as they apply to the particular insurer. The modification will be made under subsection 32 (3A) of the Act, and APRA must first obtain the Treasurer's written consent to this under subsection 32 (3E).

2 Subsection 32 (3D) of the Act provides that the prudential standards may provide for APRA to adjust prudential requirements.

3 Refer subsections 32 (3A) and 32 (3E) of the Act.

capital charges for:

(a) insurance risk;

(b) investment risk; and

(c) concentration risk.

– Insurance Risk

14. The Insurance Risk Capital Charge is in response to the risk that the true value of net insurance liabilities could be greater than the value determined under Prudential Standard GPS 210 *Liability Valuation*. The methodology for determining the Insurance Risk Capital Charge is set out in Guidance Note GGN 110. 3 *Insurance Risk Capital Charge*.

15. The capital charge has two components: a charge in respect of outstanding claims risk; and a charge in respect of premiums liability risk. The capital charge for outstanding claims risk is in response to the risk that the true value of the outstanding claims liabilities could be greater than the value determined under GPS 210. The capital charge for premiums liability risk is in response to the risk that premiums relating to post calculation date exposures, including premiums written after the calculation date, could be insufficient to fund the liabilities arising from that business.

16. The Outstanding Claims Capital Charge is determined as the sum, over all classes of business of the insurer, of the value of the net outstanding claims liabilities for each class (determined using GPS 210), multiplied by the appropriate Outstanding Claims Capital Factor for that class.

17. The Premiums Liability Capital Charge is determined as the sum, over all classes of business of the insurer, of the net premiums liabilities for each class (determined using GPS 210), multiplied by the appropriate Premiums Liability Capital Factor for that class.

– Investment Risk

18. The capital charge for investment risk is in response to the risk of an adverse movement in the value of an insurer's assets and/or off-balance sheet exposures. Investment risk can be derived from a number of sources, including market risk and credit risk. The methodology for determining the Investment Risk Capital Charge is set out in Guidance Note GGN 110. 4 *Investment Risk Capital Charge*.

19. Subject to paragraphs 20 to 22, the Investment Risk Capital Charge is determined as the sum, across all assets and certain off-balance sheet exposures, of the value of each investment multiplied by the relevant Investment Capital Factor for that investment. For the purposes of this Standard, assets and exposures should be valued according to Australian Accounting Standards (as they applied in relation to reporting periods that began immediately before 1 January 2005).

20. The capital charge may be adjusted to recognise any reduction in investment risk arising from the availability of risk mitigants (eg collateral security or guarantees), subject to the criteria detailed in Guidance Note GGN 110. 4.

21. An insurer may be required to hold additional capital, in the form of a capital charge for Investment Concentration Risk, if its exposure to a particular asset or counterparty exceeds the thresholds set out in Guidance Note GGN 110. 4.

22. In certain circumstances, an insurer may choose to hold assets in a special purpose vehicle, rather than on its own balance sheet. APRA may allow the insurer to "look through" the legal structures involved, and determine its Investment Risk Capital Charge (and any Investment Concentration Capital Charge) based on the individual assets of the special purpose vehicle, rather than simply on its direct exposure to the entity. APRA will have regard to the criteria outlined in paragraph 9 of GGN 110. 4 in exercising this discretion.

– Concentration Risk

23. The capital charge for concentration risk is in response to the risk associated with an accumulation of exposures to a single catastrophic event. The methodology for determining the capital charge is set out in Guidance Note GGN 110. 5 *Concentration Risk Capital Charge.*

24. The Concentration Risk Capital Charge is set equal to the insurer's Maximum Event Retention. APRA intends to monitor an insurer's calculation of its Maximum Event Retention and may require adjustments to be made to the calculation where APRA is not satisfied with the methodologies and/or assumptions used.

Foreign Insurers

25. By the nature of its Australian balance sheet, a foreign-incorporated insurer authorised under the Act to operate in Australia as a branch (a foreign insurer) will not typically have capital instruments of the type specified in Guidance Note GGN 110. 1. Foreign insurers are nevertheless required to meet a variant of the MCR. Specifically, foreign insurers are required to maintain assets in Australia[4] in excess of their liabilities in Australia, of an amount at least equal to the MCR determined by this Standard.

26. Further detail regarding the treatment of foreign insurers can be found in GPS 120 *Assets in Australia.*

Disclosure

27. Disclosure and transparency are important allies of the supervisor. To improve policyholder and market understanding of its capital adequacy position, an insurer should disclose, in its published annual accounts, the following items:

(a) the amount of eligible Tier 1 capital, with separate disclosure of each of the items specified in GGN 110. 1;

(b) the aggregate amount of any deductions from Tier 1 capital;

(c) the amount of eligible Tier 2 capital, with separate disclosure of each of the items specified in GGN 110. 1;

(d) the aggregate amount of any deductions from Tier 2 capital;

(e) the total capital base of the insurer derived from the items (a) to (d);

(f) the MCR of the insurer; and

(g) the capital adequacy multiple of the insurer (item (e) divided by (f)) .

4 In this context, "assets in Australia" are those within the meaning of sections 28 and 116A of the Act and GPS 120.

4-15 对澳大利亚境内一般保险人资产的要求（谨慎标准 GPS 120）

本标准的目的和基本要求

针对何时应将资产视为澳大利亚国内资产这一问题，该谨慎标准做出了解答。

该标准的主要目的是，根据《1973 年的保险法》（法案）第 28 条之规定，确定哪些资产不应被视为澳大利亚境内的资产。其第 28 条要求：所有保险公司应保证其在澳大利亚的总资产（不包括已被该标准排除的商誉和资产）等于或超过保险人在澳大利亚所负债务的总额。

该要求旨在确保澳大利亚审慎监管局和澳大利亚法院辖区内的保险公司的资产总额，能够足以抵消其在澳大利亚的负债。这有助于法案第 116 条的实施。第 116 条规定：在保险公司清算时，保险公司的资产只能用于清偿澳大利亚境内的债务，而不得用于清偿其在澳大利亚境外的债务，除非澳大利亚境内的债务都已清偿完毕。

除了以上的广义目的之外，该标准还根据 GPS 110"资本充足率"的规定，对"澳大利亚境内资产"做了界定。GPS 110 要求：在澳大利亚开办分支机构的外国保险公司，应保证其在澳大利亚境内的资产超过其在澳大利亚境内的债务，即至少等于最低资本要求（MCR）。GPS 110 对 MCR 做了其他规定。

谨慎标准

1. 该谨慎标准是根据《1973 年保险法》制定的，适用于根据该法进行登记的所有保险公司。

对澳大利亚境内的资产的要求

2. 法案规定了应当将哪些资产视为澳大利亚境内资产[1]。然而，法案未作详尽规定。因而，本标准给出了一些补充规定。

不属于澳大利亚境内的资产

3. 该谨慎标准规定了哪些资产不应当被视为澳大利亚境内的资产[2]。因此，以下资产不应当包括在内（除商誉之外[3]）：

（a）其他有形资产；

（b）未来所得税福利（延期所得税负债的规定）；

（c）用于固定或浮动担保、抵押担保或其他担保的资产（也包括受此类资产担保的负债）；

（d）以下第 4 至第 17 款中没有包括的资产。

（i）*动产和不动产*

4. 对于在当地注册的保险公司而言，不应将动产或不动产所组成的资产或者在动产或不动

---

1 参考法案第 116A 条的规定。

2 见法案第 28 条。

3 商誉排除在法案第 28 条之外。

产中享有利益的资产视为澳大利亚境内的资产，除非存在以下情形：

（a）情形一：

（i）保险公司或者保险公司的管理人享有法律权利（该管理人在澳大利亚境内进行登记）；

（ii）实物资产位于澳大利亚境内。

（b）情形二：享有利益或在其中享有投资利益的资产。第（a）项第（i）分项中提及的人士享有此种利益。此种利益包括在第 10 至第 16 款中，并且这些款项并未将这些利益排除在澳大利亚境内资产范围之外。

5. 对于外国保险公司而言，不应将动产或不动产所组成的资产或者在动产或不动产中享有利益的资产视为澳大利亚境内资产，除非存在以下情形：

（a）情形一：

（i）澳大利亚境内的外国保险公司的代理人[4] 或其任命的管理人享有法律权利（以确保外国保险公司的代理人能够控制资产）；

（ii）实物资产位于澳大利亚境内。

（b）情形二：享有利益或在其中享有投资利益的资产。第（a）项第（i）分项中提及的人士享有此种利益。此种利益包括在第 10 款至第 16 款中，并且这些条款并未将这些利益排除在澳大利亚境内资产范围之外。

（ii）贷款和到期权益（包括债券）

6. 对于在当地注册的保险公司而言，贷款给他人的资产或者到期权益（包括一项投资，如 Austraclear 或 RITS 所持有的债券），或者对该贷款或权益享有利益的资产，不应视为澳大利亚境内的资产，除非存在以下情形：

（a）情形一：

（i）债权人或资产所有人为保险公司或保险公司的管理人，并且该管理人在澳大利亚进行了登记；

（ii）未偿付的债务权益在澳大利亚境内进行支付，且债务人位于澳大利亚境内。

（b）情形二：

（i）资产为澳大利亚境内的证券系统所持有，并且易于在澳大利亚境内出售；

（ii）保险公司或保险公司的管理人控制着账户（该账户中的资产为澳大利亚证券系统所持有），并且管理人在澳大利亚境内进行了登记；

（c）享有利益或在其中享有管理投资利益的资产。第（a）项第（i）分项中提及的人士享有此种利益。此种利益包含在第 10 款至第 16 款中，并且这些款项并未将这些利益排除在澳大利亚境内资产范围之外。

7. 对于外国保险公司而言，贷款给他人的资产或者到期权益（包括一项投资，如 Austraclear 或 RITS 所持有的债券），或者对该贷款或权益享有利益的资产，不应视为澳大利亚境内资产，除非存在以下情形：

（a）情形一：

（i）债权人或资产所有人是保险公司在澳大利亚的代理人或位于澳大利亚的外国保险公司代理人任命的管理人，并且该管理人在澳大利亚进行了登记（以确保外国保险公司在澳大利亚对资产具有控制权）；

（ii）未偿付债务权益在澳大利亚境内进行支付，且债务人位于澳大利亚境内。

（b）情形二：

（i）资产为澳大利亚境内的证券系统所持有（例如 Austraclear 或者 RITS），并且易于在澳

4 此处指的是外国保险公司根据法案第 118 条规定任命的澳大利亚境内代理人。

大利亚境内出售；

（ii）外国保险公司在澳大利亚的代理人或位于澳大利亚的外国保险公司代理人所任命的管理人控制着账户，并且管理人在澳大利亚境内进行了登记（以确保位于澳大利亚的外国保险公司代理人对其有控制权）；

（c）享有利益的资产或在投资计划中具有利益的资产。第（a）项第（i）分项中提及的人士享有此种利益。此种利益包含在第10款至第16款中，并且这些段落并未将这些利益排除在澳大利亚境内资产范围之外。

（iii）股票

8. 对于在当地注册的保险公司而言，保险公司持有的资产，如股票或者通过股票享有的利益，则不应视为澳大利亚境内的资产，除非存在以下情形：

（a）该股票在澳大利亚登记，在保险公司或其管理人的直接控制之下，并且该管理人在澳大利亚已注册；

（b）享有利益的资产或在投资计划中具有利益的资产。第（a）项中提及的人士享有此种利益，并且其股票在澳大利亚已登记。此种利益包括在第10至第16款中，且这些款项并未将此种利益排除在澳大利亚境内资产范围之外。

9. 对于外国保险公司而言，保险公司持有的资产，如股票或者在股票中享有利益，不应被视为澳大利亚境内的资产，除非存在以下情形：

（a）登记于澳大利亚，在澳大利亚的外国保险公司代理人或其任命的管理人的直接控制之下，而且该管理人在澳大利亚已注册（以确保外国保险公司在澳大利亚的代理人对其资产具有控制权）；

（b）享有利益的资产或在投资计划中具有利益的资产。第（a）项中提及的人士享有此种利益，并且其股票在澳大利亚已登记。此种利益包含在第10款至第16款中，并且这些款项并未将此种利益排除在澳大利亚境内资产范围之外。

（iv）单独信托

10. 除非受托人或责任实体（如果是自然人的话）居住于澳大利亚或（如果登记的话）在澳大利亚已登记，否则，不应当将单独信托视为澳大利亚境内的资产。

11. 如果潜在资产不是澳大利亚的资产，且为保险公司所持有（针对外国保险公司而言，如果潜在资产为外国保险公司在澳大利亚的代理人所持有），则不应将单独信托视为澳大利亚资产。

12. 然而，澳大利亚审慎监管局可以自由确定，对于特定保险公司在多样化信托中所享有的利益，不能适用第11款的规定。根据法案规定或本标准，该利益包括那些不应被视为澳大利亚境内资产的资产。

13. 根据信托契约，如果受托人有权中止或延迟赎回澳大利亚境外单独信托财产，则不应将单独信托财产视为澳大利亚境内的资产。

（v）单独信托以外的信托或者管理投资项目所持有的资产

14. 除了信托或责任实体（如果是自然人）居住于澳大利亚境内或（如果注册）在澳大利亚境内登记之外，不应当将单独信托以外的信托或管理投资项目所持有的资产视为澳大利亚境内财产。

15. 如果潜在资产不是保险公司所持有的澳大利亚境内资产（对于外国保险公司而言，外国保险公司在澳大利亚的代理人），则不应将单独信托[5]以外的信托所持资产或管理投资项目下的保险公司的应得利益或类似利益视为澳大利亚境内的资产。

---

5 第10款至第13款规定了单独信托。

16. 但是，澳大利亚审慎监管局可以自由确定，对于特定保险公司在多样化信托中所享有的利益，不能适用第 15 款的规定。根据法案规定或本标准，该利益包括那些不应被视为澳大利亚境内资产的资产。

(vi) 再保险

17. 法案允许将某种再保险资产视为澳大利亚境内资产。在将其视为澳大利亚境内资产之前，保险公司必须能够向澳大利亚审慎监管局提供证据，以便证明资产满足法案第 116A 条规定的标准。

外国保险公司

18. 正如 GPS 110 资本充足率所规定的一样，外国保险公司应具备 GGN 110.1 资本基数计算法所规定的资本要求。具体而言，即外国保险公司需要保证其在澳大利亚境内的资产，超过其在澳大利亚境内的负债，即至少等于其 MCR。

19. 为了满足这一要求，澳大利亚审慎监管局将使用法案第 28 条规定的标准判断某些资产是否属于澳大利亚境内资产。

（可参见上述第 3 至第 17 款的规定以及法案的第 116 条。）

4 –15 Prudential Standard GPS 120 Assets In Australia for General Insurers

Objective and Key Requirements of this Standard

This Prudential Standard provides guidance on when assets will be counted as "assets in Australia."

The primary purpose of this Standard is to specify certain assets that will not be counted as "assets in Australia" for the purposes of section 28 of the *Insurance Act 1973* (the Act). Section 28 requires all insurers to maintain assets in Australia (excluding goodwill and assets excluded by this Standard) of a value that equals or exceeds the total amount of the insurer's liabilities in Australia.

This requirement is designed to ensure that the total value of assets held within the jurisdictional reach of APRA and the Australian courts is sufficient to meet an insurer's Austrlian liabilities. It assists in the enforcement of section 116 of the Act, which provides that in the winding up of and insurer, the assets in Australia shall not be applied in the discharge of its liabilities other than its liabilities in Australia unless all the Australian liabilities have first been discharged.

In addition to the broad purpose above, this Standard also defines "assets in Australia" for the purposes of GPS 110 *Capital Adequacy*. GPS 110 requires that foreign insurers operating in Australia as branches (foreign insurers) must maintain assets in Australia in excess of their liabilities in Australia, of an amount at least equal to their Minimum Capital Requirement (MCR). Additional guidance relating to the MCR is set out in GPS 110.

Prudential Standard

1. This Prudential Standard, made under section 32 of the *Insurance Act 1973* (the Act), applies to all general insurers authorised under the Act.

Requirement to Maintain Assets Inside Australia

2. The Act sets out a number of assets and liabilities which are to be treated as assets or liabilities in Australia.[1] However, the Act does not provide an exhaustive definition. This Standard specifies additional requirements for that purpose.

Assets not included as in Australia

3. The prudential standards may specify assets that are not considered as assets in Australia.[2] For this purpose, the following assets are excluded (in addition to goodwill[3]):

(a) other intangible assets;

---

1 Refer section 116A of the Act.

2 Under section 28 of the Act.

3 Goodwill is excluded by section 28 of the Act.

(b) future income tax benefits (net of provisions for deferred income tax liabilities);

(c) assets under a fixed or floating charge, mortgage or other security (to the extent of the indebtedness secured by such assets); and

(d) assets otherwise excluded under paragraphs 4 – 17 below.

(i) Chattels and real property

4. In relation to a locally-incorporated insurer, an asset comprising a chattel or real property, or an asset that is an equitable interest in a chattel or real property, will not be regarded as an asset in Australia unless:

(a) either:

(i) the legal title is held by the insurer or the insurer's custodian (and that custodian is incorporated in Australia); and

(ii) the physical asset is located in Australia; or

(b) the asset is an equitable interest, or an interest in a managed investment scheme, the interest is held by a person mentioned in sub-paragraph (a) (i), the interest is covered by paragraphs 10 – 16, and is not excluded from being an asset in Australia under those paragraphs.

5. In relation to a foreign insurer, an asset comprising a chattel or real property, or an asset that is an equitable interest in a chattel or real property, will not be regarded as an asset in Australia unless:

(a) either:

(i) the legal title is held by the foreign insurer's agent in Australia,[4] or by a custodian appointed by the foreign insurer's agent in Australia and that custodian is incorporated in Australia (to ensure that the foreign insurer's agent has control over the asset); and

(ii) the physical asset is located in Australia; or

(b) the asset is an equitable interest, or an interest in a managed investment scheme, the interest is held by a person mentioned in sub-paragraph (a) (i), the interest is covered by paragraphs 10-16, and is not excluded from being an asset in Australia under those paragraphs.

(ii) Loans and amounts due (including debentures)

6. In relation to a locally-incorporated insurer, an asset which is a loan to, or amount due from, another person (including an investment, such as a debenture, held with Austraclear or RITS), or an asset which is an equitable interest in such a loan or amount due, will not be regarded as an asset in Australia, unless:

(a) either:

(i) the creditor, or owner of the asset, is the insurer or the insurer's custodian and that custodian is incorporated in Australia; and

(ii) the outstanding amount is payable in Australia and the debtor is physically located in Australia;

(b) or:

(i) the asset is held on a securities system in Australia (eg Austraclear or RITS) and can be readily sold in Australia; and

(ii) the account in which the asset is held in the securities system is controlled by the insurer or the insurer's custodian and that custodian is incorporated in Australia; or

4 The agent in Australia appointed by the foreign insurer under section 118 of the Act.

(c) the asset is an equitable interest, or an interest in a managed investment scheme, the interest is held by a person mentioned in sub-paragraph (a) (i), the interest is covered by paragraphs 10 – 16, and is not excluded from being an asset in Australia under those paragraphs.

7. In relation to a foreign insurer, an asset which is a loan to, or amount due from, another person (including an investment, such as a debenture, held with Austraclear or RITS), or an asset which is an equitable interest in such a loan or amount due, will not be regarded as an asset in Australia, unless:

(a) either:

(i) the creditor, or owner of the asset, is the agent in Australia of the foreign insurer or a custodian appointed by the foreign insurer's agent in Australia and that custodian is incorporated in Australia (to ensure that the foreign insurer's agent in Australia has control over the asset); and

(ii) the outstanding amount is payable in Australia and the debtor is physically located in Australia;

(b) or:

(i) the asset is held on a securities system in Australia (eg Austraclear or RITS) and can be readily sold in Australia; and

(ii) the account in which the asset is held in the securities system is controlled by the agent in Australia of the foreign insurer or a custodian appointed by the foreign insurer's agent in Australia and that custodian is incorporated in Australia (to ensure that the foreign insurer's agent in Australia has control over the asset); or

(c) the asset is an equitable interest, or an interest in a managed investment scheme, the interest is held by a person mentioned in sub-paragraph (a) (i), the interest is covered by paragraphs 10 – 16, and is not excluded from being an asset in Australia under those paragraphs.

(iii) Shares

8. In relation to a locally-incorporated insurer, an asset held by the insurer which is a share, or an equitable interest in a share, will not be regarded as an asset in Australia unless:

(a) it is registered within Australia, and is under the direct control of the insurer or its custodian and that custodian is incorporated in Australia; or

(b) the asset is an equitable interest, or an interest in a managed investment scheme, the interest is held by a person mentioned in sub-paragraph (a) and the share is registered in Australia, the interest is covered by paragraphs 10 – 16, and is not excluded from being an asset in Australia under those paragraphs.

9. In relation to a foreign insurer, an asset held by the insurer which is a share, or an equitable interest in a share, will not be regarded as an asset in Australia unless:

(a) it is registered within Australia, and is under the direct control of the foreign insurer's agent in Australia or a custodian appointed by the foreign insurer's agent in Australia and that custodian is incorporated in Australia (to ensure that the foreign insurer's agent in Australia has control over the asset); or

(b) the asset is an equitable interest, or an interest in a managed investment scheme, the interest is held by a person mentioned in paragraph (a) and the share is registered in Australia, the interest is covered by paragraphs 10-16, and is not excluded from being an asset in Australia under those paragraphs.

(iv) Units in unit trusts

10. A unit in a unit trust will not be regarded as an asset in Australia except where the trustee

and, if applicable, the responsible entity is (if a natural person) resident in Australia or (if incorporated) is incorporated in Australia.

11. A unit in a unit trust will not be regarded as an asset in Australia if the underlying assets would not be assets in Australia if held by the insurer itself (or, in the case of a foreign insurer, the foreign insurer's agent in Australia).

12. However, APRA may in its discretion determine that paragraph 11 does not apply to the interest of a particular insurer in a diversified trust which contains some assets that are not regarded as assets in Australia within the meaning of the Act or this Standard.

13. A unit in a unit trust will not be regarded as an asset in Australia if, under the trust deed, the trustee has the right to suspend or delay the redemption of the unit pending sale of any of the trust's property outside Australia.

(v) Assets held on trust other than through a unit trust, or held through a managed investment scheme

14. An asset held on trust, other than through a unit trust, or an interest in a managed investment scheme, will not be regarded as an asset in Australia except where the trustee and, if applicable, the responsible entity is (if a natural person) resident in Australia or (if incorporated) is incorporated in Australia.

15. An equitable or similar interest of an insurer in an asset (the "underlying asset") held on trust, other than through a unit trust,[5] or under a managed investment scheme, will not be regarded as an asset in Australia if the underlying asset would not be an asset in Australia if held by the insurer itself (or, in the case of a foreign insurer, the foreign insurer's agent in Australia).

16. However, APRA may in its discretion determine that paragraph 15 does not apply to the interest of a particular insurer in a diversified trust which contains some assets that are not regarded as assets in Australia within the meaning of the Act or this Standard.

(vi) Reinsurance

17. The Act permits certain reinsurance assets to be regarded as assets in Australia. Before these assets are accepted as assets in Australia, an insurer must be able to demonstrate to APRA that the assets meet the criteria specified in section 116A of the Act, by providing appropriate evidence to APRA.

Foreign Insurers

18. As set out in GPS 110 *Capital Adequacy*, foreign insurers do not typically have capital instruments of the type specified in Guidance Note GGN 110.1 *Measurement of Capital Base*. Foreign insurers are nevertheless required to meet a variant of the MCR. Specifically, foreign insurers are required to maintain assets in Australia in excess of their liabilities in Australia, of an amount at least equal to their MCR.

19. For the purposes of meeting this requirement, APRA will use the same criteria for assessing what is an asset in Australia as is used for complying with section 28 of the Act (ie see paragraphs 3 – 17 above, and section 116A of the Act).

5 Unit trusts are dealt with in paragraphs 10 – 13.

4－16　一般保险公司的风险管理（审慎标准 GPS 220）

本标准的目的和基本要求

本审慎标准致力于确保保险公司具有良好的管理能力，能够聘用适合的、独立的专业人士，具有识别、管理和监控可能降低保险公司履行对保险客户义务能力的风险的制度安排。

保险公司的董事会和高级管理层，对其稳健谨慎的管理负有首要责任。董事会和高级管理层，应该在保险公司实施有效的内部治理，确保有适当的制度和控制措施来解决保险公司业务活动中出现的风险。

本审慎标准的基本要求是：

保险公司内部在关键职位上的职员，必须具有与其职责相适应的正直品格和能力。这些关键职位包括：保险公司的董事和高级经理、保险公司注册审计员和注册精算师。至少，每家保险公司应该具有适当的政策和程序，来执行本标准中所包含的适应性和适当性准则。

澳大利亚审慎监管局，可以罢免关键职位上不符合适应性和适当性准则要求的职员。

- 在其境内，每家保险公司必须获得澳大利亚审慎监管局对审计员（注册审计员）任命的批准——除非澳大利亚审慎监管局免除要求；同时，精算师也必须获得澳大利亚审慎监管局（注册精算师）的批准。注册审计员和注册精算师，要履行澳大利亚审慎监管局审慎标准和《1973 年保险法》中规定的职责。为了反映这些职责的重要性（包括“举报”义务），一般要求这些职位上的人员：具有适当的资格，并且是相关专业团体的成员；在一般保险业中具有最基本的经验，而且还必须是澳大利亚居民。
- 考虑到保险公司董事会的职责，保险公司的一名股东（或者一组相关股东），不应对该保险公司的董事会的政策或者经营实施不适当或者不相称的控制或者影响。为此，关于董事会的组成，本标准设置了各种各样的要求，包括最少具有 5 名董事，一名非执行主席——大多数为非执行董事；至少有两名董事，且必须是澳大利亚居民。
- 一个有效的风险管理和控制系统，是保险公司安全经营和稳健经营的关键所在。保险公司的董事会和高级管理层，必须开发、落实和维持一个稳健和谨慎的风险管理策略，能够确定组成保险公司的风险管理和控制系统政策以及程序，包括其过程和控制措施。这些系统应与保险公司的规模、业务结构及复杂性相适应，并且要解决保险公司可能面临的所有实质性风险，包括财务的和非财务的风险。保险公司的风险管理策略，一定要以文件的形式记录在案，由董事会批准，同时，根据需要进行更新，并且提供给澳大利亚审慎监管局。
- 保险公司必须每年向澳大利亚审慎监管局提供由两名董事签署的一份董事会声明。董事会声明的目的，是保证董事会对所有的重要风险进行定期的了解和评价。董事会的声明，是要证明监督风险的措施已经到位。总而言之，就是要求董事会确认：保险公司的风险管理策略已经到位，从而确保遵守立法上的要求和审慎要求；而且，董事会已经就保险公司的风险管理和再保险做出了充分的安排并且予以遵守。关于这些要求，参见下文和指导原则手册 GGN 220.1、GGN 220.2、GGN 220.3、GGN 220.4 和 GGN 220.5，这些指导原则手册，构成了本标准的一部分。在 GPS 210 之中，规定了关于注册精算师作用的附加要求。

审慎标准

1.《保险法》(1973) 第32条中规定的审慎标准，适用于法案授权的所有一般保险公司。

治理

适应性和适当性

2. 保险公司必须保证自己内部身居要职的职员，具有与其职责相适应的正直品格和能力。

3. 为此，保险公司应该具有解决适应性和适当性问题的政策和程序。这些政策和程序，至少应该能够解决澳大利亚审慎监管局用以评估第6款中规定的适应性和适当性的准则。

4. 对于在当地成立的保险公司来说，身居要职的职员是指：

(a) 董事；

(b) 高级经理；[1]

(c) 根据法案任命并且获得了澳大利亚审慎监管局批准的保险公司的审计员（注册审计员)；[2]

(d) 根据法案任命并且获得了澳大利亚审慎监管局批准的保险公司的精算师（注册精算师)[3]——如果必要的话。

5. 对于在国外设立而在澳大利亚设立分支机构进行经营的保险公司（外国保险公司)，其身居要职的职员是指：

(a) 负责澳大利亚业务的高级经理；

(b) 根据法案任命的外国保险公司在澳大利亚的代理人；[4]

(c) 外国保险公司的注册审计员；

(d) 外国保险公司的注册精算师——如果有必要的话。

6. 适应性和适当性准则[5]如下：

(a) 该人没有被指控过违反法案或《2001年金融部门（数据采集）法案》，亦未因此而受过犯罪指控；

(b) 该人没有因违反澳大利亚的法律而受到指控；亦未因为违反某一外国的法律而受到指控；亦不存在因违法行为而涉及不诚实的行为或者与《1998年金融部门（控股公司）法案》所指的金融公司相关的行为；

(c) 该人从未破产过，并且没有申请过利用法律来救济破产或无力偿还债务的债务人；没有与他的债权人配合过；

(d) 该人没有实际或者潜在的可能会影响他以适当的正直品格和能力发挥作用和履行职责的能力的利益冲突；

(e) 该人有足够的经验，并且在执行业务职责的过程中展示了能力和正直的品格；[6]

(f) 该人在商界和金融界没有不好的名声；

(g) 就注册审计员而论：

---

1 法案第3条第（1）款中的高级经理，是指具有或执行本标准第21款中规定的高级管理职责的人员。

2 保险公司必须根据法案第39条中的规定，任命一名审计员，并由澳大利亚审慎监管局根据第40条的规定，对该任命进行批准。

3 保险公司必须根据法案第39条的规定，任命一名精算师，并由并澳大利亚审慎监管局根据第40条的规定，对该任命进行批准，除非根据第47条的规定而免除这一要求。

4 外国保险公司，必须根据法案第118条的规定，任命一位代理人。

5 系法案第27条第（2）款第（b）项、第42条第（1）款第（b）项、44（2）款第（b）项和45条第（3）款第（b）项的特别规定。

6 注册审计员和注册精算师，要具有本标准第8款规定的特别要求。

（i）该人不是该保险公司或《公司法》（2001）所指的有关法人实体的一名董事或者雇员；

（ii）该人是《公司法》（2001）规定的注册审计员；

（h）就注册精算师而论，该人不是保险公司或者《公司法》（2001）第50条所指的相关法人实体的总裁或董事（除非该相关法人实体是保险公司的子公司）。

7. 一名不合格的职员，不能在澳大利亚担任董事、高级经理或者代理人。[7] 法案中还规定了不合格的标准。[8]

注册审计员和注册精算师合格标准

8. 除了第6款介绍的关于适应性和适当性的一般要求之外，澳大利亚审慎监管局要求被批准任命的注册审计员和注册精算师，必须符合下列标准：[9]

（a）该人有适宜的正式资格并且是一名相关专业团体的成员；

（b）该人具有最少5年的一般保险行业的经验；

（c）该人通常应是澳大利亚的居民。

9. 澳大利亚审慎监管局，可能根据具体案例批准不符合第8款合格标准中要求的个别人，但其条件是：保险公司能证明存在例外情形使该人应该被批准为注册审计员或注册精算师，并使澳大利亚审慎监管局感觉到合理满意 。

10. 为反映这些职位的重要性，并展示其独立性和避免潜在的利益冲突，一个人不能同时被任命为同一家公司的注册审计员和注册精算师。

11. 关于这些资格和标准的进一步详细情况和申请的细节规定，参见指导原则手册 GGN 220.1。

治理

12. 如果澳大利亚审慎监管局发现身居要职的职员（不是注册审计员和注册精算师）存在下列情况，可以要求保险公司罢免该职员：[10]

（a）根据法案的要求，该人是不合格的人；[11]

（b）不满足适应性和适当性标准中的一条或多条。

13. 澳大利亚审慎监管局可以撤销其注册审计员或者注册精算师；[12]并且可以取消一个人的被任命为注册审计员或者注册精算师的资格——[13]

如果澳大利亚审慎监管局发现该人：

（a）未能充分和适当履行其职能和职责；

（b）不满足适应性和适当性标准中的一条或多条；

（c）不满足此任命所要求的合格标准。

14. 第12款至第13款提到的受澳大利亚审慎监管局所做的决定而影响的个人，可以请求澳大利亚审慎监管局对该决定进行复审。如果澳大利亚审慎监管局确认或者改变决定，或者在21天内未做出任何决定，受到影响的个人可以向行政上诉法院提出申诉。上诉程序规定在法案第VI部分。

---

7 参照法案第24条。

8 参照法案第25条。

9 系法案第40条第（2）款第（a）项、42条第（1）款第（c）项、44条第（2）款第（c）项和45条第（3）款第（c）项而特别规定。

10 参照法案第27条。

11 参照法案第25条。

12 参照法案第42条。

13 参照法案第44条。

重要职务的作用和义务

(i) 委员会

15. 董事会对保险公司的安全性和稳健性负有最终的责任。与此相应，董事会应该有责任审议和批准保险公司的经营战略和重大政策。

董事会必须尽最大努力识别和理解保险公司所面临的重大风险。董事会必须确保建立和维持了一个充分有效的风险管理和内部控制体系，必须尽最大努力确保管理层对风险管理和内部控制体系的效力进行监督。

16. 考虑到董事会的职责，保险公司的一名股东（或者一组相关股东），不应对该保险公司的董事会的政策或者经营，实施不适当或者不相称的控制或者影响。

17. 作为原则，如果所持股份占有一家保险公司具有投票权的股票的比例低于15%，那么，在由六名或更少成员组成的董事会中所占有的代表名额不应超过一名，在由七名或更多成员组成的董事会中所占有的代表名额不应超过两名。如果根据《1998年金融部门（控股公司）法》批准的持有股份超过15%，该股东在董事会中的代表可以更多一些，但应和相应的股份大体一致。

18. 另外，在任何时候，在当地成立的保险公司的董事会必须有：

（a）至少五名董事；

（b）一位非执行主席；

（c）并且大多数为非执行董事。

该保险公司至少有两名董事必须是澳大利亚居民，其中有一位必须是非执行董事。更进一步的细节，包括为外国所有的在当地组建的保险公司提供的细则，规定在指导原则手册GGN 220.1中。

19. 保险公司必须向澳大利亚审慎监管局提供所有新近任命董事的详细情况，包括他们的名字、所参与的主要企业协会和简历，并于任命后14天内提交。另外，保险公司必须为澳大利亚审慎监管局提供一份最新的年度报表，列举所有董事的情况（包括企业协会变化的细节）；其提交时间不迟于保险公司提交每年法定账户的时间。

20. 一个在当地组建的保险公司的董事会，必须建立适宜的董事会委员会，其至少包括一个董事会审计委员会。董事会审计委员会必须由多数非执行董事组成，其职能为监督对董事会政策的遵守情况，监督对审慎性要求及法定要求的遵守情况。董事会的成员不应担任审计委员会的主席。如果保险公司是更大的企业集团的一部分，澳大利亚审慎监管局可以允许保险公司使用集团审计委员会作为保险公司董事会的审计委员会，其集团审计委员会要能有效地解决保险公司的需要（如果集团审计委员会的多数董事是保险公司的非执行董事）。关于董事会审计委员会的更进一步的细节规定，参见指导原则手册GGN 220.1。

(ii) 高级管理层

21. 高级经理是由保险公司雇用的履行高级管理职责的人。高级管理职责[14]

是指对下列一项或多项工作负有主要职责：

（a）高层决策；

（b）落实董事会批准的战略和政策；

（c）开发识别、管理和监督保险公司所承受的风险的程序；

（d）监控风险管理系统的适当性、充足性和有效性。

22. 保险公司必须向澳大利亚审慎监管局，提供高级管理职位一览表和这些职位责任的报告以及占据这些职位的职员的详细情况，包括其姓名和个人简历，上述材料必须在有关人员任命后14天内

---

14 为法案第3条第（1）款的特别规定。

提交。此外，保险公司必须向澳大利亚审慎监管局提供更新了的年度报表，列举所有高级管理职位和身居这些职位的个人的名字，提交时间应不迟于保险公司提交每年审计账户材料的时间。

（iii）来自澳大利亚境外的高级官员（外国保险公司）

23. 如同在当地组建的保险公司一样，外国保险公司的安全性和稳健性的最终职责也是由其董事会负责。但是，从实用的观点来看，澳大利亚审慎监管局会允许由其董事会授权的位于澳大利亚境外的高级主管来批准一家外国保险公司的风险管理策略（参照第 40 款至第 44 款）和再保险的管理策略（参照 GPS 230 再保险安排）的董事会声明（参照第 54 款至第 55 款）。该高级主管必须负有监督澳大利亚分支机构业务运营的职责。

24. 在从澳大利亚境外提名一名高级主管时，外国保险公司必须向澳大利亚审慎监管局提供该人的详细情况，包括其姓名和履历表。如果这位来自澳大利亚境外的高级主管有任何变化，必须在变化后的 14 天内把详细情况再度提交给澳大利亚审慎监管局。

外国保险公司必须保证所指定的高级主管符合本标准所规定的适应性和适当性标准。

（iv）注册审计员

25. 其注册审计员，必须根据法案的要求审计一家保险公司的年度总账。[15]该注册审计员必须向其保险公司提供证明书，保险公司也必须把该证明书连同每年的审计账户材料一起提交给澳大利亚审慎监管局。其证明书必须满足指导原则手册 GGN 220. 1 规定的要求。

26. 法案要求：保险公司必须做出安排，使注册审计员能够履行他/她的职能。[16]这些安排通常包括：保证注册审计员完全了解澳大利亚审慎监管局对保险公司的审慎监管要求（例如授权条件，对审慎标准的变动，确定和解除），还有其他澳大利亚审慎监管局提供给保险公司的有助于注册审计员履行其职责的任何信息。

27. 另外，保险公司必须保证其注册审计员能够获取所有相关数据和接触所有的相关人员——如果该注册审计员有合理的理由认为这是自己履行法案规定、《1974 年保险规章》、审慎标准和《2001 年金融部门（数据采集）法案》以及报告准则的义务所必需的。

28. 注册审计员也可能被要求履行其他职能，这应由澳大利亚审慎监管局与保险公司协商确定。与此相应，澳大利亚审慎监管局可以与保险公司协商，要求对该保险公司的经营或者风险管理系统的某一方面进行特定评估。特定评估的费用由保险公司承担。

29. 特定评估将根据“履行已经达成的程序的承诺”（参照审计标准 904）来进行。[17]其评估报告必须在委托后 3 个月内同时提交澳大利亚审慎监管局和保险公司。

（v）注册精算师

30. 注册精算师必须根据 GPS 210 的要求负责评估、编制一份报告，并把这份报告提供给保险公司的董事会。保险公司必须在提交每年的法定账户的同时，将该报告提交给澳大利亚审慎监管局。注册精算师也可能根据需要被要求向澳大利亚审慎监管局提供其他信息。[18]

31. 法案要求保险公司必须做出安排，使注册精算师能够履行他/她的职能。[19]这些安排通常包括：保证注册精算师完全了解澳大利亚审慎监管局对保险公司的审慎要求（例如授权条件，对审慎标准的变动，确定和解除），以及澳大利亚审慎监管局提供给保险公司的有助于核准精算师履行其职责的所有其他信息。

32. 另外，保险公司必须保证其注册精算师能够获取所有相关数据和接触所有相关人员——如果该注册精算师有合理的理由认为这是自己履行法案规定、《1974 年保险规章》和审

15 参照法案第 49J 条。
16 参照法案第 49J 条。
17 由澳大利亚会计研究基金会审计和保证标准委员会出版。
18 参照法案第 49 条。
19 参照法案第 49K 条。

慎标准下的义务所必要的。

注册审计员和注册精算师的非例行报告

33. 注册审计员和注册精算师在特定情况下可能被要求编制非例行报告——这应是发生在澳大利亚审慎监管局要求获得特定信息的时候或者注册审计员和注册精算师所获得的信息对澳大利亚审慎监管局具有实质利益之时。[20]关于非例行报告的性质及其附加细节的规定，参见指导原则手册 GGN 220.1。

与注册审计员和注册精算师有关的会议

34. 与保险公司的注册审计员或者注册精算师的联络，将会在一个包括澳大利亚审慎监管局、保险公司、注册审计员或者注册精算师在内的三边安排下实施。任何一方在认为必要时，都可以提出召开会议或进行讨论。尽管存在三边安排，澳大利亚审慎监管局和保险公司的注册审计员或者注册精算师在任何一方认为必要的时候，均可以举行双边会议。

风险管理

35. 有效的风险管理和控制系统，对于保险公司经营的安全性和稳健性至关重要。保险公司的董事会和高级管理层，必须开发、落实和维持一个稳健和谨慎的风险管理策略，必须制定组成保险公司的风险管理和控制系统的政策和程序及其控制措施。这些系统应与保险公司的规模、业务结构及营业活动的复杂性相适应，并且需要解决保险公司可能面临的所有实质性风险，包括财务的和非财务的风险。

36. 董事会负责在整个保险公司中建立一种浓厚的风险控制文化，以便在正常业务活动中出现的实质风险和潜在问题可以被识别、管理并得到解决。

37. 不管设计和运行地如何，风险管理和控制体系总会受到一些固有条件的制约。不过，风险管理和控制体系应该向董事会（和澳大利亚审慎监管局）提供合理的保证，以保证保险公司的业务得到合理、适度的控制及其风险得到审慎和稳健地管理。

38. 风险管理和控制系统，至少且必须包括：

（a）由董事会批准的书面风险管理策略（或者，在外国保险公司中，由获得董事会授权的位于澳大利亚境外的适当高级主管批准）；

（b）识别、管理、监督和报告保险公司重大风险的、稳健的风险管理政策和程序；

（c）清楚地定义管理职责与控制措施。

39. 澳大利亚审慎监管局，在评价保险公司的风险管理和控制措施时，会考虑上述要素。

风险管理策略

40. 要求每家保险公司始终要持有一份书面的风险管理策略——由董事会批准（或由获得董事会必要授权的位于澳大利亚境外的高级主管批准）。[21]其风险管理策略，应该与保险公司的规模、业务结构和经营活动的复杂性相适应，而且必须明确保险公司风险管理和内部控制的目标。

41. 保险公司的风险管理策略，必须在获得董事会批准后的 14 天内提交澳大利亚审慎监管局。

42. 每家保险公司必须定期审议其风险管理策略（至少每年一次），以确保为监督那些可能影响保险公司风险控制的运行环境提供一个充分的框架。如果保险公司的经营活动发生了实质性改变，则必须对风险管理策略进行审议（而且，如有必要，需要进行修改）。由董事会批准

---

20 关于这一要求的细节，参照法案第 49 条及其第 49A 条和第 49B 条。

21 在第 41 至第 44 款中，当提到外国保险公司时，“董事会”可以被看做是“来自于澳大利亚境外的高级主管”。

的更新的风险管理策略副本，必须在获得董事会批准后 14 天内提交给澳大利亚审慎监管局。

43. 保险公司在任何时候都必须遵守风险管理策略，如果计划从事实质上背离风险管理策略的活动，则必须通知澳大利亚审慎监管局。对于任何此类活动，首先应获得董事会的批准。如果需要对风险管理策略进行修订，修订后的风险管理策略必须获得董事会的批准，并且在获得董事会批准后 14 天内，提交给澳大利亚审慎监管局。

44. 其风险管理策略，必须指明保险公司在澳大利亚的经营活动，必要时还要说明其在海外的经营活动。关于风险管理策略的内容及其进一步的细节，参见指导原则手册 GGN 220. 2 “风险管理系统”中。

风险识别和评价

45. 一个有效的风险管理系统，须能够识别、管理、监督和连续评估可能对保险公司经营活动造成不利影响的重大风险。

46. 保险公司的风险管理系统，必须规避所有的重大风险。澳大利亚审慎监管局认为：保险公司的风险管理系统，至少应该解决以下几方面的问题：

资产负债表和市场风险（包括投资风险、保险危险、产品设计和定价风险、承保和责任风险、流动性风险、起因于索赔管理的风险和衍生产品风险）、信贷风险和操作风险（包括法律风险和名誉风险）。

47. 另外，保险公司的风险管理系统，也应该考虑由于保险公司的再保险安排所引发的潜在风险。即保险公司的再保险管理策略（如 GPS 230 所要求）和保险公司的风险管理系统之间，必须有清楚的联系。

控制活动

48. 控制活动是指那些确保董事会和高级管理层指令得以落实的政策和程序。如此，便可以采取行动以充分解决保险公司所面临的风险。控制活动应该考虑到保险公司的规模和经营活动。

49. 控制活动通常包括：董事会和高级管理层的审议；每个部门的活动控制；有形的控制；建立承保限制机制并且检查对限制机制的遵守情况；一个批准和授权制度；验证和核对；职责分离等。指导原则手册 GGN 220. 2 提供了一些有益的例子。

信息与沟通

50. 有关信息识别、捕捉和沟通的形式与时间框架，应使保险公司能够履行其责任。保险公司的内部信息系统，必须能提供与财务、经营和标准遵守情况相关的数据，必须能够处理和决策相关的事件和条件的外部市场信息。内部信息系统必须安全，并有充分的关于紧急事件预案的安排和支持。

51. 保险公司在整个公司中应该保持有效的沟通，确保所有员工都能完全理解并遵守涉及到其职责和责任的政策和程序，确保相关人员能获得其他相关的信息。

监控风险的过程

52. 必须对保险公司的风险管理和控制体系的总体效力进行监督。根据保险公司的规模和经营活动的复杂性的不同，可以对风险管理系统进行持续监督或进行周期性监督。至少，必须有定期的内部审计，并且要把审计结果迅速报告给董事会或者董事会审计委员会乃至高级管理层。

53. 如果在监督过程中或者内部审计中发现缺陷，必须及时报告给适当的管理人员并进行处理。因为，重大缺陷可能不只是单一的缺陷所造成的，也可能是一些小缺陷综合影响的结果，综合在一起考虑就会构成重大缺陷。

董事会声明

54. 保险公司必须在向澳大利亚审慎监管局提交每年的法定账户时提供由两位董事签名的董事会声明。对于外国保险公司，其由获得董事会必要授权的位于澳大利亚境外的高级主管签署。

55. 董事会声明的目的，是保证董事会对所有重要的风险进行定期了解和评估。董事会声明是要证明：监督这些风险的策略已经到位。总而言之，就是要求董事会确认保险公司的策略已经到位，从而确保遵守了立法要求和谨慎要求；而且，董事会已经就保险公司的风险管理和再保险做出了充分的安排并予以遵守。董事会声明的细节规定，可以参考指导原则手册 GGN 220. 2。

商业计划

56. 商业计划是一项重要的管理和控制工具，它使公司能够明确其战略性方向和目标，识别市场中的机会，预测结果，并且建立基准。一项良好的商业计划，还需要考虑关于保险公司财务状况的不同假定或者可能造成的影响。

57. 每家保险公司必须始终能够执行获得了董事会批准的商业计划，并根据需要和经营环境的发展进行修正。每年都必须将该计划提交澳大利亚审慎监管局（连同所做的重大变化）。

其他报告要求——澳大利亚境外的保险业务

58. 保险公司如果在澳大利亚境外从事保险业务，且其经营该业务的权利终止，或者如果该保险公司经营该业务的权利受到限制或受到业务经营所在管辖地法律的重大影响，则必须以书面形式通知澳大利亚审慎监管局，而且必须在事件发生后的 14 天内发出通知。

4 –16 Prudential Standard GPS 220 Risk Management for General Insurers

Objective and Key Requirements of this Standard

This Prudential Standard aims to ensure that an insurer is well managed, has access to appropriate independent expertise and has systems for identifying, managing and monitoring risks that may reduce the ability of the insurer to meet its obligations to policyholders.

The prime responsibility for the sound and prudent management of an insurer rests with the Board and senior management of that insurer. The Board and senior management should institute effective internal governance within the insurer and ensure that appropriate systems and controls are in place to address the risks arsking from the insurer's business activities.

The key requirements of this Prudential Standard are:

- Persons occupying key positions within the insurer must have the degree of probity and competence commensurate with their responsibilities. These key positions include directors and senior managers of the insurer, as well as the insurer's Approved Auditor and Approved Actuary (see below). At a minimum, each insurer should have policies and procedures in place to address the criteria for fitness and propriety contained in this Standard. APRA may remove persons from key positions where they no longer meet the criteria for fitness and propriety.
- Each insurer must obtain APRA's approval for its appointment of and auditor (an Approved Auditor) and, unless exempted by APRA, an actuary (an Approved Actuary) . The Approved Auditor and Approved Actuary are required to perform the duties specified in APRA's Prudential Standards and the *Insurance Act 1973*. Reflectin the importance of these duties (which include ' whistle – blowing ' obligations), holders of these positions are generally expected to have appropriate formal qualifications and be a member of a suitable professional body, have a minimum level of experience in the general insurance industry, and be Australian residents.
- Given the responsibilities of the Board of an insurer, it is exxential that a shareholder (or a group of associated shareholders) of an insurer is not in a position to exercise undue or disproportionate control or influence over that insurer's Board, policies or operations. To that end, this Standard sets out various requirements as to the Board's composition, including a minimum of 5 directors, a non – executive Chair, and a majority of non – executive directors. At least 2 directors must be Australian residents.
- A system of effective risk management and control is critical to the safety and soundness of the operations of an insurer. The Board and senior management of an insurer must develop, implement and maintain a sound and prudent Risk Management Strategy (RMS) that identifies the insurer's polices and procedures, processes and controls that comprise the insurer's risk management and control systems. These systems should be appropriate to the size, business mix and complexity of the insurer's operations and address all material risks, financial and non – financial, likely to be faced by the insurer. The insurer's RMS must be documented, approved by the Board, updated as

necessary, and provided to APRA.

• Annually, an insurer must provide APRA with a Board Declaration signed by 2 directors. The purpose of the Board Declaration is to ensure the Board undertakes a regular, informed assessment of all key risks. The Board Declaration is to certify that strategies have been put in place to monitor those risks. Broadly, the Board is required to confirm that the insurer has systems in place to ensure compliance with legislative and prudential requirements, and that the Board has satisfied itself as to the adequacy of, and compliance with, the insurer's risk management and reinsurance arrangements.

Details on these requirements are contained below, and in Guidance Notes GGN 220.1, GGN 220.2, GGN 220.3, GGN220.4 and GGN220.5, which form part of this Standard. Additional requirements relating to role of the Approved Actuary are set out in GPS *210 Liability Valuation*.

Prudential Standard

1. This Prudential Standard, made under section 32 of the *Insurance Act 1973* (the Act), applies to all general insurers authorised under the Act.

Governance

Fitness and Propriety

2. Insurers must ensure that persons occupying key positions within the insurer have the degree of probity and competence commensurate with their responsibilities.

3. For this purpose, insurers should have in place policies and procedures to address fitness and propriety. These policies and procedures should at a minimum address the criteria for fitness and propriety that APRA uses to assess fitness and propriety set out in paragraph 6.

4. For locally-incorporated insurers, persons occupying key positions means:

(a) directors;

(b) senior managers;[1]

(c) the insurer's auditor appointed under the Act and approved by APRA (Approved Auditor);[2] and

(d) the insurer's actuary appointed under the Act and approved by APRA (Approved Actuary),[3] where relevant.

5. For foreign-incorporated insurers operating in Australia as branches (foreign insurers), persons occupying key positions means:

(a) senior managers of the Australian operations;

(b) the foreign insurer's agent in Australia appointed under the Act;[4]

(c) the foreign insurer's Approved Auditor; and

(d) the foreign insurer's Approved Actuary, where relevant.

6. The criteria for fitness and propriety[5] are as follows:

---

1 For the purpose of subsection 3 (1) of the Act, a senior manager is a person who has or exercises any of the senior management responsibilities set out in paragraph 21 of this Standard.

2 An insurer must appoint an auditor under section 39 of the Act and have that appointment approved by APRA in accordance with section 40.

3 An insurer must appoint an actuary under section 39 of the Act and have that appointment approved by APRA in accordance with section 40, unless exempted from the requirement in accordance with section 47.

4 A foreign insurer must appoint an agent in accordance with section 118 of the Act.

5 Specified for the purposes of paragraphs 27 (2) (b), 42 (1) (b), 44 (2) (b) and 45 (3) (b) of the Act.

(a) the person has not been convicted of an offence against or arising out of the Act or the *Financial Sector (Collection of Data) Act 2001*;

(b) the person has not been convicted of an offence against or arising out of a law in force in Australia, or the law of a foreign country, if the offence concerns dishonest conduct or conduct relating to a financial sector company within the meaning of the *Financial Sector (Shareholdings) Act 1998*;

(c) the person has never been bankrupt, has not applied to take the benefit of a law for the relief of bankrupt or insolvent debtors, or has not compounded with his or her creditors;

(d) the person has no actual or potential conflicts of interest that are likely to influence their ability to carry out their role and functions with appropriate probity and competence;

(e) the person has adequate experience and demonstrated competence and integrity in the conduct of business duties;[6]

(f) the person is not of bad repute within the business and financial community;

(g) in the case of an Approved Auditor:

(i) the person is not a director or employee of the insurer or of a related body corporate within the meaning of section 50 of the *Corporations Act 2001*; and

(ii) the person is registered as an auditor under the *Corporations Act 2001*; and

(h) in the case of an Approved Actuary, the person is not the Chief Executive or a director of the insurer, or of a related body corporate within the meaning of section 50 of the *Corporations Act 2001*

(except where that related body corporate is a subsidiary of the insurer).

7. A person may not act as a director, a senior manager or an agent in Australia if that person is a disqualified person.[7] The disqualification criteria are set out in the Act.[8]

Eligibility Criteria for Approved Auditors and Approved Actuaries

8. In addition to the general requirements of fitness and propriety outlined in paragraph 6, APRA can only approve the appointment of an Approved Auditor and Approved Actuary if the person concerned meets the following eligibility criteria:[9]

(a) the person has appropriate formal qualifications and is a member of a suitable professional body;

(b) the person has a minimum of 5 years' experience in the general insurance industry; and

(c) the person is ordinarily resident in Australia.

9. APRA may approve individuals, on a case-by-case basis, who do not meet the eligibility criteria in paragraph 8 if the insurer can demonstrate to the reasonable satisfaction of APRA that exceptional circumstances exist as to why the person should be approved as an Approved Auditor or Approved Actuary.

10. Reflecting the importance of the positions, and in order to demonstrate independence and avoid potential conflicts of interest, a person is not eligible to be appointed as both an Approved Auditor and Approved Actuary to the same insurer.

---

6 Approved Auditors and Approved Actuaries are subject to particular experience requirements as set out in paragraph 8 of this Standard.

7 Refer section 24 of the Act.

8 Refer section 25 of the Act.

9 Specified for the purposes of paragraphs 40 (2) (a), 42 (1) (c), 44 (2) (c) and 45 (3) (c) of the Act.

11. Further detail in relation to these eligibility criteria and the particulars required for an application are set out in Guidance Note GGN 220. 1

Governance.

12. APRA may direct that an insurer remove a person occupying a key position (other than an Approved Auditor or Approved Actuary)[10] where APRA finds that the person:

(a) is a disqualified person under the Act;[11] or

(b) does not meet one or more of the criteria for fitness and propriety.

13. APRA may revoke the approval of a person's appointment as an Approved Auditor or Approved Actuary,[12] and disqualify a person from holding an appointment as an Approved Auditor or Approved Actuary,[13] where APRA finds that the person:

(a) has failed to perform adequately and properly the functions and duties of such an appointment; or

(b) otherwise does not meet one or more of the criteria for fitness and propriety; or

(c) does not meet the eligibility criteria for such an appointment.

14. Individuals affected by a decision made by APRA referred to in paragraphs 12-13 may request that APRA review that decision. If APRA confirms or varies the decision, or fails to do either within 21 days, the person affected may then make an application to the Administrative Appeals Tribunal. The appeal process is set out in Part VI of the Act.

Roles and Obligations of Key Positions

(i) Boards

15. The Board has ultimate responsibility for the safety and soundness of an insurer. Accordingly, the Board should have responsibility for approving and reviewing business strategies and significant policies of the insurer. The Board must use its best endeavours to identify and understand the major risks faced by the insurer. The Board must ensure that an appropriate, adequate and effective system of risk management and internal control is established and maintained, and must use its best endeavours to ensure that senior management monitors the effectiveness of the risk management and control system.

16. Given the Board's responsibilities, it is essential that a shareholder (or a group of associated shareholders) of an insurer is not in a position to exercise undue or disproportionate control or influence over that insurer's Board, policies or operations.

17. As a guide, holdings under 15 per cent of an insurer's voting shares should have representation of no more than one on a Board of six or less and no more than two on a Board of seven or more. Where shareholdings over 15 per cent have been approved under the *Financial Sector (Shareholdings) Act 1998*, the shareholder's Board representation can be higher, but should remain broadly proportionate to the shareholding concerned.

18. In addition, at all times, the Board of a locally-incorporated insurer must have:

(a) a minimum of five directors;

(b) a non-executive Chair; and

---

10 Refer section 27 of the Act.

11 Refer section 25 of the Act.

12 Refer section 42 of the Act.

13 Refer section 44 of the Act.

(c) a majority of non-executive directors.

At least two directors of the insurer must be Australian residents, one of whom must be a non-executive. Further detail, including guidance for foreign-owned locally-incorporated insurers, is set out in Guidance Note GGN 220. 1.

19. Insurers must provide APRA with details of all newly appointed directors, including their name, principal business associations and curriculum vitae, within 14 days of their appointment. In addition, insurers must provide APRA with an updated annual statement listing all of its directors (including details of any changes to business associations) no later than at the time which the insurer lodges its yearly statutory accounts.

20. The Board of a locally incorporated insurer must establish appropriate Board Committees, including at a minimum a Board Audit Committee. The Board Audit Committee must be made up of a majority of nonexecutive directors and its function shall be to monitor compliance with the Board's policies, as well as prudential and statutory requirements. The Chair of the Board must not also be the Chair of the Audit Committee. Where the insurer is part of a larger corporate group, APRA may allow the insurer to use the Group Audit Committee as a Board Audit Committee where it is demonstrated that the Group Audit Committee can effectively address the needs of the insurer (provided the Group Audit Committee has a majority of directors who are nonexecutives of the insurer). Further detail in respect of Board Audit Committees is set out in Guidance Note GGN 220. 1.

(ii) Senior Management

21. Senior managers comprise persons employed by an insurer who exercise senior management responsibilities. Senior management responsibilities[14] means having primary responsibility for one or more of the following:

(a) high level decision making;

(b) implementing strategies and policies approved by the Board;

(c) developing processes that identify, manage and monitor risks incurred by the insurer; and

(d) monitoring the appropriateness, adequacy and effectiveness of the risk management system.

22. Insurers must provide APRA with a list of senior management positions and the responsibilities of those positions. Details of the individuals who occupy these positions, including their name and curriculum vitae, must also be submitted within 14 days of their appointment. In addition, insurers must provide APRA with an updated annual statement listing all senior management positions, and names of persons occupying those positions, no later than at the time which the insurer lodges its yearly statutory accounts.

(iii) Senior Officer from Outside Australia (Foreign Insurers)

23. As in the case of locally incorporated insurers, the ultimate responsibility for the safety and soundness of a foreign insurer resides with its Board. However, for practical purposes, APRA will allow a foreign insurers' Risk Management Strategy (refer paragraphs 40-44) and Reinsurance Management Strategy (see GPS 230 *Reinsurance Arrangements*) and the Board Declaration (refer paragraphs 54-55) to be approved by a senior officer outside Australia with delegated authority from the Board. The senior officer must have responsibility for overseeing the Australian branch operation.

24. At the time of nominating a senior officer from outside Australia, foreign insurers must

14 Specified for the purpose of subsection 3 (1) of the Act.

provide APRA with details of that person, including their name and curriculum vitae. These details must be resubmitted to APRA within 14 days when there is any change in the senior officer from outside Australia. The foreign insurer must ensure that the designated senior officer meets the standards of fitness and proprietary set out in this Standard.

(iv) Approved Auditor

25. The Approved Auditor must audit the annual accounts of an insurer as required under the Act.[15] The Approved Auditor must provide a certificate to the insurer, and that certificate must be submitted by the insurer to APRA together with the yearly statutory accounts. The certificate must fulfil the requirements set out in Guidance Note GGN 220. 1.

26. The Act requires that an insurer must make arrangements to enable the Approved Auditor to undertake his/her functions.[16] These arrangements would normally include ensuring that the Approved Auditor is fully informed of APRA's prudential requirements for the insurer (such as conditions on authorisation, variations to prudential standards, determinations and exemptions), as well as any other information that APRA has provided to the insurer that may assist the Approved Auditor in performing his/her duties.

27. In addition, the insurer must ensure that its Approved Auditor has access to all relevant data and people which the Approved Auditor reasonably believes is necessary to fulfil his/her obligations under the Act, *Insurance Regulations 1974*, Prudential Standards and the *Financial Sector (Collection of Data) Act 2001* and Reporting Standards.

28. An Approved Auditor may also be required to undertake other functions specified by APRA in consultation with the insurer. Accordingly, APRA may, in consultation with an insurer, request a specific review of a particular aspect of the insurer's operations or risk management system. The cost of specific reviews will be borne by the insurer.

29. The specific reviews will be conducted along the lines of an "Engagement to Perform Agreed-Upon Procedures" (refer Auditing Standard 904).[17] The report of such reviews must be submitted to APRA and the insurer simultaneously, within 3 months after the review is commissioned.

(v) Approved Actuary

30. The Approved Actuary must prepare a report in accordance with GPS 210 *Liability Valuation* and provide this report to the insurer's Board. The insurer must submit this report to APRA at the same time as it submits its yearly statutory accounts. An Approved Actuary may also be required to provide other information to APRA on request.[18]

31. The Act requires that an insurer must make arrangements to enable the Approved Actuary to undertake his/her functions.[19] These arrangements will normally include ensuring that the Approved Actuary is fully informed of APRA's prudential requirements for the insurer (such as conditions on authorisation, variations to Prudential Standards, determinations and exemptions), as well as any other information that APRA has provided to the insurer that may assist the Approved Actuary in performing his/her duties.

32. In addition, the insurer must ensure that its Approved Actuary has access to all relevant data

15 Refer section 49J of the Act.

16 Refer section 49J of the Act.

17 Published by the Auditing and Assurance Standards Board of the Australian Accounting Research Foundation.

18 Refer section 49 of the Act.

19 Refer section 49K of the Act.

and people which the Approved Actuary reasonably believes is necessary to fulfil his/her obligations under the Act, *Insurance Regulations 1974* and Prudential Standards.

Non-routine Reporting by Approved Auditors and Approved Actuaries

33. Approved Auditors and Approved Actuaries are required to make nonroutine reports in certain circumstances. This might be where APRA requests specific information, or where the information available to the Approved Auditor or Approved Actuary is of material interest to APRA.[20] Additional detail on the nature of non-routine reporting is set out in Guidance Note GGN 220. 1.

Meetings with Approved Auditors and Approved Actuaries

34. Liaison with an insurer's Approved Auditor or Approved Actuary will normally be conducted under trilateral arrangements involving APRA, the insurer, and its Approved Auditor or Approved Actuary. Any one of these three parties can initiate meetings or discussions when considered necessary. Notwithstanding the trilateral relationship, APRA and an insurer's Approved Auditor or Approved Actuary may meet on a bilateral basis where either party deems this to be necessary.

Risk Management

35. A system of effective risk management and control is critical to the safety and soundness of the operations of insurers. The Board and senior management of an insurer must develop, implement and maintain a sound and prudent Risk Management Strategy that identifies the insurer's policies and procedures, processes and controls that comprise the insurer's risk management and control systems. These systems should be appropriate to the size, business mix and complexity of the insurer's operations and address all material risks, financial and non-financial, likely to be faced by the insurer.

36. The Board is charged with the responsibility to instil a strong risk control culture throughout the insurer, so that material risks and potential problems that emerge can be identified, managed and promptly resolved in the normal course of business operations.

37. No matter how well designed and operated, risk management and control systems will be subject to some inherent limitations. Nonetheless, risk management and control systems should provide the Board (and APRA) with a reasonable assurance that an insurer's business is appropriately controlled and that its risks are being prudently and soundly managed.

38. At a minimum, the risk management and control systems must include:

(a) a comprehensive written Risk Management Strategy approved by the Board (or in the case of foreign insurers, approved by an appropriate senior officer from outside Australia with requisite Board delegation);

(b) sound risk management policies and procedures to identify, manage, monitor and report on the key risks of the insurer; and

(c) clearly defined managerial responsibilities and controls.

39. These elements will be considered by APRA when evaluating insurers' risk management and control systems.

---

20 Refer to sections 49, 49A and 49B of the Act for further details of this requirement.

Risk Management Strategy (RMS)

40. Each insurer is required to maintain at all times a written RMS, approved by the Board (or in the case of foreign insurers, a senior officer from outside Australia with requisite Board delegation).[21] The RMS should be appropriate to the size, business mix and complexity of operations of the insurer and must define and document the insurer's objectives and strategy for risk management and internal control.

41. An insurer's RMS must be submitted to APRA within 14 days of its being approved by the Board.

42. Each insurer must review its RMS regularly (at least annually) to ensure it provides an adequate framework to monitor the operating circumstances that may impact on the insurer's risk profile. The RMS must be reviewed (and if necessary, amended) where there is material change to the operations of an insurer. An updated, Board approved, copy must be provided to APRA within 14 days after Board approval.

43. An insurer must substantially adhere to its RMS at all times and must advise APRA if it intends to undertake activities in a manner that represents a material deviation from its RMS. Any such activities should first be approved by the Board. Should the RMS then require amendment, a revised RMS must be approved by the Board and submitted to APRA within 14 days of Board approval.

44. The RMS must cover both the Australian and, where relevant, the overseas operations of the insurer. Further detail on the content of the RMS is contained in Guidance Note GGN 220. 2 *Risk Management Systems.*

Processes for Risk Identification and Assessment

45. An effective risk management system identifies, manages, monitors and continually assesses the material risks that could adversely affect the operations of an insurer.

46. Whilst the risk management systems of an insurer must address all material risks, APRA considers that at a minimum the following categories must be addressed in an insurer's risk management systems: balance sheet and market risk (including investment risk, insurance risk, product design and pricing risk, underwriting and liability risk, liquidity risk, risk arising from claims management and derivatives risk); credit risk; and operational risk (including legal and reputational risks).

47. In addition, an insurer's risk management systems should also take into account the potential risks arising out of the insurer's reinsurance arrangements. That is, there must be a clear link between the insurer's Reinsurance Management Strategy (as required by GPS 230) and the insurer's risk management systems.

Control Activities

48. Control activities are the policies and procedures that help ensure Board and senior management directives are carried out. In this way, action can be taken to adequately address risks faced by the insurer. Control activities should be reflective of the size and operations of the insurer.

---

21 For the purpose of paragraphs 41-44, a reference to the "Board" can be taken to be a reference to the "senior officer from outside Australia" in the case of foreign insurers.

49. Control activities would normally include: reviews by Board and senior management; activity controls for each division or department; physical controls; the establishment of underwriting limits and checking compliance with limits; a system of approvals and authorisations; verifications and reconciliations; and segregation of duties. Guidance Note GGN 220. 2 sets out some further examples.

Information and Communication

50. Pertinent information should be identified, captured and communicated in a form and timeframe that will enable the responsibilities of the insurer to be met. An insurer's information systems must be capable of producing financial, operational and compliance data, and of dealing with external market information about events and conditions that are relevant to decision making. Internal information systems must be secure and supported by adequate contingency arrangements.

51. Effective communication should occur throughout the insurer to ensure that all staff fully understand and adhere to policies and procedures affecting their duties and responsibilities and that other relevant information is reaching the appropriate personnel.

Processes for Monitoring Risks

52. The overall effectiveness of the insurer's risk management and control systems must be monitored. Depending on the size and complexity of operations of an insurer, risk management systems may be monitored on an ongoing or periodic basis. At a minimum, there must be periodic internal audits with results being reported promptly to the Board or the Board Audit Committee and to senior management.

53. Where deficiencies are identified as part of the monitoring process or internal audit, these must be reported in a timely manner to the appropriate management and addressed. Material deficiencies must be reported to the Board or the Board Audit Committee and senior management. For this purpose, a material deficiency can result not only from a single deficiency, but from a number of small deficiencies that, when considered together, amount to a material deficiency.

Board Declaration

54. An insurer must provide APRA with a Board Declaration signed by 2 directors, or in the case of a foreign insurer, by a senior officer from outside Australia delegated the requisite authority from the Board, at the same time it lodges its yearly statutory accounts.

55. The purpose of the Board Declaration is to ensure the Board undertakes a regular informed assessment of all key risks. The Board Declaration is to certify that strategies have been put in place to monitor those risks. Broadly, the Board is required to confirm that the insurer has systems in place to ensure compliance with legislative and prudential requirements, and that the Board has satisfied itself as to the adequacy of, and compliance with, the insurer's risk management and reinsurance arrangements. Details of the Board Declaration are set out in Guidance Note GGN 220. 2.

Business Plan

56. A business plan is an important management and control tool that enables a company to communicate its strategic direction and objectives, identify opportunities in the market place, forecast results and establish benchmarks. A sound business plan also needs to consider the impact of differing assumptions or scenarios on the insurer's financial position.

57. Each insurer must at all times maintain a business plan approved by the Board that is revised in response to developments in the insurer's operational environment. This plan must be submitted to APRA annually (as well as whenever material changes to the plan are made).

Other Reporting Requirements- Insurance Business Outside Australia

58. Where an insurer conducts insurance business outside Australia, it must notify APRA in writing if its right to conduct that business ceases, or if the insurer's right to conduct insurance business has been limited or otherwise materially affected under a law of the jurisdiction in which the business is being conducted. Notification must be provided within 14 days of the event occurring.

4-17 普通保险人再保险操作（审慎标准 GPS 230）

本标准的目标和基本要求

本审慎标准的目标是确保普通保险人有适当的再保险操作，使得保险人能够履行其对投保人的义务。再保险管理是指对再保险操作的选择、监控和控制。也就是说，将部分个体或集合的保险风险业务，分出给其他保险公司。这包括直接承保保险人将保单转给再保险人或分给其他直接承保保险公司（让与），或者是再保险人给它们的母公司或者其他再保险公司（三重保险）的业务。再保险对于每一保险人的风险管理十分重要，因而，对保险公司的财务安全性也起着决定性作用。所以，保险公司的董事会和高级管理层认识到：他们对保险公司再保险操作的安全性和审慎管理负有首要责任，这一点十分重要。

本审慎标准的基本要求是：

• 保险公司的董事会和高级管理层必须制定、执行和履行适合于保险人经营的再保险管理策略（Reinsurance Management Strategy，REMS），以确保保险人有足够的能力履行到期义务。REMS 必须经保险公司董事会批准并得到澳大利亚审慎监管局的批准。

• 保险公司必须遵守其制定的 REMS，如果保险公司打算从事实质性的背离其 REMS 的活动，必须向澳大利亚审慎监管局报告。这样的行为必须首先经保险公司董事会批准。

• 如果保险公司的再保险操作可能出现问题，这一问题有可能实质性地损害其当前或未来履行义务的能力，则该保险公司必须立即向澳大利亚审慎监管局报告，并且与澳大利亚审慎监管局讨论其解决这一问题的方案。

对这些要求的具体细节，见以下及 GGN 230.1，这些也是本标准的组成部分。

审慎标准

1. 本审慎标准根据《1973 年保险法》第 32 条内容制定，适用于所有根据该法许可的一般保险公司。

2. 保险公司安全和审慎管理的首要责任，由保险公司董事会和高级管理层承担。保险公司的董事会和高级管理层，必须制定、执行和履行适合于保险公司经营的再保险管理策略，以确保保险公司有足够的能力履行到期义务。

再保险管理

3. 再保险管理，是指再保险操作的选择、监控和控制。也就是说，将部分个体或集合保险风险的业务，分出给其他保险公司。这包括直接承保保险人将保单转给再保险公司或其他直接承保保险人（分出），或者是再保险公司转给它们的母公司或者其他再保险公司（三重保险）的业务。为了达到这一目的，再保险操作也扩大了包括财政再保险和选择性风险转移产品的业务。再保险管理是保险公司履行其对投保人义务的最重要的组成部分。

4. 如果保险公司的再保险操作有可能出现问题，且这一问题有可能实质性地有损其当前或未来履行义务的能力，则该保险公司必须立即向澳大利亚审慎监管局报告，并且与澳大利亚审慎监管局讨论解决这一问题的方案。

再保险管理策略（REMS）

5. 每一家保险公司应当时刻履行一份书面的 REMS。此 REMS 应当：

（a）由董事会批准（或者在国外保险公司的情形下，由其董事会授权的、澳大利亚以外的高级官员负责）[1]；

（b）获得澳大利亚审慎监管局批准。

REMS 必须与保险公司的规模、业务混合和经营的复杂性相适应，并且明确记载保险公司的再保险目标和策略。

6. 每一家保险公司必须定期（至少一年一次）审查其 REMS，以适应经营环境的变化。如果保险公司的经营发生实质性的变化，使得修改成为必要时，其 REMS 必须进行修改。董事会批准的修改后的 REMS，必须在董事会批准后 14 日内提交请求批准。

7. 保险公司必须遵守其制定的 REMS。如果保险公司打算从事实质上背离其 REMS 的活动，需征询澳大利亚审慎监管局。这样的行为必须首先由保险公司董事会批准。如果后来 REMS 需要修改，修改后的 REMS 必须首先获得董事会的批准，然后，在董事会批准后 14 日内提交请求批准。

8. 保险公司的 REMS 至少且必须包括以下内容：

（a）选择和监控再保险计划的健全系统；

（b）界定清晰的管理者责任和控制；以及

（c）确定再保险计划的各方面的清晰方法，包括：

（i）风险集合的识别（identification）与管理；

（ii）计划上限的识别与管理；

（iii）对象的选择，包括对多元化（diversification）和信誉（creditworthiness）的考虑。

9. REMS 必须覆盖保险公司在澳大利亚和海外的相关业务。关于 REMS 内容的进一步细节，见“指导原则手册 GGN 230.1 再保险管理策略”之内容。

---

1 为了达到第 6 至第 7 款之目的，在国外保险公司的情形下，所谓的“董事会”可以指代“澳大利亚外的高级官员”。

4 –17 Prudential Standard GPS 230 Reinsurance Arrangements for General Insurers

Objective and Key Requirements of this Standard

This Prudential Standard aims to ensure that a general insurer has in place prudent reinsurance arrangements, contributing to a high likelihood that the insurer is able to meet its obligations to policyholders.

Reinsurance management refers to the selection, monitoring, review and control of reinsurance arrangements-that is, where some part of individual or aggregate insurance risks are ceded to other insurers, including from direct writing insurers to reinsurers or other direct writing insurers (cessions) as well as from reinsurers to their parent companies or other reinsurers (retrocessions). Reinsurance is fundamental to the management of risk within, and hence the financial soundness of, every insurer. It is important, therefore, that the Board of Directors (Board) and senior management of an insurer recognise that they have the prime responsibility for the sound and prudent management of an insurer's reinsurance arrangements.

The key requirements of this Prudential Standard are:

- The Board and senior management of an insurer must develop, implement and maintain a Reinsurance Management Strategy (REMS), appropriate for the operations of that insurer, to ensure that the insurer has sufficient capacity to meet obligations as they fall due. The REMS must be approved by the Board of the insurer, and by APRA.
- An insurer must adhere to its REMS at all times and must advise APRA if it intends to undertake activities in a manner that represent a material deviation from its REMS. Any such activities must first be approved by the insurer's Board.
- An insurer must inform APRA immediately if there is a likelihood of a problem arising with its reinsurance arrangements that is likely to materially detract from its current or future capacity to meet its obligations, and discuss with APRA its plans to redress this situation.

Details on these requirements are contained below, and in Guidance Note GGN 230. 1, which forms part of this Standard.

Prudential Standard

1. This Prudential Standard, made under section 32 of the *Insurance Act 1973* (the Act), applies to all general insurers authorised under the Act.

2. The prime responsibility for the sound and prudent management of an insurer rests with the Board of Directors (Board) and senior management of that insurer. The Board and senior management of an insurer must develop, implement and maintain a Reinsurance Management Strategy, appropriate for the operations of that insurer, to ensure that the insurer has sufficient capacity to meet obligations as they fall due.

Reinsurance Management

3. Reinsurance management refers to the selection, monitoring, review and control of reinsurance arrangements-that is, where some part of individual or aggregate insurance risks are ceded to other insurers, including from direct writing insurers to reinsurers or other direct writing insurers (cessions) as well as from reinsurers to their parent companies or other reinsurers (retrocessions) . For this purpose, reinsurance arrangements will also extend to cover financial reinsurance and alternative risk transfer products. Reinsurance management is a critical component of an insurer's ability to meet its obligations to policyholders.

4. An insurer must inform APRA immediately if there is a likelihood of a problem arising with its reinsurance arrangements that is likely to materially detract from its current or future capacity to meet its obligations, and discuss with APRA its plans to redress this situation.

Reinsurance Management Strategy (REMS)

5. Each insurer is required to maintain at all times a written REMS that has been:

(a) approved by the Board (or in the case of foreign insurers, by a senior officer from outside Australia with requisite Board delegation);[1] and

(b) approved by APRA.

The REMS must be appropriate to the size, business mix and complexity of operations of the insurer and must define and document the insurer's objectives and strategy for reinsurance management.

6. Each insurer must review its REMS regularly (at least annually) to take account of changing operating circumstances. The REMS must also be amended where material change to the operations of an insurer warrants modification. An updated copy of the REMS, approved by the Board, must be provided to APRA for approval within 14 days after Board approval.

7. An insurer must substantially adhere to its REMS at all times and must advise APRA if it intends to undertake activities in a manner that represent a material deviation from its REMS. Any such activities must first be approved by the Board. Should the REMS then require amendment, a revised REMS must be approved by the Board and submitted to APRA for approval within 14 days of Board approval.

8. An insurer's REMS must, at a minimum, include the following elements:

(a) sound systems for selecting and monitoring reinsurance programs;

(b) clearly defined managerial responsibilities and controls; and

(c) clear methodologies for determining all aspects of a reinsurance program, including:

(i) identification and management of aggregations of risk;

(ii) identification and management of upper bounds of programs; and

(iii) selection of participants including consideration of diversification and creditworthiness.

9. The REMS must cover both the Australian and, where relevant, the overseas operations of the insurer. Further detail on the content of the REMS is contained in Guidance Note GGN 230. 1 *Reinsurance Management Strategy.*

---

1 For the purpose of paragraphs 6 – 7, a reference to the "Board" can be taken to be a reference to the "senior officer from outside Australia" in the case of foreign insurers.

4－18　再保险管理策略（指导原则手册 GGN 230.1）

1. 保险人为了实现安全性和流动性，并且增强其自身承保新业务的能力，可以购买再保险。保险人的再保险安排若有缺点，也可能会损害公司的资本流动性。

2. 澳大利亚审慎监管局在监督保险人的再保险安排时，采用制度性的方法。这种方法认为：再保险管理的首要责任属于保险公司的董事会和高级管理层，并且澳大利亚审慎监管局集中关注保险人采用的程序和控制的质量。虽然，董事会对再保险管理负首要责任，但是，在再保险安排的适当性、充分性和有效性等有关方面，其可以向注册审计师、注册精算师或其他相关专家寻求建议。

3. 澳大利亚审慎监管局允许 REMS 的范围随着保险公司的规模、业务混合和经营的复杂性而呈现出明显的差异。

4. REMS 必须详细记载管理再保险所采纳的策略。

5. 国外保险人应当在其 REMS 中明确监控其运作再保险安排的责任人。如果再保险控制机制已经确立，并且将这种机制向公司总部报告或者是由公司总部承担责任，那么 REMS 应当确定这些机制，并且详述报告安排。

6. 如果在澳大利亚的保险人是全球保险集团的组成部分，或者是以国外保险人的身份经营，则澳大利亚审慎监管局希望 REMS 提供关于全球再保险政策（global reinsurance policy）的信息。这可能涉及再保险管理的政策目标和策略，但是，对于澳大利亚保险人在海外经营的情况、海外母公司或总部对所属在澳大利亚经营的监控的情况、澳大利亚本国管理者对再保险的监管安排，如果 REMS 的内容由其各个集团总部控制，那么这些内容应当被确定并且详细报告。

7. 如果在澳大利亚的保险人是澳大利亚保险集团的组成部分，澳大利亚审慎监管局希望 REMS 能够提供关于集团再保险的政策信息。这可能包括关于再保险管理的政策目标和策略，但是，对于保险人的经营和由集团母公司的经营的监控情况，如果 REMS 的内容由集团中的其他公司控制，如母公司控制，那么这些内容应当被确定并且详细报告。

8. 作为其常规监管活动的一部分，澳大利亚审慎监管局将审查保险人的 REMS 的适当性、充足性和有效性。同时，澳大利亚审慎监管局将根据下列情形对各类保险人区别对待：

（a）保险人的经营规模、业务混合和经营的复杂性——包括国内和（相关的）海外活动；

（b）保险人从事的保险业务的类别；

（c）集团内融资的有效性和弹性；

（d）职员的专业知识和深度；

（e）管理再保险的政策和制度的质量。

9. 此外，澳大利亚审慎监管局将考虑保险公司的风险管理体系的各个要素；此体系管理保险人再保险安排中可能出现的风险。

选择再保险计划的制度

10. 作为 REMS 的组成部分，保险人必须制定选择再保险计划的健全制度。

11. 保险人所选择制度的复杂性，对于保险人来说是确定的；该制度包含的政策和程序至少应当：

（a）确定保险人对风险的容忍度；

（b）确定与保险人风险容忍度相适应的分保水平（对于直接保险人和再保险人，澳大利亚审慎监管局通常允许保险人分保该保险人总承包业务的60%。对于自保保险人，澳大利亚审慎监管局通常允许其分保90%）；

（c）决定安排什么类型的再保险最适合将风险控制在该公司的可接受水平内（分为传统再保险 、财政再保险和选择风险转移产品）；

（d）规定选择再保险对象的原则，包括估计再保险对象的多样性和信誉度的正式评估程序；

（e）规定因为索赔支付和再保险获赔之间的时间差以及流动性将被如何管理；

（f）规定关于再保险对方的信用风险披露的程度和监控这些披露的适当制度。

12. REMS必须具有根据业务状况和其他可用信息的变化而定期修订的条款。

设定最高事件赔付额的制度

13. 作为REMS的组成部分，保险人必须制定：确定、监控和修正其最高事件赔付额的制度。这些制度包含的政策和程序至少应当：

（a）保险人承担巨灾风险的能力；

（b）保险人的财力如何负担其计算的MER；

（c）高级管理层和注册精算师，根据保险人的保险类别和地理区域的统计及现有市场条件，比如，足够巨灾再保险覆盖的可用性，来审查政策执行的一般程序；

（d）董事批准新政策的一般程序；

（e）独立审计员对其遵守政策进行审查的一般程序。

14. GPS 110资本充足率，规定了为了达到监管目的所要求的资本水平。GPS 110 和指导原则手册GGN 110.5的“集中风险资本管理”，也规定了保险人在计算其MER时应当予以考虑的具体问题。

责任与控制

15. 保险人必须建立适当的控制机制，以确保为了管理再保险而设立的政策和程序始终被遵守。

16. 保险人REMS的核心是：及时、有效地监控、报告和应对保险人再保险安排的明确管理责任和控制机制。高级管理层必须定期审查保险人的再保险安排。该审查必须包括：

（a）被再保险的已承保保单的证明和记录；

（b）支付再保险保费的日期证明；

（c）公司根据保单遭受损失，但能获得再保险赔付的证明；

（d）向再保险对方支付的时间选择的证明；

（e）再保险对方的信用状况和履行义务的能力；

（f）再保险对方的再保险集中度，这种集中度将带来巨大风险或多方利益的损失；

（g）在一系列条件下集团内融资的可行性；

（h）评估再保险负债中的不利因素的影响和再保险人履行其未来对投保人所承担义务的能力。

4 – 18 Guidance Note GGN 230. 1 Reinsurance Management Strategy

1. Insurers may purchase reinsurance to provide security and liquidity, and to increase their own capacity to underwrite new insurance business. Weaknesses in an insurer's reinsurance arrangements may therefore impair that company's capital or liquidity position.

2. APRA follows a systems-based approach in supervising the reinsurance arrangements of insurers. This approach recognises that primary responsibility for reinsurance management rests with the Board and senior management of an insurer, and focuses on the quality of the processes and controls adopted by that insurer. While the Board retains the primary responsibility for reinsurance management, it may also seek the advice of its Approved Auditor, Approved Actuary, or other relevant expert, in relation to the appropriateness, adequacy and effectiveness of its reinsurance arrangements.

3. APRA recognises that the scope of the Reinsurance Management Strategy (REMS) will vary among insurers depending on the size, business mix and complexity of their operations.

4. The REMS must document in detail the strategy adopted for managing reinsurance.

5. Foreign insurers should identify in their REMS where responsibility resides for monitoring the reinsurance arrangements of their operations. Where control mechanisms for reinsurance are in place, and these include reporting to home office or are the responsibility of home office, the REMS should also identify these mechanisms and detail the reporting arrangements.

6. If the insurer in Australia is part of a global insurance group or operates as a foreign insurer, APRA expects the REMS to include information on the global reinsurance policy. This may include policy objectives and strategies in respect of reinsurance management, but would particularly include the reporting arrangements between Australian and overseas operations, the monitoring of Australian operations by the overseas parent or home office and the home regulator's supervisory arrangements regarding reinsurance. Where elements of the REMS are controlled by home office, these should be identified and detailed.

7. If the insurer in Australia is part of an Australian insurance group, APRA expects the REMS to include information on the group's reinsurance policy. This may include policy objectives and strategies in respect of reinsurance management, but would particularly include the reporting arrangements between the insurer's operations and the monitoring of operations by the parent of the group. Where elements of the REMS are controlled by another company in the group, for instance the parent, these should be identified and detailed.

8. As part of its normal supervisory activities, APRA will review the appropriateness, adequacy and effectiveness of an insurer's REMS. In doing so, APRA will distinguish between insurers having regard to:

(a) the size, business mix and complexity of the insurer's operations, including both domestic and (where relevant) overseas activities;

(b) the classes of insurance business in which the insurer is engaged;

(c) the availability and resilience of intra-group funding;

(d) staff expertise and depth; and

(e) the quality of policies and systems for managing reinsurance arrangements.

9. In addition, APRA will take into account those elements of an insurer's risk management system that address the potential risks arising out of the insurer's reinsurance arrangements.

Systems for Selecting Reinsurance Programs

10. An insurer, as part of its REMS, must put in place sound systems for the selection of reinsurance programs.

11. While the sophistication of an insurer's systems is specific to the insurer, at a minimum the system must consist of policies and procedures that:

(a) identify the insurer's tolerance for risk;

(b) identify the level of cessions appropriate to the insurer's tolerance for risk (for direct insurers and reinsurers, APRA would normally allow an insurer to cede up to 60% of the insurer's total business underwritten. In the case of captive insurers, APRA would typically allow an insurer to cede up to 90%);

(c) determine what type of reinsurance arrangements are most appropriate to limit risks to the company's level of tolerance (separately documenting traditional reinsurance contracts, financial reinsurance and alternative risk transfer products);

(d) set out principles for the selection of reinsurance counterparties including formal evaluation procedures to assess the diversification and creditworthiness of reinsurance counterparties;

(e) set out how liquidity will be managed where there is a timing mismatch between the payment of claims and the receipt of reinsurance recoveries; and

(f) set concentration limits for credit risk exposure to reinsurance counterparties and appropriate systems for monitoring these exposures.

12. The REMS must include provisions to regularly review these systems to take account of changes in business profile and other available information.

Systems for Setting the Maximum Event Retention

13. An insurer, as part of its REMS, must put in place sound systems for the setting, monitoring and altering of its Maximum Event Retention (MER). At a minimum, these systems must consist of policies and procedures that detail:

(a) the insurer's willingness to take on catastrophic risks;

(b) how the insurer's financial resources cover its calculated MER;

(c) the regular process by which the policies are reviewed by senior management, and (if relevant) by the Approved Actuary, in the light of the insurer's results by class of business and geographical region, as well as current market conditions eg availability of adequate catastrophe reinsurance cover;

(d) the regular process by which the policies are approved by the directors; and

(e) the regular process by which the insurer's compliance with its policies is independently reviewed.

14. GPS 110 *Capital Adequacy* sets out the required level of capital for regulatory purposes. GPS 110 and Guidance Note GGN 110.5 *Concentration Risk Capital Charge* also set out specific issues that an insurer should consider in calculating its MER.

Responsibilities and Controls

15. An insurer must have appropriate control mechanisms in place to ensure that the policies and procedures established for managing reinsurance arrangements are adhered to at all times.

16. At the core of an insurer's REMS must be a well-defined management responsibility and control structure for monitoring, reporting and responding to an insurer's reinsurance arrangements in a timely and effective manner. Senior management must be responsible for reviewing an insurer's reinsurance management systems on a regular basis. The review must cover:

(a) the identification and recording of policies underwritten to which reinsurance is attached;

(b) the identification of dates when an obligation to pay reinsurance premiums arises;

(c) the identification of cases where a company has suffered a loss under a policy against which a reinsurance recovery can be made;

(d) the management of the timing of payments to, and collection from, reinsurance counterparties;

(e) the credit standing and capacity of reinsurance counterparties to meet obligations;

(f) any concentration of reinsurance programs with reinsurance counterparties which would create large exposures or detract from diversification benefits;

(g) the accessibility of intra-group funding under a range of conditions; and

(h) the impact of adverse trends in estimated insurance liabilities on reinsurance and implications for the capacity of the insurer to meet its future policyholder obligations.